LES CAMARADES
adresseront
tout ce qui concerne
l'anarchie
à A. Mahé & A. Libertad
30, rue Muller, 30
PARIS-XVIIIe

l'anarchie

PARAISSANT TOUS LES JEUDIS

ABONNEMENTS
FRANCE
Trois Mois............ 1 50
Six Mois............ 3 »
Un An............ 6 »
ÉTRANGER
Trois Mois............ 2 »
Six Mois............ 4 »
Un An............ 8 »

PREMIÈRE ANNÉE. — N° 22 | DIX CENTIMES | JEUDI 7 SEPTEMBRE 1905

CHOSES OBSERVÉES

LA Loi des Idées

Les grandes pensées sociales, comme toutes les manifestations de notre activité, sont soumises à des lois, lois utiles à connaître pour, le cas échéant, les transformer, les faire disparaître si besoin est.

Si l'on examine les courants les plus violents d'idées nouvelles qui se sont produits à certaines époques, on est frappé de l'uniformité de leurs phases d'évolution.

Que ce soit le christianisme ou le républicanisme, ou d'autres formes encore d'énergie sociale, on remarque que ces idées passées ont atteint des stades absolument semblables.

Quoique les classifications soient toujours arbitraires, parce que rien dans la nature ne s'arrête jamais et que les idées comme les corps subissent un transformisme incessant et progressif, sans sauts brusques comme sans repos, on pourrait quand même noter quatre phases prédominantes dans les formes sociales de la vie humaine.

1re Phase du dédain et du ridicule.

Quelques hommes plus évolués ont conçu avant les autres hommes des idées supérieures au milieu ambiant et par la force vibrante de leur parole convaincue, ont amené à eux quelques adeptes, mais la masse inconsciente ne comprend pas et ses lèvres sourient, dédaigneuses et sarcastiques. « Quels sont ces Galiléens qui adorent des poissons et des têtes d'âne, ce sont de pauvres cervelles détraquées. » Et la Rome riait, et dans les cimetières les catéchumènes grandissaient.

Par curiosité ou par espoir, par dandysme ou par misère, la foule des chrétiens se faisait plus nombreuse. Progressivement une force nouvelle se levait dans l'empire romain, une force immense qui devait balayer tout sur son passage, lentement, mais sûrement, le christianisme sourdait en face du polythéisme romain.

Alors vint la deuxième phase, la phase de la répression, les disciples de Kreistos n'étaient plus des malades ridicules, c'étaient des révoltés contre l'ordre établi, c'étaient des révolutionnaires et les tyrans s'émurent : les chrétiens remplirent de leurs corps les arènes et les vivarias.

Mais lorsque l'on comprime une idée, elle grandit ; la république est née dans les bastilles, le christianisme trouva ses éléments vitaux dans les persécutions. Comme une hydre sans cesse renaissante, l'idée continua sa marche ascendante, bientôt elle fut si forte que le vieux panthéisme croula sur sa base. Et le triomphe vint glorieux. C'était la troisième période.

La quatrième ne tarda pas. Des ambitieux s'emparèrent de l'idée nouvelle et la transformèrent à leur profit. La papauté se créa, le christianisme était escamoté, l'église l'avait détruit, il ne resta plus qu'une ombre de foi, qu'un spectre de croyance qui, petit à petit, s'écroula comme une chose surannée d'ignorance antique.

J'ai pris comme exemple l'idée chrétienne, j'aurais pu prendre n'importe quelle autre forme de mouvement social, nous y aurions vu ces quatre stades nettement distincts qui semble marquer toute évolution de la pensée humaine.

L'anarchie qui grandit, l'anarchie que l'on pressent, l'anarchie qui se lève sur le monde comme une aurore nouvelle, a suivi et suivra sans doute ces phases évolutionnelles.

Nous sommes à la fin de la première période, au commencement de la seconde. Il y a quelques années, la foule haussait les épaules : « Anarchistes, pauvres fous exaltés, utopistes, que voulez-vous faire, vous êtes dix ? » Et les sectaires répondaient : « Nous sommes dix, c'est vrai, mais ce que nous disons est la science, et la science triomphe toujours : la graine que nous répandons, la semence de vie plus belle que nous jetons dans la terre féconde des cerveaux, cette semence germera, malgré vous, malgré vos cervelles débiles, elle germera, elle germera quand même. »

Et ils avaient raison.

Comme du blé en terre, l'idée a germé. Les dix d'hier sont cent aujourd'hui, ils seront dix mille demain. Et le peuple ne rit plus, il commence à songer. Et les oppresseurs tremblent. La répression commence. Du levant au couchant, partout, du sud au pôle, la chasse à l'homme est déclarée. Les anarchistes espagnols dans les prisons tortionnaires d'Espagne, Jacob à Cayenne, Sulzer à Copenhague, les révolutionnaires musulmans dans les cachots de Constantinople, les nihilistes russes sous le feu des cosaques. La répression commence, donc le triomphe est proche.

Camarades, prenons garde à l'escamotage, prenons garde à la quatrième phase, il faut que la somme de nos énergies dirige l'évolution sociale de façon qu'elle ne fasse qu'apporter à l'anarchie triomphante les éléments de conservation et d'expansion vitale.

MAURICIUS.

Chiquenaudes et Croquignoles

Reporter en mal de copie.

Un homme à voix spéciale, par voie spéciale, reporte à l'Autorité avec un souci de ses détails qui peut plaire à tous.

Il relate ses exploits. Entre autres cette réponse faite à un brigadier de police qui voulait le faire circuler :

Vous feriez bien mieux d'arrêter les deux anarchistes qui viennent d'être aperçus derrière le Sacré-Cœur, porteurs de bombes, et ont été signalés à M. Guillaume, officier de paix.

Nous croyons ce monsieur sur parole et à la prochaine occasion nous réservons les salutations de nos semelles à ses fesses qui, autant que peut nous l'indiquer sa voix, sont habituées à d'autres caresses.

—o—

Les défections scientifiques.

Haeckel a compris que les savants n'étaient pas à leur place dans un congrès où le terme libre penseur n'était même pas défini. La théorie du transformisme s'allie mal avec la théorie du parlementarisme.

Le copain Berthelot, qui la définition aurait à son gré sans doute, n'est pas venu non plus. A quand son départ de l'antre du Sénat.

Leur attitude serait meilleure s'ils venaient, avec leur autorité scientifique, combattre les formes ridicules des groupements congressistes obéissant aux lois de la majorité.

CANDIDE.

Les Forces Aveugles

C'est l'énergie qui mène le monde. Tout cède à son impulsion souveraine. Par elle, la matière est contrainte à une continuelle activité. Les diverses sortes de phénomènes qui constituent l'ordre du monde sont l'effet des énergies qui s'exercent dans son sein. La gravitation, la chaleur, la lumière, l'électricité, l'affinité, la vie, introduisent dans les éléments des choses une agitation créatrice. les déplacent, les modifient, les organisent et, pénétrant la masse entière, y déterminent des transformations sans fin. L'univers est un atelier de puissances toujours en action. Rien ne se produit que par leur initiative et ne se soutient que par leur concours.

Au milieu de ces énergies travaillant sans relâche, les êtres appelés à vivre ne peuvent subsister que par d'incessants efforts. Hippocrate a défini la vie une puissance laborieuse, en état de tension constante. L'être vivant doit lutter sans trêve, résister et conquérir. Il faut qu'il se procure les satisfactions nécessaires, empêche ce qui lui serait préjudiciable et tire parti de ce qui est susceptible de lui servir. Ses facultés, ses jouissances, sa durée sont en rapport avec les moyens d'influence dont il dispose et sa vitalité se mesure sur sa latitude d'action.

A raison du nombre et de l'étendue de ses besoins, l'homme, plus qu'aucun autre animal, était obligé d'agir : mais ce pouvoir de diriger dans le sens de ses intérêts une multitude de phénomènes, il ne le possédait pas à l'origine. Sa faiblesse et son imbécillité natives le réduisaient à une impuissance presque absolue. Toute compétition semblait impossible entre ses ressources dérisoires d'action et les forces irrésistibles que le monde déchaînait autour de lui, le plus souvent contre lui. Voyez-le dans sa nudité première et son affligeante débilité : tout le blesse ou le menace : tout lui est obstacle ou péril. Sans armes pour attaquer et se défendre, il ne pourrait pas lutter à chances égales contre les grands animaux dont la plupart l'emportent par la taille, la vigueur et les moyens d'agression. Plus insurmontables encore, les forces brutes l'accablent avec une violence qu'il est incapable de vaincre ou d'éviter. La pesanteur le cloue au sol, rend sa marche pénible, s'oppose à tout déplacement lointain ou rapide et lui fait de son propre corps un fardeau. La moindre barrière l'arrête, la plus faible impulsion l'entraîne, la moins lourde masse l'écrase, le plus léger choc le brise. Non moins hostiles, les agents physiques semblent conjurés contre son bien-être. La chaleur le brûle et l'étouffe, le froid le transit et le gèle, le soleil l'éblouit, les ténèbres l'aveuglent, la foudre l'épouvante...

Ainsi enlacé par le jeu de ces forces, l'homme s'agitait en vain sous leur despotisme comme un esclave enchaîné sous le fouet de son maître. Passif et désarmé, il était le plus misérable et le plus tourmenté des êtres parce qu'il se trouvait aux prises avec des exigences et des difficultés également infinies. Pressé de besoins qu'il ne savait comment satisfaire, accablé de maux dont il ignorait le remède, il n'avait pour protéger son existence précaire qu'un pouvoir d'action des plus restreints et la douteuse assistance du hasard. A toutes les forces dont la tyrannie pesait sur lui, à tous les agents qui se disputaient le droit de le faire souffrir, il ne pouvait opposer qu'une courte fuite et une résistance bien vite lassée. Dans ce duel acharné entre sa faiblesse et toutes les puissances de la nature, il devait combattre des adversaires à la fois innombrables et infatigables, aborder de front tous les obstacles, traverser tous les dangers, se résigner à d'incessantes défaites et acheter par d'effroyables efforts, au prix d'angoisses sans nom, une vie pleine de privations et de douleur.

Telle fut, dans sa rigueur terrible, la condition initiale de l'homme. Cependant cet être si disgracié en apparence avait acquis, à la suite d'une longue évolution, des transformations successives, la raison, la plus puissante des forces, parce qu'elle est capable de ranger toutes les autres sous ses lois. Le roseau, comme dit Pascal, était un roseau pensant. Or l'être qui pense doit devenir tôt ou tard le maître des choses qui ne pensent pas. La clairvoyance, en effet, peut plus que la violence parce qu'elle connaît son but, dispose un plan, concerte des moyens d'action, profite des occurences favorables, applique au mieux ses efforts et marche sans dévier à ses fins. La clairvoyance n'exclut pas la violence, mais celle-ci peut n'être pas clairvoyante. Irrésistibles dans leur déchainement, les forces de la nature sont aveugles dans leurs tendances et ne font qu'agir, tandis que nous raisonnons: Dès lors, si peu que nous ayons prise sur elles, nous pouvons les diriger, les plier à notre avantage et finalement les dominer. L'homme observe, réfléchit, combine. Il cherche des biais et trouve des artifices. Empruntant à ses ennemis la force qui lui manque, il recrute parmi eux des auxiliaires, oppose avec art la nature et tourne contre elle les agents qu'elle tournait contre lui. Il arrive ainsi à la mettre dans son parti et, bientôt après, sous sa dépendance. Du moment où il est parvenu à la défaire et à l'asservir en détail, il intervient toujours plus activement dans la production des phénomènes, les gouverne à son profit et tire de cette ingérence des résultats d'une merveilleuse fécondité.

Il est toutefois pénible de constater que dans la lutte acharnée pour la subsistance les hommes jusqu'à présent, se soient cru obligés — avec quelque semblant de raison peut-être — de se considérer mutuellement comme des forces inconscientes, privées de tout raisonnement.

De là cette aberration monstrueuse qui fait que dans nos « civilisations » modernes, chaque individu peut prétendre à devenir le « maître des choses » en assimilant même à ces choses une partie des autres hommes bons tout au plus, pour lui que comme instruments serviles d'exploitation.

Le rôle des anarchistes consiste à rétablir l'équilibre en détruisant, avec les préjugés toutes les formes de « commandement ».

Pour nous, la véritable base de tout groupement, c'est le principe d'association en vue de la domestication des forces naturelles mises au service du bonheur de chacun.

C'est là la conclusion logique, de cette longue série d'étapes de l'épopée humaine, partant du combat de l'être incertain contre les éléments pour aboutir à l'épanouissement de l'anarchiste « maître de soi », se complétant par la société.

CANCRUS.

LE MÉCANISME DE LA VOLONTÉ

La volonté étant un des facteurs essentiels de la vie, il ne devrait pas se trouver de camarades qui ne connaissent son fonctionnement. L'on est pourtant fort étonné d'en rencontrer souvent, qui parlent de la volonté comme d'une vertu du genre de celles que les spiritualistes attribuent à l'entité Ame.

Voilà la démonstration la plus simple de l'inanité de leur thèse, démonstration basée sur des faits.

Un homme qui devient aveugle garde la connaissance de la forme et de la couleur des objets, il peut avoir des hallucinations de la vue. Un aveugle-né n'a aucune hallucination de la vue ; il n'a aucune idée de la couleur ni de la forme des objets qui ne sont pas encore tombés sous le sens de son toucher.

L'homme qui devient sourd conserve la connaissance de la musique, de la parole ; il peut avoir des hallucinations de l'ouïe. Le sourd-muet de naissance n'a aucune idée de la musique ni du langage articulé et ne peut avoir aucune hallucination de l'ouïe.

Cette simple constatation prouve que nulle pensée, nul raisonnement, nulle volition ne sont spontanés en nous. Tous ces actes résultent des sensations extérieures sur la matière cérébrale, sensations transmises par les nerfs dits sensitifs.

Que devient donc notre âme, si âme il y a, lorsque la mort l'a privée de la vue, de l'ouïe et de tous les autres sens, lorsque aucune impression ne lui parvient plus. Elle ne peut plus raisonner puisque le raisonnement n'est que l'étude des impressions reçues, elle ne peut plus vouloir, puisque, comme nous le verrons tout à l'heure, la volonté n'est qu'une résultante des impressions reçues. Or, d'après les spiritualistes, l'âme étant constituées par ces seules fonctions, finit donc avec celles-ci et n'est, en dernière analyse, que *l'ensemble des fonctions du cerveau.*

Je disais que tous les actes cérébraux résultent des sensations provoquées par le milieu et parvenant au cerveau par l'intermédiaire des sens. Mais la matière cérébrale n'a pas la même composition chez tous les hommes. Mille causes contribuent à des dissemblances : l'hérédité, la nutrition, le climat, l'éducation, etc., font varier à l'infini la composition de cette substance : il s'ensuit évidemment que les mêmes sensations ne produisent pas exactement les mêmes effets sur tous les hommes. C'est ce qui fait que les uns acceptent facilement des idées qui répugnent à d'autres, c'est ce qui fait aussi la facilité qu'ont certains cerveaux de s'assimiler une branche de la science, ce que d'autres ne feront qu'avec de grandes difficultés.

Toutes les sensations reçues du milieu : paroles, musique, odeurs, chocs, visions, etc., transmises par les nerfs, comme les dépêches sur le fil électrique, viennent donc modifier une ou plusieurs cellules nerveuses à un endroit déterminé du cerveau. Je dis « déterminé » parce que des travaux nombreux et remarquables ont prouvé que chaque ordre de sensations a sa place marquée dans les lobes cérébraux.

On concevra dès lors aisément comment deux ou plusieurs sensations de même ordre, reçues les unes après les autres viennent s'amalgamer pour déterminer une modification des cellules, modification qui est évidemment la résultante des impressions reçues. Plus les sensations sont puissantes, plus les modifications correspondantes seront profondes et durables.

Ces impressions peuvent s'effacer si le cerveau ne fonctionne que peu, et si aucune autre sensation ne vient les raviver ; ce phénomène, que l'on appelle oubli, provient de ce que, par la nutrition, la matière cérébrale, comme celle de tout organisme, se renouvelant sans arrêt, les cellules anciennes font place peu à peu à des cellules nouvelles, vierges de ces impressions.

Parmi toutes ces sensations, certaines déterminent une rupture de notre équilibre normal, autrement dit elles créent en nous un *besoin*. Ainsi une sensation de froid produit en nous un besoin de chaleur, une trop vive lumière le désir de détourner les yeux, etc. Dans le même ordre d'idées, une suite de sensations d'oppression produit en nous un besoin de réaction, de révolte.

Nos besoins ne se satisfont pas également : tandis que certains, comme celui de respirer, de boire, de manger (et encore ?), se satisfont aisément ; d'autres, comme celui de vivre libre, d'apprendre facilement, de combattre l'ignorance, le mensonge, etc., rencontreront des entraves plus ou moins fortes et tenaces.

C'est ici surtout que l'homme marque sa supériorité sur les autres espèces animales. Tandis que celles-ci, la plupart du temps, n'obéissent qu'aux besoins immédiats, l'homme, grâce à sa puissance de raisonnement lui permettant d'entrevoir après la lutte, la satisfaction de son besoin, a la faculté de pouvoir travailler plusieurs années à réaliser cette satisfaction.

C'est cette faculté que nous appelons la volonté.

L'on comprendra dès lors, aisément, qu'il ne suffit pas d'avoir une forte volonté, qu'il faut surtout que cette volonté ait pour guide le raisonnement ; il faut se garder de se créer des besoins illusoires ainsi que longtemps les hommes l'ont fait, ce qui les a conduits à travailler de longs siècles à l'accomplissement d'œuvres inutiles.

On est épouvanté quand on songe quelle somme d'énergie il a fallu dépenser pour élever ce stupide édifice social ; pour construire, abattre et reconstruire les systèmes de gouvernement, pour lancer des peuples entiers les uns contre les autres, fabriquer des lois risibles, amonceler canons, sabres, torpilles et autres ferrailles destructives !

Et la stupeur commence quand on s'aperçoit combien il se dépense d'efforts chaque jour pour perpétrer cet état de choses !

Si toute cette force était utilisée en œuvres utiles à l'homme, à l'humanité, sachons de quelle somme de bonheur nous pourrions jouir dès aujourd'hui, alors que nous végétons dans la misère, quel serait notre savoir alors que nous sommes si ignorants, comme nous serions heureux d'aimer, nous qui ne pouvons presque haïr !...

Allons, camarades, de la volonté, mais de *la volonté intelligente.*

S. OSSIAN.

P.-S. — En lisant l'article de Mauricius dans l'*anarchie* du 24 août, je m'aperçois que ce camarade est sous l'influence du préjugé dont je parlais au début de cette étude :

1° On ne peut pas *assimiler* la marche des idées avec la loi d'inertie, on ne peut que la *comparer*, il n'y a là qu'une ressemblance ;

2° Les *moi* des esclaves sont, quoiqu'en pense le camarade, impuissants à se réformer d'eux-mêmes et à donner une impulsion nouvelle à la masse. Il faut que d'autres impressions venant des penseurs, arrivent, par leur force et leur répétition, à changer petit à petit le *moi* de ces esclaves pour qu'ils deviennent à leur tour capables d'agir individuellement.

3° De ce que les cellules des cerveaux esclaves subissent par hérédité l'action de cent ans d'années de servitude, de ce qu'ils reçoivent encore de leur milieu des quantités d'impressions leur faisant perpétuer leur état actuel, il s'ensuit que ces cellules mettent un temps énorme à changer de composition. De plus, le mouvement des collectivités étant la somme ou la *résultante* des mouvements individuels, il s'ensuit évidemment que la masse suivra longtemps encore la direction actuelle. Tout ce que nous pouvons faire c'est d'agir le plus puissamment possible en sens contraire du courant.

L'humanité est dans la situation d'une foule courant au galop au-devant d'un danger. D'abord, quelques individus voient le péril, ils veulent reculer, mais la masse les écrase, puis, peu à peu, leur nombre devenant plus grand leur effort ralentit la course folle de la masse ; enfin, lorsque la force résultant des individus conscients du danger devient suffisante, alors, et seulement alors, la masse s'arrête, puis recule.

Et *vouloir* que cela ne soit pas, c'est vouloir l'impossible, sans réfléchir.

S. O.

AU MILIEU LIBRE

Si les anarchistes savent parfaitement que à Vaux, par Château-Thierry, il existe un Milieu libre, ils ne savent pas du tout ce qui s'y passe, les nouvelles de cette colonie étant des plus rares.

Favorisé par le hasard j'ai eu le bonheur de prendre communication d'une lettre d'un colon et ma foi, je vous l'avoue, cette lecture n'a rien de bien rassurant sur l'état de prospérité de la colonie communiste.

Disons d'abord que quelques-uns des camarades qui vont à Vaux sont de tichus oiseaux de passage et que leur séjour au « Milieu » est souvent de peu de durée. Quelle en est la cause, me direz-vous ? Ça tient, paraît-il, à ce que les libertaires qui s'y rendent, croient que cela naissait, ils vont avoir résolu la révolution et qu'une fois arrivés en ce nouveau paradis terrestre, ils n'auront : « qu'à se la couler douce ». Cruelle est leur désillusion ! Naturellement ne s'accoutumant pas au genre de vie qu'il leur faut mener, ils s'empressent de lever la séance.

Jusque là rien que d'assez logique, mais, détail piquant, il en est qui soucieux du lendemain et par horreur des poches vides, « font » délicatement la caisse pour s'assurer un viatique de voyage. On n'est pas plus modeste.

Inutile de dire que ceux qui restent trouvent le procédé plutôt mauvais et que, terribles éclatent les querelles ; on se dit des vérités, enfin, comme dit la lettre, « on s'engueule comme seuls des « anarchistes » savent s'engueuler. »

Parlons maintenant d'autre chose. Cet été, chacun sait ça, il a fait de très fortes chaleurs pendant quelques semaines, cependant cela n'explique pas, à mon point de vue, l'attitude de ce colon qui ne trouva rien de plus drôle que de casser ses journées vêtu d'un simple caleçon de bain, étendu au soleil, à prendre ce que vulgairement on appelle des bains de lézard. La nuit il couchait dans les bois.

Les moutons de Panurge se rencontrent partout : c'est bien pourquoi l'homme au caleçon de bain trouva un imitateur dans son propre « Milieu ». Qui sait, toute la colonie y aurait peut-être passé (quel joli spectacle), si les résultats de ce naturisme à outrance ne s'étaient manifestés de regrettable façon. En effet, le premier mouton quitte Vaux pour un sanatorium et le second est en devoir de changer de peau, le soleil lui ayant supprimé la première.

Un tas d'autres histoires seraient drôles à narrer si elles ne contenaient pas en elles de décevantes leçons.

Pour ma part, j'avais toujours cru que le Milieu libre devait montrer aux bourgeois la possibilité pour des hommes conscients de vivre en commun en se passant de patrons, je constate que c'est tout le contraire qui arrive. Les belles images de la société future que voilà, ça ressemble à un petit théâtre où les marionnettes se contentent de faire trois petits tours, puis ensuite de s'en aller ; ces dernières, encore, s'en vont toujours les mains vides, malheureusement, les grandes qui s'agitent sur la scène de Vaux ne leur ressemblent que très peu sous ce rapport.

Après tout ce que vous venez de lire, ne vous étonnez pas si le « Milieu » est si chiche de ses nouvelles.

Là-bas subsistent néanmoins quelques dévoués qui ont à cœur de sauver la colonie de sa triste situation. Pour cela, ils devront se séparer d'un tas d'ineptes préjugés et de sottes coutumes ; à ce prix-là, ils pourront peut-être faire de bonne besogne.

C'est ce que je leur souhaite, malgré mon peu d'enthousiasme pour leur œuvre.

E. STATIOT.

CONSTITUTION !!!

Je lisais dernièrement une lettre de Russie, reproduisant l'état d'esprit des paysans, état d'esprit nullement faussé par toutes les « choses » politiques, et elle disait, cette lettre, en termes très simples et très clairs, le désir unique de ces moujiks : « La terre ! Nous voulons la terre ! »

Ils la demandent non pour y construire des châteaux, ni la transformer en chasses privées, mais pour la cultiver, pour en vivre et aussi parce qu'ils l'aiment et savent qu'ils peuvent, en la soignant, en la travaillant, lui faire donner ce que la politique et la bureaucratie ne leur donneront jamais : du pain.

On a répondu, enfin, aux justes réclamations de ces braves gens qui, depuis tant de siècles, peinaient et souffraient en silence. Dieu aidant — toujours — la voix de la Justice, de l'Égalité, de la Fraternité s'est fait entendre et on a donné, à ces intentions pures, dignes de tous éloges et d'encouragements : une Cons-ti-tu-ti-on.

Lisez bien, amis lecteurs, une Constitution. « Si vous ne le croyez, que le fondement vous échappe !... » comme disait Rabelais. Voyant d'un côté les désirs, les besoins des uns, d'autre part le résultat obtenu, lâché comme un os à un chien errant et affamé, n'est-on pas en droit de se demander si l'humanité — employons le mot puisque l'on n'entend que celui-là — n'est pas atteinte de démence ?

Cependant, tout s'explique.

Il ne suffit pas de « vouloir » une chose. Ce mot exprime bien un vif désir, désir d'autant plus grand que l'individu ou les individus qui l'ont sont privés de cette chose, mais... la morale séculaire de notre « humanité » a permis aux uns de « vouloir » et aux autres de « ne pas vouloir ». Et comme l'appropriation est également séculaire, cependant que certains désirent, veulent toujours, d'autres ne veulent pas, ne veulent jamais.

L'obstacle est là. Pour le franchir, pour le détruire, il faut pénétrer dans l'individualisme et pour cela connaître l'individu.

Or, l'individu, tel que nous le connaissons, est-il capable de « vivre ses volontés » ? — Non. — Pourquoi ? — Parce qu'il n'est pas en « puissance ». Il est esclave de préjugés, d'éducation, de morale et *ne* vit qu'avec et pour des fantômes (Dieu, État, Morale) au lieu de vivre pour lui et par lui.

Nous avons ainsi l'explication, en ces quelques lignes, de la réponse de l'État russe aux désidératas de ses sujets.

L'État fantôme, dont la forme objective n'est représentée que par quelques individus, l'État, dis-je, leur refuse toute satisfaction.

Les paysans russes n'auront la terre, objet de leurs aspirations, que lorsqu'ils seront en possession de leur « puissance », lorsqu'ils sauront « pouvoir » ce qu'ils « voudront ».

Alors... ils la prendront.

Il n'est pas d'autre solution au problème social. Espérons qu'elle viendra et concluons avec Max Stirner :

« Les classes opprimées purent à la rigueur supporter toutes leur misère aussi longtemps qu'elles furent chrétiennes, car le christianisme est un merveilleux étouffoir de tous les murmures et de toutes les révoltes. Mais il ne s'agit plus aujourd'hui d'étouffer les désirs, il faut les satisfaire.

. . . .

« Ce n'est pas des débonnaires et des miséricordieux, ce n'est pas de ceux qui donnent et de ceux qui aiment que viendra le salut, mais uniquement de ceux qui « prendront », qui s'approprieront et qui sauront dire : « C'est est à moi ! »

A. L. MANOURY.

Notre Correspondance

31 Août 1905.

Au « Liseur, »

Je prends connaissance, en rentrant de voyage, du n° 19 de l'*anarchie*. Soyez assuré que je ne crois pas à la bonté de Loubet. Mais la foule entière, du voyou au Grand Maître, est convaincue de la nécessité éventuelle de la peine de mort. Lorsqu'elle a parlé, il faut obéir. En d'autres cas, lorsque le Gros Appointé semble libre de gracier, il se décide selon son tempérament de bourgeois plus ou moins sensible, mais empêtré dans le linceul du Devoir Social. Évidemment, il pourrait — insoucieux des responsabilités assumées — faire grâce à toute occasion. L'exemple de Grévy nous montre que cette méthode mécontenta également le peuple et ses maîtres. Du reste, c'est purement une question de tempérament personnel, et vous avez pu voir que mon article, évitait les personnalités, étudiant seulement les entités. Car dans deux mille ans, on pourra trouver des traces de notre société, de son fonctionnement. Mais qui connaîtra Loubet ? Qui connaîtra Koukaert ?

Et qui, d'ailleurs, connaîtra

POILO.

* * *

Paris, Août 1905.

Au camarade Manoury.

« Le seul vrai mauvais genre, a dit, ou à peu près, quelqu'un.

« Le seul vrai mauvais genre est le genre ennuyeux. »

J'ai proclamé détestable le genre faux.

Ne serait-ce pas la même pensée en termes différents ?

Si l'intérêt est nul dans une histoire invraisemblable, je ne vois pas bien ce que pourrait lui restituer sous ce rapport le jeu puéril des phrases à ritournelle.

Il semble que vous en jugiez autrement, et volontiers, si je ne me trompe, vous passeriez sur le fond en faveur de la forme, « pour la magie du style ».

Ce me serait un grief de plus. Je sais à quelle querelle a donné lieu cette formule : l'Art pour l'Art : la dispute dure encore, je crois, dispute d'académie. Nous ne prendrons pas parti, vous et moi — déjà sages en cela. Mais est-ce à dire, je vais encore, selon votre expression, me « généraliser », et le diable est que, comme chacun, comme vous-même, je n'aie d'autre moyen d'exposer des raisons ; est-ce à dire que les lectures banales et vides, malsaines, ne fût ce que pour cela, des gens désœuvrés de corps ou d'esprit, doivent être les nôtres ? Pour nous, non plus, ce ne serait pas sans danger.

Ni songes ni mensonges !

Camarades, vivons dans les réalités.

Clément LAPEYRE.

* * *

31 Août 1905.

Au camarade Paraf-Javal.

Tout individu qui pense, pense sans contrainte ou alors ne pense pas. On ne peut pas plus être libre penseur *a priori* qu'à *posteriori*. La définition semble *a posteriori*, fausse.

Comme la définition paraît s'appliquer à l'anarchiste, il me semble qu'elle se trouverait mieux en ce sens : Tout individu est anarchiste quand il agit *a posteriori* (après examen, après jugement, sans préjugé).

Je dis : quand il agit, et non quand il pense, peu importe ceux qui pensent et n'agissent pas.

Un individu peut s'adjuger l'étiquette « abruti » quand ses agissements sont *a priori*.

La pensée ne gêne pas la liberté des hommes : ce sont les agissements, soit qu'ils soient *a priori* ou *a posteriori*.

DERKOFF.

LES DÉCLASSÉS

I

Les pierrots vêtus de loques,
ceux qui cultivent leurs sanglots
pour en faire des soliloques,
ceux qui riment et ciselent les mots
transforment les verbes en paillettes,
les génies aux maigres binettes
portant des cheveux encrassés,
les amoureux des clairs de lune
qui chantent les divinités,
les plus heureux des sans fortune,
les poètes sont déclassés.

II

Tous ceux dont la pensée est lasse
des contraintes et vérités
qui s'imposent en raison des masses,
les nuits et les révoltés,
ceux que ne plient les lois humaines,
bons drilles, truands et ragots ;
amants des joies, haineux des peines
la mauvaise graine du dernier lot,
ceux qu'on houspille et ceux qu'on tue,
les rudes gueux des sombres rues
tous les libres sont déclassés.

III

Ceux qui dorment sous les étoiles,
se réveillent aux chants matineux,
portent le havresac de toile,
les trimardeurs, les chemineaux,
ceux qui parcourent les routes grises
et vivent de pain mouillé d'eau,
ceux qui jettent au souffle des brises
les plaintes de leur chalumeau,
aiment les filles dans les gerbes
chantent la liberté superbe,
sont les princes des déclassés.

ENVOI

Ils sont en marge de la vie
d'où le bourgeois les a chassés ;
Prenez vos libertés ravies,
dans le grand geste, ô déclassés.

R. MILLY.

LEURS AVEUX

CEUX QUI RESTENT (1)

Il n'y a plus personne dans les villes. Il n'y a plus personne à Paris. C'est le cliché de la saison. Les boulevards semblent plus larges sous les arbres dont apparaît l'ossature, tandis qu'une à une tombent les feuilles rousses. Les garçons aux terrasses des cafés flânent, les mains pendantes, ou bien s'amusent à dessiner sur l'asphalte de beaux reptiles d'eau qui s'enlacent autour des tables vides. Et les rues sont encombrées d'échafaudages, de pots de couleur, de peintres qui lancent à plein gosier des roulades sonores et sentimentales, pendant que la concierge, oisive et les yeux levés, les regarde, les écoute et sent s'émouvoir son cœur.

Il n'y a plus personne à Paris : il n'y reste plus sur trois millions d'habitants que deux millions huit cent mille — environ — un rien. Aussi le rédacteur qui tient la rubrique de la médecine et de l'hygiène dans une de nos feuilles mondaines a-t-il voulu s'occuper de ces quelques attardés :

« Si vous voulez traverser sans dommage la période de la canicule, leur dit-il en substance et gravement, le moyen est tout simple : levez-vous assez tôt, vers sept ou huit heures au plus ; faites-vous administrer par votre domestique une douche en pluie sur la tête, en lance sur les reins ; puis un bon massage et une friction. Déjeunez légèrement : un verre de képhir ou de yohourt, suivant la recette du docteur Metchnikoff ou bien quelques grappes d'un beau raisin doré ; enfourchez ensuite votre cheval ou votre bicyclette, à moins que vous ne préfériez l'auto, et faites, dans la fraîcheur des allées du Bois, une promenade qui vous mènera jusqu'à l'heure du grand soleil et du repas. Rentrez dans vos appartements aux persiennes closes où règne une température exquise, mangez sans excès des nourritures saines et choisies qui flattent le palais et réveillent l'appétit un peu somnolent ; une bonne sieste par dessus la liqueur fine et vous vous réveillez frais et gaillard pour aller, après quelques courses ou quelques visites, achever une soirée délicieuse dans un restaurant des Champs Elysées ou du Bois... »

C'est tout simple, en effet, mon cher docteur. Ceux qui restent à Paris iront bien, puisque vous les y conviez, au pavillon d'Armenonville ou bien encore au Château de Madrid. On y dîne pas mal pour cinq louis par tête et les vins n'y coûtent que vingt-cinq, cinquante ou cent francs la bouteille. Ils y dégusteront des sterlets du Volga, un cuissot d'izard et, au dessert, des pêches à dix francs l'une...

Seulement, qui paiera l'addition ?

* * *

Car c'est bien à eux, je pense, que vous vous adressez, honorable Esculape, aux 2.800.000 déshérités qui demeurent à la ville et ne connaîtront pas le charme des flâneries sur le sable, au bord des vagues, dans les forêts ou sur les sommets poudrés de neige ?

Je sais bien qu'ils se montrent discrets, réservés, qu'on les voit peu et qu'ils n'encombrent guère les boulevards, les cafés et les restaurants à la mode. Pourtant ils existent tout de même et si c'est à eux que vous avez songé, laissez-moi vous dire, puisque vous semblez les ignorer, les raisons péremptoires qui les obligent à négliger votre petite ordonnance :

Ils se lèveront tôt pendant la période de la canicule ; non pas, aimable docteur, parce que vous les y engagez, mais parce qu'ils se lèvent toujours tôt, hiver comme été. Pourtant ils ne prendront pas de douche parce qu'ils n'ont pas d'appareil à douche, pas de domestique pour la leur donner et même pas de place pour la prendre. Croyez-vous que le problème soit si facile à résoudre quand on couche trois ou quatre dans la même chambre, quand les enfants vous regardent et que, dans la cuisine, le fourneau de la ménagère touche la table à manger ?

Ils ne déjeuneront pas de képhir ni de yohourt, dont le nom leur est inconnu et qui coûte cher ; mais ils mâcheront un peu de pain rassis — on en mange moins que lorsqu'il est frais —, peut-être une croûte de fromage, tout sec et tout jauni, reste du dîner de la veille, ou bien, pour s'éveiller et se donner du cœur, un grand bol de café pâle, fleurant la chicorée.

Puis, les membres las et la tête lourde, ils s'en iront vers le magasin, l'usine ou l'atelier ; ils travailleront sans relâche, fenêtres closes, dans l'air étouffant, dans l'odeur fade des haleines, de la poussière et de la sueur. En fait de nourritures saines et choisies ils auront à midi, des viandes molles à la saveur faisandée ou chimique, des sauces douteuses, des légumes flétris et des fruits visqueux.

L'après midi se traîne comme le matin, dans l'atmosphère plus épaisse et plus nauséabonde et s'ils ne s'en vont pas ensuite suivant votre conseil, dîner au Château de Madrid, c'est peut être bien, ô très digne fils d'Esculape, parce qu'ils y laisseraient tout leur salaire du mois.

Jean VIOLLIS.

Sachons conclure pour le rédacteur et voyons l'attitude à prendre afin de ne pas être toujours :

Ceux qui restent.

(1) *La France du Sud-Ouest*, 26 août 1905.

A MON FRÈRE LE PAYSAN

Des camarades d'Amiens à la lecture de notre note sur cette brochure nous ont averti qu'ils en avaient une édition en cours. Quoique leur avis nous soit parvenu un peu tard, nous avons arrêté notre travail. Les camarades qui nous ont fait les demandes, recevront les envois aux mêmes conditions, 12 fr. 50 le mille, port en plus.

A ces conditions, nous allons jeter dans la circulation, une brochure de A. Libertad :

La Vie Anarchiste.

LAISSONS-LES DONC CREVER !...

... Ces croquants galeux et pelés qui se courbent sous le poids de la résignation, sous le poids de leur esclavage et de leurs mensonges, délaissent les plaisirs et les joies, la liberté et la vie.

Oui, laissons-les crever dans leur misère et leurs souffrances, dans leur crasse, dans leur saleté et dans leur pourriture, amenée plus rapidement à la mort par leurs travaux de brutes, l'alcool et le tabac.

Pourtant, bien souvent, je les ai plaints ! Alors que dans la mine ou dans l'usine, ils sont là, suant à grosses gouttes, le dos courbé, pliés en deux, les bras lassés, respirant une atmosphère lourde, travaillant ferme et sans arrêt à manier le pic ou le marteau, attentifs à leur besogne machinale, toujours dans la crainte du patron ou du garde-chiourme, qui, d'un œil alerte et vif les surveille.

Oui, je les ai plaints lorsque, sans travail et sans pain, ils défilaient dans les rues des villes, cherchant de l'embauche, essuyant des refus, se couchant ensuite le ventre creux.

Oui, je les ai plaintes aussi, celles qui, délaissant les soins du ménage, passent leurs veillées et leurs nuits à trimer afin de gagner les quelques sous suffisant à peine à acheter du pain. Oui, je les ai plaints, tous ceux qui souffrent et qui peinent, tous ceux qu'un dur labeur arrache au foyer de la vie, pour en faire des forçats, des esclaves, des victimes. Que de fois j'ai souffert de ne voir, moi, affranchi de leurs préjugés, auprès de ceux qui, toujours, en ont été bercés, et qui toujours les veulent conserver.

Que de fois j'ai souffert, quand je leur criais la vérité, quand j'essayais de leur montrer leurs erreurs, quand je voulais ouvrir leurs yeux et leur esprit afin de leur montrer la vie bien en face ; quand je voulais les tirer de leur bourbier et de leur misère, afin qu'ils se rangent parmi les hommes libres et conscients et qu'ils répondaient à tous nos efforts par des quolibets, des railleries.

Aussi, je les combats à présent, ces hommes incomplets, les laissant de côté vivre à leur guise, se détruire eux-mêmes, usant leurs corps et leurs cerveaux à servir leurs maîtres, vivant dans leur pourriture et leur crasse.

Je m'efforce à ne vivre qu'avec des hommes libres et conscients, comprenant l'anarchie, basée sur la science et sur la nature, détruisant tous les dogmes et les préjugés.

Oui, forçats de la faim, trimez pour servir vos maîtres, il n'y a jamais assez d'esclaves pour gonfler les coffres-forts de vos bourreaux. Oui, victimes du travail, tenez pour soutenir la société actuelle qui, malgré vous, se détruit et se meurt.

Nous autres, nous vivons les joies de la lutte constante contre la société bourgeoise, contre les riches et les maîtres, contre ceux qui, comme vous, les respectent et les soutiennent, contre les bourreaux et les victimes, contre les moutons et les bergers !

Et je termine en disant, d'accord avec ceux qui comprennent et qui luttent, en parlant des idiots, des résignés, des électeurs :

Laissons-les donc crever !

André PICOT.

Les CAMARADES que cette feuille intéressera, enverront, le plus vite possible, un abonnement, selon leurs moyens.

Cela diminue le rôle des intermédiaires bourgeois dans nos relations.

Il est nécessaire qu'elle vive de l'effort de ceux à qui elle plait.

ENTRETIENS ANARCHISTES

Le Messie-Révolution

Comme je passais l'autre soir, rue Réaumur, je fus surpris de m'entendre héler. C'était ce bon Sosthène Farouche, lequel, paisiblement installé à la terrasse d'un bar, absorbait sous prétexte d'apéritif un mélange visqueux et verdâtre. Sur mon refus de prendre part à cette dégustation, il se leva et me suivit, ayant, disait-il, des critiques importantes à m'exposer.

— D'abord, débuta-t-il, je ne comprends pas l'attitude de certains anarchistes envers les syndicats et l'A. I. A. T. Pourquoi critiquer et combattre sans cesse l'action énergique de ces organisations ? Pourquoi perdre votre temps dans des spéculations philosophiques, dans un « éducationnisme » décevant plutôt que pratiquer l'action insurrectionnelle du prolétariat ? Les « convertisseurs » n'aboutiront à rien ; seule, la violence (?) peut quelque chose. Quant à moi, tu le sais, je suis anarchiste révolutionnaire... et j'astique mon flingot !

— Mais, mon cher ami, si tu trouves, à juste raison, les progrès de la propagande éducative trop lents à ton gré, pourquoi ne pas unir tes efforts à ceux qui la font ? Cela augmenterait au moins son intensité et la somme de ses résultats intéressants. Êtes-vous plus avancés, vieilles barbes incorrigibles, de prêcher et d'attendre je ne sais combien d'années cette fameuse révolution ! D'autant plus qu'elle ne se presse guère et ne paraît pas devoir se produire de sitôt, étant données l'ignorance et la veulerie de la masse insuffisamment travaillée par notre propagande (1).

— Oh ! tu fais erreur, je suis persuadé du contraire. Je considère la révolution prochaine par l'action directe syndicale. C'est une folie de le méconnaître ! Ne voyons-nous pas chaque jour les symptômes de ce bouleversement ? Et les émeutes de Russie, la révolte du *Kniaz-Potemkin*, les grèves de plus en plus violentes se déclarant à tous les coins du monde ? Voilà des faits !

— Ces faits ne prouvent absolument rien ! Depuis des milliers d'années, les hommes se révoltent contre les oppresseurs de toutes sortes et tout acabit. Depuis Spartacus jusqu'à nos jours, en passant par les nombreuses révolutions, jacqueries, émeutes, pillages s'étant produits, l'histoire est une longue suite de révoltes. Et puis ? Cela peut durer longtemps encore. L'échec inévitable de ces tentatives successives incombe justement à l'inconscience des révolutionnaires, à leur manque d'idées précises et de théorie. Suppose cette révolution panacée dont on parle tant arrivant inopinément comme tu le

(1) J'entends par propagande l'énoncé de ce que nous croyons juste et logique, en matière sociale.

---

(3)

CHALEUR ET LUMIÈRE

LA HOUILLE

(Suite)

Les chimistes, depuis longtemps déjà, préparaient dans leurs laboratoires des essences artificielles en partant de produits naturels : ils viennent d'inaugurer l'ère où l'essence de violettes se fait sans violette, où la fleur d'héliotrope reste complètement étrangère au parfum qui porte son nom. C'est d'abord la *vanilline* qu'ils parviennent à tirer des dérivés de la benzine. En 1888, c'est le *musc artificiel* qui vient au monde, mais qui n'arrive pas encore aujourd'hui à supplanter le musc de Chine. En 1894, on fait la synthèse de l'*ionone* qui, même pour les plus délicates narines, ne se distingue pas de l'odeur de la violette. Et chaque année nous fait présent de quelque nouveau parfum artificiel. — Et ainsi, grâce aux goudrons de houille, nous assistons à la lutte sans merci entre deux adversaires également dignes de triompher : à l'Industrie fécondée et inspirée par la Science — et l'Agriculture longtemps immobilisée dans des pratiques séculaires, mais décidée, elle aussi, sous la poussée de la concurrence, à s'inspirer de données scientifiques.

VI

La consommation de la houille.

Pour satisfaire à tant d'industries, il faut des goudrons, beaucoup de goudrons. Jusque dans ces dernières années, les usines à gaz suffisaient à alimenter la consommation. Depuis, la nécessité a conduit à la construction des fours à coke spéciaux : le gaz est employé sur place à chauffer des cornues ; le coke, de qualité supérieure en raison de ces conditions particulières de préparation, est expédié aux métallurgistes : les goudrons et autres produits de condensations aux chimistes. Chaque année voit le nombre de ces fours croître aussi bien en France qu'en Belgique, en Allemagne et aux Etats-Unis. Et la production des goudrons croît : en 1883, l'Europe en donnait 675,000 tonnes ; en 1898, quinze ans après, elle en produit 1.210 000 tonnes.

Si l'on ajoute, aux 36 millions de tonnes de houille dont nous avons déjà signalé l'emploi, les 18 millions de tonnes qu'exigent les industries qui viennent de naître, nous arrivons, pour la France seulement, à une consommation annuelle de 56 millions de tonnes.

N'est-il pas vrai que le charbon de terre mérite bien le nom que lui a donné le dix-neuvième siècle ? N'est-il véritablement pas « le pain de l'industrie ». — M. de la Palice dirait lui-même que plus une famille est nombreuse, plus il lui faut d'aliments : nous dirons, nous, que plus l'industrie prospère, plus il lui faut de pain noir.

Et par réciprocité, nous pouvons juger de l'état d'un pays au point de vue industriel, par la quantité de houille qu'il consomme. Nous possédons ainsi un critérium pour comparer l'activité des différentes nations ; pour suivre, dans les temps, la marche en avant d'un pays. Rien n'est plus intéressant, à cet effet, que de voir ce qui s'est passé en France. Le *Journal des Transports* emprunte aux rapports parlementaires, les chiffres suivants qui expriment des millions de tonnes :

Années	Consommation de houille	Production
1815	1.0	0.9
1830	2.1	1.8
1843	5.6	4.2
1850	7	4.5
1860	14	8
1870	21	13
1880	29	19
1890	37	26
1895	39	28
1896	40	29
1897	42	31
1898	43	32
1899	46	33

Ces chiffres ne vous font-ils pas assister aux progrès successifs de l'industrie dans le siècle qui vient de finir ? Ils semblent vous indiquer la découverte du gaz de l'éclairage au commencement : ils vous montrent son usage se répandant à partir de 1815, très lentement d'abord, puis de plus en plus vite. Ils vous indiquent l'entrée en scène vers 1850 de ces puissantes machines à vapeur qui vont révolutionner l'industrie et poser la question sociale sous sa forme actuelle. Vous les voyez conquérir le monde ; pour elles, on pose cette route ceinture de fer qui enserre notre globe dans les mailles d'un réseau de plus en plus serré ; pour elles jaillissent du sol, comme champignons en automne, ces mille cheminées qui devraient assurer la fortune du monde et lui faire remporter une de ces victoires qui peuvent profiter à tous les hommes, sans vainqueur ni vaincu.

Si nous nous servons des statistiques actuelles faites à un point de vue nationaliste, ridicule, mais dont les éléments peuvent nous servir, nous dirons que les peuples sont en général plus favorisés que la France : leur sous-sol est plus riche que le nôtre en matières premières nécessaires à l'industrie. Voici, en ce qui concerne la houille, la production des grands pays, de ceux qui alimentent le monde entier de leurs produits manufacturés :

Pays	1895 (Mill. de tonnes)	1899 (Mill. de tonnes)
Grande-Bretagne	194	202
Etats-Unis	175	196
Allemagne	104	131
France	28	33
Belgique	21	22
Autriche Hongrie	32	38
Russie	6	13
Autres contrées	8	31
Production mondiale. Mill. de ton.		613

La production en face des besoins croissants de l'industrie, semble-t-elle s'élever dans la même proportion ? Celle de la Grande-Bretagne paraît stationnaire, mais celle des Etats-Unis et celle de l'Allemagne tend à augmenter : celle de l'Allemagne a triplé en moins de trente ans. Les houillères du Pas-de-Calais sont les seules qui paraissent être en progrès. Elles ont fourni 15 millions de tonnes de houille en 1895, soit la moitié de la production française : 62,000 ouvriers y sont employés sur une population totale de 132,000 mineurs français.

Mais tous ces ouvriers pourront-ils indéfiniment fouiller les entrailles du globe ? La houille ne s'épuisera-t-elle pas ? Il serait insensé de répondre par la négative, mais il serait tout aussi insensé de vouloir fixer un terme à la production. De temps à autre, on voit, dans les revues scientifiques, quelques prédictions à ce sujet. Un alarmé (Forster Brown, dans l'*Association britannique pour l'avancement des sciences*), que l'Angleterre ne peut plus guère compter que sur 67,000 millions de tonnes de houille, et encore que vers 1950, les 11/15 de ces ressources seront épuisées et qu'il faudra, pour avoir le reste, descendre jusqu'à 1.200 mètres. — Un autre ingénieur, M. Nasse, estime que la France, la Belgique, l'Autriche-Hongrie peuvent en avoir encore pour 500 ans, l'Allemagne et l'Angleterre, pour 800 à 1,000 ans. Croyez que rien n'est plus fantastique que ces évaluations ; et reprenant un mot de Napoléon Ier, à qui l'on reprochait d'exposer le pays à la famine en favorisant la culture de la betterave, vous pouvez dire : « Je ne sais pas prévoir les malheurs de si loin ! »

Au reste, la houille a des concurrents déjà sérieux. Les pétroles qui pourraient aussi s'épuiser, il est vrai, la remplacent déjà dans beaucoup de cas. L'alcool, de son côté, cherche des débouchés. Et enfin, la fée électrique est encore là avec ses surprises. Ayons confiance dans la science.

(A suivre).

L. PASTOURIAUX.

désirs, renversant et balayant devant elle trônes, religions, armées, capital, en un mot, toute l'organisation sociale ? De suite, la foule imbécile remettrait tout sur pied, rétablirait les lois et tous les rouages, sous d'autres noms peut-être. Les hommes ayant dans la tête tous ces maudits préjugés les obligeant à reconstituer l'autorité, sont incapables de rien entreprendre avant de s'être nettoyés eux-mêmes, il n'y a donc rien à faire avec des inconscients. Le travail obtenu sera inutile et tous les efforts resteront infructueux. Seuls les individus conscients (1) ont qualité pour agir d'une façon efficace.

Il est certainement stupide d'espérer opérer cette transformation par un coup de baguette magique, mais si les individus se disant révolutionnaires se mettaient au travail de suite, résolument, la besogne irait vite, car nous pourrions alors suivre une progression géométrique s'amplifiant rapidement. Pauvre vieux ! tu as des illusions tenaces, la force non assistée de la raison est aveugle et n'établit rien de durable. La violence raisonnée donnera des résultats le moment venu, mais ce qu'il faut d'abord, c'est former des éléments qui démoliront la société actuelle et au fur à mesure, édifieront la nouvelle. Le véritable révolutionnaire est celui dont tous les actes contribuent à jeter continuellement le désordre dans le milieu à désagréger. Il entre en lutte immédiate et permanente avec les autres hommes. Par conséquent, il est insensé de se dire révolutionnaire en faisant tous les gestes actuels (tabagisme, alcoolisme, mariage, etc.) ou en participant aux rouages facteurs de perpétuation de la société actuelle (syndicats, coopératives, élections).

— Ma foi, tu as peut-être raison, seulement, il n'y a pas assez de camarades raisonnant ainsi.

— Cela est regrettable et prouve que les camarades sont des religieux attendant le Messie Révolution et le Paradis Société future comme des choses surnaturelles et ne travaillent pas à les faire surgir. Crois-moi, tu as mieux à faire qu'à astiquer ton flingot, c'est là une bien pauvre arme au regard de celles que nous donne la science, la raison logique de la philosophie anarchiste.

— Pourtant, ne crois-tu pas les syndicats capables de nous aider dans cette œuvre éducatrice ?

— Non. Du reste, nous en recauserons. Le sujet nous conduirait trop loin pour aujourd'hui.

André LORULOT.

(1) Connaissance intime que l'homme a de lui-même et particulièrement de ses actes utiles ou nuisibles.

Demandez partout

L'ANARCHIE

Qui parait tous les Jeudis

TROP DE ZELE

La vie d'un homme compte peu. Pour peu [illegible] spéciales, elle ne vaut même pas quelques pommes de terre. Telle est l'opinion de M. Couillot, de son métier chien de garde particulier, sauvage conservateur de la « propriété » des autres, respectueux des lois et des gendarmes.

Le drame provoqué par Couillot se déroula le 3 septembre au Creusot. Un pauvre diable Stenberg, père de cinq enfants, ramassait dans un champ les pommes de terre nécessaires à la pitée de sa famille. Stenberg travaillait bien dix heures par jour au Creusot, mais les appointements octroyés par la compagnie n'ayant aucun rapport avec ceux de nos députés il fallait, pour vivre, chercher de-ci, de-là quelques légumes, quelques fruits.

Après le labeur, il rapinait donc, quand apparut Couillot. Le respectueux qu'était Stenberg s'enfuit à toutes jambes. Mais le chien de garde conscient de son devoir le rejoignit, et dans la courte lutte qui s'ensuivit, l'abattit net d'une balle de revolver au cœur.

... Puis, paisible, sachant son devoir accompli, heureux d'avoir sauvé la propriété, Couillot alla faire sa déclaration à la gendarmerie.

... Couillot, mon ami, tu n'es qu'un naïf et un maladroit. Tes semblables, tes maîtres, te lâchent devant la fureur de la foule. Tu devrais savoir qu'il y avait mieux à faire que la même foule eût applaudi si tu t'étais contenté d'un bon petit passage à tabac et de quelques mois de prison en perspective pour le voleur.

La femme et les cinq gosses auraient crevé de faim tout pareil et la compagnie aurait mis à la porte un homme assez déshonoré pour ne pouvoir subvenir aux besoins de sept personnes ou plus avec son salaire.

La propriété eût été tout aussi bien vengée, honnête chien, et toi, tu ne serais pas inquiété et mis à la niche, tel le bull-dog qu'on lâche sur le passant suspect et qu'on rosse quand son zèle provoque une sale histoire.

Anna MAHÉ.

EN SICILE

Du Pain ! --- Du Plomb !

Quelques mots discrets dans la bonne presse socialiste et c'est tout. On a tué en Sicile des gens qui demandaient du pain, mais le roi d'Italie n'est-il pas notre allié. On ne saurait en parler. N'est-il pas dit aussi que ce dit roi est quasi socialiste ? Pourquoi troubler sa tranquillité ?

Vers la mi-août, des paysans affamés vont conduire quelques des leurs, de leurs enfants qui vont chercher au-delà de l'océan de quoi satisfaire la faim qui les ronge continuellement sur le sol sacré de la patrie.

Retournant vers le logis ils causent un peu âprement, ils s'arrêtent sur la grande place. Un orateur improvisé récrimine contre l'augmentation des impôts, il supplie le roi de vouloir intervenir en leur faveur *exact*.

Alors intervient le sieur Basilico, policier-chef qui ordonne qu'on se taise. Les paysans murmurent. Le sbire commande la charge. Bersaglieri, carabiniers se précipitent, sabre en mains. Et l'on assomme, et l'on taille à merci.

En ce moment se produit un incident qui montre toute la veulerie de la « classe dirigeante ». Des bourgeois sont aux fenêtres du Casino. Ils assistent au spectacle avec joie ; ils excitent les chiens à mordre. C'en est trop ! Un réveil de volonté se produit chez les moutons ; ils deviennent enragés. Les portes, les fenêtres sont brisées. On brûle et on saccage alors que s'enfuit la foule des riches et des laquais. En face, il y a des soldats sur les marches de l'église qui attendent on ne sait quoi. — Le coup était-il donc préparé d'avance ? — Des sabres derrière, des fusils devant.

— Du pain, du pain, du pain, supplient ces hommes.

— Du plomb, du plomb, du plomb, hurle Basilico.

Et les femmes et les enfants s'affaissent sous les balles... Et les hommes meurent...

On avoue une vingtaine de tués ; dans la campagne plus de trois cents personnes sont couchées, près de la mort.

Et les fils voguent vers quelque fallacieuse terre où on leur permettra de manger du pain, alors que les pères, les mères, les frères et les sœurs ont mangé le plomb qui a satisfait à jamais les appétits.

Du pain, du pain, du pain...

— Du plomb, du plomb.

Quand donc ces leçons apprendront-elles à ceux qui supplient, à se défendre, à...

MATAR ?

Une lettre d'Élisée Reclus

Mon cher ami,

Il est vrai que dans l'ensemble du mouvement socialiste, les anarchistes, comme vous le dites, constituent une sorte d'aristocratie. Ceci était absolument inévitable au point de vue historique puisque les anarchistes ont été pendant longtemps et sont encore persécutés : ayant été mis au ban de l'opinion publique et en dehors de toute justice, ils se sont vu interdire l'activité extérieure et ont dû s'occuper surtout de propagande philosophique et sentimentale. D'autre part il faut bien l'avouer, la pression de leur volonté n'a pas été suffisante pour se faire jour au point de vue de la réalisation pratique, et les individus encore isolés dans leur façon de voir personnelle, ne sont pas assez nombreux pour se constituer en groupes puissants et transformer leur idéal en faits accomplis.

Quant aux journaux, aux revues, aux livres, leur rôle n'est pas l'action ; il est plutôt la critique, et cette critique fort diverse, même contradictoire, s'exerce forcement en dehors d'une organisation spontanée des individus. C'est à ceux-ci qu'il importe d'agir, c'est à vous qu'il importe de descendre de votre tour et de vous mêler à la masse pour y trouver les gens de bonne volonté et vous unir avec eux dans une œuvre commune — à toi Jean Grave —. Pour ma part, je constate, comme vous, tout ce qu'il peut y avoir de défectueux dans l'ensemble de ceux qui se disent anarchistes sans l'être véritablement, mais je constate aussi que l'idée anarchiste pénètre quand même dans ses profondeurs toute la masse des nations occidentales.

Quand je vois le caractère que prennent actuellement les syndicats, les universités populaires, quand je lis le compte-rendu des réunions grévistes à Lorient, à Cette, à Perpignan, à Carcassonne, quand je vois des paysans, propriétaires avides, tourner contre la propriété, je me dis que tous vos efforts n'ont point été vains et que de poussée en poussée vous ferez bien mieux encore.

Quant à la science pure, enseignée dans les universités populaires, je crois qu'il est très bon de l'exposer pourvu qu'elle soit comprise par le professeur et par l'élève, et qu'elle reste affranchie de toute préoccupation politique et surtout électorale.

Bien cordialement à vous.

Le 18 juin 1905.

Élisée RECLUS.

L'article de Paraf-Javal :

L'ABSURDITÉ DES SOI-DISANT LIBRE-PENSEURS

va paraitre en brochure à 0.10. Les camarades qui en désireraient pourront nous en demander dès maintenant afin d'en fixer le tirage.

Il sera fait aux groupements des conditions spéciales.

Revue des Journaux

Le Libertaire.

O Poilo, moralisant sans moraliser tout en moralisant ; « tremblant de déflorer une vierge », « s'unissant après le sévère contrôle moral », ô Poilo je ne te reconnais plus. Que diable vas-tu faire dans la galère de la Morale ? Comment peux-tu penser que « l'acte accompli avec amour est seul capable de faire naître un Homme (ou une Femme) conscient. Moi, qui jusqu'ici pensais qu'il fallait s'occuper surtout des questions d'hygiène. L'amour « purifierait »-il les tuberculeux, les ex-avariés ? La santé du corps ne serait-elle pas le seul garant de la santé du cerveau ?

Eug. Deniau-Morat cause sur les U. P. d'une façon intéressante et vrai, son opinion nous change de celle de A. Girard en donnant au moins une marche à suivre pour les transformer.

L'article de G. Yvetot invite, par suite du nombre des arguments présentés, à une critique toute spéciale. La question du sabotage est à traiter.

Hum ! ces Monographies par arrondissement. Les gueules des députés créeraient-elles par hasard, des frontières infranchissables ?

Les Temps Nouveaux.

Sur *les dessous du patriotisme*, Jean Grave conclut heureusement, après deux coupures de l'*Européen* et du *Courrier Européen*, que l'opinion anarchiste est la plus exacte en presque toutes les matières.

Policiers, magistrats et agioteurs sont griffés.

Ouvrouy trace un portrait de l'instituteur. On voit que ce travail a été écrit par un camarade pas encore débarrassé du style « école normale ». Le cœur y vibre, l'innocent s'y disculpe, et l'instituteur qu'il y dépeint n'est-il pas trop celui qu'il est, alors que la majorité est banale et bien « digne » de son sort.

Jean Grave a des « *suggestions* » intéressantes. Un camarade lui suggère de faire des brochures à bon marché, joignant à cela un billet de 100 francs. Nous sommes heureux de voir que la poussée violente que donnent des feuilles comme *Germinal* d'Amiens et *l'anarchie* puisse décider enfin à traiter à nouveau cette question de la brochure de propagande. Nous rappelons seulement aux camarades des *T. N.* qu'il vaut mieux ne pas faire rééditer « A mon Frère le Paysan », ce travail vient d'être fait par *Germinal*, d'Amiens, à 1 fr. 25 le cent, avec couverture et ce qui est mieux, sans avoir recours à aucune souscription préalable.

L'*anarchie* accueillerait bien des « suggestions » pareilles, faites d'une façon si pratique et si palpable.

Terre et Liberté, Saint-Cyr-les-Colons (Yonne).

Les feuilles régionales suivent la méthode anarchiste et c'est intéressant de voir le travail qu'elles donnent.

Le numéro de septembre reproduit l'article « Prostitutions », d'Anna Mahé.

Une lettre d'Elisée Reclus que nous reproduisons.

Sous le titre *Evolutions et Révolutions*, Eglantine commence une série intéressante.

Derbault et Jacques Bonhomme critiquent d'une façon juste.

L'Aspic continue ses *tablettes*.

Germinal d'Amiens et les *Semailles* de Bourges s'affirment de plus en plus dans la forme anarchiste, et le second promet de révolutionner la région où il œuvre, comme l'a déjà fait le premier en toute la Picardie.

LE LISEUR.

Piqûres d'aiguille

Le soldat est un ouvrier qui revêt pendant deux ans un costume ridicule pour tuer ses camarades d'atelier, afin d'obéir aux patrons.

Etiquettes, cinq textes différents : 0 fr. 20 le cent. — **Port en plus.**

CE QU'ON PEUT LIRE

Pierre Kropotkine. — *Aux Jeunes Gens ; Anarchie et Communisme ; Morale anarchiste ; Organisation de la Vindicte* : br. à **0.10**. *Les Temps nouveaux* : br. à **0.25**. — *Autour d'une vie ; Conquête du Pain* : vol. à **2.75**.

Paraf-Javal. — *L'Absurdité de la politique* : br. à **0.15**. — *Libre Examen* : br. à **0.25**. — *La Substance universelle* : vol. à **1.25**. *Les deux haricots*, image pour enfants : **0.10**.

Jean Grave. — *Organisation, Initiative, Cohésion ; La Panacée-Révolution ; Le Machinisme ; Enseignement bourgeois et Enseignement libertaire ; Colonisation* : br. à **0.10**. — *La Société future ; L'Individu et la Société ; Les Aventures de Nono* : vol. à **2.75**.

Elisée Reclus. — *A mon frère le paysan* : br. à **0.05**. — *L'Anarchie et l'Eglise* : br. à **0.10**. — *Les Primitifs* : vol. à **2.75**.

A. Dal. — *Les Documents socialistes*, avec préface de **Ch. Malato** : br. à **0.30**.

Georges Etievant. — *Déclarations ; Légitimation des actes de révolte* : br. à **0.10**.

René Chaughi. — *Immoralité du mariage ; La Femme esclave* : br. à **0.10**.

Enrico Malatesta. — *Entre paysans*, br. à **0.10**.

Domela Nieuwenhuis. — *Le Militarisme ; Education libertaire* : br. à **0.10**.

Charles Albert. — *Guerre, Patrie, Caserne* : br. à **0.10**. — *Aux anarchistes qui s'ignorent* : br. à **0.05**.

André Girard. — *Anarchie* : br. à **0.05**.

Ligue de la Régénération. — *Moyens de limiter les grandes familles* : br. à **0.30**. — *Plus d'Avortements* : br. à **0.50**.

Noël Reibar. — *A bas la guerre*, poésie avec musique : **0.10**.

La Chanson ouvrière, n° **2**. — 12 chans., 6 avec musiq., les autres s. airs connus : **0.50**.

Le Père Lapurge. — *La Muse Rouge*. — *Le Père Lapurge*, paroles et musique, avec dessins de Lauchard et de Luce. **0.25** chaque.

L'« anarchie ». — Numeros parus : **0.10** chaque. — Les invendus sont envoyés, le port étant seul à la charge des camarades.

Piqûres d'aiguille. — 5 textes : **0.20** le 0/0.

Les frais de port sont évidemment en plus.

OU L'ON DISCUTE OU L'ON SE VOIT

Causeries Populaires du XVIII, 30, rue Muller. — Lundi 11 septembre, à 8 h. 1/2, *Morale sans Dieu ?* par A. Libertad.

Causeries Populaires du XI, 5, cité d'Angoulême. — Mercredi 13 septembre à 8 h 1/2, *La philosophie de l'anatomie* : Les organes génitaux (I), par les camarades Cordonnier et Mauricius, avec projections.

Causeries Populaires des V & XIII, 42, rue du Fer-à-Moulin. — Samedi 9 septembre, à 8 h. 1/2, *L'origine des vices*, par Vulgus.

L'Aube Sociale. Université populaire, 4, passage Davy. — Mercredi 13 septembre, à 8 h. 1/2, *Science et Religion*, par Mme Félix.

Jeunesse révolutionnaire du XIV, groupe d'études sociales. — Vendredi 8 septembre, à 8 h. 1/2, réunion à la Belle Polonaise, salle des menuisiers. *Un Ennemi du Peuple*, causerie par un camarade sur la pièce de Henrik Ibsen. — Dimanche 10 septembre, à 8 h 1/2, à l'Université populaire, 13, rue de la Sablière, *Fête familiale* organisée au bénéfice des conscrits. *Causerie*, par Miquel Almereyda.

Aux Causeries Populaires, 5, cité d'Angoulême. — Samedi 1 septembre, *Fais ce que veux*, réunion de camaraderie.

Cherbourg. — Les camarades qui désirent se procurer les journaux anarchistes, s'adresseront soit au secrétaire, soit au camarade Baron de la jeunesse syndicaliste, bourse du travail.

Composé par des camarades.

La Gérante : A. MAHÉ.

Imp. des *Causeries Populaires*, A. LIBERTAD

LES CAMARADES
adresseront
tout ce qui concerne
l'anarchie
à A. MAHÉ & A. LIBERTAD
30, rue Muller, 30
PARIS-XVIIIe

l'anarchie

PARAISSANT TOUS LES JEUDIS

ABONNEMENTS

FRANCE

Trois Mois.......... 1 50
Six Mois.......... 3 »
Un An.......... 6 »

ÉTRANGER

Trois Mois.......... 2 »
Six Mois.......... 4 »
Un An.......... 8 »

PREMIÈRE ANNÉE. — N° 23 | DIX CENTIMES | JEUDI 14 SEPTEMBRE 1905

L'Inquisition Sociale

Le moyen âge fut l'époque de l'inquisition théocratique.

La nôtre semble surtout être celle de l'inquisition sociale.

Certes, il y a bien, depuis, quelque chose de changé ; il y a bien un certain domaine scientifique qui paraît avoir été définitivement libéré de toute étreinte inquisitoriale.

Nous ne trouvons plus des docteurs de Sorbonne dictant solennellement aux savants ce qu'ils doivent enseigner comme vrai et comme faux.

Aujourd'hui, notre savant est libre de ne connaître d'autre critérium à ses convictions que la force, la solidité de ses arguments et son labeur expérimental, et ainsi outillé, il peut hardiment et impunément défier toutes les Sorbonnes du monde. Le bûcher ne l'attend plus, et il faut bien convenir que c'est là un réel progrès dans les castes humaines.

Mais justement cette libération même de l'esprit scientifique contraste d'une autre part singulièrement avec le despotisme moyenâgeux de nos institutions sociales.

Il semble, pour quiconque réfléchit un peu à ces choses, que l'inquisition ne soit que partiellement abolie ou même qu'elle n'ait seulement que son centre de gravité déplacé.

Pour s'en convaincre, il suffirait de considérer la profonde différence qu'il y a entre la manière d'agir des savants et des législateurs.

Les premiers ne « doctrinent » plus, comme au moyen âge, et n'imposent plus la vérité par procédé autoritaire, par intimidation individuelle.

Ils étudient patiemment leurs sujets, ils en dévoilent les côtés inaperçus au fur et à mesure qu'ils s'en rendent compte, ils en déduisent leurs vues personnelles et, avec les preuves à l'appui, les présentent à l'aréopage librement constitué du monde entier.

Chacun, de l'érudit à l'ignorant, est libre d'y participer et au lieu de vous demander à cet effet des titres de mérite, on se contente de ne considérer que la solidité de l'argumentation en présence.

Les vérités et les erreurs s'en dégagent-elles moins solidement, parce qu'elles émanent d'individus librement et provisoirement groupés que rien ne contraint au travail et qui jugent non en vertu d'une sacro-sainte majorité des voix, mais d'après les lumières de leur raison ?

On procède tout autrement pour la solution des problèmes sociaux.

Ici, l'humanité n'a point fait de progrès ; nous sommes en plein moyen âge, en pleine inquisition théocratique.

Les vérités, nos propres intérêts ne sont plus débattus librement et au grand jour, mais arrêtés d'avance dans le noir mystère des couloirs ou des tripotages, presque toujours à l'insu des principaux intéressés et imposés autoritairement, tyranniquement.

Il ne faut point se récrier, il faut plutôt apprendre, et dès l'enfance, à s'incliner ; sinon... gare au bûcher social !

En effet, il subsiste toujours des bûchers sous mille formes différentes et il y aura assez de docteurs en robe qui ne se feront pas faute d'en faire dresser pour vous, sous prétexte de parjure par apologie de faits qualifiés crimes, etc.

De sorte qu'il n'y a pour l'individu de repos, au moins en apparence, qu'à la condition expresse de s'incliner à plat ventre devant les maîtres omnipotents de l'inquisition, de ne point s'écarter des bornes étroites de l'ornière qu'ils daignent vous tracer, de ne dire que les choses qui ne leur déplaisent pas.

L'individu vit ainsi ou bien est forcé de vivre, non à sa guise, d'après les poussées irrésistibles de sa complexion, mais comme on lui demande, c'est-à-dire en étouffant ses désirs, en mutilant ses penchants naturels.

La vie devient ainsi une souffrance, alors qu'il n'y aurait qu'à s'abandonner avec insouciance à nos penchants pour que tout s'équilibre parfaitement et que d'elle-même, la vie redevienne une jouissance paisible.

Mais les inquisiteurs sont là qui vous guettent et qui s'intéressent malgré vous à votre salut... temporel.

« Il faut savoir souffrir, même dans votre intérêt ! »

Voilà la sentence de l'inquisition sociale.

Dikran ELMASSIAN.

GÉNIE & PROLÉTARIAT

Dans une récente discussion sur l'enseignement professionnel j'ai eu l'occasion d'entendre mettre en opposition ces deux entités subjectives : le *Génie* et le *Prolétariat*, l'existence du premier, disait-on, devant nécessairement entraîner celle du second.

Cette conclusion bien faite pour flatter agréablement les mentalités bourgeoises qui sont, si je puis ainsi m'exprimer, génies nés idoines à disséquer gravement tous les cafards sociaux tels que : question des Balkans, question du Maroc, portes ouvertes ou fermées, etc., était amenée d'une manière fort habile par un ami à l'esprit très adapté à la subtile controverse.

Mais si la définition est un des moyens précieux pour acculer un adversaire je ne crois pas faire moi-même de controverse subtile en exigeant une définition du *génie*.

Ouvrons, comme feu Pecquet, l'article Génie [illegible] et nous trouvons : « *Le génie est presque trop souvent défini.* Aptitude éminente et innée à telle ou telle chose [illegible] « d'étude : faculté essentiellement imaginative « et créatrice, par là toujours féconde et originale. L'étude peut faciliter l'expression « du génie, elle ne saurait le faire naître. »

L'opium fait dormir parce qu'il a une vertu dormitive...

Et voilà pourquoi votre fille est muette...

Non, le génie n'est pas, le génie n'est nulle part, le génie n'est pas.

Le génie n'est pas autre chose qu'une idée subjective née de la stupidité des masses. Qu'un cerveau, par suite de circonstances dépendantes ou complètement indépendantes de l'individu qui le porte, présente une adaptation particulière pouvant nettement le différencier des cerveaux de tous ses contemporains, rien d'impossible. Que cette prééminence puisse même s'étendre à plusieurs adaptations particulières, nul ne le nie.

Mais comme le dit si bien Élisée Reclus « le danger bourgeois que la bourgeoisie s'est cru devoir, au seuil de la tombe, saluer d'un respect qui ne va pas jusqu'à épouser ses doctrines ; *il est certain que parmi les gens qui pontifient dans les hauteurs il en est qui peuvent traduire convenablement le chinois, lire les cartulaires carlovingiens ou disséquer l'appareil digestif des punaises ; mais nous avons des amis qui savent en faire autant et ne prétendent pas pour cela au droit de nous commander* ».

Ajoutons que, si ce n'était les pompeux dithyrambes que s'octroient à titre de réciprocité les *chers maîtres* et les adroits coups d'encensoir (vulgairement : basse lèche) des disciples aux susdits chers maîtres nul ne connaîtrait les travaux du sinologue, du paléographe et de l'anatomiste des punaises, l'utilité de ces travaux se bornant, le plus souvent, aux cocasseries du puffisme littéraire et scientifique actuel.

Mais si nous répudions la suprématie que s'accordent généreusement certains de nos contemporains qui n'ont pas fait autre chose que s'adapter à certains travaux spéciaux tout comme l'artisan a dû s'adapter aux mouvements spéciaux de sa profession, pourquoi accepterions-nous une suprématie quelconque à un individu qui, en naissant et sans aucun effort personnel, trouve dans sa matière cérébrale des facilités qui peuvent manquer à ses semblables ?

Et si la suprématie du muscle, la force brutale est complètement déchue chez les peuples dits civilisés, pourquoi lui substituerait-on la suprématie du cerveau ?

Quand donc les individus sauront-ils se débarrasser de ces vestiges de religiosité qu'on trouve, par exemple, chez ces remarquables et nombreux échantillons de jésuites laïques mangeant du prêtre matin et soir et ne vivant que de platitude et de génuflexions devant leurs dieux scientifiques, politiques ou littéraires, faisant de l'antimilitarisme à tous [illegible] et vivant d'autorité.

[illegible] faut donc ?

Très vite, s'ils le veulent. Car ce sera quand ils auront extirpé de leurs cerveaux toutes les stupides entités métaphysiques qu'ils ont reçues en héritage copieux. L'opération n'est pas sans douleur, je le veux bien. Mais elle ne présente, pour l'individu, qu'un inconvénient analogue à l'excoriation passagère de la douleur que doit, dans la moindre opération chirurgicale, supporter le patient pour se libérer de cette même douleur.

Alors disparaîtront toutes ces pseudo-pièces actuelles de *génie* et de *prolétariat*, fictions déistes déguisées, bonnes à reléguer dans le grenier des cauchemars où s'empilent déjà cléricalisme, militarisme, patriotisme et toutes sortes de maboulismes morts ou en train de passer de vie à trépas.

Franck SUTOR.

DÉFINITION ABRACADABRANTE

Les anarchistes passent encore pour des fous, ils peuvent bien se permettre quelques définitions abracadabrantes.

En voici une que je livre à la méditation de nos honorables.

« La tribune de la Chambre n'a guère de différence avec un puits, ils ont tous deux le même fonctionnement :

« Quand un sot descend un autre monte. »

CANDIDE.

MAUVAISES FRÉQUENTATIONS

A Monsieur Lépine, Préfet de police.

En votre nom, des individus à allures louches, se sont présentés chez le patron qui consent à retenir un bénéfice sur ma production. Ils ont établi que j'étais un individu dangereux et que j'avais de très mauvaises relations, je fréquentais des « étrangers ». Ceci dit, il devenait évident que je n'avais qu'à crever de faim.

Oser manger à la même table qu'un Italien, serrer la main à un Allemand, au voisiner de chambre à chambre avec un Hongrois, ce crime, car crime il y a en ce temps de nationalisme exacerbé, ne saurait rester impuni.

Le patron eut le tort de répondre que j'étais un bon ouvrier, que je ne rentrais pas ivre à son atelier et que mes rapports au dehors lui importaient peu. Il a montré quelque esprit ; c'est si rare que je lui en sais gré : mais l'affaire ne saurait être terminée.

Je vous croyais, monsieur, chargé de travaux d'assainissement, ni policier, ni brigand, chien et loup ; je ne savais pas que vous passiez du temps à mettre le nez dans les pots de chambre afin de savoir si Durand a mangé du melon et Dupont de la charcuterie ; à regarder par les trous de serrure qui a cocufié « Prudhomme » ou « trompé » Béranger. Votre métier vous laisse donc bien des loisirs ?

Mais « citoyen français » comme vous, au même titre que vous, j'ai le droit de fréquenter qui il me plaît, quand il me plaît.

L'habitude du travail me fait avoir des relations avec des gens utiles. Mes camarades « étrangers » sont charron, horloger, cordonnier ou menuisier. C'est dire qu'ils produisent dans les villes où ils consomment. Lorsque nous nous rencontrons à une table, à l'heure de notre frugal repas, nous pouvons nous assurer l'un l'autre que nous ne sommes pas des parasites.

Vous avez trouvé bon d'ouvrir les portes en un mode quelconque et de communiquer, dans une intention mauvaise, le fait de mes « fréquentations ». Je vous en remercie. Cela va me permettre de signaler vos rapports à votre patron. Or ce patron c'est nous tous. Drôle de patron, j'en conviens et qui véritablement assure le bonheur de ses ouvriers, mais quand même le patron.

Je ne vous reprocherai pas, sieur Lépine, de fréquenter des « étrangers » mais bien plutôt des parasites... que, comme vous tenez aux distinctions par nationalités, je cataloguerai parasites étrangers. Dans votre salon, ou à votre table, défilent une bande de rastaquouaires, de fainéants, rois, princes, ministres, ambassadeurs, consuls, leur suite et leurs attachés, généraux et colonels et leurs ordonnances, enfin toute la séquelle des champignons vénéneux de la société. Allemands ou Anglais, Espagnols ou Italiens, Américains ou Russes, toutes les « nations » sont représentées, car tous les peuples nourrissent, à côté de la nuance cosmopolite, un parasitisme d'essence purement nationale.

Ce sont ces gens, ces fainéants que vous fréquentez. Ceux que vous rencontrez savent consommer, consomment beaucoup mais ne savent pas produire, pas du tout produire.

Dans cette association que vous nous prônez tant sous le nom de patrie et de France, où je suis attaché au même titre que vous, avec les mêmes « devoirs » et les mêmes « droits », j'entre en relation avec des « étrangers » qui remettent, et au delà — leur exploiteur peut malheureusement en témoigner — ce qu'ils consomment. Vous, Lépine, vous fréquentez, vous favorisez l'entrée à des « étrangers » dont l'essence spéciale est de n'être qu'un ventre muni de suçoirs.

Je vous conseille donc de vous mêler de vos fréquentations et de ne pas trop nous faire apercevoir que nous nourrissons des parasites.... nous pourrions vous supprimer la pâtée, chien de garde.

L. PELTIER.

P. S. — Bien des amis me signalent des faits du même genre. Voyez aussi à refréner les instincts de vos complices.

L. P.

RAPPORT

Sur le Congrès des soi-disant libres-penseurs tenu à Paris les 4, 5, 6 et 7 Septembre 1905.

Les soi-disant libres-penseurs, organisateurs du Congrès de Paris en 1905, avaient élaboré le programme suivant :

— Plan d'une nouvelle encyclopédie ;
— Morale sans dieu ;
— Séparation des églises et de l'état ;
— Organisation nationale et internationale de la propagande libre-penseuse ;
— La libre-pensée et le pacifisme ;
— Fêtes.

L'autoritarisme, le manque de méthode et la fourberie de la plupart des organisateurs et des membres du congrès ayant donné lieu à un verbiage sans portée au milieu duquel les démonstrations libres n'ont pu, de temps en temps, se faire jour que par la force ;

Nous jugeons utile de donner nos jugements motivées *a posteriori* sur les différentes questions abordées par le congrès et sur celles qu'il eut été intéressant de traiter.

Définition du libre-penseur

Nous jugeons primordial pour les libres-penseur de s'entendre sur la définition du mot *libre-penseur*, sous peine de se livrer en commun à un travail sur lequel on n'est pas d'accord.

Notre définition :

— Un individu est dit **libre-penseur** quand il pense *a posteriori* après avoir jugé, sans préjugé en utilisant seulement les connaissances physiques ; et non quand il pense *a priori* (avant examen, avant d'avoir jugé, avec préjugé sans tenir compte des connaissances physiques. L'individu qui pense *a priori* est, pour nous, un **abruti**.

Encyclopédie du libre-penseur

En vertu de notre définition du libre penseur, en vertu des extraits cités par nous (*l'anarchie* n° du 31 août 1905) approuvés par les congressistes de Rome en 1904, un libre-penseur doit rejeter toute idée *a priori*, toute croyance imposée, toute autorité prétendant imposer des croyances et s'appuyer exclusivement sur les lois naturelles constatées *a posteriori*.

En conséquence, une encyclopédie de libres-penseurs ne peut être utilement élaborée par des individus faisant partie d'un enseignement officiel imposé *a priori* par l'autorité ; ni, d'une manière générale par des individus qui supportent les arbitraires religieux ou laïque (foi, loi) imposés *a priori* par certains humains à d'autres humains ;

Les matériaux d'une encyclopédie de libres-penseurs ne peuvent être choisis et rassemblés que par des individus décidés à penser DANS TOUTES LES OCCASIONS *a posteriori*, après examen, après avoir jugé, sans préjugé, en utilisant seulement des connaissances physiques.

Corollaire

Sont disqualifiés, pour s'occuper de l'élaboration d'une encyclopédie de libres-penseurs, Hector Denis, Anatole France, Berthelot, Haeckel, Mangasarian, Serji, Petitjean et compagnie, qui étant membres de l'enseignement officiel, fabricants d'arbitraires religieux ou laïque imposé *a priori*, introduiraient nécessairement dans l'encyclopédie leurs croyances *a priori* (préjugés comme ils le font habituellement dans toutes les circonstances.

Morale du libre-penseur

Remarque. — Nous ne prenons pas le titre de « Morale sans dieu », jugeant mesquin, pour élaborer une morale, de se placer exclusivement au point de vue spécial de l'élimination d'une certaine hypothèse métaphysique, sans vouloir éliminer les autres.

Un individu étant **libre-penseur**, quand il pense *a posteriori* après examen, après avoir jugé, sans préjugé, en utilisant seulement les connaissances physiques ;

La morale (règle de conduite) du libre-penseur ne peut être déterminée qu'en dehors de l'arbitraire imposé *a priori* par certains humains à d'autres humains (foi, loi ;

Cette morale, comme toutes les autres règles scientifiques, doit être déterminée *a posteriori* après examen, après avoir jugé, sans préjugé, en utilisant seulement les connaissances physiques.

Corollaire

Sont disqualifiés pour s'occuper de l'élaboration d'une morale du libre-penseur, et pour les raisons données dans le corollaire précédent, Debierre, Thalamas, Laurent, Buisson et compagnie, qui introduiraient nécessairement dans la morale leurs croyances *a priori* préjugés comme ils le font habituellement dans toutes les circonstances.

Théorème

Ferdinand Buisson est absurde

En effet :

Il a dit approuver notre déclaration dont le texte est ci-dessus et qui exclut toute croyance *a priori* non seulement la foi, mais encore la loi ;

Or, Buisson admet la loi, il la fabrique, il l'impose *a priori* à d'autres humains et à lui-même ;

Or, rejeter la foi et l'admettre en même temps est absurde et c'est ce que fait Buisson.

Donc, Ferdinand Buisson est absurde.

PARAF-JAVAL.

(A suivre).

Pour rire un peu

Du Montpellier syndicaliste et socialiste.

Vous cueillez, à Paris, assez de perles dans les huîtres socialistes et quotidiennes pour pouvoir entretenir tous les rires rabelaisiens, mais trouvez bon que nous vous signalions, de cette ville où Rabelais jeta sa note, de forts jolis mots à enchâsser.

Vallabrègue, dans la *République sociale*, nous expliquait ces temps derniers le bien-fondé (légal) de la revendication du repos hebdomadaire. Or comme raison majeure il nous déclara que le Créateur lui-même, malgré sa Toute Puissance, se reposa le septième (!). Puis il exprima le désir que les commis et les employés obtiennent ce jour de repos et puissent ainsi se consacrer à leurs devoirs religieux.

Vive le socialisme catholique et patriotique.

La même feuille nous communique :

« Les socialistes de Castelnau-le-Lez annoncent à leurs camarades que le groupe se réunit au café Z... (pas d'annonces non payantes) et invitent les camarades de passage à y venir ils sentiront le parfum international (!) et aussi le parfum des consommations de meilleures marques. — Tiquet. »

Vive donc aussi le socialisme alcoolique.

Tout dernièrement les commis et employés sont sortis pour manifester (ô combien) en faveur du repos hebdomadaire. Avant de sortir de la Bourse les « camarades » Mazas et Villaret exhortent les timides brebis et moutons à demeurer « pacifiques » et à ne pousser aucun cris séditieux. Niel, libertaire syndicaliste, parlementariste et fonctionnaire ouvrier, ajoute quelques mots énergiques : Nous suivrons les conseils des camarades qui m'ont précédé à cette tribune et maintiendrons résolument nos revendications. » Je te crois...

Les manifestants vont stationner devant les magasins restés ouverts. Un libertaire, sans être sorti du calme commun est arrêté. *Le Rappel des commis employés* relate le fait : « Le camarade Quissac a été arrêté vers onze heures, comme *aucun motif ne légitimait cette arrestation* (lisez : comme il avait été bien sage) la commission, suivie des manifestants, alla protester (supplier) au commissariat et Quissac fut relâché à 1 heures de l'après-midi. »

Et comme conclusion de la manifestation, à la réunion des commis-employés, le président de séance fut « très heureux de constater la présence de beaucoup de dames élégantes qui venaient joindre l'effort de leurs gracieuses personnes pour obtenir la réussite de si *légitimes* re-ven-di-ca-ti-ons sociales. Ne dégageaient-elles pas aussi un parfum internationaliste ?

Allons... Vive le syndicalisme légal, légitime et pacifique.

JAPONAIS.

A FEU ET A SANG

Alors que Roosevelt bâcle de complicité avec Witte et Komura la paix entre les gouvernements du Japon et de la Russie, la guerre se dessine terrible entre les gouvernés et les gouvernants de ces dits pays.

Et cette guerre est autrement terrible, autrement redoutable que toutes les autres guerres.

Le Czar et le Mikado tremblent et les « assises de leur trône » ne paraissent pas solides. La clique nobiliaire, la clique militaire et la clique bourgeoise voient fuir leurs privilèges et s'écrouler leur fortune.

A feu et à sang... et ce n'est pas du roman banal, c'est de l'histoire de tous les jours.

A feu, Bakou, à sang, Tokio ; à sang, Tokio, à feu, Bakou.

Ce sont là les grandes épisodes de cette tragédie sanglante, mais partout éclaire le feu et coule le sang.

Après avoir joué avec le feu et le sang, les maîtres et les gouvernants, voient le feu brûler leur maison et couler leur sang. Ils ont tellement appris à tuer que l'arme se lève sur eux pour les

MATAR ?

LE CONGRÈS

des Libres-Penseurs

Lundi 4 Septembre — Matin

Enfin s'ouvrent ces « assises de l'humanité » en la grande salle du Trocadéro, mise à la disposition de ces libres-penseurs qui vont sans doute mettre tout en discussion, voire et surtout la loi.

Le contrôle n'est pas bien établi. On n'a laissé entrer des gens qui ne sont certainement pas des libres-penseurs et ce, d'une façon bien établi. Ainsi on y voit les sieurs Petitjean, Buisson, Ternagne, Verzy, Hollman, Chauvière qui remplissent dans leur pays respectifs les fonctions de sénateur ou de député, fonctions qui, tout le monde en conviendra, n'ont aucun rapport avec la qualité de libre penseur.

A moins qu'il n'y ait similitude de nom, c'est pourtant, le nommé Petitjean qui préside. Bah ! pour cette fonction, il faut un mannequin. Son grand âge peut l'avoir désigné à mettre ses fesses dans le fauteuil présidentiel.

Une équipe de gens envahissent la tribune ; j'attends de lire leurs noms, mais je n'y comprends rien. Je ne peux distinguer que les deux inséparables, Allemane et Bonnevial, l'un agrémenté du forme respectable et l'autre d'un chapeau à brides qui les désignent comme un couple de délégués endimanchés, venus de quelque province reculée, à moins que ce ne soient, ce qui paraît plus exact, quelques échappés de l'obscurantisme pédagogique et politicien.

Berthelot et Haeckel n'osent affronter le contact de ces « libres-penseurs » ; ils envoient des lettres d'excuses.

Et... en avant la musique... Alors que commence la séance, on joue le « Chant du Départ ». L' « Internationale » ne manque pas non plus à la fête. Puis commence le défilé des congratulations réciproques. On se passe la main dans le dos en se disant des douceurs. Bien de plus comique que ces gens faisant des phrases en charabia, pour s'assurer l'un l'autre de leur mutuel « honneur » de se rencontrer.

Hoffman, député allemand ; Robertson, publiciste anglais ; Sergi, professeur italien ; Hector Denis, professeur belge ; Odon de Buen, professeur espagnol, et d'autres viennent dire tous leurs désirs de voir la méthode de la libre pensée, du libre examen s'établir partout, et mettre immédiatement en doute leurs positions sociales : mais après ces paroles, ils terminent la séance par un télégramme à Roosevelt l'acclamant comme *bienfaiteur de l'humanité*.

C'est véritablement un congrès de libres-penseurs.

Allemane vide, par le canal de sa voix éraillée, une corbeille à papier sur la tête des congressistes. Ce sont des télégrammes et lettres nous complimentant d'être là. Merci.

On essaie de « vérifier les pouvoirs des délégués » : c'est une besogne impossible : des « énergumènes » jugeant cette besogne inutile et le prouvant, les gens « sages » se résignent.

Lundi 4 Septembre — Après-midi

Allemane et Bonnevial sont là, encore, à la tribune accompagnés de Sergi, de l'ornement et de tous autres délégués étrangers. On va recommencer la série des compliments lorsque vient interrompre « la bande du compagnon Paraf-Javal » dit l'*Action*, les « anarchistes géométriques » dit le *Libertaire*.

La scène devient curieuse. Les commissaires se démènent. Les faces respectables des autorités parlementaires et professionnelles sont troublées.

Paraf-Javal et son veston à l'officier vont d'un coté à l'autre. Le premier se baissant, le second se relève, et tour à tour, au bureau et à la salle, sans malice aucune, notre ami montre son cul. Nous nous agitons en tous sens : l'un sort ses yeux de leurs orbites et les replace tragiquement, l'autre, paisible, couvre de façon méthodique les assistants de déclarations anarchistes. Beaucoup de camarades sont là. On ne peut que céder à cette force qui veut manifester sa pensée.

Il se produit alors une entente dont je ne peux suivre les phases, mais qui sera, sans doute, expliquée dans l'*anarchie*. Toujours est-il que les camarades anarchistes se mettent à leur place et écoutent, comme c'est leur habitude, dans le plus grand silence.

Le défilé recommence. C'est Séménoff, un Russe, qui fait envoyer un télégramme au « héros russe » Maxime Gorki : Gratis Caudas, un noir, qui porte un hommage de gratitude à la France qui a affranchi l'humanité et brisé les chaînes des noirs — Que n'a-t-elle brisé les nôtres — ; Sbuis, un Chinois qui veut que la libre pensée porte son rayonnement jusqu'en Chine : Gatti de Gamond qui nous dit de prendre les pensées de la libre-pensée pour « améliorer nos cœurs », etc., etc.

Tarrida del Marmol qui rappelle l'attitude des capitalistes dans tous les pays et celle de Roosevelt en particulier. Domela Nieuwenhuis qui se moque de l'accord de Dieu et de l'argent dans cette France libre penseuse : Fulpius qui conseille de lutter contre toutes les formes de l'oppression des esprits et des corps, jettent quelques idées qui soufflent utilement sur la salle.

Allemane vide à nouveau sa corbeille à papiers, puis lève la séance, avant de laisser exposer les idées anarchistes ainsi qu'il était convenu. Cela n'est pas perdu. Bien des personnes fâchées de cette manière de procéder prennent parti pour les anarchistes.

A la commission « française », nos amis ne laissent s'entamer aucun travail avant que ne soit expliquée l'attitude prise devant leurs idées. Allemane s'est échappé depuis longtemps.

Mardi 5 septembre — Matin

Quatre commissions sont en permanence, expression consacrée, celle de la « Morale sans Dieu », de l' « Encyclopédie », des « Vœux », de la « Propagande ». A la dernière, Paraf-Javal veut faire définir le terme « libre-penseur », à la première, Libertad s'essaie en deux mots à faire définir le terme « morale ». Ce travail paraît difficile. Les gens qui sont là préfèrent employer les mots sans les comprendre.

Œuvre médiocre. Exception faite toutefois pour les travaux des camarades Laurent et Baillon dont nous retrouverons les conclusions et le rapport de Fulpius qui ne manque pas d'ampleur.

Le travail le plus intéressant est celui que font nos amis dans des conversations particulières, alors que se rapportent les différents vœux.

Mardi 5 septembre - Après-midi

Nous voilà revenu en la grande salle, en « séance plénière ». Allemane et sa complice, que nous avons retrouvés ce matin à la commission de la propagande, sont encore aux bureaux. Tout porte à croire qu'ils couchent et mangent là.

Paraf-Javal qui n'a pu parler hier prend la parole sur la discussion générale et tient à ce que se définisse devant « le congrès » *la libre pensée*.

A propos de Malato, Henriette Meyer et Sorgue viennent demander qu'une délégation soit envoyée afin de réclamer la mise en liberté des personnes arrêtées lors de l'incident de la rue de Rohan.

Malgré le sérieux de la question on ne peut s'empêcher de sourire à la pose mièvrement prétentieuse d'Henriette Meyer et de rire à l'attitude grotesque au possible de la « citoyenne Sorgue » avec son béret rouge.

A propos de l'Encyclopédie nouvelle, Hector Denis vient lire un long rapport, d'un débit lent et monotone. Malgré l'utilité du sujet, la salle ne paraît pas montrer une grande attention. Otto Karmin, Nergal et Paraf-Javal développent des projets et des idées à discuter.

Sur la *morale sans Dieu*, le débat paraît devoir être plus passionnant car les leaders ont pris place. Buisson en tête commence par des déclarations : Thalamas lit le rapport général. Laurent et Baillon, les seuls parmi les rapporteurs, qui ont essayé de faire un travail scientifique, lisent leurs conclusions. Le public peu autorisé, ne prêtent qu'une attention fatiguée : au contraire les anarchistes, quoique en désaccord sur certains points, écoutent avec soin.

La discussion générale est ajournée, mais se continuent avec fruit nos discussions particulières.

Mercredi 6 Septembre — Matin

Le seul travail à signaler se fait à la commission du Pacifisme où Domela Nieuwenhuis présente un rapport intéressant commentant cette parole « Pas un sou, pas un homme pour le militarisme ». Le Foyer, par contre, fait du pacifisme patriotique du dernier ridicule. Arnaudier, instituteur, développe un plan d'études duquel on écarterait l'idée de guerre, de conquête... et de patrie, ajoutons-nous. A demain matin la discussion générale sur ce sujet.

Mercredi 6 Septembre — Après-midi

Ils sont toujours là, roucoulant amoureusement.

Voici sans doute la séance la plus intéressante, la plus passionnante de tout le congrès présent et de bien d'autres congrès passés. On sent qu'un élément nouveau est dans la salle et qu'il ne faut qu'aucune controverse soit écourtée. On veut savoir jusqu'au bout.

Après un intermède grotesque provoqué

par des croque-morts fétichistes, Lazare ouvre la séance en passant sur le dos de la franc-maçonnerie quelque peu écorchée dans une séance de commission, un baume réconfortant de louanges. La première église à détruire pour ces maçons est, à mon avis, leur propre bâtiment.

Vera Starkoff nous égrène toute la bibliographie mondiale : de Confucius, en passant par Schiller, jusqu'à Zola. Quand elle arrive au vingtième siècle, un soupir de soulagement soulève toutes les poitrines.

Bloch, le statuaire, pour nous prouver que l'art doit être libre-penseur, a commencé à prostituer le sien dans la fabrication d'une idole, là-haut, sur la butte. Et d'une laideur si exacte que, La Barre, tenant son bras écrasé, a l'air de sourire à quelque rendez-vous amoureux. Il ne fallait pas rendre horrifiante, l'idole, pour qu'elle plaise à ces dames.

Alavail, Eys, Chalmandrez, Larrida del Marmol proposent ou commentent certaines de leurs pensées. Alexandra Myrial et le docteur Bertrand sortent de la note parlée et exposent tous deux des aperçus nouveaux.

La « citoyenne Sorgue » qui a transformé son béret rouge en chapeau boer, vient demander le résultat de la démarche de ces messieurs les autorités congressistes. Le ministre voyage. Paraf-Javal demande que la délégation soit formée de tous le congrès.

Allemane lance des interruptions, pousse des cris afin de troubler le débat. Il agit de telle façon que cette proposition si simple déchaîne le tumulte. Paraf, d'une merveilleuse tranquillité, déclare que nul ne parlera tant qu'il n'aura pas expliqué ses idées et que les fourberies précédentes l'empêchent d'avoir aucune attitude conciliatrice. Sur la tribune, tous nos amis des « Causeries Populaires », les camarades étrangers ou de province et aussi un grand nombre de personnes fâchées de cette obstruction constante au développement de toute idée, sont prêts à vider la tribune des pontifes, s'il le faut. Les « Libertaires » regardent, avec le mépris des dieux, s'agiter les hommes que nous sommes.

Le silence s'établit enfin et l'attention se fait. Paraf-Javal développe le thème donné dans le numéro 21 en toute son ampleur. Buisson vient répondre. C'est une lutte intéressante entre les deux méthodes : l'application immédiate de la vérité ou l'application en l'an 3000. La réplique de Paraf trouble les cerveaux les plus réfractaires par sa netteté, sa précision.

On termine par le travail de voirie ordinaire.

Jeudi 7 Septembre – Matin

A la commission du Pacifisme, c'est, sans aucun doute la thèse de Domela Nieuwenhuis qui domine. Les camarades Félicie Numietska, Le Gléo, Cyvoct, Libertad, Henriette Meyer, lui portent des arguments nouveaux contre lesquels se fatiguent vainement Thivet, Cartier et même Le Foyer.

Jeudi 7 septembre - Après-midi

On bâcle rapidement la « Morale sans Dieu » et les motions de Ferdinand Buisson, Baillon, Laurent, Lys, toutes celles qu'on veut, voire même celle de Paraf-Javal qui s'en moque, sont votées. C'est comique.

Et voilà que l'on revient sur le travail du matin et [illegible] vote sur le fait de déplacer l'ordre des sujets. Si les motions que l'on a votées s'étaient appliquées sur les idoles diverses de Propriété, de Dieu et de Patrie, il n'en resterait plus une.

Voghter, délégué allemand, fait une déclaration très précise contre l'armée, la guerre, la paix armée, qui ne pourront disparaître qu'avec l'organisation sociale.

Enfin, les libertaires sortent de leur belle indifférence. Voici le leader, Sébastien Faure, qui s'avance gentiment. On voit pousser des roses sans épines et des pommes de terre sans pelures, dans ce monde à venir. Mais voilà, il est bien loin, sa venue ne gêne personne, aussi l'orateur est-il fort applaudi.

Domela Nieuwenhuis dit avec une très grande simplicité des idées bien plus fortes que le précédent. Ses paroles gênent un peu la bergerie, qui [illegible] les escamoter.

Hervé vient alors dire d'assez bonnes choses avec de perpétuelles restrictions qui lui permettront, tout à l'heure, de tourner sa veste pour avoir l'ovation finale.

Libertad veut mettre le feu aux poudres ; mais malheureusement, la fatigue de ces derniers jours le rendent inférieur à lui-même et quelque peu au-dessous de sa tâche. Il n'en précise pas moins certains points sur les idées d'armée et de patrie qui soulèvent la salle et font sortir Buisson de sa sagesse. Ce dernier ne veut pas voir partir le congrès vers le principe des réalisations immédiates. Il vient déclarer que l'accomplissement du devoir militaire dans l'état présent n'est pas incompatible avec le pacifisme... bourgeois et dit qu'il est lâche de pousser un jeune homme à perdre son... honneur.

Hervé vient se déclarer d'accord avec lui : il ne prêche pas la désertion en temps de paix, mais en temps de guerre ; ni la désertion individuelle, mais la désertion collective. Ce sont des huées et des applaudissements.

C'est donc au cri de « Vive l'Armée » que le congrès se termine. Un camarade fait la proposition d'aller porter une couronne à la statue de Strasbourg et la salle entière entonne la *Marseillaise*.

Les résultats collectifs de ce congrès n'ont rien donné, mais la propagande personnelle, mais les paroles jetées ne sont pas perdues et si la banale Libre Pensée sort amoindrie de ses débats, la véritable pensée libre s'en trouve grandie.

LE BALADEUR.

PROCESSION LAÏQUE !...

Les dogmatiques anticléricaux, les socialistes bouffeurs de curés et de tartines beurrées s'en sont donnés à cœur joie. L'ignorance et l'idolâtrie tirent prime une fois de plus sur la raison et la logique. Les cerveaux d'enfants, non complètement décrassés de leurs tares ataviques, sont encore obstrués de toutes les ordures qu'on y a fourrées.

Les « hou ! hou ! la calotte » et les « vive l'autorité » sont d'une décevante divergence, aussi pour ne pas rester sans fétiches (ce qui semble presque impossible aux abrutis) on ouvre l'histoire et l'on en tire un La Barre, chevalier martyrisé d'une époque ultérieure. Suprême aberration des misérables masses rétrogradant et pleurant sur le martyr La Barre, maudissant ceux qui l'ont assassiné, alors qu'elles écrasent et martyrisent au nom des idoles et des tyrans qu'elles érigent, tous ceux qui luttent et travaillent à détruire la superstition et l'autorité, afin de hâter leur émancipation.

Le spectacle de ce défilé fut grotesque : un individu abominablement saoûl menait le troupeau, faisait ranger les groupes et les sectes parqués de médailles, divisés par des oripeaux de toutes nuances. Les cantiques d'usage furent entonnés et encore une fois ce fut : *La lutte finale*. On eut dit un pèlerinage allant à Lourdes adorer la miraculeuse Bernadette et les cierges seuls manquaient à la fête. Les mêmes mômeries y furent faites, sous une forme différente, voilà tout.

Ce La Barre en carton peint reçut les épitaphes les plus sacramentelles et les plus tragico-comiques.

C'était à en crever de rire !...

La bêtise des individus est donc immuable, qu'il leur faille toujours et toujours des hommes et des objets à idolâtrer ! Les amulettes subsistent et persistent, malgré tout. Les martyrs historiques remplacent ceux préhistoriques. Les religions ont changé de formes et de sujets, mais le nombre des abrutis n'a pas diminué.

Heureux chevalier ! grand bien lui fassent les génuflexions grotesques des hommes modernes.

Ce jeune La Barre enfin statufié peut remplacer dans les états laïques la figure du crucifié de Nazareth : tous les deux se réclament des mêmes injustices sociales et religieuses, martyrs des prêtres et des magistrats, ces gens de robe et de calotte.

Oh ! prophétisants, soyez tranquilles, vous n'avez jamais été si forts sur vos assises et tant que l'inconscience, l'ignorance seront maîtresses, vous n'aurez que l'embarras du choix de nouveaux Messies. Après Jésus démodé, Dolet puis La Barre, des saints à la mode socialiste, anticléricale. Sur la butte, après Mars, Jésus ; après Jésus, La Barre... la liste serait-elle terminée ?

Les chiffons de même que les hommes changent de forme et de couleur. Le drapeau tricolore relégué est remplacé par le rouge ; on adore certaines couleurs et l'on donne une force factice et une prédominance risible à telle ou telle nuance sur la nuance adverse.

Ce n'est en somme qu'une lutte de Dieux et de tissus.

Les imbéciles seuls peuvent voir différemment : selon la couleur, une émotion différente les envahit, fait palpiter ou s'arrêter les battements de leur cœur. Les dirigeants se gardent bien de les détromper : ils cultivent cette maladie.

Les moindres réflexions nous amènent à constater que tous les martyrs sont les produits des autorités, qu'elles soient ancestrales ou plus récentes ; on ne saurait faire à cet égard, de distinction entre une royauté, un empire ou une république. De même que Dolet, La Barre et consorts ont été martyrisés par les dirigeants de leur temps, contre lesquels ils se révoltaient, de même, aujourd'hui, l'autorité donne ses « martyrs » à l'histoire future : les geoles et les gibets ont seuls changés de nom.

Admettre l'autorité, c'est admettre la tyrannie ; admettre la tyrannie c'est concevoir et préparer le martyre : alors pourquoi ces singeries ?

On ne pourra parler des martyrs, en vitupérant contre les époques qui les ont fabriqués, que lorsque les hommes vivront en anarchie, c'est-à-dire sans autorité.

Camille TIERCIN

L'article de Paraf-Javal :

L'ABSURDITÉ DES SOI-DISANT LIBRES-PENSEURS

va paraître en brochure à 0.10. Les camarades qui en désireraient pourront nous en demander dès maintenant afin d'en fixer le tirage.

Il sera fait aux groupements des conditions spéciales.

Notre Correspondance

A Monsieur Millière-Isak,
Socialiste-Patriote.

Paris, septembre 1905.

J'eus le plaisir de vous entendre, l'autre soir, dans cette vaste salle de la rue Boyer, dont l'agencement incite plutôt à la beuverie, pour l'entraînement des foules vers les urnes sacro-saintes du parlementarisme, qu'aux discussions philosophiques. Mais passons.

Cette remarque n'attaque nullement votre dévoûment. Vous êtes toujours l'apôtre du socialisme, mais j'ai pu constater que vous étiez devenu, probablement à la suite de

CHALEUR ET LUMIÈRE

(suite)

LE PÉTROLE

Le pétrole ! Naguère encore, ce mot évoquait l'idées de terribles accidents, de femmes et d'enfants s'enfuyant éperdus, les vêtements en feu. Aujourd'hui, il fait songer à ces hommes vêtus de peaux de bête, cachés derrière un masque épais, qui s'arrêtent avec des voitures sans chevaux devant des boutiques d'épiciers, font un commerce de bidons carrés portant des étiquettes « benzomoteur », « automobiline » et qui, brusquement, démarrent dans un nuage de poussière. Puis, si l'on est dans le mouvement, il fait penser à cette prophétie de l'*Engineering* : « Dans cinquante années on ne rencontrera plus de machines à vapeur que dans les musées et toute force motrice sera demandée aux moteurs à pétrole et autres moteurs à combustion interne. »

I

Origine des pétroles

Je voudrais d'abord vous dire si, pour nos arrière-neveux, la question du pétrole pourra se poser, si, dans un temps plus ou moins long, nous n'aurons pas épuisé le stock contenu dans les flancs de la terre. Malheureusement les plus savants n'y voient rien, car ils sont en complet désaccord en ce qui concerne l'origine du pétrole. Les uns affirment qu'il est le résultat de la décomposition de la matière animale et végétale contemporaine des terrains où on le rencontre ; les autres soutiennent avec M. Berthelot que des réactions d'ordre purement chimique ont présidé à sa formation ; d'autres enfin, avec M. de Chancourtois, professeur à l'Ecole des Mines, ne voient dans le pétrole qu'un résultat d'émanations volcaniques.

Vous voyez que l'origine des pétroles est assez mystérieuse. Et c'est dommage ; car si la théorie chimique et la théorie volcanique permettent de concevoir la possibilité d'une formation indéfinie de pétroles, il n'en est plus de même de la théorie organique. Si cette dernière opinion est la bonne, notre approvisionnement de pétroles sera bien vite flambé ; si ce sont les premières, nous avons au contraire, dans le pétrole, une source de lumière et d'énergie qui durera aussi longtemps que notre globe sera chaud à l'intérieur.

En fait, rien ne vient encore manifester l'épuisement des régions pétrolifères, même de celles où l'on a déjà extrait des quantités colossales de pétroles. Il est vrai qu'il n'y a pas plus d'un demi-siècle que l'on emploie industriellement les huiles minérales. Les premiers forages furent faits aux Etats-Unis en 185., et ce n'est qu'en 1859, date où furent creusés des puits allant jusqu'à 25 mètres de profondeur que l'on commença à obtenir de bons résultats. Depuis, on est allé jusqu'à 300 mètres ; on a sondé toutes les régions du globe et partout on a constaté l'existence de gisements de pétroles ou mieux de bitumes. Mais ils sont, en général, trop pauvres pour être exploités.

Entendez par là que, dans les conditions actuelles, leur exploitation ne procurerait pas aux actionnaires des compagnies les dividendes fabuleux que MM. les pétroliers (ne pas confondre avec les pétroleurs, êtres autrement inoffensifs), sont habitués à toucher : car ce ne sont pas les frais d'extraction qui sont coûteux, ni les frais de manipulations. Mais ici quelques explications sont nécessaires.

II

Raffinage des huiles brutes

Le pétrole brut ne peut être livré au commerce. C'est un liquide d'un noir verdâtre, à reflets irisés, et parfois, à odeur repoussante. On ne pourrait pas l'employer directement. Contenant à la fois des liquides extrêmement volatils dont les vapeurs forment avec l'air des mélanges détonants, et des solides qui se déposent quand il brûle d'une part, il causerait chaque jour des accidents sans nombre : c'est la raison qui le tint si longtemps méconnu ; d'autre part, il encrasserait rapidement les lampes, les chaudières, les moteurs. Il faut le soumettre à un raffinage qui le fractionne en produits de propriétés mieux définies et par suite d'utilisation plus facile. Ce raffinage n'est pas autre chose qu'une distillation analogue à celle que subissent successivement les goudrons de houille. Elle fournit successivement : 1° les éthers de pétrole ; 2° l'essence ; 3° l'huile de pétrole ; 4° les huiles lourdes et il reste des goudrons.

1° *Ethers*. — Vous connaissez l'éther ordinaire (éther sulfurique des pharmaciens). Eh bien ! l'éther est le type en chimie d'un nombre immense de corps résultant tous de l'action des acides sur les alcools. La plupart des liquides se transforment en vapeur avec la plus grande rapidité : si bien qu'on a fini, dans le langage vulgaire, par désigner sous le nom d'éther tous les liquides très volatils, sans aucun souci de leur composition chimique. Sachez donc qu'il n'y a aucune ressemblance chimique entre l'éther de votre petite pharmacie et les éthers de pétrole. Ceux-ci distillent quand l'huile brute est portée à une température comprise entre 45° et 70° : ils ne constituent guère que 2 à 3 % du naphte brut. Leur grande volatilité, qui leur vaut le nom de « gazoléine », et leurs grande inflammabilité rendent leur emploi très délicat. On les utilise soit à la production de gaz qui brûle comme le gaz de houille : soit à la carburation de celui-ci pour augmenter son pouvoir éclairant ; soit enfin à la production de force motrice. Ajoutons qu'on commence à les utiliser à la place des huiles siccatives ou de l'essence de térébenthine pour la préparation des couleurs.

2° L'*essence de pétrole* distille entre 70° et 88°. Certaines huiles brutes en donnent 30 % de leur poids. C'est elle que vous employez dans vos petites lampes, sans cheminée de verre, à réservoir garni d'un corps spongieux. C'est elle qui, par sa grande inflammabilité, causa tant d'accidents quand, il y a quarante ans, le pétrole apparut sur notre marché. Vous savez qu'aujourd'hui on l'utilise en dehors de l'éclairage : elle possède, en effet, la propriété de dissoudre les corps gras : aussi remplace-t-elle la benzine pour le dégraissage des étoffes, des machines (bicyclettes, par exemple) et même des chevelures.

3° Entre 120° et 180° passe l'*huile de pétrole*. C'est elle que vous employez chaque jour dans les lampes à cheminée de verre. Je n'y veux insister que pour vous dire qu'il est absolument nécessaire que le réservoir de votre lampe soit bien étanche : si les vapeurs qui se forment au-dessus de la nappe liquide pouvaient s'enflammer, elles produiraient une formidable explosion. La logique impose aux raffineurs la condition suivante : tout produit mis en circulation sous le nom d'huile de pétrole ne doit pas prendre feu au contact d'un corps enflammé. Vous pouvez constater cette propriété : versez de l'huile de pétrole (non de l'essence) dans une soucoupe et jetez-y une allumette qui brûle : elle s'y éteindra.

L. PASTOURIAUX.

(A suivre).

longues études ou de longues méditations, l'apôtre du « patriotisme ». J'ai pu remarquer aussi que votre évolution à rebours tout en ne manquant pas d'une certaine logique socialiste, n'atteignait pas vos auditeurs. Pourquoi ?

Ceux qui vous écoutèrent n'étaient cependant point de grands philosophes. Faisaient-ils appel à la raison pure ? Je ne puis vous démontrer cela comme réponse. Bourrés de mots et de théories, religieux, hiérarchisés, domestiqués comme vous l'êtes, mon cher Molière Isak : ils se révoltaient seulement à la pensée de voir que votre enseignement de naguère n'était plus celui d'aujourd'hui. Et alors, ces braves gens qui ont peiné, qui ont pu souffrir de leurs idées, dans l'espérance folle de vivre plus heureux, ne se sentent pas plus avancés qu'au premier jour ? Ils se voient dans l'obligation d'abandonner leur « croyance » que vos arguments complémentaires viennent détruire ? Il faut tout recommencer, il faut changer de tactique à cause de « nos » responsabilités ? (dites-vous). Au lieu d'abandonner la « Patrie », il nous faut la conquérir, et c'est seulement lorsque nous l'aurons conquise que nous serons heureux ?

Vous êtes un trouble-fête. La route qu'il faut suivre avec vous est bien longue pour des affamés. L'idéal que vous nous faites entrevoir n'est pas la perfection même (de par votre simple aveu) et le chemin qu'il nous faut suivre pour arriver seulement à la première étape est lassant. Il y a des montées, des descentes, des coudes, des impasses : il faut faire demi-tour, revenir sur ces pas, etc., etc.

Que de choses... que de choses !

Que nous enseignez-vous ?

Vous parlez d'abord de « la Patrie et de l'Humanité ». Cela ne veut rien dire. La base de l'Humanité, c'est l'homme. L'Humanité peut être sans « Patries », elle ne peut pas être sans « hommes ». Ce sont les « hommes » qui font l'Humanité. Cela revient à dire que l'Humanité est l'ensemble de tous les hommes.

Voici la définition du mot « Patrie » donnée par tous les dictionnaires : « Pays où l'on est né, etc. » Tous les pays ne peuvent donc former, par leur ensemble, que la surface de notre planète. Vous me laisserez le droit de me reconnaître, « moi » seul, la base de l'Humanité.

Vous nous dites ensuite : « La Patrie est un sentiment que l'on ne peut facilement communiquer. » L'« idée » de Patrie est, en effet, un sentiment. Cela vous est acquis. Mais vous n'êtes pas le seul à avoir des sentiments pour certaines choses. J'aime certains pays mieux que d'autres, certains individus me sont plus familiers, plus agréables, certains artistes m'enchantent. C'est cela, la Patrie. Mais il n'y a là ni matière à discussion ni matière à guerroyer.

Vous expliquez alors votre sens patriotique par le besoin de « liberté » que vous avez et, trouvant le peuple français plus libre que les autres peuples, vous lutteriez contre tout ce qui pourrait porter atteinte à cette « liberté ». C'est ici naturellement que repose une partie importante de la question et c'est celle-là que nous allons essayer d'analyser. Je ne vais pas vous poser les banales questions : « Qui crée les guerres ? » « Pourquoi y en a-t-il ? » « Qui en bénéficie ? etc., etc. » Elles ne résolvent en rien le problème. Je vais seulement supposer avec vous que l'Allemagne, par exemple, s'est emparée de toute la France et qu'un empereur allemand se « puissance » sur les deux pays.

« Que se passera-t-il ? Hélas ! Les socialistes seront englobés dans le nombre et ils n'oseront même plus ouvrir la bouche. Quel malheur ! »

Le « peuple roi » sera devenu « peuple esclave ». On enseignera l'allemand aux enfants. On supprimera la soi-disant liberté de la presse, mais on paiera « peut-être » moins d'impôts, en raison de l'immensité du territoire et de la force acquise par le nombre, d'où diminution du service militaire, etc., etc. Mais, que sera donc devenu l'individu, l'homme, l'humain ? — C'est ce que vous avez oublié de nous dire.

Eh bien, il n'aura pas changé !

Comme l'homme n'existe véritablement pas sous un régime autocratique, comme il n'existe pas non plus sous un régime démocratique pour la simple raison que tous deux sont basés sur le principe de l'autorité, principe annihilant complètement l'individu ; comme il n'existera non plus dans le socialisme, votre principe étant global et limitatif dans le collectivisme pour établir ensuite la grande « gueuserie » dans le communisme, je ne vois aucun changement pour notre pauvre « moi », que nous soyons Allemands ou Français.

Nous sommes des « gueux » et nous resterons « gueux » tant que nous ne serons pas en « puissance », tant que nous ne saurons pas « pouvoir » ce que nous voulons. Toute doctrine visant un ensemble, une collectivité, un peuple, l'humanité, est tyrannique.

L'individualisme seul résout les questions. De mon bonheur, à « moi », dépend celui des autres et non pas du bonheur de tous dépend le bonheur de chacun, car je puis ne pas me satisfaire de la part que vous me donnerez, vous, socialistes. Vos pensées, je m'en moque. Mes pensées, à « moi », ont seulement de la valeur pour moi. La société qui se sert des individus fait des « esclaves » de ces individus. L'individu qui se sert de la société par la « Libre association » permet seulement le développement intégral de toutes les facultés humaines et assure le bonheur et la joie de vivre.

C'est, je crois, le but de toute science, de cette science humaine et « individuelle », qui travaille au bonheur de chacun en enseignant la vérité à ceux qui sont aptes à la saisir.

Je n'insisterai pas sur vos prétentions scientifiques, laissant à d'autres plus autorisés que moi ce soin délicat. Je crois néanmoins que dans l'organisme humain, chaque cellule se développe librement, sans se soucier nullement de ses voisines ; que les atomes de matière se heurtent sans cesse, s'unissent et se dissocient librement ; que les petits mouvements vibratoires différents des corps peuvent se superposer sans s'influencer réciproquement.

Si la vérité est dans l'aide mutuelle, ce n'est qu'à la seule condition que cette aide soit librement consentie. Il faut que l'individu soit le maître de « lui ». Il n'est que l'esclave des autres. Je crois donc qu'il vous serait préférable et beaucoup plus scientifique de parler à l'humain de « l'humain », au lieu de lui parler de la « Patrie », de la « Société », de l'« Humanité », etc., ce sont des mots.

Une Patrie est une étendue de territoire où l'on parle une certaine langue, où l'on cultive certains arts et travaux. La « société est un groupement d'hommes. L'Humanité est l'ensemble de tous les hommes. Point n'est besoin de philosophie pour cela. Ce qu'il faut connaître, c'est « soi-même ». On acquiert ainsi la connaissance de ses besoins et de ses facultés. C'est alors qu'on peut devenir « puissance » et travailler au bonheur de tous.

La seule lutte que nous devons soutenir est celle qui s'attaque à nos ennemis directs. Nous avons à nous défendre, « nous ». Nous ne devons pas défendre des idées. Nous n'avons pas de propriété à conquérir, nous avons à la détruire. C'est seulement lorsqu'elle n'existera plus pour personne que nous serons tous propriétaires. La Patrie n'est pas le droit pour tous les individus, comme vous le dites. La Patrie, c'est la Patrie. Le droit est un mot. Il y a : la vie.

La vie n'a cure de la « Patrie ». Les Patries existent parce que nous ne vivons pas. Lorsque nous vivrons tous, elles n'existeront plus. De même que les atomes d'hydrogène et les atomes d'oxygène forment l'eau, de même les jaunes, les blancs et les noirs font l'Humanité. Nous avons donc à conquérir notre « Vie » et non pas notre « Patrie ».

Telles sont, cher camarade, les idées que m'a suggérées votre causerie.

A. L. MANOURY.

Revue des Journaux

Les Temps Nouveaux.

Le syndicalisme qui devrait faire bloc devant l'ennemi se divise tout au contraire. C'est si tentant d'être sage et on est si bien dans les bureaux de la Bourse du travail, tout près des bistros *labelisés*. André Girard est un naïf. Sa bonne foi syndicaliste ne peut que nous effarer.

L'exemple qu'il nous donne est de moindre importance ; une goutte d'eau dans la mer et d'ailleurs aucun des membres de son comité n'avait de sinécure.

Jean Grave commence une réfutation contre le mutualisme dont on ne voit pas encore se dessiner les arguments.

Ray Stannard Baker donne de curieux détails sur l'*Unionisme* à San Francisco. C'est ce dont nous menace le syndicalisme triomphant. Nous nous promettons de donner de curieux détails à ce sujet.

Le Libertaire.

Manuel Devaldès se moque de toutes les *monnaies de singe* dont se contentent les honnêtes ouvriers, les fidèles employés. Honneurs, médailles, couronnes, voilà le pain sacré de ces bonnes poires.

Cher monsieur l'Expert nous ne commencerons l'inventaire que lorsque votre révolutionnarisme nous donnera l'exemple. Votre grand âge ne fait il pas d'ailleurs que c'est plutôt votre tour que le nôtre de déposer le bilan.

Sur la *Croyance au Progrès*, Harmel commence un article fort intéressant, dans lequel il tend à prouver qu'il n'y a pas forcément progrès dans la suite des temps et que nous manquons de données pour étayer notre jugement.

Dr L. B. termine, comme il avait commencé le discours à sa S., dont « la grâce sait donner tant de charmes ».

Lorenzo Rimini dit, sur la manie de l'enfouissement, des choses excellentes et d'une façon claire et précise.

LE LISEUR.

LES PISSENLITS

I

« Des pissenlits ! Des pissenlits ! »
C'est la marchande qui brouette
Sa bagnole et sa silhouette,
Et sa voix fait la pirouette,
Comme un clown aux muscles vieillis.
« Qui veut, qui veut de la salade ?
Voici pour votre cœur malade,
Pour votre race en marmelade
Des pissenlits ! Des pissenlits. »

II

Des pissenlits ! Des pissenlits !
Frères germains du prolétaire,
Comme lui, liés à la terre
On vous écrase ; il faut vous taire !
Sitôt bons, vous êtes cueillis.
Serez vous toujours sans réplique,
Mis à la sauce hyperbolique,
Royaume, empire ou république
Des pissenlits ! Des pissenlits !

III

O pissenlits ! bons pissenlits,
Fruits de douleur, fleurs de roture,
Enfants bâtards de la nature,
Dressez contre qui vous torture
La dent de vos glaives salis !
Et que si la race porcine
Des bourgeois vous mange, assassine,
Qu'en un ce soit par la racine,
O pissenlits, bons pissenlits !

Maurice BOUKAY, *député*.

AUX CAMARADES

Les camarades qui ont demandé des piqûres d'aiguille et la brochure l'*Absurdité des soi-disant libres-penseurs* sont priés d'attendre à la semaine prochaine pour l'envoi de leurs demandes.

— Par la Chanson —

Le groupe d'édition la **Muse Rouge** se propose de continuer la série de chansons illustrées. Afin de les propager, il met à la disposition de tous :

L'Internationale anarchiste. . . . 0.10
Le Père Lapurge, dessin de Luce. 0.25
La Muse Rouge, dessin de Lochard. 0.25

La douzaine assortie : 1 fr. 50

Le tirage étant restreint, envoyer les commandes le plus tôt possible.

ANTIMILITARISME

Amiens. — *La Jeunesse Libre* prévient les camarades, qu'à l'occasion du départ des conscrits, elle édite une brochure antimilitariste : 1 fr. 25 le cent, port en plus. S'adresser au plus vite à *Germinal*, 26, rue Saint-Roch, Amiens, ou à l'*anarchie*, 30, rue Muller, paris.

Roubaix. — Le groupe de Roubaix avertit les camarades qu'il met en vente une brochure de E. Girault : *La crosse en l'air* à raison de 2 francs le 100, port en plus, franco à partir de 300.

Il publie aussi une brochure de E. Girault contre l'alcoolisme intitulée la *Grand Fléau*, 0 fr. 20 l'exemplaire, 10 francs le 100.

S'adresser à Prudent Potteau, 8, rue du Pile, Roubaix ou à l'*anarchie*, 30, rue Muller, Paris.

Le Pioupiou de l'Yonne prépare son dixième numéro ; les premiers ont jeté une note forte dans la bataille. Espérons que celui-ci fera encore mieux. Les souscripteurs recevront autant de numéros qu'il aura de fois 0.10 centimes sur leurs listes. S'adresser à Monceret, 10, rue Pasteur, à Choisy le Roi ou à Albert Bouché, 33 bis, rue Saint Pèlerin, à Auxerre (Yonne).

LE COURRIER EUROPÉEN

Hebdomadaire international

280, boulevard Raspail, Paris

France : un an, 12 fr. ; six mois, 7 fr. ; trois mois, 3 fr. 50 ; le n° 25 cent.

Piqûres d'aiguille

Le soldat est un ouvrier qui revêt pendant deux ans un costume ridicule pour tuer ses camarades d'atelier, afin d'obéir aux patrons.

La Politique est une des plus grandes absurdités.

Le Bulletin de vote est l'arme des lâches et des imbéciles.

Etiquettes, cinq textes différents : 0 fr. 20 le cent. — **Port en plus.**

CE QU'ON PEUT LIRE

Pierre Kropotkine. — *Aux Jeunes Gens ; Anarchie et Communisme ; Morale anarchiste ; Organisation de la Vindicte* : br. à **0.10**. — *Les Temps nouveaux* : br. à **0.25**. — *Autour d'une vie ; Conquête du Pain* : vol. à **2.75**.

Paraf-Javal. — *L'Absurdité de la politique* : br. à **0.15**. — *Libre Examen* : br. à **0.25**. — *La Substance universelle* : vol. à **1.25**. *Les deux haricots*, image pour enfants **0.10**.

Jean Grave. — *Organisation, Initiative, Cohésion ; La Panacée-Révolution ; Le Machinisme ; Enseignement bourgeois et Enseignement libertaire ; Colonisation* : br. à **0.10**. — *La Société future ; L'Individu et la Société ; Les Aventures de Nono* : vol. à **2.75**.

Elisée Reclus. — *A mon frère le paysan* : br. à **0.05**. — *L'Anarchie et l'Eglise* : br. à **0.10**. — *Les Primitifs* : vol. à **2.75**.

A. Dal. — *Les Documents socialistes*, avec préface de **Ch. Malato** : br. à **0.30**.

Georges Etiévant. — *Déclarations ; Légitimation des actes de révolte* : br. à **0.10**.

René Chaughi. — *Immoralité du mariage ; La Femme esclave* : br. à **0.10**.

Enrico Malatesta. — *Entre paysans*, br. à **0.10**.

Domela Nieuwenhuis. — *Le Militarisme ; Education libertaire* : br. à **0.10**.

Charles Albert. — *Guerre, Patrie, Caserne* : br. à **0.10**. — *Aux anarchistes qui s'ignorent* : br. à **0.05**.

André Girard. — *Anarchie* : br. à **0.05**.

Ligue de la Régénération. — *Moyens de limiter les grandes familles* : br. à **0.30**. — *Plus d'Avortements* : br. à **0.50**.

Noël Reibar. — *A bas la guerre*, poésie avec musique : **0.10**.

La Chanson ouvrière, n° 2. — 12 chans., 6 avec musiq., les autres s. airs connus : **0.50**.

Le Père Lapurge. — *La Muse Rouge*. — *Le Père Lapurge*, paroles et musique, avec dessins de Lauchard et de Luce, **0.25** chaque.

L'« anarchie ». — Numéros parus : **0.10** chaque — Les invendus sont envoyés, le port étant seul à la charge des camarades.

Piqûres d'aiguille. — 5 textes : **0.20** le 0/0.

Les frais de port sont évidemment en plus.

OU L'ON DISCUTE
OU L'ON SE VOIT

Causeries Populaires du XVIIIe, 30, rue Muller. — Lundi 18 septembre, à 8 h. 1/2, *Mécanisme de la volonté*, par S. Ossian.

Causeries Populaires du XIe, 5, cité d'Angoulême. — Mercredi 20 septembre à 8 h. 1/2, *La Terre avant la création de l'homme*, par le camarade Ribes.

Causeries Populaires des Ve & XIIIe, 42, rue du Fer-à-Moulin. — Samedi 16 septembre, à 8 h. 1/2, *Causerie* par un camarade.

L'Aube Sociale, Université populaire, 4, passage Davy. — Mercredi 20 septembre, à 8 h. 1/2, *Morale et Religion*, par Mme Magne.

Jeunesse révolutionnaire du XIVe, groupe d'études sociales. — Vendredi 15 septembre à 8 h. 1/2, réunion à la Belle Polonaise, salle des menuisiers, *Causerie sur le Communisme* par un camarade.

L'Emancipation, U. P. du XVe, 38, rue de l'Eglise. — Jeudi 14 septembre, à 8 h. 1/2, causerie sur les *Mauvais Bergers*, de Mirbeau, par Alget.

Aux Causeries Populaires, 5, cité d'Angoulême. — Samedi, 15 septembre, *Fais ce que veux, Critiques et chants*, réunion de camaraderie.

Cherbourg. — Les camarades qui désirent se procurer les journaux anarchistes, s'adresseront soit au secrétaire, soit au camarade Baron de la jeunesse syndicaliste, bourse du travail.

Composé par des camarades.

Le Gérant : A. MAHÉ.

Imp. des *Causeries Populaires*, A. Libertad

Dépôt Légal
1905

LES CAMARADES
adresseront
tout ce qui concerne
l'anarchie
à A. Mahé & A. Libertad
30, rue Muller, 30
PARIS XVIII·

l'anarchie

PARAISSANT TOUS LES JEUDIS

ABONNEMENTS

FRANCE

Trois Mois........ 1 50
Six Mois.......... 3 »
Un An............. 6 »

ÉTRANGER

Trois Mois........ 2 »
Six Mois.......... 4 »
Un An............. 8 »

PREMIÈRE ANNÉE. — N° 21 | DIX CENTIMES | JEUDI 21 SEPTEMBRE 1905

Imprécation

Puissent-ils s'anéantir jusqu'au dernier, pour qu'en un peu à peu, la paix se fasse sur le monde.

Le Bétail Humain. — C. L.

Chacun se réjouit à l'idée que Russes et Japonais vont cesser de s'entredétruire. Moi, je regrette que le massacre prenne fin. Il ne me déplaisait pas de voir une partie du bétail humain disparaître et faire place à de nouvelles générations, moins barbares... sans doute.

Dans le pays où je suis né, il est un dicton que l'on applique, comme un mauvais souhait, aux querelleurs, aux brutes, à tous méchants garçons. « Les gens-là, il n'en devrait rester vestige » dit la formule patoise, usitée en Ariège et j'ai souvent pensé de même au sujet des Japonais, des Russes, de tous les peuples belliqueux : s'il n'en pouvait rester qu'une fumée — pas seulement une fumée : rien, et que jusqu'à leur souvenir, tout fût anéanti !

Russes et Japonais, semble-t-il, regrettent de ne pouvoir mille et mille fois donner leur vie pour de nouveau se rencontrer sur les champs de bataille : on aurait dû les laisser continuer jusqu'à complète extermination de part et d'autre. Sous prétexte d'humanité, on a voulu les séparer. On a eu tort ; ni la logique, ni la justice, peut-être, ni l'humanité surtout n'ont ici leur compte. Je considère en tout cas qu'il serait vraiment moral de voir de tels scélérats disparaître de la surface du sol. S'ils y ont tout ce plaisir, laissons-les à leur folie sanguinaire, les peuples de haine et de mort ; désirons que des engins encore plus rapides nous débarrassent d'eux par légions.

Les patriotes jamais ne se feront à l'idée que la paix doive et puisse, un jour être parmi les hommes. Ils croiraient tout perdu si demain l'on cessait de s'attaquer à main armée. Car de même que manque à un aveugle de naissance la sensation de la couleur, le sentiment de la paix leur fait défaut. Et, voleuse, assassine, la guerre, c'est le profit, c'est la gloire, désirable, sublime, à leurs yeux de déments dangereux. Ils ne se sont pas dit que la maladie, les accidents se chargent déjà trop d'abréger, d'attrister l'existence. La gloire, écueil des caractères, hochet pour grands enfants, la gloire, corruptrice, élève l'homme selon eux. Qu'elle soit donc abrégée, leur existence, qui sans cesse menace ou nuit ! Encore une fois, il est bon que ce bétail disparaisse, et nous devons nous réjouir chaque fois que, par innombrables troupeaux, ces malfaisants périssent dans leurs entreprises.

Mais, cependant, continuons notre propagande pour la paix, mais parlons pour ceux-là seuls dont il n'y a pas trop à désespérer. Que la même raison nous tienne éloignés de ces inertes. La vie est précieuse.

Où, si l'on nous force à marcher, si nous ne pouvons nous dérober : soit, allons-y. L'on saura bien pourquoi.

***

Deux chiens, les crocs cloués aux chairs l'un de l'autre, sourds de froide rage, me représentent assez bien Russes et Japonais. Séparer, ici et là, ces animaux, n'est point chose facile. De plus, quand vous aurez réussi, le bénéfice sera de peu.

Devenus batailleurs, les deux chiens regardent de travers encore — toujours — l'œil mauvais désormais, tels les légendaires chiens de faïence. L'homme fait de même. Ne raconte-t-on pas que les Japonais font mauvais ménage à cette heure ? Ils s'attraperont entre eux, ne pouvant frapper sur l'adversaire.

Cette comparaison encore peut servir. J'ai lu, dans quel traité d'histoire naturelle ? qu'en Amérique existe un petit animal bien terrible, le pécari, qui va au devant de tout danger sans jamais reculer. Ni le fer, ni le feu, rien ne l'arrête. Ce détail dit assez qu'on ne trouverait pas de plus parfaite image de l'un des belligérants, l'impavide Asiatique. Mais, bien que moins vive, la bravoure du Russe est aussi redoutable. C'est la bravoure lente de l'ours.

Voilà quels parallèles, au XXe siècle, peuvent être permis pour dépeindre l'espèce. Elle est jolie, notre évolution !

Et, dans ce même temps, les chefs de la démocratie discutent de patriotisme d'un patriotisme rénové, expurgé. Dirai-je adapté aux besoins d'une cause ? L'orateur, l'écrivain, je dis mieux, car tous deux ont droit au double titre — le tribun, le philosophe en sont aux propos plutôt vifs.

La dialectique de Clemenceau n'a pas à donné ses preuves. Ingénieuse et puissante, nul doute qu'elle ne parvienne à marier les inconciliables. Mais on sera en cela le gain de la philosophie, et que nous voici loin de l'épître « A mon frère Etiévant ! » Etiévant était un sans-patrie.

Jaurès ergote abondamment, multiplie les aperçus et tour à tour reprouve ce patriotisme-ci, dit l'autre nécessaire. Tactique, faut-il croire, et j'en fais cas, hors en telle matière.

Clemenceau, Jaurès, vous n'épurerez pas le patriotisme. Le mal lui est essentiel.

Du camp radical, aussi bien que du socialiste, nous est venue cette parole, qui nous est commune :

« Guerre à la guerre. »

Rationnellement, puisque je m'en prends à la réalité matérielle qui l'incarne, je conclus, avec vous ou sans vous :

« Périsse le guerrier, le monde y gagnera. »

Clément LAPEYRE.

Chiquenaudes et Croquignoles

Quand nous serons a cent...

... Nous ferons une croix, ou un triangle (si je porte aussi c'est pour contenter toutes les églises). On connaît à merveille si la réputation [illegible]

Nos [illegible] n'ont pas touché le sol [illegible] considéré pour cette terre de [illegible] qu'ils s'élèvent à une culture intensive des mâles et des femelles, jusqu'à la mort. Oh ! Hubert a pour lui tous les chefs à [illegible] le gouverneur de [illegible]

— o —

A propos de Loubet.

Le [illegible] comme une vieille paire de croquenots usés jusqu'à la corde, ou réservera-t-on une place à ce vieux débris dans le palais du Luxembourg ?

Angoissante question. Où cet homme fera-t-il sa sieste ?... Prendra-t-il sur ses économies pour ses manies de jeune homme... ou bien le populo, bon enfant, lui paiera-t-il ses cigares et ses visites particulières ?

— o —

Mieux vaut tard que jamais.

Que ne sommes-nous tous de Saint-Dizier ! Nous aurions la joie d'avoir un millième quelconque de la légion d'honneur.

Pour sa belle défense, en 1544, parfaitement, quinze cent quarante quatre, « la ville de Saint Dizier vient d'être autorisée à faire figurer dans ses armoiries la croix de la Légion d'honneur ».

Les morts ont dû tressaillir dans leur tombe ! S'ils y étaient encore.

— o —

Rien à changer.

Notre collaborateur le camarade général Dalstein m'adresse, en même temps qu'au 6e corps d'armée, l'ordre du jour suivant :

A l'occasion du *douloureux accident* qui vient de se produire à Longwy, le général commandant le 6e corps d'armée rappelle que le service de la troupe dans les grèves est un *service normal*, pour lequel elle ne doit faire usage que de *ses armes réglementaires*, à l'exclusion de tous moyens accessoires, tels que cravaches et objets analogues en caoutchouc, cuir, etc.

Il rappelle, en outre, que, conformément aux dispositions d'une circulaire ministérielle du 30 octobre 1901, il ne doit pas être fait usage de la lance dans les mêmes circonstances (*Le revolver suffit*).

Il en a de bonnes, notre copain !

CANDIDE.

A. M. A. G.

La séance la plus intéressante du Congrès de la Libre-pensée a été, à mon avis, celle où (avec une crânerie dont, parmi ses complices, il a été le seul à faire preuve), Buisson a voulu dresser l'esprit de conservatisme bourgeois et la casuistique laïque, qu'il personnifie merveilleusement, en *face* de l'irréductible logique de Paraf-Javal.

Cauteleux, insinuant, Buisson méritait bien cette épithète de *pappabile* qui lui fut lancée de la salle : cardinal bon à faire un pape ; *cardinal laïque*, cela s'entend et *ministrable* si vous désirez que, comme Hervé, nous mettions les points sur les *i*.

Que d'aveux, aveux tendres, n'a-t-il pas laissé échapper tout au long de sa plaidoirie !

Avec quel dédain n'a-t-il pas repoussé la qualification d'aprioriste... en théorie, mais avec quelle ardeur n'a-t-il pas réclamé cette qualification... dans la pratique !

Changeons, camarade Buisson, une seule lettre à la devise de saint Ignace. Les *pénitentes* de votre *Sérénissime Grandeur* qui (si joliment parées de tous les fétiches capitalistes dont leur *libre penser* ne les a pas encore affranchies) se pâmaient à votre seule apparition, pourront broder en lamboyantes lettres d'or sur votre bannière la **nouvelle devise de la laïcité mondiale** :

A. M. A. G.

Ad majorem autoritatis gloriam — (Pour la plus grande gloire de l'Autorité).

Car, et c'est là le vrai, le seul combat qui se soit livré dans l'enceinte du Congrès de la libre-pensée tout l'effort des uns s'est porté (à grand renfort de pathos métaphysique à consolider les diverses formes de l'**Autorité** ; tout l'effort des autres à montrer avec une simplicité syllogistique les fissures du trône chancelant de l'**Idole laïque**.

D'un côté, les thuriféraires de l'autorité : Buisson, ubiquiste (on le trouvait partout), grand conciliateur des belligérants, onctueux, pacificateur des discussions acerbes, le type du juge de l'*Huître et les Plaideurs*. Allemane qui (après s'être, jadis, *fouta* de l'Autorité d'une façon élégante), nous criait : « *Vous vous foutez du Bureau !* » et se *foutait* de nous en escamotant les motions gênantes (motion de Sorgue et Henriette Meyer pour Malato et ses co-inculpés, de Camille Guesnier sur le principe anarchique, tour de parole de Paraf-Javal, etc.).

Cet excellent pédagogue humanitaire que je ne veux point nommer car je le surpris en flagrant délit de médisance jésuitarde et qui pourrait, de ce fait, revêtir le grand froc noir de Dom Basile :

> C'est un souffle qu'on sent à peine,
> C'est la brise qui court la plaine,
> Bruit subtil, léger murmure,
> Rien qu'un faible et doux sussurre,
> Bruit qui monte en l'air,
> Sans cesse un peu plus clair... ;

Cette excellente Pelletier dont le sein récèle des secrets qui l'étouffent (relisez dans *Tartarin sur les Alpes* le supplice de saint Bézuquet qui savait quelque chose et ne pouvait rien dire) et qui, legère malgré un tel fardeau monte crânement à l'assaut du goliath maçonnique, non pour le terrasser, mais pour l'épouser ;

Le Foyer, le Dieu de la Paix, le Toutatès de la Paix devrais-je dire, car il tonitrue comme Bompard du Mezet (v. *Port-Tarascon*).

Hervé dont l'évolution antimilitariste s'accentue, mais qui use encore de la patache, le metro ne devant pas passer à sa porte ;

Don Mariano Lozano qui, quoique *muy simpático* aurait bien dû suppléer son gendre Odon de Buen, à Barcelone et nous l'envoyer.

Alexandra Myrial pourtant sympathique, mais qui portait sur son jeune sein le stigmate flétrissant des *palmipèdes* de l'Autorité, etc., etc.

De l'autre côté :

Domela Nieuwenhuis, le pacifiste pratique ;

Paraf Javal, que la *sociale réaction* cherche à salir de l'épithète de *fou géométrique*, sans doute parce qu'il a su l'enfermer dans un dilemme sans issue comme la circonférence ;

Spirus Gay, mettant en lumière, une inconscieute confusion de mots d'Hector Denis, entre désordre et anarchie ;

Libertad, criant à la foule : « *Vous ne m'avez pas compris, mais vous m'avez entendu !* » et montrant bien par cette apostrophe que le vaccin libérateur des cerveaux n'a pas une action instantanée mais qu'il lui faut, après l'inoculation, le temps de se répandre dans l'économie du malade et de lutter lentement contre tous les virus et toutes les toxines que des siècles d'abrutissement ont accumulé par hérédité dans les masses cérébrales.

***

Allemane, tu as été jadis un lutteur courageux, un pionnier de l'idée révolutionnaire ;

Dom Bazile, nul ne doute de tes aspirations humanitaires :

Amie Pelletier, Le Foyer, Hervé, Don M. Lozano, sympathique Alexandra Myrial, vous serez de bonne foi comme Buisson qui, entrepris par un camarade à l'issue de son fameux colloque avec Paraf-Javal, confessait sa tare en disant : « *Je suis bourgeois.* »

Vous êtes *bourgeois* !

Toi, Allemane qui goûtas à l'ambroisie (!) du mandat législatif.

Toi, Dom Bazile que tes frères encensent comme un Dieu et qui (tout humilité chrétienne) demandes grâce des applaudissements.

Toi, Pelletier qui, à défaut de l'encens et de la pompe des hautes nefs chrétiennes, semble ne rêver que d'oripeaux chamarrés sous prétexte d'affranchissement de ton sexe ;

Toi, Le Foyer que la gloire de la toge enivre, tout nourri d'éloquence pompeuse et tout éructant de périodes que l'écho prolonge infiniment ;

Toi, Hervé, tout auréolé de la gloire du martyre ; toi, D. M. Lozano ; toi enfin, polie et sympathique Myrial vous êtes bourgeois avec les tares que comporte cet état pathologique congénital.

Les vieux (ceux dont le cerveau sclérosé est, pour ainsi dire, figé dans sa forme) vous n'avez rien à tenter, il est trop tard. Et, si vous voulez rendre un service à cette humanité que vous dites aimer, ne permettez pas que l'on laisse vos cadavres passer à l'état de charognes ; demandez que le feu les stérilise en les détruisant, de crainte que les virus qui vous intoxiquent et imprègnent votre substance nerveuse ne transfusent au dehors.

Les jeunes : réfléchissez, voyez vous-mêmes si vous devez perpétuer les dégoûtantes hypocrisies de notre époque et si comme Buisson vous pouvez à la fois faire parade des doctrines *a posteriori* et profession des *dogmes a priori*, voyez vous-même si, par des compromissions de raisonnement que vous ne voudriez pas vous avouer à vous-mêmes, vous devez rester les *fidèles* ou les *prêtres* de cette idole laïque : l'**Autorité**.

Franck SUTOR.

Les CAMARADES que cette feuille intéressera l'aideront par tous les moyens. En la propageant. En la vendant. En l'aidant à vivre.

Si l'ANARCHIE intéresse, qu'elle vive par elle même.

RAPPORT

Sur le Congrès des soi-disant libres-penseurs tenu à Paris les 4, 5, 6 et 7 Septembre 1905

(Suite)

Séparation des églises et de l'état

— En vertu de notre définition du libre-penseur, en vertu des extraits cités par nous (l'*anarchie* n° 31 août 1905) approuvés par les congressistes de Rome en 1904, un libre-penseur doit rejeter toute idée *a priori*, toute croyance imposée, toute autorité prétendant imposer des croyances et s'appuyer exclusivement sur les lois naturelles constatées *a posteriori*.

— Or, les églises, aussi bien que les états, sont des autorités qui prétendent imposer des croyances *a priori* (foi, loi) ; les églises, aussi bien que les états, exigent qu'on se soumette à ces croyances, menacent et oppriment ceux qui refusent de s'y soumettre (terrorisme religieux, enfer, purgatoire, etc. ; terrorisme laïque, impôts, amendes, peines corporelles, prison, bagne, mort) ;

— Or, travailler à la séparation des églises et de l'état, c'est reconnaître, soit la légitimité des églises et de l'état, soit la légitimité de l'état, c'est être, non pas libre-penseur, mais abruti (notre définition) ;

— Un libre-penseur doit donc travailler, non pas à la séparation des églises et de l'état, mais à la destruction des églises et de l'état.

Corollaire

Nos amis Ernest Tarbouriech, Briand, Buisson, Aulard, Bonnevial, France, Sembat, Labusquière et compagnie, tous ceux qui les accompagnent ou qui les suivent sont, non pas libres-penseurs, mais abrutis (notre définition).

Organisation de la propagande libre-penseuse. — Fêtes

Un individu étant libre-penseur quand il pense *a posteriori* (après avoir jugé, sans préjugé) en utilisant seulement les connaissances physiques ; seuls sont qualifiés pour organiser la propagande libre-penseuse, ceux qui pensent ainsi et non pas ceux qui pensent *a priori* (avant examen, avec préjugé) sans tenir compte des connaissances physiques.

Sont donc notamment disqualifiés pour s'occuper de la propagande libre-penseuse, non seulement ceux qui croient à la *foi*, mais encore ceux qui croient à la *loi*.

Corollaire

Sont absurdes Crétois, Kosciusko, Charbonnel et compagnie qui ne voient pas d'inconvénient à ce que des individus croyant à la loi, s'occupent de propagande et de fêtes de libre-pensée.

La libre-pensée et le pacifisme

Conformément à notre définition acceptée maintenant par tous, un individu est libre-penseur quand il pense *a posteriori* (après avoir jugé, sans préjugé), en utilisant seulement les connaissances physiques ;

Il doit (voir extraits cités dans l'*anarchie*, n° du 31 août 1905) rejeter toute idée *a priori*, toute croyance imposée, toute autorité prétendant imposer des croyances et s'appuyer exclusivement sur les lois naturelles constatées *a posteriori* ;

Or, un individu qui pense ainsi, se réserve de juger à tout moment les actes à accomplir en vue de sa conservation personnelle, et se refuse à exécuter des actes *a priori*, après avoir abandonné à d'autres pour un temps plus ou moins long le soin de les choisir ;

Un libre-penseur ne peut donc accepter ni la loi, ni l'autorité militaire, ni se mettre sous les ordres d'individus qui peuvent lui commander des actes contraires à sa conservation, contraires aux lois naturelles, d'individus qui peuvent, notamment, lui commander de mourir ;

Un libre-penseur ne peut donc au point de vue militaire qu'étudier les moyens d'échapper au service militaire, d'aider les autres à y échapper et d'arriver à la suppression complète et prochaine des armées.

Corollaire

Un libre-penseur doit donc étudier les moyens pratiques de faciliter et de généraliser la désertion et l'insoumission (hospitalité aux déserteurs et insoumis, échange international des enfants, etc.).

Remarque

On peut ne pas vouloir, en présence des risques légaux, agir conformément aux principes de la libre-pensée, mais alors on n'a pas logiquement le droit, en l'espèce, de se réclamer du titre de libre-penseur. On n'a logiquement que le droit de se réclamer du titre d'abruti (notre définition).

Autres corollaires

Buisson, qui préconise la désertion en masse, mais blâme la désertion individuelle et qui d'ailleurs admet les idées métaphysiques de loi, de patrie, de propriété, d'honneur (??), etc. ; Hervé, qui préconise la grève des soldats ou de certains soldats réservistes en temps de guerre, réservant le temps de paix, etc., sont absurdes.

Sont également absurdes :

Notre camarade Faure, qui suppose qu'une nation (autorité *a priori* gouvernement), s'appuyant sur une autre autorité *a priori* (force armée), peut décréter le pacifisme (liberté *a posteriori*) sous forme de désarmement, suppression effective de la force armée et par suite du gouvernement ;

Beauquier, Passy, Lefoyer, Nicolas II, et autres marchands d'arbitrage (autorité *a priori*), qui s'imaginent que des libres-penseurs doivent attendre des autoritaires la suppression de l'autorité, au lieu de s'occuper entre libertaires d'organiser *a posteriori* la liberté.

PARAF-JAVAL.

(*A suivre*).

Le Bon Juge

Vous n'avez pas plutôt lu ce titre que son nom vous est venu à la bouche. Qui ne le connaît, ce bon juge, lequel n'appesantit pas la main de la justice sur la femme coupable du vol d'un pain.

Oui, il poussa la condescendance jusque là. Lui qui avait mangé, dont la bedaine honorable était pleine et dont la progéniture en avait jusqu'au col, de même que la femelle, cet homme, dis-je, renvoya indemne ou presque cette bougresse peu respectueuse de la propriété. Et les considérants de son jugement sont des chefs-d'œuvre. Qui ne les a lus ?

Toute la presse fut soulevée d'admiration. Un juge qui pour ne pas troubler sa digestion par des larmes intempestives, consent à reconnaître la vie à une mère et à son petit : ô le bon juge.

La *Petite République* et le *Radical*, l'*Aurore* et le *Matin* sacrifièrent à son autel. Même, un journal semi-anarchiste, le *Journal du Peuple*, se fendit d'un collaborateur spécial pour interviewé le bon juge !

Et l'espèce en fut créée. Elle remplaçait celle du juge intègre, disparue dans les croisements.

Le Bon juge à mettre avec le Bon patron, le Bon riche, pour vivre sur le dos des honnêtes hommes, des honnêtes ouvriers, des bons contribuables.

Il manquait pourtant à ce Mercure humain employé à l'équilibre du vol et du commerce, brigand ou commerçant selon les poids, un titre de gloire qui le mette au pair des meilleurs dans la corporation des gouvernants et des pillards. Il lui manquait surtout l'épée que Brennus put si bien mettre dans la balance, pour la faire pencher du bon côté, celui de la force évidemment : quelque chose comme un couteau à la Deibler pour arrêter les dernières manifestations des trop osés.

Les maîtres réparèrent tout doucement leur oubli et Magnaud, car c'est bien de lui qu'il est question, est Commandant de Territoriale.

A ce juge-soldat, en rupture de comptoir de correctionnelle, l'agent de change-ministre de la guerre, en rupture de comptoir de Bourse, vient de donner la rosette d'officier de la légion d'honneur.

Signalons ceci pour bien montrer à tous la puérilité de ces hochets, la moquerie de l'honneur, sous lequel se tient plié le cerveau des simples, des honnêtes, de tous ceux que leur bêtise fait être les piliers d'assise de la société actuelle.

Le Bon être, le Bon juge, le Bon chef, le Bon patron sont des anomalies, des phénomènes dont il faut se garer, en admettant qu'ils ne soient pas truqués.

Les meilleurs Maîtres, les meilleurs Juges, comme toute la clique sociale, sont bons à...

MATAR.

LE ROUGE ET LES GRENOUILLES

A vrai dire le syndicat a été et est encore une arme à laquelle il faut tenir compte des services rendus à la classe ouvrière et surtout à la classe bourgeoise, depuis son apparition. Mais, comme toute arme, elle a fait son temps, et, de nos jours, elle peut être rangée soigneusement dans le musée aux vieilleries avec tous les honneurs qui lui sont dûs.

Nettement établie, ce n'est qu'une arme de pacotille propre à donner un courage factice et à combler d'espérances les cerveaux débiles des déchets sociaux pliés sous la cinglante férule des maîtres de tous acabits.

La grenouillère : voilà bien son nom ! Et le temps qui amène et ramène toutes choses, nous a donné la preuve convaincante de ce fait : les maîtres ayant deviné le degré d'abrutissement des masses grouillantes en la fétide et obscure grenouillère, y ont produit un jour artificiel troublant l'opaque obscurité de temps à autre, et, pour subjuguer et hypnotiser davantage le troupeau, ils ont employé le même procédé que les pêcheurs de grenouilles (nous parlons des comestibles).

Ils ont jeté un chiffon rouge dont la grenouillère a fait son arme, ô combien métaphysique ! croyant à sa réelle importance.

Le chiffon rouge, c'est le syndicat ; comme le chiffon des trois couleurs, c'est la patrie. Ils sont tous deux appâts à grenouilles.

Mais les grenouilles sociales, pas plus que les autres batraciens de nos mares forestières ou autres, n'ont eu la présence d'esprit de se dire que le chiffon rouge pouvait très bien être une attrape pourvue d'une ficelle au bout de laquelle se tiendrait un malin œuvrant à bon escient.

Au contraire, comme les vrais batraciens, les grenouilles sociales, ont eu ce petit raisonnement : « La loque rouge, c'est le fil d'Ariane, profitons de ce faible rayon de lumière pour nous y cramponner énergiquement ; par lui, nous arriverons plus vite à la liberté. » Toutes se sont cramponnées à la loque et... le malin qui ne les voulait pas manger complètement, mais seulement recueillir d'elles, ce qui lui paraissait à son avantage, soulevait de temps à autre le paquet après lequel gigotaient furieusement et triomphalement les grenouilles qui croyaient déjà tenir le salut. Notre homme ayant fait sa récolte, les replongeait dans l'eau bourbeuse de la mare.

Comme rien n'échappe aux lumières de la vérité, la loque syndicale a enfin montré le bout de l'oreille bourgeoise.

Quelques grenouilles, lasses d'être replongées à chaque instant dans la mare, et désespérant d'en sortir enfin, ont voulu s'en tirer d'elles-mêmes, sans le secours de qui que ce fut, rien que de leur seule énergie : et elles y sont arrivées. Ce ne fut pas sans peine.

Or, qu'ont-elles vu ?

Elles ont vu que le fil d'Ariane n'était qu'une farce bourgeoise propre à calmer les coassements de la grenouillère. l'os que l'on jette aux dogues furieux pour les contenir et les mener davantage. D'où elles ont conclu : « Le syndicat et sa loque rouge qui est tout un, n'est qu'un instrument au service de la bourgeoisie, des capitalistes. Les réformes qu'il fait obtenir d'un côté sont largement reprises d'un autre ; la fameuse grève générale n'est qu'un mirage savamment combiné, une chose complètement irréalisable et qui, fut-elle possible, ne peut avoir pour conséquence que de troubler davantage l'eau passablement noire de la mare. Quand donc les grenouilles, lasses de désirer un roi ou d'adorer un chiffon si rouge soit-il, laisseront-elles les armes de pacotille de l'urne et du syndicat pour chercher de meilleures armes de précision ?

DERKOFF.

Notre Correspondance

Septembre 1905.

Au camarade Derkoff,

La pensée est motif d'action. Quand on agit, c'est qu'on a pensé (réponse du système nerveux central) ou qu'il y a eu réflexe (réponse des centres nerveux locaux). Un libre-penseur agit après avoir pensé *a posteriori* (éducation du système nerveux central) ou après avoir donné des habitudes raisonnables à ses réflexes (éducation du système nerveux local). Cela dit, il n'y a aucun inconvénient à considérer la pensée elle-même comme un acte d'ordre spécial et, de toute façon, notre définition tient.

PARAF-JAVAL.

* * *

Au camarade S. Ossian.

Vous jugez, ce me semble, un peu trop vite les gens et vous m'octroyez des idées que, non seulement je n'ai jamais eues, mais contre lesquelles je me suis, au contraire, toujours élevé.

Si vous relisiez mes articles sur la *Psychologie du sentiment* et la *Futilité de l'amour*, vous y verriez que je suis un parfait sensationnaliste et que nombre de fois j'ai pris comme premier principe cette parole de Taine dans son *Phénoméniste* : « L'esprit n'est qu'un groupement de sensations. »

Il se peut que depuis, quelques fois, je donne à mes écrits une tournure plus simple, plus douce à l'oreille, plus littéraire aussi, et puisque vous parlez science, je vais vous dire pourquoi j'agis ainsi. Tout le monde, cher camarade, n'a pas votre culture intellectuelle. Bon nombre d'individus ont certains lobes encéphaliques quasi atrophiés et sont peu aptes à comprendre un langage quelque peu scientifique. j'ai cru faire bien, et je le ferai quelques fois encore, de fouailler par certains mots, certaines tournures de phrases, ces cellules et faire ainsi vibrer les molécules qui les composent, ce qui en vertu des lois de l'énergétique ferait éclore des idées et par cela même des actes.

C'est justement parce que je crois que les cerveaux d'esclaves ne peuvent d'eux-mêmes se réformer que je cherche en les critiquant violemment à leur donner une autre direction.

Je sais pertinemment qu'on ne peut que comparer la marche des idées à la loi d'inertie et que même le titre de mon article est faux, l'inertie étant une propriété de la matière et pas une force.

J'avais cru enrayer la critique de mes camarades instruits, en mettant dès les premières lignes : « Les mots que j'emploie ne doivent pas être pris dans leur véritable sens scientifique, mais dans leur sens populaire. » Vous n'avez pas lu cela sans doute, mais je veux faire cesser ce malentendu.

Prochainement, cité d'Angoulême, je traiterai le *Cerveau*, je vous serais obligé de venir m'entendre, vous y verrez que je parle de la physiologie cérébrale en physicien et non en spirite.

Anarchiquement à vous,

MAURICIUS.

* * *

Au camarade Manoury.

Merci d'abord au journal l'*anarchie*, l'ar ma réponse à vos critiques il me permet sinon de faire du prosélytisme — ce qui ne me tente guère en ces temps difficiles, du moins de fixer les bases de ce que vous appelez mon « patriotisme-socialiste » — ce à quoi je tiens excessivement.

Dans un milieu où l'on discute, où l'on se voit, je fus très tranquillement soumettre à l'analyse de tous, à la vôtre, mon cher Manoury, des idées que j'avais au préalable soumis à ma propre et bien faillible critique, à un jugement *a posteriori*, dirait Paraf-Javal. Croyez bien que je n'y avais aucun intérêt. Aujourd'hui dans trop de milieux populaires, il est plus facile de conduire les foules aux exagérations que de marcher avec elles et très lentement sur le chemin pénible de la réalité. J'estime que d'ici peu les politiciens ne se trouveront plus parmi ceux qui reculent le bonheur universel en l'an 3000 — ce qui est trop peu pour moi qui ne l'espère totalement dans aucune humanité — mais bien parmi les faiseurs de lieux communs révolutionnaires dont les exagérations plairont longtemps encore à l'esprit des foules.

Voyons donc vos reproches. Tout d'abord je lis : « L'idéal que vous nous faites entrevoir — et cela de par votre propre aveu — n'est pas la perfection même et le chemin qu'il nous faut suivre pour arriver à la première étape est lassant. »

Les paroles sont belles. Elles expriment bien les sentiments de ceux qui ayant trop souffert ne veulent plus attendre. Mais, bien au fond, ce qu'elles me reprochent c'est de n'être pas le Sauveur. Au point de vue religieux, c'est tout à fait exact ce que vous écrivez là. Oui, j'ai renoncé au « paradis terrestre » dont les hommes seraient prêts à franchir les portes comme j'ai renoncé au royaume des élus. L'homme n'a pas à se diriger vers un idéal et une perfection qui ne seraient que la mort de l'humanité, puisque la fin de toute évolution. Il n'a pas à soumettre ses efforts à un idéal lointain dont il ne trouve pas dans la vie présente les éléments et la certitude ; mais, abandonnant tous les idéaux religieux, réaliser dans la mesure du possible plus de bien-être et de vie ce qu'est seule à faire l'action socialiste qui en même temps qu'une continuelle réforme des iniquités présentes est une lente élaboration de la société de demain.

Je sais bien qu'il n'y a pas beaucoup d'envolée dans ce programme, mais tel quel, il permet aux hommes d'acquérir toujours plus de satisfaction tout en jouant leur rôle utile dans l'évolution. Il n'est pas de moyen plus pratique d'avancer, sauf sur le papier et dans les discours, en méconnaissant notre pouvoir limité, les circonstances, les milieux et l'histoire.

Et maintenant, sur le Patriotisme, j'ai cru devoir dire, reconnaissant dans les Patries un résultat de l'œuvre des siècles, qu'il serait peut-être possible par de nouvelles conquêtes et d'autres influences de les modifier, c'est à dire remplacer ce qui est le résultat d'une évolution lointaine par des formations arbitraires et humaines qui auraient l'inconvénient de devoir refaire l'évolution déjà parcourue par les patries présentes ; mais que les patries *elles-mêmes* ne pouvaient jamais disparaître comme effets de multiples causes ethniques qui subsisteront toujours.

Je concluais ainsi sur un point de ma conférence :

1° La Patrie, c'est une œuvre humaine qui représente la grandeur, les qualités et les imperfections d'un *peuple*.

2° Un peuple c'est une catégorie d'individus vivant dans les mêmes circonstances ethniques, ayant subi les mêmes impositions matérielles et morales et auquel le rapprochement et la vie commune ont donné un caractère particulier, différent de celui des autres peuples et qu'on appelle le génie national.

3° Un individu est donc tout naturellement patriote, parce que sa naissance, son tempérament, sa mentalité, tout en lui le porte à agir de préférence dans le milieu dont il est le produit, s'il veut faire œuvre utile et comprise des autres hommes.

Ensuite ayant reconnu la nécessité des Patries, j'essayais de démontrer au point de vue socialiste : 1° que les capitalistes n'avaient aucun intérêt à être patriote parce que dans une guerre, que ce soit Guillaume, Edouard, Joseph, Nicolas ou Emile qui triomphe, leurs propriétés n'en seraient pas moins respectées ; 2° qu'un parti politique était inévitablement patriote et je défiais un candidat législatif de proclamer : « Nous voulons conquérir la direction de ce pays, mais si on nous l'enlève, nous ne la défendrons pas » ; 3° enfin, la grande utilité des Patries, qui deviendront dans l'univers socialiste une cause de progrès et d'émulation après avoir été des participantes de haines et de malentendus. Mais je ne développe pas plus ces arguments, recusant au *point de vue* [illegible] le jugement des camarades anarchistes.

Voilà, mon cher Manoury, la fin de cette lettre trop longue qui n'avait qu'un but de rectification, convaincu que nous ne nous entendrons pas tant que nous parlerons des langues différentes, vous, l'anarchie, moi, le socialisme.

Hugues MILLIÈRE-ISAK

NOUVELLE

Est-ce qu'on tombe !

Personnages : Margot, 4 ans 1/2 ; Toto, 7 ans ; le Père.

SCÈNE I

Margot. — Tu dors, Toto, tu ne sais pas hier soir, y avait deux lunes.

Toto. — C'est pas vrai.

Margot, sévère mais juste. — Monsieur, on ne dit pas « c'est pas vrai » à sa grande sœur, on en est un impoli. Je te dis qu'y avait deux lunes ; je les ai vues !

Toto. — Où qu'elles étaient ?

Margot. — Y en avait une à Courbevoie, au-dessus du jardin de ma tante Claire, où qu'on a dîné ; je l'ai vue par la fenêtre. Et puis, quand on a été rentré, il y en avait une autre au dessus de la cour ! (Triomphante.) Tu vois !

Toto, convaincu. — Ah ! (Il réfléchit.) La lune d'ici, c'est le bon Dieu qui l'allume ?

Margot. — Oui.

Toto. — Et la lune de Courbevoie, qui que c'est ?

Margot. — Je ne sais pas ; je demanderai à ma tante Claire. (Un temps.) Moi, quand je serai grande, je serai astronome. Voilà.

Toto. — Qu'est-ce que c'est un astronome ?

Margot. — Un astronome ? C'est un monsieur qui a un chapeau pointu et qui regarde dans un canon.

Toto, satisfait. — Ah !

Margot. — Et toi dis, Toto, quel métier que tu feras, plus tard ?

Toto, après réflexion. — Je veux être curé... ou arlequin.

Margot. — Monsieur, vous aurez une chose : être arlequin, ce n'est pas un métier !

Toto. — Qu'est-ce que c'est alors ?

Margot. — C'est une profession...

Toto. — Ah ! (Changeant d'idées.) Si tu veux, Margot, on va jouer à quéq'chose.

Margot. — Je veux bien.

Toto. — A quoi qu'on va jouer ?

Margot. — On va jouer à sauter.

Toto. — C'est ça.

Margot. — On va se mettre à côté l'un de l'autre, tous les deux ; je dirai : « Une ! deux ! trois ! » et on sautera loin.

Toto. — Oui, mais c'est moi qui vas commander.

Margot. — Non, monsieur. A votre âge, vous devez obéir. (Toto, pénétré de sa petitesse, n'insiste plus.)

Margot, commandant. — Une ! deux ! trois ! (Ils s'élancent, sautent, tombent et demeurent sur le nez à pousser des clameurs aiguës. Entrée du père.)

Le père, qui fait la grosse voix. — Hein ? quoi ? qu'est-ce ? Il y a des enfants qui se laissent tomber ! Mon Dieu est-ce assez ridicule, un grand garçon et une grande fille qui ne savent même pas se tenir sur leurs jambes ! (Il affecte de rire bruyamment.) Faut-il être bêtes ! Faut-il être bêtes ! (Margot et Toto, honteux, se relèvent précipitamment.)

Le père, haussant les épaules. — Est-ce qu'on tombe ?

SCÈNE II

Même décor.

(Le père grimpé sur une échelle double, une paire de tenailles à la main, s'efforce d'arracher un gros clou du plafond.)

Le père, geignant. — Diable de clou ! Diable de clou ! (Contorsions, grimaces, et cætera.) Diable de clou ! (L'échelle s'écarte brusquement.)

Le père, sur le parquet, les quatre fers en l'air. — Sacrebleu, j'ai la jambe cassée ! (Il pousse des cris déchirants. Entrent Margot et Toto.)

Margot, très amusée. — Ah ! papa qu'a tombé.

Toto. — Dieu, que c'est ridicule !

Margot. — Faut-il être bête !

Toto. — Papa qui ne sait même pas se tenir sur ses jambes ! (Ils se tordent.)

Le père, exaspéré. — Ah ça ! mais ils se fichent de moi ! Voulez-vous bien vous sauver tout de suite, et aller prévenir votre mère. Je suis tombé, entendez-vous ?

Margot, faisant la grosse voix et haussant l'épaule. — Est-ce qu'on tombe !

Georges COURTELINE.

L'HONNÊTE OUVRIER

Parce qu'ils connaissaient imparfaitement leur héros et parce qu'ils se sont égarés dans les brumes du sentimentalisme, presque tous les littérateurs qui ont essayé de donner la « psychologie de l'ouvrier », se sont tenus à côté de leur sujet. Quelques-uns en ont fait un être abject, toujours plein d'alcool, ayant hâte de rentrer au logis pour assommer sa compagne et flanquer les ustensiles de ménage par la fenêtre. D'autres, ce sont les plus nombreux, l'ont poétisé, l'ont montré bouillant d'une sainte ardeur, avide de conquérir la somme de bonheur à laquelle tout un chacun a droit.

L'ouvrier est un ouvrier, c'est à dire qu'il est fier de sa condition. Ses parents d'abord, l'instituteur ensuite, ont tellement exalté la gloire, l'honneur du travail, lui ont si profondément inoculé le virus de la résignation, qu'il n'est qu'un automate. Il déteste les fainéants, il décore de ce vocable les camarades d'atelier qui ne produisent pas suffisamment à son gré, mais il accepte placidement l'inactivité des possédants.

Il possède un scepticisme gouailleur qui le fait blaguer stupidement ce qu'il ne comprend pas. Oh ! cet esprit français, si bête, né d'une scie de café-concert et d'un boniment de marchand de poil à gratter, je l'exècre, car il empêche la sincérité, oblige les hommes à maquiller leurs sentiments, tant ils ont peur du ridicule.

L'honnête ouvrier hait les indépendants, les forts qui ne font pas comme tout le monde, ceux qui se moquent des codes et des lois. Un geste de révolte l'indigne, une exécution capitale le réjouit.

En matière religieuse, l'indifférence a remplacé la croyance, mais de cela ne concluez pas que la raison triomphe du dogme. L'ouvrier ne croit plus aux fadaises des curés, il fronde, risque un « hou ! hou ! la calotte » mais, hélas, il est resté crasseusement ignorant.

Bien qu'il doute actuellement de l'efficacité du parlementarisme pour transformer son enfer en éden, l'ouvrier vote : cela lui coûte si peu. Malgré les rudes leçons que ses élus lui infligent quand, par hasard, il secoue sa torpeur ; malgré Fourmies, Châlon, Limoges, Longwy, il conserve l'espoir secret de posséder un jour le gouvernement honnête de ses rêves. Il l'espère, ce gouvernement qui lui donnera un vague mieux-être : ne serait-ce que les retraites ouvrières. En effet, beaucoup n'ont d'autre ambition que de trimer jusqu'à ce que vienne la vieillesse. Ils désirent pouvoir manger alors sans être obligés de subir la captivité entre les murs gris d'une maison de Nanterre ou de Bicêtre. C'est là tout.

Lorsque vient le chômage, le producteur songe que tout n'est pas pour le mieux dans la meilleure des sociétés, il se lamente sur la misère des temps présents, fulmine contre la rosserie des patrons, mais vienne la belle saison, les belles (?) journées de labeur, le propriétaire, le boulanger payés, sa colère fond comme les neiges. La faim reviendra l'an prochain, fera pleurer les gosses, se désoler la femme. Bast ! à quoi bon penser à tout cela, à quoi bon se faire du mauvais sang !

Ces hommes qui peinent quotidiennement pendant dix ou douze heures, qui suent du sang disent « à quoi bon ». Ils préfèrent la monotonie de leur existence au bonheur de vivre intensément, d'avoir un vouloir. Ce sont des chevaux de labour, traînant la charrue, sans fin.

Les optimistes, les rêveurs qui vivent dans le septième ciel anarchiste me reprocheront peut être la laideur du tableau. Le portrait n'est pas beau, j'en conviens, mais j'en garantis la ressemblance. Il y a des exceptions. Il se trouve des ouvriers s'intéressant aux problèmes sociaux. Malheu-

(5)

CHALEUR ET LUMIÈRE

(Suite)

LE PÉTROLE

4° Les *huiles lourdes* qui passent entre 250 et 400 furent longtemps, ainsi que les goudrons, un résidu très gênant. Les Russes, les premiers, eurent l'idée de les employer au chauffage de leurs locomotives, ils s'en trouvent fort bien. Aujourd'hui on sait mieux les utiliser. Elles servent en partie au graissage des machines ; mais elles servent surtout à la préparation de la « paraffine », de cette matière solide, blanche, cristalline, que l'on utilise en Angleterre à la préparation des bougies de luxe colorées en rouge, bleu, jaune... par des composés métalliques (minium, bleu de Prusse, etc.) ; qui sert partout à la fabrication des allumettes dites paraffinées, analogues aux allumettes bougies, à l'imperméabilisation des étoffes délicates, telles que les tulles, à la préparation d'un certain nombre de produits pharmaceutiques, et que l'électricien emploie constamment dans son laboratoire pour servir de support à ses appareils, la paraffine étant de tous les corps le plus mauvais conducteur de l'électricité.

5° Les *goudrons* mélangés avec des poussières de charbon ou de la sciure de bois, donnent des briquettes destinées au chauffage ou à la fabrication du gaz de l'éclairage. En les distillant de nouveau on peut encore en extraire une huile servant à l'éclairage. Depuis quelques années, les Américains en tirent une substance nouvelle, la « vaseline », produit blanc, onctueux comme la graisse de porc, qui a l'avantage, sur les graisses, de n'être attaquée par aucun réactif chimique, et en particulier, de ne pas rancir à l'air. C'est la base de la graisse d'armes et de toutes les machines délicates. C'est elle qui rend les cuirs imperméables. Vous connaissez tous les pommades parfumées et surtout la vaseline boriquée, cet excellent antiseptique. Et si vous êtes entré dans une pâtisserie parisienne, il est fort probable que vous avez mangé de la vaseline : son bon marché, la propriété qu'elle a de ne pas rancir ont paru très avantageux à nos modernes pâtissiers qui l'emploient à la place du beurre, sans grand préjudice d'ailleurs pour notre santé.

Ce coup d'œil très rapide sur les principaux produits fournis par la distillation des huiles minérales suffit à vous montrer que si la chimie des pétroles n'est pas aussi avancée que celle des goudrons de houille, elle n'en est pas moins pleine d'espérances. L'avenir nous dira si les efforts énergiques tentés de tous côtés pour l'emploi des sous-produits : en teinture (teinture à sec), en parfumerie (extraction des parfums des fleurs), en photographie (préparation des clichés pelliculaires) en pharmacie (préparation de la quinine), etc., etc., auront un succès suffisant pour soutenir l'ardeur des chercheurs, pour faire éclore, comme à propos des goudrons de houille, toute une chimie nouvelle.

III

Le chauffage au pétrole

Les bénéfices extraordinaires réalisés dès le début par les extracteurs et les raffineurs excitèrent leur appétit. Ils voulurent vendre plus de pétrole. Ils s'appliquèrent à l'imposer comme combustible et producteur de force motrice. Ils y réussirent, non sans de longs tâtonnements et laborieux efforts.

1° Chaque année voit éclore quelque nouveau brevet pour appareil de *chauffage domestique* au pétrole. On en trouve aujourd'hui pour tous les prix, pour tous les goûts et pour tous les usages, pour les cuisines, les salons, les laboratoires. Je me permettrai de recommander aux personnes qui désirent s'asphyxier certains calorifères portatifs « sans cheminée », sans odeur et pouvant, ainsi que l'affirment les prospectus, s'employer dans de petites pièces telles que cabinet de toilette ou bureau.

2° Dans le *chauffage industriel*, le succès du pétrole va grandissant. Aux États-Unis, bon nombre de fours métallurgiques sont déjà chauffés au pétrole : chaque jour voit s'en installer de nouveaux. En Russie 13 % des lignes ferrées ont leurs locomotives chauffées soit avec des résidus de distillation, soit avec des huiles brutes. Même tendance en Roumanie où l'on vient de découvrir de vastes champs pétrolifères : on y compte déjà 300 locomotives à pétrole et le mouvement va s'étendre.

Une compagnie hollandaise de navigation vient d'acquérir des mines de pétrole à Bornéo et transforme tous ses steamers pour les chauffer avec le combustible liquide : le *Lloyd* allemand a deux steamers locaux se servant également du pétrole ; l'*East asiatic C°* de Copenhague construit deux paquebots océaniques qui seront chauffés au pétrole ; la *China Mutual* a trois bateaux en préparation dans le même but. En Angleterre même, ce pays classique de la houille, la *Great Eastern Railway* se sert du pétrole pour nombre de ses locomotives.

IV

Les moteurs à pétrole

Ce n'est pas tout : à côté des machines précédentes qui utilisent le pétrole comme combustible pour produire la vapeur d'eau, il y a tous les moteurs, analogues aux teufs-teufs, où les vapeurs de pétrole mélangées à de l'air dans le cylindre même du moteur forment un mélange détonant qui pousse le piston alternativement à droite et à gauche. Je n'insisterai pas, ces moteurs méritant une étude spéciale. Je vous dirai seulement qu'ils ne peuvent consommer que de l'essence de pétrole, ce qui revient assez cher ; mais qu'ils sont d'un prix d'achat peu élevé, car ils n'exigent pas de chaudière ; qu'ils ne nécessitent pas un chauffeur jetant constamment de la houille dans le foyer et surveillant la machine, attendu que l'alimentation est automatique ; qu'ils évitent tout danger d'explosion ; qu'ils sont très propres, très coquets, et que, pour toutes ces raisons, ils se répandent rapidement dans la petite industrie. Ils sont même en train de conquérir la grande : on signale aux Etats-Unis la construction d'un moteur à pétrole de 12.000 chevaux. Inutile de vous rappeler leur succès en aérostation et surtout en automobilisme, où l'expression « filer à tout pétrole » est devenue courante.

V

La production du pétrole dans le monde.

Il n'y a guère que quarante ans que le pétrole a fait son apparition et voici qu'il est, dès aujourd'hui, avec la houille, un des éléments les plus nécessaires à l'industrie et au progrès de la civilisation. Sa production a crû avec une étonnante rapidité.

L. PASTOURIAUX.

(A suivre).

reusement ceux là paraissent à peine, submergés qu'ils sont dans la foule des inconscients.

Evidemment, l'horizon peut sembler moins noir, si l'on regarde superficiellement les choses, si l'on compare l'évolution sociale au nombre croissant d'*Internationale* hurlées dans les rues, les samedis de paye, ou à la force accrue des vociférations du prolétariat organisé accueillant à la Bourse du travail les déclarations enflammées d'orateurs faisant tous les jours une révolution comme ils prennent un café au lait (notre camarade a dû vouloir dire absinthe).

Mais nous que les apparences ne satisfont pas, qui attendons et espérons autre chose que des hurlements et des colères éphémères; nous voulons, pour la réalisation de notre vie, que les individus deviennent conscients et qu'ils laissent loin derrière eux les loques empuanties qui vêtissent leur cerveau. C'est pour cela que nous faisons la guerre aux apathiques, que nous luttons à grands coups de logique, et que nous espérons, malgré les avanies, les sarcasmes des imbéciles, vaincre l'indifférence et tuer à tout jamais le monstre de l'ignorance sans la mort duquel il n'est point de salut.

Eugène PÉRONNET.

Correspondance administrative

Paris, le 15 Septembre 1905.

Au receveur de l'Enregistrement,

En possession de votre honorée du 13 c., nous portant avis d'avoir à verser 25 fr. 10 pour contravention d'affichage sans timbre, nous n'avons pu nous en expliquer la teneur.

Le journal *l'anarchie* n'a pas fait paraître d'affiches, ni de placards.

Des affiches-réclames le concernant ne seraient l'œuvre que de gens étrangers à sa direction.

Le journal *l'anarchie* a été, une fois, imprimé sur papier rouge; nous l'avons livré, comme d'habitude, au commerce de librairie, mais comme nous connaissons tous les trucs policiers, nous avons fait ajouter la rubrique: « Ce journal ne peut être affiché que muni d'un timbre de 0.12 » ou une expression analogue.

Ce numéro peut être acheté par tout le monde. Un policier, un employé d'enregistrement, le directeur lui-même, peuvent en acheter un, le coller et dresser procès-verbal aux camarades chargés du journal... et ce, afin de satisfaire leur mal de contraventions et peut-être aussi leurs petites rancunes politico-policières.

Ce serait trop commode, vous en conviendrez.

Vous nous permettrez de ne tenir compte de votre lettre-avis que si la contravention nous avait été dressée personnellement ou tout au moins à des gens à « notre service », ce qui serait fort difficile.

Agréez nos salutations.

A. MAHÉ.

**

Paris, le 18 Septembre 1905.

Au receveur de l'Enregistrement,

Vous nous informez que le « document » est en votre possession: cela étant vous avez dû vous rendre compte que c'était un journal et non une affiche. Il est impossible qu'il en soit autrement. La constation en est facile: la feuille que vous tenez doit avoir verso et porter le nom du gérant.

Livrant des journaux à la librairie, prenant, par suite de la couleur rouge tentant certaines personnes à l'affichage, le soin de mettre la mention: « Ne peut être affiché qu'avec un timbre de 0.12 » nous nous sommes mis dans les meilleures conditions légales.

L'usage constant de cette mention lui a donné force de loi. Il serait trop facile d'user à son gré des contraventions.

Agréez nos salutations.

A. MAHÉ.

**

Paris, le 15 Septembre 1905.

Monsieur le Directeur de la prison préventive de Seine-et-Oise, Versailles.

Le 12 août, j'adressai aux camarades Bourgeais et Schultz détenus « illégalement » en la prison préventive de Versailles pour avoir tenté d'empêcher l'abrutissement de quelques centaines d'enfants par une poignée de politiciens, deux lettres munies chacune d'un mandat de cinq francs.

Il leur était demandé certains renseignements afin de pouvoir prendre leur défense et certains autres pour atténuer l'effet de leur sortie un peu rapide du milieu qu'ils fréquentaient à Paris (famille, atelier, hôtel, etc...

Les mandats furent remis. Les lettres, pour des raisons tenant de votre arbitraire et que je ne m'amuserais pas à discuter « le règlement c'est le directeur », furent gardées par devers vous. Ces lettres, non distribuées, devaient être retournées à leur envoyeur, ou tout au moins, remises, à la sortie, à leurs destinataires.

Par ce temps de conspirations policières où d'Aguesseau truque avec Vidocq et Leydet avec Lépine; où l'on retrouve à côté de pompes de plus tragi-comiques, des fragments d'autographes, il est bon de savoir dans quelles mains sont ses écrits.

Je respecte beaucoup vos manies de collectionneur d'autographes et j'en suis même fort flatté, vos écrits n'auraient pas la même faveur près de moi, ou bien je regrette fort de déranger vos combinaisons, ou des glands de chêne, vous et mes autographes seraient mêlés, mais je vous enjoins d'avoir à retourner à leur envoyeur, A. Libertad, 30, rue Muller, les deux lettres qui n'ont pas été remises à leur destinataires Bourgeais et Schultz.

Dans le plus bref délai, s'il vous plaît.

Albert LIBERTAD.

LE PRÉJUGÉ de la Lutte de Classes

**

Il ne semble pas douteux que la société soit composée de deux classes, les exploiteurs et les exploités, et partant de cette distinction, les socialistes, beaucoup d'anarchistes préconisent et conseillent la lutte de classe considérée par eux comme la panacée révolutionnaire.

Quoique bien des ans et des hommes aient sanctifié cette théorie, il est désirable, sinon absolument nécessaire de déterminer d'une manière précise si elle n'est pas, quoique vraie en apparence, une erreur traditionnelle.

Je crois pouvoir dire que l'organisation sociale actuelle est si compliquée qu'il est impossible à un anarchiste partisan *avant tout* du libre examen, de conclure dans un sens aussi contraire à la vérité.

Quoique professant une haine absolue pour l'esprit bourgeois que G. Flaubert définit « ce qui pense bassement » le prolétariat ne me semble guère plus intéressant et, en tout cas, ne pense pas d'une façon beaucoup plus élevée.

Dans nos discussions journalières avec les ouvriers, combien de sarcasmes, voire de coups ne nous attirons-nous pas de la part de « nos frères de misère » lorsque nous leur faisons part de notre façon de concevoir la vie.

Plaçons-nous à un autre point de vue. Est-ce que tous les jours nous ne voyons pas les ouvriers, afin d'avoir un salaire plus élevé, se mettre en grève. Lorsqu'ils réussissent, ils augmentent les frais de consommation, rendant ainsi plus âpre la lutte pour la vie, à leurs camarades moins chanceux.

Est-ce que les ouvriers lecteurs de la *Petite République*, ceux, il y a six ans, du *Journal du Peuple* se sont préoccupés si les ouvrières qui fabriquaient des pardessus à 10 francs et des complets à 1? francs, gagnaient seulement de quoi s'alimenter. On a hurlé contre l'administration des dits journaux. Pense-t-on que c'étaient Gérault-Richard ou notre « camarade » S. Faure qui en étaient les acheteurs? Des renseignements ont été publiés concernant les malheureux qui se tuaient au profit des autres prolétaires, leurs « frères de misère ». Est-ce que le commerce des 100.000 paletots a diminué pour cela.

Un musicien me racontait comment, employé pour une fête familiale à la « Bellevilloise », il avait peiné toute une nuit pour la joie de ses multiples exploiteurs ouvriers de Belleville; le repos pris par l'orchestre était considéré par les danseurs comme un vol et, le matin, ce n'est pas à cinq heures moins cinq, mais à cinq heures précises qu'il a fallu finir.

Croyez-vous que dans la vie journalière les prolétaires agissent différemment? Regardez autour de vous, sans tenir compte de toute la phraséologie socialiste et vous verrez qu'il y a dans tout exploité un exploiteur en activité.

Dans l'esprit de la majorité des socialistes il y a moins un désir de transformation sociale que l'espoir de vivre avec plus de luxe et l'idée que l'on pourra boire les vins fins des crus les plus renommés: mais allez donc leur demander s'ils sont d'avis de créer une société où les individus mettraient leurs besoins en accord avec leur hygiène et vous verrez dans quelle ignorance ils sont des choses qui nous passionnent à juste raison, je crois.

Leur mentalité est-elle bien supérieure à celle des fils à papa pauvres fous qui, le corps ravagé par la noce et les nuits sans sommeil, restent, malgré leur j'm'enfoutisme apparent, les esclaves de la mode et des convenances? Quoique ayant profité d'une meilleure éducation, ne sont-ils pas eux aussi des victimes d'une société manifestement mauvaise. Pourquoi les rendre responsables d'un état de choses qu'ils n'ont pas créé? Ne sommes-nous pas déterministes?

Et pourquoi feraient-ils, pour se libérer les efforts que nous hésitons à faire et en quoi notre manque de courage nous permettrait de critiquer la lâcheté des autres?

Bourgeois ou prolétaires bourgeoisants, qu'importe? Il n'y a en vérité qu'une seule classe de gens égarés par des préjugés.

Anarchistes, nous n'avons pas à tenir compte des classifications arbitraires d'un monde illogique! Vivons le plus rationnellement que nous pourrons pour le plus grand développement de notre individualité et de celle de nos camarades qui sont le complément de nous-mêmes.

Ernest BONNET.

LE KNOUT ET LA LANCE

Cette excellence Berteaux, ministre de la guerre, vient de donner l'ordre d'abandonner l'arme préhistorique de la lance. Les dragons se baladeront seulement munis du sabre et de la carabine au milieu des ouvriers en grève. Passe encore que ce pékin de finance désarme les simples tourlourous, mais ne s'est-il avisé d'interdire aux officiers le port du knout.

Le knout-cravache est formé d'un câble de caoutchouc, souple, résistant, une grosse boule en assure le poids.

On appelle cela en termes juridico militaires « des instruments non réglementaires ».

Les lances ont été transportées dans un dépôt provisoire. Les grévistes ont applaudi ces mouvements.

Il faut de la discipline et de l'ordre. Qu'on les tue avec la lance: Ah! nom de Dieu, Gérault Richard se met en colère: « Ce n'est pas réglementaire. » Parlez-moi du feu de peloton, le Lebel est réglementaire.

Les grévistes ont de l'honneur! Qu'on les charge à coups de sabre, mais qu'on ne les knoute pas.

A LONZI.

Revue des Journaux

Le Libertaire.

O Méric, quand donc nous parleras-tu des « Snobs et des Raffinées ». Comme tu pourras te complaire longuement à détailler leurs portraits. Laisse les « tricoteuses » elles seraient capables de te fouetter, tu es si mièvre.

Quel dommage que Francine n'ait pas été là, à la réunion de Thonar, elle aurait pu donner ses réflexions immédiatement et défier l'intellectuel et sa femelle, si le terme est séant. Oui, mais qu'aurait dit Méric.

Harmel termine son étude sur le progrès par un mot exact: « Sachons être les plus forts » si nous voulons que le « monde de demain » soit meilleur que « celui d'aujourd'hui ».

Tailhade parlant et glorifiant le rôle de la femme au côté de Jeanne Dubois. Je vais finir par comprendre l'article de tête.

Poilo, avec son esprit coutumier, répond aux critiques diverses et aux nôtres. Peut-être plus de sel que de logique.

Les Temps Nouveaux.

Amédée Dunois nous donne comme une critique avant la lettre de l'œuvre de James Guillaume.

Sur le *Mutualisme et les Mutualistes*, Jean Grave termine sans donner encore de véritables arguments. Et pourtant...

Ray Stannard Baker continue son étude sur l'*Unionisme*. Un camarade se propose d'analyser l'œuvre entière.

LE LISEUR.

GROUPEMENT CORPORATIF

L'Union de l'Ameublement a fondé un atelier communiste 12, rue Lagille. Les groupements et les camarades anarchistes sont invités à y faire exécuter tous les travaux concernant l'ameublement, l'agencement des locaux.

La réunion générale a lieu les premiers mardis de chaque mois. La permanence se tient tous les mardis de 8 h. 1/2 à 10 heures du soir.

Il est fait à toutes les réunions des distributions de brochures, feuillets, images.

Pour tout ce qui concerne le travail s'adresser à Broquet, 15, rue Fragonard.

— Par la Chanson —

Le groupe d'édition la **Muse Rouge** se propose de continuer la série de chansons illustrées. Afin de les propager, il met à la disposition de tous:

L'Internationale anarchiste.	0.10
Le Père Lapurge, dessin de Luce.	0.25
La Muse Rouge, dessin de Lochard.	0.25

La douzaine assortie: 1 fr. 50

Le tirage étant restreint, envoyer les commandes le plus tôt possible.

Piqûres d'aiguille

Le soldat est un ouvrier qui revêt pendant deux ans un costume ridicule pour tuer ses camarades d'atelier, afin d'obéir aux patrons.

Etiquettes, deux textes différents: 0 fr. 20 le cent. — Port en plus.

CE QU'ON PEUT LIRE

Pierre Kropotkine. — *Aux Jeunes Gens; Anarchie et Communisme; Morale anarchiste; Organisation de la Vindicte*: br. à **0.10.** — *Les Temps nouveaux*: br. à **0.25.** *Autour d'une vie, Conquête du Pain*: vol. à **2.75.**

Paraf-Javal. — *L'Absurdité de la politique*: br. à **0.15.** — *Libre Examen*: br. à **0.25.** *La Substance universelle*: vol. à **1.25.** *Les deux haricots*, image p. enfants: **0.10.** *L'absurdité des soi-disant libres penseurs*. **0.10.**

Jean Grave. — *Organisation, Initiative, Cohésion; La Panacée-Révolution; Le Machinisme; Enseignement bourgeois et Enseignement libertaire; Colonisation*: br. à **0.10.** — *La Société future; L'Individu et la Société; Les Aventures de Nono*: vol. à **2.75.**

Elisée Reclus. — *A mon frère le paysan*: br. à **0.05.** — *L'Anarchie et l'Eglise*: **0.10.**

Elie Reclus. — *Les Primitifs*: vol. à **4** fr. — *Les Primitifs d'Australie*: vol. à **3** fr.

A. Dal. — *Les Documents socialistes*, avec préface de **Ch. Malato**: br. à **0.30.**

Georges Etiévant. — *Déclarations; Légitimation des actes de révolte*: br. à **0.10.**

René Chaughi. — *Immoralité du mariage. La Femme esclave*: br. à **0.10.**

Enrico Malatesta. — *Entre paysans*, br. à **0.10.**

Domela Nieuwenhuis. — *Le Militarisme; Education libertaire*: br. à **0.10.**

Charles Albert. — *Guerre, Patrie, Caserne*: br. à **0.10.** — *Aux anarchistes qui s'ignorent*. br. à **0.05.**

André Girard. — *Anarchie*: br. à **0.05.**

Ligue de la Régénération. — *Moyens de limiter les grandes familles*: br. à **0.30.** — *Plus d'Avortements*: br. à **0.50.**

P. Paillette. — *Les Tablettes d'un Lézard*, vol. à **2.50.**

Noël Reibar. — *A bas la guerre*, poésie avec musique: **0.10.**

La Chanson ouvrière, n° **2.** — 12 chans., 8 avec musiq., les autres s. airs connus: **0.50.**

L'« anarchie ». — Numéros parus: **0.10** chaque — Les invendus sont envoyés, le port étant seul à la charge des camarades.

Piqûres d'aiguille. — 2 textes: **0.20** le 0/0.

Les frais de port sont évidemment en plus.

OU L'ON DISCUTE OU L'ON SE VOIT

Causeries Populaires du XVIII, 30 rue Muller. — Lundi 25 septembre à 8 h. 1/2, *Penser et agir*, par A. Libertad.

Causeries Populaires du XI, 5, cité d'Angoulême. — Mercredi 27 septembre à 8 h. 1/2, *Les organes sexuels*, par le camarade Cordonnier (avec projections).

Causeries Populaires des V° & XIII°, 42, rue du Fer-à-Moulin. — Samedi 23 septembre, à 8 h. 1/2, *La Vie anarchiste*, par A. Libertad.

L'Aube Sociale, Université populaire, 4, passage Davy. — Mercredi 27 septembre, à 8 h. 1/2, *Les mentalités et les habitations*, par Rousselet.

Jeunesse révolutionnaire du XIV°, groupe d'études sociales. — Vendredi 22 septembre, à 8 h. 1/2, réunion à la Belle Polonaise, salle des menuisiers, *Parlementarisme et grève générale* du d' Friedeberg. Lecture et discussion.

L'Emancipation, U. P. du XV°, 38, rue de l'Eglise. — Samedi 21 septembre, à 8 h. 1/2, exposé comparatif de *la langue universelle du Solrésol*, par Boleslas Gajewski.

Aux Causeries Populaires, 5, cité d'Angoulême. — Samedi 23 septembre, *Fais ce que veux, Critiques et chants*, réunion de camaraderie.

Cherbourg. — Les camarades qui désirent se procurer les journaux anarchistes, s'adresseront soit au secrétaire, soit au camarade Baron de la jeunesse syndicaliste, bourse du travail.

Composé par des camarades.

La Gérante: A. MAHÉ.

Imp. des *Causeries Populaires*, A. Libertad

A. Mahé & A. Libertad
30, rue Muller, 30
PARIS XVIII

l'anarchie

PARAISSANT TOUS LES JEUDIS

ABONNEMENTS

FRANCE

Trois Mois 1 50
Six Mois .... 3 »
Un An .... 6 »

ÉTRANGER

Trois Mois .... 2 »
Six Mois .... 4 »
Un An .... 8 »

PREMIÈRE ANNÉE. — N° 25 | DIX CENTIMES | JEUDI 28 SEPTEMBRE 1905

Socialisme et Patriotisme

Les polémiques que, depuis quelque temps, la question de l'antipatriotisme suscite dans le camp socialiste sont d'un intérêt, d'une importance dont on n'a peut-être pas prévues toutes les conséquences futures.

Il semble néanmoins que, quelle que soit l'issue de cette controverse passionnante, la sociologie y gagnera beaucoup en clarté.

C'est là, en vérité, un problème d'une importance capitale, sur lequel on s'étonne qu'on ait jusqu'ici laissé planer une complète obscurité, dans un parti où d'ordinaire prévaut, en matière doctrinale, un autoritarisme outrancier.

Cela tient peut-être pour une large part à la curieuse tactique évolutionniste des militants socialistes. En vertu d'elle, en effet, ils ne se font guère faute d'abjurer, chaque année, quelque chose de leur fougueux révolutionnarisme d'antan et de se rapprocher toujours un peu plus de la classe qu'ils sont censés combattre « révolutionnairement ». Ils affichent ainsi volontiers la partie de leur programme qui ne heurte pas trop rudement les intérêts de cette classe et relèguent prudemment à un avenir lointain, à de « meilleurs jours » les réformes par trop compromettantes, d'une conséquence sociale par trop immédiate.

Cela finira peut être un jour par identifier, par confondre les socialistes « révolutionnaires » avec les pires des bourgeoisants.

Mais tant mieux !

Une fois l'équivoque disparue, les conceptions en antagonisme se préciseront davantage et on gagnera au moins à savoir à quoi s'en tenir vis à vis d'un parti qui, aujourd'hui, prétend concilier les choses les plus inconciliables.

Il n'en est pas moins vrai que la controverse concernant l'antipatriotisme peut avoir de très grandes conséquences, voire même aboutir au sein du socialisme à une réédition des mémorables querelles entre marxistes et bakounistes.

On peut dire en effet que, depuis ces fameuses luttes menées au sein de l'Internationale et qui plus tard firent avec Bakounine surgir l'anarchisme, le socialisme ne semble pas avoir traversé une crise aussi grosse en conséquences fâcheuses que celle à laquelle nous assistons aujourd'hui.

Le phénomène est intéressant à plus d'un titre.

La lutte au temps de Bakounine se limitait exclusivement à l'autoritarisme et à l'antiautoritarisme. Il n'existait pas alors dans l'Internationale des travailleurs de questions de patriotisme ou d'antipatriotisme, marxistes et bakouninistes étant là-dessus pleinement d'accord. De sorte qu'il est à présumer que Marx même éprouverait peut-être aujourd'hui quelque malaise à reconnaître comme sienne la bande de ces socialistes patriotes qui se réclament bruyamment de ses idées.

Pour lui, en effet, qui en collaboration d'Engels avait rédigé et lancé le fameux manifeste communiste, se terminant par la devise sacramentelle bien connue :

« Prolétaires de tous les pays, unissez-vous ! »

la question du patriotisme était d'avance tranchée. Du moment qu'il visait à l'émancipation des travailleurs de tous les pays et qu'il faisait appel à l'union de leurs efforts, il ne pouvait y avoir pour lui qu'une seule patrie, celle qui ferait le bonheur des exploités ; qu'un seul ennemi : l'exploiteur, à quelque pays qu'il appartienne ; qu'une seule guerre : celle dont le but immédiat serait d'émanciper les travailleurs et de les organiser en démocratie sociale.

Mais aujourd'hui les choses ne sont plus en l'état et si, en 1847, Karl Marx et Engels pouvaient impunément dire : « Les ouvriers n'ont pas de patrie. On ne peut leur enlever ce qu'ils n'ont pas. Les lois, la morale sont pour eux autant de préjugés derrière lesquels se cachent autant d'intérêts bourgeois (*) », les socialistes « révolutionnaires » de nos jours, toujours au nom du même Karl Marx, croient devoir, à présent, réprouver énergiquement de telles conceptions « anarchistes » par suite de leur régression vers le bourgeoisisme.

« Si, écrivait récemment dans l'*Humanité* le « citoyen » Jaurès, malgré tout, la guerre éclate et quand bien même elle serait la plus folle, la plus injuste, la plus scélérate, le devoir de tous les citoyens sera de lutter » — non point, comme le voulait Marx, pour l'avènement de la Sociale, mais, ô ironie du socialisme scientifique, — « pour que l'indépendance de la patrie ne sombre pas »..., la patrie des exploiteurs, des affameurs.

Voilà donc les socialistes « révolutionnaires » convertis dorénavant en défenseurs de la patrie de leurs affameurs et, à ce titre, prêts ou à se faire tuer, ou à tuer leurs camarades prolétaires des autres pays.

Ainsi d'une part, théoriquement, les prolétaires de tous les pays continuent, par-dessus les frontières, à s'unir, à s'associer fraternellement contre l'ennemi commun, la bourgeoisie capitaliste ;

D'une autre part, pratiquement, ces mêmes prolétaires dans leurs pays respectifs se constituent en chiens de garde de ce même ennemi commun, se font tuer pour sa défense, ou tuent les travailleurs des autres pays auxquels, en théorie, ils s'unissent fraternellement.

Est-ce clair ? L'opportunisme a-t-il jamais abouti à un si affreux galimatias d'idées, à une plus grande absurdité ?

Le socialisme avait déjà une fois sombré en préférant aux conceptions de société librement constituée, les procédés de gouvernementalisme occulte, de centralisation autoritaire, chers à tous les tyrans. Il est en ce moment en train de sombrer une seconde fois en répudiant les idées d'antipatriotisme préconisées par Marx même, au risque de s'identifier complètement avec les partis bourgeois.

A quand, citoyens, le krach de l'idée d'expropriation !

Dikran ELMASSIAN.

(*) *Manifeste du parti communiste*, par Marx et Engels.

Chiquenaudes et Croquignoles

Souvenirs glorieux.

Palestro ! Ce nom nous rappelle de très beaux assassinats et fait surgir à nos yeux de beaux exploits.

La gent militaire y demeure maîtresse. Un pékin s'est avisé de boire dans un café. Arrive un capitaine auquel sa tête ne plaît point. Loyal comme un soldat, il le lui dit et le menace de gifles. Mais comme le pékin est assez solide, le capitaine va chercher des complices. Et c'est à dix contre un que l'armée accomplit un nouveau fait d'armes, insultant et assommant l'homme qui n'en peut mais.

Explication : C'est le moment des manœuvres et pour le capitaine de la 15e Cie du 1er zouaves, ce pékin devait jouer l'espion ennemi. Tant pis pour lui.

—o—

La bedide gommerce.

La Petite République *a l'honneur de nous informer dans ses échos du jour que les Grands Magasins du Printemps font de nouveaux robais, etc., etc.*

Maurice Dejean aurait-il un ami garçon de bureau dans ces magasins et un tant pour cent comme sur la vente des paletots ?

Jaluzot aurait-il des actions dans l'organe socialiste ?

Y a-t-il un mariage sous roche ? La P. R. est-elle assez patriote pour la Patrie et Dejean assez voleur pour épouser une Jaluzot ?

—o—

Ce bon papa Loubet.

Notre président va, un de ces jours, travailler à supprimer les Pyrénées.

Dans ce pays d'Espagne, où plus de la moitié des habitants crèvent à demi de faim, l'Alphonse a invité plusieurs personnes dont le Loubet à venir bombancer.

Pour amuser le vieillard on avait pensé faire des courses de taureaux. Mais après l'affaire Huart, les organisateurs ont compris le peu d'intérêt de cette partie de leur programme et l'ont supprimée.

En effet, voir banderiller un taureau par des hommes, n'a plus aucun attrait quand on a vu, dans son pays, banderiller un homme par des « vaches ».

—o—

Jusqu'à la mort !

J. B. Dumay, le régisseur du théâtre national de la Bourse du travail sait tenir un rôle sur les planches. Au besoin, il laisse ses fonctions pour tailler une bavette avec quelques amis.

Ainsi dans la comédie de la patrie en danger, où il tient le rôle de patriote socialiste, il faut le voir dire :

Je n'hésiterais pas,
Malgré mes soixante cinq ans,
A prendre le fusil pour le défendre.

Défendre quoi ! L'Honneur de la patrie parbleu. Il est beau, magnifique, et Henri Turot ne tarit pas d'éloges dans le compte-rendu de la première qu'il donne aux lecteurs socialistes de la Petite République.

—o—

Ajoutez la lettre.

Avez-vous lu l'histoire du « mystérieux vagabond » et de sa langue « l'Agrach » près duquel l'Esperanto et le Solrésol ne sont que de la pacotille.

Toutes nos autorités judiciaires, scientifiques, littéraires furent debout à l'appel de la justice.

Hélas ce n'était, paraît-il, qu'un fumiste qui retranchait tout simplement l'r des mots qu'il prononçait.

Après bien des recherches, la bibliothèque, l'Institut, la Sorbonne, sur les sollicitations de M. Roty, juge d'instruction, sont parvenus à rétablir cette phrase que prononçait souvent le camarade Agostini : « Merde pou oty ».

Avis aux camarades chercheurs.

—o—

Bêtes comme des hommes.

A propos d'une lionne amoureuse, deux lions du Cap ont tué un lion de la Nubie.

A force de se trouver en contact avec des hommes, ces lions en ont pris les manies et les passions.

Une grille les séparait de la femelle dont ils pouvaient tout au plus caresser le bas des reins. Que ne réservaient-ils leur langue pour elle et leurs crocs pour le dompteur.

CANDIDE.

RAPPORT

Sur le Congrès des soi-disant libres-penseurs tenu à Paris les 4, 5, 6 et 7 Septembre 1905

(Suite)*

Les organisateurs et le bétail congressiste

La lecture des différents imprimés émanant des organisateurs du congrès ne pouvait laisser subsister aucun doute, ni sur leur mentalité d'abrutis (notre définition), ni sur leurs intentions, ni sur leur opinion au sujet du bétail congressiste (voir notamment les bulletins nos 7 et 8 de mai et juin-juillet 1905).

Il s'agissait, pour ces organisateurs, de prendre prétexte d'une vaste manifestation antireligieuse, pour imposer, sous les auspices de quelques pontifes officiels, à des abrutis (notre définition) recrutés principalement dans des groupements politiques (*a priori*), le triomphe de l'autoritarisme laïque et sa consolidation aux dépens de l'autoritarisme religieux.

Faire adopter cette idée autoritaire *a priori* en la présentant comme une idée libertaire *a posteriori* (libre-pensée) paraissait tout naturel à une coterie d'autoritaires inconscients et mégalomanes pressés d'arracher leurs contemporains à l'arbitraire religieux pour les jeter tout entiers à l'arbitraire laïque dont la coterie aurait le monopole.

A cet effet, il importait de tenir le congrès.

Permission de faire tout ce qui n'est pas défendu par l'arbitraire existant (lois, règlements, bon plaisir), telle est la formule des gouvernants, qu'on peut traduire ainsi : « **Respectez l'autorité, elle se fout de vous** ». *Permission de faire tout ce qui n'est pas défendu par l'arbitraire des organisateurs*, telle était la devise des soi-disant libres-penseurs, qu'on peut traduire de même.

Et les mouvements du bétail congressiste avaient été réglés de telle façon qu'aucun imprévu n'était à craindre avant, pendant ou après le congrès.

— Premier jour, manifestation en l'honneur d'un mort : « Crevez vivants, vivent les morts ! » Pas de congrès.

— Deuxième jour, pommade internationale, éloquence officielle. Pas de congrès.

— Troisième, quatrième et cinquième jours. Simili-congrès. Trente à quarante rapports à entendre sur des *questions imposées* (voir bulletin juin-juillet 1905). Pas de congrès. En effet, au milieu de tout ce *verbiage imposé*, comment orga-

(*) Voir *l'anarchie* à partir du 14 septembre 1905.

niser la discussion sereine et ménager la liberté des congressistes. Le rapport seul de Denis a duré 17 minutes !

Les organisateurs avaient d'ailleurs — par abrutissement certainement — posé leurs différentes questions comme s'il s'agissait, non pas d'un congrès de libres-penseurs, mais d'un congrès d'abrutis (notre définition). Exemples : Pour la morale : rejet du *préjugé foi*, aucune mention du *préjugé loi*, accepté *a priori*. Pour les croyances religieuses, séparation des églises et de l'état, ce qui signifie : « Nous allons entamer une discussion en admettant *a priori* la loi », etc., etc.

Et, si l'on passe aux détails, on voit surgir le théâtre civique, la poésie lyrique, le salon de 1905, les cérémonies civiles, l'assistance publique, c'est à dire des questions soumises *a priori*, sans ordre logique. Et par qui devaient-elles être traitées ? Par des cuistres officiels à préjugés, par des suiveurs ou par des êtres point gênants.

— Sixième, septième et huitième jours. Plus de congrès. Pour tenir le bétail jusqu'au bout, balade à Versailles, à Trianon et même à Tours, sous les yeux vigilants des organisateurs ou de leurs chiens. Déjà on avait fait monter les congressistes à la Tour-Eiffel, on les avait menés au salut de l'autorité (réception par le conseil municipal), on les avait assis à des représentations diverses. Pas de danger d'indépendance. Congressistes venez, écoutez, approuvez, amusez-vous, rentrez chez vous.

Les vrais libres-penseurs

Que devaient faire, en présence de ce ramassis d'inepties, d'enfantillages et d'erreurs, les individus qui, à tort ou à raison (c'est à déterminer *a posteriori*) se croient réellement en possession de la méthode scientifique ? Ils avaient le choix entre deux alternatives :

— Tout supporter ;

— Tout mettre en cause.

La première alternative était à rejeter *a posteriori*. Supporter sans protester la violation de la méthode scientifique n'est pas scientifique.

La deuxième alternative seule était acceptable. Il s'agissait, malgré les difficultés, de dire aux congressistes, le plus tôt possible, au début si possible : « Vous allez perdre votre temps, vous allez faire le jeu d'arrivistes. Vous allez patauger dans le gâchis et vous séparer, ayant consolidé les iniquités de l'arbitraire absurde. Voulez-vous travailler utilement ? Il faut procéder avec méthode. Voici celle que nous vous proposons :

Vous vous dites libres-penseurs. En ce cas :

1° Déterminons la définition du libre-penseur ;

2° Déterminons, en partant de cette définition, l'attitude du libre-penseur dans les différentes circonstances :

3° Agissons en conséquence.

PARAF-JAVAL.

(*A suivre*).

RELIGION & RELIGIONS

Les dieux sont morts, chacun sait çà. Les cris d'un peuple anticlérical font osciller sur leur base les Sacré-Cœurs. Sous les huées des citoyens, les ensoutanés fuient, tête baissée. Dieu père et fils a vécu. Aussi, ce personnage énigmatique était par trop exigeant. Ne fallait-il pas, pour adoucir le caractère de cet être complexe des autels, de la musique, de longues théories de pélerins et de pélerines se pâmant devant les morceaux de sa vraie croix, dans le demi-jour troublant des cathédrales. Le crucifié n'étale plus à tous les carrefours la hideur de son supplice. Les Christ démodés font place à nos gloires nationales : depuis Dolet jusqu'à Ledru-Rollin, c'est l'ère de la laïcisation.

Il faut voir les illustres modernes, bien à l'aise, dans leur jaquette de bronze, sourire ou menacer d'un noble geste, les flics qui passent et repassent ou les badauds ambitieux qui rêvent d'un statufiage pareil. Pas un square, pas une place qui n'ait son grand homme. La bronzomanie a gagné la province et les colonies. Les municipalités exhument des archives départementales les effigies des célébrités locales. Cela au grand dam des araignées qui, paisibles, vivaient et prospéraient dans la poussière des cartons. Tous les Landerneau landernisants sont fiers de leur grand homme qui projette son ombre sur le mail et dont le chef sert de water-closet aux petits oiseaux.

Les fiers enfants qui sucèrent le lait de la démocratie si goulûment que certains en deviennent obèses, font des gorges chaudes sur l'idolâtrie des bigots lesquels enchâssent les dents de saint Chrysostôme ou les tibias de Pantaléon, cependant qu'eux achètent au poids de l'or les chaussettes de Gambetta ou les bretelles de Félix Faure. Il y a tellement d'amateurs de ces sacrés objets que les débitants n'y suffisent pas et sont obligés, pour satisfaire les exigences de leur nombreuse clientèle, de détailler les reliques. C'est ainsi qu'un paletot fameux a eu jusqu'à dix-sept manches et qu'on vendit soixante-dix-neuf boutons provenant de la braguette d'un poète.

Incontestablement, Victor-Hugo est le Jupiter de l'Olympe des Illustres. Aussi innombrables sont ses adorateurs. Ils eurent, il y a trois ans, la touchante idée de rassembler dans la maison de l'écrivain les objets qui lui servirent : depuis l'irrigateur jusqu'à la brosse à dents, et nous eûmes avec l'assentiment du gouvernement, le musée Victor Hugo, six place des Vosges.

On y voit, ceci est rigoureusement exact, une gerbe de fleurs desséchées avec une étiquette portant ces mots :

Fleurs cueillies par moi.
Victor-Hugo.

Dans un flacon au bout d'un fil une petite chose innomable étiquetée « Morceau de moi » ; il y a aussi la dent de moi », la « plume m'ayant servi », etc.

L'exposition de ces objets, de ces preuves du gâtisme d'un homme montre à quel degré de stupidité sont arrivés les fidèles qui osent les exposer. Mais le peuple, le bon peuple, ne cherche pas si loin : il vénère de confiance et pour un peu il s'agenouillerait.

Vieux monde imbécile, il te faut toujours ta copieuse ration d'absurdités ? Tu n'as donc renversé les crucifix que pour mieux adorer les boutons de culotte, les gilets de flanelle ?

Foules thuriféraires qui brûlez, adorez, rebrûlez avec la même inconscience, sachez que votre incommensurable bêtise, votre stupéfiant servilisme qui vous fait lécher même les bottes des défunts, sont des entraves à notre ardent désir de vivre et redoutez la colère des véritables iconoclastes.

Eugène PÉRONNET.

LA RÉVOLTE

Parfois de sa terrible bouche.
La révolte crie en passant.
Parfois un silence farouche.
Creusera l'abîme plus grand.
Mais toujours la révolte veille
On la croit morte, elle s'éveille.
Son cœur bat éternellement.

La révolte est la conscience
Et tout être la sent en lui.
Lente, elle devient la vengeance
Quand l'ennui tombe sur l'ennui.
Les tortures sur les tortures,
Que s'entassent les forfaitures
Et tout le mal, jamais fini.

La révolte c'est la justice
Jetant les foules en avant.
Parfois elle est libératrice ;
Ses appels sonnent dans le vent.
Quand elle souffle sur les êtres
Ils vengent les lointains ancêtres
Ecrasés sur le sol sanglant.

Comme l'homme elle prend la bête.
Au cirque ainsi fait le taureau !
Mêlant dans la sauvage fête
Son sang au sang de son bourreau.
Monte, monte, révolte sainte !
Comme une mer monte sans crainte.
Au vieux monde creuse un tombeau.

Fais-toi plus grande que la terre
Afin de tout prendre à la fois :
Crime, désespoir et misère,
Codes sanglants, menteuses lois.
Monte, monte, révolte sainte !
Efface la maudite empreinte
De l'esclavage d'autrefois.

Il viendra le temps d'anarchie
Où les races se mêleront ;
La révolte grande en furie,
Et le cyclone les confond
En une humanité nouvelle,
Qui commencera jeune et belle
Un temps heureux, libre et fécond.

Louise MICHEL.

Notre Correspondance

A priori ou a posteriori

Au camarade Paraf-Javal.

« La pensée est un motif d'action » : c'est de toute évidence. « Quand on agit, c'est qu'on a pensé » : pas toujours. « Un libre penseur agit après avoir pensé a posteriori » : ici je m'inscris en faux. Que la pensée soit considérée comme un acte d'un ordre spécial (opinion à laquelle je me range), il ne s'en suit pas qu'elle puisse logiquement être qualifiée a priori ou a postériori. Penser a postériori signifie littéralement raisonner avant de penser.

D'autre part : pouvons nous identifier la pensée au raisonnement ? Je ne crois pas.

L'expression « penser a postériori » veut dire : raisonner ses pensées. Or, ce que je raisonne n'était donc pas raisonné d'avance. Si je pouvais penser a posteriori, je diminuerais sensiblement l'importance de la raison. Un acte peut être qualifié a posteriori quand il est raisonné. Il ne s'en suit pas qu'il soit nécessairement logique ou illogique.

Je maintiens donc que la pensée ne peut en aucun cas prendre le qualificatif a priori ou a postériori, et tiens la définition comme fausse.

—

C'en est une maladie. Dans le numéro 25 vous dites qu'un libre penseur, en vertu d'une foule de choses qui sont très contradictoires, doit rejeter toute idée a priori.

L'idée, pas plus que la pensée, n'a besoin des dits qualificatifs. L'individu sensé ne rejette aucune idée, mais les soumet toutes à sa raison et à son jugement afin d'en tirer toutes conclusions vraisemblables.

DERKOFF.

L'IDOLE DRAPEAU

et les

FÉTICHEURS SOCIALISTES

Une dizaine de congrès viennent d'avoir lieu. L'épidémie des congrès, c'est ce qui caractérise le siècle dernier et celui qui commence. Qui n'a pas son congrès ?

Ce que peut faire un congrès, quel qu'il soit, nous le savons : rien ou presque rien. Pour qu'un congrès puisse faire un travail utile, il faudrait tout au moins, que les délégués qui « représentent » des groupements ou associations d'hommes, soient entièrement ce qu'ils se proclament.

En vertu du principe, qu'un homme ne peut en représenter un autre, il ne pourra évidemment pas en représenter plusieurs autres. Donc, puisque les individus d'un même groupement, déléguant un d'entre eux, ne sauraient être d'accord sur tous les points, leur délégué sera tenu de prendre une idée moyenne dans le fatras des idées divergentes. De cette façon, il ne représentera ni les uns, ni les autres, pas même lui, car cette idée moyenne ne contentera personne. Aussi ne fait-on rien dans les congrès.

Celui des prétendus libres-penseurs n'a pas fait exception à la règle, et les libres penseurs n'ont rien fait. D'ailleurs, ils ne pouvaient rien faire, puisque, ainsi que Paraf-Javal l'a démontré, il n'y avait parmi eux, ni libres-penseurs, ni penseurs libres. A ce congrès, on a donc ressassé les éternelles malédictions contre le prêtre au confessionnal, le prêtre et la femme, Jéhovah, etc., etc.

Attaquant toutes les religions, ou le disant, on s'est bien gardé d'attaquer le culte du Torchon patriotique, lequel ne le cède en rien à celui du Sacré Viscère de Jésus !! Bien mieux, les trois quarts de ces soi-disant libres-penseurs avaient les boutonnières encombrées de hochets rouges, dernier cri des religiosâtres !! Car, religieux ils sont, les braves socialistes qui s'inclinent devant le drapeau rouge ! D'aucuns me diront, que le drapeau tricolore est l'emblème de la bourgeoisie et de la haine entre les peuples, alors que le drapeau rouge est l'emblème de la révolte internationale et que par conséquent il n'y a entre les deux aucun rapport. C'est une erreur. Il y a celui qui semblait entre deux fétiches. Une couleur, un chiffon ne représentent rien. Les travailleurs n'ont pas besoin d'emblème.

Remplacer le culte du Nazaréen par celui du drapeau tricolore, ou ce dernier par le drapeau rouge, c'est être coquin ou inconséquent. Les pontifes ont intérêt à sauver bien tous ces fétiches. Ces socialistes suivis tels des bergers par un troupeau de moutons, sont au drapeau rouge, ce que les calotins sont au crucifix et, ce que sont au drapeau tricolore, les bandits galonnés ! Les couleurs et les formes sont changées, voilà tout.

Toutes ces réflexions m'étaient suggérées, par une scène religio-comique, dont je fus, dimanche 17 septembre, à Chaumont, le témoin oculaire et auriculaire. Les syndicalistes de Chaumont avaient convoqué un congrès des « Cuirs et Peaux », lequel eut lieu, à la Bourse du travail, les lundi, mardi et mercredi suivants.

Afin de recevoir triomphalement les délégués, les syndicats avaient requis des *tambours* et des *clairons socialistes* !?. Le cortège se mit en marche précédé du drapeau rouge. *Les clairons* et tambours, tous fleuris du coquelicot prolétarien *sonnèrent et battirent des marches militaires* ! Arrivés à la place du Champ-de-Mars, ce fut la *sonnerie* **Au drapeau** « ... rouge » ! Puis le troupeau se dirigea vers le café où avait lieu le rendez vous, marchant militairement et commandé par un ex-[illegible] qui faisait le geste [illegible] de vingt [illegible] en rang. Au café, les clairons [illegible] voulaient renouveler leurs exploits. Il a [illegible] la protestation de deux camarades [illegible] pour remettre ces [illegible] !!

Profitant à part d'un cabaret conçu qui [illegible] ces dangereux révolutionnaires, je lui fis remarquer l'illogisme et l'inconséquence qu'il y avait à sonner des marches militaires, [illegible] le drapeau rouge. Il me donna la [illegible] sa réponse, [illegible] l'absurdité [illegible] « Ce n'est pas le drapeau de l'armée [illegible] saluons, j'entends promener [illegible] l'armée à mes côtés ! » Je lui fis alors remarquer que le drapeau des socialistes est un fétiche au même titre que celui de l'armée, qu'il n'y a aucune raison d'adorer plutôt l'un que l'autre. Il se contenta pour tout argument à jeter de plus belle ses [illegible] militaristes.

Voilà bien la mentalité des socialistes. Qu'on ne vienne pas me dire que c'est là une exception mais plutôt le prototype des [illegible] de cette espèce. Donc, que pourront faire des délégués envoyés par de tels individus, choisis parmi eux et par conséquent religieux comme eux ? Je leur dénie la faculté d'attaquer de front les fétiches de la patrie, du drapeau tricolore, puisqu'ils font devant leur bannière des simagrées pareilles à celles que les soldats font à culotte de garance font devant le torchon tricolore !

Le travail du congrès de la Libre-pensée à Paris aurait pu être tout autre. Je crois qu'on a assez attaqué le cléricalisme moribond des curetons. Tout en continuant le combat contre l'un, il serait bon de ne pas en créer d'autres et d'attaquer surtout toutes les comédies contemporaines ! L'abominable religion de la Patrie ne le cède en rien à la religion catholique ni à celle des riches !

Le culte du *Drapeau*, de l'*Honneur*, du *Souvenir*, nous ont donné les reliques du Sacré viscère de Saint-Latour d'Auvergne, tous les monuments patriotiques et le Sacré-Torchon. Le culte de Jésus nous a donné le Sacré-Viscère de Jésus et les os de moutons ou reliques de martyrs. Le culte des socialistes nous mènera au Sacré-Torchon rouge et l'on portera bientôt, avec forces simagrées, au musée des Invalides, le Sacré Cœur des Jaurès, des Viviani, etc. Lequel des trois est le meilleur ?

Un soldat du 109e.

Liberté ! Liberté chérie !

A propos de « l'accident » qui illustra les grèves de Longwy, les écrivassiers des grands quotidiens, du *Temps* à la *Petite République*, en passant par l'*Aurore* où M. Clemenceau sait, malgré des antécédents plutôt fâcheux pour son.. honorabilité, s'attirer les louanges des *Temps Nouveaux* comme si le dilettantisme littéraire garantissait la sincérité et la logique des opinions, ont cru devoir exercer leur métier.

Depuis qu'ils savent lire, il est bon que les hommes soient guidés. La fonction crée l'organe et il naît des individus pour qui les subventions des pouvoirs publics ou des entreprises politiques et commerciales sont une source inépuisable d'articles en dehors de tout soupçon.

C'est ainsi que s'entend, depuis la mise en action des « immortels principes de la grande Révolution », la « liberté » de la presse.

En cette affaire, c'est aussi de la « Liberté » qu'il s'agit, de la liberté qu'ont les mécontents de s'incliner devant les coffres-forts et la bêtise des autres à moins de crever de faim, de la liberté qu'ils ont, sans pouvoir faire autrement — légalement s'entend — de manger de la vache enragée.

Il y a la « Liberté » aussi pour les antimilitaristes de ne pas aller à la caserne. « Qu'ils aillent à l'étranger, s'ils sont impatients » me disait un socialiste qui critiquait notre désir immédiat de vivre.

Ce n'est donc pas en vain que ce mot orne les monuments publics. Nous sommes tous « libres » en réalité de subir ce qui existe ou d'être écrasé par le poids de toutes les puissances sociales coalisées.

Les grévistes étaient « libres » à Longwy de persuader aux travailleurs qu'ils devaient se joindre à eux : mais ces derniers aussi étaient « libres » de travailler. Il est nécessaire qu'en toute occasion la force armée intervienne pour terminer amicalement cette querelle entre « Libertaires ». Ainsi s'accordaient à le reconnaître, en des notes différentes, nos salisseurs de papier professionnels.

Le logicien Clemenceau, par exemple, proclame que ceux qui prêchent « l'intervention militaire *préventive* sont des politiques à la cosaque », il est partisan du massacre après, « lorsque, dit-il, il y a eu violence ». Nous devons noter là un effet de sa confraternité anarchiste, tout à la gloire de ses admirateurs : il conclut en disant que la pratique de la « Liberté » — en collaboration avec les lebels, bien entendu —, fera l'éducation des ouvriers.

La Liberté, le Droit, cela ne répond pas à grand chose pour nous. Il est possible que dans l'esprit des électeurs — lesquels ont la « liberté » de nous fabriquer des lois qui nous oppriment — cela ait une valeur comme Patrie, Honneur, Souveraineté populaire. Nous savons, en effet, que dans une éducation appropriée, cela constitue les termes de l'évangile laïque de la République.

Nous nous moquons de cet évangile laïque avec la même désinvolture que de l'évangile religieux et si, présentement, nous sommes les moins forts nous ne sommes pas des croyants et nous prétendons conserver, malgré l'opinion de la majorité, l'indépendance de notre esprit.

Nous savons que dans la vie la liberté, le droit, se mesurent à la force. Bismark a dit, et ce fut raisonnable, que la force prime le droit, ce qui équivaut à dire que le droit n'existe pas. En effet, l'expérience journalière nous démontre que la raison du plus fort est toujours la meilleure, comme au temps de La Fontaine.

Grévistes qui n'êtes pas absolument des nôtres, mais que cependant votre état de révolte rapproche de nous, ne faites pas attention au verbiage des journalistes. Les grands journaux sont des entreprises financières à la merci du plus offrant.

Apprenez à être plus conscients, vous serez plus forts. Vous verrez que la puissance n'est pas toujours du côté de l'autorité. Sa force n'est faite que de votre servitude et de celle de vos semblables.

Comme nous, ensuite, vous propagerez autour de vous les idées que vous aurez faites vôtres, que vous aurez comprises. Et si, malgré vos efforts de propagande, la majorité restent contre vous : tenez compte que votre ennemi n'est pas seulement le patron mais aussi l'ouvrier soldat, votre camarade d'hier, qui, alors même qu'il ne tire pas, sert à vous terroriser par sa seule présence.

Nous pourrons ensemble estimer, lorsque nous en aurons la force et le désir, combien il nous faut de **Pitou** pour un **Huart**.

Ernest BONNET

Les CAMARADES que cette feuille intéressera l'aideront par tous les moyens. En la propageant. En la vendant. En l'aidant à vivre.

Si l'ANARCHIE intéresse, qu'elle vive par elle même.

L'Anarchie et le Maçonnisme

Tous les journaux, même les bien-pensants, [illegible] partout, communiquent à leurs lecteurs la déclaration du sieur Lafferre, Maître Maçon. Elle édifiera sur l'esprit anti-dogmatique de la Franc-Maçonnerie.

L'assemblée générale du Grand-Orient a d'abord procédé à l'élection du tiers des membres du Conseil de l'Ordre. A l'ouverture des travaux, le président a donné la parole à M. Lafferre, lequel, au nom du dit conseil, a lu la déclaration suivante :

« L'obligation de la défense nationale ne peut être mise en question.

« Le refus de prendre les armes contre l'invasion, la provocation à la désobéissance aux lois militaires, la grève de l'armée active et des réserves, préconisée comme une réponse à l'appel de la « Patrie en danger » sont incompatibles avec le devoir civique.

« Les appels à la violence, les procédés anarchiques de l'action directe, recommandés par certains révolutionnaires sont, dans les États dont la Constitution garantit les « droits de l'homme et du citoyen », contraire à l'ordre légal, et compromettent la cause de la paix qu'ils prétendent servir.

« Le Grand Orient de France ne saurait s'y associer à aucun degré. »

Voilà qui est net.

La Franc-Maçonnerie est défendue, avec ardeur, par certains camarades. C'est, disent-ils, un milieu essentiellement ouvert à toute discussion, où les idées exposées, quelles qu'elles soient, sont discutées sans parti-pris.

Mais, après la lecture de la déclaration du Maître Maçon, tous ceux qui réfléchiront concluront que sont rejetées *a priori* les idées attaquant la Patrie ; que sont rejetées également les appels à la violence, les procédés anarchiques, etc.

Le Conseil de l'« Ordre » en a décrété ainsi. Les Francs-Maçons n'ont qu'à s'incliner, si anarchistes soient-ils, ou à se démettre.

On est bien loin de l'institution essentiellement tolérante, ouverte à la libre discussion, dégagée de toutes affirmations dogmatiques que nous faisaient entrevoir les anarchistes francs-maçons. On y a extirpé l'entité Dieu et comment !, mais on a pris soin d'y substituer l'entité Patrie, affirmation tout aussi dogmatique.

La Franc-Maçonnerie rejette toutes les théories établissant la négation de l'idée de Patrie, et cela *a priori* sans vouloir les examiner ; je concluerai donc, comme l'ami Paraf-Javal, que cette institution est une institution d'abrutissement.

Qu'en pensent les anarchistes francs-maçons ? Veut-ils, ainsi que le veut le conseil de l'« Ordre », pour l'« ordre », devenir patriotes. Veut-ils faire abnégation de l'action directe.

Le Patriotisme... est un héritage, ne le laissez ni contester, ni compromettre. Le Conseil de l'Ordre vous y invite. Pas de désordre dans vos rangs.

Henri RICHARD.

ANARCHISME ET SAUVAGISME

Assistant, jeudi dernier, à la conférence de Lucas, sur « l'Idée de Patrie », j'ai noté une phrase du conférencier portant une apparence de force et qui me porta à faire quelques réflexions.

Il existe, nous disait Lucas, des peuplades qui n'ont aucune forme de gouvernement et qui, par conséquent, vivent « anarchiquement ». Il constatait que, sous le rapport du progrès, ces peuplades étaient restées bien inférieures à celles où l'on rencontre une autorité quelconque.

Comme cela, à brûle-pourpoint, ça peut sembler logique. Mais à la moindre réflexion il parait évident que prétendre assimiler ces sociétés primitives à la société anarchiste n'est qu'un sophisme grossier.

D'abord, parce qu'en ces tribus il n'y a pas de forme gouvernementale il ne s'en suit pas que l'autorité en soit bannie. Il est même à peu près certain que le despotisme y règne en la personne de chaque individu et que les plus forts imposent leur autorité aux plus faibles (femmes, enfants, etc.).

De plus, ces primitifs sont esclaves de leur ignorance, esclaves des éléments qu'ils ne savent pas domestiquer.

Pour nous, il n'en est pas de même. Nous sommes en possession d'une science qui nous permet de nous rendre maitres des forces sauvages de la nature et, par cela même, nous met dans de meilleures conditions de liberté.

L'effort qu'exige la production des choses nécessaires à la vie pourrait être réduit à un tel point qu'il ne serait plus qu'une gymnastique indispensable pour le bon fonctionnement de l'organisme humain.

Vous avouerez, camarade Lucas, que la comparaison n'est guère possible.

EVADAM.

A LA LIBRE-PENSÉE

L'HYJIÈNE DU CERVEAU

Parmi tant de mocions prézentées, lors du Congrès de la Libre-Pensée, à la Commission de la morale, il en est une qui, pour n'avoir pas eu l'heur de plaire, n'en est pas moins intéressante. Je veus parler de la propozicion de M. Barès, relative à l'ortografe simplifiée. Le bureau déclara ne pas voir le raport existant entre la morale et l'ortografe réformée. C'est là, ce me semble, un jugement quelque peu superficiel. Si les graves personajes assemblés là pour découvrir *la vraie, la seule morale* avaient voulu réfléchir, ils eussent sans nul doute, et malgré tous leurs préjugés, découvert la corélation existant entre ces deux points : morale et ortografe.

Il semble, en efet, que pour la culture intégrale du cerveau, ce qui j'oze le croire est au point de vue moral assez intéressant, il soit nécessaire de gagner du temps et d'éviter le surmenaje. A ce point de vue l'intérêt de la mocion prézentée par M. Barès est incontestable.

Il serait oizeux de répéter une fois de plus tout ce qui plaide en faveur de la réforme de l'ortografe, tout l'intérêt profondément anarchiste que doit provoquer un tel essai. Nous avons montré déjà toutes les heures perdues à enseigner la gramaire avec ses règles baroques et ses multiples ecsepcions. Nous avons dit aussi la fatigue intélectuèle qu'impoze cète étude ingrate au cerveau de l'enfant trop faible pour en suporter toutes les etranjetés et, si souvent, les contradicsions.

Pour nous, anarchistes, ce qui peut éviter une perte de temps, un ecsès de fatigue, est en réalité une choze morale, si tant est que nous voulions, pour plaire aux congressistes libres-penseurs, employer le mot morale qui ne saurait être que sinonime d'hyjiène individuèle et d'hyjiène sociale.

La mocion de Barès avait droit à une des premières places parmi toutes les mocions prezentées à la comission de la morale. S'il est intéressant de banir les entités de l'éducacion de l'enfant, il est aussi intéressant de lui éviter des heures de travail fastidieus et lassant. Il est utile de gagner du temps sur celui passé à compliquer la grafie des plus simples silabes par l'aport de lètres absolument étranjères à leur prononciacion voire à leur étimolojie.

Et ce temps gagné, messieurs les congressistes, pourrait être employé à garnir le cerveau de l'enfant d'une façon autrement pratique et sensée que vous ne la concevez : car tout en vous prétendant matérialistes, vous avez, pour la plupart, le cerveau encombré d'idées métafisiques telles que celles de la patrie, de l'honeur, de l'autorité, de la majorité, de la loi.

Anna MAHÉ.

(Ortografe simplifiée).

Demandez partout

L'ANARCHIE

(4)

CHALEUR ET LUMIÈRE

(Suite)

LE PÉTROLE

Nous disions que la production du pétrole a crû avec une étonnante rapidité. Le tableau suivant emprunté au *Bulletin de statistique et de législation comparée*, montre que les Etats-Unis et la Russie, à eux seuls, peuvent actuellement alimenter le marché du monde :

	[illegible]	[illegible]
Etats-Unis	8 2?0,000	300,000,000
Russie	1,900,000	»
Hongrie (Croat. Slav.)	120,000	8,000,000
Canada	105,000	6,225,000
Indes	31,000	»
Allemagne	17,000	1,150,000
Japon	13,000	»
Italie	1,500	200,000

Ces chiffres sont ceux de 1895. Depuis, la production de la Russie a considérablement augmenté, tandis que celle des Etats-Unis a fléchi :

Années	Etats-Unis	Russie	Autres pays
—	—	—	—
1881	3,083,000 ton.	1,150,000 ton.	»
1891	6,500,000 —	4,510,000 —	»
1896	8,740,000 —	6,920,000 —	895,000 ton.
1901	6,500,000 —	11,000,000 —	1,150,000

Ces chiffres ne sont-ils pas très éloquents ? En 16 ans, la production du pétrole, inconnu il y a un demi-siècle, passe de 3 millions 1/2 de tonnes à 19 millions de tonnes !

Quelle est, dans tout cela, la consommation française ? Je ne puis malheureusement vous donner que les chiffres relatifs à 1896. Il est bien évident que depuis, ils se sont fort accrus.

	[illegible]	[illegible]	Valeur [illegible]
Huiles brutes	200,000 ton.	41,000 ton.	203,000,000 fr.
Pétrole raffiné	210,000 hect.	[illegible] hect.	1,850,000 fr.

Remarquez que la quantité d'huile brute introduite en France, en 1896, était au moins dix fois plus grande que la quantité d'huile raffinée : Ceci nous montre clairement que le raffinage s'effectue surtout dans les usines françaises. Depuis 1896, l'importation du pétrole raffiné a encore diminué et celle des huiles brutes augmenté. Ce sont là des effets du régime fiscal français.

VI

Comment les « Pouvoirs publics » traitent la question

Le pétrole brut ne paye qu'un droit d'entrée de 9 francs par 100 kilos, tandis que le raffiné paye 12 fr. 50. Il y a donc intérêt à raffiner le pétrole en France ; et c'est pour favoriser quelques gros industriels que les législateurs avaient d'abord établi cette différence de 3 fr. 50. Evidemment, ils ont usé et abusé de cette différence en leur faveur. Elle leur donne un très grand avantage sur les importateurs directs de pétrole raffiné : de sorte que ceux-ci disparaissent peu à peu. Les raffineurs deviennent les maîtres du marché. Ils sont d'ailleurs peu nombreux et pour le mieux tenir ils se sont syndiqués. Puis, ils se sont entendus avec le grand trust américain, la fameuse « Standard Oil C° » constituée à un capital de 580 millions dont les dividendes se sont élevés de 5 1/2 pour 100, à 48 pour 100 en 1901, sur lesquels le roi du pétrole Rockfeller, a touché pour sa seule part de l'année dernière 150 millions. Cette association géante, syndicat des Raffineurs et Standard Oil C°, tient actuellement le marché français ; elle règle le prix de vente et, naturellement, hormis les périodes où il faut anéantir à coups de baisse un adversaire récalcitrant, elle nous fait payer le pétrole plus cher que partout ailleurs. Et comme ce sont surtout les ouvriers et les paysans qui, à défaut de gaz ou d'électricité, usent des essences minérales, ce sont eux qui, en définitive, supportent les conséquences du privilège exorbitant des grands raffineurs.

La nécessité de trouver de nouveaux impôts a fait que les pouvoirs publics se sont inquiétés de cet état de choses. Voyons ce qu'ils ont trouvé. Les importateurs demandaient la réduction de 12 fr. 50 à 9 francs des droits sur le raffiné : ceci leur permettait de lutter contre les raffineurs, et se traduisait pour le consommateur par une baisse minimum de 3 fr. 50 par 100 kilos de pétrole raffiné : c'était 11 millions que les raffineurs auraient abandonné aux consommateurs sur leurs 30 ou 40 millions de bénéfices annuels. Mais l'Etat n'y gagne rien : mais les producteurs d'alcool crient que c'est leur ruine. Faut-il alors augmenter de 3 fr. 50 la taxe sur le pétrole brut : consommateur ne gagne rien à cette solution, le Trésor-Etat y trouve le bénéfice de 11 millions, les producteurs d'alcool sont contents : seuls les raffineurs sont légèrement tondus. Faut-il enfin décréter que l'Etat sera seul raffineur et que c'est lui qui doit profiter des bénéfices trop longtemps accaparés par quelques uns : Les monopoles actuels ne nous font pas voir cette solution d'un bon œil comme résultat pour notre poche.

Voici ce qui fut trouvé : M. Caillaux, alors ministre des Finances, proposa une augmentation de taxe de 1 fr. 50 sur les pétroles bruts. Naturellement, messieurs du Syndicat poussèrent de grands cris. Et telle est leur puissance que, malgré les « efforts » de André Berthelot, rapporteur du budget, cette solution bâtarde faillit échouer devant la Chambre (voir le *Journal officiel*, chambre des députés, séance du 9 mars 1902). Le Sénat (séance du 27 mars 1902) a disjoint le projet de M. Caillaux de la discussion générale du budget, se réservant toutefois de lui faire un accueil favorable quand il lui serait présenté isolément. Le projet ne lui est jamais revenu. Et dans les projets successifs de M. Rouvier, la taxe proposée par M. Caillaux ne figure plus.

La situation en est là. Les intéressés s'en inquiètent fort. Les derniers importateurs résistent mal aux suprêmes assauts du syndicat. Si le privilège de celui-ci est maintenu, c'en sera fait de toute concurrence. Ni le pétrole raffiné, ni, à plus forte raison l'alcool, ne pourront lutter. Producteurs et consommateurs français de lumière et d'énergie seront livrés pieds et mains liés au terrible syndicat. Qui sera le maitre ?

Qu'importe pour nous : nous serons encore volés dans les différentes solutions parlementaires.

Peut-être trouverait-on plus utile et plus logique de régler cela dans un rapport entre la production et la consommation. Mais ne faut-il pas que ces messieurs les actionnaires et les parlementaires vivent ?

L. PASTOURIAUX.

(A suivre).

Causerie Scientifique

Fontenelle disait : « Si j'avais la main pleine de vérités, je me garderais bien de l'ouvrir. »

Toute une catégorie de gens instruits et riches partagent cette manière de voir : les pontifes nationalistes — et bien d'autres — appartiennent à cette catégorie d'égoïstes féroces, et, parmi ceux-ci, un des plus notoires, après Drumont, c'est Léon Daudet.

Dans la *Libre Parole* du 3 septembre dernier, M. Daudet prophétise la fin du Matérialisme, c'est à dire le retour aux croyances superstitieuses, aux préjugés séculaires, à la peur du diable et de l'enfer où les damnés rôtiront durant une éternité, en un mot à tous les dogmes malfaisants qui, pendant plus de quatre-vingts siècles, ont endormi l'intelligence humaine.

Sur quoi se base Léon Daudet pour formuler sa prédiction ? Sur les plus récentes découvertes de la science touchant le radium, les rayons X et d'autres phénomènes de radio activité.

Une fois, Drumont avait démontré que le *péché originel* s'accorde parfaitement avec la science, parce qu'il est analogue à la syphilis ou à toute autre maladie héréditaire.

Lors de la découverte du radium, les théologiens ne furent point embarrassés. Ils affirmèrent que le radium avait été annoncé par Dieu lui même dès le premier jour de la Création. En effet, Jéhovah avait dit : « que la lumière soit ! » Et la lumière fut (1er livre de la *Genèse*). Comme cela se passait deux ou trois jours avant la création du soleil et des étoiles, il faut bien admettre que le Très-Haut venait de créer le radium !

Avec des raisonnements de cette sorte on peut remplir de gros volumes à l'instar de saint Augustin, de saint Thomas d'Aquin ou de Jaurès, lequel fit éditer chez Alcan, il y a quelques années, un livre de 100 pages portant ce titre : *De l'irréalité du monde matériel*.

En pratiquant ainsi les arguties byzantines on peut s'intituler professeur d'abrutissement.

Le raisonnement scientifique est tout autre.

Voyons les conclusions de Gustave Lebon telles que les rapporte Léon Daudet : (*Libre Parole* du 3 septembre).

1° La matière, supposée jadis indestructible, s'évanouit lentement par la dissociation continuelle des atomes qui la composent.

D'abord, il y a là un équivoque qu'il importe de dissiper. On voit que Gustave Lebon appelle seulement *matière* la substance qui se présente à nous sous les trois états : solide, liquide, gazeux : tandis que nous entendons par ce mot tout ce qui peut *éveiller en nous une sensation*. Partant de là, nous disons : la matière est indestructible, puisque tout ce qui existe est elle-même, aussi bien l'éther impondérable que les corps les plus denses.

Je prends, par exemple, un morceau de glace, c'est de la matière à l'état *solide*, pouvant être pesée et mesurée. Chauffons cette matière solide : elle devient *liquide* et n'a déjà plus de forme, elle épouse celle du récipient qui la contient.

Chauffons cette matière liquide : elle passe à l'état *gazeux* (vapeur d'eau) et n'a plus ni forme ni dimensions. Je chauffe encore la vapeur d'eau : elle se dilate au point de se mêler à l'air atmosphérique, dont nous ne pouvons plus la distinguer.

Supposons que le récipient dans lequel j'ai mis le morceau de glace soit un de ces tubes en verre dont se servent les physiciens et qu'on nomme « ampoules de Crookes ».

A présent que cette matière (qui, tout à l'heure, était solide) est devenue gazeuse, servons-nous de la machine pneumatique pour faire le « vide ».

Avec la machine pneumatique très perfectionnée (pompe à mercure) on peut faire le vide à *un millionnième*. Cela veut dire que le corps gazeux est dilaté au point de tenir *un million de fois* plus de place.

Ainsi par transformations successives, ce qui était de la matière *solide* est devenu *liquide*, puis *gazeux*, et c'est maintenant ce que les physiciens appellent *matière radiante*. Il est probable que si nous disposions de moyens plus puissants nous pourrions *raréfier* cette matière toujours de plus en plus sans jamais obtenir le vide absolu, mais ne faisons pas d'hypothèse.

Il faut remarquer que le vide absolu serait *le néant* : or, par définition, *le néant n'existe pas et ne peut exister*.

La dilatation ou raréfaction de la matière n'a pas de limite. De même qu'en mathématique on peut diviser l'unité tant qu'on voudra sans jamais arriver au *zéro absolu*, de même on pourrait diluer la matière tant qu'on voudrait, on n'arriverait jamais au vide, c'est à dire au néant.

L'état le plus extrême de raréfaction que nous puissions connaître, c'est *l'éther*. En cet état la matière échappe à tous nos moyens d'investigations, nous ne connaissons son existence que par la façon dont s'y propage la lumière, laquelle est un mouvement ondulatoire. Or, pas de mouvement sans matière, donc, l'éther impondérable est de la matière. Les travaux des physiciens Grimaldi, Thomas Young et surtout Fresnel ne permettent plus aucun doute à ce sujet. Les expériences plus récentes de Gustave Lebon, Becquerel, Curie, etc., confirment pleinement la proposition suivante : « Tout est matière : celle-ci n'existe que par nous et nous n'existons que par elle... »

Léon Daudet et ses pareils savent cela aussi bien que nous, mais par une inconcevable aberration d'esprit, ils s'opposent de toutes leurs forces à ce que le peuple connaisse la vérité.

Albert LECOMTE.

CHEZ LES CHATS-FOURRÉS

ASSOCIATION DE MALFAITEURS

Le vieux cliché et les vieilles férules ne sont pas jetés aux ordures. De temps en temps, quelque Leydet les sort de l'arsenal des lois.

Les camarades Harvey et Vallina sont accusés d'avoir formé une redoutable bande, une terrible association de deux personnes. Un anarchiste sera bientôt poursuivi du chef d'association de malfaiteurs par le fait même qu'il est un agrégat de quelques trillions de cellules.

Malato et Caussanel sont poursuivis pour une complicité tellement aléatoire que, plutôt que de retenir le premier pour ce motif, Leydet avait lu et relu toutes les publications anarchistes pour en trouver un autre ; or, le second n'est retenu que parce qu'il connaît le premier.

La justice se revêt dans leur cas de quelque semblant de « Légalité ». Vieille duègne, elle se farde, pour cacher sa peau tannée par tous les vices.

Pour le cinquième détenu, n'osant satisfaire sa rancune elle-même, elle le livre à l'Intérieur. Chaumié le glisse en douceur à Etienne.

Coca vient d'être l'objet d'une ordonnance de non-lieu. On l'a incarcéré pendant quatre mois, puis on le lâche. Quelles excuses, quelles réparations lui fait-on ? Par voie administrative, on ordonne l'expulsion de cet homme.

On a arrêté Coca parce que, disait-on, il avait couché dans la même chambre que Farras, dit Aviso. Et cet Aviso, dit Farras, est tellement un mythe, fabriqué pour les besoins de la cause, que Leydet n'ose même pas requérir contre lui. Il est mieux que le Vieux Polonais.

N'empêche, Coca a fait quatre mois de prison et on l'expulse républicainement. Pourquoi ?

Quand on fait une erreur judiciaire, ne pourrait-on essayer de la réparer ?

Non ! sans doute. N'est-ce pas à nous de faire la grande réparation ?

QUI CÉ.

SUR LA MÉTHODE SYLLOGISTIQUE

Au camarade Paraf-Javal.

L'emploi de la forme syllogistique a l'avantage d'être le moyen le plus simple de convaincre et de mettre à nu l'enchaînement des idées.

Mais il a, en même temps, l'inconvénient, à cause de sa forme immuable, de donner une grande monotonie au sujet que l'on traite, sans pour cela éviter toute chance d'erreur : erreur qui pourra se retrouver sans doute, mais que l'on retrouverait — quoique peut-être moins vite — dans un article écrit dans un style ordinaire.

De plus, un livre fait seulement avec des syllogismes simples ne pourrait pas être suivi à cause de ses longueurs qui seraient fastidieuses : il faudrait donc recourir à des syllogismes abrégés ou composés, dont les noms plus ou moins bien formés du grec encombrent les grammaires. Mais, dans ce cas, les chances d'erreurs deviennent de plus en plus grandes et tout comme si l'auteur s'était servi de la prose ordinaire, il arrive à des conclusions fantastiques — témoin Spinosa.

Que l'on fasse de la géométrie, très bien ! Je crois avec vous que « quelqu'un qui a fait de la géométrie raisonne autrement que quelqu'un qui n'en a pas fait » ; que l'on définisse les termes que l'on emploie, encore mieux ! cela éviterait beaucoup de discussions « courtoises » ou non.

Mais conclure qu'il faut employer la forme syllogistique — comme vous le faites et comme vous le préconisez —, me semble exagéré, d'autant plus qu'avant de faire un syllogisme, il faudra s'entendre sur certaines choses qui ne se définissent pas et sur certaines choses qui ne se prouvent pas — siez ... par elles-mêmes et qui sont à la base de tout raisonnement.

En résumé, faire un article avec une suite de syllogismes simples n'a qu'un avantage, c'est celui de cacher un peu moins les erreurs voulues ou involontaires, avantage qui est contrebalancé par l'inconvénient de rendre l'article rebutant et fatigant.

Peut-être me direz-vous qu'il ne faut pas qu'il y ait seulement des littérateurs qui répandent l'idée anarchiste, qu'il faut qu'il y ait aussi des mathématiciens qui la présentent dénuée de tout apparat sentimental ? Là aussi, je suis avec vous. Mais ce que je ne comprends pas, c'est que vous fassiez un syllogisme — en Barbara — disaient les scolastiques qui prouvaient ce qu'ils voulaient par syllogismes — pour nous prouver que Buisson F. est un abruti.

C. CHAMBEL-SACER.

Revue des Journaux

Le Libertaire.

Nous sommes d'accord avec E. M. Le syndicalisme a fait son temps : « Aucun texte de loi, nulle transaction ne parviendront à concilier le fossé qui sépare ces deux races antagoniques : le salariat et le patronat. »

Girault parle longuement, bien longuement. Que n'est-il plus concis et plus précis : nous y gagnerions tous et lui-même, sans doute.

M... Lamanne. Cela nous change. Il est vrai qu'il raisonne pour nous expliquer qu'il ne veut pas raisonner. Il trouve, nous dit-il, une satisfaction suffisante dans l'accomplissement d'un acte sans se préoccuper de ses conséquences ? Mon ami Duissec savant si sérieux [illegible] seule chose qui les importune.

Pollo, attention à tes moqueries. Ne soyons pas lémmistes, mais prenons garde à ne pas devenir hoministes.

Allons, l'expertise finale est faite de notre Monde. « Détruirons, nous dit un homme pas révolutionnaire, en attendant que des exceptions pareilles à moi rendent les barricades sans objet. » Que notre ami nous donne son adresse, on prendra de la graine.

Les Temps Nouveaux.

Jean Grave traite aussi des *Questions de Bourses*. Qu'on en fabrique publiez : des bourses qui auront le label. Avec « une surcotisation, des dilettantes bourgeois, quelques emprunts », le tour serait joué et la tour serait bâtie. On pourrait aussi faire une loterie à vingt sous le billet. Je ne demande rien pour l'idée.

Peut-être un peu trop d'importance à l'opinion de Paul Hervieu, trop de lignes pour montrer la moquerie de l'amour exigé dans le mariage, mais une critique serrée de l'union légale et de l'union libre par John L. Charpentier.

Les *T. N.* démontrent l'inanité des réformes syndicalistes en Amérique. Nous n'avons plus qu'à appliquer leurs bonnes raisons aux syndicalismes européens. Les notes de Laurent Casas à ce sujet sont à lire.

Un dessin affreux de Labasque.

LE LISEUR.

LA CHANSON OUVRIÈRE

Le n° 3 de la **Chanson ouvrière** vient de paraître. C'est un numéro spécial que nous offre les camarades.

Chaque chanson avec musique forme une feuille spéciale qui permet de la séparer pour la chanter.

En voici le sommaire :

Sur airs connus. — La mort, de G. Bernard; Les Larbins du Capital, de L. Perceau; Ode à la Colonne et l'insuicidable suicidé, par C. Chambert; Jules Lemaître en tournée, par M. Deublier et A. Udry; Un discours de Millevoye, de Luc.

Avec musique. — Les Chrysanthèmes, de L. Roland; La butte tout le camp, de Luc et Saphir; Stances à l'humanité, de F. Mourat et R. Chantegrellet; Qui sème récolte, de Vadoria de Volgré et L. A. Drocces.

Ce fascicule est vendu **0.50** comme les précédents. Nous tenons les n°s 1 et 2 à la disposition des camarades. S'adresser à Maurice Deublier, salle Jules, 6, boulevard Magenta, ou aux bureaux de l'*anarchie*.

ANTIMILITARISME

Amiens. — A l'occasion du départ des conscrits, la **Jeunesse libre** vient d'éditer une brochure antimilitariste *Aux conscrits*.

Afin de faciliter la propagande elle laissera cette brochure à **1.25** le cent, port en plus.

Ecrire à la **Jeunesse libre**, 26, rue Saint-Roch, ou à l'*anarchie*, 30, rue Muller.

Piqûres d'aiguille

Les camarades qui nous ont demandé des **Piqûres d'aiguille** nous excuseront du retard apporté à leurs demandes.

Au numéro suivant nous ferons paraître un article qui donnera mention des nouveaux textes.

OU L'ON DISCUTE OU L'ON SE VOIT

Causeries Populaires du XVIIIe, 30, rue Muller. — Lundi 2 octobre, à 8 h. 1/2, *L'Unionisme* à San Francisco, d'après un camarade.

Causeries Populaires du XIe, 5, cité d'Angoulême. — Mercredi 4 octobre à 8 h. 1/2, *La Terre avant l'Homme* (2), par le camarade Libes.

Causeries Populaires des Ve & XIIIe, 42, rue du Fer-à-Moulin. — Samedi 30 septembre, à 8 h. 1/2. *Causerie* par un camarade.

L'Aube Sociale, Université populaire, 4, passage Davy. — Mercredi 4 octobre, à 8 h. 1/2. *La morale sans Dieu*, par Leclerc de Pulligny.

Jeunesse révolutionnaire du XIVe, groupe d'études sociales. — Vendredi 29 septembre à 8 h. 1/2, réunion à la Belle Polonaise, salle des menuisiers. *Causerie* par un camarade sur *l'agitation révolutionnaire en Russie*.

L'Emancipation, U. P. du XVe, 38, rue de l'Eglise. — Samedi 30 septembre, à 8 h. 1/2, *Evolution et révolution*, par Villeval.

Paris-XIX. — Les camarades qui jugent utile de faire de l'action anarchiste sont invités à se réunir salle Bourgeois, 171, boulevard de la Villette, le mardi 3 octobre, à 8 h. 1/2, afin d'examiner le travail à faire.

Union de l'Ameublement. — La réunion générale du 4 octobre aura lieu à l'atelier communiste, 12, rue Lagille. *Causerie* par un camarade. Permanence tous les mardis de 8 h. 1/2 à 10 heures.

Aux Causeries Populaires, 5, cité d'Angoulême. — Samedi, 30 septembre, *Fais ce que veux, Critiques et chants*, réunion de camaraderie.

Composé par des camarades.

La Gérante : A. MAHE.

Imp. des *Causeries Populaires*, A. LASSAUD

LES CAMARADES
adresseront
tout ce qui concerne
l'anarchie
à A. Mahé & A. Libertad
30, rue Muller, 30
PARIS-XVIII°

l'anarchie

PARAISSANT TOUS LES JEUDIS

ABONNEMENTS

FRANCE

Trois Mois........ 1 50
Six Mois........ 3 »
Un An........ 6 »

ÉTRANGER

Trois Mois........ 2 »
Six Mois........ 4 »
Un An........ 8 »

PREMIÈRE ANNÉE. — N° 26 | DIX CENTIMES | JEUDI 5 OCTOBRE 1905

Obsession

Durand, sortait de son hôtel, pour sa promenade coutumière. Un air de satisfaction béate rayonnait de tout lui. Il remarqua sur la large porte quelques tâches blanches :

> Ceux qui bâtissent les palais, vivent dans les chaumières ; ceux qui construisent les hôtels en habitent les mansardes. Réfléchissons.
> Vive l'anarchie !

> Nos femmes et nos enfants s'entassent dans des galetas, alors que des milliers d'immeubles restent vides. Pourquoi ? Réfléchissons.
> Vive l'anarchie !

Il eut un recul, puis il cria au concierge : « Enlevez donc ces saletés plaquées sur la porte. »

Mais, comme deux agents, glorieux dans leur nullité, faisaient les cent pas, il sentit renaître sa tranquillité.

Il fit quelques mètres et s'arrêta, le regard attiré. Des étiquettes rouges tranchaient sur la crudité nue des murs :

> Les ouvriers sont les esclaves des bourgeois. Les sergots sont leurs bouledogues. Pourquoi ne sont-ils pas des hommes libres ?
> Vive l'anarchie !

> Les ouvriers sont des moutons.
> Les sergots sont des chiens.
> Les bourgeois sont des bergers.
> Pourquoi ?
> Vive l'anarchie !

Les flics s'usèrent les ongles à gratter ces a-propos, mais Durand s'en alla soucieux.

Au loin, dans l'avenue, un bruit de clairons et tambours se fit entendre. D'un pas cadencé deux bataillons s'avançaient. Il se sentit vraiment protégé et poussa un soupir de soulagement. La troupe passant devant lui, il se découvrit. A ce moment, comme un vol de papillons, flotta dans l'air une multitude de petits carrés de papier. Indifféremment, il en saisit au vol et lut :

> La Caserne est l'école du crime, de l'alcoolisme, de la fainéantise. Qu'y va-t-on faire ?
> Vive l'anarchie !

> Le soldat est un ouvrier qui revêt pendant deux ans un costume ridicule pour tuer ses camarades d'atelier afin d'obéir au patron.
> Vive l'anarchie !

Quelques-uns de ces papiers volèrent vers les soldats, les couvrirent. L'obsession le reprit, il se sentit écrasé par ces légers papillons.

Comme il s'asseyait en sa place ordinaire pour prendre le bock ou l'apéritif habituel, une étiquette encore sollicitait son regard :

> La faim fait sortir le loup du bois, ne crains-tu pas que ton luxe et sa misère ne fassent réfléchir l'ouvrier ?
> Vive l'anarchie !

Il ricana, mais cette fois, il n'amoncela pas soucoupe sur soucoupe.

Se levant, il se dirigea rapidement vers le coin de la rue X, où les exploiteurs demandent des bêtes de somme et machinalement il chercha des yeux son affiche-réclame, elle était à demi recouverte et on pouvait lire :

> Dès le jeune âge, les fils et les filles des ouvriers vont s'étioler, se contaminer à l'atelier ou à l'usine, où leurs parents ont crevé à la tâche.
> Pourquoi ?
> Vive l'anarchie !

Il hocha la tête et se rendit à son bureau. On lisait en lettres d'or sur une plaque de marbre : *Durand et Cie, Société au capital de deux millions*. mais, dessous, l'exaspérante critique disait son mot :

> Le capital n'est rien autre que la preuve de la bêtise et de la résignation des ouvriers. Qu'ils réfléchissent.
> Vive l'anarchie !

> La monnaie est une valeur fictive et mensongère. Le travail est la plus grande richesse. Prenons notre place.
> Vive l'anarchie !

> Le machinisme aidera à libérer les hommes lorsqu'on n'arrêtera pas son développement dans les entraves de la routine et de la propriété.
> Vive l'anarchie !

Il expédia quelques affaires et pour se distraire, pensa à voir sa « maîtresse ». Chemin faisant, il acheta un bouquet qu'il lui offrit. Elle se voyant parmi les fleurs un billet [illegible] : « Des vers, maintenant ? » dit elle :

> La courtisane est le jouet des bourgeois, le déversoir de leur trop plein. Du fils du pauvre on fait l'esclave, de sa fille la prostituée.
> Pourquoi ?
> Vive l'anarchie !

> Qu'on prostitue son cerveau, ses bras ou son bas-ventre c'est toujours la prostitution et l'esclavage.
> Vive l'anarchie !

Elle lui jeta son bouquet à la face et le chassa.

Honteux, fatigué, il rentra chez lui. la porte avait repris son aspect ordi-. Sa « femme » lui dit : « Vois cette jolie potiche que je viens d'acheter... une occasion. » Il la prit, semblant l'examiner avec plaisir. Un papier tomba :

> Le luxe du bourgeois est payé par le sang du pauvre ! En sera-t-il toujours ainsi ?
> Vive l'anarchie !

Et ce mot **Vive l'anarchie !**, et ces réclamations acerbes, ces critiques perpétuelles, ces piqûres d'aiguille, tout cela le harcelait, voltigeait autour de lui et, ce soir-là, il ne vit pas sa femme, de crainte de trouver, en un endroit discret et touffu, une étiquette où il aurait lu :

> Le mariage c'est la prostitution légale.
> Vive l'anarchie !

Albert LIBERTAD.

O la pôvre Ranavalo

La Presse, la bonne presse se lamente, depuis quelques jours, de la situation douloureuse où a la France a laissé cette pôvre Ranavalo. Qui ça, Ranavalo ? La reine déchue de Madagascar.

Elle est venue se balader en famille à Paris. A cette occasion, Clémentel — Qui ça, Clémentel ? Le ministre des colonies — lui a annoncé que sa pension est augmentée de vingt mille francs.

Un denier quoi ! Faut bien qu'elle vive cette pauvre femme.

N'est-ce pas ce tyran femelle dont on nous a raconté les exploits passés en la douce ville de Tananarive. Où sont les têtes d'antan garnissant agréablement les murailles ?

Et aux victimes de la guerre, de l'invasion, aux enfants des crevés dans la lutte ? Que va faire donner Clémentel ? Rien. Les républicains n'ont souci que des rois, des reines et des gros financiers.

Habitants de Madagascar, votre état a bien changé depuis la conquête française. Vous n'aviez que Ranavalo et sa suite à nourrir, vous avez maintenant Gallieni et son état-major. Et, qu'apprends-je, vous allez être chargé de substanter Augagneur et ses moutons. Je vous plains. L'appétit des ventres socialistes n'a pas de fond.

Il n'y a qu'une seule façon de se débarrasser des tyrans, c'est de les...

MATAR.

Chiquenaudes et Croquignoles

Les futurs bons députés.

Vont-ils devenir députés oui ou non ?

L'entendrons-nous sangloter sur les pierreuses et vitupérer contre les sacristains ? Quelles formes de pots-de-vin acceptera-t-il ?

Le bon juge sera-t-il le bon député ?

Et l'autre enseignera-t-il l'histoire de Jeanne d'Arc aux députés en mal de pucelles ? Leur racontera-t-il, pour émoustiller leur sens usés, la Tour de Nesle de plus sadique façon que Zévaès l'antiderical le fait aux poires du socialisme ?

Le bon professeur sera-t-il le bon député ?

Angoissantes questions où « l'avenir de la démocratie sociale » est suspendue.

—o—

Au banquet de Saint-Etienne.

Ce que la table rend propice à l'union. Tenez, à Saint-Etienne, après que le ventre fut calmé, au champagne, tous les politiciards pleuraient dans le gilet de leur voisin. Ce fut champêtre, idyllique. Les moustaches de Briand suintaient de graisse et d'alcool opportuniste.

Son ventre a d'ailleurs toujours dirigé son cerveau. Ne l'a-t-on pas déjà vu partisan de l'union à gauche lorsqu'il gueuletonnait à la table... anarchiste du Journal du Peuple, *entre* Sébastien Faure *et... quelque gente compagnonne !*

—o—

De mieux en mieux.

En Crécy-en-Ponthieu, une imposante délégation de savants français, tchèques et luxembourgeois baladait sa dignité devant un monument commémoratif.

Pour qui ? Pour quoi ?

En souvenir de la fameuse bataille de Crécy, qui eut lieu le 26 août 1346. Et que venaient faire en la circonstance Tchèques et Luxembourgeois ? Rendre un juste hommage à un des crevés, le sieur Jean de Luxembourg, roi de Bohême.

Un vieux débris, Louis Léger, membre de l'Institut, a salué ces vieilles reliques de cinq cent ans la larme à l'œil. On peut penser que ce gaga officiel avait... comme le dit le proverbe.

—o—

Belleville ou Montmartre.

*Avec une précision digne du meilleur éloge, l'*Action *désigne le lieu d'une réunion nationaliste, non pour y aller discuter, porter des arguments ce qui pourrait être intéressant, mais pour y donner des arguments.*

Par suite d'une erreur bien pénible, l'Action se trompe de quartier et place le Boulevard de Clichy à Belleville.

Que c'est donc regrettable !... beaucoup de citoyens n'ont été obligés de se servir de cette excuse pour ne pas y aller.

—o—

Expulsons-les nous-mêmes.

Loup, berger dans l'Yonne, menace de se fâcher. On a touché à un de ses chiens, un nommé Franco qui avait quelque démêlé avec sa femelle.

Le chien, sous-préfet à Joigny, a été déplacé. Il n'a pas voulu lâcher son os. On l'a expulsé... pour rire bien entendu.

La véritable expulsion ne se fera que lorsque nous y mettrons nous-mêmes les mains ou les pieds... ou mieux encore.

CANDIDE.

RÉFLEXIONS

Oh ! quelle triste chose, que la chasse au travail à travers ce Paris qui n'en finit pas... Quel découragement vous accompagne lorsque, renvoyé de porte en porte, de contremaîtres en patrons, tel une balle d'enfant, l'on se sent le jouet impuissant de cette grande machine qui vous écrase : la société.

Et déambulant, je songe. Je songe que pourtant, ne pas travailler c'est faire œuvre révolutionnaire, et que, si ceux qui sont là, derrière ces murs, étaient avec moi dans la rue, eh bien ! ce serait fini. Adieu ! le servage, la platitude, adieu ! la crainte de la faim, adieu ! l'éternelle prostitution... mais ils ne viendront pas, et toi, épave, tu continueras à longer les façades, répétant partout la même question et recevant partout la même réponse.

***

Sept heures du matin approchent. Plus vite, j'arpente à travers le XVe. On m'a indiqué « une boîte où ça marche. Je demanderai le nommé Lesage qui me présentera au contre-coup. »

Le long de la route, les ouvriers défilent en se dandinant, lourds encore des mixtures de la veille, car c'est lundi ; les chevaux, autres forçats, traînant des bouts de chaîne qui ferraillent sur le pavé, vont rejoindre leurs tombereaux, et, malgré moi, je compare...

J'arrive devant la boîte indiquée. Déjà une cinquantaine d'ouvriers sont là, se racontent avec orgueil les saouleries du dimanche, tandis que, tout près, un flic à l'air suffisant les regarde, mi-protecteur, mi-bon enfant.

J'apprends, sans désappointement aucun, que Lesage est parti depuis huit jours. Par acquit, je me fais indiquer le contremaître : « Le petit qui vient là-bas, avec une canne. » Encore une fois, je pose l'idiote question, et par politesse, j'écoute la réponse, puis je m'en vais. Et je sens, tournés vers moi, ironiquement, cinquante paires d'yeux qui sourient...

***

Comme ils l'ont, cette crainte qu'on ne vienne manger leur pain ! Comme ils y tiennent à leurs 7 ou 8 francs quotidiens ! Comme ils s'y cramponnent à leur boulet !... Leur bonheur sera complet si, ce soir, le contrecoup leur offre de faire des heures en supplément, de courber davantage leur corps affaibli. Qu'y a-t-il donc dans toutes ces têtes ? Rien.

Les avorteurs d'intelligence ont bien travaillé. Leur œuvre est parfaite. Les ouvriers sont bien des mécaniques. Ce Ce sont là des corps sans cerveau. Ils ont des yeux, mais ils ne voient pas ; des oreilles, mais ils n'entendent pas. Leur ventre seul vit. Il est la chaudière d'une machine dont les membres sont les différents rouages.

Dans la bergerie, quand on veut tondre un mouton, il cherche à s'échapper, on l'attache donc. Pour l'ouvrier, c'est superflu : il tend lui-même le dos.

... Et c'est en cela seulement qu'il est supérieur au mouton.

REDAN.

MATER NOSTRA !

Un vent de patriotisme effréné souffle depuis quelques lunes sur les camarades socialistes. C'est comme une épidémie qui, avec une rapidité foudroyante, s'est répandu surtout dans le clan (j'allais dire le camp) parlementaire.

L'épidémie semble d'autant plus grave qu'elle résulte d'une curieuse symbiose du microbe internationaliste et du microbe patriotard (*Bacillus Pottieri* n. sp. et *Bacillus Dingoli* n. sp.) et que, comme dans la diphtérie, l'association devient particulièrement dangereuse.

Il suffit pour se rendre compte des ravages causés par les deux microbes symbiotes de lire la prose de cet excellent citoyen La Ierre dans l'anticléricale, républicaine, socialiste et quotidienne *Action*.

Le souci des prochaines élections a jeté l'émoi dans le cœur des parlementaires les plus révolutionnaires, comment pourrait-il, lui, rester impavide ?

Déjà, au Congrès de la Paix, il avait cru devoir stigmatiser l'internationalisme outrancier et proclamer que si le culte de l'idée de Patrie avait des inconvénients, il n'était pas sans présenter quelques avantages :

> Pour vingt-cinq francs
> Pour vingt-cinq francs....

par pour que ne ferait-on pas en effet !

L'internationalisme, mon cher Lafferre, ah voilà qu'la blague ! Bon pour la rafataille de s'embarquer sur ce bateau. Parlez-moi de ce bon patriotisme avec lequel on est toujours sûr de retomber sur ses p... attes, c'est solide, c'est chouette et si l'on dégringole accidentellement dans un précipice on est toujours sûr de trouver, au fond, un brave employé qui vous demande : « Monsieur, n'a pas de bagages ? »

Tandis que l'internationalisme ! bon pour amuser la rafataille, mon bon ! vous dis-je.

Aussi avez-vous su montrer à ce pelé, à ce galeux d'Hervé que toute son histoire n'est qu'une galéjade, té ! ne doit-on pas rire un brin de temps en temps.

Il faut savoir garder un juste milieu et je m'étonne qu'au lieu de lui donner ce conseil vous lui donniez celui de pousser son internationalisme outrancier jusqu'au bout.

Car, en effet, pourquoi ne retournerait-il pas votre proposition contre vous-même en vous conseillant d'être jusqu'au bout patriote au lieu de nous servir de ce casuistique mastic jésuitico-patriolard dans lequel vous proclamez tout à la fois le devoir pour les peuples de s'entr'aimer et de s'entr'égorger.

Que venez-vous nous parler des Droits de l'homme et du citoyen qu'à chaque instant vous voyez et vous laissez violer en dépit de l'idéal de fraternité et de justice dont, sans rire, à chaque instant vous parlez.

Ignorez-vous toutes les ignominies dont certains de vos proches amis se rendent coupables : mais dont, à chaque instant, dans un hypocrite geste symbolique vous touchez la main.

Allons, allons, camarade Lafferre, assez de « galéjades » ; si Hervé a encore, à nos yeux, le travers de quelques illusions il a au moins pour lui le courage de dire franchement ce qu'il pense. Et il serait peut-être temps de dire à son sujet : « *Il me suffit de voir que l'on veut l'avilir pour comprendre qu'il doit être honoré* », ainsi qu'à l'avant-dernier congrès de la Paix, Séverine le disait au sujet de votre Franc-Maçonnerie. Inclinez-vous donc devant ceux qui, au péril de leurs intérêts matériels, savent défendre ce qu'ils jugent être la Raison et, loin de votre casuistique politico-patriotarde, tâchez d'en faire autant !

Dites-nous d'ailleurs si (il faut toujours suspecter les communications journalistiques !) l'hymne suivant reflète bien les aspirations de votre âme et, en ce cas, n'hésitez pas à le faire mettre en musique et à y joindre la batterie qui, vous le savez sans doute comporte : la grosse caisse (symbole du capitalisme), les cymbales (symbole du réclamisme électoral) et le triangle (devenu, par vous, symbole de la Patrie) :

« O patrie, chère patrie, si douce à ceux
» qui savent t'aimer suivant le dogme, toi
» en qui nous avons mis tous nos espoirs,
» toi pour qui nous brûlons un symbolique
» encens, promets à tes fervents d'exaucer
» leurs prières !

» Pour toi nous avons chassé les idoles
» et (prudents évolutionnistes), nous les
» avons remplacés par ta glorieuse effigie.

» O mère adorable dont le sein allaite si
» généreusement tes enfants, nous t'aimons
» pour toutes les faveurs que tu sais dispen-
» ser à tes fervents adorateurs.

» Pourquoi l'esprit malin a-t-il voulu
» laisser croire que parmi les membres de
» notre saint concile, il avait pu se glisser
» de faux prêtres, de faux frères !

» Mais tu ne permettras pas qu'une sem-
» blable iniquité se perpétue et nous tes
» fidèles, tes fervents, nous saurons excom-
» munier les insensés qui commettraient ce
» crime de ne te point vénérer.

» Anathème sur eux...

> que l'eau salutaire
> le feu, la lumière
> leur soient interdits
> tu les as maudits

» que leur postérité soit trois fois maudite,
» que leur nom soit exécré *in secula in secu-*
» *lorum. Amen.* »

Franck SUTOR.

Demandez partout

L'ANARCHIE

LIBERTÉ !

On doit rechercher la vérité pour elle-même, et quelles qu'en soient ses conséquences.

Du combien de discussions, de combien d'erreurs ce mot, mal compris, n'est il pas la source.

Si on considère le mot « liberté » dans son sens absolu, c'est un mot stupide qui n'exprime qu'une idée absolument fausse.

Pas plus que le « libre arbitre », la liberté absolue n'existe pas. Nous savons parfaitement que tous les phénomènes naturels sont « déterminés », c'est à dire ont des causes, connues ou inconnues, auxquels ils sont liés indissolublement.

La pensée et les volitions dérivant de la pensée ont donc aussi leur déterminisme. La pensée est, comme la physiologie l'a prouvé, un phénomène naturel, quelque peine que cela puisse causer à la gent spiritualiste ou juridico-légiste. Par conséquent, les expressions « libre-arbitre », « libre-penseur », « liberté », n'expriment, au sens absolu, que des entités qui n'existent pas, absolument comme « Ame, Dieu, Patrie », etc., etc.

Maintenant, il est possible de trouver au mot « liberté » un autre emploi. On peut, en effet, entendre par liberté, la possibilité pour l'individu de perpétrer sans entraves, les actes auxquels il est poussé par les influences du milieu sur son organisme.

Et ici la discussion se resserre étonnamment ; ce n'est pas le principe anarchiste qui est pris à parti, mais c'est le principe libertaire et tant pis, car encore une fois « nous devons chercher la vérité pour elle-même » et les conséquences de la vérité, quelles qu'elles soient, ne peuvent être nuisibles.

Je dis donc, que tout individu sur le point de perpétrer un acte quelconque doit réfléchir auparavant, peser les conséquences de son acte, en un mot « le soumettre au critérium de la raison » et non pas de « sa raison ». (J'entends par « raison » l'ensemble du déterminisme des phénomènes, scientifiquement, expérimentalement établi.)

Peu importe que la « raison » vienne de Jean, Jacques ou Pierre, la raison existe en elle-même et n'a pas besoin pour être de venir de Un-tel ou de Tel-autre.

Il est évident que si l'individu sur le point de perpétrer un acte ne possède pas en lui-même « la raison » relativement à l'ordre de faits auquel se rattache cet acte, il doit chercher cette raison soit chez un autre individu que l'expérience a prouvé avoir cette raison, soit dans un livre ou cette raison est exposée.

Maintenant si l'individu en question perpètre son acte, avant réflexion, c'est à dire sans l'avoir soumis au contrôle de la raison, et si cet acte lui est nuisible, tout individu témoin, devra, par simple camaraderie, et après réflexion, lui exposer les conséquences de l'acte qu'il va commettre. Si cet acte est nuisible, non seulement à lui mais à d'autres, ou encore, si l'individu n'est pas en état d'avoir la raison (enfants, fous, malades), toujours en toute camaraderie, et toujours après réflexion, il est utile et même nécessaire de mettre cet individu dans l'impossibilité de perpétrer son acte.

Voici, pour plus de clarté, un exemple convainquant.

En ce moment, nous faisons ce qu'il est convenu d'appeler de la propagande. Ceci est un « fait » dont nous pouvons trouver le « déterminisme ».

Pourquoi faisons-nous de la propagande ? Nous faisons de la propagande parce que nous avons constaté après réflexion ou après expérience, que les individus qui ne sont pas anarchistes accomplissent tous les jours « sans réflexion », c'est à dire sans le contrôle de la « raison », des actes qui sont nuisibles non seulement pour eux mais pour nous. Et parce que nous savons qu'en faisant de la propagande, nous apportons à ces individus de nouvelles sensations qui pourront « déterminer » en eux de nouvelles pensées et partant, de nouveaux actes. De plus, chaque fois que nous sommes en mesure de le faire, nous empêchons, « par la force », si besoin en est, ces individus de commettre des actes qui peuvent nous être nuisibles soit en eux-mêmes, soit en leurs conséquences.

On voit donc, après cet exemple dans quelle erreur sont les hommes qui se disent libertaires, et qui font en même temps de la propagande. Ils essaient à tout moment, par leurs actes, de déterminer les individus qui les entourent à agir de telle façon désignée — c'est à dire à leur enlever leur « libre-arbitre » —. Ils n'en continuent pas moins à prôner un « libertarisme » excessif.

L'erreur n'est, sans doute, que dans le terme. Je suis presque sûr, qu'après réflexion, nos camarades libertaires sont du même avis que nous.

Quand la vérité se sera établie en nous sur ce mot vague : « liberté », nous pourrons faire notre propagande avec d'autant plus d'assurance.

S. OSSIAN.

ENTRETIENS ANARCHISTES (1)

Syndicalisme et Organisation

— Eh bien, Sosthène, je me souviens de ton désir de causer sur la question syndicale.

— Oui, je pense que tu méconnais les bienfaits de l'organisation en général et des syndicats en particulier.

— C'est ce que nous allons voir. Tout d'abord qu'entend-on par syndicat ? Le syndicat est une : « Association d'ouvriers d'un même métier se groupant pour défendre leurs intérêts matériels et moraux. »

Les syndicats fonctionnent sous le règlement de la loi de 1884 ; ils ont été approuvés par le gouvernement et leur but est d'améliorer les rapports entre les patrons et les ouvriers (par conséquent, faire durer le salariat, prolonger la société), ils servent également à parer aux inconvénients du chomage et de la maladie, remplissant ainsi le rôle d'une société mutualiste quelconque.

Voilà, dans son essence, l'analyse du syndicat. A cela viennent s'ajouter d'autres organismes encore plus ineptes (conseils du travail, conseils de prud'hommes, législation du travail, etc.). Il est, je pense, inutile entre anarchistes, d'insister sur ce côté de la question.

— D'accord, mon ami, le syndicat par lui-même n'a aucune valeur. Mais nous, révolutionnaires, nous voyons dans le syndicat un double mouvement : 1° celui que tu viens d'indiquer, mouvement réformiste de défense des intérêts ouvriers, tels que l'augmentation des salaires, la diminution de la journée de travail et en général toute amélioration de bien être des travailleurs ; 2° un mouvement économique de la classe capitaliste, ayant comme but bien déterminé la suppression de cette dernière et du régime qu'elle représente. C'est pourquoi il nous appartient de préciser notre attitude nettement révolutionnaire dans les syndicats, afin d'amener les travailleurs à préparer la Grève générale expropriatrice au moyen de l'action directe, c'est à dire grâce au boycottage, au sabotage, etc.

— Tu te trompes, mes critiques ne s'adressent pas exclusivement à la forme syndicale, mais bien plutôt à ceux de nos camarades qui croient y faire œuvre utile et y pénètrent dans ce but.

Il est vraiment trop facile de démontrer l'inanité de toutes les réformes. Chacun sait que l'augmentation des salaires, les retraites ouvrières, la journée de huit heures, etc., sont de pitoyables fumisteries dont la réalisation ne peut que consolider la forme actuelle de la société, sans la troubler en aucune manière.

Il importe de dire nettement qu'un homme — se plaçant au point de vue des conceptions anarchistes — doit se désintéresser complètement des questions de salaires, de réformes, de lois ouvrières et par suite de syndicats, de grèves partielles, etc. Le but poursuivi par l'anarchiste étant la suppression du salariat, du patronat, de la législation, il doit refuser tout appui à ces institutions, refuser aussi de s'associer à toute tentative d'amélioration de ces organismes.

Mais voyons un peu cette fameuse révolution décrétée par les syndicats ! Je te l'ai dit l'autre jour : une révolution ne peut aboutir à des résultats intéressants que si ses éléments sont conscients. C'est pour cette raison qu'il m'importe peu de voir des groupements d'inconscients s'agiter pour réaliser quoique ce soit. Je sais d'avance qu'ils feront un travail stupide. Je pense que tout camarade désireux d'œuvrer utilement, doit s'abstenir d'aller dans ces milieux collaborer à une besogne déraisonnable. Quant au sabotage et à l'action directe, j'en suis partisan. Ce sont des moyens anarchistes et extra-syndicaux. Ils sont et seront employés contre les fonctionnaires syndicalistes, au même titre que contre les patrons ou les policiers.

— Je sais bien que la totalité des syndiqués est inconsciente et va dans les syndicats uniquement pour profiter des avantages offerts par ces associations, mais c'est justement pour cette raison qu'il est de notre devoir d'y pénétrer afin d'y faire notre propagande et de tenter d'amener à nous ces camarades de misère en les incitant à lutter d'une meilleure façon contre l'exploitation.

— Ah ! voilà bien où je t'attendais. Tu es partisan d'aller faire de la propagande dans les syndicats ouvriers ? Mais quelle propagande — anarchiste ou syndicaliste ? Si tu rentres dans le groupement en anarchiste, c'est à dire en ennemi et en démolisseur, ce sera pour combattre les rouages syndicaux, les règlements, les statuts, les subventions gouvernementales, etc. Si, au contraire, tu y vas pour t'atteler comme les autres à la besogne syndicale, tu collabores au fonctionnement de la machine ouvrière. Dès cet instant, tu abandonnes définitivement toute attitude anarchiste, ton temps, ton activité sont absorbés tout entiers par la paperasse, le vote, les réunions, en un mot par toute la grotesque comédie syndicalo-parlementaire, et tu délaisses forcément la propagande éducatrice individuelle.

André LORULOT.

(A suivre).

(1) Voir l'*anarchie*, n° 22, du 7 septembre.

AUX CONSCRITS

Camarade, dans quelques jours, tu vas partir, triste ou indifférent, suivant ton tempérament, pour le régiment.

La loi, sans souci de ta santé, de tes besoins ou de ceux des tiens, t'enlève hors de tes habitudes et de tes relations familières.

Et cela, sans te consulter, sans te demander si cela te plaît ou non.

Quand tu seras à la caserne, sais-tu ce qu'on fera de toi. — Non. — On a omis de t'en avertir. — Eh bien, en deux mots, je vais te le dire.

A la caserne, par un entraînement gradué, on te fera faire un tas d'exercices idiots : lever, tourner les bras, les jambes, la tête au commandement d'un individu ayant des galons rouges ou dorés sur les bras ; ceci afin de t'habituer, comme un chien ou un cheval de cirque bien dressé, à manœuvrer sans aucune conscience de tes mouvements... parce qu'un supérieur te l'aura commandé.

Quand tu feras bien toutes ces choses, on te mettra un fusil entre les mains et on t'apprendra à t'en servir dans le but de faire de toi un bon soldat prêt à te faire trouer la peau ou à trouer celle des autres sur le simple signe d'un galonné quelconque, sans jamais te demander pour quelles raisons.

Malgré que ces choses te répugnent, si tu es un faible de volonté, tu feras comme les autres : sorti de la caserne, tu iras dans les cafés et les bordels oublier ces turpitudes.

Après avoir abandonné ta volonté, tu perdras ta santé.

D'ailleurs, les chambres malsaines du régiment, l'eau et les vivres à moitiés gâtés que tu absorberas se chargeront de t'amoindrir journellement.

En un mot, on fera de toi, un esclave, une brute, si ce n'est un « assassin ».

Mais ce service militaire, au nom de quels droits veut-on donc te l'imposer ?

Oui, pourquoi passer deux années de son existence à s'abrutir, à s'atrophier, à s'alcooliser, à se syphiliser ; toutes choses qui sont le résultat de la vie de caserne.

Pourquoi ? Oh ! tous ceux qui vivent en propageant les absurdités qui sont la base de notre société, instituteurs, journalistes, politiciens, et, par répercussion, tous les ignorants, tous les imbéciles ; tous ceux-là ne seront pas embarrassés de répondre. Ils ont déjà eu soin de le faire avant que ces questions ne te viennent à l'esprit.

A l'école, au théâtre, dans les livres, partout, on t'a seriné l'amour envers des entités.

La patrie demande, l'honneur du drapeau exige la défense de ton pays, du territoire national ne réclament-elles pas le concours de ta personne ?

La patrie. Qu'est-ce que c'est ça ?

Le pays où tu es né, ses habitudes, ses mœurs, ses coutumes, sa langue — te répondra-t-on. —

Si c'est cela, beaucoup sont « patriotes » car presque tous les hommes ont une tendance prononcée pour le pays où ils ont des parents, des amis, où ils connaissent les maisons, les feuillages, où l'on parle la même langue.

Cependant, à ce point de vue, l'Amiénois n'est pas plutôt le compatriote du Niçois ou du Bordelais que de l'habitant de Bruxelles ou de Zurich, car ni dans les unes ni dans les autres de ces villes, il n'y a ni les mêmes coutumes, ni les mêmes mœurs. Quant à langue, on sait celle qu'on a appris et si on t'avais appris l'anglais, tu le parlerais aussi naturellement que tu causes le français.

Mais ce n'est pas cela que nos patriotes entendent par patrie. Aimer cette dernière, pour eux, n'est pas aimer son pays natal, leur amour consiste en deux choses : haïr l'ennemi, qui est représenté par l'étranger et obéir aveuglément aux lois de son pays, c'est à dire ramper devant ceux qui vous font des lois et montrer les dents à ceux qui en font aux autres ou ne veulent pas s'en laisser faire par les gouvernants ; tel le chien qui lèche la main du maître qui le frappe et aboie après l'étranger qu'il ne connaît pourtant pas.

La patrie, c'est le mot dont se réclament les

voleurs et exploiteurs de toute espèce pour couvrir leurs rapines.

C'est pour la patrie qu'on t'écrase d'impôts, qu'on t'empêche de dire ta pensée que les politiciens te trompent, que les accapareurs t'extorquent.

C'est pour elle qu'on t'enferme deux ans dans une caserne, qu'on te fait mourir d'insolation sur un champ de manœuvres ou qu'on te mitraille sur un champ de bataille.

N'est ce pas pour la défendre, pour protéger le sol national, qu'on t'oblige à être soldat ?

A toi qui ne possèdes rien que tes bras, lesquels tu es encore obligé de prostituer pour vivre, on te dit de prendre un fusil pour défendre les biens que tu n'as pas et qu'on pourrait venir te prendre ? !

Quand tu possèderais encore quelque chose, crois-tu que les Allemands viendraient te le prendre ?

Les Alsaciens propriétaires en 1870, l'étaient tout autant après la guerre, en 1871.

Et quand la France deviendrait encore une province allemande, qu'y gagnerais-tu ? qu'y perdrais tu ? Rien.

Mets-toi bien dans la tête, ouvrier ou paysan, salarié au service d'un patron, que pour toi, être exploité, gouverné par un Français, n'est ni plus ni moins mauvais qu'être exploité, gouverné par un Allemand.

La France est le pays le plus libre du monde : disent les ignorants et les canailles, bourgeois ou socialistes.

Ce n'est pas vrai. Pas plus que l'Angleterre ou l'Espagne, du reste.

Il y a moins de chômage en Allemagne qu'en France et la journée de 8 et 9 heures est un fait accompli dans bien des villages de la Catalogne.

La liberté de réunion, de la presse est plus respectée en Angleterre qu'en France.

Alors, quoi ! Où est donc la meilleure des patries ?

En réalité, les idées de patrie et de défense nationale sont des mots avec lesquels on essaie de justifier l'armée ; l'armée, dont le seul rôle est de sauvegarder les privilèges de toute la caste des parasites.

Oui, sauvegarder leurs privilèges, car la guerre, où tu iras te faire massacrer par les mitrailleuses ou les canons moderne style, à moins que tu n'en reviennes avec quelques membres de cassés, laissant ta famille dans la désolation, la misère, ou revenant pour être à sa charge ; n'est-elle pas provoquée par les agissements d'agioteurs en mal d'argent, qui cherchent à trouver par une campagne l'écoulement de marchandises sans valeur, soit aux troupes, soit aux indigènes du pays conquis.

Ou bien, comme dans la récente guerre russo-japonaise, les millionnaires des deux pays belligérants veulent accaparer à leur seul profit un territoire qu'eux seuls pourront exploiter.

Quant au bénéfice que tu pourrais retirer d'une guerre, il est bien mince. Les débouchés de commerce créés profitent à tes exploiteurs ; quant à toi, prolétaire, comme auparavant, on te donnera juste de quoi ne pas crever de faim et, en plus, vainqueur ou vaincu, il te reste à payer les frais de guerre de tes efforts et de ton sang.

Mais la guerre extérieure n'est elle-même qu'un prétexte, le rôle de l'armée, son principal rôle, c'est de servir à la guerre civile, c'est à dire de remplir l'office de barrière entre les privilèges des patrons et la colère des ouvriers.

Oui, hier travailleur, subissant la rapacité patronale, aujourd'hui soldat, tu iras dans les grèves, par ta présence, par l'intimidation produite par tes armes, même quelquefois en faisant le travail des grévistes, faire triompher les exploiteurs et les rois des patrons.

Dans deux ans, quand tu rentreras à l'usine, tu trouveras [illegible] les conditions du travail plus [illegible] et c'est toi-même qui auras contribué à ta propre misère.

Jeunesse libre d'Amiens.

Un citoyen.

CHAUFFEUR MALADROIT

La Femme X..., le Sieur Z...

Nous lisons, nous arrivons à lire, d'un œil distrait, aux faits divers et souvent relégués dans la même chronique rédigée en quelques lignes et en petits caractères, tout leur événement devient banal, les aventures d'écrasement les plus effroyables. C'est une femme, un enfant, un vieillard, la femme X..., le sieur Z... Quelquefois on inscrit le nom : le plus souvent ce sont des initiales vagues, concision terrible, anonymat effrayant qui résume toute une vie et la mort dans une minute brève. L'écrasement, les membres broyés, la chair disloquée... Et puis, cela se passe au loin, sur de grandes routes, dans de petits villages, dans des quartiers populaires ; alors, nous n'avons pas le décor dans la mémoire, il faudrait faire un effort pour se représenter la scène, pour s'indigner, pour s'émouvoir. Cela se reproduit si fréquemment que nous demeurons l'épiderme à peine touché : nous sommes blasés.

Mais cette fois, le drame trop souvent répété ailleurs a eu pour théâtre une des plus belles voies de Paris, la plus luxueuse et pour acteur principal et victime déplorable une personnalité importante. Quelqu'un, comme on dit dans le peuple, et qui était dans le gouvernement ! « Alors, oh ! alors, ce fut toute une histoire... et quelle leçon, public, électeur corvéable et taillable ! Quelle belle démonstration, comique tout de même malgré son fond macabre, de la manière de traiter les vivants et les morts selon leur importance sociale !

D'abord, dans le premier moment, on ne sait pas qui est la victime, et les choses se passent à la papa. Le chauffeur Mahé a fait de la rouspétance », il veut fuir avec son auto, il résiste aux agents, il déclare que c'est la faute au cocher, sans lanternes allumées, s'il a bousculé sa voiture, etc... La police l'interroge sans trop de sévérité.

Puis on prend M. Juttet et on le conduit à Beaujon. Là, les internes et les infirmiers, ignorant, comme le chauffeur, à qui ils ont affaire, traitent le secrétaire du ministre comme le premier passant venu, ni mieux ni plus mal, avec cette aimable désinvolture qui caractérise l'Administration française et la Science, quand celle-ci tient par quelque chose à l'administration. Ce n'est pas négligence, ce n'est pas dédain pour le public, c'est simplement le doux laissez-aller habituel, c'est l'Habitude. En chemin de fer, on ne traite pas les voyageurs de 3e classe comme les voyageurs de 1re, et à l'hôpital on est en 3e. Voilà tout.

Enfin, en fouillant dans les poches du blessé, on apprend sa qualité. Il est un voyageur de 1re classe, que dis-je ? de train spécial, qu'un accident amène en troisième. Immédiatement, il reprend, moribond, son rang de voyageur qui mérite tous les égards, et il meurt dans une chambre à part, entouré de la sollicitude du personnel de l'hôpital en émoi, pendant que le commissaire, averti lui aussi, au lieu de laisser en liberté provisoire le fauteur de l'accident qui coûta la vie au chef de cabinet du ministre, envoie sans hésiter le chauffeur Mahé au Dépôt. M. Juttet est mort. L'affaire n'est pas terminée. La foule, nous, vous, eux, les gens qui, hier, lisaient avec indifférence le récit en quatre lignes de la mort de la femme X... ou du sieur Z... ou du petit Y... s'émeuvent. Dans les plus grands détails les journaux donnent le récit circonstancié de la catastrophe, et, à la rentrée des Chambres, ce sera une interpellation annoncée, concernant les mesures à prendre pour empêcher, enfin, l'écrasement du public par la plus belle conquête du Daimler, et sur la manière de traiter à leur arrivée à l'hôpital les blessés recueillis sur la voie publique.

Donc, soins spéciaux à la victime, châtiment immédiat du coupable et intervention parlementaire. Félicitons-nous de cette justice tardive, boiteuse et inégale. Certes, on n'en eût pas fait autant pour la femme X..., le sieur Z... ou le petit Y... Ah, que le chauffeur Mahé a été maladroit ! On n'écrase pas au rond-point des Champs Elysées un secrétaire de ministre ; mais s'il avait bousculé sur la route du Vésinet un bon pied de chou, un brave maraîcher rentrant au logis paisible dans sa carriole, il se serait évité bien des désagréments.

Claude BERTON.

Notre Correspondance

Théorie et pratique.

A tous les camarades,

Quand donc cesserons nous, camarades anarchistes, de nous en tenir aux formes du journalisme moderne : théories et polémiques, pour la diffusion de nos idées ?

De la discussion, jaillit la lumière. Certes. Mais avons nous besoin, entre cerveaux émancipés, quant au fonds, de nous inspirer de ce proverbe, suranné, j'imagine, pour notre intellect assaini ?

Que de discussions inutiles, que de lieux communs ressassés, que de vaines querelles de personnes : amour-propre, susceptibilité éprouvant le besoin de s'épandre en de longues digressions oiseuses, parce qu'inutiles, retardant l'ère de jouissance pour les convaincus.

Je m'explique : je veux « vivre », laissant de côté la masse amorphe : le rôle stérile d'apôtre me répugne ; trop de lâchetés, d'aveulissements à combattre.

D'autre part — et ceci pour nous — chacun des nôtres n'est-il point faillible, ayant sur une foule de détails secondaires, une opinion personnelle.

Les méthodes, les palinodies, les ergotements, les « distinguos » du radicalo-socialo-nationalisme devraient ils trouver leur équivalence dans les milieux anarchistes, sous forme de quiproquos, de controverses, tout le bagage autoritaire, que nous prétendons détruire. Divisons-nous pour régner ? Non... Alors ?

Peu m'importe que tel ou tel camarade ait, sur un point de vue insignifiant, telle ou telle explication à fournir. Je nie la force de l'argumentation, comme ne tirant pas à conséquence, lorsque je sais que les antagonistes (?) sont tous deux anarchistes et sincères.

Au lieu de piétiner dans le marais du passé, ne conviendrait il pas mieux à notre mentalité — supérieure, — de rechercher, hors des équivoques, des arguties, à vivre, dans le plus bref délai possible entre anarchistes, la vie anarchiste ?

Dénombrement fait, le coefficient d'énergie trouvé, peut être serions nous assez forts — adaptant toutefois à la « ligne de conduite, moralement acceptée » une volonté résolument coercitive — pour mener, envers et contre tous, une existence logique, adéquate à nos aspirations ?

Egoïsme ? Non. Prosélytisme, au contraire, leçon de l'exemple, à mon avis le meilleur facteur éducatif. Mais exemple portant ses fruits pour les semeurs.

L'action, agissante et non théorique, voilà ce me semble, notre rôle d'anarchistes.

Je vous laisse le soin d'approfondir cette idée.

Louis VIRIEUX.

***

Sur la méthode syllogistique

Au camarade Chambel-Sacer.

Il n'y a pas d'autre méthode de raisonnement que la méthode syllogistique. Si tu en connais une autre, donne-là moi. Dans certains cas, il importe de rendre très apparents les différents syllogismes qui, dans les relations habituelles sont abrégés, sous-entendus ou omis. C'est ce que Spinoza appelait très justement un exposé *suivant l'ordre des géomètres.* S'il s'agit, par exem-

(7)

CHALEUR ET LUMIÈRE

(Suite)

L'ALCOOL

I

L'alcool dans l'industrie

La question de l'alcool préoccupe à cette heure non seulement les savants, les viticulteurs et les distillateurs, mais encore le grand public. C'est, en effet, une question économique de la plus haute importance. Avant de l'aborder, je veux cependant vous rapporter une page intéressante de l'histoire des Sciences.

C'était en 1858. Dans un mémoire à l'Académie des Sciences, un jeune préparateur du Collège de France annonça qu'il venait de réaliser la synthese de l'alcool à partir de l'éthylène. Ce fut un bel émoi dans le Landerneau scientifique. On avait toujours pensé que l'alcool, extrait jusqu'alors, de produits d'origine organique, ne pouvait être préparé dans un laboratoire. Il était clair pour tout le monde que les substances que l'on trouve chez les êtres vivants ne peuvent être engendrées par les forces chimiques : que le sens et le jeu des « forces vitales », qui président dans la nature aux métamorphoses de la matière, échapperaient toujours aux investigations des savants. La synthèse de l'alcool renversait toutes ces idées.

Elle écartait définitivement de la science, et par là rendait un immense service à celle-ci, l'idée de forces mystérieuses que l'homme ne peut connaître.

Elle ouvrait un champ illimité à l'activité des chimistes. Elle inaugurait une ère nouvelle : celle des synthèses organiques. Et le succès fut splendide, puisque, longtemps après, le jeune préparateur devenu Marcellin Berthelot, pouvait écrire : « Nous pouvons prétendre à former de nouveau toutes les matières qui se sont développées depuis l'origine des choses, à les former dans les mêmes conditions, en vertu des mêmes lois et par les mêmes forces que la nature fait concourir à leur formation. »

Elle faisait enfin présager une révolution économique. L'éthylène se trouvant en grandes quantités dans le gaz de l'éclairage, on crut un instant qu'on arriverait à préparer l'alcool industriellement, à l'aide de ce gaz, dans des conditions de bon marché tel que ni l'alcool de vin, ni l'alcool de betterave ne pourraient lutter contre l'alcool nouveau. Cette révolution n'eut pas lieu. L'alcool de synthèse n'a jamais pu songer à supplanter l'alcool de fermentation. La « question actuelle de l'alcool » n'est donc pas une conséquence de la découverte de M. Berthelot : mais cette découverte fut si belle par sa portée philosophique et si féconde dans ses conséquences scientifiques, qu'elle devait être rappelée au début de cette causerie. Au reste, est-on jamais sûr qu'un procédé dont l'application industrielle est impossible aujourd'hui, ne ruinera pas demain toutes les autres préparations ? Peut-on affirmer que l'alcool de synthèse ne renversera pas un jour l'alcool de fermentation ?

II

Production des alcools

Quoiqu'il en soit, aujourd'hui, l'alcool provient en totalité de la distillation des liqueurs fermentées. Vous savez que les travaux de Pasteur nous ont appris que la fermentation n'est pas autre chose que le développement dans une liqueur sucrée d'un nombre infiniment grand d'êtres infiniment petits qu'on appelle des ferments. Ces ferments consomment le sucre et le transforment en alcool. Il suffit donc, pour avoir de l'alcool, de préparer par un moyen quelconque une liqueur sucrée et d'y apporter un ferment, une levure comme disent les distillateurs.

Pendant longtemps, on n'utilisa que les produits sucrés naturels : ce furent d'abord le jus de raisin et les mélasses (résidus de la fabrication du sucre), puis on leur ajouta les jus de betterave. On découvre enfin que l'amidon (qui constitue la partie essentielle de la farine), la fécule (que l'on extrait des pommes de terre) et même la cellulose (c'est à dire la matière du bois) peuvent être converties, soit par l'action des acides, soit par l'action des ferments en matières sucrées. De sorte que, en définitive, la plupart des substances végétales convenablement traitées peuvent servir à la fabrication de l'alcool.

Je n'entrerai pas dans le détail de cette fabrication. Ce qui précède suffit à vous faire deviner qu'elle comprend essentiellement trois opérations : 1° préparation d'une liqueur sucrée fermentescible ; 2° fermentation de cette liqueur ; 3° séparation de l'alcool de la liqueur fermentée au moyen de la distillation. Mais je mettrai sous vos yeux le tableau suivant qui vous montrera d'une façon frappante que la quantité d'alcool que l'industrie jette sur le marché croît rapidement d'année en année.

Années	Vins et Cidres	Mélasses	Betteraves	Substances farineuses	Total
1840-50	815	40	0.5	36	891
1853-57	165	137	300	69	671
1865-69	553	116	301	85	1311
1870-75	544	582	314	109	1581
1880	30	685	130	113	1591
1885	50	728	165	568	1900
1890	12	882	800	615	2215
1895	106	846	745	400	2165
1899	80	...	...	...	2211
1900	118	1669			2415

Les chiffres de ce tableau expriment des *milliers d'hectolitres.* Le total n'est pas exactement la somme des nombres indiqués dans chaque colonne : outre les alcools de vins et cidres, de mélasses, de betteraves et de grains, on fabrique encore des alcools de marcs et de lies, de fruits et de substances diverses dont on a tenu compte dans le total. Il faut remarquer que l'importance de la distillation industrielle des vins, des cidres, des marcs et des lies varie beaucoup avec l'importance des récoltes. Il en est de même la distillation des betteraves qui indique cependant une ascension régulière. Quant aux chiffres de la dernière colonne, ils sont assez éloquents par eux-mêmes pour se passer de tout commentaire.

Il est d'ailleurs facile de prévoir qu'ils vont subir brusquement une augmentation très rapide. Une chose certaine, c'est que la production de l'alcool de grains et de l'alcool pommes de terre ne diminuera pas : il concurrence avec trop d'avantages l'alcool de vin.

L'alcool de mélasses faiblira peut-être ; mais l'alcool de betterave va probablement croître dans de grandes proportions. La nouvelle « réforme » du régime des sucres va presque fermer à « la France » le marché extérieur. Nous allons être obligés, ou à peu près, de « consommer » tout le sucre que nous fabriquerons. Malgré les efforts qui seront faits pour augmenter la consommation, nous ne pourrons pas y arriver de sitôt, les individus ne sachant pas encore consommer selon leurs besoins.

La production du sucre en France va donc baisser. Or, quand le cultivateur ne conduit pas ses betteraves à la sucrerie, il les mène à la distillerie ; si la production du sucre diminue, celle de l'alcool augmente. Ce sont là deux phénomènes corrélatifs : l'un est certain, l'autre l'est aussi.

L. PASTOURIAUX.

(A suivre).

ple, de démontrer, **de façon à ne laisser subsister aucun doute** que tel soi disant libre-penseur n'est pas libre-penseur, la méthode géométrique est la plus sûre et, par conséquent, celle à employer.

PARAF-JAVAL.

***

A priori ou a posteriori

Au camarade Derkoff.

Rien à ajouter à ce que j'ai dit n° 24. Derkoff me prête, pour les critiquer, des idées qui ne sont pas miennes. Il prétend que j'ai dit : « *Quand on agit, c'est qu'on a pensé* » et répond : « Pas toujours ». Or, j'ai dit : « Quand on agit, c'est qu'on a pensé (*réponse du système nerveux central*), **ou** *qu'il y a eu réflexe (réponse des centres nerveux locaux)* ». Et j'ai expliqué soigneusement qu'un libre-libre penseur doit penser *a posteriori* et donner des habitudes *a posteriori* à ses réflexes. Conclusion : Derkoff n'est pas sérieux.

***

Au camarade Henri Richard.

En quoi suis-je responsable des idées d'autrui que je combats au su de tout le monde ? Pourquoi ne te dis tu pas qu'il est certainement heureux de voir des P. L. dans un milieu où il y a des patriotes ?

PARAF-JAVAL.

***

Au camarade Binoff. — Ne nous répétons pas. Vois la réponse de P. J. La question peut sembler close. — A. L.

***

Sauvagisme et anarchisme

Au camarade Evadam.

Au courant de votre article, vous dites :

... *Il est même à peu près certain que le despotisme y règne en la personne de chaque individu et que les plus forts imposent leur autorité aux plus faibles (femme, enfant, etc.)*

Où cela existe, il y a inévitablement autorité, c'est à dire « civilisation » (ou état contre nature), mais cela ne saurait être en un état de sauvagisme, c'est à dire de « liberté ».

« Sauvagisme » ne signifie point qu'il y ait obligation de manger ses semblables, nullement, c'est seulement un état où il y a l' « observation intégrale » de la nature.

Et « naturisme » veut dire qu'il est utile de rapprocher sa vie le plus près possible de la nature, avec une addition de civilisation (science naturelle, pourrait-on dire) en ce que celle ci peut avoir de bon et de logique.

Et plus loin :

... *L'effort qu'exige la production des choses nécessaires à la vie pourrait être réduite à un tel point, qu'il ne serait plus qu'une gymnastique indispensable pour le bon fonctionnement de l'organisme humain.* »

Oui, cet Eden féerique ne peut marcher à souhait qu'à la condition expresse que « tous les individus soient consentants », mais en état d'anarchie, l'autorité étant supprimée, il est fort douteux qu'il y en ait qui travaillent (il y en aura, mais insuffisamment) aux travaux malsains, dangereux ; à cette époque future, sera-ce encore ainsi et inutiles, ne serait ce que quinze minutes par jour.

Le remède à ce leurre semble être dans la vie naturelle, où les « besoins civilisés » — c'est à dire « faux » seront écartés.

Henri ZISLY.

Piqûres d'aiguille

Les piqûres dont les flancs du sieur Durand ont tant eu à se plaindre sont à la disposition des camarades à raison de 0.20 le 100, un méli-mélo de textes différents.

UN DERNIER ÉCHO

EFFETS ET CAUSES

Permettez à un simple libre penseur italien, de répondre par quelques lignes à l'article paru dans le *Journal du Berger* du 17 septembre, au sujet des impressions des délégués « étrangers » venus au Trocadéro.

Ces impressions ne sont pas celles de tous, loin de là.

Je crois que l'*Union* anticléricale républicaine, socialiste (?) a levé le masque et a montré sa figure véritable, elle est parue à tous une vieille truqueuse, faite à toutes les comédies.

Les anarchistes ont depuis longtemps l'expérience du travail des congrès ; on y fait plus de grimaces, de gestes, on y débite plus de discours, que l'on y œuvre pour la pensée libre.

Aussi la présence des anarchistes est-elle comme une gêne, une insulte pour les comédiens et la nouvelle quasi-officielle que nous donne l'*Union* n'en est pas une pour nous : « Les anarchistes, dit cette feuille, seront expulsés de tous les autres congrès s'ils n'acceptent pas à l'avance les statuts de la fédération internationale. »

Ceci est une menace ou un avertissement, probablement l'un et l'autre.

La menace est comme une preuve du despotisme que peut exercer le grand arbitre, elle détruit la liberté de penser ; l'avertissement est comme une épée de Damoclès suspendue sur la tête de ceux, dont l'éducation politique et sociale, les études et les convictions seront différentes de celles de la majorité du Congrès.

Avant tout les anarchistes détestent les Quintilien et les Aristarque qui veulent toujours imposer aux autres les questions à traiter. En ce qui concerne notre expulsion future de tous les congrès, nous ne la craignons pas ; elle nous donnera l'occasion de manifester en faveur de la direction de la pensée vers les plus hauts destins de l'humanité, en négligeant toutes les formes puériles des assemblées, de leurs règlements et de leurs paperasses.

A Paris, nous ne voulions pas faire d'obstructionnisme prémédité, nous désirions seulement faire cesser le traditionnel autoritarisme qui nous avait toujours obligé de rester mêlé avec la foule inconsciente et d'applaudir à toutes les résolutions que l'on dicterait jamais. Les anarchistes sont venus cette fois au Congrès pour parler. Malgré les moyens autoritaires et louches du comité, nous sommes arrivés à manifester notre façon de voir, profitant de l'expérience prise au Congrès de Rome.

La parole de Paraf-Javal a été calme, logique, persuasive, tout en restant énergique. Il a tâché d'orienter la pensée vers l'action pratique de tous les jours, de toutes les heures, montrant que seule cette action peut amener un avenir meilleur.

Les congrès de la Libre Pensée n'ont plus leur raison d'être s'ils ne peuvent être les forums de l'absolue liberté de penser.

En effet, parler de liberté de penser et coopérer à l'arrestation des rebelles d'une société basée sur l'arbitraire et la force ; parler de liberté de penser et être complice — voire même bourreau — de tous les gouvernements, cela ne résiste pas à un long examen, on y devine une grande hypocrisie, on y voit l'idée de mystifier les simples.

Nous connaissons la vérité. Les prêtres du la Maçonnerie ont montré l'oreille depuis longtemps : on veut détruire la peste religieuse mais faire surgir la peste laïque, aussi mauvaise et aussi néfaste.

Les peuples regarderont les églises se transformer en loges, les dieux en grand Architecte de l'Univers, la croix et le croissant en compas et en équerre, les sacrements en rites ; toutes choses qui créeront de nouveaux préjugés, de nouvelles erreurs, et forgeront une nouvelle chaîne de tortures et d'esclavage.

Mais les anarchistes, ces iconoclastes, rentreront dans ces nouveaux temples et détruiront toutes les images mensongères, tous les dogmes et toutes les religions, tout ce qui perpétue l'ignorance et la soumission.

Le dilemme est un : ou la liberté de penser véritable intégrale, sans aucun *a priorisme*, ni antitérisme égoïste, ou bien... la lutte à outrance.

Joseph RIVALTA.

Les CAMARADES que cette feuille intéressera l'aideront par tous les moyens. En la propageant. En la vendant. En l'aidant à vivre.

Si l'ANARCHIE intéresse, qu'elle vive par elle même.

Au Congrès Féministe

On a toujours quelque appréhension d'entrer lorsqu'on se rend dans un congrès. Les tirades, les compliments, les souhaits, les ordres du jour, les félicitations à Pierre ou à Jacques, toute la litanie des inutilités à avaler. Et je peux dire qu'affronter, par dessus le marché, un congrès féministe, après tout ce qu'on raconte des dites féministes, n'était pas un acte de courage médiocre.

Le congrès avait lieu à la Butte Montmartre les 28, 29 et 30 septembre. Peu de réclame faite. Appel non officiel. C'est Gabrielle Petit qui en était l'organisatrice.

Peu de monde. Bien plus de travail qu'à certains de nature pareille. Sans président, sans assesseurs, par conséquent débarrassé de toute tentative d'escamotage.

Je ne sais si la méthode pratique du raisonnement se glisse partout, toujours est-il que comme premier effort, on essaie de définir les termes. Le mot *féminisme* a les honneurs. On le trouve imprécis, ayant une forme trop batailleuse. On parle de *féminologie*, de *féminin*. Mais tous les deux paraissent avoir une acception propre, et on dit conserver le premier, dans un sens bien différent de celui qui est généralement accepté.

On parle des moyens pratiques pour développer le mouvement de féminisme, pour porter les femmes à entrer dans les discussions sociales où elles sont intéressées au même titre que l'homme. Les divers moyens sont un peu trop particularistes. Eys, le « citoyen du monde » vient porter son projet du Club mondial. Il a la générosité de le déposer sans le lire. On soulève la question d'hôtelleries populaires pour les ouvrières. Bien des projets s'élaborent dont aucun ne reste debout.

Gabrielle Petit propose que les femmes dédaignent la forme ridicule du vote. Elle trouve une adversaire en la personne d'Hubertine Auclert qui veut depuis si longtemps le « suffrage des femmes ». Il n'importe, les femmes présentes paraissent trouver pueril ce moyen et peu dignes à lutter pour l'acquérir.

Coni, de Buenos-Ayres, une socialiste syndicaliste, démontre l'inanité des lois, en racontant comme quoi, après avoir fait adopter un projet sur la législation ouvrière féminine, elle se trouva obligée de le combattre, les ouvrières ayant obtenu plus des patrons par leur action directe.

A signaler le travail de Madeleine Vernet sur l'Assistance publique dont la partie critique n'est pas sans valeur...

Le problème du néo-malthusianisme est soulevé par Libertad. Il est discuté sérieusement sous toutes ses formes et approuvé. La question de la liberté de l'union, en dehors des vaines formalités du mariage, et l'idée que cette union ne doit pas avoir le préjugé de la durée, sont aussi traitées et admises.

Je n'ai vu là, à aucun moment, des femmes jouer le rôle de dédaigneuses du geste sexuel et sembler mépriser l'homme, ni prendre non plus l'attitude contraire. Évidemment, au milieu de beaucoup de bavardages, de redites, les conversations furent intéressantes et les discussions ne furent pas toujours vaines

MINUSA.

Revue des Journaux

Le Libertaire.

Emilie Lamotte voudrait voir l'instituteur prendre enfin sa place dans l'enseignement, ne plus être l'être passif ou neutre, mais un être actif qui pose ses conceptions à côté de celles du « Programme » de la famille.

Louis Grandidier nous donne un chapitre des variations guesdistes. Il est certaines choses que l'on ne redit jamais assez. Appliquons ce procédé de critique aux variations socialistes en général.

Jeanne Dubois a voulu ménager les chèvres et le chou et son article n'est pas ce qu'il aurait pu être. Tant pis et tant mieux.

Guy Doniau-Morat signale des grenouilles qui ont eu le bon esprit de se détourner de l'appât.

Les Temps Nouveaux.

André Girard, à propos d'un « précoce bandit » montre la « responsabilité de la société » dans les actes bons ou mauvais des individus. On ne peut être que d'accord avec lui. Ce sont de bonnes idées, mais exprimées avec un langage bien suranné.

La première brique de la Bourse libre du Travail est posée. Le plan en est conçu. Je m'aperçois que j'ai eu tort de ne pas réclamer pour mon idée.

Sur l'*Art*, une causerie de Léomin, où j'ai la bonne grâce de me déclarer incompétent.

A quand la bibliographie des albums de photographie, des catalogues de Decauville ou de pharmacie centrale ? J. Grave trouverait là un domaine inépuisable.

L'Assiette au Beurre.

Dans le n° 235, qui paraît cette semaine Poulbot, sous le titre de *La Graine de bois de lit* donne une série de dessins d'une saveur fort originale et d'un vécu bien saisissant.

LE LISEUR.

A Travers les Réunions

Jeudi dernier, grande réunion corporative provoquée par le syndicat général des Travailleurs municipaux. Rien de plus courant que des scènes pareilles. La salle est pleine. Les travailleurs libres se sont nommé des commissaires. Des têtes de brute, le bras cerclé de rouge, sillonnant la salle « murant la gueule à qui l'ouvre » expression textuelle. On n'entre pourtant qu'avec une carte. La presse bourgeoise est à l'honneur. Un camarade de *l'anarchie* est entouré, prêt à être jeté dehors.

Il s'agit de savoir si ces moutons se solidariseront avec leur chien, le sieur Copigneaux, mordu par les chiens d'autres troupeaux. C'est grotesque. Copigneaux s'explique. Il prouve que la Bourse du Travail est semée de voleurs, d'estampeurs et d'inverses. Il montre toutes les saletés, les jalousies, les turpitudes, les mensonges faits pour conserver ou avoir les sinécures syndicalistes. Ce linge sale puant n'importe la scène vaut d'être vue.

Beumé et Bousquet esquivent une réponse précise. Le troupeau bêle à s'époustoufler.

LE BALADEUR.

LA CHANSON OUVRIÈRE

Le n° 3 de la **Chanson ouvrière** vient de paraître. C'est un numéro spécial que nous offre les camarades.

Chaque chanson avec musique forme une feuille spéciale qui permet de la séparer pour la chanter.

Ce fascicule est vendu **0.50** comme les **précédents. Nous tenons les n°** 1 et 2 à la disposition des camarades. S'adresser à Maurice **Doublier, salle Jules, 6, boulevard** Magenta, **ou aux bureaux de l'*anarchie*.**

CE QU'ON PEUT LIRE

Pierre Kropotkine. — *Aux Jeunes Gens ; Anarchie et Communisme ; Morale anarchiste ; Organisation de la Vindicte* : br. à **0.10.** — *Les Temps nouveaux* : br. à **0.25.** — *Autour d'une vie ; Conquête du Pain* : vol. à **2.75.**

Paraf-Javal. — *L'Absurdité de la politique* : br. à **0.15.** — *Libre Examen* : br. à **0.25.** — *La Substance universelle* : vol. à **1.25.** *Les deux Haricots*, image p. enfants : **0.10.** — *L'absurdité des soi-disant libres-penseurs*, **0.10.**

Jean Grave. — *Organisation, Initiative, Cohésion ; La Panacée-Révolution ; Le Machinisme ; Enseignement bourgeois et Enseignement libertaire ; Colonisation* : br. à **0.10.** — *La Société future ; L'Individu et la Société ; Les Aventures de Nono* : vol. à **2.75.**

Elisée Reclus. — *A mon frère le paysan* : br. à **0.05.** — *L'Anarchie et l'Eglise* : **0.10.**

Elie Reclus. — *Les Primitifs* : vol. à **4** fr. — *Les Primitifs d'Australie*, vol. à **3** fr.

A. Dal. — *Les Documents socialistes*, avec préface de **Ch. Malato** : br. à **0.30.**

Georges Etiévant. — *Déclarations ; Légitimation des actes de révolte* : br. à **0.10.**

René Chaughi. — *Immoralité du mariage ; La Femme esclave* : br. à **0.10.**

Enrico Malatesta. — *Entre paysans*, br. à **0.10.**

Domela Nieuwenhuis. — *Le Militarisme ; Education libertaire* : br. à **0.10.**

Charles Albert. — *Guerre, Patrie, Caserne* : br. à **0.10.** — *Aux anarchistes qui s'ignorent* : br. à **0.05.**

André Girard. — *Anarchie* : br. à **0.05.**

Ligue de la Régénération. — *Moyens de limiter les grandes familles* : br. à **0.30.** — *Plus d'Avortements* : br. à **0.50.**

P. Paillette. — *Les Tablettes d'un Lézard*, vol. à **2.50.**

Noël Reibar. — *A bas la guerre*, poésie avec musique : **0.10.**

La Chanson ouvrière, n° 2. — 12 chans., 6 avec musiq., les autres s. airs connus : **0.50.**

L' « anarchie ». — Numéros parus : **0.10** chaque — Les invendus sont envoyés, le port étant seul à la charge des camarades.

Piqûres d'aiguille. — 2 textes : **0.20** le 0/0.

Les frais de port sont évidemment en plus.

OU L'ON DISCUTE OU L'ON SE VOIT

Causeries Populaires du XVIIIe, 30, rue Muller. — Lundi 9 octobre, à 8 h. 1/2. *L'Unionisme à San Francisco*, d'après un camarade.

Causeries Populaires du XIe, 5, cité d'Angoulême. — Mercredi 11 octobre à 8 h. 1/2, *La Philosophie de l'Anatomie : Le Cerveau*, par le camarade Mauricius.

Causeries Populaires des Ve **& XIII**e, 12, rue du Fer-à-Moulin. — Samedi 7 octobre, à 8 h. 1/2, *Causerie* par un camarade.

L'Aube Sociale, Université populaire, 4, passage Davy. — Mercredi 11 octobre, à 8 h. 1/2. *L'origine des Êtres*, par Vulgus.

Jeunesse révolutionnaire du XIVe, groupe d'études sociales. — Vendredi 6 octobre, à 8 h. 1/2, réunion à la Belle Polonaise, salle des menuisiers. *Les bases du syndicalisme*, par E. Pouget.

Poètes et chansonniers populaires. — Jeudi 12 octobre, salle du Bœuf colossal, 6, rue de la Gaîté, grande fête au bénéfice de Charles Malato et de ses co-détenus. Conférence par Gustave Hervé. Concours des chansonniers montmartrois et populaires. Entrée : 50 centimes.

L'Emancipation, U. P. du XV*e*, 38, rue de l'Eglise. — Samedi 7 octobre, à 8 h. 1/2, *Causerie et discussion.*

Aux Causeries Populaires, 5, cité d'Angoulême. — Samedi, 7 octobre, *Fais ce que veux, Critiques et chants*, réunion de camaraderie.

L'Education libre, 26, rue Chapon. — Réunion le samedi 7 octobre, à 8 h. 1/2, salle Brun, 125, rue du Temple. *A propos de Mignote et de Souflet.*

Composé par des camarades.

La Gérante : A. MAHÉ.

Imp. des *Causeries Populaires*, A. Libertad

LES CAMARADES
adresseront
tout ce qui concerne
l'anarchie
à A. Mahé & A. Libertad
30, rue Muller, 30
PARIS-XVIII

l'anarchie

PARAISSANT TOUS LES JEUDIS

ABONNEMENTS

FRANCE
Trois Mois.......... 1 50
Six Mois.......... 3 »
Un An.......... 6 »

ÉTRANGER
Trois Mois.......... 2 »
Six Mois.......... 4 »
Un An.......... 8 »

PREMIÈRE ANNÉE. — N° 27 | DIX CENTIMES | JEUDI 12 OCTOBRE 1905

Socialisme et Patriotisme

II (*)

Comment les socialistes de nos jours, défiant cyniquement le bon sens le plus élémentaire, prétendent-ils concilier les conceptions les plus contradictoires, s'acheminer tout ensemble vers la sociale collectiviste et rester attachés à la société bourgeoise ? Comment peuvent-ils se proclamer et internationalistes et patriotes, et révolutionnaires et défenseurs du monde patronal ?

N'y a-t-il pas un abîme infranchissable entre ce monde interlope d'exploiteurs et ses victimes prolétaires ? Ne semble-t-il pas très logique que ceux qui font retentir ce cri :

Prolétaires de tous les pays, unissez-vous !

par cela même abolissent toutes les frontières, toutes les patries et entendent mener une guerre acharnée, implacable contre tous leurs exploiteurs, sans distinction de nationalité, et surtout contre tous les gouvernements qui s'en constituent les humbles serviteurs ? N'est-il pas évident que tout socialiste, pour être conséquent avec ses conceptions, devrait répudier à tout jamais l'idée de patrie, qui nécessairement implique l'amour sans condition, même pour des ennemis nationaux : qui est absolument incompatible, qui est en flagrante contradiction avec l'amour aux prolétaires des pays étrangers ? N'apparaît-il pas qu'un socialiste devrait encore être un antimilitariste irréductible, puisque le militarisme d'aujourd'hui a pour but suprême la défense du monde exploiteur dont le socialisme poursuit justement la destruction, et pour base, en tant que service obligatoire, la négation brutale de la liberté individuelle la plus chère et la plus précieuse entre toutes, — celle de disposer à son gré de sa vie et de sa mort ?

Comment donc des socialistes « scientifiques et matérialistes » essaient-ils d'expliquer toutes ces contradictions ?

Rien, sous ce rapport, de plus comique ni de plus piteux, que les explications qu'ils donnent. Le fond en réside assurément dans certaines différences plutôt apparentes que réelles qu'il serait loisible de trouver entre les patries.

— Toutes les patries, disent-ils en substance, ne sont pas égales entre elles : il y a des patries arriérées et des patries avancées : il serait criminel pour les socialistes de laisser engloutir ces dernières par les premières et par là même faire reculer pour longtemps l'émancipation des travailleurs.

Qu'y a-t-il de vrai dans cette objection ? D'abord il est clair qu'en disant que certaines patries sont plus avancées que d'autres, les socialistes patriotes entendent dire qu'elles le sont *politiquement*.

Car sous le point de vue économique, non seulement toutes les patries se valent, mais encore ainsi que le faisait observer Bakounine (**), la misère des prolétaires est d'autant plus grande qu'ils appartiennent à des patries considérées comme politiquement plus avancées, d'un industrialisme, d'une civilisation plus prospères. De sorte qu'en admettant même que sous le point de vue des libertés politiques, certaines patries soient supérieures à d'autres, cette supériorité se trouve forcément annihilée par l'infériorité économique que ces mêmes patries accusent, comparées à celles qui sont considérées comme arriérées.

Ensuite, si dans le dictionnaire socialiste « patriotisme » devient synonyme de « défenseur de la plus libre des patries », pourquoi tardent-ils à proclamer le grand principe qui nécessairement découle de cette synonymie ? Pourquoi ne disent-ils pas, qu'en vertu de ce principe, les socialistes allemands auront bien le devoir impérieux de défendre leur patrie contre la Russie arriérée, mais non point contre la France, démocratiquement plus avancée que l'Allemagne ; qu'en cas de guerre entre l'Allemagne et la France, les socialistes allemands se feront un devoir non moins impérieux de trahir leur patrie natale et de servir la France républicaine, patrie plus libérale, plus avancée.

Pourquoi de même, ne disent-ils pas, qu'en vertu du même principe, si le devoir impérieux des socialistes français est de défendre contre l'Allemagne leur patrie natale, dans une guerre avec l'Angleterre leur devoir serait de trahir la France pour aller servir l'Angleterre, pays sous le point de vue des libertés politiques, infiniment supérieur à la République.

Si enfin, les socialistes français croient, malgré les assassinats d'ouvriers et les nombreuses expulsions d'étrangers de tous les jours, inconnues dans certains pays « monarchiques », que la France est le pays le plus avancé du monde — et c'est à ce titre qu'ils entendent la défendre — pourquoi ne disent-ils pas qu'en cas d'une guerre entre la France et n'importe quel autre pays, le devoir impérieux des prolétaires étrangers sera toujours de trahir leur patrie natale et de combattre pour la France, la patrie la plus libre du monde ?

Ne voit-on pas que les socialistes patriotes s'apercevraient avec épouvante, s'ils avaient la moindre logique dans leurs appréciations, que leur étrange patriotisme, en tant que défenseur de la plus avancée des patries, **les mènent exactement et en ligne directe à un antipatriotisme absolu**, chose dont justement ils se défendent !

Mais cette inconséquence dont on aperçoit toute la gravité, n'est pas la seule qu'on puisse leur reprocher.

Que veut dire, en somme, cette graduation entre les patries ? Qu'importe à un individu les libertés politiques, s'il ne jouit pas d'abord d'une plus grande somme de liberté économique ? Y a-t-il même de liberté, en dehors de la liberté économique, de la faculté pour l'individu de ne pas mourir de faim pour avoir voulu mener une vie conforme à ses opinions ? Que m'importe que je sois à Constantinople ou à Paris, du moment que toutes les libertés démocratiques de cette dernière ville ne pourrait guère m'empêcher, quand j'aurai faim, d'aller chercher les besognes les plus viles, les plus opposées à mes opinions personnelles, d'aller vendre dans les rues la *Presse* ou la *Patrie* ?

Mais ces libertés politiques même, dont fait si grand cas un parti qui justement prétend se tenir exclusivement sur le terrain économique, existent-elles réellement ?

Il n'y a, en fin de compte, aucune liberté, ni en Turquie, ni en France, ni en Angleterre. Il n'y a que certaines tolérances à l'égard de certaines choses, tolérances toujours susceptibles d'être supprimées par les gouvernements. Dans tous les pays, tous les gouvernements ont de commun la chose la plus dangereuse, la plus contraire pour la liberté : la faculté d'agir arbitrairement et de disposer, à cette fin, d'une grande force d'action, sans qu'il y ait aucune garantie suffisante contre cet arbitraire.

De sorte que si tel ou tel gouvernement tolère aujourd'hui certaines choses que d'autres interdisent, c'est parce que pour le moment il n'y voit aucun inconvénient pour ses intérêts. Mais que demain les savants de la Sorbonne ou les compositeurs de l'Académie de musique s'avisent de faire quelque chose de dangereux pour l'État, et on verra si celui-ci se fera faute d'agir le plus despotiquement possible : que demain les ouvriers parisiens recommencent la Commune de 1871 et on verra si le gouvernement républicain sera moins cruel dans le massacre des Français que le sultan Abdul-Hamid dans celui des Arméniens.

C'est pourquoi on peut dire qu'il n'y a nulle part, dans aucun pays, de plus ou de moins de liberté, mais certaines libertés que provisoirement certains États tolèrent, quitte à les supprimer aussitôt qu'elles revêtiraient un caractère dangereux.

Les socialistes « patriotes » seraient vraiment trop naïfs s'ils faisaient sérieusement fond sur de telles « libertés » dans la construction de leur cité collectiviste.

Dikran ELMASSIAN

(*) Voir *l'anarchie* du n° 25. Notre camarade nous réserve deux nouveaux articles sur le même sujet.

(**) *Fédéralisme.*

Chiquenaudes et Croquignoles

Mouchard officieux.

Nous avons encore à parler de l'homme à voix spéciale, reporter à l'Autorité, Vibert, pour l'appeler par son nom.

Dimanche soir, un népeol braille : « Vive l'armée républicaine. » Le gaillard l'entoure, mais hésite à le cueillir. L'échappé de quelque chapelle Sixtine jette sa note aiguë. « Il a crié « A bas l'armée », je suis témoin. Voilà ma carte. » On emmène le naïf qui peut croire encore à une armée républicaine.

Le flic amateur s'en va tranquille...

Jusques à quand ?

—o—

Une grève intéressante.

Les ouvriers de la Monnaie se sont mis en grève. Il serait curieux de voir cette grève se continuer.

Comment mangerons-nous ? Comment vivrons-nous ? sans argent. Ce n'est pas chose possible.

Allez, ouvriers, reprenez vite la fabrication des jetons ! Les hommes peuvent se passer de liberté, de pain, de viande... ils ne sauraient se passer d'argent.

Vous pourriez vous employer à cultiver la terre, à travailler le bois, à forger le fer... il vaut bien mieux que vous fassiez des médailles de Lourdes ou que vous graviez la gueule de la république.

—o—

Ce pauvre Bebel.

Notre camarade Bebel passe dans les rangs de la « classe bourgeoise » par suite d'un accident bien banal.

Le sieur Vollmann, lieutenant prussien, lui a légué sa fortune (500,000 francs); mais la famille ayant réclamé, il n'a pu garder du gâteau que 180,000 francs. Dans un geste magnifique il donne au « Parti » 60,000 fr., se gardant le reste. O le pauvre Bebel, il ne gagnera plus son pain à la sueur de son front.

Eh ! va donc, Martyr !

—o—

Informations des grands quotidiens.

Paris et la France sont munis d'une presse merveilleuse qui les renseigne de la façon la plus précise.

En voici un exemple, pris dans les torchons du lundi 9 octobre.

Du *Journal* :

Dix-neuf arrestations ont été maintenues dont celles de Anna Mahé.

Du *Petit Parisien* :

Les inculpés ont pris place ce matin dans la voiture cellulaire qui les a conduits au Dépôt. Les deux femmes sont Mme Anna Mahé, rédactrice au journal l'*anarchie* et, etc.

Du *Matin* :

Les citoyennes Anna Mahé et X, retenus d'abord, ont été bientôt relâchées.

De la *Petite République* :

... dix neuf d'entre elles ont été maintenues dont celles... et de Françoise d'Anna Mahé, rédactrice à l'*anarchie*.

N'en jetez plus...

Il n'y a qu'un empêchement à ce que ces nouvelles contradictoires soient exactes, mais il a une certaine importance :

Anna Mahé est depuis plus de quinze jours en convalescence chez ses parents, à 400 kilomètres de Paris.

Que nos amis se rassurent donc, il n'y a pas eu de passage à tabac à son égard.

CANDIDE.

COUP DE PIED AU CUL

C'est aujourd'hui seulement que j'ai lu en entier le texte de la lettre en question après le bruit qu'en ont fait les journaux. J'ai constaté que ses auteurs demandaient un désaveu formel, par écrit, à ceux qui ne voulaient pas être placardé au bas de leur factum.

Laurent Tailhade. — *Action* du 9 octobre.

C'est par un malentendu fort déplaisant que j'ai signé votre placard... Je rougis que l'on me puisse croire assez criminel ou assez bête pour inviter les conscrits à l'assassinat de leurs chefs.

Laurent Tailhade. — Lettre à l'A.I.A.T. — Journaux du 10 octobre.

Depuis longtemps ce clown, à voix nasillarde et à beaux gestes, déclamait et singeait de longues pancartes où la préoccupation de se singulariser par des mots à défaut d'idées se montrait à toutes les phrases.

C'était du dernier chic de paraître comprendre et d'applaudir aux mots les plus baroques et le troupeau révolutionnaire n'y manquait pas. N'était-il d'ailleurs pas un martyr de la Cause ?

Atteint d'un sadisme spécial, il ne pouvait s'empêcher, dans chacun de ses discours, de tomber à grande gueule sur Jean Lorrain, Flamdien et d'autres dont les succès sur le terrain amoureux l'empêchaient de dormir.

N'empêche, c'était un héros, dont il ne fallait pas contester les mérites. Il se baladait des bras des socialistes à ceux des anarchistes, des sodomistes aux bérangistes, réclamé par les uns et par les autres.

Mais ne voilà-t-il pas que l'on veut lui faire faire un geste inélégant, tenir une attitude nette, franche, se décider pour la droite ou pour la gauche...

Ne craignez rien, notre homme est habitué aux portes de sortie et voyez comment ce Janus à double face sait se rétracter aux heures du danger.

Il nous menace de quelque retour vers ceux que les antimilitaristes accablent de menaces et d'outrages. Il a raison, c'est là sa place. Il trouvera mieux à qui... causer dans ce milieu. Mais qu'il se dépêche, que nous ne le rencontrions pas sur notre route, un camarade, dans un geste que nous trouverions beau et qu'il trouverait sans doute inélégant, pourrait lui mettre le pied au cul, afin de jeter au ruisseau ce pornographique littérateur à tant la ligne.

Albert LIBERTAD.

L'HIVER

Il accourt.

C'est encore lui !

C'est encore la saison terrible, la saison de la faim, du froid, du chômage et du reste.

Encore une fois, Populo, tu vas coucher sous les toits ou dans la rue.

Encore une fois tu vas lécher, faute de pain, les boites aux ordures des riches, encore une fois ta femme va prêter son cul au proprio pour qu'il se paye ton loyer.

Encore une fois, tu vas crever, guenille sur la neige, au coin des bornes, à moins que le revolver ou le rechaud de charbon de bois ne fasse plus vite la besogne.

Encore une fois, ouvriers, bureaucrates ou putains, vous prostituerez vos bras, vos cerveaux, vos bas-ventres quelques heures de plus pour payer le seau de coke et le pardessus à la petite semaine.

Voilà des mille ans que cela dure ainsi n'est-ce pas... une fois de plus ou de moins, qu'importe !

Pourtant, depuis ces époques reculées, où l'homme pour résister au froid réfugiait sa nudité dans les cavernes, la fameuse civilisation a marché ; les chercheurs, les savants ont travaillé à nous doter d'un outillage formidable.

Lambeau par lambeau, caillou par caillou, ils ont construit, labeur prodigieux, l'édifice actuel de la science, de la raison...

Des milliers de tonnes de houille sortent chaque jour des profondeurs de la terre, et déjà, prévoyant l'heure où il n'y aura plus de charbon en suffisance, on creuse des mines de pétrole, on capte l'énergie des chutes d'eau, du vent, des marées...

Des masses d'ouvriers ne demandent qu'à extraire des pierres de taille, à faire des briques, à scier du bois, à construire des maisons...

Des quantités innombrables de vêtements chauds et confortables, attendent au fond des magasins les corps qui les revêtiront, tandis qu'en Amérique, faute d'emploi, des balles de coton sont jetées à l'eau...

La terre, impatiente de produire, demande de ces engrais que les chimistes peuvent fabriquer sans mesure, et toute une collection de bras d'acier n'attendent que du grain pour en faire de la farine, de la pâte, puis du pain...

Mais, Populo, tu es trop bête — ou plutôt non —, tu es trop honnête, trop « brave homme » pour te permettre d'extraire du charbon quand tu as froid, de construire des maisons quand tu veux un abri, de te vêtir quand tu gèles et de manger quand tu as faim.

Tu es trop bête ! Tu es trop honnête.

Tu continueras à te chauffer quand ceux qui ont pris le charbon te le permettront ;

Tu continueras à extraire la pierre et à en faire des maisons, seulement quand on viendra te prendre par la main et te dire : « Construis cette maison » ;

Tu revêtiras le chaud vêtement, non pas quand tu auras froid, mais quand ton patron te permettra en te payant assez, de t'en revêtir ;

Tu continueras à semer le blé et à faire du pain, non pas quand tu auras faim, mais quand le maître cultivateur, le boulanger, viendront te chercher et te diront : « Sème du blé, cuits du pain. »

Chaque jour qui s'écoule, Populo, augmente la mesure de ton imbécillité et de ta bêtise.

Combien de siècles faudra-t-il donc te fouetter, gusse, pour que tu apprennes à te torcher toi-même quand tu es sale, pour que tu sentes quand tu as froid ou quand tu as faim ?

Saches bien, que si pour ma part, je te fouaille — par le geste ou la parole —, saches bien que ce n'est pas par amour pour toi.

Ah non !

T'aimer, troupeau qui suis toujours, n'importe où l'on te mène... ; t'aimer, brute qui n'agit que quand et parce qu'on t'ordonne d'agir ; t'aimer, laquais, toujours prêt à baiser les pieds de tes papes, de tes maîtres, de tes députés, de tes rois...

... Ah non ! merci.

Bien mieux : je te hais — si je peux appeler ainsi le désir violent de réagir contre toi — je te hais au même titre que ceux qui font peser sur toi le fardeau de leur autorité, dans un besoin imaginaire de commander.

Je te hais, mais je te fouette, parce que les chaînes si nombreuses que tu traînes me cassent les jambes, à moi qui voudrais courir... ; parce que ta misère puante suscite la peste qui m'empoisonne, à moi qui veux continuer à vivre.

Voilà pourquoi — toutes mes souffrances venant de ton ignorance, de ta bêtise, de ta misère — je te fouaille, cherchant à susciter en toi le désir d'une vie meilleure, où tu sauras, où tu jouiras...

En attendant... Voilà l'hiver, courbe le dos et tends les fesses. Meurs de froid et crève de faim. Voilà l'hiver...

S. OSSIAN.

RAPPORT

Sur le Congrès des soi-disant libres-penseurs tenu à Paris les 3, 5, 6 et 7 Septembre 1905

(Suite)*

Cette méthode est la seule logique. En effet, ou bien les congressistes, après discussion, s'entendront sur la définition de la libre-pensée, — ou bien ils ne s'entendront pas sur cette définition. Dans le premier cas, ils pourront étudier utilement l'attitude, dans les différentes circonstances, du libre-penseur tel qu'ils l'auront défini ; — dans le second cas, il conviendra d'étudier séparément l'attitude dans les différentes circonstances, des différents libres-penseurs conformes aux différentes définitions.

Et c'est à ce moment seulement qu'on pourra *déterminer a posteriori* la valeur des différentes définitions et *agir a posteriori* conformément à une définition unique ou à des définitions différentes.

Attitude des vrais libres-penseurs

Ainsi donc le Congrès s'ouvrait dans les conditions suivantes :

— Des organisateurs à mentalité autoritaire, presque tous politiciens mégalomanes imbus de l'arbitraire légal et des autres préjugés contemporains ;

— Un bétail congressiste recruté en majeure partie dans les groupements politiques *a priori* et bien dressé à obéir aux saltimbanques autoritaires ;

— Un ordre du jour établi arbitrairement et beaucoup trop chargé ;

— Une quantité énorme d'orateurs désignés d'avance (rapporteurs, prêts à tout encombrer de leur personnalité ;

— Une quantité énorme de discours de bienvenue, de pommade internationale et insipide débitée par des cuistres et des abrutis divers ;

— Un temps très limité pour les discussions, étant donné ce qui précède et même peut-être l'impossibilité pour certains orateurs de se faire entendre, étant donnés le grand nombre des orateurs qui pouvaient s'inscrire et l'autoritarisme inévitable des présidents.

Un individu raisonnable, conscient de ces difficultés et désireux malgré cela d'exprimer des idées considérées *a posteriori* comme indispensables à être soumises aux congressistes, ne pouvait qu'adopter la ligne de conduite suivante :

— Essayer de parler en toute camaraderie ; être prêt à tout entendre de même ; s'imposer, au public, le cas échéant, et ne pas tolérer l'intolérance.

Camarades qui vous rendez dans les réunions d'autoritaires, rappelez-vous qu'il est bon de prendre *de force* la parole qui n'est pas accordée fraternellement. A la douceur, on répond par la douceur ; à la violence, on ne doit que la violence.

Dans ce congrès de soi-disant libres-penseurs, tous ceux qui ont respecté l'autorité ont été écrasés, tous ceux qui l'ont bravée ont été respectés. *De force* nous nous sommes maintenus à la tribune, *de force* nous avons réduit au silence un président et le bétail congressiste, *de force* nous avons parlé, *de force* et à deux reprises nous avons vidé l'estrade des obstructionnistes autoritaires. Et notre exemple a été suivi. Voyant qu'un individu désireux de parler devait parler *de force*, deux femmes se sont imposées à l'auditoire hostile.

PARAF-JAVAL.

(A suivre).

(*) Voir l'*anarchie* à partir du 14 septembre 1905.

Chasse aux Microbes !

Nous sommes en période de Congrès. A grands renforts de tambours et de grosses caisses, la comédie continue. Après la « libre-pensée », la « tuberculose. » Dans un palais somptueux et armorié, des savants bactériologistes se sont réunis pour discourir sur les mesures propres à combattre le mal qui fait ravage dans les masses humaines.

De tous côtés, ils sont venus, bariolés de galons et décorations, avides de réclame et d'acclamations. Ils se sont concertés sur le bacille, (bienvenu pour leur notoriété) et le résultat a été nul. Nul, inévitablement, parce que le mal, c'est eux, il est en eux. Les maladies sont le résultat de l'organisation qu'ils imposent et dérivent du soin extrême qu'ils prennent, de monopoliser leurs connaissances et de feindre en ignorer les causes.

Qu'est-ce que ce microbe, sinon le produit d'un milieu où il trouve tous les éléments propres à son développement. C'est-à-dire que le manque d'air, le travail exagéré, l'insalubrité des endroits que l'exploité fréquente, sont autant de causes morbides. Sont donc plus sujets à la tuberculose, les individus contraints d'assimiler à leur organisme, les impuretés ambiantes. Les causes de la tuberculose ne sont pas personnelles, elles sont sociales, et les individus, qui qui travaillent à conserver les institutions actuelles sont ceux qui justement font le « chiqué » officiel de s'alarmer.

Il ne faut pas croire qu'ils ne savent pas toutes ces choses. Ils les savent comme nous ; mais ils feignent de ne pas voir. Leur position privilégiée de « savants inutiles », est garante de leur illogisme.

Il serait absurde de ne pas envisager les résultats de par leur cause. Et ainsi nous voyons, la logique aidant, le véritable but de ceux qui ne cherchent, à l'aide de la science, que la satisfaction de leurs ambitions ou de leurs préjugés.

Le grand fléau, c'est l'exploitation de l'organisme : c'est l'effort trop prolongé ; c'est l'insalubrité des bagnes capitalistes ; c'est la mauvaise répartition des substances, pourtant en assez grande quantité. Ce qui nous tue, c'est le maniement des poisons que nous employons dans des travaux de luxe et combien, pour nous inutiles : c'est le manque de tout ce qui nous est nécessaire et que ces parasites de la science détiennent de par le consentement de la majorité.

Si nous regardons les statistiques sur la durée moyenne de la vie, nous nous apercevons de la différence existant entre les classes d'individus :

Chez les prêtres, de 67 ans ; de 57 ans, pour les philologues et les instituteurs ; de 54 ans, pour les juris-consultes et les lapinophages de la magistrature. Elle est, au dire du docteur Popper, de 51 ans pour les cochers ; 50 ans, pour les jardiniers et forestiers ; 49 ans, pour les brasseurs ; 48 ans, pour les charpentiers et les charrons ; 47 ans, pour les bouchers, les tisserands, les drapiers et les cordiers ; 46 ans, pour les maçons et les peintres en bâtiment ; 45 ans, pour les bateliers et les pêcheurs ; 44 ans, pour les tailleurs et les boulangers ; 42 ans, pour les menuisiers ; 41 ans pour les chapeliers, les selliers, les cordonniers et les forgerons ; 39 ans, pour les relieurs ; 36 ans, pour les serruriers ; 35 ans, pour les aiguiseurs et les sculpteurs ; 33 ans ; pour les mineurs ; 32 ans, pour les typographes et les lithographes ; 31 ans, pour les gantiers ; 30 ans, pour les doreurs et les batteurs d'or, etc.

Ces chiffres ne s'arrêtent pas là et certains métiers ont une moyenne encore plus basse.

Nous voyons que ce mal ne peut être enrayé par ceux qui le propagent et le font persister.

Démasquons donc ces fumistes qui accumulent des connaissances dans un but tout autre que celui de couper le mal dans sa racine. Ces faux bonshommes crevant de santé et d'embonpoint, qui cultivent soigneusement les entités sociales et s'en servent contre les masses, ne nous duperons pas, car nous n'ignorons pas leur but.

Le seul travail à faire, pour nous, est de détruire les grands microbes, ceux de l'organisation sociale.

Camille TIERCIN

AUX CONSCRITS

(Suite)

Vois bien, camarade, le rôle que l'on veut te faire jouer en t'emmenant à la caserne.

On veut faire de toi le gendarme qui gardera les propriétés que les riches, tes maîtres, ont volé à tes pères et te volent encore tous les jours.

L'armée, comme l'a dit si justement Galliffet, le grand assassin des Communards, c'est la gendarmerie nationale.

Aussi tous ceux qui veulent sincèrement la disparition de l'esclavage économique travailleront-ils avec nous à la destruction du militarisme.

Mais le militarisme ne s'anéantira pas tout seul.

Nos gouvernants ne voudront pas se séparer de la seule arme qui, avec la crédulité humaine, fait leur force.

Ils savent bien que si l'armée n'existait plus, leurs privilèges ne feraient pas long feu. Leurs congrès de La Haye, leurs tribunaux d'arbitrage ne sont que des comédies pour tromper l'attente de ceux qui croient aux pérorraisons des pacifistes.

Pendant que la presse t'amuse avec les compte-rendus des congrès pour la paix, les gouvernants préparent la guerre.

Le militarisme ne disparaîtra que de par la volonté de ceux qui en sont les victimes.

La tactique à employer pour détruire le monstre peut se diviser, comme dans la lutte anticapitaliste, en deux méthodes : la méthode réformiste ou parlementaire et la méthode révolutionnaire.

La première a fait ses preuves. Il est inutile de redire ici l'incohérence des réformes politiques.

Les bourgeois, tu le sais, sont hostiles aux idées antimilitaristes — et pour cause. Quant aux socialistes, on les voit tous les jours à l'œuvre. Loin de chercher à grossir leurs rangs pour pouvoir supprimer les institutions nuisibles, telles que l'armée, ils préfèrent combattre pour le maintien de ces institutions en faire grossir les rangs par la foule des suiveurs antimilitaristes ou non, afin de parvenir plus vite à la table des arrivés.

Tu as encore à la mémoire, sans doute, ces Jaurès, Gérault Richard et toute leur clique devenant patriotes. Tout à l'heure, pour les besoins de la cause ? ils deviendront militaristes. Et le tour sera joué.

Seule, la seconde méthode reste praticable. Et, en effet, ce n'est que sous l'action des révoltes, des indisciplines, des insoumissions, que l'armée, perdant son seul point d'appui, la discipline, se désagrégera.

De même que l'exploitation capitaliste ne disparaîtra que lorsque les exploités feront la grève générale et expulseront les patrons pour mettre en œuvre pour leur propre compte les usines et les champs, le militarisme ne croulera que quand ses victimes, les soldats, les réservistes qui donnent leur liberté, les hommes qui donnent leurs efforts, organiseront une forte résistance contre l'incorporation forcée.

Le but de la propagande antimilitariste sera atteint quand, soit qu'on nous mène mitrailler nos frères, « étrangers ou compatriotes », soit qu'on veuille nous forcer à revêtir le ridicule habillement militaire, à manier les instruments meurtriers, tous ceux qui raisonnent, tous ceux qui sont mécontents se lèveront pour la révolte et répondront : « Non. Si vous croyez utile de fusiller les grévistes, de massacrer ou les Allemands ou les Français, allez-y ; mais nous, qui avons les mêmes intérêts que nos frères de travail de France ou d'ailleurs, nous n'avons pas à les combattre et si vous voulez absolument nous forcer à être des meurtriers : c'est contre vous que nous tournerons nos armes. »

L'insoumission en masse serait en effet le moyen le plus efficace pour supprimer l'armée.

Que pourrait faire le gouvernement ; que pourraient faire les conseils de guerre si plusieurs milliers de conscrits refusaient de rejoindre l'armée ?

Toute la machine militariste serait détraquée. Les révoltés, partout où on pourrait les envoyer se retrouveraient et organiseraient la résistance.

Sans compter que beaucoup d'autres suivraient certainement l'exemple.

Voilà un but bien défini vers lequel pourrait tendre toute la propagande antimilitariste, mais pour qu'un tel mouvement puisse se produire, il faudra évidemment que bien des antimilitaristes isolés ou peu nombreux ouvrent la marche par l'exemple. Mais en attendant, combien de moyens moins brusques mais efficaces peuvent être employés, qui par une progression illimitée amèneraient l'état d'esprit populaire à la révolte en masse.

Les officiers, les galonnés paradent insolemment dans nos rues, dans nos cafés, partout.

Ne pourrait-on faire le vide autour d'eux ? les mettre au rancart de la société, leur faire une telle vie que les fils du peuple préfèrent jeter galons ou médailles aux orties que de devenir la répulsion des leurs.

On fait garder, en cas de grèves ou d'émeutes, les usines, les hôtels de ville, les palais de justice aux soldats.

Si ceux-ci se mettaient à saboter toutes ces choses, qu'on pense à la déconfiture des gouvernants ou capitalistes qui escomptaient que tes pareils et toi, petit conscrit, vous arrangeriez leurs affaires avec vos armes.

Et combien d'autres moyens, par centaines, peut trouver un esprit d'initiative.

Donc, pour nous résumer, tu vois, conscrit, on veut te faire la dupe de mots, on veut que tu deviennes l'esclave, le soumis, le chien de garde de tes maîtres.

Nous te laissons à réfléchir si tu dois, toi, homme doué de volonté, devenir le jouet de ces trompeurs qu'on appelle patriotes.

C'est à toi de prendre une attitude ferme et déterminée.

Nous avons voulu seulement te montrer ce

qu'était l'armée et la patrie et ce que l'on peut faire pour les détruire.

Déserte ou ne déserte pas, suivant ta situation, suivant que tes parents, tes amis, ton pays te retiendront ou ne te retiendront pas.

Mais quelle que soit l'attitude que tu prendras, n'oublie pas le rôle qu'on te fait jouer et quand des moyens de lutte se présenteront à toi en sourdine ou ouvertement contre le militarisme, n'hésite pas à les employer.

Cependant deux cas peuvent se présenter où nous pouvons te donner un conseil précis.

Le premier, c'est le cas où on t'enverrait à la guerre.

Songe, qu'avec les engins de guerre actuels, tu as 60 chances sur 100 de te faire tuer, préfère alors aux risques encourus pour la plus grande félicité des richards les risques que tu courrais en combattant pour ton propre bonheur.

Pendant que les abrutis vont se faire tuer à la frontière, mêle-toi à ceux qui répondront à la déclaration de guerre extérieure par la déclaration de guerre sociale.

Le deuxième est le cas de grève. Songe, si on t'y envoie, que ce sont tes frères, tes amis, leurs intérêts, les tiens mêmes que tu vas combattre.

En te laissant conduire sans te révolter, en marchant contre les grévistes, même en ayant l'intention de ne pas frapper, de ne pas tirer, tu deviens l'ennemi des ouvriers. Car ils ignorent tes intentions, tout ce qu'ils savent, c'est que tu es là, devant eux, prêt peut être à leur tirer dessus s'ils bougent.

Voilà le problème qui t'es posé, conscrit : être le gardien des intérêts de tes ennemis ou le défenseur de tes intérêts et de ceux de tes amis.

Nous espérons que tu le résoudras en homme libre de préjugés, doué de volonté et d'intelligence : en joignant tes efforts aux nôtres pour l'extension des idées antimilitaristes par la propagande et par l'exemple.

Plus tard, revenu chez toi, ne cesses pas de t'occuper de la lutte entreprise. Si tu as des enfants, élève-les dans le mépris et dans la haine de l'armée et des casernes.

Prépares avec nous l'avènement d'une société de concorde, d'harmonie et de liberté par l'abolition de toutes les casernes, de toutes les armées et de toutes les patries.

Jeunesse libre d'Amiens.

ENTRETIENS ANARCHISTES (*)

Syndicalisme et Organisation

(Suite)

— Pourtant si tu repousses le groupement entre exploités contre exploiteurs, comment espères-tu arriver, sans organisation, à la solution de la question ouvrière ?

— Mon pauvre Farouche, tu es encore bien imprégné des préjugés socialistes pour avoir toujours ces idées d'exploités, de classe ouvrière. Pour nous, il n'existe pas de classes, nous ne connaissons que des individus. Parmi ces individus, quelques-uns sont prêts à user envers nous de bons rapports avec réciprocité de notre part — ce sont les anarchistes. — Les autres contribuent au fonctionnement de la société qui nous opprime. Ils l'agrémentent par leur attitude dévouée à l'atelier, à la caserne. Ils la sanctionnent par leur participation aux lois, en votant, en se syndiquant, en obéissant en toutes circonstances — ce sont nos ennemis. Qu'ils soient ouvriers ou patrons, cela m'indiffère. Je considère qu'ils remplissent également une fonction sociale nuisible à mon développement intégral. Notre propagande s'adresse aux uns comme aux autres. Chaque unité s'ajoutant au nombre des individus conscients augmente d'autant nos amis en en même temps qu'elle diminue la quantité de nos adversaires. C'est le seul travail méthodique et efficace, car les individus conscients et dégagés de toute erreur n'ont plus besoin de règlements pour se diriger. Dès maintenant, ils peuvent dans une certaine mesure débarrasser leur existence de beaucoup d'entraves et de mesquineries écrasant les autres hommes. Chaque fois que l'occasion s'en présentera pour un travail de camaraderie ou de propagande quelconque ils sauront se trouver, se grouper et agir. Leur autonomie individuelle ne sera pas broyée comme dans les organisations autoritaires où la majorité l'emporte, mais au contraire ces unités en se groupant volontairement, conserveront leur intégrité ainsi que le pouvoir de s'associer et de se dissocier librement dans certaines conditions, comme le font les corps en chimie.

Voilà notre thèse de l'organisation, l'individu libre et indépendant au sein de la colonie de camarades semblables à lui. C'est je crois, le seul concept anarchiste.

— En effet, mais il est un point sur lequel je suis inquiet. Si, en fuyant le syndicat et autres groupements destinés à améliorer notre sort, je me livre ouvertement à la propagande anarchiste, ma situation économique s'en trouvera assurément aggravée.

— Cette observation est très judicieuse, mais dénote le peu d'initiative individuelle que vous laisse les groupements. Habitué à ne pas agir, tu n'oses envisager franchement les aléas de la lutte.

Précisément ce qui fait la force de l'anarchiste, c'est le mépris des contingences économiques et la volonté de les surmonter. Il faut bien se dire une fois pour toutes que, du moment que l'on a certaines idées, on doit être prêt à en accepter toutes les conséquences et tous les risques, à moins que l'on ne préfère rester chez soi tranquillement, aller au syndicat et à la bourse du travail afin de se distraire et de se changer du bistrot et de la manille.

Cela ne signifie pas qu'il soit nécessaire de nous résigner stoïquement à crever de faim. Un individu conscient, énergique, débarrassé de tous préjugés, de tous scrupules, de toutes faiblesses, se tirera d'affaire, soit individuellement, soit avec l'aide de ses camarades.

Nous n'avons rien à attendre que de nous mêmes, de nos efforts personnels et par conséquent des moyens extra-légaux et extra-syndicaux. Fréquente des camarades, apprends à les connaître, à les aimer. Cette vie plus intense, plus fraternelle, complètera ta connaissance de nos théories, adoucira ta dure servitude économique et te fortifiera dans la lutte incessante que nous menons pour la vulgarisation, la diffusion et la réalisation des idées anarchistes.

André LORULOT.

(*) Voir *l'anarchie*, n° 22 et 26.

LE MAGNÉTISME PERSONNEL

A toutes les époques, on a vu des gens prédisant l'avenir, voyant à distance ou étonnant leurs contemporains par d'autres phénomènes extraordinaires ; le goût du merveilleux a toujours été une passion des hommes, car ils ont voulu connaître les causes de ce qui les entoure pour pouvoir les utiliser. N'y arrivant pas, ils se sont figuré un esprit supérieur dirigeant toutes choses à sa volonté et manifestant sa puissance par des miracles, c'est à dire des phénomènes incompris.

Ainsi, les Gaulois considéraient le tonnerre comme une démonstration de la colère de Teutatès et, chose curieuse, quand il tonne, on voit encore des gens qui tremblent et font le signe de la croix pour une raison parallèle, après avoir vu partout l'emploi de l'électricité à l'éclairage, au transport, au télégraphe, etc.

Nous sommes pourtant loin de connaître toutes les lois naturelles, quoique dans ces derniers temps les savants aient bouché quelques vides. Aussi quelques phénomènes peuvent sembler être des miracles, mais on peut être certain qu'ils ne sont que la manifestation de lois naturelles que nous ne connaissons pas.

Malheureusement, beaucoup de savants se faisant une religion du matérialisme et de la prétendue libre-pensée, éloignèrent de leurs études et même combattirent tout ce qui semblait se rapprocher de la religion ; c'est ainsi que l'étude des phénomènes hypnotiques mis par les uns pour cette raison, et par les autres, parce qu'ils craignaient de porter tort à la religion, fit très peu de progrès.

Le magnétisme était exercé chez tous les peuples de l'histoire ancienne : entre autres documents, un papyrus découvert par Ebers dans les ruines de Thèbes, porte ces mots : « Pose ta main sur lui pour calmer la douleur, et dis que la douleur s'en aille. » Et si l'on donne quelque croyance aux guérisons opérées par Jésus, on peut les attribuer au magnétisme. Les premiers chrétiens l'ont pratiqué et la tradition s'en est continuée pendant tout le moyen-âge.

Arnold de Villeneuve et Roger Bacon qui furent les vrais précurseurs de la Renaissance, ont été accusés de magie pour s'être servi du magnétisme personnel dans la guérison des maladies. Que de malheureux guérisseurs ont été brûlés comme sorciers à ces époques néfastes : il fallait bien tuer les germes des dangers qui menaçaient la foi. Les pèlerinages n'auraient plus eu de raison d'être, si les guérisons miraculeuses avaient été obtenues chez soi, sans l'aide de la religion.

Malgré ces persécutions le magnétisme continua d'être étudié, mais d'une manière mystique, et l'on trouve dans Paracelse, Van Helmont, Robert Fludd, Kircher, etc., tous les éléments de la prétendue découverte de Mesmer.

En 1775, cette science n'était plus étudiée en France et Mesmer, obtenant des guérisons extraordinaires, eût une grande popularité. Ses malades étaient soignés dans un salon appelé chambre des crises : d'une cuve en bois placée au milieu de la pièce, sortaient des tubes coudés que l'on dirigeait vers l'organe malade. Une cordelette de laine passait sur les genoux. Bientôt dans ce salon, qui ne désemplissait pas, chacun ressentait des sensations nouvelles et les maux disparaissaient. Mesmer ne révéla une partie de son secret qu'à la suite d'une souscription faite par son élève Bergasse et qui rapporta trois cent quarante mille francs. Ce secret consistait à faire des « passes » sur la cuve, remplie de verre pilé, de bouteilles, de sable et d'eau pour y accumuler le « fluide magnétique » et pour remplacer les « passes » faites séparément sur chaque personne.

L'église était jalouse de voir les saints détrônés ; les autorités s'émurent et le gouvernement envoya neuf académiciens chez Mesmer pour faire une enquête et tous, moins de Jussieu qui avait constaté la force magnétique, conclurent que les guérisons étaient exactes, mais qu'elles n'étaient dues qu'à l'imagination et à l'imitation. Le gouvernement fit alors distribuer quatre vingt mille exemplaires du résultat de la commission et Mesmer dut quitter Paris et la France. Il mourut inconnu à Meersburg, en 1815.

Ses élèves continuèrent ses travaux et, en 1821, à l'Hôtel-Dieu, Dupotet guérit une malade incurable en vingt-sept jours, rien que par des passes et des suggestions. L'Académie de médecine envoya vingt-et-un de ses membres pour examiner ses travaux. Cet examen dura plusieurs années. Finalement, le rapporteur de la commission avoua que Dupotet avait raison ; mais comme il eut ensuite un insuccès, l'académie décréta que le magnétisme curatif serait complètement rejeté comme inutile. C'est cette déci-

---

(8)

CHALEUR ET LUMIÈRE

(Suite)

L'ALCOOL

(Suite)

Et l'alcool de vin va-t-il aussi augmenter ? Après la crise phylloxérique, les vignerons firent des efforts prodigieux pour reconstituer leurs vignobles. Aujourd'hui les vignes nouvelles sont en plein rapport et une nouvelle « crise » se produit : « crise de surproduction » et de mevente. La France qui récoltait, en 1878, 58 millions d'hectolitres de vin. Cette récolte tombée à 32 millions environ pendant la période du phylloxera, remonta brusquement à une moyenne annuelle de 61 millions. C'est beaucoup trop pour la consommation intérieure ; on a beau chercher à élargir la clientèle en dégrevant les vins par la réforme des boissons, la réforme des octrois : la consommation du pays a eu beau augmenter de 20 p. % il n'en reste pas moins qu'une grande quantité de vin ne trouve pas preneur. Naturellement, cet excès de vin va être brûlé. De ce côté la production d'alcool va donc croître aussi.

Nous en sommes là. Nous « regorgeons » de vin, de sucre, d'alcool. Deux cultures de premier ordre en France, la culture de la vigne et celle de la betterave sont menacées. Où trouver le remède à une semblable crise ? Du côté du vin et du sucre les débouchés sont trop limités pour qu'on puisse songer à les élargir suffisamment. Il ne reste que l'alcool : si l'alcool trouve à s'écouler facilement, c'est la fin de la crise, c'est le salut pour les viticulteurs et les betteraviers.

III

Emploi de l'alcool

Jusqu'à maintenant le principal débouché de l'alcool fut la consommation alimentaire. Chaque Français consomme en moyenne 5 l. 60 d'alcool par an : ce qui fait un total de 1.800.000 hectolitres. Peut-on songer, comme pour le sucre, à faire croître cette consommation ? Les dangers de l'alcoolisme sont tels qu'il importe, au contraire, d'agir avec vigueur dans le sens opposé. La consommation est déjà enrayée. Il est permis d'espérer qu'elle ira toujours en diminuant. Ce n'est donc pas sur elle qu'il faut compter pour diminuer le stock d'alcool disponible.

Est-il possible de développer dans de larges proportions l'usage de l'alcool en parfumerie et en pharmacie ? Sans doute la parfumerie en emploie de grandes quantités comme dissolvant pour la préparation de ses eaux de Cologne, de mélisse, d'essences de toutes sortes : sans doute elle en utilise beaucoup à la fabrication de ces éthers qui reproduisent, à s'y méprendre, le parfum de certains fruits et qui rendent de si grands services aux confiseurs pour aromatiser leurs préparations avec plus d'économie. Mais on prévoit bien que les débouchés sont là très limités. Il en est de même en pharmacie : on ne peut songer, décemment, à augmenter la consommation de la teinture d'iode, des alcoolats, baumes, gouttes, élixirs et autres produits utiles sans doute, mais tels qu'on doit songer plutôt à diminuer les occasions de les employer. Est-ce alors dans la fabrication des vernis, des couleurs ou dans celle du vinaigre qu'il faut chercher le remède à la crise ? Mais l'extension de cette fabrication est loin d'être indéfinie.

Le seul débouché vraiment important qui s'offre à l'alcool est son emploi au chauffage, à l'éclairage, à la force motrice.

Vous savez tous que l'alcool brûle, pour pour avoir vu flamber des punchs, pour avoir, tout au moins, vu ou employé des lampes à alcool. Peut-être avez-vous remarqué que la flamme de l'alcool, d'un bleu pâle, est très chaude, mais peu éclairante. Cela tient à la constitution chimique de ce combustible. Vous savez que la combustion d'un corps n'est pas autre chose que la combinaison de ce corps avec l'oxygène. Or, l'alcool est composé de carbone, d'hydrogène et d'oxygène : quand il brûle, le carbone et l'hydrogène qui le composent se combinent avec l'oxygène de l'air pour produire le premier de l'anhydride carbonique, le second de la vapeur d'eau ; vous pouvez mettre en évidence très facilement cette production de vapeur en plaçant sur la flamme de l'alcool un corps froid : vous le verrez se couvrir de buées et même de gouttelettes d'eau. La combustion de l'hydrogène s'effectue avec un grand dégagement de chaleur : et comme la proportion d'hydrogène est relativement considérable dans l'alcool, il en résulte que la flamme de celui-ci est très chaude.

Elle est peu éclairante en raison de la faible proportion de carbone : l'éclat d'une flamme est dû, comme vous le savez, à la présence dans cette flamme de particules solides portées à l'incandescence ; dans la flamme d'une bougie, par exemple, ce sont des particules de carbone qui sont portées au rouge blanc : pour vous en assurer, placez un corps froid dans la flamme : vous le verrez immédiatement se recouvrir de charbon ; rien de semblable ne se produit avec l'alcool : dans un bec Auer c'est le manchon qui est porté à l'incandescence. L'alcool contenant relativement peu de carbone, sa flamme ne saurait avoir un grand éclat. Il résulte de là que l'alcool peut être employé directement au chauffage, mais non à l'éclairage.

Il va sans dire qu'on ne peut songer à consommer industriellement l'alcool, que les « droits » rendent hors de prix. Les gouvernants se sont donc vus obligés de baisser l'imposition faite sur l'alcool de boisson, et de faire un nouveau régime pour l'alcool destiné à l'industrie. Des hommes passent donc leur temps à dénaturer l'alcool, c'est à dire à le rendre imbuvable par suite d'un empoisonnement, afin qu'un nombre désigné de jetons ne soit pas détourné de l'Etat.

D'où la pratique de la dénaturation qui consiste à ajouter à l'alcool ordinaire de l'alcool de bois (ou méthylène) et un peu de benzine, ce qui le rend à jamais imbuvable. L'alcool dénaturé ne paye qu'un droit de statistique de 0 fr. 25 et un droit d'analyse de 0 fr. 80 par Hl ; en outre, depuis le 1er janvier 1902, une prime de 9 francs par Hl lui est accordé : son prix de revient définitif est environ de 36 francs l'hectolitre. Pour le pauvre bougre qui le prend au litre, il arrive à valoir de 65 à 70 francs l'hectolitre. On le voit : les intermédiaires n'y vont pas avec le « dos de la cuillère ».

L. PASTOURIAUX.

(A suivre).

sion qui est encore observée par la science officielle. Braid, chirurgien anglais qui trouva le terme : hypnotisme, en 1843, eut à Londres la même aventure que Dupotet à Paris.

L'hypnotisme n'en continua pas moins à faire du bruit ; l'abbé de Faria, Portugais, impressionna tellement par son extérieur maigre et jaune, qu'il n'avait qu'à commander « Dormez ! » aux sujets pour qu'ils tombent aussitôt dans le sommeil hypnotique.

Donato et Anselm, Norvégiens, donnaient des représentations à travers l'Europe et mettaient dans le premier état hypnotique tous ceux qui voulaient monter sur la scène ; le sujet dans cet état n'a plus sa personnalité et vit comme dans un rêve. Ils mirent souvent ainsi des maires ou des curés qui [illegible] des phénomènes et ils les réveillaient au moment où ils se trouvaient dans la position la plus ridicule.

La science de l'hypnotisme donne des résultats stupéfiants puisque Azam et Broca après avoir endormi un malade lui coupèrent une jambe et le firent [illegible] pendant l'opération.

Charcot, dans les dernières années de sa vie, avait écrit un article : « La foi qui guérit ». La foi en la guérison, il s'agit de croire en la force d'un médecin, d'un médicament ou de toute autre chose pour en être guéri. C'est ainsi qu'à Lourdes, les guérisons obtenues par la croyance, sont obtenues, dans les cliniques, par la suggestion. Il a même suffit, pendant l'incendie de l'hôpital St-Antoine, de la terreur pour que des paralytiques retrouvent immédiatement l'usage de leurs jambes.

Malheureusement, les préjugés de secte, école de Paris ou de Nancy, ont un empire considérable sur les savants qui étudient cette science, c'est pourquoi les solutions s'y dégagent avec tant de difficulté et de lenteur. En somme, l'étude de la suggestion offre un vaste champ de recherches à peine effleuré par les explorations des philosophes et des savants de la seconde moitié du XIX siècle, mais on sait malgré tout que chacun possède en lui les germes d'une force magnétique, qu'avec une santé parfaite et une grande volonté, il peut fort développer.

D'autre part si l'on songe que chacun de nos actes a une influence sur ceux qui nous entourent, on peut soutenir que des hommes développés comme je l'indique, pourrait travailler utilement pour la propagande des idées anarchistes.

PILZ.

L'armée est un Paradis !

Certains propagandistes libertaires antimilitaristes avaient peut être raison.

Pourquoi se montrer trop intransigeants envers une institution, qui, antérieurement, laissait beaucoup à désirer, mais que l'évolution progressive améliore, tous les jours, avec l'aide des frangins de la rue Cadet ?

Pourquoi conseiller la désertion en temps de paix ?

Pourquoi priverait-on la propagande révolutionnaire, d'unités qui deviendraient nulles à l'étranger ? (!)

Tandis que tout en assurant la sécurité bourgeoise et capitaliste, « l'ordre dans la rue et le respect des lois », et l'accaparement personnel de la main d'œuvre collective les *antimilitaristes soldats*, peuvent, à la caserne, développer les idées socialistes et anarchistes et arriver à faire des prosélytes (!!)

Croyez-vous, vraiment, que l'armée soit une géhenne ?

Allons donc ! l'armée est un instrument utile, je dirai même nécessaire, surtout lorsqu'elle se trouve entre les mains de ministres de la guerre « républicains ».

Le général F. André, n'a-t-il pas transformé les pouvettes *disciplinaires* en pouvettes *humanitaires* ? N'a-t-il pas, avec l'aide du Grand-Orient, institué un système qui fut le *nec plus ultra*, de tout ce que le cloaque policier Bertillon, Lépine et Cie, auraient pu inventer ?

Et son honorable successeur, l'agent de change, ministre de la guerre F. Berteaux, cherche, comme son prédécesseur, en faisant œuvre d'épuration républicaine, à remplacer les galonnés et les empanachés, nobles descendants des « déserteurs » de 1792, par des fils du peuple, qui sauront s'en référer aux ordres ministériels et bannir d'une armée démocratique des procédés de traditions féodaux en réprimant les velléités anodines de tumulte, non avec la « cravache-matraque » du nobliau de Courcel, ou la « lance » du gueux Thomassin, mais bien avec les armes modernes réglementaires.

Votre geste, camarades de l'A. I. A. T., serait gros de conséquences.

Allez à la caserne grossir les rangs des avachis, où vous attendrez dans une attitude [illegible], l'accomplissement « paisible » de vos revendications ; et l'état social que vous réclamez surgira de votre patience et de votre résignation.

Plein de mansuétude, et à la veille du départ du contingent de la classe 1904, notre ministre de la guerre « républicain », a voulu, par une circulaire adressée aux chefs de corps, les inviter à accueillir le troupeau, avec toutes les marques de sollicitude que de bons bergers doivent avoir, pour écarter des individus, l'appréhension que cette vie méprisable peut produire sur leur faible mentalité.

Il recommande aussi, avec « l'accueil paternel », la « fête familiale » et les agapes fraternelles. La soirée musicale et les cours de péd...agogie enseignés par les sous-offs, doivent terminer cette première journée factice, destinée à impressionner profondément le jeune soldat et à lui faire perdre complètement le peu de dignité morale, s'il lui en reste.

Il proscrit intégralement les brimades et l'estampage pratiqués sur une grande échelle par les gradés et les « fièvres aiués », les services rendus devant être faits à l'œil. Enfin, il exige, d'une façon péremptoire, que les recrues soient traitées avec la plus grande douceur.

L'hygiène doit être la préoccupation constante des médecins ; et comme la santé des soldats est lésée au surmenage et à la quantité insuffisante de nourriture, il ordonne aux commandants de compagnie, d'augmenter la ration, afin de fournir aux esclaves une suralimentation saine et abondante, capable d'équilibrer la déperdition des forces, que l'acceptation passive d'une existence malfaisante d'encasernement produit sur l'organisme.

Heureux temps ! où les déshérités vont, enfin, trouver une nouvelle famille sous les plis de ce drapeau, tant avili par les sans-patrie.

C'est dans ces conditions, que vont se diriger, vers cet Eden, des masses d'individus, déjà préparés par l'école et par la famille à supporter lâchement les vexations et les insultes, que leur prodigueront les galonnés à tous degrés.

Quel parti prendre devant des bienfaits aussi inattendus ?

N'aurions-nous plus le sentiment de l'honneur, pour abandonner notre Mère, ou pour laisser écraser notre Patrie par les envahisseurs ?

Les théories d'Hervé, n'auront même plus de valeur en temps de guerre : la Franc-maçonnerie, travaillant au bonheur de l'humanité ; supprime « l'action directe » comme devenant inutile dans notre « adorable » Patrie, munie d'une Constitution et de députés initiés au Laboratoire des lois du Conseil de l'Ordre.

L'armée sera la grande émancipatrice (!) de l'avenir, lorsqu'elle sera, tout entière, au service de cette « congrégation », — ainsi que la désignait le cardinal Fleury, ministre de Louis XV — qui saura, comme tous les oppresseurs, s'en servir, à maintenir l'autorité intégrale à laquelle elle aspire.

Que la force militaire fascine les bourgeois républicains, socialistes ou royalistes, conscients de son utilité pour la conservation de leurs privilèges : je le conçois. Mais chercher à couvrir d'un masque à sourires cette hideuse plaie sociale, pour flatter les préjugés électoraux de la tourbe populaire, ne saurait convenir aux révolutionnaires.

L'armée, malgré toutes les circulaires hypocrites, restera un dangereux poison. Garder en face de cette institution barbare et déprimante une attitude agressive, c'est lutter contre tout le principe social capitaliste : car pour devenir des hommes libres, pouvant penser librement, nous avons à combattre tous les calottes, théologiques ou franc-maçonniques.

Voilà pourquoi nous, anarchistes, travaillons nous à détourner tous les hommes de l'armée, si paradisiaque, leur montre-t-on et à les faire mettre en pratique cette devise que d'aucuns ont inutilement arborée :

Pas un homme, pas une seconde pour le militarisme.

RAMONDOU.

Notre Correspondance

Sur la méthode syllogistique.

A Chambel-Saver,

Je lis tardivement ton article, dont le titre m'avait d'abord effrayé.

Tu dis de fort belles choses sur les syllogismes, mais je voudrais bien savoir à quoi cela rime.

Syllogisme signifiant raisonnement, il est impossible de raisonner sans employer le syllogisme : et je te défie de trouver dans la dialectique aucune argumentation ne se présentant pas sous cette formule : Proposition, hypothèse, conclusion : autrement dit puisque tu préfères la grammaire à la mathématique, prémisses, majeure et mineure — conclusion.

D'ailleurs Paraf-Javal a dû être enchanté de savoir qu'il avait fait des syllogismes et qu'en langue grammairienne démonstration se traduisait ainsi. Je suis sûr qu'il l'ignorait. Il faut être M. Jourdain pour avoir déniché ce mot et en étiqueter certaine forme de style de notre camarade.

Il est bien évident qu'en employant cette méthode (que tu pourrais appeler plutôt méthode spinosiste) on risque, tout aussi bien qu'en vulgaire prose, de se tromper, mais c'est alors l'ouvrier qui est mauvais et non l'outil.

Quant à cet avis que tu donnes de ne pas l'employer uniquement, je le trouve superflu ; il est clair que le raisonnement n'a pas sa place dans la narration ou la définition, mais quand il s'impose il faut bien le suivre, plus ou moins géométriquement.

Forme peu attrayante, dis-tu encore : certes, les gens incapables d'attention soutenue ne se plairont pas à une étude serrée, qui fatiguerait leurs méninges ; qu'ils la laissent alors aux gens sérieux et qu'ils ne les importunent pas de leurs clabauderies.

Si tu possèdes Spinosa, tu pourras écrire sur la couverture : « Les idiots n'ouvrent pas ce livre. »

D'accord avec toi que nous ne pouvons nous confiner dans des formules aussi sèches, aussi raides, aussi dénuées de tout apparat. Mais dès que nous avons besoin de classifier nettement nos opinions, et de frapper nettement les esprits par nos conclusions, cette méthode chère aux géomètres se présente comme la plus claire, la plus concise.

Ta fin est risible, tu conclus qu'il est bon que les littérateurs ne propagent pas seuls l'idée anarchiste ! Sans les logiciens, je crois qu'elle se débattrait encore dans un mélange d'aspirations confuses vers la « liberté intégrale », vers le « bonheur des humains », vers la « justice », peut-être, ô ironie, vers la « charité », cette antithèse de la « justice ». (*Donnez riches, l'aumône est sœur de la prière.*)

SIMPLICE.

Revue des Journaux

Le Libertaire.

Georges Paul dit un mauvais chant virgilien sur la beauté de la nature, le retour à notre mère la terre et termine par cette constatation, merveilleuse de précision libertaire : *L'agriculture devenue* **capitaliste** *et cessant par le machinisme d'être un travail pénible, les ruraux, tout en vivant d'une façon saine et naturelle, pourrait participer aux joies de l'existence, etc.*

Capitaliste et catholique toujours.

Félicie Numietska traite une question parallèle à notre ami Dikran Elmassian. On ne peut que lui reprocher de limiter le problème dans le cadre étroit d'une personnalité. La maladie de Jaurès est la maladie de tout le « parti » socialiste.

Décidément il va falloir traiter la question du féminisme, notre camarade O. R. ne fait aussi que l'effleurer.

Sur la *Monde indépendante* Harmel promet de nous dire quelque chose. Attendons.

Ce diable d'Hérédia n'était pas de la maison. Telle idole n'est pas de telle chapelle. Tant pis

Fernand Despres explique certain conseil : « Tirez sur les soudards galonnés ». Il montre que ce n'est pas là un geste de punition mais plutôt un geste de défense.

Certes, l'idée d'Yvetot doit être bonne. Mais il ne sait pas se tirer de son image et les vaches, les loups, les moutons, les taureaux, les les chiens, les agneaux et les bergers dansent en un fatiliau où La Fontaine lui-même ne démêlerait pas le sujet.

Les Temps Nouveaux.

M. Pierrot fait le compte rendu de la comédie congressiste à Iéna, un peu sèchement sans doute mais le sujet est si peu intéressant que c'est fort excusable.

John L. Charpentier refait un *nouveau dialogue des morts*. La forme en est intéressante.

Le catalogue de librairie est mal tenu, à moins que ce ne soit un mot d'esprit de Jean Grave !?!

LE LISEUR.

A Travers les Réunions

De Méollmuche à Montparno, ça a été le grand remue-ménage, nationalos et socialos, voulez tous boire le dernier verre avec le lieu, le copain, l'aminche, qui allait servir « la plus douce des patries ». De temps en temps les trouble-fêtes anarchistes rappliquaient.

Le lundi 2, c'est à Montmartre où la bande Galli, Tournade et consorts reçoit l'accolade. Toutes les *Causeries* sont là. Ces messieurs troublés bafouillent et Libertad a toute facilité de réponse. Mais le lendemain, notre camarade n'était pas si fier au milieu d'un millier de sillonistes qui lui « accordent » dix minutes de réponse. Aussi ne s'attache-t-il qu'à un point. Sangnier répond en vingt minutes sans arriver à renouer le fil, rompu de son argumentation. D'autres amis sont un peu houspillés, faubourg du Temple, par la bande du lundi en mal de vengeance contre les porteurs de *l'anarchie*. Le jeudi ce sont les socialistes qui ont organisé la réunion, aussi faut-il se placer sur le terrain des « patriotes internationalistes ». Libertad commente les paroles de Marx : « Travailleurs de tous les pays, unissez vous », en conseillant l'application intégrale à tous les socialistes.

On ne peut que regretter que nos amis de l'A. I. A. T. délaissent ce moyen de faire de la propagande, laissant la besogne aux autres. On ne les rencontre nulle part.

C'est samedi que se dessine le départ de la classe, aussi je me balade aux gares principales. A l'Est, le tableau de la séparation mérite d'être vu : on est dégoûté de l'alcool pour toute sa vie. Ce sont des gens qui titubent, qui hoquètent. La mère, se sent plus le « cœur gros » et l'« estomac retourné » par le liquide absorbé que par le départ du fils, et la « fiancée » un peu éméchée paraît prête à consacrer son « veuvage » dans les bras du copain dévoué. Le conscrit mâchonne des mots sans suite : « Vive la classe », « J'en ai déjà plein le dos » et le même groupe braille : « Mourir pour la patrie » et « C'est la lutte finale ». A part ça, tout est pour le mieux dans la meilleure des patries ». Je rencontre Libertad que l'œil attendri des flics accompagne. « Dis moi qui tu fréquentes, je te dirai qui tu es ». Je m'empresse de l'éviter pour ne pas me compromettre.

Voilà venir le grand jour de la manifestation, sur laquelle seuls les journaux nationalistes nous ont renseignés, car on n'a vu nulle part une affiche. Dimanche à 9 h. 1/2, le *Temps* et la *Patrie*, la *Presse* et le *Gaulois* donnent rendez-vous à la police et aux copains, aux anarchistes et aux nationalistes. Une ordonnance de police spécifie les actes à faire pour être arrêté. Libertad décidé à éviter de les faire, apparaît dans le hall de la gare de l'Est. Il est saisi, bousculé. Des voix éraillées lui soufflent rageusement : « Nous avons un compte-rendu à régler depuis la rue de la Gaîté. — Te rappelles tu l'affaire de St-Denis. — Tu n'es pas à la Bourse du travail ici. — Tu as de la veine d'être là. Tu nous fais faire des heures. — Houste, ou on te crève ». Ce sont des hommes en civil, à faciès de brutes, nul ne peut savoir s'ils ont un « droit légal » pour agir ainsi, mais ne sommes nous pas dans la plus douce des patries. Une cinquantaine de camarades sont arrêtés dans les mêmes conditions. Nos amis Gohier, Han Ryner, etc., etc., retenus par d'autres travaux, n'avaient pu assister à la manifestation. La gare a un aspect de place prise d'assaut. Soldats, gendarmes, gardes municipaux et policiers entourent le moindre conscrit, le disciplinant à l'avance, mais je vais plus loin, ne suis-je pas

LE BALADEUR.

Piqûres d'aiguille

Les piqûres dont les flancs du sieur Durand ont tant eu à se plaindre sont à la disposition des camarades à raison de 0.20 le 100, un méli-mélo de textes différents port en plus.

Nous pouvons livrer 25 exemplaires des **Deux Haricots** de Paraf-Javal, image pour enfants, à raison de 1 fr. 50, franco de port.

OU L'ON DISCUTE OU L'ON SE VOIT

Causeries Populaires du XVIIIe, 30, rue Muller. — Lundi 16 octobre, à 8 h. 1/2, *Sauvagisme et Anarchisme*, discussion.

Causeries Populaires du XIe, 5, cité d'Angoulême. — Mercredi 18 octobre à 8 h. 1/2. *Trois ans de causeries. Faisons encore mieux.*

Causeries Populaires des Ve & XIIIe, 37, rue Croulebarbe. — Dimanche 15 octobre, à 8 h. 1/2, Soirée littéraire, *L'action de nos causeries*, par le camarade Mournot.

L'Aube Sociale, Université populaire, 4, passage Dixt. — Vendredi 20 octobre, à 8 h. 1/2, *Evolution de l'idée divine*, par Céline Renoux.

Jeunesse révolutionnaire du XIVe, groupe d'études sociales. — Vendredi 6 octobre, à 8 h. 1/2, réunion à la Belle Polonaise, salle des menuisiers. Lecture et discussions de la brochure *Syndicalisme et Révolution*, par M. Pierrot.

Poètes et chansonniers populaires. — Jeudi 12 octobre, salle du Bock colossal, 6, rue de la Gaîté, grande fête au bénéfice de Charles Malato et de ses co-détenus. Conférence par Gustave Hervé. Concours des chansonniers montmartrois et populaires. Entrée : 50 centimes.

Aux Causeries Populaires, 5, cité d'Angoulême. — Samedi, 14 octobre. *Fais ce que veux, Critiques et chants*, réunion.

Cherbourg. — Une *Jeunesse libre*, basée exclusivement sur les idées anarchistes, vient de s'ouvrir, 13, rue Bonhomme. Les réunions ont lieu tous les samedis, à 8 h. Une *Causerie* est faite par un camarade.

Roanne. — Sous le titre *Groupe Germinal*, il vient de se former un groupe d'études et d'action sociales. Les réunions ont lieu tous les mercredis à 8 h. 1/2 au local de l'U. P., place de l'Hôtel-de-Ville. *Causerie.*

Composée par des camarades.

Le Gérant : A. MAHÉ.

Imp. des *Causeries Populaires*, A. Libertad

LES CAMARADES
adresseront
tout ce qui concerne
l'anarchie
à A. Mahé & A. Libertad
30, rue Muller, 30
PARIS XVIII

PARAISSANT TOUS LES JEUDIS

ABONNEMENTS

FRANCE

Trois Mois.......... 1 50
Six Mois.......... 3 »
Un An.......... 6 »

ÉTRANGER

Trois Mois.......... 2 »
Six Mois.......... 4 »
Un An.......... 8 »

PREMIÈRE ANNÉE. — N° 28 | DIX CENTIMES | JEUDI 19 OCTOBRE 1905

— LA —

Coéducation

Dans une plaquette, *Transatlantiques*, destinée à ridiculiser amicalement les grands manieurs d'or américains, Abel Hermant, « assomme » en riant l'idée de coéducation : le système du docteur Pullet. Pour ce faire il n'a qu'à ressasser de façon amusante l'argument de braves gens timorés auxquels la coéducation semble le prétexte d'outrages aux bonnes mœurs. A chaque instant, dans *Transatlantiques*, Mme Biddy raccroche des garçonnets pour « descendre au jardin » au cri de ralliement de l'école des deux sexes système Pullet et philosophiquement son frère Bertie constate : « Finalement on descend toujours au jardin avec Biddy ».

En réalité, c'est là le seul argument qui puisse sembler avoir quelque consistance. Ce sera là, il n'y a pas à se leurrer, le point de départ d'une résistance indignée de la part de nombre de parents dont la pudibonderie s'effare à l'idée d'une promiscuité entre leurs fillettes et les garçons. Combien de fois ai-je entendu des gamines disant entre elles ou venant me dire : « Oh ! une telle a joué avec les garçons. C'est vilain, n'est-ce pas, Mademoiselle ! » Je leur montrais combien cela était tout simple ; mais leurs yeux disaient « Non, non » obstinément. C'était mal. On le leur avait dit. Leur cerveau enfantin se torturait déjà à chercher le pourquoi.

C'est un système déplorable que celui de se borner à interdire une chose comme abominable, sans vouloir ou pouvoir en donner la raison. L'enfant s'égare dans des recherches qui l'amènent aux suppositions les plus saugrenues et qui, l'excitant inutilement, provoquent en lui le désir de savoir ce qui est « si mal ». Bonnes gens, soyez bien sûrs que votre fille « saura » et qui plus est aura des idées étranges et malsaines sur ce que vous lui avez caché de si ostensible façon.

Si, au contraire, vous mélangez filles et garçons, si vous ne venez pas vous interposer avec des mines inquiètes et effarées, les enfants ne songeront guère à se torturer l'esprit pour « savoir ». Ils s'amuseront, ils étudieront ensemble, ils ne seront pas les uns pour les autres des étrangers, déjà presque des ennemis, mais de bons camarades.

Etablir une bonne camaraderie entre tous les enfants, sans se préoccuper des sexes, n'est-ce pas déjà travailler pour l'avenir ? La vie réelle, la bonne vie n'est point ainsi comprise que les femmes restent séparées des hommes. Ils se complètent l'un par l'autre. A un certain âge, on jette dans les bras du jeune homme une jeune fille avec qui il n'a rien de commun. Tout les sépare : leur intellectualité, leur éducation différente et, le plus souvent, leurs idées en désaccord absolu. Ah ! les lamentables unions disparates, la vie à hue et à dia, causée par l'ignorance réciproque et l'inégalité fatale. Ces victimes auront des enfants et affirmeront la même vertu farouche, le même désir de parquer séparément les petits mâles et les petites femelles nés de leur union. Le désir de la bonne morale les aveuglera à leur tour, au point qu'ils ne s'apercevront pas qu'ils sont les auteurs des mauvaises mœurs, ce cauchemar des gens honnêtes.

Il n'y a pas à se leurrer. De toute évidence, la femme est inférieure à l'homme, sa tête plus petite le montre fort bien. Les causes de cette infériorité sont nombreuses et profondes. Elles sont la résultante de l'hérédité et de l'éducation. La femme n'a pas été en vain, pendant des siècles, l'esclave, la bête de somme ou la poupée. Est-il besoin de cervelle pour travailler dur, faire des enfants ou charmer le regard par une taille élégante, un teint de lys. La femme est un être inférieur, un démon, l'impure, celle qu'on méprise, dont on se sert pour le devoir ou pour le plaisir, mais qu'on n'instruit pas. La poupée se venge de sa bêtise en abêtissant ce qui l'approche.

Les siècles ont passé, transformant les mœurs, variant les idées. Ils n'ont pu détruire l'idée que la femme est faite pour être la chose de l'homme. Elle est encore l'esclave et, puérile, se réjouit presque toujours de l'être. Elle en a le cerveau, tous les défauts, toutes les roueries. C'est là ce qui crée l'antagonisme : de supérieur à inférieur les relations ne peuvent être amicales. Pour les anarchistes surtout, cette situation se dessine dans toute sa laideur. Les jeunes hommes nous disent, presque avec découragement : « Où voulez-vous que nous trouvions des compagnes ? Nous aurons des femmes, des femelles tant que nous voudrons, mais elles ne nous comprendront pas, elles ne seront jamais pour nous des camarades. »

La coéducation est le seul remède à apporter à ce malentendu douloureux. Ne séparons pas les enfants sous le faux et vague prétexte de moralité. C'est de gaité de cœur continuer la tradition mauvaise, la lutte effarante des sexes où presque toujours l'inférieure amène à son niveau le plus fort ; où l'imbécillité, la routine étouffent la semence de bon sens et de force.

Je pourrais montrer les avantages au point de vue pédagogique, la tâche facilitée pour l'instituteur, surtout dans les campagnes où chaque classe compte des élèves à des degrés d'instruction bien différents ; l'émulation heureuse entre garçonnets et fillettes. Les filles s'essaieraient à comprendre, aussi bien que les garçons, les sciences exactes auxquelles l'atavisme les rend moins aptes ; les garçons perdraient un peu de leur brutalité. Dès l'école se ferait l'apprentissage d'une vie de franche camaraderie entre l'homme et la femme.

La coéducation aura aussi, je l'espère, le mérite de détruire ces idées étranges de féminisme à outrance nées de la révolte sincère de quelques femmes et devant lesquelles se dresse un mouvement d'« hominisme » encore plus ridicule.

La coéducation fera surgir des individus, hommes et femmes qui, ne s'attardant plus à résoudre de vains problèmes de morale, ou à trancher de vaines querelles de sexes, mettront toutes leurs forces, tout leur esprit à résoudre le problème du bonheur.

Anna MAHÉ.

Chiquenaudes et *Croquignoles*

Absinthe-toi ou abstiens-toi.

La Petite République rend compte de la nouvelle campagne faite contre l'alcool en général et l'absinthe en particulier. Elle parle du projet de loi fait pour l'interdiction totale de l'absinthe.

Le valet de plume s'arrange pour que cette lutte soit considérée comme ridicule. Les Pernod et les Cusenier ont de la galette en poche. L'article est terminé par cette boutade : « Dans le doute, absinthe-toi. »

On sait, dans cette boîte, que les ivrognes forment un appoint électoral à flatter. Mais, au moment voulu, nous saurons faire revivre mieux le proverbe et nous dirons : « Dans la certitude, abstiens-toi ! »

Quelle certitude ?

Celle que tous les candidats sont des fumistes, des idiots ou des crapules !

—o—

On travaille dans la Tuberculose.

Ces messieurs, à la section de l'hygiène sociale, ont adopté un premier vœu dont l'utilité platonique n'échappera pas : « Autant que possible, les cours doivent être ouvertes sur les voies publiques *pour permettre la circulation et le renouvellement de l'air. »*

Ouvertes ! Par en haut, par en bas, ou par les flancs ? Vous m'en demandez trop.

CANDIDE.

CHEZ LES CHATS-FOURRES

Selon le bon plaisir !

A la suite d'un manifeste de l'A.I.A.T. — manifeste ni plus ni moins redoutable que ceux parus pour les mêmes occasions aux années précédentes — une instruction est ouverte par toute la France.

Signataires, colleurs ou distributeurs du manifeste sont l'objet de poursuites. Mais, contre aucun on n'a trouvé bon d'employer la forme préhistorique du régime préventif. Gohier, Yvetot, Hervé, Mouton ou Almereyda, répondent à l'instruction en toute liberté. Cela leur permet d'assurer leur défense, de voir leur avocat, de réunir des documents, d'écrire dans des publications pour s'expliquer, de recevoir des correspondances. Rien de plus « juste ». La « Législation » en décide ainsi.

Mais cette législation est-elle spéciale à Paris ? Régit-elle toute la France ? ou bien va-t-on nous la faire encore à « l'intellectuel » ?

A Amiens, notre camarade Jules Lemaire, cordonnier, est englobé dans la même instruction contre les menées antimilitaristes, en tant que gérant de *Germinal*. On lui reproche la parution de trois articles antimilitaristes. Jusque là rien de bien étonnant, vu la mentalité actuelle des jugeurs et des jugés. Mais ce que nous signalerons, c'est ceci : alors que Flory appliquant les circulaires différentes des procureurs généraux et les coutumes faisant « loi » en cette matière, laisse libre les prévenus, le Topinophage d'Amiens a fait arrêter depuis lundi 9, notre camarade Lemaire, entrave sa défense, profite de ce que son avocat fait ses vingt-huit jours, arrête, décachète sa correspondance, ne lui communiquant que selon son bon plaisir, perquisitionne, pille et vole, ajoutant et retranchant à son gré.

Il sauvera l'armée et la patrie sur le dos du camarade Lemaire. Il taillera une bonne affaire. Il truquera le dossier. Il annihilera la défense... si on le laisse faire

Poursuivi pour une affaire parallèle, dans une même instruction, Jules Lemaire, cordonnier à Amiens, doit profiter des mêmes avantages que Urbain Gohier, homme de lettres, à Paris.

Nous sommes sûrs que tous les signataires du manifeste de l'A. I. A. T. vont agir rapidement afin de ne laisser étouffer l'affaire nulle part. Ils tiendront à réclamer le même traitement que le moins favorisé des camarades où, ce qui sera mieux, ils obtiendront que tous profitent du même traitement que le plus favorisé d'entre eux.

Serons-nous longtemps sous le régime du bon plaisir... ?

QUI CÉ.

VAGABONDAGE

J'ai faim. J'ai faim.

Mon estomac se contracte douloureusement. J'y sens comme une méchante bête, qui, s'agrippant à ses parois, me torture.

Les poulets joliment dorés qui sont à l'étal du rôtisseur, prennent à mes yeux l'apparence de merveilles intangibles. Ma vue qui se trouble en quadruple le nombre. Il me semble maintenant que leurs corps décapités grimacent et narguent ma détresse.

Les poulets joliment dorés qui sont à l'étal du rôtisseur me font des misères.

La foule des gens qui vont dîner, allègrement, se meut autour de moi : c'est la marche à la table. O les tables dressées en la tiédeur des chambres closes, que l'ingéniosité des compagnes décore de hors-d'œuvres apéritifs, de mets substantiels !

Cette évocation fait ouvrir et se fermer ma machoire avec un bruit sec de castagnettes. Ah manger ! manger jusqu'à plus faim, avoir une panse bien ronde, sépulcre de bonnes choses....., ...un rêve !

On m'a dit que l'on pouvait mourir d'indigestion..., cela me donne des idées de suicide.

Parmi ceux qui, hâtivement, regagnent leurs Chez eux, des ombres mélancoliques font tache, semblant s'absorber dans la contemplation de la joie des autres. Je pressens des frères en famine. — Frères ! si nous marchions en rangs serrés à la conquête du pain. Sans doute pourrions-nous calmer nos turbulentes incisives.

Lentement, la nuit descend sur la ville, mettant un peu de mystère sur les façades des maisons dont les fenêtres s'éclairent de la clarté calme des lampes familiales. C'est l'heure douce, où les amants séparés par le labeur du jour, se retrouvent et s'abandonnent au charme des rêveries, où les parents heureux s'émerveillent de la joliesse des tout petits, où les vieillards causent à voix basse de leur jeunesse regrettée.

Ma jeunesse à moi fut terne. J'eus faim à l'état embryonnaire ; ma mère anémiée par les privations me versa un lait dépourvu de sucs nourrissants, et mon père, abruti par la besogne journalière, me donna des coups pour sécher mes larmes de gosse famélique.

L'excès de misère a tué mes paternels : je reste seul avec ma faim.

L'obscurité compacte, à présent, se fait complice des amoureux. Ils passent, insouciants, les lèvres jointes, heurtant d'autres couples indifférents et des solitaires qui grognent.

Un murmure très doux s'élève dans le silence des petites rues faubouriennes où, sans orgueil, je balade mon individu : une musique où les baisers placent des points d'orgue, monte, légère. C'est la jolie chanson du printemps de la vie qui fait éclore des fleurs d'amour.

Las ! mon architecture angulaire et mes nippes malodorantes m'ont privé du bonheur d'être aimé...

Et puis, l'amour, je m'en fous..., j'ai faim.

J'ai faim ! J'ai faim !

Eugène PÉRONNET.

LES CLASSES PAUVRES

Voici un document. Je ne le donne pas comme une révélation. Il n'en était pas une pour la Société d'anthropologie de Paris, qui décerna à M. Niceforo le Prix international Godard, en récompense des recherches anthropométriques faites par lui sur 3.147 enfants des écoles de Lausanne.

Si l'on ne parvient pas à l'extinction du paupérisme, ce n'est pas faute d'observations et d'avertissements. Pour les prodiguer, aux économistes, aux hygiénistes et aux statisticiens, la palme! Ils n'indiquent pas souvent de remèdes, mais ils décrivent le mal, ses causes, ses effets, avec un soin incomparable.

Depuis que la misère sociale est devenue une science, les professeurs pullulent. C'est leur pain, comme l'antiquité, disaient les Goncourt, était le pain des professeurs d'autrefois. **Si bien que la misère, mortelle aux malades, offre tout au moins ceci de consolant qu'elle fait vivre le médecin, digne homme aux yeux de qui les phénomènes sociaux se traduisent en chiffres.** Une ordonnance vaudrait sans doute mieux, mais le meilleur statisticien du monde ne peut donner que ce qu'il a.

Je ne dis pas cela pour diminuer la valeur des travaux de M. Niceforo. Il s'est avisé de faire l'anthropologie des classes sociales, comme on fait celle d'une tribu, d'un peuple ou d'une race. Il a comparé les caractères physiques d'enfants appartenant à des conditions sociales différentes ; il a composé des groupes de pauvres et de riches, du même pays, du même âge et du même sexe, et c'est le résultat de ses investigations qu'il propose à nos méditations.

Si la matière est abondante, la classification est aride. Je dois reconnaître que M. Niceforo est arrivé à la rendre claire, en dépit des tableaux qui se succèdent, hérissés de chiffres et de références au bas des pages. Car sur bien des points, sinon sur tous, la voie lui a été ouverte par des études signées de noms célèbres et quelques concessions déjà.

L'originalité de M. Niceforo est d'avoir opéré à Lausanne, sur les fils d'ouvriers et de parents aisés qu'il lui a été permis d'examiner, au nombre de 3,147. Je ne sais pas s'il aurait trouvé les mêmes facilités chez nous.

Dans la catégorie des pauvres, l'auteur range les fils ou filles de maçons, de journaliers, de cantonniers, d'ouvriers des industries, des transports et autres petits métiers manuels.

Les professions libérales, les commerçants et les employés fournissent leur contribution d'enfants aisés.

Les recherches de M. Niceforo ont porté sur la taille, le poids absolu ou relatif du corps, la mensuration du thorax, sa force de dilatation, la circonférence de la tête, la hauteur du front, la capacité crânienne, le poids de l'encéphale, la résistance à la fatigue, enfin.

De ces recherches anthropométriques, il appert irréfutablement que les sujets pauvres se trouvent, par rapport aux sujets aisés du même pays, du même âge et du même sexe, dans une condition manifeste d'infériorité physique.

Nous nous en doutions un peu, ce qui n'est pas une raison pour reprocher à M. Niceforo d'avoir changé cette présomption en une quasi certitude.

Nous écoutons moins complaisamment aujourd'hui, en effet, les doléances de parents riches ou aisés sur la délicatesse, la santé précaire de leurs enfants, et quand ils envient au pauvre un fils robuste, une fille fraîche, par hasard ou bien quand ils s'émerveillent devant un enfant plus rose et plus joufflu sous sa crasse et ses guenilles, que le leur chaudement vêtu et dorloté, nous disons qu'il ne faut pas se fier aux apparences, et nous avons raison.

Toutes les mensurations de M. Niceforo confirment les remarques de ses prédécesseurs et démontrent que les différents degrés de développement physique correspondent aux différents degrés de condition sociale. Les enfants aisés ont le dessus, les pauvres le dessous, et les fils de petits employés ou de petits commerçants tiennent le milieu de l'échelle. C'est indubitable.

Si, d'ailleurs, les chiffres ne prouvaient rien, on pourrait, à la rigueur, s'en rapporter, sans être docteur ès n'importe quoi, à un examen superficiel.

Les individus qui partagent le même état de misère économique et physiologique ont un type de physionomie spécial, susceptible d'édifier l'observateur. Certaines professions exercent une influence sur le physique et impriment à la physionomie des traits caractéristiques.

Les anomalies frappantes, comme l'asymétrie de la face, le décollement des oreilles, le front fuyant, les pommettes saillantes, le prognathisme, sont également beaucoup plus fréquentes chez les pauvres que chez les riches.

Tandis qu'il découvrait, chez 70 pauvres, 135 anomalies, M. Niceforo n'en trouvait que 94 chez 70 riches ; ce qui l'autorise à dire que les premiers, enfants ou adultes, ont une physionomie commune, un air de famille, un *type de classe*, imputable à la même pauvreté et à la même dégénérescence physique.

C'est encore à cette constatation que l'on aboutit en étudiant les rapports directs qui existent entre la misère physiologique de l'organisme et la coloration claire des cheveux et des yeux.

Tenir compte de l'influence des milieux, quartiers, zones géographiques, montagnes et plaines ne conduit pas à envisager la question sous un autre aspect, au contraire.

Qu'il s'agisse de Paris, de Berlin, de Madrid, de Londres, les mêmes causes produisent les mêmes effets : la taille moyenne est plus petite dans les quartiers pauvres que dans les quartiers riches. La misère abaisse la stature dans les Landes et la richesse l'élève dans le Bordelais. Si les hommes qui habitent la montagne sont, en général, plus petits que ceux qui habitent la plaine, c'est que la misère sévit dans la montagne plus que dans la plaine.

A l'augmentation du bien-être correspond presque toujours et presque partout l'élévation de la taille. C'est une remarque de Broca. On en a vérifié la justesse en constatant que la taille s'était relevée dans certaines parties de la Bretagne que traverse maintenant la voie ferrée.

Quant à la mortalité, c'est, chez les pauvres, un caractère d'infériorité physique sur lequel il serait superflu d'insister, après les travaux publiés à ce sujet notamment par Caster, de Berlin ; Clay, en Angleterre ; J. Bertillon, Villermé, Manouvrier et Benoiston de Chateauneuf, en France.

Avec eux, un démographe allemand dont le nom m'échappe, ayant comparé la vie moyenne des enfants et des adultes, chez les sujets jouissant d'une aisance moyenne, les ouvriers et les paysans, a établi que l'échelle de la mortalité correspond exactement à l'échelle de la richesse.

C'est également l'opinion de M. Bertillon, qui, on le sait, a classé, selon leur degré d'aisance, les arrondissements des villes de Paris, de Berlin et de Vienne. Pour lui aussi l'intensité de la maladie et de la mortalité dans ces différents arrondissements, suit rigoureusement chaque degré du bien-être économique.

Et comment en serait-il autrement ? N'avons nous pas vu par les dernières recherches de M. Niceforo, limitées au territoire de Lausanne, mais non moins probantes pour cela, que l'infériorité physique de l'enfant pauvre affaiblissait ses moyens de défense contre la maladie ? Et l'infortuné n'en est encore qu'à l'école ! La sollicitude de ses parents, du moins, je l'espère, lui a épargné les plus dures privations. Il joue encore, il prend l'air, il n'est pas le plus mal nourri de la maison...

Mais plus tard, mais bientôt ?

Déshérité, au point de vue physiologique, dès l'enfance, quelle résistance va-t-il offrir aux dures fatigues de l'apprentissage, de la vie à l'atelier, à la fabrique, à l'usine ?... Il est condamné d'avance, condamné parce qu'il est pauvre, né de parents pauvres..., et sa condamnation il la porte à travers une existence languissante, sur cette physionomie dont on nous indiquait tout à l'heure le caractère spécial.

On marquait, autrefois, les forçats à l'épaule; le pauvre, forçat aussi, est marqué, lui, à la face. C'est une proie guettée par la phtisie, qui suit les pauvres de l'atelier au taudis et du taudis à l'hôpital. Vous leur reprochez des stations en route, au cabaret... Mais c'est là seulement qu'ils retrouvent le *type de classe* auquel ils appartiennent ! Qui se ressemble s'assemble.

Ces malheureux engendreront d'autres malheureux, dont l'infériorité physique s'aggravera des tares héréditaires ; et ces malheureux continueront de peupler des quartiers éloignés, distincts, en famille, afin de fournir aux démographes, hygiénistes, économistes et statisticiens futurs, des tableaux comparatifs, des chiffres, des courbes et des cours !

Vous parlez de phénomènes sociaux, bonnes gens ! Mais le fait que dans une ville où les mots Egalité et Fraternité brillent sur tous les murs, on trouve encore, séparés avec soin les uns des autres, des quartiers riches et des quartiers pauvres, ce phénomène n'est-il pas encore le plus stupéfiant ?

Lucien DESCAVES.

ENTRETIENS ANARCHISTES (*)

A. I. A. T-isme

Malgré une pluie très forte, mon ami Farouche vient me voir. Il tient, me dit-il, à préciser quelques points sur l'attitude d'un anarchiste vis à vis des organisations.

— Je comprends fort bien que nous ne devons aller dans les groupements d'inconscients que pour les rendre conscients et non pour participer à leur besogne. Mais ce qui me paraît moins clair, c'est notre conduite à l'égard d'associations comme l'A. I. A. T., ayant un caractère nettement révolutionnaire. Il me semble intéressant de militer dans ce milieu afin de propager davantage les théories antimilitaristes.

— D'abord l'A. I. A. T. n'a pas un caractère anarchiste. Elle comprend au contraire beaucoup d'inconscients (syndicalistes, socialistes, etc.). De plus son fonctionnement ne diffère pas de celui d'un groupe socialiste quelconque (statuts, cotisations, comités et congrès nationaux, délégations, etc.). Rien que cela justifierait notre indifférence et même notre hostilité à son sujet.

— Il est certain que ces lacunes sont regrettables, mais les organisateurs de l'A. I. A. T. ont été obligé d'adopter cette forme pour attirer l'élément socialiste afin de pouvoir faire une agitation plus intense. Le principal est d'arriver par une propagande très forte à lutter sans cesse contre le militarisme et l'idée de patrie.

— Mais, Farouche, ce qui est regrettable, c'est justement cette spécialisation de la propagande. Pourquoi lutter exclusivement contre le militarisme puisque nous savons pertinemment qu'il n'est qu'une des nombreuses manifestations de l'état d'ignorance où croupissent nos contemporains. Par exemple si tu étais atteint de trois maladies, ce serait stupide de n'en soigner qu'une pendant que les autres se développeraient. Jamais tu ne recouvrerais la santé. Il faut lutter contre tous les préjugés afin de les détruire, car tous consolident au même titre la société actuelle et collaborent à son existence. Faute d'agir ainsi, de faire la besogne intégralement on s'expose à une [illegible], car il est certain qu'un individu ne devient véritablement antimilitariste que lorsqu'il est anarchiste, et repousse toute autorité. C'est donc se leurrer que s'unir à des individus n'étant nullement antimilitaristes, aux socialistes, par exemple, au lieu de les combattre puisqu'ils sont nos adversaires sur toutes les questions — la question militaire comprise.

— Je crois pourtant qu'il est possible de s'unir avec les socialistes sur le terrain antimilitariste. Nous avons bien des côtés communs.

— Pas du tout. Les socialistes sont partisans de la réduction des années de service militaire. Ils contribuent par conséquent à faire durer le militarisme. Ils préconisent également la réforme des conseils de guerre et le système des milices. Des [illegible] de ce genre ne méritent même pas la peine d'être prises en considération. Hervé lui-même est absurde avec son idée de la désertion en temps de guerre. — Pourquoi pas en temps de paix ? L'individu doit-il donc se sacrifier dans certains cas et pas dans certains autres ?

En combattant l'idée de patrie et le principe d'autorité, seuls les anarchistes sont antimilitaristes.

— Je le sais bien, mais ne crois-tu pas que de l'union des forces antimilitaristes puisse résulter une propagande plus grande ?

— Mais non, il n'y a pas besoin de faire partie d'un groupe et de payer des cotisations pour répandre ses idées. Au contraire, ces organisations d'essence autoritaire sont des tueuses d'énergie et arrêtent toute initiative individuelle en remettant le soin d'agir aux comités nationaux ou aux bureaux de sections. Les derniers événements sont venus prouver que la centralisation de la propagande à un comité unique facilitait la besogne policière et l'étouffement de l'action, l'interdiction et la saisie de manifestes et d'affiches.

La propagande — c'est à dire l'affirmation par la plume, la parole, l'exemple des idées que nous croyons être la vérité — est la conséquence directe de l'individualisme. L'individu conscient, énergique est vraiment apte à exposer, à vivre ses idées, partout et à tout moment. Il arrive presque toujours à un résultat intéressant.

C'est par l'union d'une poignée de camarades convaincus et résolus que l'on peut organiser des réunions ; c'est par l'apport volontaire de chacun que l'on arrive à éditer des manifestes, des brochures, c'est par la bonne volonté de tous que l'on peut les distribuer ou les placarder sans charger d'autres individus de ce soin. C'est aussi par des versements volontaires que l'on vient en aide aux camarades passant à l'étranger ou même allant au régiment. Pour ce travail de camaraderie, pas besoin de règlements, ni de contrainte. Chaque camarade doit être assez conscient pour connaître la conduite à tenir et faire ce qui est dans la mesure de ses forces.

C'est par la formation d'individus de ce genre que la propagande pourra s'amplifier considérablement. Je regrette d'être obligé de te laisser. Une prochaine fois nous causerons de l'individualisme, comme je l'entends et, [illegible] pas un individualisme passif et bourgeois, mais au contraire puissamment actif et anarchiste.

André LORULOT.

(*) Voir *l'anarchie*, nºs 22, 26, 27.

AUX CAMARADES ABONNÉS

Nous prévenons nos camarades abonnés à 6 mois, depuis le nº 1, que leur abonnement prend fin avec le nº 26. En le renouvelant, qu'ils se servent le plus possible de mandat-poste, bon-poste, mandat-carte, plutôt que de timbres-poste.

La religion de la "Beauté"

Les dieux ne sont pas tous morts, et les religions ne semblent pas prêtes à disparaître.

De tout temps, il y eut des hommes qui prétendirent s'inspirer d'un principe supérieur. Cela, afin d'en imposer aux autres.

De tout temps, il y eut des hommes qui s'en laissèrent imposer, il y en a encore.

Les dieux changent, les religions les suivent et aussi les prêtres.

Les anarchistes en reléguèrent bon nombre : Dieu, la Légalité, la Patrie, l'Humanité, la Morale, le Devoir, furent successivement mis au panier.

D'aucuns, même, sont allés jusqu'à considérer la science comme une religion, mais cela provenait de ce que, sans doute, dans leur esprit, la science représentait toute autre chose que des réalités positives.

On le voit, les anarchistes, avec leur esprit de libre examen, sont allés très loin.

Et cependant, il est une religion que leur critique pourtant si hardie semble n'oser atteindre. Une religion qu'il semble de bon ton de pratiquer même pour un iconoclaste. Est-ce parce qu'elle est la dernière et que l'esprit humain ne peut se passer d'un Idéal ?... Je ne sais. Toujours est-il qu'on paraît y tenir.

Je veux parler du « Culte de la Beauté », la religion du « Beau artistique ».

Et si on ne jette pas les hauts cris, ce qui caractérise l'esprit religieux, c'est la tendance à l'abstraction. Et le « Beau » est presque universellement adoré parmi les anarchistes. En voulez-vous des preuves ?

Charles Albert, dans sa brochure *l'Art et la Société*, nous parle de devoirs que nous avons envers la Beauté. Georges Pioch, dans les colonnes du *Libertaire*, adresse un « très » long hommage à Beethowen et donne un coup de pied à Pottier.

Quelques temps après, un lecteur, sans doute, surpris qu'on encombre les colonnes du *Libertaire* avec ça, se voit répondre dans la « Petite Correspondance » à peu près ceci : « La *Belle* musique est intéressante en ce sens qu'elle élève l'âme et prédispose à comprendre nos théories. »

Pourquoi le jeu de billard ne posséderait-il pas ces propriétés ?

L'anarchie même publiait, il y a quelque temps, une nouvelle de Catulle Mendès. La nouvelle était certainement appréciable au point de vue métier, mais nulle au point de vue de nos idées.

En Beauté, d'ailleurs, comme en tout autre religion, il y a deux sortes de gens.

Il y a les sincères, c'est à dire ceux qui encensent ou condamnent au nom d'un principe supérieur, la Beauté, principe qu'ils conçoivent à peu près comme les autres croyants conçoivent Dieu ; puis, il y a ceux qu'on pourrait appeler les faux-croyants, ceux qui vont à la messe parce que c'est de bon ton et que tout le monde y va. Ce sont les dilettantis, les snobs, ceux qui ne veulent point passer pour des philistins et pensent d'autant plus se grandir qu'ils louangent sans mesure les uns et méprisent davantage les autres.

Ceux-là, s'ils sont appelés à porter leur jugement sur une œuvre d'art, commenceront à s'inquiéter de ce qu'on en pense dans leur milieu, ce qu'en dit leur critique officiel.

Je sais bien que parfois c'est une sorte de modestie excessive qui les fait agir ainsi. Ils préfèrent connaître l'opinion de « ceux qui s'y connaissent », les prêtres du beau, avant de formuler la leur. En quoi, ils ont tort, l'opinion des prêtres ne valant pas mieux que la leur. Le Beau n'ayant d'autre critérium que le goût et les goûts variant à l'infini. S'ensuivrait-il, de ce que le beau n'est soumis à aucune loi, que la critique d'art soit inutile ou impossible ?

Loin de moi cette pensée. Dans une œuvre d'art notre jugement peut être appelé à discerner trois choses : le Vrai, l'Utile et le Beau. Le Vrai et l'Utile appartiennent à la science, au raisonnement et peuvent être discutés. La critique peut donc s'exercer avec fruit sur ces deux points. Mais le Beau, lui, ne relève que du goût. La même œuvre peut susciter autant de sensations particulières qu'il y a d'individus. On peut, sur un portrait, une page de littérature, une attitude, un ensemble de couleurs, se mettre d'accord en ce qui concerne le Vrai et l'Utile, mais jamais en ce qui concerne le Beau. Le sentiment du Beau étant heureusement personnel.

On a essayé des définitions du Beau par milliers, mais toutes sont plus ou moins incomplètes et tirées par les cheveux, comme chaque fois d'ailleurs que l'on a voulu fixer ou préciser une abstraction.

En résumé, dit Henri Marion : « Le Beau, c'est ce qui s'adresse à l'homme tout entier à la raison comme au « cœur », à la pensée comme aux sens et à l'imagination. Or, il y a autant de façons de raisonner, d'aimer, de penser, de sentir et d'imaginer, qu'il existe d'individus. Ce qui est beau pour l'un ne l'est donc pas fatalement pour l'autre, et rien ne prouve que le premier ait davantage raison d'admirer que le second de rester indifférent.

Je me promenais dernièrement avec un ami, dans un musée de sculpture. Mon ami, grand amateur d'art, s'était arrêté devant un bas relief du moyen âge. Ce bas relief symbolisait, à mon sens du moins et me plaçant au point de vue que j'ai et qu'on a en général de la beauté à notre époque, le laid maximum, le laid idéal si je puis m'exprimer ainsi. Naturellement je restais froid. Mon ami, au contraire ne tarissait pas en admiration hautement formulée. Devant mon indifférence, il m'expliqua, avec quelque mépris dans la voix, qu'il ne pouvait comprendre un tel état d'esprit. Quoi ! je n'admirais pas, c'est donc que je n'avais aucun goût. Qu'on remarque qu'il ne s'agissait point en l'espèce d'une question de métier, de vérité dans les lignes ou d'utilité dans l'adaptation, mais simplement d'une question de beauté. Mon ami appartient à la catégorie des artistes sincères, aussi dangereux que les autres religieux, puisque entre leur intolérance et celle des autres croyants, il n'y a qu'une différence d'objet.

Pour ma part, ne voulant point me classer parmi les faux-croyants en affectant de trouver admirable une chose me déplaisant, je gardai mon opinion. Il y a parfois du mérite, en art, à oser une opinion.

C'est pourtant ce qu'il y a de mieux à faire, d'autant plus qu'il n'existe nulle part de règle déterminant la beauté, et je nie, qu'une symphonie, même de Beethoven, la 9e si l'on veut, soit fatalement plus belle qu'un simple chant de pâtre en sa montagne. Les travaux de Helmholtz sur l'optique et l'acoustique physiologiques, pas plus que ceux de Chevreul sur les couleurs, sont incapables de fixer comme l'ont prétendu quelques-uns, des lois à la beauté.

La beauté ne relève que du goût et le goût est personnel. Supposez un savant physiologiste qui parviendrait — comme on a voulu le faire à Chevreul avec la théorie des couleurs — à démontrer que le fromage de Roquefort est délicieux, sous prétexte qu'il y a découvert exactement le potentiel de vibrations nécessaires aux muqueuses.

Eh bien, malgré que le roquefort ait été trouvé délicieux, je persisterais à le trouver détestable.

On objectera : mais le goût, moralement comme physiologiquement, le goût se développe, il s'affine, se transforme. En effet, le goût se transforme, mais à quel moment devient-il un critérium, un modèle. A quel degré précis d'évolution, un esthète acquiert-il le droit de regarder l'humanité avec pitié, ou de lui faire des lois.

Le goût est soumis aux mêmes modifications que les sens physiques dont il n'est d'ailleurs que le résultat.

Il est d'abord simple, délicat, un rien l'émeut, le transporte, puis il s'émousse avec l'usage, l'excitation première ne lui suffit plus. Il lui faut une « épure » plus forte. Et ainsi de suite, au fur et à mesure qu'il se développe, il exige une source d'excitation plus grande qui, s'il en abuse, ne tarde pas à le conduire à ce qu'on appelle la perversion.

Le buveur devient alcoolique.

Le gastronome en arrive à apprécier les crèves pourries.

L'évolution de l'amour conduit à l'érotisme et à la pédérastie.

Et l'esthétisme engendre un sadisme de l'esprit qui se traduit par certaines œuvres comme....., mais pas de personnalités.

Et bien, je le demande encore une fois, à quel moment, à quel degré précis d'évolution, le goût est-il arrivé toute sa pureté ?

Je serais tenté de croire qu'il ne vaudra jamais tant qu'à l'état de neuf.

Bref ! On peut avoir ses préférences, goûter telle œuvre et ne pas apprécier telle autre, mais ne jamais se croire autorisé, au nom de l'Esthétisme ou de la Beauté, abstractions qui ne signifient absolument rien, à mépriser ce qu'on n'a pas compris, ou simplement ce qu'on ne comprend plus.

Charles MOCHET.

Notre Correspondance

Sauvagisme et Anarchisme.

Au camarade Zisly.

D'après vous civilisation et autorité sont synonyme.

O Logomachie, voilà bien de tes coups !

Je viens d'ouvrir le *Petit Larousse* au mot civilisation et je lis : « *Civilisation*, action de civiliser. — *Civiliser*, rendre sociable, polir les mœurs, donner des leçons d'urbanité, de politesse. »

Je ne vois pas qu'il soit question d'autorité.

Pour moi la civilisation n'existe pas actuellement et tous nos efforts doivent justement tendre à faire vivre une humanité civilisée.

Vous dites « Sauvagisme ne signifie point obligation de manger ses semblables. »

Je n'ai jamais prétendu cela. Encore que je trouve plus logique les anthropophages qui se font la guerre pour manger leurs vaincus : que les « patriotes » qui sont tout prêts à s'entr'égorger sans trop savoir pourquoi.

Mais d'ailleurs vous n'osez nier le besoin de civilisation, puisque vous dites que : « *Naturisme* veut dire qu'il est utile de rapprocher sa vie le plus près possible de la nature avec une addition de civilisation en ce que celle-ci a de bon et de logique. »

Je crois que les anarchistes veulent jouir de tout ce qui existe et peut exister ; que c'est en ce but qu'ils luttent contre l'organisation sociale actuelle qui s'oppose à la satisfaction de tous leurs besoins.

Les individus qui ne voudraient pas travailler seraient des parasites que nous devrions supprimer comme nous supprimerons les parasites actuels quand nous serons assez de « conscients ».

J'ajoute que dans la société actuelle, je me crée le moins possible de besoins et si vous appelez « faux » le besoin de tabac, d'alcool, de morphine, etc., je suis d'accord avec vous et n'en fais pas usage.

EVADAM.

CHOSES OBSERVÉES

NUIT D'ÉTÉ

La nuit magnifique étendait son voile clair sur la campagne endormie.

La pâle face lunaire éblouissait les astres autour d'elle, et dans l'autre moitié du firmament les constellations crépitaient comme une poudre vivante ; l'espace en semblait plus profond, la Voie Lactée déroulait au zénith son panache en torsade. De tout ce vaste azur, il pleuvait du silence, et l'herbe était bleue sous les pieds.

Les deux amis erraient sur la grand'route blanche. Leurs regards fascinés se dirigeaient vers les mondes. André parlait d'une voix lente et songeuse :

« L'homme est un étrange animal, orgueilleux et fat, au lieu de vivre sagement, conscient de sa faiblesse, pour se coaliser contre les forces malfaisantes de la nature et essayer de les dompter, il se croit, le pauvre fou, une puissance illimitée : il fait des lois, il se dispute, il se bat, il se détruit.

Pourtant en face de l'infini que sommes-nous ? Rien, moins que rien. Que sont nos lois, en face des lois cosmiques auxquelles seulement nous devrions obéir ? Que sont nos coutumes, nos mœurs, la société, la vie ? Conventions, des mots, un rêve d'éphémères qui vivent quelques heures. Georges, n'est-ce point ton avis ?

— Tu as raison, nous sommes des imparfaits et des ignorants ; nous ne voyons même pas clair. Cette terre qui nous semble immobile, nous emporte et nous avons déjà dépassé ce point de l'infini que nous contemplions tantôt. En une journée, la ronde toupie évolue et demain à la même heure, nous aurons fait le tour du monde. Sans bouger, nous aurons parcouru quatre cents lieues à l'heure. Vingt fois plus vite qu'un train rapide, et ce n'est rien, car nous allons plus vite encore, puisque notre planète en roulant sur elle même circule autour du soleil et fait sur son orbite 100.000 kilomètres à l'heure, 30.000 mètres par seconde. Soixante fois plus vite qu'un boulet de canon et ce n'est rien puisque le soleil autour duquel nous tournoyons fuit lui-même et s'en va vertigineusement en nous charriant à son dans sur l'incommensurable route, il vole, vole et nous enroulons sur sa fuite notre spirale inconsciente pour le suivre vers son but inconnu qui est là-bas, et qui se sauve lui-même à des vitesses innomées vers d'autres buts qu'on ne sait pas.

Et pourtant tout cela nous paraît immobile.

— Mais tous ces clous de lumière plantés sur la voûte des nuits, toutes ces étoiles qui scintillent, qu'est donc tout cela ?

— Tout cela sont des soleils en marche entourés de planètes semblables à la nôtre, et que leur petitesse rend invisible dans l'espace, comme la nôtre.

Peut-on discerner parmi la fumée les corpuscules qui la composent ? Peut-on discerner dans le nuage que le vent chasse l'individualité des molécules de vapeur ? Les planètes sont pareilles et ne comptent pas, habitées ou habitables, l'ayant été ou devant l'être, déjà défuntes ou seulement mourantes, elles sont l'imperceptible fumée de l'infini et nous les chercherions en vain dans le poudroiement des soleils.

— Alors il y a encore plus de corps dans les espaces que ceux qui brillent là-haut.

Oui, ceux que nous voyons si nombreux qu'ils puissent paraître à notre vision trop faible, ne sont qu'une parcelle infime de leur incommensurable nombre. La moindre lunette nous en révèlera le double, et le double du double s'allumera dans une lunette plus forte. Chaque fois que nous perfectionnons nos misérables outils nous triplons et nous décuplons le nombre des soleils ; hier, nous en connaissions 45 millions, en voilà 100 millions aujourd'hui. Contre un que nous percevons à l'œil nu, 17.000 crépitent que nous ne voyons pas. Le bleu qui nous semble vide, est peuplé de foyers qui brûlent, et la distance qui nous semble minime entre eux, se creuse en profondeur, derrière et par derrière, toujours, plus que toujours, et les chiffres qui la diraient sont des mots que l'on ne comprend pas.

Et dans ce tourbillon de mondes lancées en ouragan, notre système planétaire est une goutte, un point, la gouttelette de vapeur dans le nuage qui s'en va, et pourtant son diamètre mesure deux milliards de lieues.

Là, dans le Centaure habite notre voisin le plus proche. Mais entre lui et nous il y aurait place pour 3.700 familles de soleils entourées d'enfants planétaires et si ce voisin-là criait vers nous, sa voix mettrait à nous atteindre 3 millions d'années, car d'un

---

(9)

CHALEUR ET LUMIÈRE

(Suite)

L'ALCOOL

(Suite et fin)

IV

Chauffage à l'alcool

Les appareils de chauffage se ramènent à deux systèmes : les premiers brûlent de l'alcool liquide à l'extrémité d'une mèche, plongeant dans un réservoir garni de feutre, d'éponge d'amiante ou d'une pierre poreuse; ce qui empêche la fuite de l'alcool dans les accidents.

Les seconds brûlent de l'alcool préalablement gazéifié et présentent bien des types différents : mais tous sont construits et fonctionnent d'après des principes identiques. L'alcool est gazéifié dans une petite chaudière qui dans certains cas se réduit à un simple tube. L'ascension du liquide du réservoir à la chaudière, est obtenue soit à l'aide de mèches de coton, soit le plus souvent à l'aide d'une pression intérieure que l'on développe par l'échauffement de certaines parties métalliques de la lampe, ce qui dilate l'air dans le réservoir.

Les appareils à gazéfaction semblent préférables aux autres. Ils sont plus faciles à tenir propres et à entretenir. (Pas de mèches à remplacer). Ils sont plus économiques : pour porter 1 litre d'eau à l'ébullition ils n'exigent que de 42 à 50 cmc d'alcool tandis que les autres en veulent de 52 à 60.

V

Eclairage à l'alcool

La flamme de l'alcool n'étant pas éclairante par elle-même, il faut : ou bien introduire dans la flamme bleue d'un brûleur à alcool un manchon incandescent qui transformera cette flamme pâle en flamme éclatante, ou bien ajouter à l'alcool de la benzine corps très riche en carbone qui augmentera la proportion du carbone dans le mélange combustible et par suite l'éclat de la flamme : ou, ce qui est préférable encore, utiliser à la fois les deux perfectionnements.

L'intervention seule d'un manchon incandescent est déjà très efficace : elle augmente l'intensité de la flamme dans le rapport de 1 à 50 : alors que l'alcool brûlant à flamme libre est si peu éclairant qu'il faut en consommer 120 gr. pour avoir une bougie-heure, il n'en faut plus que 2 à 3 gr pour obtenir le même résultat avec un manchon.

L'addition de benzine à l'alcool donne le produit bien connu sous le nom d'alcool carburé. L'efficacité de la carburation est telle que l'alcool carburé à 50 0/0 c'est à dire contenant 50 0/0 de benzine, comparé à l'alcool simplement dénaturé, conduit pour une même intensité à une consommation moitié moindre. La benzine étant très abondante, la carburation n'accroît d'ailleurs pas le prix de l'alcool. La nécessité de la carburation ne sera donc pas un obstacle à l'emploi de l'alcool pour l'éclairage.

Au reste, on n'empêchera guère à l'avenir que les types de lampes permettant à la fois l'usage du manchon incandescent et de l'alcool carburé. Dans ces conditions, cet alcool carburé ne doit plus contenir que de 25 à 30 0/0 de benzine. L'économie résultant du double perfectionnement est très sensible : une lampe à flamme libre dépense en effet 6 gr. environ d'alcool carburé par bougie-heure, et à peine 1 gr. quand l'alcool carburé est, à l'état de gaz, brûlé sur le manchon.

En résumé : pour produire une bougie heure, il faut :

120 gr. d'alcool pur brûlant à flamme libre ;

2 gr. 5 d'alcool pur brûlant dans un manchon incandescent :

6 gr. d'alcool carburé brûlant à flamme libre ;

1 gr. d'alcool carburé brûlant dans un bec à manchon.

Ces chiffres indiquent nettement les avantages des divers systèmes.

Nous ferons remarquer que pour l'éclairage on ne peut guère utiliser que des appareils brûlant l'alcool à l'état de vapeur. Il convient d'ailleurs que la pression avec laquelle l'alcool arrive au foyer soit assez grande : le jet de vapeur d'alcool est projeté nettement ; il entraîne dans un espace restreint la quantité d'air qui doit le brûler, il donne un cône de flamme qui, si la forme du manchon est convenablement choisie, se trouve exactement emboîté de sorte que la flamme est complètement utilisé et que le manchon prend son maximum d'éclat.

VI

Comparaison avec les autres modes de chauffage et d'éclairage.

Il est bien évident que le chauffage et l'éclairage à l'alcool n'entreront dans les mœurs que le jour où ils pourront rivaliser au point de vue des avantages avec les procédés actuellement en usage.

En ce qui concerne l'éclairage, l'alcool ne saurait être substitué au gaz. L'électricité, surtout dans les pays où il y a une force motrice naturelle, est produite avec très peu d'efforts. L'alcool ne suppléera donc pas à l'éclairage électrique. Mais combien d'usines, de gares, de villages, de maisons de campagne, qui ne peuvent avoir ni gaz ni électricité ! Il faut, dans ce cas, choisir entre l'alcool et le pétrole. Or, il semble bien qu'au seul point de vue économique l'avantage est actuellement pour l'alcool : brûlant sur mèche, l'alcool carburé et le pétrole se valent : mais si le pétrole brûle sur mèche et si l'alcool dénaturé brûle sur manchon, la dépense en alcool est déjà moitié moindre ; et si au lieu de simple alcool dénaturé, on emploie de l'alcool carburé, l'avantage s'accentue encore au détriment du pétrole. (On pourrait se demander pourquoi le pétrole ne peut être lui aussi gazéifié et brulé sur manchons ; c'est que le pétrole ne bout que vers 200 ou 300°, qu'il se décompose à cette température, déposant du charbon de cornue qui encrasse les injecteurs). D'ailleurs, dans le choix d'une lumière, il ne convient pas seulement de s'occuper du prix de revient : il y a d'autres points de vue à prendre en considération. L'alcool présente sur le pétrole des avantages et des inconvénients. Les inconvénients ? L'allumage est lent : on arrivera certainement à le rendre plus rapide. L'alcool est plus inflammable que le pétrole : mais les dangers d'explosion sont extrêmement réduits avec les appareils actuels. Les avantages ? l'alcool ne répand pas d'odeur, ne donne pas de flamme fuligineuse : la lampe qui le contient ne suinte pas, de sorte qu'on peut la prendre sans se souiller les doigts.

Au point de vue du chauffage, les résultats sont moins favorables à l'alcool. On ne peut encore guère l'utiliser au chauffage industriel : il est beaucoup plus cher que la houille. Cependant en juin 1901, 200 moteurs étaient déjà en mouvement dans l'Allemagne. Pour l'usage domestique, le pétrole fournit, à effort égal, deux fois plus de chaleur que l'alcool : il est donc plus économique. Mais quand il s'agit d'usage aussi restreint, on ne doit pas toujours considérer les économies. Quand on adopte un procédé de chauffage, on regarde non seulement la chaleur, mais aussi la commodité, le bien-être, l'élégance qu'il apporte avec lui. Et il est clair que sous tous ces rapports les réchauds à alcool sont bien supérieurs aux réchauds à pétrole.

L. PASTOURIAUX.

domaine à l'autre les lieues se comptent par trillions qui sont des milliers de milliards.

— Quelle est donc cette étoile qui brille d'un éclat vif ?

— C'est l'Etoile polaire située à l'extrémité de la petite Ourse. Je pourrais lui parler ma voix rapide s'élancerait vers elle pour lui parvenir dans 400.000 siècles. Elle semble immobile celle-là; hier, aujourd'hui, demain, elle paraîtra à la même place à l'horizon, pourtant elle fuit, vertigineuse comme toutes, comme tout, mais sa course est vue de si loin que nous la jugeons lente, puisqu'il faut 3.000 années d'attention pour la noter à peine : les Assyriens et les Phéniciens l'ont vue presque à la même place et cependant elle a fait jour par jour des millions de lieues qui mises bout à bout font des chiffres que le cerveau ne peut plus comprendre.

André ne pouvait détacher ses yeux du firmament sombre, il aurait voulu percer l'impénétrabilité des espaces interstellaires, savoir où finissait ce fluide que l'on nomme l'éther, savoir ce qu'il y avait derrière ce cosmos, derrière ces étoiles, mais tout à coup son cerveau embrasé revint sur terre. Il pensa aux hommes, aux fourmis terrestres, il revit toutes les dissidences, toutes les querelles humaines, et il trouva ceci si petit, si ridicule que dans la nuit claire, André Darès se mit à rire.

MAURICIUS.

— LES —

Travailleurs de la Mort

M. Edmond Lepelletier va continuer à ne pas être content. Ce charmant édile dont le visage reflète les sentiments d'intelligente douceur vient de protester contre une situation suivant lui intolérable. On ne guillotine plus à Paris !

Par suite du manque de lieu propice aux opérations sanglantes de la Vindicte, les chats-fourrés se voient obligés de refréner leurs instincts et de manifester quelque clémence à l'égard des « justiciables » qui ne prennent aucun prétexte légal pour assassiner.

La « Veuve » ne trouve plus de proprio dans la capitale.

Cela ne peut durer et M. Lepelletier réclame des têtes.

Anatole, chourineur salarié, et ses aides, féroces décentralisateurs de la brutalité, se rattrapent en province.

A ce propos, il est bon de constater une fois de plus l'hypocrisie barbare des pharisiens modernes, servants de l'Ordre et de la « Forme » qui après avoir voué à la décollation le malheureux dont la faiblesse expie les vices d'une société mal faite, pleurnichent des regrets, incitent la victime au « courage devant la mort » et se mettent en quatre pour assurer fidèlement l'exécution de ses « dernières volontés ».

L'Etat-civil qui ne perd jamais ses droits, ajoute une note de cruelle ironie à ces manifestations macabres.

Voici la copie de l'acte de décès qui a été dressé après la « mort subite » de Pozzi supprimé à Belfort parmi les cris de mort des marlous du Pavillon :

L'an 1905, le 6 octobre, à 9 heures du matin, par devant Nous, Joseph Jenny, adjoint au maire de la ville de Belfort (Haut Rhin), remplissant les fonctions d'officier de l'état civil de la dite Ville, en vertu de délégation de M. le Maire, ont comparu à l'Hôtel de Ville, Léopold Canitrot, âgé de 48 ans, commis greffier du Tribunal civil de cette ville, et Georges Fritsch, 31 ans, agent de police, les deux domiciliés à Belfort, lesquels Nous ont déclaré que Antonio Pozzi, dit Sabattini, âgé de 37 ans, maçon, né à Borgocolle-Fegola (Italie), sans domicile fixe, fils de Catherine Pozzi, est décédé aujourd'hui à 5 h. 25 du matin en cette ville, avenue de l'Arsenal.

Et, après Nous être transporté auprès de la personne décédée pour nous assurer de ce décès, Nous avons dressé le présent acte que les déclarants ont signé avec nous, après lecture faite. Suivent les signatures :

Canitrot, Fritsch, Jenny.

Chose curieuse : Pozzi était mort !

Si l'on considère que cette cérémonie a eu lieu dans une ville où **16.000** individus, qui, prennent pour cela un costume spécial, s'exercent journellement au meurtre collectif, on comprendra après lecture de pareil document que l'hypocrisie et le mensonge ne disparaîtront décidément que lorsque des gens réfléchis, mais nerveux, flamberont les actes officiels inutiles, les paperasses et culbuteront sur les foules badaudes et stupides, les geôliers, les politiciens, les bourreaux et leurs machines infernales.

Léon ISRAEL.

Déterminisme et Raison

En chaque homme se produit ce miracle de l'être unique se représentant à lui-même dans la diversité, se situant lui même en objet à sa propre vue, cette illusion se manifeste dans le fait de la conscience et il serait même de toute impossibilité pour un être quelconque de prendre conscience de lui même sans au préalable faire cette distinction.

L'être se distingue en *objet* et en *sujet* et c'est dans l'unité abstraite du sujet qu'il situe son propre *moi*, qu'il prend pour une réalité concrète, c'est donc de cette façon que parvint à se former chez l'homme l'illusion d'une volonté directrice : l'individu (*sujet*), reflet conscient des forces de l'organisme croit donner des ordres, il s'attribue un rôle actif et c'est par là que s'établit l'illusion de la liberté.

« La pensée et les volitions dérivant de la » pensée, nous dit le camarade Ossian, sont » comme tous les phénomènes naturels, sou- » mis au déterminisme...

» La pensée est, comme la physiologie l'a » prouvé, un phénomène naturel. »

Cette définition, à laquelle je me range, exclut donc, d'une façon absolue, l'existence d'une volonté libre, capable de déterminer des actes. Or, une inconséquence grave — à mon sens — semble se dresser ici entre cette argumentation et les déductions qu'en tire le camarade Ossian.

« On peut, en effet, dit il plus loin, entendre » par *liberté* la possibilité pour l'individu de » perpétrer sans entraves les actes auxquels *il* » est poussé par son organisme. »

A la façon des spiritualistes, Ossian distingue donc, dans le phénomène humain, l'individu et son organisme !

« Tout individu, dit-il encore, sur le point » de perpétrer un acte, doit réfléchir auparavant, peser les conséquences de son acte, » en un mot, le soumettre au criterium de la » raison. »

De là il ressort que l'individu (*sujet*) peut réagir contre l'individu (*objet*) en soumettant à la raison, avant d'agir, les décisions déterminées par l'organisme.

Si c'est l'organisme qui détermine l'acte et si l'homme n'est qu'un organisme, qu'est-ce donc que cet *individu* qui a la *possibilité de perpétrer sans entraves les décisions* du dit organisme ? Qu'est-ce que cet individu séparé de son organisme (puisqu'il a la possibilité d'agir sur lui ou de lui imposer son contrôle) ? Ne voit-on pas réapparaître ici la *Volonté* ?

Je cite ici un extrait d'un livre, *Le Cerveau* du Dr Luys, offrant, quoique dit d'une façon plus grossière, quelque analogie :

« C'est ainsi que — en raison même de ces » connexions, nos idées s'associent, se groupent d'une façon méthodique en souvenirs » contemporains, s'appellent les unes les autres lorsque le premier anneau de la chaîne » a été ébranlé, se représentent d'une façon » irrégulière et décousue, lorsqu'abandonnant » la direction de *notre esprit*, *nous* les laissons » aller, comme on dit au hasard, que *nous* » donnons audience à nos pensées, c'est à dire » que nous laissons les activités automatiques » de nos cellules cérébrales s'exercer suivant » leur allure naturelle et s'appeler suivant » leur affinité intime. »

La direction de notre esprit... (?)... nous (?)... mais, qui nous ?... à quoi se réduit donc la valeur psycho-intellectuelle de l'activité automatique du cerveau qui, privée de la direction de notre esprit (?) de nous (?),... ne produit plus rien qu'une œuvre irrégulière et décousue ?...

Cela se réduit en somme à cette conception de Claude Bernard d'*une force vitale législative qui dirige l'activité mais ne la produit pas* : ce qui revient à dire, avec les spiritualistes : « Le corps détermine le degré de force » et d'intelligence, l'*âme* en dirige la manifes » tation. »

Voilà donc d'accord, les spiritualistes et les déterministes, sinon sur le concept, du moins sur le processus.

Certains individus, parlant de la raison lui inflige un traitement de la sorte. Qu'entend-t-on généralement par raison ? Qu'est-ce qu'un homme raisonnable ? « L'homme ayant la faculté d'adapter ses actes aux circonstances » extérieures, de juger et de tirer parti de son » expérience. » Une telle définition sous-entend forcément l'existence d'une volonté, capable de donner une impulsion et de déterminer des actes, de cette façon l'homme peut échapper au déterminisme, se rendre maître de son activité.

Peut-être la forme du langage est-elle seule cause de cette confusion, mais, je crois qu'il serait de grande nécessité de donner ici une définition précise de la raison. Définition qui soit d'accord si possible, avec le déterminisme biologique ne laissant sous-entendre l'existence d'aucune force mystérieuse, car, d'une façon absolument certaine, beaucoup d'individus, lecteurs de l'*anarchie*, feront à tous comme moi, ou à eux-même, les réflexions que je fais aujourd'hui. En disant : « Tout » individu sur le point de perpétrer un acte » doit réfléchir auparavant, peser les consé- » quences de son acte, le soumettre au critérium de la raison », il semble qu'il est *impossible* de « penser » autre chose qu'une volonté (?), opposée à un organisme, sur lequel elle étendrait son pouvoir, et déterminerait, *après réflexion*, la direction de l'activité. C'est toujours — à mon sens — l'individu (*sujet*), opposé à l'individu (*objet*), la lutte entre deux éléments distincts. Or cela ne me semble pas concorder avec le déterminisme, qui rejette toute liberté, même relative.

Au lieu de rechercher ce que les hommes doivent faire, ne devrait-on pas plutôt rechercher les lois suivant lesquelles les hommes accomplissent *nécessairement* des actes ?

A. ROELANTS.

— Faits Divers —

Vol à ventre écharpé. — Mardi, à 8 heures du matin, le nommé Berthelot, accompagnés par deux individus, est entré dans une maison sise 30, rue Muller. Il avait appris, avec la complicité d'un employé de la la gare du Nord, qu'un colis de valeur avait été envoyé d'Amiens à Libertad. Il voulait profiter du tuyau. Un peu trop tard il est vrai. Etant le plus fort, il a emporté quatre-vingt dix-sept brochures et s'est retiré en bon ordre.

Tout porte à croire que des complices faisaient le guet dehors, car on vit à ce moment quelques rôdeurs sillonnés la rue.

L'INFORMATEUR.

P. S. — Renseignements pris, le nommé Berthelot est commissaire de police et les rôdeurs devaient être agents de la Sûreté. Toutes nos excuses.

Revue des Journaux

Le Libertaire.

Fernand Desprès, avec une très grande logique, montre que le manifeste de l'A. I. A. T. ne contient pas d'appel au meurtre, mais bien plutôt un appel à la défense. Il se rit des Prudhommes bourgeois, si féroces dans la répression, et qui parlent en cette occasion du respect de la vie.

Miguel Almereyda donne du pied au cul à cette loque assassin qu'est Tailhade. Que n'a-t-il vu toujours en ce type, le pitre qui joue les rôles de traître sur la scène et qui est le parfait idiot dans la réalité. Il n'y a pas « conversion » il y a [illegible].

Oui, camarade Apémantus, ce n'est plus Gohier qui dirige le *Cri de Paris*, mais c'est lui qui l'a vendu. Ainsi l'ouvrier laisse aller son enfant à la caserne pour apprendre à tuer le voisin, si ce n'est soi.

Francis, avec esprit, rappelle aux socialistes leurs appels au meurtre, à la désertion, à l'insoumission.

Les Temps Nouveaux.

Une critique de la critique de Buisson à propos du livre les *Classes sociales* de Niceforo. Raphaël Danois a su montrer l'inconséquence de Buisson. Lire, sur ce sujet, l'article de Lucien Descaves, en deuxième page.

Michel Petit menace les autorités gouvernementales du mécontentement des employés, comptables, paperassiers. Il communique quelques lettres d'individualités auxquelles il veut bien donner un sens général. Il nous semble un peu optimiste. Il termine par un passage à la pommade qui semble venir là comme des cheveux sur la soupe.

LE LISEUR.

Les piqûres dont les flancs du sieur Durand ont tant eu à se plaindre sont à la disposition des camarades à raison de 0.20 le 100, un méli-mélo de textes différents. Port en plus.

L'ÉDUCATION LIBRE

Dimanche 22 Octobre, à 8 h. 1/2 du soir
Salle de la Maison Commune
45, Rue de Saintonge

GRANDE CONFÉRENCE
faite par **PARAF-JAVAL**
sur
L'Organisation du Bonheur
VESTIAIRE : **0.30**

Cette Soirée étant organisée au profit de camarades, on est invité à y venir nombreux.

CAMARADERIE

La mère de notre camarade Jacob — condamné aux travaux forcés pour vol à main armée sans costume de soldat et sans patente — sortant de faire dix-huit mois de prison préventive, est dans un complet dénûment... ce qui se comprend. Il est ouvert une souscription. Envoyer l'argent à l'administrateur du *Libertaire* 15, rue d'Orsel.

Voilà du travail tout désigné pour le **Comité de Défense sociale.**

— Par la Chanson —

Le groupe d'édition la **Muse Rouge** se propose de continuer la série de chansons illustrées. Afin de les propager, il met à la disposition de tous :

L'Internationale anarchiste . . 0 10
Le Père Lapurge, dessin de Luce. 0 25
La Muse Rouge, dessin de Lochard. 0 25
La douzaine assortie : 1 fr. 50

Le tirage étant restreint, envoyer les commandes le plus tôt possible.

Nous pouvons livrer 25 exemplaires des **Deux Haricots** de Paraf-Javal, image pour enfants, à raison de **1 fr. 50**, franco de port.

CE QU'ON PEUT LIRE

Pierre Kropotkine. — *Aux Jeunes Gens; Anarchie et Communisme; Morale anarchiste; Organisation de la Vindicte* : br. à **0.10.** — *Les Temps nouveaux* : br. à **0.25.** — *Autour d'une vie; Conquête du Pain* : vol. à **2.75.**

Paraf-Javal. — *L'Absurdité de la politique* : br. à **0.15.** — *Libre Examen* : br. à **0.25.** — *La Substance universelle* : vol. à **1.25.** *Les deux haricots*, image p. enfants : **0.10.** *L'absurdité des soi disant libres penseurs* **0.10.**

Jean Grave. — *Organisation, Initiative, Cohésion; La Panacée-Révolution; Le Machinisme; Enseignement bourgeois et Enseignement libertaire; Colonisation* : br. à **0.10.** — *La Société future; L'Individu et la Société; Les Aventures de Nono* : vol. à **2.75.**

Elisée Reclus. — *A mon frère le paysan* : br. à **0.05.** — *L'Anarchie et l'Eglise* : **0.10.**

Elie Reclus. — *Les Primitifs* : vol. à **4** fr. *Les Primitifs d'Australie*, vol. à **3** fr.

A. Dal. — *Les Documents subversifs*, avec préface de **Ch. Malato** : br. à **0.30.**

Georges Etiévant. — *Déclarations; Représentation des actes de révolte* : br. à **0.10.**

René Chaughi. — *Immoralité du mariage; La Femme esclave* : br. à **0.10.**

Enrico Malatesta. — *Entre paysans* : br. à **0.10.**

Domela Nieuwenhuis. — *Le Militarisme; Education libertaire* : br. à **0.10.**

Charles Albert. — *Guerre, Patrie, Caserne* : br. à **0.10.** — *Aux anarchistes qui s'ignorent* : br. à **0.05.**

André Girard. — *Anarchie* : br. à **0.05.**

Ligue de la Régénération. — *Moyens de limiter les grandes familles* : br. à **0.30.** — *Peur d'Avortement* : br. à **0.50.**

P. Paillette. — *Les Tablettes d'un Lézard*, vol. à **2.50.**

Noël Reibar — *A bas la guerre*, poésie avec musique : **0.10.**

La Chanson ouvrière, n. **3.** 12 chansons, 6 avec musique, les autres s. airs connus : **0.50.**

L'« anarchie ». — Numéros parus : **0.10** chaque. — Les invendus sont envoyés, le port étant seul à la charge des camarades.

Figures d'aiguille. — 20 textes : **0.20** [illegible]

Les frais de port sont évidemment en plus.

OU L'ON DISCUTE
OU L'ON SE VOIT

Causeries Populaires du XVIIIe, 30, rue Muller. — Lundi 23 octobre, à 8 h. 1/2. *Comme suite : le Machinisme*, discussion.

Causeries Populaires du XIe, 5, cité d'Angoulême. — Mercredi 25 octobre à 8 h. 1/2, *Le Cerveau* (suite), par le camarade Mauricius.

Causeries Populaires des Ve & XIIIe, 37, rue Croulebarbe. — Samedi 21 octobre, à 8 h. 1/2, *Causerie sur le Tribunal*, par le camarade Guerout.

L'Aube Sociale, Université populaire, 4, passage Davy. — Vendredi 20 octobre, à 8 h. 1/2, *Evolution de l'idée divine*, par Céline Renooz.

Jeunesse révolutionnaire du XIVe, groupe d'études sociales. — Vendredi 20 octobre, à 8 h. 1/2, réunion à la Belle Polonaise, salle des menuisiers. Lecture et discussions sur la brochure *La Morale anarchiste* de Kropotkine.

Aux Causeries Populaires, 5, cité d'Angoulême. — Samedi, 21 octobre, *Fous et Gueux, Criminels et Génie*, réunion.

Amiens. — Afin de leur éviter des embêtements et des pertes de temps, tous les correspondants de *Germinal*, 25, rue St-Roch, sont priés d'envoyer lettres et mandats, tout ce qui concerne ce journal à l'*administrateur de Germinal*, etc.

Cherbourg. — Une *Jeunesse libre*, basée exclusivement sur les idées anarchistes, est ouverte, 13, rue Bonhomme. Les réunions ont lieu tous les mercredis à 8 h. Une *Causerie* est faite par un camarade.

Roanne. — Sous le titre *Groupe Germinal*, il a été formé un groupe d'études et d'action sociales. Les réunions ont lieu tous les mercredis à 8 h. 1/2, au local de l'U. P., place de l'Hôtel de Ville. *Causerie.*

Composé par des camarades.
Le Gérant : A. MARÉ.
Imp. des *Causeries Populaires*, A. Libertad

LES CAMARADES
adresseront
tout ce qui concerne
l'anarchie
à A. MAHÉ & A. LIBERTAD
30, rue Muller, 30
PARIS-XVIII

l'anarchie

PARAISSANT TOUS LES JEUDIS

ABONNEMENTS

FRANCE
Trois Mois.......... [illegible]
Six Mois.......... [illegible]
Un An.......... [illegible]

ÉTRANGER
Trois Mois.......... [illegible]
Six Mois.......... 4 »
Un An.......... [illegible]

PREMIÈRE ANNÉE. — N° 29 | DIX CENTIMES | JEUDI 26 OCTOBRE 1905

Le Bétail Patriotique

A la Caserne ! A la Caserne !

Va, gars de vingt ans, mécanicien ou professeur, maçon ou dessinateur, étends-toi sur le lit...

...Sur le lit de Procuste.

Tu es trop petit... on va t'allonger.

Tu es trop grand... on va te raccourcir.

Ici, c'est la caserne... on n'y fait pas le malin, on n'y crâne pas... tous égaux, tous frères...

Frères en quoi ? En bêtise et en obéissance, parbleu.

— Ah ! ah ! ton individu, ta tête, ta forme ! ce qu'on s'en fout. Tes sentiments, tes goûts, tes penchants, à vau l'eau.

C'est pour la Patrie... qu'on te dit.

Tu n'es plus un homme, tu es un mouton. Tu es à la caserne pour servir la patrie. Tu ne sais pas ce que c'est, tant pis pour toi. D'ailleurs tu n'as pas besoin de le savoir. Tu n'as qu'à obéir.

Tête droite. Tête gauche. Les mains dans le rang. Repos. Mange ! Bois ! Dors !

Ah ! tu parles de ton initiative, de ta volonté. Connais pas ici, il n'y a que la discipline.

Quoi ! Que dis-tu ? Que l'on t'a appris à raisonner, à discuter, à te former un jugement sur les hommes et les choses ? Ici, on la boucle, on la ferme. Tu n'as, tu ne dois avoir, d'autres appréciations, d'autres jugements que ceux de tes chefs.

Tu ne veux, tu ne peux suivre que ceux dont tu as reconnu la compétence après expérience ? Pas de blague ici, mon petit. Tu as un moyen mécanique pour savoir à qui obéir... Compte les filaments d'or qui sont sur la manche d'un dolman.

Qu'as-tu donc, encore ? On t'a appris à ne pas avoir d'idole, à ne rien adorer ? N'importe, courbe ton corps, baise le sol, suis respectueusement, c'est le symbole de la patrie, l'idole du vingtième siècle, l'icône démocratique. Ça, mon ami, c'est la forme républicaine de l'étendard de Jeanne d'Arc.

Allons, dépose ton esprit, ton intelligence, ta volonté à la porte .. Tu es du bétail... on ne te demande que de la laine...

Entre... et ne pense plus.

A la Caserne ! A la Caserne !

⁂

L'armée, disais-je dernièrement, n'est pas dressée en face de l'ennemi de l'extérieur ; l'armée n'est pas dressée en face de l'ennemi de l'intérieur ; l'armée est dressée en face de nous-mêmes ; en face de notre volonté, de notre « moi ».

L'armée, c'est la revanche de la foule contre l'individu, du nombre contre l'unité.

L'armée ce n'est pas l'école du crime : l'armée ce n'est pas l'école de la débauche, ou si elle est tout cela, c'est bien le moindre de ses défauts : l'armée c'est l'école de l'obéissance, c'est l'école de la veulerie, c'est l'école de l'émasculation.

Malgré la famille, malgré l'école, malgré l'atelier, il reste un peu de sa personnalité en chaque homme ; de temps en temps des mouvements de réaction se produisent contre le milieu. L'armée, dont la caserne est le local, vient achever cette œuvre d'annihilation de l'individu.

L'homme de vingt ans a cette virilité généreuse qui lui permet de s'employer au développement d'une idée. Il n'a pas les entraves de l'habitude, les affadissements du foyer, le poids des années. Il peut pousser sa logique jusqu'à la révolte. Il a, en lui, la sève prêt à faire éclater les bourgeons et éclore les fleurs.

Au détour de la route, on lui tend le traquenard de la Patrie, le piège de l'Armée, la souricière de la Caserne.

⁂

Alors, toutes les facultés sont enrayées. Il ne faut plus penser. Il ne faut plus lire. Il ne faut plus écrire. En aucun cas il ne faut avoir de volonté.

Depuis la pointe des cheveux, jusqu'à celle des pieds, tout votre corps appartient à l'armée. Vous ne choisissez plus la coiffure ni la chaussure qui vous plait. Vous ne portez plus le vêtement ample ou serré à la taille. Vous ne mangez plus votre pain peu cuit ou brulé ! Vous ne vous couchez plus à l'heure de votre sommeil... Il y a une chaussure, une coiffure, un vêtement d'ordonnance. Le pain se fait en des fournées communes et l'heure de votre repos est fixé depuis des ans.

Qu'est cela ? affaire d'endurance !

Mais voilà pire... Dans la rue vous ne parlez pas à qui vous voulez ! Vous n'entrez pas dans le local qui vous plait ! Vous ne lisez pas la feuille qui vous intéresse ! Vos fréquentations, vos rendez-vous et vos lectures aussi sont d'ordonnance !

Et si par hasard vous êtes pris de troubles sexuels, il y a le bordel des soldats et celui des officiers, comme il y a aussi des lieux différents pour s'alcooliser.

Tout est réglé, tout est prévu. L'individu est assassiné. L'initiative est morte.

⁂

La Caserne est l'étable du bétail patriotique. Il sort de là un troupeau qui est prêt à former le bétail électoral.

L'Armée est l'instrument redoutable dressée par les gouvernants contre les individus : la Caserne est la canalisation des forces humaines de tous au profit de quelques-uns.

On y entre homme, on y devient soldat, on en sort citoyen.

Albert LIBERTAD.

Chiquenaudes et Croquignoles

Prud'homme nouveau style.

Tout se transforme, tout se change, tout subit la loi du progrès. Le Prud'homme de maintenant s'appelle Hardouin : il collabore aux Temps Nouveaux *et au* Matin.

Il prudhommise sur la question sociale, c'est un homme révolutionnaire. Le sieur Flory voulait presque l'appeler à son cabinet pour répondre d'antimilitarisme.

Rien n'échappe à sa critique. Ce que la société est mal faite... mais ce que les truffes sont bonnes et qu'il est doux de respirer l'air de la mer quand viennent les vacances.

Car, ainsi que l'autre Prudhomme, le nouveau parle de la société, la gueule pleine et le ventre rebondi.

—o—

Contre les rongeurs.

Toujours soucieux des intérêts du peuple de Paris, le Matin *offre un prix de dix mille francs à qui trouvera le moyen pratique de détruire les mouches, cancrelats des ... teintes et termites.*

Il nous semble que cette somme serait mieux employée à récompenser celui qui trouverait le moyen de détruire les ... et autres parasites : députés, agents de ville, sénateurs, présidents de république, ... estampes, commerçants, camelots, etc., etc. ... besogne faite on pourrait employer ... tous les efforts des individus à dompter ou à s'assimiler les forces naturelles.

... dis-je... Mais les « ... » du Matin *n'auraient-ils rien à risquer si on trouvait ce moyen ?...*

—o—

Blanc bonnet et bonnet blanc.

Allons, au Japon comme en France, les chefs des gouvernements, Mikado ou Tsar ont recours à l'abrutissement religieux pour écraser le peu d'esprit de leurs sujets.

Ainsi, le Mikado vient d'aller annoncer aux esprits de ses ancêtres, la nouvelle de la conclusion de la paix, après victoire, bien entendu.

L'histoire ne dit pas s'il est allé annoncer aux mères et aux orphelins la mort de leurs « ancêtres » après victoire, comme de juste.

—o—

Les Norvégiens demandent un roi.

Il paraît qu'ils l'ont trouvé ! le soliveau tant cherché.

Et le plus fort est qu'ils acclament la royauté au nom du principe républicain.

Rien ne change... Les républicains crient : « Vive le roi » ; les socialistes : « Vive la république » et les anarchistes... pas tous : « Vive l'unité révolutionnaire ! »

Que chacun prenne donc sa place !

—o—

Les fraternisations latines.

Le mot est beau . Malheureusement, il n'est pas de moi.

Et que sont donc ces fraternisations ? Les fêtes de Rome, de Madrid et de Lisbonne, à l'occasion du voyage du père Loubet.

Ce que c'est que de nous, tout de même... Notre état est si maladif, qu'il faut toujours que l'on examine l'endroit où Emile, Alphonse ou Carlos déposent leurs selles pour connaître notre puissance guerrière... selon les alliances.

CANDIDE.

— LA VIE —

C'est la fête des Morts !

Suivant les enseignements d'un calendrier absurde, les inconscients, religieux ou laïcs, vont célébrer les « Trépassés ».

Les falsificateurs de lait, ces tueurs de petits gosses, les débitants d'alcool, empoisonneurs publics, les rois de la Grande, qui s'enrichissent sur la mort de leurs ouvriers, la gent militaire qui fait profession d'apprendre à tuer, les gros raffineurs de sucre dont l'industrie abrège l'existence de milliers d'êtres, les propriétaires qui poussent au ... les pauvres ... insolvables ... vouées à la tuberculose par l'insalubrité de leurs taudis ..., les professionnels du meurtre, les pourvoyeurs de bagne et de guillotine, tous les hypocrites qui ne subsistent à l'abri des lois que par la souffrance, la misère et la mort des écrasés, vont ce jour là pleurer les disparus et peut être même leurs victimes !

Encore encrassée dans les erreurs superstitieuses des religions de résignation et de sacrifice, la foule respectueuse suit passivement les habitudes et les préjugés.

Les marchands de couronnes sont de la fête !

Et cela semble normal, dans une société où la lutte pour la vie oblige les hommes à s'entredéchirer, où la concurrence les contraint à « désirer » ou à « activer » la mort de leurs voisins.

⁂

Au désordre et à l'autorité, nous voulons substituer l'harmonie et la camaraderie.

De tous les temps, les philosophes qui osèrent proclamer des vérités nouvelles, furent en butte à l'arbitraire et à la malveillance des ignorants.

Mais la logique s'impose !

Nous voulons, par l'observance des lois naturelles et l'application pratique de toutes les connaissances scientifiques, réaliser pour tous la plus grande « intensité de vie » et le « maximum de bonheur », et nous profitons de cette date « la fête des Morts » pour affirmer comme postulat de toutes nos théories, la base même de notre conception anarchiste :

— LA VIE —

en organisant le **Mercredi 1er Novembre**
à 8 h. 1/2 du soir
SALLE DU PROGRÈS SOCIAL
Rue de Clignancourt, 92

Une grande Conférence publique et contradictoire

par *PARAF-JAVAL*, sur :
LES VIVANTS & LES MORTS

et *LIBERTAD*, sur :
LES TRAVAILLEURS DE LA MORT

Entrée : **0.30** *pour les frais*

L'UTILE & L'AGRÉABLE

Les connaissances utiles à la vie ne sont pas seulement celles des métiers et des arts. S'il est nécessaire que chacun sache son métier, il est utile à chacun d'interroger la nature qui nous a formés et la société dans laquelle nous vivons.

Quel que soit notre état parmi nos semblables, nous sommes avant tout des hommes et nous avons grand intérêt à connaître les conditions nécessaires à la vie humaine. Nous dépendons de la terre et de la société, et c'est en recherchant les causes de cette dépendance que nous pourrons imaginer les moyens de la rendre plus facile et plus douce. C'est parce que les découvertes des grandes lois physiques qui régissent les mondes ont été lentes, tardives, longtemps renfermées dans un petit nombre d'intelligences, qu'une morale barbare, fondée sur une fausse interprétation des phénomènes de la nature a pu s'imposer à la masse des hommes et les soumettre à des pratiques imbéciles et cruelles.

Peut-on croire, par exemple, que, si les savants avaient connu plus tôt la vraie situation du globe terrestre tournant en compagnie de quelques autres globes, ses frères, autour d'un soleil qui nage lui-même dans l'espace infini, peuplé d'une multitude d'autres soleils, pères ardents et lumineux d'une multitude de mondes ; peut-on penser que, si dans les siècles anciens un grand nombre d'hommes avaient eu cette juste idée de l'univers et y avaient suffisamment attaché leur pensée, c'eût été possible de les effrayer en leur faisant croire qu'il y a sous terre un enfer et des diables ? C'est la science qui nous affranchit de ces grossières imaginations et de ces vaines terreurs, que nous avons rejetées loin de nous.

Et ne voyons-nous pas que de l'étude de la nature nous tirons une foule de conséquences morales qui rendent notre pensée plus assurée et plus tranquille.

La connaissance de l'être humain n'est pas moins profitable. En suivant les transformations de l'homme depuis l'époque où il vivait nu, armé de flèches, de pierres, dans des cavernes, jusqu'à l'âge actuel des machines, au règne de la vapeur et de l'électricité, nous embrassons les grandes phases de l'évolution des hommes.

La connaissance des progrès accomplis nous permet de pressentir, de solliciter les progrès futurs. En cherchant, dans un passé récent, comment s'est formée et accrue la force capitaliste, nous jugerons mieux des moyens qu'il faut employer pour la maîtriser, à l'exemple de ces grands inventeurs qui n'ont asservi la nature qu'après l'avoir parfaitement observée.

Étudions les faits de bonne foi, sans aucun parti pris ni système préconçu. Les vrais savants nous disent que la science veut garder son indépendance et sa liberté, et **qu'elle ne se soumet à aucune puissance étrangère**. Est-ce à dire qu'il faut poursuivre nos recherches sans direction ni but déterminé ? Non. Travaillons donc à développer notre être intellectuel, à nous rendre plus sûrs de nous-mêmes et plus conscients de nos forces par une connaissance plus exacte des nécessités de la vie sur la planète et des conditions particulières où chacun se trouve dans la société actuelle.

Recherchons aussi ce qu'il y a de plus utile à connaître dans la science. Et ce qu'il y a de plus agréable à considérer dans l'art. Ne nous refusons pas à mêler dans nos études l'agréable à l'utile. D'ailleurs, comment les séparer, si l'on a un peu de philosophie ? Comment marquer le point où finit l'utile et où commence l'agréable ? Une chanson, est-ce que cela ne sert à rien ? Est-ce qu'un sourire est inutile ? Est-ce donc si peu de plaire et de charmer ?

Nous entendons parfois des moralistes nous dire qu'il ne faut rien accorder à l'agrément dans la vie. Ne les écoutons pas. Une longue tradition religieuse qui pèse encore sur nous, enseigne que la privation, la souffrance et la douleur sont des biens désirables et qu'il y a des mérites spéciaux attachés à la privation volontaire. Quelle imposture ! C'est en disant aux peuples qu'il faut souffrir en ce monde pour être heureux dans l'autre qu'on a obtenu d'eux une pitoyable résignation à toutes les oppressions et à toutes les iniquités. N'écoutons pas les prêtres qui enseignent que la souffrance est excellente. C'est la joie qui est bonne.

Nos instincts, nos organes, notre nature physique et morale, tout notre être nous conseille de chercher le bonheur sur la terre. Ne le fuyons pas. Ne craignons pas la joie ; et lorsqu'une forme heureuse ou une pensée riante nous offre du plaisir, ne la refusons pas.

Anatole FRANCE.

ENTRETIENS ANARCHISTES (*)

Coopératives et Milieux-libres

— Bonjour, Sosthène ; est-ce pour causer sur l'individualisme, ainsi qu'il me semble, nous en avions décidé à ta dernière visite ?

— Non. Tout d'abord, si tu avais un moment, nous pourrions continuer à passer en revue les différents systèmes d'associations. Si nous parlions un peu des groupements coopératifs. Je n'ai pas d'illusions à leur égard, mais enfin je voudrais bien me faire une opinion nette.

— Mon ami, mon opinion tu dois bien la pressentir : comment prendre au sérieux des entreprises de ce genre. Les coopératives sont des maisons de commerce. Dans ces maisons le patron n'existe pas : il est remplacé par un conseil d'administration. Ce conseil — élu par l'assemblée générale des coopérateurs — administre la société, fait les achats, fixe les prix de vente, etc. Tu le vois, leur fonctionnement ne diffère aucunement de celui de toutes les sociétés commerciales possibles soit anonymes, en participation ou en commandite. Lis des statuts, assiste à des assemblées, tu verras que les coopératives sont de misérables palliatifs, des amusettes, qui non seulement ne suppriment pas les intermédiaires mais se compliquent encore de toute une comptabilité prodigieuse, de services de contrôle, de surveillance, etc., etc.

Bref, si étant donnée la réduction des frais généraux, on peut vendre meilleur marché (très peu) c'est un progrès » au point de vue capitaliste : parce que cela permet à l'ouvrier de vivre à meilleur marché et au patron d'abaisser les salaires — toujours la même fumisterie — Quels rapports tout cela peut-il bien avoir avec le communisme anarchiste ?

Bien entendu les mêmes critiques s'appliquent indifféremment aux différents modes de coopération (production, consommation, crédit).

A propos de la coopération, Cornélissen a dit :

« La coopération n'attaque pas le mode de « production et d'appropriation capitaliste « dans son principe : elle produit une sorte « de nouvelle petite bourgeoisie qui menace « de se nicher entre la petite bourgeoisie « proprement dite et le prolétariat. »

— Ne penses-tu pas que les coopératives puissent être améliorées dans un sens anarchiste ?

— Non. Avec le commerce et le trafic les meilleurs camarades peuvent se trouver corrompus ou paralysés. Il est bien difficile de pénétrer dans ces endroits sans s'y adapter en devenant des commerçants, des hommes d'affaires. Du reste, le rouage coopératif s'oppose à tout remaniement, il ne peut être que ce qu'il est.

— Les milieux libres et colonies anarchistes ne sont-elles pas des formes — améliorées — du coopératisme ?

— Si, mais il n'en existe pas moins une différence très grande. Le milieu libre n'a pas pour but la recherche de bénéfices. Il se propose de grouper des individus en dehors des rouages sociaux et de les émanciper par conséquent du joug économique et patronal. Ces colonies peuvent avoir une importance très grande au point de vue individuel et propagandiste.

— Jusqu'à présent, elles n'ont donné aucun résultat appréciable. Les principales ont échoué ou du moins sont en voie de le faire.

— D'accord. Cela tient, selon moi, au défaut d'entente, au manque d'organisation. Peut être aussi à l'égoïsme exagéré de certains.

Aussi ne faut-il pas en conclure l'impossibilité de faire mieux. Ce qu'il faut avant tout c'est que ces milieux soient des centres de camaraderie où chacun se joigne par affinité, afin d'éviter les froissements et les discordes. Il est nécessaire également de ne pas tenter ces efforts à la légère. Il faudrait que les camarades se fréquentent et se connaissent avant de vivre en commun. Il faudrait aussi disposer de sommes assez fortes, permettant de monter des installations modernes (machines agricoles, bâtiments confortables, bestiaux, etc.) afin de ne pas contraindre les colons à un travail excessif et leur laisser des loisirs pour vivre d'une vie plus heureuse et plus intense.

— Il est néanmoins impossible d'atteindre à un groupement purement anarchiste puisque là comme partout, on est obligé de tenir compte des contingences économiques, de faire du commerce, des achats, etc.

— Hélas, oui. Tu sais bien que nous ne pouvons pas sortir complètement de la société et que nous sommes fréquemment contraints de la subir à moins d'être broyés par elle. Un système purement communiste anarchiste est impossible car « on ne crée pas au sein de la société capitaliste un organe économique non capitaliste ». Pourquoi y puiser un motif d'abstention plutôt que d'œuvrer à la modification des milieux libres qui pourront peut-être nous rendre de grands services. D'abord au point de vue individuel, quelle existence douce et dégagée de tous soucis. De plus par la propagande par l'exemple, si les tentatives réussissaient on pourrait arriver à un résultat expérimental d'une grande valeur éducative pour les inconscients.

C'est vrai, pourtant ne crains-tu pas, si cette voie était suivie par beaucoup de camarades, de les voir délaisser la propagande et s'habituer au sein d'une vie meilleure aux imperfections sociales. Cela pourrait être dangereux pour les idées anarchistes, en constituant ce qu'un camarade appelait les « rentiers de l'anarchie ».

— Je crois le contraire. Combien de nos camarades dont l'activité se trouve annihilée à présent, se verraient en quelque sorte rénovés par la vie libre et le travail volontaire. Quel apport nouveau n'en résulterait-il pas et quelle vigueur s'ajouterait à nos efforts, car il est incontestable que ce changement de vie en amenant la disparition des soucis journaliers, des mesquineries de la lutte pour la vie, ferait place à une sérénité complète et à un état de conscience absolument réalisé.

Du reste, il n'est nullement besoin d'aller se retirer au fond des bois ou en Nouvelle Zélande. Des centres comme je les comprends pourraient se former un peu partout même en plein Paris, par la vie en commun sur un même palier ou par une camaraderie plus resserrée. Il suffit de tenir compte des aspirations diverses poussant les individus vers la forme de vie désirée.

Oui, Farouche, les milieux libres actuels ont des lacunes nombreuses, c'est entendu, néanmoins ne les combattons pas aveuglément. Pour eux, je ne conclurai pas, comme pour les coopératives, je crois qu'il y a possibilité de les améliorer, d'en faire des organismes dont nous pourrions nous servir pour notre libération individuelle en même temps que pour la diffusion de nos idées.

C'est une question à creuser. Elle est ouverte à l'activité, à la bonne volonté de tous les camarades désireux de vivre le plus tôt possible dans la réalisation de leur « moi ».

André LORULOT.

(*) Voir *l'anarchie* n° 22, 26, 27, 28.

LES PROBLÈMES DE LA VIE

LE CERVEAU

En tête d'une étude psychologique quelconque, je crois indispensable la description de ce foyer vital, le cerveau, autour duquel rayonnent nos moindres actions puisqu'il est l'incubateur des idées.

L'anatomie cérébrale est connue depuis la plus haute antiquité et cependant ce n'est que depuis un siècle, que les travaux de physiologistes comme Magendie, Flourens, Legallus, Gall, Spurzheim, Claude Bernard, ont permis aux energétistes modernes de concevoir le mécanisme des idées, aujourd'hui encore dans un état très embryonnaire.

Vu l'absence de figures nous sommes, quant à la partie anatomique, obligés d'être très succinct. L'on trouvera d'ailleurs cette description dans tous les livres d'histoire *naturelle* (?)

Si nous coupons par exemple un bras humain, nous voyons de petits filets blancs, très ténus, ramifiés dans l'intérieur des chairs : ce sont les *nerfs* ; si nous suivons le trajet d'un de ces nerfs, nous le verrons se réunir à d'autres nerfs, former un cordon plus gros qui se jettera lui-même dans un autre cordon, contenu dans le canal rachidien de la colonne vertébrale, c'est la *moelle épinière*.

Cette moelle pénètre dans la tête par le *trou occipital* en faisant un premier renflement appelé *bulbe rachidien* ou *moelle allongée*, puis un deuxième plus volumineux appelé *cervelet*, enfin un troisième qui remplit toute la boîte crânienne et qui se nomme *cerveau*.

L'ensemble de ces trois renflements constitue l'*encéphale* et le système tout entier prend le nom de *céphalo-rachidien* (de *céphalus* tête et *rachis*, nom scientifique de la colonne vertébrale.)

Le système nerveux comporte en outre une autre partie qui n'a que de vagues rapports avec le système céphalo-rachidien et que l'on nomme *grand sympathique*.

Système céphalo-rachidien

Ce système est protégé d'une part par la boîte crânienne, de l'autre par la colonne vertébrale, et par trois membranes : les *méninges* qui vont de la périphérie au centre :

1° La *dure-mère* qui partage le cerveau du front à l'occipital en deux hémisphères presque égaux par un repli appelé *faux du cerveau*, un deuxième repli perpendiculaire au premier dénommé *tente du cervelet* sépare celui-ci des hémisphères ;

2° Une membrane plus mince : l'*arachnoïde* composée de deux feuillets séparés par un peu de sérosité ;

3° La *pie-mère* riche en vaisseaux sanguins qui apportent aux cellules la nourriture propre à leur développement et enlèvent les déchets.

La pie-mère est séparée de l'arachnoïde par un liquide appelé liquide céphalo-rachidien qui a pour but d'empêcher les variations de pression sanguine d'agir sur le système.

Ce liquide atteint parfois un volume considérable chez les individus anormaux qualifiés d'*hydrocéphales*. La tête devient énorme mais le cerveau comprimé est par contre très restreint.

Les méninges sont souvent le siège d'une irritation appelée *méningite* qui peut devenir mortelle.

Le liquide céphalo-rachidien peut être la cause de diverses maladies. La célèbre maladie du *sommeil* qui préoccupe la science depuis plusieurs années ne serait due, d'après M. Brumpt qu'à l'inoculation par une mouche du genre tsé-tsé dans ce liquide d'un petit organisme microscopique ressemblant à un petit têtard difforme, un protozoaire appelé *trypanosome*. Ces trypanosomes occasionnent non des complications infectieuses comme on l'a prétendu, mais de simples désordres mécaniques à la surface de la masse encéphalo-rachidienne.

Moelle épinière

La moelle épinière est un gros cordon d'aspect blanchâtre situé dans le canal formé par l'assemblage des arcs neuraux des vertèbres du rachis, elle s'élargit à la puissance des nerfs des membres supérieurs : *plexus brachial* et des membres inférieurs : *plexus sacré*, elle se termine par un paquet de nerfs nommée *queue de cheval*.

Si l'on coupe transversalement, la moelle, on aperçoit au centre un petit canal appelé canal médullaire qui s'étend jusqu'à l'encéphale, puis deux sillons sur les faces antérieure et postérieure. La substance même de la moelle se compose : 1° au centre, d'une partie grise en forme de croix ; 2° à la périphérie d'une partie blanche

MAURICIUS.

(A suivre).

RAPPORT

Sur le Congrès des soi-disant libres penseurs tenu à Paris les 4, 5, 6 et 7 Septembre 1905.

(Suite et fin.) (*)

Les amis nouveaux Conclusion

Et tout nous a servi, même la fourberie des politiciens retors. Nous connaissions de longue date les Allemane de différentes catégories prêts à escamoter les discussions, et à mettre en œuvre l'hypocrisie et la mauvaise foi acquises dans les milieux électoraux et parlementaires. Ils ont fini par dégoûter même certains des leurs et n'ont pas peu contribué au mouvement qui a jeté vers nous des amis nouveaux. Ces amis nous essaierons de les conserver et d'en faire des camarades conscients.

Quant à ceux qui s'imaginent être restés nos adversaires, leur aveu d'impuissance est complet. *Leur porte-parole, après discussion, s'est rallié*, **malgré ses propres déclarations**, à une **déclaration balayant la loi en vertu de la logique.**

PARAF-JAVAL.

(*) Voir *l'anarchie* à partir du 14 septembre 1905

Du choix des mots

A Mademoiselle M. Nametska

Voulez-vous, mademoiselle, avoir l'amabilité de satisfaire à mon orgueil en me permettant quelques mots qui remettront au point la trop courte discussion que nous avons eue au sujet de l'esprit féminin « masculinisé » ?

Je tiens beaucoup à ma réputation de loyal discuteur et je serais on ne peut plus désolé qu'il vous demeurât un doute touchant l'impartialité et l'équité de mes assertions.

Vous me feriez un léger crime d'avoir laissé planer, sur votre tête en particulier, et sur celles des femmes « émancipées » en général, l'imputation mal fondée de n'être plus des femmes et pas encore des hommes.

Le redoutable terme de « masculin » a frappé désagréablement vos oreilles. Je le conçois. J'abonde même. Si, femme vous étiez homme, je vous en voudrais fort. Donc, camarade, je vous en supplie, rassurez-vous. Tout autant que vous-même je tiens à ce que votre féminité se dégage de tout principe et s'affirme triomphalement aux yeux et à l'esprit des esclaves-mâles.

Ne prenez point ceci pour un madrigal, car, ainsi que l'on chante dans je ne sais plus quelle opérette, « j'en suis tout à fait incapable. » Veuillez seulement me laisser un peu mieux exprimer ce que j'entends par « esprit masculin ». Nous allons certainement être tout à fait d'accord.

Tout d'abord, en fin et prudent dialecticien, je réfute votre reproche amer... Vous êtes « femme », et personne plus que moi n'en pourrait être convaincu.

Je suis de ceux qui n'estiment point anormal le cerveau de la femme débarrassé des futiles préoccupations qui sont surtout l'apanage de votre sexe : toilette et commérage.

Un cerveau de femme « masculin » ne constitue pas pour moi une anomalie au point de vue biologique. Je n'insinue même pas que vous soyez, vous et vos pareilles, des cas pathologiques. Je constate heureusement que vous avez déterminé, précisé votre psychose, la seule chose dont on soit à peu près maître.

Prendre conscience de soi et réagir dans l'ambiance ne veut pas dire « se singulariser ». Je ne touche pas aux prérogatives (très doucement consenties) de votre sexe en constatant que bien des hommes vous sont inférieurs, et je ne saurais ici être coupable d'aucune galanterie influençable puisque vous avez vous-même, déjà, sans aucun doute possible, vérifié l'exactitude de l'affirmation présente.

Nous autres, hommes, nous ne savons hélas ! être que des « hommes » — ou du moins nous efforçons-nous d'en être. Vous, mademoiselle, êtes mieux : une femme plus un homme (pardonnez à cette concision mathématique).

Une femme plus un homme, c'est-à-dire

tout ce que vous savez être joint à ce que nous pouvons être.

— Crois-tu ! monsieur Durupt qui dit que nous avons des cerveaux « masculins » !

Voyons, camarade, est-ce vous qui êtes courbée sous la sujétion des mots, ou moi qui m'exprime horriblement mal ?

Où bien voulez-vous simplement dire que le cerveau n'a point à se développer selon un dualisme en l'occurrence hypothétique et outrancier ? Qu'il n'est ni masculin ni féminin, mais une chose en quelque sorte « amorphe » et indifféremment répartie entre les sexes ?

Que ceux-ci ont à en diriger l'évolution sans que s'y mêle une condition déterminante, physiquement, de vérité ou d'erreur ?

— Oui. Mais alors, nous sommes absolument d'accord ! Et notre malentendu ne procède que d'un manque d'explications utiles, nécessaires ; d'une lacune que ces quelques mots auront peut-être comblée.

Or, voici qui est entendu : je ne crois pas à la dualité du cerveau et que la femme ait un cerveau qui lui soit propre.

D'aucuns argueront peut-être de la phrénologie et établiront tout un système sur cette « science » téméraire.

Je ne saurais partager cette croyance, surtout si on l'accuse d'être favorable au matérialisme et au fatalisme, en annulant chez l'homme le libre arbitre.

Il est vrai que, à leur tour, les phrénologistes assurent que « la structure du cerveau se modifie elle-même sous l'influence de l'éducation ».

C'est d'un déterminisme un peu élastique, aux bases cimentées d'hypothèses, et je crois aussi qu'il est prudent de ne pas admettre comme vérités scientifiques les corollaires qu'on en a déduits, car ce serait au contraire, reconnaître à Lombroso une omnipotence redoutable, et l'on a bien souvent relevé des erreurs professées par lui ou ses disciples.

Pensez-vous, camarade, que vous puissiez à présent accepter l'épithète de « cerveau masculin » ? Préférez-vous « viril » ? Ou faudra-t-il, dorenavant, user de périphrases qui ménageront à la fois votre susceptibilité de femme et vos convictions sociales ?

Il m'a semblé que ceci n'était point sans intérêt pour nos camarades, ce qui explique mon désir de rendre publique la lettre que je vous ai adressée.

Georges DURUPT

Comme au Bordel

Lorsqu'une malheureuse femme, trompée par des marchands de chair humaine, ou poussée par la misère entre, pour la première fois, dans une maison de prostitution afin de se livrer aux hommes qui vont y satisfaire mécaniquement leurs passions, on lui fait fête. Patron et patronne, ainsi que tout le personnel de la maison, sont aux petits soins pour elle, de succulents dîners sont servis pour la circonstance. Tout cela dans le but de la tromper sur la vie qu'elle va avoir à mener dans ce triste milieu.

Comme au bordel, il vient d'en être fait de même, ces jours-ci, dans les casernes à l'occasion de l'arrivée des bleus, qui ont été, par ordre du ministre de la guerre — porte-paroles des capitalistes et capitaliste lui-même — l'objet d'une attention toute spéciale et toute nouvelle de la part des chefs. D'excellents dîners leur ont été servis pour leur faire oublier parents, amis, ou amantes, auxquels ils viennent d'être arrachés brutalement.

Voici, d'après un journal de province, le menu qui a été servi par la 4e compagnie du 1er de ligne :

Potage. — Filet de harengs. — Œufs durs. — Ragoût de bœuf aux lentilles. — Côtelettes de porc. — Pommes sautées. — Salade. — Haricots en salade. — Gâteaux de riz à la vanille. — Fromage de gruyère. — Gaufrettes. — Noix, noisettes, amandes. Cidre à volonté. — Vin 1/2 litre par homme. — Café. — Cigares et cigarettes.

Le lendemain changement de décors et changement d'attitude chez les dits chefs. Les mêmes bleus choyés et fêtés la veille ne seront plus des amis pour les galonnés, mais des numéros matricules qui devront leur obéir au doigt et à l'œil sous peine de se voir fourrer en prison ou envoyer dans les compagnies de discipline.

Les menus succulents qu'on leur aura servis un jour seront remplacés par de vulgaires ratatouilles ; mais les dits menus ou d'autres bien meilleurs continueront à paraître journellement sur la table des chefs qui auront rasé les bleus après boire, par de beaux discours, dès leur arrivée à la caserne.

La propagande antimilitariste n'a pas été étrangère à la mesure prise, cette année, par le socialiste et frère maçon Berteaux.

Cette propagande a commencé à porter ses fruits. Ce pelotage cache peut être aussi la crainte d'un conflit armé avec l'Allemagne. Mais, pour répondre aux prévenances dont ils viennent d'être l'objet, au bon accueil qu'ils ont reçu, les bleus d'aujourd'hui, comme les anciens ne doivent pas oublier qu'en échange de toutes ces bontés et politesses à leur égard, les capitalistes, représentés à la caserne par les professionnels galonnés, attendent d'eux une obéissance passive qui devra se manifester surtout dans les grèves lorsqu'ils donneront l'ordre de tirer sur leurs frères, sur ceux, ô ironie, qui leur auront procuré les mets succulents savourés à leur arrivée à la caserne.

J'ai l'espoir qu'ils comprendront, bleus ou anciens, que leur ami c'est celui qui les nourrit, leur ennemi celui qui les trompe, les rase et vit à leurs dépens.

LUY.

L'Anarchie en Province

Si, à Paris, les idées anarchistes commencent à se faire jour, à faire travailler les cerveaux et à em.....bêter les endormeurs de toutes nuances, il n'en est pas de même en province où la majorité des gens n'emploient encore le mot anarchie que comme synonyme de désordre et de confusion. Ceci d'ailleurs est dû au silence fait à dessein dans la presse sociale-bourgeoise-démocrate sur le véritable travail des anarchistes.

Les hasards de la vie m'ont conduit à Rennes ou je travaille depuis quelques semaines. Dans cette ville le sabre, le goupillon et la toge se tendent une main fraternelle.

Ici, les journaux anarchistes sont à peine connus, l'*anarchie* en particulier y est complètement ignorée ; cela est bien dû un peu à la maison Hachette d'abord qui donne seulement un journal par semaine à la bibliothèque de la gare, ensuite à la marchande de journaux qui le cache soigneusement dans un coin, afin sans doute de ne pas blesser les regards pudibonds de son honnête clientèle.

Les quelques camarades qui peuvent se trouver ici sont réduit à ne rien faire en tant que propagande par suite de l'ambiance banale du troupeau docile et soumis qui se désintéresse de tout. Il n'y a même pas de réunions d'aucune sorte où nous pourrions au moins faire de l'agitation, arracher les individus à leur torpeur béate de résignés, et faire naître un courant d'idées qui contrebalancerait la marche de la foule vers les entités : Devoir, Patrie, Famille, Dieu, Honneur.

Ce qu'il faudrait, c'est pouvoir crier le journal dans les rues comme les copains le font à Paris.

Une camarade à qui j'exposais cette idée me répondit : « Oui, mais pour faire cela il faudrait être rentier. » Et c'est vrai.

Vouloir faire un travail intéressant, se déclarer ouvertement anarchiste, c'est s'exposer à crever de faim. Dans une ville réactionnaire s'entend, mais nombreuses sont celles qui, sous ce rapport, peuvent entrer en parallèle.

Quel est donc le marchand de moutarde ou de clysos qui voudrait employer un anarchiste ? Il n'en est pas que je sache.

Comme propagandistes, au point de vue économique, les camarades de province sont dans un état d'infériorité très grand sur les camarades de Paris. Que l'on sache bien que je n'attache pas plus d'importance qu'il convient au fait de se prostituer pour un « singe » ou pour un autre.

J'estime néanmoins que si des camarades énergiques voulaient entreprendre un travail sérieux il serait possible de réagir puissamment dans ces milieux qui paraissent complètement réfractaires et de jeter le « trouble » dans toutes ces cervelles plus ou moins atrophiées par des siècles d'héréditaire lâcheté.

Nous devrions travailler à former là où nous nous trouvons — c'est une idée que j'énonce et non un dogme sacramentel — un noyau autour duquel les individus viendraient se grouper par affinité.

Qu'on le sache bien, nos groupements libres s'étendraient comme la tâche d'huile et finiraient par détruire la « vieille société », malgré les codes, les morales, les lois, toutes les forces subjectives liguées contre nous et que seule, l'ignorance des masses rend objectives.

Je répète donc, après d'autres : « Sus à la résignation, sus à l'ignorance. »

Camil CHAVIN.

L'HYJIÈNE DU CERVEAU

LA BONE LECTURE !

A l'étaje inférieur, c'est la classe, la « grande » classe, l'autre étant la « petite ». Je ne perds rien des leçons qui s'y donnent et ce sont là parfois d'agréables réminiscences, bien peu souvent, hélas !

Maintenant, c'est la leçon de lecture ; en chœur les élèves entonent come chaque jour quelque chapitre du *Tour de France par deux enfants d'ouvrier*, et mentalement je récite toutes les frazes de ce livre qui m'a suivi depuis mon enfance, sur les bancs de l'école d'abord, dans mes diférents postes d'institutrice ensuite. La série des malheurs et des chances d'André et de Julien défile à nouveau et ces enfants honêtes acomplissent devant les élèves émerveillées et un peu étonées les actes les plus méritoires aux yeux de la Patrie, de Dieu et de la sainte Morale.

Ah ! l'afreux bouquin !

S'il était stupide d'un bout à l'autre, s'il se bornait à des déclamacions creuzes il me semblerait moins danjereus, de même qu'un mauvais prêtre, un mauvais juge, un mauvais oficier me semblent quazi anodins ; mais ce livre est merveilleusement compris pour intéresser et instruire les enfants : récits de voyajes, descripcions de viles, meurs et coutumes des pays traversés, explicacions sur la fabricacion d'une foule de chozes, éléments de presque toutes les siences. Pour alécher l'élève, le tenir en haleine plus habilement que ne le feraient ces récits séparés, le canevas des menus incidents arrivés aux jeunes héros durant leur vie errante, relie toutes ces ilustracions, leur done de la vie et de la saveur.

Ce livre est un petit chef-d'œuvre d'éducacion gouvernementale et capitaliste, le plus grand danjer que je sache pour la cervèle de l'enfant parce qu'il lui fait acepter tous les lieus comuns de la morale oficièle, toutes les imbécilités nécessaires à la confecsion d'un parfait honête home...

Combien de comunes ont, pour livre de lecture, le *Tour de France* ? Et en réalité n'est-ce pas l'ouvraje le plus complet, le plus intéressant au point de vue de la morale actuèle ? N'est-il pas une justificacion de la société, un prisme qui dévie sûrement les raizonements de l'enfant, qui le rend inapte à concevoir une idée, sans le secours du critérium de la bonne majorité.

Merveilleus livre, vous dis-je.

En bas, la lecture continue. André et Julien

(1)

— LE —

LANGAGE D'ACTION

La communication de la pensée et l'expression du sentiment ne s'opèrent pas seulement au moyen des sons émis par les organes vocaux, qu'il s'agisse des cris diversifiés que poussent les animaux ou de la parole articulée, apanage de l'homme. Pour celui ci comme pour ceux là, le regard, les gestes, les attitudes du corps, les mouvements de la physionomie, en un mot, la mimique changeante mise en œuvre par le jeu expressif des muscles, constituent aussi un mode de représentation et de transmission de la pensée que l'on désigne sous le nom de langage d'action.

Quand on vit beaucoup avec les animaux et que l'on étudie soigneusement les manifestations multiples de leur activité, on constate promptement que cette sorte de langage tient une place considérable dans les rapports qu'ils ont entre eux. Il s'allie chez un grand nombre au langage phonique, et ces deux facultés s'aident mutuellement, mais pour beaucoup d'autres, les actions du corps sont les signes presque exclusifs de leurs pensées. « Aux bestes mesme qui n'ont pas de voix, dit Montaigne, par la société d'offices que nous voyons entre elles, nous argumentons aysément quelque autre moyen de communication : leurs mouvements discourent et traictent (*). »

Les éléments du langage d'action résident, en effet, dans les organes. Ici la conformation extérieure s'emploie à représenter les sentiments et les mouvements de la pensée. D'où il résulte que les animaux ont entre eux un commerce d'autant plus intime que leur organisation se rapproche davantage, car, comme le fait remarquer Condillac, des individus qui sont organisés de la même façon éprouvent à peu près les mêmes besoins, les satisfont par des moyens semblables, se trouvent à peu près dans les mêmes circonstances, et par conséquent ont en commun le même fonds d'idées (*). Il n'en est pas de même des animaux dont la conformation extérieure ne se ressemble pas. Leur langage d'action diffère, et ils ont plus de peine à s'entendre : Si nous devinons, en observant les mouvements d'un animal, les sentiments qui l'agitent, c'est que nous avons infiniment plus d'intelligence que lui. Dans une foule de cas d'ailleurs nous constatons un échange d'idées, l'expression d'une émotion, sans qu'il nous soit donné d'en saisir la signification précise.

***

Les animaux qui vivent constamment en société, ceux surtout qui forment des sociétés politiques, comme les fourmis, ont besoin d'un assez grand nombre de signes pour se communiquer des idées, car ces idées sont d'une multitude d'espèces. Les laborieuses républiques d'hyménoptères, pourvues d'une organisation sociale compliquée, ne pourraient subsister si les membres de la communauté n'avaient les moyens de communiquer entre eux et de combiner leurs efforts. Il paraît douteux que les fourmis possèdent la faculté de s'exprimer à l'aide de sons, du moins nous n'avons pas l'oreille assez fine pour que ce langage sonore nous soit perceptible, mais il est certain qu'elles ont à leur usage une autre manière d'échanger leurs idées et de se donner des avis qui supplée au besoin, à tout langage oral ou simplement sonore.

C'est au moyen des antennes, qui sont chez tous les insectes le principal organe du tact, que ces petits animaux se font comprendre. Rien de plus curieux à observer que deux fourmis en train de causer entre elles. Elles se tiennent face à face l'une de l'autre, leurs têtes se touchent et, de leurs antennes en mouvement, elles se palpent réciproquement. Tantôt elles se caressent ainsi la tête et tout le corps, tantôt aussi elle se bornent à un léger frottement de l'extrémité de l'antenne de l'une contre le bout de l'antenne de l'autre et, par ces mutuels attouchements, semblent, à tour de rôle, interroger et répondre. Après ce colloque, on voit souvent les deux interlocutrices, qui s'étaient avancées l'une vers l'autre, venant chacune d'une route opposée, rebrousser chemin toutes les deux rapidement et retourner sur leurs pas, ce qui paraît la suite évidente de leur conversation, de l'instruction ou du conseil qu'elles se sont donné. C'est de la même manière que dans les assemblées générales de la cité, dans les conciliabules qu'elles tiennent pendant leurs expéditions guerrières, les fourmis se font part mutuellement de leurs décisions. La découverte d'un nouveau dépôt de vivres est aussi l'occasion, peut-être la plus fréquente, de colloques variés et de communications circonstanciées. Les expériences faites par Lubbock ont mis en lumière la faculté qu'ont les fourmis de communiquer entre elles. Le soin minutieux et la prudence scientifique apportés par l'expérimentateur donnent à ses conclusions une valeur probante qui ne saurait être diminuée.

Michelet, pour ne pas être un naturaliste de profession, a profondément pénétré et senti la nature intime de l'insecte, il admet aussi que, par leurs antennes, les fourmis se transmettent en une seconde des avis assez compliqués. « C'est évidemment un langage, dit-il, comme celui du télégraphe. » Et ailleurs, parlant des merveilles d'une fourmilière et de sa vie intérieure : « Vous y trouveriez à toute heure des citoyens affairés qui, par le contact rapide de leurs antennes (sorte de télégraphe électrique), paraissent se communiquer les nouvelles, se donner des avis ou des directions mutuelles. C'est une espèce de forum (*). »

L'histoire des mœurs et des coutumes des fourmis, telle que nous la devons aux admirables travaux des Huber, des Forel, des Lubbock et plus récemment de M. Ch. Janet, ne manquera pas de causer une surprise non exempte de méfiance au lecteur peu informé des lois qui régissent les conditions d'existence des êtres animés. Il s'étonnera de trouver, à un degré en apparence aussi inférieur de la vie animale, des facultés intellectuelles aussi développées. C'est qu'il ignore que les grandes classes du règne d'animal forment des séries parallèles et que le représentant le plus élevé d'une série inférieure peut atteindre, sous le rapport physique comme sous le rapport intellectuel, un degré de perfection qui dépasse de beaucoup celui où se trouve placé un représentant inférieur ou moyen d'une série supérieure. Or, la fourmi offre le type le plus élevé de la classe des articulés et des insectes et domine par son organisation générale les types inférieurs des vertébrés. Ses facultés intellectuelles la rapprochent même de l'ordre des mammifères supérieurs, car, si loin de l'homme par sa structure anatomique, elle est de tous les animaux celui dont la vie psychique ressemble le plus à la sienne. Son système nerveux, et spécialement les ganglions cérébraux, ont acquis le développement relatif le plus considérable dans la classe des insectes. Ces ganglions, bien entendu, sont malgré tout, d'une extrême petitesse ; ils n'en deviennent pas moins le siège d'une intelligence qui nous confond. « A ce point de vue, dit Darwin, le cerveau d'une fourmi est la plus merveilleuse particule de matière dans l'univers, plus merveilleuse peut-être que le cerveau de l'homme lui-même. » Il y voit la preuve « qu'une activité intellectuelle extraordinaire peut se manifester dans une masse extrêmement petite de substance cérébrale ».

Ces clartés sur l'organisation cérébrale des fourmis font mieux comprendre qu'elles puissent construire des habitations avec un art tout humain, entreprendre des campagnes, se livrer de meurtrières batailles, faire des prisonniers et des esclaves, hélas ! comme l'homme encore barbare, mais aussi, comme lui, domestiquer des « vaches laitières » (les pucerons), s'adonner à des cultures précieuses (*), prendre le plus grand soin de leur progéniture, et enfin avoir un langage.

(*A suivre*). **Magaud d'AUBUSSON.**

(*) *Essais*, liv. II, chap. XII.

(*) *Traité des animaux*, chap. IV.

(*) *L'Insecte* :

Les fourmis d'une même fourmilière se reconnaissent à l'odeur. Les expériences de M. Berthe (Voir *Revue scientifique*) sont venues confirmer sur ce point les vues de M. Cook et de M. Forel.

(*) Il y a les fourmis champignonnistes. Plusieurs espèces de l'Amérique du Sud parviennent à cultiver dans leurs nids diverses sortes de champignons. (Voir les recherches de M. Mœller.)

sont dans une situation palpitante, au passage de la frontière par une nuit sans lune... Il me semble voir les visages angoissés et admiratifs des fillettes suivant le récit palpitant de cette nuit terrible. Il me plairait tant de pouvoir m'interposer entre elles et le livre, d'essayer de leur faire comprendre l'absurdité des motifs invoqués pour la justification de ce périlleux voyage...

Mon impuissance qui me désole me fait songer plus encore à cette œuvre tellement importante : l'instruction rationelle de l'enfant. Quand donc aurons-nous le livre de lecture tel qu'il est désirable qu'il soit : attrayant, instructif et sensé ?

Anna MAHÉ.

PLUTOT TRISTE

A nos amis de la Défense de l'Aube (*).

LE LISEUR, avec le courage qui le distingue, mit son nez partout. C'est ainsi qu'il recueillit des perles plutôt triste en votre f...euille et qu'il put me les transmettre.

Je ne suis pour rien dans les paroles prononcées par M. Copigneaux, secrétaire du Syndicat général des Travailleurs municipaux. Je les rapporte, tout simplement. J'ai constaté, en passant, l'indécision de ceux qui devaient repondre, laissant croire à tous que les incidents rapportés étaient bien exacts. L'attitude de M. Copigneaux, notabilité syndicale, a été constate par des citoyens du P. S. unifié. Je vous renvoie pour mémoire à la décision de la troisième et sixième section demandant l'exclusion de leur collègue et, je vous prie aussi de savourer cet ordre du jour :

La section du 15 (P. S.), considerant que le citoyen Copigneaux, avec la plus évidente mauvaise foi, n'a pas hésité à jeter le discrédit sur la classe ouvrière organisée syndicalement dans la Bourse du Travail de Paris ; considérant que par ses articles mensongers et calomnieux où il présentait la Bourse du Travail comme un lieu de débauche et de prostitution, il a fourni à la presse réactionnaire, à la réaction du Conseil municipal, le moyen d'injurier bassement la Bourse du Travail de Paris, etc., etc., etc.

Pour ces motifs : La section du 15e propose à la Fédération de la Seine de prononcer l'exclusion du citoyen Copigneaux, comme indigne d'être membre du Parti socialiste unifié.

Je n'irais pas si loin. Je ne demande pas l'exclusion de ce coco. Je le trouve fort à sa place dans ce milieu d'arrivistes, de salariés, de fumistes et autres crapules qui ont accepté l'unification. Et je souhaiterais, au contraire, que les quelques naifs, les quelques sincères qui se sont fourvoyés en ce cloaque, en soient jetés hors par l'odeur nauséabonde qu'il dégage.

Chers amis de la *Défense*, vous devez avoir raison, c'est bien nous qui sommes les auxiliaires de la Bourgeoisie, mais c'est vous qui écrivez, au moment des poursuites :

La surenchère des Yvetot, Bousquet et autres signataires de l'affiche ne peut que plaire aux nationalistes et aux radicaux, elle fait trop bien leur affaire.

Et vous les lâchez crânement.

Il est vrai, qu'à la fois suivante, vous faites paraître un article de Louis Dubreuilh qui dit tout le contraire. Mais bah ! n'est-ce pas là l'unité...

.. L'unité dans la bêtise.

LE BALADEUR.

(*) J'informe les camarades que cette *défense* n'est pas une de celles statufiées sur les places publiques... Ça n'est pas la patrie, mais les travailleurs qu'elle défend. Mais elle a ceci de commun avec les défenses de pierre, elle n'agit pas plus.

Les CAMARADES que cette feuille intéressera l'aideront par tous les moyens. En la propageant. En la vendant. En l'aidant à vivre.

Si l'ANARCHIE intéresse, qu'elle vive par elle même.

La Liberté et la Raison

La liberté consiste dans le pouvoir d'agir selon la sollicitation la plus agréable, c'est-à dire selon le sentiment.

Si chacun pouvait agir selon son sentiment, le bonheur serait général. Il s'en suit donc que, si nous considérons le bonheur comme le but de la vie, la raison se trouve dans l'exposition du meilleur moyen à employer pour atteindre ce résultat.

Toutes les prétendues raisons qui ne conduisent pas vers le bonheur, vers la satisfaction du sentiment sont, ne peuvent être que de mauvaises raisons.

Malheureusement, ces mauvaises raisons sont souvent plus fortes que la bonne, en ce sens qu'elles s'appuient sur l'erreur, et que l'erreur est, encore aujourd'hui, la directrice principale de l'opinion et de la volonté des foules. Or la foule est, et a toujours été, souveraine, aussi bien dans les autocraties, où elle soutient le despote par la foi qu'elle manifeste en sa souveraine justice ; dans les aristocraties, où elle se met sous la protection du noble seigneur ; que dans les démocraties, où elle confie à ses représentants le soin de la rendre heureuse.

Et c'est pourquoi, dans la plupart des actes de notre existence, nous ne pouvons agir librement.

Exemple : le conscrit sollicité par le sentiment, préférerait rester où il est, plutôt que d'aller à la caserne. Il serait en cela, parfaitement raisonnable. Car, la bonne raison nous démontre que si aucun conscrit ne se rendait à la caserne, ce serait la fin du militarisme, de toutes les souffrances qu'il comporte et de toutes les [illegible] à la marche vers le bonheur général.

Il est donc évident qu'en [illegible] la bonne, s'accorde avec le sentiment, avec la liberté.

Mais presque toujours, le conscrit faisant [illegible] sentiment, se rend, pous[illegible] l'appui de l'autorité mi[illegible] grande force [illegible] raisons basées sur l'erreur [illegible] les principales.

[illegible]

Je me borne à ces deux exemples, bien qu'il me soit possible d'en présenter beaucoup [illegible].

Un contradicteur, cependant, pourrait m'objecter que ce sont, précisément, les raisons que je qualifie mauvaises qui sont les bonnes, et ma bonne raison qui est la mauvaise. Or, bien encore qu'une raison n'est bonne que lorsqu'elle s'impose par la force. Mais, alors, ce contradicteur devra prouver que la guerre, avec toutes ses horribles conséquences, l'intoxication, l'asphyxie lente, la dépression cérébrale que subissent les ouvriers dans les fabriques, etc., sont d'excellentes choses au point de vue du bonheur général. Ou, si non, professer, comme le font les prêtres, le devoir de la souffrance sur la terre, dans le but de gagner le paradis après la mort. Toutes opinions qui peuvent se soutenir, au nom de la Religion, de la Patrie, de l'Industrie nationale, et autres idées [illegible], mais non pas au point de vue anarchiste.

VULGUS.

Notre Correspondance

Sauvagisme et Anarchisme.

Au camarade Evadam.

La façon d'interpréter le sens de certains [illegible] à la confusion.

[illegible] de la civilisation, [illegible] monarchique.

[illegible] sont actes naturels [illegible] dénaturer ou civilisé ».

Nature et [illegible] sont les deux contraires. La civilisation anarchique est mille fois préférable à celle existante, néanmoins [illegible] de la civilisation, car il y a les [illegible] scientifiques, lesquels sont faux, [illegible].

[illegible] individus qui ne voudraient [illegible] parasites que nous [illegible] supprimer [illegible] nous serons [illegible].

[illegible] quelque peu [illegible] travail-religion, alors [illegible] des parasites, il y a [illegible] qui ne voient aucune [illegible] de travailler en leurs besoins [illegible] que ceux des civilisés. Faudra-t-il conserver l'appareil judiciaire et répressif pour obliger ces rebelles [illegible] ?

Des [illegible] tracé le tableau d'une société future anarchique ont cependant [illegible] qu'il vaudrait mieux nourrir quelques fainéants, qu'il y aurait ainsi plus d'avantage que d'avoir juges et bourreaux.

[illegible] peut-être, je suis sûr [illegible].

Pour le reste, nous sommes d'accord.

Que le camarade Evadam me donne une adresse, s'il le juge à propos, je pourrais lui envoyer, sous forme de publications, des explications plus étendues, car il ne m'est pas possible d'encombrer les colonnes de l'anarchie.

Pensée mot :

Le [illegible] est au sauvagisme ce que le libertarisme est à l'anarchisme.

Henri ZISLY.

Cette réponse modifiant certainement la forme de celle de Loralot, nous n'insérons pas cette dernière.

AUX CAMARADES ABONNÉS

Nous prévenons nos camarades abonnés à 6 mois, depuis le no 2, que leur abonnement prend fin avec le no 27. En le renouvelant, qu'ils se servent le plus possible de mandat-poste, bon-poste, mandat-carte, plutôt que de timbres-poste.

Revue des Journaux

Le Libertaire.

Urbain Gohier reprend sa forme de bataille et flagelle les laquais de la grande presse d'une main sûre. Il se moque de leur patriotisme de convention.

Atome commence un travail sur les *Mystifications populaires*. On ne peut encore se faire une idée sur ce travail.

Avec Henri Dayen nous sommes contre « les déclarations sentimentales, les évocations enfantines d'un paradis terrestre », mais les événements récents nous montrent-ils véritablement l'utilité d'une *Unité révolutionnaire ?* Nous croyons le contraire.

O Lorulot, que tu es naïf ! N'en disons pas plus, afin de ne pas faire de « personnalité »!

Que le camarade Harmel nous excuse, mais son travail mérite une critique basée sur son idée globale. Ce sera donc à une prochaine fois.

Les Temps Nouveaux.

Sous le titre *Les derniers scrupules*, Charles Albert soutient une thèse qui a dû fort étonner les camarades anarchistes. Il y est parlé de nations ayant une personnalité bien définie... un caractère, un génie particulier... « un réseau d'intérêts trop embrouillé et trop serré ». Ces nations sont, de par toutes ces raisons, intangibles et on ne peut les écraser facilement. Aussi nous est-il permis de pousser jusqu'au bout notre antimilitarisme... Cela ne nous empêchera pas de rester patriotes...

Les messieurs de la *France avant tout* vont donc pouvoir prendre place à nos côtés.

Michel Petit voit, d'une façon exacte, le plus terrible côté de la caserne... fabriquant non plus seulement des soldats, mais des citoyens.

LE LISEUR.

Demandez partout

L'ANARCHIE

Piqûres d'aiguille

Les piqûres dont les flancs du sieur Durand ont tant eu à se plaindre sont à la disposition des camarades à raison de 0.20 le 100, un méli-mélo de textes différents. Port en plus.

CAMARADERIE

La mère de notre camarade Jacob — condamné aux travaux forcés pour vol à main armée sans costume de soldat et sans patente — sortant de faire dix-huit mois de prison préventive, est dans un complet dénuement... ce qui se comprend. Il est ouvert une souscription. Envoyer l'argent à l'administrateur du *Libertaire*, 15, rue d'Orsel.

— Par la Chanson —

Le groupe d'édition la **Muse Rouge** se propose de continuer la série de chansons illustrées. Afin de les propager, il met à la disposition de tous :

L'Internationale anarchiste.	0 10
Le Père Lapurge, dessin de Luce.	0 25
La Muse Rouge, dessin de Lochard.	0 25

La douzaine assortie : 1 fr. 50

Le tirage étant restreint, envoyer les commandes le plus tôt possible.

Nous pouvons livrer 25 exemplaires des **Deux Haricots** de Paraf-Javal, image pour enfants, à raison de **1 fr. 50**, franco de port.

CE QU'ON PEUT LIRE

Pierre Kropotkine. — *Aux Jeunes Gens ; Anarchie et Communisme ; Morale anarchiste ; Organisation de la Vindicte* : br. à **0.10.** — *Les Temps nouveaux* : br. à **0.25.** — *Autour d'une vie ; Conquête du Pain* : vol. à **2.75.**

Paraf-Javal. — *L'Absurdité de la politique* : br. à **0.15.** — *Libre Examen* : br. à **0.25.** *Les Sabotages universitaires* : vol. à **1.25.** *Les deux haricots*, image pour enfants : **0.10.** *L'absurdité des soi-disant libres penseurs*, **0.10.**

Jean Grave. — [illegible] *La Panacée-Révolution ; Le Machinisme ; Enseignement bourgeois et Enseignement libertaire ; Colonisation* : br. à **0.10.** — *La Société future ; L'Individu et la Société ; Les Aventures de Nono* : vol. à **2 75.**

Elisée Reclus. — *A mon frère le paysan* : br. à **0.05.** — *L'Anarchie et l'Eglise* : **0.10.**

Elie Reclus. — *Les Primitifs* : vol. à **4** fr. — *Les Primitifs d'Australie* : vol. [illegible]

A. Dal. — *Les* [illegible] préface de **Ch. Malato** : br. [illegible]

Georges Etievant. — [illegible] br. à **0.10.**

René Chaughi. — [illegible] *Les* [illegible] : br. à **0.10.**

Enrico Malatesta. — *Entre paysans* : br. à **0.10.**

Domela Nieuwenhuis. — *Le Militarisme ; Education libertaire* : br. à **0.10.**

Charles Albert. — *Guerre, Patrie, Caserne* : br. à **0.10.** — *Aux anarchistes qui s'ignorent* : br. à **0.05.**

André Girard. — *Anarchie* : br. à **0.05.**

Ligue de la Régénération. — *Moyens d'éviter les grandes familles* : br. à **0.30.** — *Plus d'avortements* : br. à **0.50.**

P. Paillette. — *Les Tablettes d'un Lézard* : vol. à **2.50.**

Noël Reiber. — *A bas la guerre*, poésie avec musique : **0.10.**

La Chanson ouvrière, no **3.** — 12 chans., 6 avec musiq., les autres s. airs connus : **0.60.**

L'« anarchie ». — Numéros parus : **0.10** chaque. — Les invendus sont envoyés, le port étant seul à la charge des camarades.

Piqûres d'aiguille. — 20 textes : **0.20** ;[illegible]

Les frais de port sont évidemment en plus.

OU L'ON DISCUTE

OU L'ON SE VOIT

Causeries Populaires du XVIIIe, 30, rue Muller. — Lundi 30 octobre, à 8 h. 1/2, *Sur la coéducation*, par A. Libertad.

Causeries Populaires du XIe, 5, cité d'Angoulême. — Mercredi 1er novembre à 8 h. 1/2, conférence sur *La Vie*, salle du [illegible] Progrès social, rue de Clignancourt, [illegible]

Causeries Populaires des Ve & XIIIe, 3, rue Croulebarbe. — Samedi 28 octobre, à 8 h. 1/2, *Causerie sur le mouvement révolutionnaire en Russie*, par un Russe. Il sera fait des révélations sensationnelles.

L'Aube Sociale, Université populaire, 4, passage Davy. — Samedi 4 novembre, à 8 h. 1/2, [illegible] *Renan, ses idées* [illegible], par Lepelure.

Paris-XIX. — [illegible] 28 octobre [illegible] rue Fauzun [illegible] d'un groupe [illegible] de propagande.

Asnières Causeries Populaires, 3, cité d'An[illegible]. — Samedi, 28 octobre, [illegible], réunion.

Amiens. — Afin de leur éviter des embêtements et des pertes de temps, tous les correspondants de *Germinal*, 25, rue St Roch, sont priés d'envoyer lettres et mandats, tout ce qui concerne ce journal à *l'administrateur de Germinal*, etc.

Lens. — Les copains de la région ont formé un groupe anarchiste. Il se réunira tous les dimanches, à l'estaminet Poison, 23, rue de Lille. A sa première réunion, il a envoyé 2 francs pour la mère de Jacob et 2 francs pour Vaillant et ses camarades.

Roanne. — Sous le titre *Groupe Germinal*, il a été formé un groupe d'études et d'actions sociales. Les réunions ont lieu tous les mercredis à 8 h. 1/2 au local de l'U. P., place de l'Hôtel de Ville. *Causerie.*

Composée par des camarades.

Le Gérant : A. MAHÉ.

Imp. des *Causeries Populaires*, A. LIBERTAD

LES CAMARADES
adresseront
tout ce qui concerne
l'anarchie
à A. MAHÉ & A. LIBERTAD
30, rue Muller, 30
PARIS-XVIII.

l'anarchie

PARAISSANT TOUS LES JEUDIS

ABONNEMENTS

FRANCE

Trois Mois..........	1 50
Six Mois..........	3 »
Un An..........	6 »

ÉTRANGER

Trois Mois..........	2 »
Six Mois..........	4 »
Un An..........	8 »

PREMIÈRE ANNÉE — N° 30 | DIX CENTIMES | JEUDI 2 NOVEMBRE 1905

— LES —

Nécrophages

De profundis !

Sous les saules et les cyprès, novembre ramène des ombres silencieuses, s'en allant lentement, parmi les tombes : des femmes disparaissant sous de longs voiles de crêpe, bourgeois à l'air grave, ouvriers recueillis tenant à la main le bouquet modeste ou la couronne d'immortelles.

Les survivants se sont souvenu.

Dans leurs cercueils, des vestiges de formes humaines doivent tressaillir d'aise ; c'est aujourd'hui leur fête !

. . . .

Dans l'église voisine, les pénitents muets viennent avec humilité s'agenouiller, les mains jointes, la pensée perdue... Du haut de sa chaire, le berger noir, cauteleux et nasillard, débite d'un ton monotone, la prière des trépassés, sans inflexion de voix. Toujours psalmodiant, il évoque les feux de l'Enfer.

Le spectre de la Mort envahit la grande salle dans la mi-clarté des vitraux et la lueur vacillante des cierges. Un frisson de terreur passe sur la foule des fidèles prosternés.

L'encens exhale comme une odeur de néant ; le lieu divin donne un avant goût de sépulcre !...

Prions mes frères ! Faisons notre salut !

Notre royaume n'est pas de ce monde !...

Beati pauperes spiritu. Amen !

Le mastroquet abrutit ceux que la religion néglige. Le souvenir est prétexte à beuveries. On vante entre deux lampées d'alcool les qualités du défunt dont on vient honorer la mémoire. Car il ne sied pas de rappeler les vices des disparus.

Respectons les Morts !

* * *

La Mort, en notre siècle de science, d'hygiène et de progrès, nourrit une nuée de parasites : nécrophores, corbeaux, vautours, hyènes et chacals.

Le curé, mercanti, vend des orémus. On en a pour son argent. « Saint Joseph » ou « Notre Dame » sont invoqués, suivant la paroisse et le tarif.

C'est d'un comptoir que part l'escalier de la chaire.

Les cierges qui pleurent des larmes de suif, font s'en aller en fumée les gros sous des bonnes « âmes » naïves.

Le marchand de couronnes se désole de la « morte-saison ». Vite que revienne l'automne et la Toussaint !

Les imprimeurs de deuil, les marchands de crêpes, les teinturiers à qui l'on porte à noircir l'unique jupe écarlate, les entrepreneurs de pompes funèbres avec leurs tentures, les cochers de corbillard dont le déguisement tient du larbin, du gendarme et du napoléon...

...Ceux-là sont intéressés à fêter les Morts.

Voyons maintenant la clientèle éplorée :

le gros négociant expert en céruse, qui n'entrevoit pas, dans ses rêves béats, à travers la fumée bleue de son cigare, la longue théorie de ses victimes, fantômes saturnins ou nécrosés, intoxiqués, décharnés se tordant de douleur, roulant et fuyant en une sarabande macabre ;

la brute sous-officière, attendant le signal de la boucherie qui lui assurera l'avancement, ne rêvant que d'hécatombes ; l'employé au ministère guettant la « fin » du chef dont il convoite la place et que mentalement il envoie *ad patres* ;

les falsificateurs de denrées alimentaires : maquilleurs de poissons avariés, de gâteaux empoisonnés ; débitants de lait baptisé et frelaté accroissant dans des proportions considérables la mortalité infantile ;

les propriétaires de locaux insalubres, à Ménilmontant... et ailleurs, où poussent on ne sait comment tant de pauvres petits gosses anémiés, atrophiés, où périssent avant terme tant de vies misérables rongées par la tuberculose et les privations ;

tous lâchent, une à une, les perles de leur regret, leurs larmes de crocodile.

Voici le prévoyant, le mutualiste, l'honnête homme par excellence, un des 50.000 satisfaits du banquet-réclame. Celui-là a acheté en viager une modeste maison. Depuis des ans il espère anxieusement la « désagrégation » du proprio bénéficiaire de la rente, qui s'entête à ne pas vouloir faire son dernier voyage. Ses jours, ses nuits sont hantés de cette obsession : « Le vieux ne va donc pas crever !... »

C'est le symbole du type social contemporain

La concurrence est partout : partout on désire la disparition d'un voisin. Quelquefois l'intensité du désir dépassant la volonté chancelante, on l'active.

Des gens surviennent alors ! Législateurs, juges, geoliers, flics et bourreaux. La porte de la prison grince, la guillotine fonctionne...

La bande touche son salaire.

Il n'est pas de sot métier.

* * *

Depuis le tumulus préhistorique, en passant par les Sarcophages et le Mausolée d'Halicarnasse, une des sept merveilles du monde, jusqu'aux caveaux de famille modernes, les monuments funéraires attestent la persistance du culte de la Mort.

Aujourd'hui encore, les femmes se signent dévotement et les hommes se découvrent au passage d'une dépouille mortelle.

Les classes dirigeantes n'ont pas le monopole de l'hypocrisie. Le « prolétariat » leur dispute ce privilège.

Tous les inconscients, tous les médiocres, liseurs de faits-divers illustrés, se repaissant au théâtre de M. de Lorde et au roman-feuilleton de M. Decourcelle, palpitant aux accidents, viols, meurtres, suicides, apportent aussi leur contribution à la consternation commémorative.

Le goût de l'horrible, l'amour du tragique, n'excluent pas l'esprit traditionnel.

* * *

Au milieu des misères et des souffrances, parmi les gémissements et les sanglots, tandis que, autour de nous, tombent, lassés, meurtris, des camarades vaincus, affirmons notre volonté de vivre.

La vie est belle, la vie est bonne !

Seules l'ignorance, la brutalité nous entravent, nous écrasent et nous rendent l'existence douloureuse.

Au charnier, hypocrites, menteurs, lâches et résignés ! N'empêchez pas par vos gestes ridicules et vos passivités, l'épanouissement des énergies qui s'éveillent.

Au charnier ! Que vos carcasses mesquines s'en aillent entuner les champs prochains ; que vos « pâles ossements » restitués à la terre fassent éclore la douce fleurette embaumée que cueilleront les petits enfants et les amoureux en fête. Laissez-nous préparer le temps où il n'y aura plus ni lois, ni répression et où les hivers, mortels aujourd'hui, ne seront plus, de par la joie de vivre des humains libérés, qu'un éternel printemps.

Léon ISRAEL.

Chiquenaudes et *Croquignoles*

Il est vraiment trop jaune.

Pauvre Tailhade.

Le Jaune lui-même ne veut pas le reconnaître, et Jo Valle, un des rédacteurs de cette feuille, lui envoie au bon endroit un coup de pied. Voici comment se termine la petite engueulade :

Et pour finir, j'te dis tout bas :
On te coll'rait dans un hospice
Ou bien tu s'rais de la police
Qu'après tout, ça n'm'ép'tt'rait pas !

Saperlotte, il ne va bientôt y avoir que l'Action pour lui prêter un endroit où déposer ses ordures littéraires.

—o—

Le coupe-chou obligatoire.

N'y touche pas, maire, je t'en supplie.

A quoi t'a la bayonnette !

Le maire de Brest, avec sa municipalité, avait émit le vœu — à un simple vœu — afin de supprimer le port de la bayonnette pour les troupes, en dehors du service.

Cela venait après de multiples meurtres où des ventres avaient connu la douceur du fer réglementaire.

Maurice Berteaux, ministre de la guerre socialiste, a décidé qu'on laisserait la bayonnette aux soldats, qui, s'ils ne l'avaient pas, se serviraient de couteaux ou de revolvers.

Il a raison, il ne faut pas supprimer les coupe-choux mais ceux qui les portent.

—o—

Le gueuleton mutuel.

Quand je vous le disais, ils seront plus de 50.000 à gueuletonner au nom de la mutualité.

Et puis Loubet sera-t-il [illegible]. Quel honneur pour de simples sujets de se trouver dans la même atmosphère qu'un bonhomme qui a choqué le verre avec le long Alphonse et le gros Carlos, sans compter les autres fainéants royaux.

Vrai, le pain aura goût de brioche.

Ne sommes-nous pas des républicains !

—o—

Serons-nous prêts ?

Un X mystérieux pose cette angoissante question dans la première colonne de la Petite République.

Serons-nous prêts ? Aurons-nous des engins assez puissants pour tuer beaucoup d'hommes? Aurons-nous assez d'hommes pour que les vides faits par les engins des ennemis soient remplis aisément ?

La voilà bien la question passionnante que les ouvriers doivent se poser et près de laquelle la disparition du salariat n'est qu'aléatoire.

Depuis La Fontaine, les temps sont changés. Notre ennemi ce n'est plus notre maître. C'est l'Allemand ou l'Anglais, ainsi nous l'enseignent les leaders socialistes.

A moins que ce soient eux les ennemis !

—o—

Frais et dispos.

Nous avons eu la rentrée des chambres, commencement sensationnel.

Ils rentrent reposés et prêts à l'accord le plus grand. Car voici venir les élections, et il ne faut pas perdre son temps à se disputer, on risquerait de voir un larron venir prendre sa place.

Et cette accord se fait toujours sur le dos les anarchistes. Par **524** *voix contre* **23**, *ils ont renoussé un amendement plaçant les victimes judiciaires de la rue de Rohan dans l'amnistie et par* **491** *voix contre* **70** *un autre concernant les individus poursuivis pour menées anarchistes.*

Il est vrai qu'avec le même accord ils ont fait l'amnistie par **541** *contre* **5** *en faveur des fichards — synonymes de mouchard — et des malheureux exilés de la Haute-Cour.*

—o—

Appétits socialistes.

Ça ne fait que commencer !

Samedi dernier, à Clignancourt, en un préau d'école, s'entama la bataille électorale.

MM. Romanet et Le Grandais entrèrent sur le ring. Aucun engagement sérieux ne put avoir lieu. A chaque menace de prise, les partisans de l'un et l'autre lutteur hurlaient à en perdre la voix.

A une heure du matin, on s'est séparé la gorge fatiguée.

Ceci avait lieu dans un préau d'école que l'on se garderait bien de prêter pour y faire un travail sérieux.

CANDIDE.

TOUSSAINT

L'automne a jeté toute la gamme des ors roux et fauves et des bronzes vert de grisés.

L'hiver qui s'annonce hâtif nous envoie en éclaireurs, des gelées matinales et une bise d'autant plus aigre que nous manquons d'accoutumance : le ciel gris épand une tristesse sur toutes choses, et comme nus, les arbres semblent frissonner, tandis que s'amoncellent sous nos pas, leurs feuilles mortes.

On est angoissé de toutes ces agonies qu'on sent autour de soi ; cette mort lente de la nature vous étreint le cœur, et il semble qu'un peu de soi-même s'en va tourbillonnant vers le crépuscule de l'inconnu.

L'Église, la grande maison de commerce, n'a eu garde de laisser passer cette occasion de faire des affaires : aussi, profitant du moment psychologique, elle déploie tout son appareil endeuillé pour battre le rappel de la monnaie sur la faux symbolique : c'est la Toussaint.

Aux sonneries lugubres des cloches, au tintement des glas funèbres, la foule ira s'engouffrer dans les temples pour y prier le Démiurge universel, blotti dans une rondelle de pâte, au fond d'une armoire : puis, terminés l'office et la quête, l'innombrable armée des hypocrites, des imbéciles et des inconscients, s'acheminera vers les cimetières toutes toilettes neuves déployées, les bras chargés de fleurs et de couronnes, un chacun voulant par le faste et la dépense convaincre le voisin de l'immensité de ses regrets.

Et ce rapport des morts qui serait si naturel s'il était ce qu'il devrait être, c'est-à-dire tout intérieur — et s'alimentant du seul souvenir des êtres aimés enlevés à notre affection — devient pour tous le sujet d'un formidable bluff où l'affectation et l'hypocrisie, semées par les religions, s'épanouissent dans toute leur hideur.

E. MARIATTE.

LA RÉVOLUTION EN RUSSIE

De Pétersbourg à Odessa, de Varsovie à Perm, du Nord au Midi, de l'Ouest à l'Est ; à Moscou, à Kiew, à Kharkow, à Saratow, Ekaterinoslaw, tout le centre de la Russie ; partout, en un mot, en face de l'autorité, du pouvoir, de la religion, de la richesse, se dresse le spectre sanglant et redoutable de la Révolution.

Le choc est si rude que l'Europe commence à s'inquiéter. On sent naître à côté de bruits de guerre ridicules, l'idée d'une Sainte-Alliance.

L'effondrement de cette bureaucratie vermoulue, l'écrasement de cette race des

Romanoff et de toute cette aristocratie de sang et de meurtre qui dominent si durement la Russie, ...la révolution sociale semble proche.

La poussée silencieuse, dans les villages et dans les villes, de ceux et de celles qui avaient appris et qui venaient donner à tous leur part de science, de savoir, va sans doute porter ses fruits.

Ce n'est plus le mysticisme d'un Tolstoï faisant se lever les doukhobors dans un geste de résignation transformée, ce n'est plus le mouvement escamoté par une minorité bourgeoise avide d'honneurs, cela semble un mouvement d'une ampleur économique telle que l'organisation de partout va en être ébranlée.

A côté du désir de Constituante ou de revision de constitution, on voit des volontés d'ordre économique se manifester.

Nous ne nous leurrons pas. Ce n'est pas l'idée anarchiste qui trace le schéma d'une socialisation du bien-être. Non. C'est bien les formes ancestrales de la propriété du sol, des usines qui seront encore conservées. Mais, cette révolution faite cent ans après la Révolution française paraît devoir profiter des enseignements portés par celles qui furent faites sur le champ d'expériences que fut longtemps la France.

Des journaux à grands formats, le *Journal* par exemple, commencent à appeler l'opinion contre le mouvement révolutionnaire ; ils racontent que ce n'est pas encore l'heure pour la Russie de cette émancipation des cerveaux et des corps ; ils appellent à quelque intervention des autres peuples, se faisant complices de leurs gouvernements pour apporter la sagesse et la résignation sur cette grande terre.

Qu'ils fassent attention. A la menace d'envahissement, la tête de Louis XVI et d'autres parasites furent jetées en défi. Qu'ils craignent de hâter les mouvements à faire.

Contre le courant des gens de la finance et du haut vol, nous avons à en faire naître un qui montrera en quel accord nous sommes avec les révoltés de Russie ; quel appui même nous sommes prêts à leur porter.

La Russie a été longtemps le poids mort que traînait après elle l'Europe révoltée : voilà que la raison et la science unies à la force populaire viennent écrouler le trône de l'absolutisme.

Cela peut attrister tous les piliers de réaction, assombrir le visage d'un Guillaume II, troubler les digestions d'un Loubet ou d'un Édouard, déranger les appétits ambitieux d'un Doumer ou d'un Jaurès, mais cela ne peut que réjouir ceux qui pensent que les hommes pour, faire leur émancipation intégrale, ne doivent pas laisser derrière eux, de race maudite dans la servitude.

Jean VERTZEFF.

CULTURE PHYSIQUE

Il n'est rien dont l'homme souffre plus, de nos jours, que du manque de respect pour son propre corps.

De quelque côté que nous tournions nos regards, nous voyons que ce corps et la matière en général occupent une place secondaire dans la vénération des hommes. Nous nous apercevons que le genre humain presque tout entier — à l'exception de quelques hommes qui se livrent à des travaux matérialistes — grandit, vit et meurt, en tournant ses pensées et ses préoccupations dans une direction tout opposée. C'est l'« esprit » et non le corps, ce sont les idées morales et intellectuelles et non les idées physiques qui ont pris possession des cerveaux.

Le spiritualiste a toujours été placé au-dessus du matérialiste, le penseur au-dessus de l'homme d'action, le compositeur au-dessus du musicien, l'auteur dramatique au-dessus de l'acteur, les occupations intellectuelles au-dessus des occupations manuelles. Qu'un homme dirige son énergie quelque peu sur des objets « intellectuels », il est élevé, honoré en conséquence. Ainsi, le jeune homme qui reçoit une éducation libérale est amené, par toutes ses sympathies et par tous ses sentiments, à se lancer dans une occupation « libérale », que sa nature l'y rende propre ou non.

Qui donc s'est permis de tracer une démarcation entre les principes « spirituel » et « physique » et d'exercer par là une influence prépondérante sur l'existence de l'homme ? Si nous cherchons la cause principale de la préférence générale pour l'esprit et tout ce qui s'y relie, sur la matière nous la trouverons dans la religion chrétienne.

Partout où elle a pénétré, renforcée par le caractère légendaire de celui dont elle paraît émaner, elle a donné une direction rigoureusement « spirituelle » aux « esprits » des hommes.

La culture physique est diamétralement opposée aux croyances chrétiennes et spiritualistes. Elle ne peut en adopter aucune, parce qu'elles accordent à l'« esprit » une supériorité sur la matière, et dépouillent celle-ci de sa place dans l'affection et le respect des hommes.

Séparer l'un de l'autre, c'est annihiler la vérité de la nature.

Placer l'un au-dessus de l'autre est une présomption monstrueuse qui détruit l'harmonie de l'univers, où tout est d'une importance égale, où les lois d'une substance ne le cèdent jamais aux lois d'une autre substance.

Pouvez-vous avoir un esprit sain sans une cervelle saine ? Non, c'est impossible, quelles que soient les suppositions suggérées à certains hommes par de fausses conceptions morales. La seule méthode réelle de procurer à l'homme tout le développement dont il est susceptible, c'est de procurer aux deux des soins égaux.

Dans tout acte, dans toute pensée, deux forces sont à l'œuvre, et celui qui ne veille que sur l'une d'elles ne saurait raisonner sur le résultat complet.

Dans le cours de notre vie, il faudrait avoir devant les yeux le grand but de la mort naturelle, de la seule mort vraiment belle. Vivre et mourir selon sa nature et aider les autres à en faire de même ! Avons-nous jamais réfléchi à ce qu'il y a de fort, dans ce but si simple en apparence, mais en réalité, si difficile à atteindre ?

G. DRYSDALE.

— LES

SANS-PATRIE

Nés sous un chaume au coin d'un bois,
Aux quatre vents de la misère,
N'ayant pas un pouce de terre
Et manquant de pain bien des fois ;
Tristes en songeant à la vie ;
Le bonheur n'étant pas pour eux :
Voilà pourquoi les malheureux
Sont en révolte et n'ont pas de patrie.

L'abondance est dans les châteaux
Qui dominent tout le village :
Bœufs et moutons au pâturage,
Fleurs et fruits, plaines et coteaux,
Forêts, rivières, métairies,
Terre et soleil, rien n'est pour eux.
Voilà pourquoi les malheureux
Sont en révolte et n'ont pas de patrie.

Nés sur un grabat des faubourgs,
Ils grandissent, serfs de l'usine,
Ou mercenaires de la mine,
Où l'on ne fait pas de vieux jours.
Et dans ce combat pour la vie
L'espoir ne luit jamais pour eux.
Voilà pourquoi les malheureux
Sont en révolte et n'ont pas de patrie.

Cheminant par vaux et par monts
Et rongeant leur dernière croûte,
S'ils tombent mourants sur la route,
On les prend pour des vagabonds ;
La terre elle-même les renie,
Le Code est sans pitié pour eux.
Voilà pourquoi les malheureux
Sont en révolte et n'ont pas de patrie.

Et, regardant vers l'infini
A l'heure où le soleil se lève,
Plongés dans leur pénible rêve,
Ils pensent que tout est fini,
Et que la patrie et la vie
Sont trop marâtres pour eux.
Voilà pourquoi les malheureux
Sont en révolte et n'ont pas de patrie.

De la terre au ciel ils n'ont rien,
Enfants perdus dans la nature,
Ils se disputent leur pâture,
Sans droit, sans arme et sans soutien ;
Ils vivent ignorant la vie
Et la mort leur ferme les yeux.
Voilà pourquoi les malheureux
Sont en révolte et n'ont pas de patrie

J.-B. CLÉMENT.

Misères de Londres

Tel est le titre d'un article paru, il y a quelques jours, dans le *Petit Parisien*. L'auteur nous dépeint la crise effrayante de paupérisme qui sévit actuellement dans cette ville.

Ce qui donne plus de piquant à cet écrit, c'est que l'on y voit mis en parallèle, la grandeur et la richesse de la capitale anglaise, si grande dans le passé, si colossale dans le présent et la misère que l'on rencontre dans ses bas-fonds : cité à la fois opulente et misérable.

« Il y a des quartiers à Londres, où par « une promenade nocturne, sous la direction « d'un policeman, on peut se rendre compte « de cette détresse, un compte saisissant. « Mais sans s'infliger ce spectacle, on peut « aussi, par le simple examen des chiffres, « mesurer l'étendue du mal. »

Suivent alors quelques bribes de statistique où les chiffres sont en effet plus éloquents que les paroles.

L'on ne taxera pas d'exagération M. Frollo, rédacteur classique au *Petit Parisien*.

Voici où nous en sommes arrivés avec le mode d'organisation sociale qui, depuis des siècles, nous régit.

Glorieuse apothéose !

L'auteur de l'article après nous avoir indiqué les quelques tentatives, infructueuses d'ailleurs, faites pour enrayer le « mal » termine sans avoir su trouver un remède.

Il nous dit qu'on va essayer de faire émigrer les sans-travail, soit dans des colonies agricoles à l'intérieur, soit les expédier en masse vers l'Australie ou le Canada, à moins, ce qui est encore le plus probable, qu'on ne laisse les choses dans le *statu quo*.

Aucune des deux premières solutions, en admettant même qu'elles puissent être appliquées intégralement, n'est capable de guérir cette plaie toujours saignante : la misère.

La misère est adéquate à notre mode de vie actuelle où l'autorité sert de base à tous les rapports entre individus, à toutes les mœurs, à toutes les coutumes. Chercher à la soulager en créant des œuvres de bienfaisance, des bureaux de charité, c'est la rendre supportable, ce n'est pas la supprimer. Mais la philanthropie a pour but d'assurer l'équilibre social au moment où un troupeau d'affamés pourrait le troubler dans un élan désespéré.

C'est ce qui arrive présentement à Londres, où ceux que l'état économique met hors de la société, — parce qu'il ne peut occuper ni leurs forces, ni leur intelligence — menacent de devenir un danger pour la quiétude des improductifs, des parasites.

Que va-t-on tenter de faire ? Quel remède veut-on essayer ?

On va tenter d'enfourner ces malheureux, bétail humain devenu gênant, dans les flancs d'un paquebot qui ira déposer, dans quelque terre sauvage, loin de la métropole, ce résidu, ces scories de la société bourgeoise.

On aura ainsi trouvé un exutoire pour toutes ces forces restées inactives et que leur inertie même rendait dangereuses.

Depuis que les hommes se sont groupés en société d'essence autoritaire, il y a eu des riches et des pauvres. Ce qui a pu être primitivement une échelle des forces et des aptitudes de chacun, est livré à un hasard d'hérédité ou de spéculation que les hommes acceptent religieusement.

En sera-t-il toujours ainsi ?

N'arrivera-t-il pas un moment où les individus qui, jusqu'à présent, n'ont pu satisfaire leurs besoins qu'imparfaitement, désireront connaître la joie de vivre ?

Ne faudrait-il pas montrer aux hommes la somme de bien-être qui, biologiquement parlant, est indispensable à leur vie et leur tracer les seuls gestes à faire pour en trouver tous les éléments ?

C'est là du travail tout indiqué pour les anarchistes.

A l'œuvre donc, camarades. La misère n'est pas seulement à Londres : elle est sur tous les points du globe où sévit le mal de l'obéissance, cette autre face de l'autorité.

Camil CHAVIN.

LES PROBLÈMES DE LA VIE (*)

LE CERVEAU

(Suite)

De cette moelle épinière partent trente-et-une paires de nerfs *rachidiens* qui y naissent par une racine antérieure et par une racine postérieure munie chacune d'un ganglion ; ces racines qui jouissent de propriétés différentes comme nous verrons plus tard, se réunissent dans la colonne vertébrale pour former le nerf qui sort du canal neural par un petit trou laissé dans la superposition des vertèbres et nommé *trou de conjugaison*.

Encéphale

Il comprend tous les centres nerveux logés dans la boîte crânienne.

La moelle épinière pénétrant dans le crâne s'élargit et prend le nom de *bulbe rachidien*, ce bulbe a environ 0.03 de hauteur. Les cordons blancs et les cornes grises de la moelle s'y entrecroisent partiellement formant ce que l'on appelle l'*hémiplégie*.

Au dessus se trouve le *cervelet*, puis le *cerveau* dont la partie supérieure est partagée en deux masses appelées *hémisphères*, présentant à la surface de nombreux replis qui sont les *circonvolutions du cerveau*.

Le cervelet est partagé en trois lobes, un médian ou *vermis* et deux latéraux, sur ces lobes se trouvent des replis assez réguliers. Si on le fend longitudinalement on voit que contrairement à la moelle c'est la substance grise qui est à l'extérieur, tandis que la substance blanche interne présente en pénétrant dans la grise un aspect curieux qui l'a fait nommer *arbre de vie*.

Si nous soulevons les hémisphères, nous voyons qu'elles sont réunies à leur base par deux ponts de substance blanche nommés *corps calleux* et *trigone*, puis en dessous, deux petites masses appelés *corps striés*, deux autres encore plus volumineuses, les *couches optiques*, enfin quatre petites masses nerveuses, les *tubercules quadrijumaux*.

Entre les tubercules quadrijumaux et les corps striés, on voit un petit renflement appelé *glande pinéale* dans laquelle Descartes localisait le siège de l'*âme*. Cette opinion se trouvait singulièrement corroborée par l'existence de deux rênes qui, partant de cette organe, lui semblaient être les guides par lesquelles l'âme dirigeait tout l'organisme. L'anatomie comparée a eu raison d'une telle croyance. Elle montre que cette fameuse glande pinéale n'est autre chose qu'un œil en voie de régression.

Si, maintenant, nous examinons l'encéphale par dessous, nous voyons :

1° La face inférieure du bulbe ;

2° Une bande transversale reliant le cervelet au cerveau et servant de suite au bulbe : c'est la *protubérance annulaire* ou *pont de Varole* ;

3° Une masse allongée divisée en deux parties par un sillon longitudinal et appelée *pédoncules du cerveau*.

En avant des pédoncules se trouvent deux nerfs terminés chacun par un renflement, ce sont les nerfs olfactifs qui, se renflant, forment les lobes olfactifs.

Les deux hémisphères situés dans la partie supérieure de la boîte crânienne forment le cerveau proprement dit.

Il pèse chez l'homme en moyenne 1.155 gr. et chez la femme 995 gr. Il est formé à l'extérieur de substance grise, et à l'intérieur de substance blanche, semblable à celle qui forme les nerfs. Cette substance blanche met en relation toutes les parties de l'encéphale.

De la boîte crânienne partent douze paires de nerfs : les quatre premiers s'insèrent sur les pédoncules du cerveau (p), le cinquième sur la protubérance annulaire (a), et les sept autres sur le bulbe (b).

Ce sont :

1° Les nerfs olfactifs (p), muqueuse des fosses nasales ; sensation des odeurs ;

2° Nerfs optiques (p), entre les tubercules quadrijumaux et les couches optiques, sensations lumineuses. Les fibres qui les composent s'entrecroisent formant le *chiasma des nerfs optiques* ; les fibres naissent sur les tubercules et non sur les lobes optiques. Malgré le nom impropre qui leur est donné, ces dernières ne jouent aucun rôle dans la vision ;

3° Les moteurs oculaires externes (p), moteurs du globe de l'œil ;

4° Les pathétiques (p), moteurs de l'œil ;

5° Les trijumeaux (a), fosses nasales et mâchoires moteurs et sensitifs ;

6° Les faciaux (b), mouvement des muscles de la face ;

7° Acoustiques (b), sensation des sons ;

8° Glosso pharyngien (b), ils meuvent le pharynx et la langue. Ils donnent le goût et la sensation du contact des corps dans la bouche.

MAURICIUS.

(*A suivre*).

(*) Voir *l'anarchie* à partir du n° 29.

ENTRETIENS ANARCHISTES (*)

La Franc-Maçonnerie

Hier, un ami me critiquait la conduite de certains camarades anti-syndicalistes, anti-coopérateurs et qui, malgré cela, sont francs-maçons. Je pense, en effet, qu'il y a là un certain illogisme.

— Cela peut dépendre, en certains cas, de ce que je t'ai expliqué l'autre jour ? Il n'y a pas d'inconvénients pour les anarchistes à s'introduire dans les milieux d'inconscients, mais à la condition expresse d'y rester « soi-même », et par conséquent de les combattre activement. Si des camarades entrent dans la franc-maçonnerie pour y faire de la besogne maçonnique, cela n'est pas plus intéressant évidemment que l'entrée de camarades dans les syndicats pour y faire de la besogne syndicaliste.

En effet il est facile à démontrer que la maçonnerie est une organisation autoritaire, imbue des plus sots préjugés (loi, patrie, autorité, propriété, etc.) De plus elle a une forme religieuse et comporte des rites, cérémonies symboliques, etc. Tout cela est loin d'être anarchiste et il faut avoir une volonté

(*) Voir *l'anarchie* n° 22, 26, 27, 28, 29.

bien forte et une grande énergie pour pouvoir y faire de la propagande. Néanmoins il est utile, en cet endroit comme en tout autre, que nos idées soient représentées, démontrant ainsi leur existence d'une façon permanente et universelle.

— Je me souviens avoir causé à notre ami Barbato. Il prétendait que la franc-maçonnerie tiède ou réactionnaire dans certains pays, pouvait revêtir dans d'autre un caractère révolutionnaire. Il me citait à l'appui des faits historiques provoqués par elle. En France : la révolution de 1789, le carbonarisme, la Commune, l'affaire Dreyfus, etc., et un rôle analogue joué en Espagne, en Italie. Il concluait en me disant que ce serait là, une force puissante au service des révolutionnaires tout au moins, termina-t-il, pouvons nous y trouver dès maintenant des points d'appui pour notre défense économique.

— Mon ami, cet excellent Barbato est un bon camarade, mais combien peu clairvoyant. Il est demeuré le vieux révolutionnaire quarante-huitard rêvant toujours d'émeutes, de barricades, de sociétés secrètes, de conspirations, etc. Il ne veut pas comprendre que les nombreuses révolutions ont échoué parce qu'elles étaient faites inconsciemment et que si nous voulons réussir, il est temps, selon la pittoresque expression, de dépouiller « le vieil homme » qui est en nous.

Pas de résultat intéressant à attendre d'inconscients. Et Barbato ne parle que d'animer le « peuple » de pousser les « masses » à leur libération d'un seul coup, sur la seule influence d'un verbe embrasé. C'est regrettable, il est très énergique et pourrait faire du travail.

Quant à l'appui économique tiré de la maçonnerie c'est une question purement individuelle, elle ne peut en aucun cas justifier cette organisation.

Je crois que nous avons examiné tour à tour toutes les formes d'organisation proposées aux anarchistes. Nous n'en avons accepté aucune, car toutes pèchent par la même forme autoritaire.

Au fond, c'est toujours le même esprit qui pousse certains camarades vers cette manie de groupes, de fédérations, etc. C'est qu'ils sont imparfaitement dépouillés du caractère socialiste.

Ils sont comme les socialistes partisans des syndicats et des coopératives. Ils se coudoient et s'entendent avec eux sur bien des points. C'est ce qui explique leur conception du mouvement anarchiste. Ils le voudraient enrégimenté, assagi, avec une tête et une queue, des comités et des sous-comités, des délégués et des cotisations. En un mot, une armée marchant et agissant sous une direction uniforme.

Au contraire, nous respectons tous les tempéraments, toutes les initiatives individuelles. Nous prétendons que c'est de la différenciation dans la manière de concevoir et d'agir, que doit sortir le maximum d'efforts et de résultats.

Nous en avons assez des chefs dogmatiques et des pontifes indispensables. A leur place, nous élevons l'individu conscient et libéré.

Mais, mon vieux, je m'aperçois que nous sommes bien loin de la franc-maçonnerie ! Un de ces jours, nous causerons sur l'individualisme ainsi que nous l'avions déjà décidé. Nous essaierons de dégager des incohérences dont on l'entoure et de formuler notre conception.

André LORULOT.

Quelques Syllogismes (*)

A Simplice.

I

— Tu me prêtes des idées qui ne sont pas les miennes et tu m'attribues des phrases que je n'ai pas écrites.

En effet :

1° Où ai-je dit et où as-tu vu que je préférais la grammaire à la mathématique ?

2° Où ai-je dit et où as-tu vu que j'avais la prétention d'apprendre à P.-J. qu'il faisait des syllogismes et qu'en langue grammaticale démonstration se traduisait ainsi ?

— Or, prêter à un adversaire des idées qui ne sont pas les siennes et lui attribuer des phrases qu'il n'a point écrites, n'est pas le fait d'un homme sérieux.

— Donc, ô Simplice, tu n'es pas sérieux.

II

— Nous sommes d'accord sur quelques points.

En effet :

1° En employant la méthode syllogistique on risque de se tromper ;

2° On ne peut l'employer uniquement ;

3° Nous ne pouvons nous confiner dans des formules sèches et dénuées de tout apparat.

— Or, tu écris que les belles choses que je dis sur le syllogisme ne riment à rien.

— Donc, il faudrait conclure que ce que tu dis d'accord avec moi sur le syllogisme ne rime à rien.

Arrivons à ton objection principale.

III

— Syllogisme signifie raisonnement, dis-tu, et tu ajoutes : il est impossible de raisonner sans employer le syllogisme.

— Syllogisme ne signifie pas raisonnement ; le syllogisme est une des formes du raisonnement.

En effet :

1° On peut raisonner par INDUCTION, par analyse, c'est à dire aller des faits particuliers aux faits généraux, remonter des conséquences aux principes. Dans ce raisonnement, l'expérience joue un rôle essentiel ;

2° On peut raisonner par DÉDUCTION

a) « immédiate », c'est à dire tirer une proposition d'une ou plusieurs autres avec lesquelles elle a quelque rapport sans avoir recours à une autre proposition, ce qui est assurément raisonner — ou alors il faudra me donner d'autres définitions que celles admises généralement.

b) et par déduction proprement dite dont le « syllogisme » simple est l'expression régulière et parfaite et dont les autres formes irrégulières peuvent se ramener au syllogisme.

— Il y a donc d'autres raisonnements que le syllogisme.

En disant :

Proposition, hypothèse, conclusion ; autrement dit prémisses, majeure mineure et conclusion.

Tu confonds le tout et la partie.

En effet :

Tu confonds la méthode mathématique se présentant sous cette forme : Proposition, hypothèse, démonstration, conclusion, avec les syllogismes : prémisses et conclusion qui n'ont seulement les parties de la démonstration qui, elle-même, n'est qu'une autre partie de la forme employée par la méthode mathématique.

IV

Je maintiens donc ce que j'avançais, et que je l'avoue, je n'avais peut-être pas assez bien exprimé :

1° Le syllogisme n'est pas la seule forme du raisonnement pouvant faire découvrir la vérité, on peut la découvrir aussi au moyen de l'induction et de la déduction immédiate ;

2° Le syllogisme ne garantit pas la vérité en elle-même des propositions, mais seulement leur liaison logique, il faut que la raison et d'autres formes de raisonnement ainsi que l'expérience vérifient la justesse des prémisses ; il faut aussi que l'adversaire admette les définitions et les postulats proposés.

3° L'usage trop fréquent du syllogisme « simple » donne au langage deux défauts — non insupportables, il est vrai — l'uniformité et la redondance.

Voilà ce que je pense — si c'est faux et que tu me le prouves — même exclusivement par des syllogismes simples, je reconnaîtrais volontiers mes erreurs.

Crois bien que loin de moi est la pensée d'importuner les camarades par ce que tu appelles des « clabauderies » et que je veux au contraire apprendre ce que j'ignore en discutant avec eux.

CHAMBEL-SACER.

P. S. — La fin de mon article était peut-être superflue au point de vue de la discussion ; mais, n'eût-elle servi — par le rire que tu dis l'avoir été provoqué par elle — qu'à dissiper la frayeur — que tu dis l'avoir été causée par le titre de l'article — qu'elle n'était pas inutile. C.-S.

(*) Notre camarade Chamber Sacer a envoyé sa réponse en temps et lieu, c'est par accident qu'elle n'est pas parue plus tôt.

Notre Correspondance

Sur la Coéducation.

A Anna Mahé.

Je lis toujours avec beaucoup d'attention vos articles et celui sur la « Coéducation » (n° 28) m'a retenu un peu plus longtemps que les autres.

Il y a, parmi tant de bonnes choses, une ou deux remarques qui ne me semblent pas être d'accord avec les connaissances scientifiques actuelles. Ainsi, le fait que la « tête » de la femme est plus petite que celle de l'homme. Elle n'est pas « plus petite », elle est en rapport avec son poids et sa taille. Le Dr Manouvrier vous dira que la femme est à l'homme comme 70 ou 80 est à 100. Elle n'a pas « moins » de cerveau que lui, je crois même avoir cru comprendre que relativement à sa masse, elle en a davantage. Ce n'est pas là une preuve de l'infériorité de la femme.

S'il est évident que le mâle a cherché à façonner la pensée, l'intellect de la femelle, de manière à ce qu'elle fut sa chose, un objet de plaisir — un jouet — il n'est pas moins évident que dans la période irraisonnée de l'histoire de l'humanité — la période de la force brutale seulement — nous nous trouvons en présence d'un fait : C'est que l'élément « reproducteur » est moins fort que l'élément « générateur » — moins fort quant au volume des os et des muscles — plus nerveux, plus sensitif, plus craintif aussi. C'est un fait, vérifiable chez les femelles des animaux vertébrés.

Je ne pense pas que ce « fait » puisse être contesté.

De la période irraisonnée à la période raisonnée — c'est à dire de la période où la force brutale seule domine jusqu'à la période où la raison, où la conscience individuelle domine uniquement — la femme évolue. Elle ne se considère plus uniquement comme élément de reproduction. Elle prend conscience de son rôle comme coopératrice dans l'évolution de la race. Elle peut le faire parce que son mécanisme pensant est égal ou même supérieur à celui de l'homme. Ainsi il y eut des femmes admirablement administratrices en Orient ; l'histoire des

(2)

— LE —

LANGAGE D'ACTION

(*Suite*)

L'admiration qu'excitent en nous les facultés mentales des fourmis doit s'étendre à tous les hyménoptères vivant en société, et en particulier aux abeilles. Elles aussi ont un cerveau très développé, et l'on sait à quels actes d'intelligence les conduit ce développement spécial du système nerveux. Elles aussi ont un langage. Ce langage est à la fois sonore et mimique. Elles communiquent entre elles à l'aide de sons et au moyen de gestes. Il ne peut y avoir de doute sur l'emploi par les industrieuses abeilles de ces deux modes de transmission de la pensée. Les sons divers qu'elles émettent sont bien connus des apiculteurs ainsi que les circonstances qui les provoquent.

A ce langage sonore se joint un langage de gestes qui apporte au premier une aide puissante et, dans un grand nombre de cas, le remplace. Comme les fourmis, les abeilles ont leur meilleur moyen de communication dans leurs antennes. En s'effleurant mutuellement de mille façons diverses, et par des chocs légers du corps et des pattes, elles arrivent à échanger des idées et des impressions, et à leur donner un sens bien défini. De même que chez les fourmis, en effet, cette langue « maçonnique » ne s'applique pas uniquement à des choses générales, mais aussi à des faits et des détails précis.

Le langage antennal est propre à tous les insectes, et les coléoptères, l'ordre le plus nombreux, chez qui la forme de ces organes est si variée et si bizarre, s'en servent exactement comme en usent les fourmis et les abeilles. Mais leurs aptitudes psychiques sont bien inférieures aux admirables facultés intellectuelles de celles-ci, et il est probable que les communications qu'ils se font à l'aide de ce moyen sont plus générales, plus simples et moins précises que celles échangées entre les hyménoptères dont je viens de parler.

On doit comprendre aussi dans le langage d'action les bruits que produisent les insectes, soit au moyen d'un choc sur des corps retentissants, soit par le frottement des parties cornées de leur propre corps les unes contre les autres. Ces bruits volontaires, résultats des mouvements des organes externes, servent à ces animaux pour communiquer entre eux et offrent un caractère principalement sexuel. Le mâle et la femelle (plus souvent le mâle) les emploient dans le temps de leurs amours pour s'appeler et se convier au rapprochement nécessaire à la reproduction. C'est dans ce but que le mâle des sauterelles émet des stridulations en frottant ses cuisses contre ses élytres et que le grillon, par le même artifice mécanique, fait entendre le son caractéristique qui lui a valu le nom vulgaire de *cri-cri*. Le son monotone, qu'on appelle improprement le chant de la cigale, provient du frottement de deux membranes situées dans le premier anneau de l'abdomen du mâle. Les nécrophores, ces ingénieux fossoyeurs, qui enterrent si habilement les cadavres destinés à servir de nourriture à leurs larves, stridulent en frottant les derniers arceaux supérieurs de leur abdomen contre leur élytres.

D'autres insectes encore produisent un bruit analogue aux précédents par des procédés de même nature. Comme exemple des sons résultant d'un choc contre un objet extérieur, on peut citer l'anobium ou vrillette. Ce petit coléoptère, dont les larves percent le bois comme avec une tarière, est très commun dans nos habitations. Il détériore les boiseries en y faisant de petits trous ronds semblables à ceux que l'on ferait avec une vrille très fine. Les deux sexes, pour s'appeler et se rapprocher l'un de l'autre, font entendre un bruit singulier analogue au tic-tac d'une montre. Ils le produisent en frappant de la tête contre le bois, après s'être fortement attachés avec les pattes.

Dans les peuplades disciplinés du termite belliqueux (*Termes bellicosus*), les soldats frappent de temps en temps le sol de leurs mandibules et produisent un tic-tac qui se perçoit à distance. Ils semblent exciter de cette façon les travailleurs. Ceux-ci répondent par le choc de leur abdomen sur la terre, et ce choc rend un bruit très spécial, une sorte de sifflement.

Tous ces bruits, quelle que soit leur origine, sont d'intentionnels signaux, des moyens d'appel, exprimés par des mouvements extérieurs du corps, et rentrent par conséquent dans la catégorie des manifestations de la pensée qui constituent le langage des gestes.

Les crustacés communiquent entre eux par des attouchements. On pourrait croire, surtout pour les crustacés supérieurs, tels que les crabes, les écrevisses, les homards, les langoustes, que l'épaisse carapace qui les enveloppe atténue considérablement leur sensibilité tactile générale, en amoindrissant toute sensation du toucher. Il n'en est rien cependant, et l'expérience prouve au contraire que le plus léger contact sur cette sorte d'armure résistante est transmis immédiatement aux centres nerveux. On peut facilement s'en convaincre en observant les manœuvres des crabes, chez lesquels le moindre attouchement détermine aussitôt le retrait de tous les membres, qui viennent se replier le long du corps ou s'abriter dans des fossettes. Les antennes douées d'une grande mobilité jouissent d'une sensibilité délicate. Les soies ou poils situés sur différentes régions du corps assurent en outre la perception des contacts. Les pattes concourent aussi au toucher. Ainsi les crustacés, malgré la rigidité de leur aspect et la rudesse presque minérale de leur enveloppe, ne sont pas plus dépourvus que les autres arthropodes (*) de moyens appropriés à des actes volontaires d'expression.

***

Parmi les vertébrés, les poissons nous offrent, au point de vue psychologique, le type le plus abaissé. Leurs facultés psychiques sont encore moins développées que celles des reptiles et des batraciens, qui paraissent elles-mêmes assez rudimentaires. Il est vrai que les manifestations intellectuelles de ces sortes d'animaux sont fort mal connues. Nous ne possédons des renseignements un peu précis que pour un très petit nombre d'entre eux.

Les poissons en particulier, habitant un milieu qui nous est inaccessible, se prêtent difficilement aux recherches de cette nature, et ce n'est qu'avec le temps, et par des observations méthodiques, fortifiées par des données expérimentales, que nous pourrons établir les points importants de la psychologie de ces êtres d'adaptation si spéciale, en perpétuelle circulation dans un élément si différent du nôtre. Ce que nous en savons nous porte à croire que les communications qu'ils ont à se faire sont très limitées, car, comme on l'a dit, manger et éviter d'être mangés semblent être la principale, pour ne pas dire la seule préoccupation de ces animaux.

Les attitudes du corps, les mouvements des nageoires et de la queue, des chocs peuvent servir de signes suffisants pour des pensées obscures et des sentiments mal définis. Quelques espèces trouvent un complément d'expression dans des bruits et des sons produits par l'action de certaines pièces de l'organisme et soumis à la volonté de l'animal. C'est ainsi que le saurel ou maquereau bâtard des halles de Paris, le sévereau des pêcheurs provençaux, poisson des plus communs sur tout le littoral de la France, fait entendre des bruits stridents et rudes au moyen du frottement des os pharyngiens supérieurs sur les inférieurs et sur les aspérités voisines de ces derniers. Par le même procédé, les tambours ou pogonias, qui habitent les côtes atlantiques du Nouveau-Monde, émettent des sons qu'on perçoit souvent à de grandes distances.

Magaud d'AUBUSSON.

(*A suivre*).

(*) Arthropodes (du grec *Arthron*, articulation : *pous, podes*, pied), classe d'animaux invertébrés, articulés, munis d'appendices également articulés (abeille, araignée, crabe, mille pattes).

Doukhobors connait une femme que sut fort bien administrer sa tribu Loukeriyoc : les femmes de la communauté d'Onéida réglaient les naissances et choisissaient les procréateurs des enfants de la colonie, lesquels procréateurs n'étaient pas toujours ceux avec qui elles entretenaient les relations affectives les plus intimes... la question est donc tranchée, la femme n'est pas inférieure à l'homme.

La coéducation produira-t-elle les fruits qu'on en attend. Elle ne dépassera guère ce résultat habituer l'homme à fréquenter la femme et à ne plus la considérer que comme bonne à « coucher avec ». Et encore. Mais c'est tout. J'ai remarqué personnellement que les femmes qui fréquentent les hommes les singent : elles fument comme eux, disent les mêmes grossièretés, et arrivent à avoir des autres femmes une opinion qui ne diffère guère de celle des hommes. La coéducation « consciente », c'est à dire l'éducation en commun d'enfants des deux sexes, l'éducation en vue de la vie libre, celle-là produira des fruits. De la coéducation « inconsciente », il ne faut rien attendre. Ou peu de chose.

Enfin, j'aurais souhaité dans votre article, vous voir aller jusqu'au bout : je ne conçois pas ce qu'il y a de mal à ce que les enfants, — dix, onze, douze ans, — de sexes différents, se recherchent au point de vue « sexuel », même uniquement sexuel. Une femme de grand courage — une Américaine — qui vient d'écrire un livre intéressant : *Sexual Radicalesin* faisait dernièrement observer que c'est chose fort naturelle.

C'est d'ailleurs un point à examiner et qu'on ne saurait perdre de vue en fait de coéducation.

E. ARMAND.

⁂

Sur les Entretiens anarchistes.

A André Lorulot,

Tu es hostile à tout groupement, leur essence même, t'en paraissant mauvaise. Je suis, au contraire, partisan des syndicats. Je dirais même qu'ils sont nécessaires aux individus pour leur permettre de se connaître et de défendre leurs salaires. Tu voudras bien avouer avec moi qu'il est plus facile de satisfaire ses besoins avec 200 ou 250 francs par mois qu'avec 0 fr. 40 de l'heure comme certains camarades.

Je suis partisan des coopératives-communistes, lesquelles n'ont pas pour but la la recherche de bénéfices, la répartition du prorata n'existant pas. Les camarades s'y trouvent groupés simplement par l'esprit coopérateur, c'est à dire un esprit travailleur, posé, réfléchi, à la recherche de l'entente émancipatrice des travailleurs.

Evidemment, il y a beaucoup à faire pour changer l'esprit qui règne dans ces organisations, mais celui-ci est le reflexe de la mentalité des adhérents, c'est donc à elle qu'il faut s'attaquer. Voilà le vrai travail. Sans doute il est aride, l'on ne fait pas comprendre aux individus, la « légitimité » de l'action directe révolutionnaire du jour au lendemain. Mais cette propagande est terre à terre et procure plus de bien-être immédiat qu'une propagande dans le vide à la recherche d'un idéal libertaire alors que la foule en est encore au moyen âge.

Tu es d'une grande inconséquence. Voilà maintenant que tu es partisan des milieux libres tout en déclarant que ceux-ci sont des formes — améliorées — de coopératisme, qui, tout en ayant pas pour but la recherche de bénéfices, doivent être formés en disposant de sommes assez fortes.

Ils ne donnent aucun résultat, dis-tu, par défaut d'entente, manque d'organisation. Où veux-tu trouver des individus avec lesquels tu pourras sympathiser sans jamais les avoir connus à l'œuvre, c'est à dire dans la lutte pour le morceau de pain journalier ?

Voilà, me semble-t-il, quelques objections qui peuvent t'être utilement posées.

Georges BONNET.

A PROPOS des Libertaires Syndicalistes

M. Blanchard donne dans l'*Ouvrier métallurgiste* une réponse à un article de Chazelle paru dans le numéro 19 de l'*anarchie*. Je n'avais pas tenu à répondre immédiatement, laissant ce soin à notre ami. Je pense que ce journal a pu ne pas lui venir sous les yeux et un mot de réponse me paraît nécessaire.

J'ai devant moi les deux articles : je viens de les parcourir avec soin. Je crois, après lecture, que Blanchard n'est pas autorisé pour faire de la polémique. Il prend de suite un ton qui tient plutôt de la dispute que de la discussion. Il ne se rend pas compte qu'il ne faut pas tenir comme acquis pour le lecteur ses propres appréciations et qu'il faut quelque peu démontrer avant d'affirmer.

Que dit Chazelle ?

« Gagné par l'exemple de quelques libertaires il a cru pouvoir faire du travail anarchiste dans les syndicats. Après expérience, il s'est aperçu de l'inutilité des efforts, de la puérilité des questions traitées, de l'indifférence générale devant des sujets autres que ceux traitant d'administration syndicale, de l'importance donné au vote, à la majorité, en toute occurrence.

« Il montre que dans le syndicat dont il faisait partie, celui des mécaniciens, à Lyon, les libertaires, tout en ayant la direction, ne peuvent empêcher les poses ridicules de couronnes mortuaires, et sont à la tête d'une société de secours mutuels, avec buvette. Il raconte l'incident — qui dura quatre ans — par lequel ce syndicat changea de fédération et parle de la campagne électorale faite à ce sujet. Il termine en faisant l'historique rapide de la grève de l'automobile dans lequel il décrit le piètre rôle des syndiqués.

« Il conclut en disant que ce ne sont pas les libertaires qui changent le milieu syndical, mais bien plutôt le dit milieu syndical qui écrasent les libertaires. Les anarchistes après y avoir fait la lutte la plus active, n'ont qu'à s'en retirer. C'est ce qu'il a fait. »

Que lui répond Blanchard ?

« Chazelle deverse sa bile rageuse sur les camarades. Il tombe en enfance ou il divague. Un individualiste doit faire de la besogne partout et il vaut mieux aller dans les syndicats que dans les cabarets. Ceux qui se disent individualiste se parent de ce nom pour ne rien faire et beaucoup d'aménités semblables. Aucune réfutation. »

Donc concernant l'article de Chazelle, M. Blanchard ne fait aucune réponse précise. Nous pouvons donc tenir comme acquis les arguments donnés par notre ami. Mais d'un autre côté, il soulève deux questions. A la deuxième, Chazelle a répondu à l'avance par un non décisif : « Les libertaires ne peuvent pas faire un travail anarchiste dans les syndicats. »

Reste la première :

« Je te demande de dire par quels moyens « vous pensez arriver à faire la révolution « sociale. »

Je me permettrai de répondre une prochaine fois à cette question. De même, je réfuterai ce cliché, servi depuis longtemps dans les milieux révolutionnaires : « Un « anarchiste » ne peut vivre dans ce milieu pourri, dans cette société ignoble.

Louis VERNOT.

A Travers les Réunions

Au socialo Coupat,

Patriote syndicaliste.

Belfort.

Comme il y avait réunion, ce soir-là — grrrande réunion sur l'organisation syndicale — nous avions décidés, à deux copains, de subir le supplice et d'aller entendre le cytoillien Coupat, le leader de la réunion. C'est un espèce de phonographe habillé, le ventre plein de phrases classiquement syndicalee, sorti tout frais de la fameuse équipe des socialistes révolu stagiaires de la Bourse du travail de Paris.

Rassurez-vous, camarades anarchistes, je ne veux pas vous faire savourer l'éloquence du dit Coupat. Je ne veux vous donner qu'un simple extrait.

Vous pourrez juger de l'imbécillité et de la malpropreté du Monsieur, délégué pour endormir les gars de province.

1re strophe. — « Oui, chers camarades, lors de la grève de chez Mors, nous avons eu entière satisfaction. Grâce à notre organisation, grâce à notre énergie et à notre fécondité d'initiative. Nous avons tout fait pour faire céder le patronat. Nous avons même été forcés, pour la bonne cause, de signaler à « Monsieur » Mors, certaines irrégularités dans le service des contre maitres, lesquelles ne pouvaient que porter préjudice à la bonne marche et aux intérêts de la maison. Nous avons fourni les preuves et c'est alors alors seulement que « Monsieur » Mors a cédé, etc., etc. »

2e strophe. — « Pour les apprentis tout leur intérêt exige qu'ils se syndiquent. Ils trouveront — alors seulement — l'appui chez les camarades ainés déjà syndiqués. Ceux-ci feront tout leur possible pour que leurs travaux soit parfaitement exécutés, de façon à ce qu'ils ne méritent aucuns reproches de la part du patron. C'est la seule manière d'en imposer à ces derniers, etc... »

Finale. — « Je souhaite ardemment que la France soit bientôt au premier rang comme organisation syndicale..... »

Je m'arrête, car je n en finirai plus.

Ainsi donc, cher Coupat, après avoir fait vous et les vôtres, les mouchards chez Mors après avoir tendu vos fesses — ô sublimes martyrs des syndicats — vous prêchez la docilité aux jeunes ; vous leur enfilez une robe rose ou bleue, avec des fleurs dans les cheveux, n'est-ce pas, un baquet d'eau bénite devant l'étau, afin d'en faire comme vous, de bons fromageux, ou comme les poires qui vous suivent, de bons petits ouvriers bien dociles et corrects. Imbécile. C'est pour cela que vous vous dérangez ? Vous trouvez sans doute que les gens de province ne sont pas assez empoisonnés comme cela, vous venez encore leur faire sentir votre ferveur dans la voie du patriotisme syndical.

Je ne vous souhaite pas de venir donner des conseils de ce genre, dans notre belle, vous verriez avec quel rapidité un poing s'abattrait sur votre face d'Ane et de crapule.

Un des suppliciés.

LE BOUFFI.

Piqûres d'aiguille

Les piqûres dont les flancs du sieur Durand ont tant eu à se plaindre sont à la disposition des camarades à raison de 0.20 le 100, un méli-mélo de textes différents. Port en plus.

Revue des Journaux

Les Temps Nouveaux.

A propos de certains bavardages de presse, Kropotkine tient à préciser son idée sur l'antimilitarisme et la ligne de conduite à suivre, en cas de guerre, pour les Français. Sa réponse est un peu brève, mais il nous sera fait communication de celle donnée au *Temps* nous permettant de préciser une critique.

Michel Petit se moque de ce fameux Congrès de la Tuberculose où les savants entre deux banquets, deux réceptions, ou deux balades, trouvèrent quelques minutes pour dogmatiser sur la Tuberculose et ses remèdes.

Il serait intéressant que M. Pierrot vienne porter aux Causeries le débat soulevé par lui dans les *T. N.* sur le syndicalisme allemand, on pourrait discuter et lui montrer le rapport certains entre tous les syndicalismes.

Jean Grave donne une explication sur les brochures de Niel et de la C. G. T. à propos de la journée de huit heures. Il pense que Niel en fait trop une panacée. Que L. A. Borieux se dépêche à mettre ses idées en brochure pour qu'elles puissent entrer dans le domaine de la critique.

Le Libertaire.

Lorsqu'Urbain Gohier se mêle de faire la politique internationale... ffr..., je ne sais pas ce qui vous passe dans le dos. Un doute de soi-même. Je pense que la paix sera non quand nos ministres et nos députés seront honnêtes mais lorsque nous n'en aurons plus et que par conséquent nous serons moins bêtes.

Yvetot ne manque pas de quelque esprit pour répondre à Lorulot. Tout en lui passant la patte dans le dos il sort un tantinet ses griffes. Je trouve qu'à peine hors de la Bourse il vous a un petit air frondeur qui plait à tous.

Mais ce n'est rien... Faut voir sa *causerie ouvrière*. Là, il perd son urbanité et il les assomme ces philosophes, ces dilettantes, qui n'ont pas voulu entrer dans le syndicalisme, préférant obéir à leurs affinités qu'à leur forme momentanée d'assimilation économique.

LE LISEUR.

— Par la Chanson —

Le groupe d'édition la **Muse Rouge** se propose de continuer la série de chansons illustrées. Afin de les propager, il met à la disposition de tous :

L'Internationale anarchiste . . . 0.10
Le Père Lapurge, dessin de Luce. 0.25
La Muse Rouge, dessin de Lochard. 0.25
La douzaine assortie : 1 fr. 50

Le tirage étant restreint, envoyer les commandes le plus tôt possible. Port en plus.

P. S. — Par peur, l'imprimeur du groupe la *M. R.* a changé le titre de l'« Internationale anarchiste », en celui de « Internationale féministe ». Le texte n'en est pas moins le même.

POUR LES GROUPEMENTS

Nous prévenons nos amis que nous mettons en circulation des petits paquets de brochures mélangées (25) de **A mon frère le Paysan,** de Reclus ; **L'Ordre,** de Kropotkine ; **L'Absurdité de la Politique,** de Paraf-Javal ; **Aux Conscrits,** de la Jeunesse d'Amiens, au prix de **0.75**, franco de port.

L'Absurdité des soi-disant Libres-Penseurs, de Paraf Javal, est vendue au prix de **7** fr. le **100** franco de port. Nous avons pensé à faire cette édition avec le plus de soin possible : la couverture illustrée et en couleur, le travail typographique très soigné.

Nous pouvons livrer 25 exemplaires des **Deux Haricots** de Paraf-Javal, image pour enfants, à raison de **1** fr. **50**, franco de port.

L'Insurgé, journal hebdomadaire de propagande anarchiste. Prix de l'abonnement : 2 fr. 50 pour 6 mois, 5 fr. par an. Ecrire au gérant : G. Thonar, rue Laixheau, 97, Herstal-Liège (Belgique).

Vient de paraître :

L'Ordre, organe communiste-anarchiste, paraissant tous les quinze jours, 21, rue du Temple, à Limoges. Abonnement : 1 fr. 50 par an ; 1 fr. pour six mois ; 0 fr. 50 pour 3 mois

CE QU'ON PEUT LIRE

Pierre Kropotkine. — *Aux Jeunes Gens ; Anarchie et Communisme ; Morale anarchiste ; Organisation de la Vindicte* : br. à **0.10.** — *Les Temps nouveaux* : br. à **0.25.** — *Autour d'une vie ; Conquête du Pain* : vol. à **2.75.**

Paraf-Javal. — *L'Absurdité de la politique* : br. à **0.15.** — *Libre Examen* : br. à **0.25.** — *La Substance universelle* : vol. à **1.25.** *Les deux haricots*, image p. enfants : **0.10.** — *L'absurdité des soi-disant libres-penseurs.* **0.10.**

Jean Grave. — *Organisation, Initiative, Cohésion ; La Panacée-Révolution ; Le Machinisme ; Enseignement bourgeois et Enseignement libertaire ; Colonisation* : br. à **0.10.** — *La Société future ; L'Individu et la Société ; Les Aventures de Nono* : vol. à **2.75.**

Elisée Reclus. — *A mon frère le paysan* : br. à **0.05.** — *L'Anarchie et l'Eglise* : **0.10.**

Elie Reclus. — *Les Primitifs* : vol. à **4** fr. — *Les Primitifs d'Australie*, vol. à **3** fr.

A. Dal. — *Les Documents socialistes*, avec préface de **Ch. Malato** : br. à **0.30.**

Georges Etiévant. — *Déclarations ; Légitimation des actes de révolte* : br. à **0.10.**

René Chaughi. — *Immoralité du mariage ; La Femme esclave* : br. à **0.10.**

Enrico Malatesta. — *Entre paysans.* br. à **0.10.**

Domela Nieuwenhuis. — *Le Militarisme ; Education libertaire* : br. à **0.10.**

Charles Albert. — *Guerre, Patrie, Caserne* : br. à **0.10** — *Aux anarchistes qui s'ignorent* : br. à **0.05.**

André Girard. — *Anarchie* : br. à **0.05.**

Ligue de la Régénération. — *Moyens de limiter les grandes familles* : br. à **0.30.** — *Plus d'Avortements* : br. à **0.50.** — *Socialisme et Malthusianisme*, br. à **0.60.**

S. Faure. — *Les crimes des Dieux*, br. à **0.15.**

Au Pays du Bonheur, chanson, paroles de Louis Cornet, musique de Léon Israel : **0.10.**

Noël Reibar. — *A bas la guerre*, poésie avec musique : **0.10.**

L'« anarchie ». — Numéros parus : **0.10** chaque — Les invendus sont envoyés, le port étant seul à la charge des camarades.

Piqûres d'aiguille. — 20 textes : **0.20** le 0/0.

Les frais de port sont évidemment en plus.

OU L'ON DISCUTE OU L'ON SE VOIT

Causeries Populaires du XVIIIe, 30, rue Muller. — Lundi 6 novembre, à 8 h. 1/2. *A propos de la Lecture.*

Causeries Populaires du XIe, 5, cité d'Angoulême. — Mercredi 8 novembre à 8 h. 1/2, causerie-discussion sur *La Religion de la Beauté* de Charles Mochet.

Causeries Populaires des Ve & XIIIe, 37, rue Croulebarbe. — Samedi 4 novembre, à 8 h. 1/2, causerie par Libertad sur le *Désir de vivre.*

L'Aube Sociale, Université populaire, 4, passage Davy. — Mercredi 8 novembre, à 8 h. 1/2, causerie par un camarade.

Union de l'Ameublement. — Les camarades sont invités à la réunion générale du mardi 7 novembre, 12, rue Lagille, à 8 h. 1/2 du soir ; causerie par Libertad ; discussion sur le groupement communiste. Permanence tous les mardis à 8 h. 1/2.

Aux Causeries Populaires, 5, cité d'Angoulême. — Samedi, 5 novembre, *Fais ce que veux, Critiques et chants*, réunion.

Amiens. — Afin de leur éviter des embêtements et des pertes de temps, tous les correspondants de *Germinal*, 26, rue St-Roch, sont priés d'envoyer lettres et mandats, tout ce qui concerne ce journal à l'*administrateur de Germinal*, etc.

Cherbourg. — Une *Jeunesse libre*, basée exclusivement sur les idées anarchistes, est ouverte, 13, rue Bonhomme. Les réunions ont lieu tous les samedis, à 8 h. Une *Causerie* est faite par un camarade.

Lens. — Les copains de la région ont formé un groupe anarchiste. Il se réunit tous les dimanches, à l'estaminet Poison, 23, rue de Lille.

Composée par des camarades.
La Gérante : A. MAHÉ.
Imp. des *Causeries Populaires*, A. Libertad

LES CAMARADES
adresseront
tout ce qui concerne
l'anarchie
à A. Mahé & A. Libertad
30, rue Muller, 30
PARIS-XVIII

l'anarchie

PARAISSANT TOUS LES JEUDIS

ABONNEMENTS

FRANCE

Trois Mois.......... 1 50
Six Mois.......... 3 »
Un An.......... 6 »

ÉTRANGER

Trois Mois.......... 2 »
Six Mois.......... 4 »
Un An.......... 8 »

PREMIÈRE ANNÉE. — N° 31 | DIX CENTIMES | JEUDI 9 NOVEMBRE 1905

Panama Mutualiste

Pendant longtemps les prêtres de toutes les religions trafiquèrent sur l'avenir. Un avenir lointain, après la mort.

Ils débitaient le paradis en tranches. Ils l'échangeaient contre les meilleurs produits. Ils conseillaient aux fidèles de dédaigner les plaisirs terrestres pour les plaisirs divins : « Heureux les pauvres, le royaume des cieux leur appartient. » Ils cataloguaient défauts et vices, le goût de manger, le goût de boire, le goût du Beau. Ils parlaient de vendredi et de carême. Le jeûne et la flagellation étaient les meilleurs moyens pour connaître le suprême bonheur.

Et les foules suivaient les prêtres. Et les cordes cinglaient les reins. Et les ventres criaient famine. Et les cerveaux s'affaiblissaient sous les privations austères.

Le prêtre lui, pouvait mener la vie de luxe et de débauche. N'avait-il pas dit à l'avance « Faites ce que je dis et non ce que je fais. » Et d'ailleurs n'était-il pas celui qui montre le chemin du paradis, l'intermédiaire du dispensateur des bonheurs éternels.

Le fidèle économisait sur le pain de ses enfants, sur la joie de sa famille, sur la part du voisin. Il était parcimonieux. Il était avare. Mais les sous glissaient de ses mains pour aller dans la sacoche du prêtre. Il ne mangeait pas aujourd'hui, pour goûter, après la mort, aux joies ineffables de la volupté divine.

Voilà que, comme un château de cartes, s'effondre ce paradis. L'esprit critique de la science, malgré l'étranglement des gouvernants et des possédants, vient jeter la lumière. Le télescope et la lunette astronomique fouillent vainement l'espace pour découvrir le lieu divin.

Encore, par coutume, par tradition, des milliers de gens s'accrochent à l'illusion perdue; veulent espérer, malgré tout en un bonheur leur venant après cette vie qu'ils n'ont pas la force de vouloir heureuse. Mais pourtant c'est la débâcle, et les maîtres ont cherché d'autres dérivatifs, que les christs et les vierges.

Ils ont fait surgir le dogme de la Mutualité :

La mutualité, c'est l'épargne du bas de laine mise en commun, nous dit-on. Les mutualistes sont ceux qui veulent assurer leur avenir, l'avenir de leurs enfants.

Caisse pour la retraite. Caisse pour les accidents. Caisse de dotation. Caisse de maladie. Que chacun en vue de l'avenir rogne un morceau de son présent.

Ce dimanche qui passe, c'est le triomphe de la Mutualité.

Les valets de presse pleurent des larmes de joie devant son triomphe et entonnent le hosannah :

« La Mutualité maternelle, la Mutua-
» lité scolaire, la Mutualité militaire, la
» Mutualité féminine et familiale,
» toutes ces modalités ingénieuses et
» touchantes, M. Loubet les a définies,
» les a recommandées, on sait avec quel
» bonheur d'expression.

» Grâce à lui et au concours du minis-
» tre de la guerre, la Mutualité est deve-
» nue tout à la fois l'école et la formule
» du devoir social dans l'armée et l'on
» verra aujourd'hui la nation et l'armée
» communiant ensemble dans cette fête
» de la fraternité républicaine présidée
» par le chef de l'Etat. Grave et touchante
» manifestation où le sentiment du plus
» pur patriotisme s'alliera au triomphe
» de la solidarité sociale. »

Voilà ce que clame le *Journal*.

Et le *Matin* salue les neuf Millions de gens que représentent les cinquante mille délégués, c'est-à-dire toute une France nouvelle ».

Dès l'école on donne à l'enfant le virus de l'épargne. On glisse dans ses mains, sous prétexte de récompense, le livret de caisse d'épargne, avec la petite somme inscrite, qu'il ne touchera qu'à vingt et un ans et qu'on l'incite à augmenter à toute occasion.

La famille, les amis se font complices de l'école, de l'Etat, et pour les graves événements de la vie enfantine, première communion, ou certificat d'études, — abrutissement religieux ou abrutissement laïque — on augmente le pécule.

On apprend à l'enfant à considérer la monnaie de métal et même, encore pis, la monnaie de papier, comme la garantie de son avenir. Les timbres du « sou de l'école » sont les nouveaux symboles de la Religion de l'Epargne.

Chaque fois que surgit la menace d'une révolte, d'une révolution, l'ouvrier honnête, celui qui économise, montre le poing au révolté, dont les actes menacent de faire baisser les fonds de l'Etat.

Le jeune ouvrier songe à sa vieillesse. Il se courbe sur le travail ; il fait courber ceux qui l'entourent. Il songe à l'avenir du fils ou à la dot de la fille et pour cela, il les tient dès le plus jeune âge sous le joug du plus dur labeur.

Economisons en rond ! Jaluzot, de pair avec ses employés, coopère à la mutuelle. Et Dufayel verse ses cent sous régulièrement, n'en doutez pas.

N'est-ce d'ailleurs pas socialiste et syndicaliste que de songer à l'avenir au moyen de caisses mutuelles. Caisse pour le chômage ou caisse pour les retraites.

On passe son temps à fabriquer des remèdes vains ; à poser des emplâtres sur des jambes de bois.

Ce n'est pas aujourd'hui mais demain que les hommes veulent manger à leur faim. Le présent ne les inquiète pas. Ils ne veulent voir que l'avenir.

L'avenir, ce grand X incertain que l'on ne verra peut-être jamais.

Travaille et peine, courbe ton corps sur le travail, sans arrêt, tu te reposeras en quelque champ de maréchaliers.

Travaille pour ta fille, travaille pour ton fils, travaille pour ta vieillesse, travaille pour la patrie, travaille pour l'honneur et surtout, nigaud, travaille pour nourrir la bande de parasites de toutes espèces auxquels viennent se joindre les rongeurs du mutualisme.

Achète une action à l'usine de tes patrons et travaille dur afin qu'elle te rapporte, bon an, mal an, du trois pour cent. Ne lève pas la tête, ne lève pas la tête, te dis-je, tu vas diminuer le bénéfice de fin d'année. Tu es solidaire du patron que tu as vu, alors que tu rentrais à la géhenne, partir en automobile vers quelque joie nouvelle.

Soldat, tu es solidaire du Colonel et du Général. La Mutualité militaire vous joint. Enfant arraché du sein de ta famille tu as l'honneur de pouvoir cotiser avec Berteaux, l'agent de change. Et toi, sous-agent des postes, tu coopères à la Mutualité postale avec Dalimier.

C'est une France nouvelle, une France où tous, saisissant l'ombre pour la proie, s'endormiront le ventre creux avec un doux rêve de table abondamment servie.

∴

Mais craignez, chers messieurs, que ce ne soit le dernier bluff. Vous tirez trop sur la corde, je vous le dis : vous voulez trop emplir votre panse au détriment de l'estomac des imbéciles...

Tant va la cruche à l'eau qu'à la fin elle se casse... C'est la dernière corde et elle est bien tendue...

Craignez, Vermines et Rongeurs, qu'à côté des prévoyants de l'avenir, des honnêtes du petit pécule, se dressent les amants de la vie, tellement pressés de jouir qu'ils prendront leur place, dussent-ils pour cela vous envoyer, à votre tour, goûter du Paradis.

Albert LIBERTAD.

Chiquenaudes et Croquignoles

Le ventre à table.

Ne croyez pas que ce soit ma faute, mais chaque fois qu'il est question de Briand, Aristide, il faut parler de gueuleton.

Ainsi, quelques paroles de Clemenceau lui ont valu une réponse de ce Monsieur.

C'est bien vrai, il a bâfré avec Monseigneur Fuzet, et il est reconnaissant — à M. Jean de Bonnefon, leur hôte commun — de la façon vraiment délicieuse dont ils furent traités en cette soirée.

Entre autres choses dont il ne faut pas parler, il fut question — avec le sieur Fuzet — d'une certaine fine-champagne normande, de qualité exceptionnelle qu'il voulut bien l'inviter à déguster lorsque les hasards de la propagande l'amèneraient à Rouen.

N'est-ce pas ça! Lorsque le fougueux anticlérical Briand, le faiseur de la loi sur la séparation des Eglises et de l'Etat, passera à Rouen, il ira gueuletonner avec Fuzet, l'archevêque.

A combien de tables ai-je déjà vu cet individu. A la couleur du vin qu'il boit on peut pressentir les hoquets qu'il rejettera.

L'eau bénite le sépare de l'archevêque, c'est trop fade, mais la fine-champagne l'en rapproche rapidement.

—o—

Assommades japonaises.

On se venge comme on peut.

Notre mœurs d'introduisant au Japon, a obligé Japonais et Japonaises à s'affubler de vêtements ridicules et incommodes sitôt qu'ils mettent le nez hors de leurs jardins.

Ils n'ont plus le droit de faire prendre l'air à leur cul avec la même innocence qu'à leur visage.

Ils ont décidé, pour se venger, d'enseigner le jiu-jitsu à nos chiens de garde!

Lorsque ces messieurs seront instruits en cette matière, il ne fera pas bon sortir seul, le soir, après dix heures, les rues ne seront pas sûres.

o

Binettes royales.

On a saisi, à la gare de la Chapelle, quarante kilos de photographies de Monseigneur le roi de France.

Il paraît que la prise de ce colis a sauvé la nation d'une grande réaction. J'informe les [illegible] qu'il vient de se balader en France et d'entrer à l'Elysée le profil d'anthropoïde de Monseigneur le roi d'Espagne. C'est le nommé Loubet qui le portait dans ses bagages.

Qu'on le saisisse au plus vite!

—o—

Loubet-Cincinnatus.

Le temps vient l'heure où il va retourner à sa charrue, l'ami « homme, à son âge.

N'importe, ce démocrate veut donner l'exemple. Il n'a qu'un regret, c'est qu'on ne lui ait pas conservé sa chaise percée dans quelque coin du Luxembourg. Tant pis.

Le mise, l'austère, voulait saluer son départ d'un banquet des maires de France. Il a refusé. Il a songé aux profils grotesques des édiles provinciaux. Il préfère conserver démocratiquement le souvenir des profils d'Edouard, de Carlos, de tous les Alphonses royaux.

Que la charrue lui soit douce...

—o—

Publicité gratuite.

Du Courrier Européen :

Il paraît que le mariage de M. Clémentel, ministre des Colonies, a été l'occasion, pour certains commerçants parisiens de se tailler une publicité de bon aloi. On nous assure que la robe de la mariée fut fournie **gracieusement** *par la maison Redfern, tandis qu'un grand fabricant d'automobiles, M. Diétrich, croyons-nous, remplaçait par une voiture neuve la machine usagée du ministre.*

Nous sommes heureux de participer, dans notre modeste sphère, à l'œuvre de publicité à laquelle s'est dévoué M. Clémentel, pour le plus grand bien de l'industrie et du commerce; car il ne saurait être question de décorations.

Mais pourquoi, alors, avoir refusé la bénédiction nuptiale que le cardinal Richard offrait, gratuitement, *à titre de publicité ?*

CANDIDE.

Le soldat est un ouvrier qui revêt pendant deux ans un costume ridicule pour tuer ses camarades d'atelier, afin d'obéir aux patrons.
Vive l'anarchie !

SOCIALISME & PATRIOTISME

III

On a vu combien incompréhensible, absurde était l'attitude des socialistes « patriotes », partisans tout ensemble de l'idée de patrie, entité qui constitue la base fondamentale du capitalisme et du gouvernementalisme contemporains, — et de l'Internationale ouvrière qui doit surgir de l'effondrement des premiers.

Il y a cependant à côté de ces socialistes « patriotes », le socialisme antipatriotique représenté par Hervé et le « patriotisme révolutionnaire » de Pierre Kropotkine.

C'est d'eux que je veux m'occuper aujourd'hui, en cherchant à montrer en quoi leur antipatriotisme semble au fond pécher contre les idées mêmes qu'ils tiennent à afficher ostensiblement.

∴

A première vue et théoriquement les idées antipatriotiques émises par Hervé semblent être d'une logique impeccable : Les ouvriers ne sont-ils pas des exploités, des miséreux ? L'ensemble de leurs efforts doit donc converger vers l'institution de telles conditions de vie qu'il leur soit possible d'avoir le bien-être. Ces conditions n'existant point aujourd'hui, l'unique souci des ouvriers est d'en poursuivre la possibilité, profitant de n'importe quelle occasion offerte. Or, y a-t-il d'occasion plus propice que celle où l'armée, force de domination mise constamment au service du bourgeoisisme, sera embarrassée peut-être tenue en échec dans une guerre avec une autre puissance ? Pourquoi alors les prolétaires ne saisiraient-ils pas avec empressement l'occasion offerte et ne tenteraient-ils pas de se libérer de leur servitude économique en fondant leur Sociale ?

Jusqu'ici, on ne peut rien reprocher à Hervé, à moins que la discussion ne soit portée sur le terrain des principes de société.

Mais il sera d'autre part loisible de lui reprocher sévèrement d'avoir failli, de n'avoir pas été conséquent avec la théorie qu'il émet, de l'avoir estropiée, d'en avoir rendu la réalisation impossible.

Pourquoi ?

Parce que Hervé — il l'a déclaré au Congrès des Libres-penseurs — prêche bien la désertion et l'insurrection des soldats, mais **en cas de guerre seulement.**

Hervé est donc bien un antimilitariste en cas de guerre, mais en temps de paix, il est un militariste ; il est contre la guerre, mais en même temps il est pour la préparation de la guerre et des armements ruineux, puisqu'il n'entend combattre la guerre que quand elle éclate, et lorsqu'il est peut-être trop tard : il est contre les tueries des ouvriers étrangers à la gloire d'une patrie dont les capitalistes sont les seuls bénéficiaires, mais ne prêchant point la désertion en temps de paix, il semble approuver l'assassinat des ouvriers indigènes et le maintien de l'exploitation bourgeoise, s'étayant sur l'armée.

Il semble que l'erreur fondamentale de Hervé provient surtout de la fausse idée qu'il se fait du militarisme.

Qu'est-ce qu'une armée ?

C'est l'école de l'assassinat, sans doute.

Mais c'est quelque chose d'infiniment pire, d'infiniment plus abominable encore.

C'est surtout l'école de l'abrutissement de l'individu, celle où on lui apprend à abdiquer toutes ses facultés intellectuelles le rendant supérieur aux autres êtres animés ; c'est l'école où on lui apprend à savoir se rabaisser au niveau d'une bestialité aveugle, se défiant de lui-même, ne conservant d'animation que pour obéir en cadavre ; c'est l'école où l'individu devient brute, mais une brute d'autant plus abjecte, d'autant plus dangereuse qu'elle peut mettre au service de son action bestiale ses facultés intellectuelles pouvant être organisé supérieurement.

Le militarisme doit donc être combattu en tant qu'institution nous arrachant la plus précieuse de toutes nos facultés et prétendant nous employer à des besognes qui nuisent certainement à notre propre intérêt.

L'antimilitarisme de Hervé — affiché à la dernière minute, lorsque le mal est consommé, le chien soigneusement dressé au crime, — est un antimilitarisme platonique, sans effet pratique.

Cet antimilitarisme est encore défectueux, en cela qu'il est partiel. Il ne s'applique qu'aux guerres d'un peuple à un autre, tandis qu'on sait que l'armée avant d'être pour la bourgeoisie un outil d'expansion et d'exploitation étrangère, est surtout un outil de domination et d'exploitation « nationales ».

***

L'attitude de Pierre Kropotkine est plus malaisée à déterminer. De ses deux articles sur l'antimilitarisme et l'antipatriotisme que le *Temps* et les *Temps Nouveaux* ont publiés, il ressort deux choses néanmoins.

D'abord, Kropotkine s'inscrit en faux contre la grève des conscrits, la neutralité des éléments révolutionnaires. Kropotkine veut qu'on ne se contente pas de déclarer seulement la grève des réservistes, mais qu'on marche vers la révolution. Rien de plus excellent.

Déclarer la grève des réservistes et s'y tenir purement, serait en effet du tolstoïsme qu'on ne saurait flétrir assez énergiquement. Car les neutres finiraient toujours par être à la merci du plus fort. Or, n'être pas du côté de ceux qui combattent pour la révolution, c'est être contre eux.

Mais il est surtout intéressant de s'occuper de la partie des déclarations de Kropotkine qui concerne la France :

Oui, dit-il (*), j'ai dit aussi que la France marchait à la tête des autres nations. Et c'est vrai. Non pas comme culture intellectuelle, artistique ou industrielle, car en cela les principales nations européennes et les Etats-Unis marchent de front, et si l'une d'elles prend les devants dans telle direction, elle est dépassée dans une autre.

Mais la France marche à la tête des autres nations dans la voie de la révolution sociale...

Dans ces conditions, un nouvel écrasement de la France serait un malheur pour la civilisation...

La conséquence logique de ces déclarations serait qu'afin que ce malheur soit évité à la civilisation, tous les révolutionnaires devront venir en aide à la France, dans le but de la défendre contre les autres nations. Et pourquoi ne l'aideraient-ils pas à marcher contre ces dernières qui sont moins civilisées ? La France n'est-elle pas, en attendant, la patrie par excellence des révolutionnaires ?

On est surpris, on est dérouté qu'un homme tel que Kropotkine dont il n'est possible de contester ni le talent, ni la vie toute d'abnégation, se soit permis de dire de pareilles « bêtises », dignes plutôt d'un Gérault-Richard que de l'auteur de la *Conquête du Pain*.

Il peut sembler regrettable qu'au déclin de sa vie, Kropotkine soit combattu par ceux-mêmes qui ont puisé les raisons de leur attitude d'aujourd'hui dans la lecture de ses ouvrages, à la fois d'une logique si puissante et d'un style si clair et si imagé ; mais n'est-ce pas montrer qu'on a su les comprendre ?

Kropotkine dit bien que la France marche à la tête des autres nations, mais il omet de préciser en quoi il fait consister cette supériorité si évidente. Ce ne peut être « comme culture intellectuelle, artistique ou industrielle », puisque Kropotkine lui-même convient « qu'en cela les principales nations européennes et les Etats-Unis marchent de front ». Où est-elle donc cette supériorité de la France ? Serait-ce dans le domaine des libertés individuelles ? Mais l'Angleterre monarchique n'est-elle pas, sous ce rapport, infiniment supérieure à la France, où le séjour d'un étranger dépend de la fantaisie du dernier policier ?

N'est-ce pas Bebel, d'une autre part, qui, à Amsterdam, en plein Congrès socialiste international, s'efforçait d'établir, en comparant l'attitude du gouvernement français pendant les grèves à celle du gouvernement prussien en pareille occasion, que sous ce rapport les libertés ouvrières étaient mieux respectées en Prusse qu'en France ?

Mais en admettant même qu'il y ait en France plus de liberté que dans d'autres pays — ce qui est à établir —, qu'est-ce que cela veut dire ? Qu'est-ce qu'une liberté, lorsque l'arbitraire des gouvernants peut l'enlever à chaque moment ? N'est-ce pas du reste Kropotkine lui-même qui dit quelque part, dans les *Paroles d'un révolté*, que les gouvernants ne permettent certaines libertés qu'autant qu'elles ne nuisent pas à leurs intérêts ? Quelle peut donc être la valeur de telles libertés susceptibles d'être enlevées d'un jour à l'autre ?

Mais l'erreur de Kropotkine est surtout de croire qu'il est glorieux pour les descendants d'une nation d'avoir eu d'illustres ancêtres. « La France, dit-il, a fait 1789-93 ; elle a eu 1848 et elle a planté un jalon en 1871. »

On peut répondre qu'il n'est rien pour un pays d'avoir fait de grandes révolutions, d'avoir proclamé de beaux principes, d'avoir donné naissance aux plus illustres encyclopédistes du monde. Il faut, pour qu'un pays soit censé être tant soit peu supérieur à d'autres, qu'il sache au moins profiter plus que ces pays des conséquences de ses révolutions et des principes de ses encyclopédistes. Or, il n'est pas possible qu'on conteste que les libertés individuelles ne soient mieux respectées en certaine monarchie qu'en France républicaine.

S'il fallait donc faire un choix parmi certains peuples, le bon sens gagnerait à dire que ce choix doit porter non pas sur le pays qui a peut-être fait d'illustres choses dans le passé, mais sur celui qui, dans le présent, sait mieux en faire profiter ses habitants.

Kropotkine croit que l'écrasement de la France serait un malheur pour la civilisation. Dans un dernier article, je tâcherai de présenter à cet égard certaines observations et de montrer en même temps quelle était l'opinion de Bakounine en ce qui concerne la civilisation.

Dikran ELMASSIAN.

(*) *Temps Nouveaux*, n° 27.

PASSAGE DES ROIS

Quand les corbeaux passent sur un champ où le semeur vient de jeter la graine, ils n'en laissent pas une et c'est la désolation pour les familles.

Le passage de la guerre dévaste les pays ; celui du phylloxéra empoisonne la vigne ; celui des sauterelles brûle la récolte.

Le passage des rois et des seigneurs, d'un Loubet et d'un Alphonse, des Sotomayor et des Rouvier, des alcades et des Brousse ruine une nation.

Alors que l'on nous donnait les menus de cette bande vorace, que l'on nous apprenait en détail quels vins assaisonnaient tels plats, on ne nous disait pas que, mourant de misère, la population s'égrénait sur les chemins.

Alors que l'on nous parle des vivats et des hourrahs d'un peuple enthousiaste on oublie de nous dire, qu'en révolte, les ouvriers affamés se jettent sur les troupeaux et dépècent les bêtes, les mangeant crues, ou qu'ils pillent les boulangeries, les magasins de comestibles.

L'Andalousie et la Catalogne, les Castilles et les Asturies, Séville et Barcelone, toute l'Espagne en un mot est dans la plus effrayante des misères.

Loubet, Brousse, Rouvier dont la table est garnie ici vont manger là-bas, goûter au malaga, balader leur ventre audacieusement. On ne sait véritablement ce qui est le plus à admirer, l'audace des maîtres ou la résignation des esclaves. Un frisson de crainte doit passer à ces hommes quand, derrière le sabre des gardes républicains ou de la guardia civile, ils entendent gronder les murmures des foules. Qui sait ? Cela leur sert peut-être d'apéritif !

Quand donc les ventres affamés n'auront-ils véritablement plus d'oreilles pour les conseils des ventres pleins. Quand se dresseront-ils, prêts à les...

MATAR

Le problème de la misère

Dans l'état économique actuel, le travail-machine tend à remplacer de plus en plus le travail-homme. D'où augmentation croissante du nombre des sans travail.

Sur ce point personne ne me contredira. La C. G. T., partant de cette considération, commence l'agitation pour l'application de la journée de huit heures, dans le but de diminuer, voire même de supprimer le chômage.

Les économistes bourgeois ne sont donc plus seuls à tenter de résoudre le problème de l'équilibre social. Dans les milieux ouvriers on y travaille également : les moyens seuls diffèrent.

Pas plus les uns que les autres n'ont chance de réussir, tant qu'ils ne s'attaqueront pas à la cause initiale, la propriété individuelle, dont la misère n'est que l'une des multiples conséquences.

Des premiers nous savons n'avoir rien à attendre.

Les seconds, les syndicalistes révolutionnaires, les « rouges », se prétendent assez puissamment organisés, assez forts pour mener une lutte décisive contre la forme actuelle de la société, laquelle donnerait comme résultantes la suppression du patronat et du salariat. A ceux qui se disent prêts à rompre avec la légalité, à user de l'action directe, nous demanderons pourquoi s'attarder à vouloir conquérir des bagatelles comme la diminution des heures de travail ou l'augmentation des salaires, revendications médiocres qui ne troubleront en rien l'ordre des choses préétabli ?

Pourquoi ne pas frapper à la base même l'édifice que l'on veut détruire ?

Pourquoi dans un mouvement dont la spontanéité assurerait le succès, aucune date n'ayant été préalablement annoncée, la répression n'étant donc pas préparée, les ouvriers n'entreraient-ils pas en révolution en faisant les gestes qui seraient à faire pour se débarrasser de ceux qui les gênent ?

Lorsque dans les syndicats l'on sera décidé à commencer cette besogne combien d'anarchistes marcheront de pair avec ces révoltés, car à ce moment il y aura des actes immédiats à faire.

Mais faut-il compter sur les milieux ouvriers ? N'y a-t-il pas encore trop de sinécuristes à ménager ?

Aussi souhaiterions-nous presque de voir le nombre des sans-travail, des irréguliers suivre une progression rapide. Peut-être sera-t-il possible de faire avec ces gens le travail de désagrégation que nous ne pouvons espérer faire avec des syndiqués, avec des réguliers ?

Les Hors-la Légalité, les Sans-Gîte, sont des inconscients, me dira-t-on ? C'est vrai, pour la plupart du moins, mais chez eux les tiraillements d'estomac tiennent lieu de travail cérébral et suivant un vieil adage : « La faim fait sortir le loup du bois. » Entre eux et nous ne se dressera toujours pas le respect imbécile de la légalité et de la propriété.

Après l'avoir fait naître, il incomberait alors aux anarchistes de serrer ce mouvement de près. C'est en quoi consiste le travail auquel je faisais allusion dans mon précédent article.

Camil CHAVIN.

MANIFESTATION SCIENTIFIQUE (?)

De grandes affiches jaunes, surchargées de gueules scientifiques font savoir que le *Journal* organise une grande manifestation financière en la salle du Trocadéro.

Cause : l'empoisonnement des ouvriers peintres par la céruse.

Programme : Installation des présidents (il y en a 2 ou 3) et vice présidents ; réception des membres du gouvernement et des corps constitués, etc..., etc...

Qui au grand quotidien, a voulu faire cette blague aux ouvriers peintres ? Ce fumiste devrait être châtié en pleine séance du travail.

Au moment où les syndicats nous font savoir qu'il y va du salut des patrons de n'exploiter que 8 heures par jour, (pas avant le 1er mai 1906, cependant) et ceci afin de rendre plus régulière voire même supérieure, la production ouvrière (théorie de M. Lenglet, des *Temps Nouveaux*), il est raide de soulever pareille question !

Chacun sait que tout peintre syndiqué qui se respecte tient à employer la céruse à l'exclusion de tout produit similaire — parce que le travail se fait plus rapidement. D'ailleurs, ce n'était que pour embêter Millerand (dont la place était enviable), que certains ouvriers peintres ne peignant plus, avaient été sommer le camarade ouvrier, alors ministre, d'interdire l'emploi du blanc de plomb.

Les usines, genre « Chair aux gens », fabriquent toujours de la céruse. Inutile de le dire. Bien mieux, l'on s'insurgea contre quelques patrons qui prétendirent remplacer l'homicide produit pour raison d'économie. Et puis, l'on boit bien sa bleue, au raccord et au repas : un peu plus de poison, cela ne tire pas à conséquence.

Le moyen terme de ne plus s'empoisonner était jadis de ne plus se servir de poison ; la science en progrès, représentée par Berthelot, Dieulafoy, et consorts, en décide autrement.

Ces Messieurs devant des manifestants ne manifestant pas, viennent déposer leurs fesses dans de confortables fauteuils, et les produits saturniques deviennent bienfaisants.

Si l'on pouvait découper en tranches fines le cul des invités du *Journal* (savants compris), et envoyer les morceaux aux ouvriers fabriquant les dérivés du plomb (dont le *Journal* n'a cure), l'on ferait certainement besogne humanitaire.

Qu'en pense M. Jacques Dhur ?

Ad. CORMIEUX.

Mariage & Union libre

Mme Favié. — Non, cela ne se peut pas. Il faut se dire que sans ce frein-là les plus purs se corrompraient, que les meilleurs, livrés à eux-mêmes, s'égareraient... Il faut se dire que la loi nous a été donnée pour notre bien...

Francine. — Pour notre bien ! Pourquoi pas pour notre bonheur ? Mère ! le crois-tu ?... le crois-tu, je te le demande... ou le dis-tu parce que tu crois devoir le dire ? (*Silence de Mme Favié*). Mère, je t'écoute, et je ne t'entends plus !... Moi aussi, comme toi, j'ai cru cela. Maintenant je vois clair. J'étais dupe. Non, je ne puis plus croire, que toutes ces cruautés soient bonnes ! Je ne puis croire, que quand la loi dit : « Souffre ! » cela signifie : « C'est pour ton bien, ou pour celui de tous ! Je ne puis croire, que les usages, les lois sans merci répètent à tous les humbles, aux femmes, aux enfants, aux misérables, l'éternel refrain : « Souffre, souffre, souffre ! » cette loi-là soit sainte, soit humaine, soit juste !... Souffre ! voilà le résumé, le commandement unique... Souffre pour les autres, souffre !... Pourquoi ?... Au nom de quoi ?...

. . . .

Est-ce que la loi n'a pas toujours été du côté des puissants contre les faibles, des hommes contre les femmes, des grands contre les petits ? Est-ce que, quand il y avait des esclaves ce n'était pas la loi ?... Est-ce que quand le mari pouvait couper le cou à sa femme, ce n'était pas la loi ? Est-ce que, quand le père pouvait tuer son fils, ce n'était pas la loi ?... La loi, la loi à double face, mais c'est d'elle que vient la moitié de la souffrance humaine !

Mme Favié. — Tu m'épouvantes, tu me troubles...

. . . .

Francine. — ... J'ai le droit de vivre !

Mme Favié. — Ah ! la liberté !

Francine. — Oui, la liberté, la part de liberté à laquelle toute créature a droit ! Tu parlais d'exemple, j'en aurai donné un.

Mme Favié. — Il sera mal jugé.

Francine. — Qu'est-ce que l'opinion, sinon celle de quelques personnes qui nous aiment et que nous estimons ?

Mme Favié. — Que tu veuilles ou non, tu avilis le mariage, union sainte et sacrée.

Francine. — L'union où l'on me condamne vaut mieux qu'un mariage comme le mien.

Mme Favié. — Mais c'est l'union libre ! Mais tu blasphèmes !...

Francine. — Les mots ne changent rien aux faits. Qu'a-t-il donc de plus pour lui, le mariage ? Ce n'est ni l'affection, ni le dévouement, ni le respect de soi, ni le sacrifice envers les enfants ! Tout cela existe aussi bien dans une union sans contrat. Ce qui l'avantage, c'est la prime de considération qu'il donne à quiconque, même indigne, entre ou reste dans ses liens... C'est la sanction de l'Eglise, la plus intéressée de tous à son maintien indissoluble, puisque, par lui, elle tient la femme, l'éducation des petits... elle tient les hommes !... c'est l'enregistrement des fortunes, au compte du mari, bien entendu, car, lorsqu'il n'y a pas de stipulation préventive, on sait ce qu'il faut entendre par la communauté de biens !... C'est la légitimation des enfants, au point de vue des intérêts... L'intérêt, la garantie des intérêts ! Oui, l'argent ! voilà le son le plus clair qu'il rend, ce beau mot de mariage, quand on le heurte !

Mme Favié. Qu'y faire ?

Francine. — En échange, la femme asservie, livrée sans défense aux pires cupidités, à la plus dure tyrannie !... (*Mme Favié hoche la tête avec douleur.*) Rien à elle, ni sa fortune, ni ses enfants, pas même la propriété de sa chair ! Et quand, abreuvée d'outrages, lasse de servir au bon comme au mauvais plaisir, elle veut s'en aller en prenant sa fille par la main, quand son pauvre cœur éclate, la loi vient lui dire : « Halte-là ! Mariée vous êtes, mariée vous resterez ! » Ah non ! le mariage, je le réprouve, je l'exècre. Mille fois plutôt l'autre union, celle où la femme sera quittée peut-être, mais où, du moins, elle sera libre, livrée à elle-même, à sa faiblesse et à sa force !

Mme Favié (d'une voix brisée). — Ce que tu dis me torture ! Et pourtant je sens bien qu'il y a là-dedans des choses vraies... trop vraies... Mais, Francine, peux-tu empêcher que la société existe ? Peux-tu l'abolir d'un mot ?... Quand on a ces idées-là, on ne se marie pas...

Francine. — On ne se marie pas !... Mais savons-nous, fiancées, ce qu'est le mariage, ce qu'est l'existence ?... Me l'as-tu appris ?... Qui a daigné m'expliquer la loi ? Quand le notaire m'a tendu la plume, le soir du contrat, m'a-t-il enseigné les droits de cet homme, et la nullité des miens ? Ai-je fait autre chose que de passer de l'autorité de mon père à celle de mon mari ? Les jeunes filles se doutent-elles que c'est leur servage qu'elles signent, sur les grands livres de la mairie et de l'église ? Mais non, elles ignorent tout de la vie, des mœurs. On a capté leur signature. Une fois malheureuses, elles peuvent, elles doivent la désavouer.

Paul et Victor MARGUERITTE.

(*Le Cœur et la Loi.* Scène IX. — Acte III).

— Faits Divers —

Toujours la cambriole. A Montpellier, les policiers ont opéré une douzaine de cambriolages chez des camarades, afin d'attirer l'attention sur les manifestes de l'A.I.A.P., et pour tranquilliser les bourgeois, toujours prêts à s'inquiéter, malgré qu'on dise : « Tranquille comme un honnête homme ! »

Ces brutes, dans leur logique, ont saisi *Le Calvaire*, *De Mazas à Jérusalem*, et..... les *Discours civiques*, de Laurent Tailhade ! Que va dire ce pauvre ami, s'il apprend jamais cet exploit ? Il est capable d'en recouvrer la raison ?

Décidément, le maquerautage convient mieux aux flics que les analyses littéraires.

Henry MARTIN.

Notre Correspondance

Sur les libertaires syndicalistes

Au camarade Vernot.

Un de mes amis vient de me faire parvenir *l'Ouvrier Métallurgiste*.

L'article de Blanchard ne me touche pas. Par conséquent, il ne me paraît mériter aucune réponse.

Blanchard ne me connaît que pour m'avoir aperçu assez rarement. Au lieu de chercher à réfuter mes arguments, il s'évertue à me salir et à m'insulter. Que prouve-t-il ? Il pourrait savoir que dans toutes les réunions syndicales où j'étais présent, je n'ai pu arriver à me faire écouter. Les libertaires eux-mêmes me retiraient la parole, me disant comme excuse qu'au syndicat, on n'était plus anarchiste, mais syndicaliste.

N'ayant pas d'arguments, Blanchard s'oublie à des détails un peu grossiers. Tant pis pour lui.

Vous avez répondu tout ce qu'il y avait à répondre. Mais croyez bien : hors la Chapelle... pas de salut !

CHAZELLE.

***

Le réformisme anarchiste.

A Georges Bonnet.

Je ne suis pas hostile à tous groupements.

Je suis adversaire des groupements d'essence autoritaire, des troupeaux, si tu préfères. Or : tous les « troupeaux » sont des « groupes », mais tous les « groupes » ne sont pas des « troupeaux ». J'ai indiqué ma conception de l'organisation, je n'y reviendrai pas.

A propos des salaires, tu dis qu'il est préférable de gagner 300 francs par mois que 0 fr. 50 à l'heure. D'accord. Pourtant, un peu de logique.

Admettons qu'une corporation tout entière obtienne une augmentation. Qu'arrive-t-il ? Les patrons élèvent les prix de vente de leurs produits ; cette augmentation se trouve alors supportée par les ouvriers des autres corporations. Après quelques oscillations, l'équilibre se trouve rétabli.

Nous connaissons des contrées où les salaires quoique relativement élevés ne permettent pas plus d'aisance, car les denrées y sont hors de prix.

Le salaire est une concession accordée par le patron à ses engraisseurs ; il est calculé de façon à satisfaire seulement leurs besoins immédiats, de façon à les laisser à la merci des patrons vu l'impérieuse nécessité où ils sont de se faire exploiter.

Par conséquent la question des salaires envisagée au « point de vue syndical » est insoluble. Au « point de vue anarchiste » elle ne nous intéresse pas puisque notre but est non l'amélioration du salariat, mais sa disparition.

Au « point de vue individuel » seul la question est intéressante — mais strictement personnelle — et tu avoueras que cela sort du domaine syndical, car l'avantage dû à un salaire élevé est un privilège ; privilège qui ne subsiste qu'à la condition que les autres « travailleurs » continuent à gagner moins.

En définitive, conclusion toujours la même : tout replâtrage apporté aux rouages sociaux, les consolide, les rend supportables et en prolonge la durée.

A propos des coopératives, tu me dis qu'elles ont pour but de travailler à « la recherche de l'entente émancipatrice des travailleurs ! » toujours l'erreur « ouvriériste » et le préjugé des classes.

Les groupements coopératifs reflètent la mentalité de leurs adhérents... je n'en doute aucunement... et pour cause !

En effet, si ces derniers étaient conscients, ils feraient sûrement quelque chose, ils feraient sûrement autre chose que de passer leur temps à des niaiseries et des redites sur l'entente des travailleurs, l'action directe, la révolution sociale, etc., etc.

L'avenir est aux individus conscients débarrassés de « tous les préjugés ». L'avenir est à ceux dont l'initiative ne sera pas entravée par les fadaises grotesques empruntées aux socialistes.

Ceux-là pourront s'arranger pour satisfaire tous leurs besoins, immédiatement (par tous les moyens, légaux ou non, individuellement ou en camaraderie, milieux libres, etc.).

Étudie impartialement ces questions, viens les discuter avec nous, tu en auras vite assez des collectivités châtreuses d'énergies et tu pourras devenir leur adversaire conscient — l'anarchiste.

Et sois certain que nous nous inquiéterons peu de connaître tes aptitudes à « gagner ton pain quotidien » comme tu le dis sans rire. Naïf, va !

André LORULOT.

Naïveté ou Tromperie ?

Je viens de voir la réponse d'Yvetot à Lorulot. Cette réponse m'étonne beaucoup. Car Yvetot ne peut se leurrer sur l'organisation syndicale. Il est sûrement au courant de la façon dont sont « administrés » les syndicats. Pourquoi, alors, parle-t-il de la sorte ?

Si les syndicats sont soi-disant « rouges », ce n'est dû qu'à deux ou trois individualités — secrétaire, trésorier, membre du conseil d'administration — qui les dirigent. Les syndiqués sont surtout attirés par les belles promesses d'indemnités de chômage, le Conseil judiciaire, les facilités de trouver du travail.

Si c'est dans le but de faire de l'action révolutionnaire que d'aucuns entrent le syndicat, pourquoi les secrétaires de syndicats ou de fédérations soi-disant libertaires, alors qu'ils vont en tournée de propagande, adoucissent-ils leurs idées selon le milieu où ils se trouvent ? N'est-ce pas pour faire le plus grand nombre de syndiqués possible, mais non en vue de faire des révoltés ? Peut-être aussi afin de conserver le petit bureau bien chauffé, à l'abri du vent et de la pluie ?

L'objection que Lorulot est un inconnu est fort puérile. Pour faire de la besogne, il n'est pas utile d'afficher son nom sur tous les murs. Un camarade peut faire de la propagande partout : dans le métro, dans les chemins de fer, dans les ateliers, etc..

La discipline, la bureaucratie, les ronds de cuirs, les décisions de congrès et de pontifes font que les anarchistes ne peuvent se plaire dans les milieux syndicaux. Ils y passent pour faire du travail. Ils n'y peuvent séjourner. L'air y est trop empuanti d'autoritarisme.

MAURICE.

ENTRETIENS ANARCHISTES(*)

L'Individualisme

— Il m'est difficile de comprendre comment tu peux concilier la thèse de l'organisation avec celle de l'individualisme. Cette dernière ne me paraît être qu'un système d'isolement, négateur de tout groupement, de toute association.

— Halte-là ! avant de juger ma conception il faut tout au moins la connaître. Elle n'a aucun rapport avec certains individualismes bizarres, produit d'un égoïsme exagéré ou d'une indifférence supérieure.

L'individualisme, c'est la réaction permanente et raisonnée de l'individu sur tout ce qui l'entoure ; c'est l'affirmation par chacun de l'existence de son « moi » et du désir de son développement intégral.

J'entends par individu un tout, formant un être organisé particulier (animal ou plante) pouvant être pris seul, considéré comme une unité parmi ceux de son espèce.

L'erreur fondamentale de presque toutes les écoles sociologiques a toujours été de considérer la société comme un ensemble vivant et de négliger les unités qui la composent. Il est certain que ce travail (purement métaphysique) ne peut donner aucun bon résultat et qu'il est de toute nécessité de s'occuper des individus, de partir de l'unité

(*) Voir l'*anarchie* n° 22, et suivants.

(3)

— LE —

LANGAGE D'ACTION

(Suite)

Le mécanisme à l'aide duquel les grondins, les malarmats, les maigres, les ombrines, produisent les bruits très caractéristiques qu'ont constatés depuis longtemps les pêcheurs et les naturalistes, consiste au contraire dans la contraction des muscles et leur mouvement vibratoire transmis à la vessie qui renforce les vibrations. Dans la mer des Indes et dans la mer du Sud, on entend parfois monter des profondeurs de l'eau, tel un chant de sirènes, une musique étrange que les navigateurs ont comparée à celle de puissantes orgues, mélangée du son des cloches et des douces harmonies de la harpe. Quand l'amiral Courbet « opérait » à Formose, les marins furent surpris et visiblement impressionnés, dit-on, par le concert féerique que leur donnèrent les poissons musiciens de ces parages enchantés.

Ce qui nous intéresse dans ces phénomènes, c'est qu'ils procèdent d'un acte de la volonté et sont des moyens d'expression. Ces signaux acoustiques, ces « gestes sonores », servent à ces poissons à faire connaître aux individus de leur espèce les besoins et les impressions qu'ils ressentent. Ils revêtent un caractère tantôt social, car beaucoup des poissons bruyants de ces mers vivent habituellement en bandes nombreuses, tantôt sexuel, prenant chez les mâles plus d'intensité que chez les femelles, à l'époque du frai, comme pour les trigles et les malarmats. C'est aussi au temps du frai que les maigres et les ombrines, rassemblés en troupes, font retentir les eaux des appels des sexes. On ne peut douter que ces sons ne soient complètement soumis à la volonté des poissons qui les produisent, car, ainsi que nous le fait remarquer M. Dufossé, qui a étudié ces phénomènes de très près, ces animaux n'en font usage que dans le cas où les oreilles de leurs congénères peuvent les percevoir, et c'est principalement à l'époque du frai qu'ils en sont prodigues. Aussi un naturaliste marseillais avait-il eu l'idée de mettre à profit, pour la pêche, les signes acoustiques à l'aide desquels s'appellent et s'invitent à des rapprochements certaines espèces de poissons. Il avait disposé au fond des eaux, en captivité dans des nasses, des grondins mâles destinés à attirer par leur chant les poissons d'un autre sexe qui s'engageaient dans les filets tendus autour de ces appeaux marins. « La tentative a plus d'une fois réussi, ajoute l'auteur très digne de foi à qui j'emprunte ma citation (il n'est autre que le savant ichthiologiste H. E. Sauvage), mais comme il faut beaucoup de patience, ce genre de pêche ne séduit qu'un petit nombre d'amateurs. » Ce fait curieux est une nouvelle preuve du caractère intentionnel qu'ont les bruits et les sons plus ou moins musicaux, dont je viens de relever quelques exemples chez les poissons, et tels que nous en avons rencontré d'analogues dans la classe des insectes.

Les batraciens et les reptiles, si peu au-dessus des poissons comme mentalité, ne peuvent échanger qu'un très petit nombre d'idées. Ils ont cependant à leur disposition un langage mimique et un langage sonore, tous les deux d'ailleurs réduits à une assez grande pauvreté d'expression. Chez les batraciens, la vie est généralement peu active, les circonstances en sont très peu variées, quelques attouchements, des expressions du regard, des bruits et des sons, surtout à certaines époques de l'année (*), répondent suffisamment à des besoins restreints.

Presque tous les reptiles ne peuvent faire entendre, comme les serpents, que des sifflements. Mais ces sifflements plus ou moins forts, plus ou moins prolongés, émis avec plus ou moins de rapidité, sont volontaires et répondent aux impressions que ressent l'animal et qu'il veut faire partager à ses semblables. La vie uniforme des reptiles, l'engourdissement dans lequel ils peuvent tomber, comme les batraciens, sous l'influence de la saison ou par l'effet de circonstances spéciales, diminuent, dans une large mesure, l'importance des relations qu'ont entre eux les individus d'une même espèce. Aux moyens vocaux ou seulement acoustiques d'expression que nous leur connaissons, ces animaux joignent cependant l'action des contacts, l'effleurement et le choc mutuel des corps et, avant tout peut-être, le langage muet mais si étrangement puissant chez eux du regard (*).

***

Il ne faudrait pas croire que le langage d'action soit réservé aux seuls types inférieurs de l'animalité, comme compensation à l'indigence ou au défaut de leurs ressources phoniques. Les classes supérieures d'animaux, oiseaux et mammifères, qui savent se faire connaître leurs pensées à l'aide de sons diversifiés ou imparfaitement articulés, y ajoutent aussi les mouvements du corps, qui rendent les signes vocaux plus expressifs et quelquefois les remplacent. Il semble même que chez les mammifères les plus élevés en intelligence, la mimique joue un rôle prépondérant. Les orangs et les chimpanzés n'ont qu'un petit nombre de vocables. Ils traduisent surtout leurs pensées et leurs sentiments par une mimique extrêmement compliquée et des gesticulations plus expressives que leurs voix. On peut faire la même observation pour le chien.

Les oiseaux sont de tous les animaux ceux dont les facultés phoniques ont acquis le plus de développement. Ils associent un certain nombre de consonnes aux voyelles et forment des syllabes plus ou moins enchevêtrées qui constituent les éléments d'un véritable langage articulé. On dira que ces sons, imparfaitement articulés, les oiseaux les répètent plus qu'ils ne les varient et que le charme de leur chant arrive mal à voiler la pauvreté de leur vocabulaire. Cette objection n'a de valeur que si l'on prend pour terme de comparaison le langage de l'homme dans sa perfection actuelle et sans tenir compte de l'évolution qu'il a dû subir depuis son origine. Tous les linguistes reconnaissent que les premières langues parlées par l'homme étaient monosyllabiques, et se composaient d'un assez petit nombre de syllabes. Mais de même que nos ancêtres les plus inférieurs accentuaient leurs paroles par le geste, et à défaut de vocables, usaient de la faculté de mimer leurs pensées et leurs sentiments (il est probable même que l'action prédominait alors sur la parole), ainsi les oiseaux possèdent une action mimique qui accompagne chez eux le signe phonique et, dans bien des cas, y supplée.

Tous les organes extérieurs concourent à ce langage, isolément ou en combinant leurs signes. Il faut ajouter l'exemple, car la meilleure ressource peut-être de l'éloquence d'action, c'est d'exécuter soi-même ce qu'on veut faire exécuter aux autres. Le penchant à l'imitation, si prononcé chez les oiseaux, s'applique non seulement aux sons mais encore aux actes.

Les oiseaux qui agissent de concert se déterminent par imitation. J'ai vu sur les côtes d'Égypte, au lac Menzaleh, les pélicans se disposer en ordre et chasser le poisson vers le rivage, comme le feraient des pêcheurs avec leurs filets. L'organisation de cette chaîne de rabatteurs s'opère par l'imitation des mouvements. Deux ou trois pélicans, jouissant sans doute d'une autorité acquise par l'âge, commencent par prendre position, puis une grande quantité d'autres oiseaux viennent se porter successivement sur la ligne, et, quand chacun d'eux se trouve à son poste, la bande s'avance en formant un demi-cercle. Le mouvement initial une fois perçu, tous ces oiseaux exécutent avec précision la même manœuvre.

Magaud d'AUBUSSON.

(*A suivre*).

(*) On connaît le *houhou* du crapaud sonneur, le *clock* de l'alyte accoucheur, que l'on entend en été, le soir, et pendant la nuit, lorsque le temps est doux et qui servent à ces animaux à s'appeler et à se répondre, le cri de la grenouille verte qui varie suivant les circonstances, le coassement sourd et peu prolongé de la grenouille rousse, au moment de la ponte. Ce coassement est en rapport étroit, chez cette grenouille, avec l'excitation sexuelle car, le printemps passé, elle devient silencieuse.

(*) Avec toute réserve sur le prétendu pouvoir de fascination des serpents sur d'autres animaux.

pour arriver au total. Le chapitre essentiel de la sociologie doit être l'individu, abstraction faite de toute entité, car, ainsi que l'a dit Buffon : « Il n'y a réellement dans la nature que des individus. Les genres, les ordres, les classes n'existent que dans notre imagination. »

Ceci dit, je pense que l'individualisme est étroitement lié à l'anarchisme.

En effet, l'anarchie (a — archia) « sans commandement, sans autorité » n'est-elle pas la plus belle expression de l'individualisme négateur de tout dogme, de toute convention imposée par la « majorité », « la famille », « le peuple », etc. Il me semble impossible de se dire anarchiste si l'on ne possède pas foncièrement l'esprit et le caractère individualiste. Cet esprit individualiste est l'adversaire de l'esprit socialiste : doctrine d'énergie personnelle, d'initiative individuelle, elle s'oppose à la thèse d'embrigadement, de délégation, de vote.

— Mais pourtant, l'individualisme basé entièrement sur l'égoïsme ne porte-t-il pas les individus à une conception de vie très bizarre ? Comment concevoir un état social où chacun serait complètement détaché de ses semblables et en lutte contre eux ?

— L'individualisme, n'implique pas forcément une vie isolée. L'individu ne sort pas de la société, au contraire il s'y affirme et se vit au sein même de celle-ci, il n'entre en lutte qu'avec les individus qui l'oppriment. L'individualiste conscient est prêt à s'unir avec d'autres individus semblables à lui, sans pour cela aliéner une parcelle quelconque de son autonomie et de ses facultés.

L'idée que tu peux avoir de l'individualisme vient de l'abus qui a été fait de ce mot. Certains arrivistes, plus ou moins suspects, s'en sont emparé, se servant de ce couvert pour chercher à réaliser des ambitions et à assouvir leurs appétits de bourgeois férocement médiocres. Ceux-là affectent de mépriser toute action, toute propagande : ils repoussent tout ce qui ne les concernent pas et comme l'a dit le philosophe : « Leur nombril est le centre de l'univers. » Ils s'accommodent du reste parfaitement à la société actuelle et ne la combattent nullement. D'autres se servent du même prétexte pour parler de résignation, de passivité, et faire l'éloge de philosophes nébuleux de l'antiquité. Un Epictète ou un Marc-Aurèle devient leur dieu.

L'individu anarchiste constate qu'il vit. Il désire continuer à vivre, intellectuellement et physiquement. Pour cela il combat et lutte contre tous ceux qui cherchent à l'opprimer ou à nuire à son développement. Au nom de son égoïsme (esprit de vie et de conservation individuelle) il réagit sur le milieu ambiant lorsque ce milieu lui est adversaire. Il est prêt à « coopérer » avec lui, si ce milieu ne vent pas écraser sa forme, son « moi ».

— Ne crains-tu pas que cet individualisme en recherchant la réalisation immédiate et en repoussant tout apostolat, ne nuise à l'extension de notre propagande.

— C'est plutôt le contraire qui se produira. L'individu en refusant tout sacrifice au nom de la Cause, de l'Idée, en dédaignant l'attitude de martyr, etc., n'abandonne pas la réalisation de son intégrité personnelle. Il cherche donc, et cela dans son intérêt, à former des individus semblables à lui, qui viendront grossir l'embryon de la société anarchiste et l'aider, lui et ses camarades, dans le travail. Il augmentera, en ce but, les moyens de diffusion et de propagande des théories qu'il trouve bonnes. C'est le seul travail anarchiste : former des individus, des hommes qui seront, dans leur centre respectif, des ferments de désagrégation, en même temps que des formateurs d'unités nouvelles.

Il faut changer l'individu pour modifier le milieu, faire la révolution en soi, travailler sincèrement à la régénération individuelle, chercher à devenir conscient. Etre conscient c'est agir avec la plus grande réflexion, c'est raisonner tous ses actes, c'est ne jamais laisser diminuer son moi par une passion, un penchant, une habitude, c'est pouvoir vivre, consommer, agir sans exagération, sans dépasser ses besoins, sans entraver le bonheur et la liberté d'autrui.

Seuls les individus imbus profondément de ce désir d'entente mutuelle, de bonnes relations réciproques, de vie régulière et utile peuvent vivrent anarchiquement.

— Oui, cette conception n'est pas l'individualisme écraseur de certains et loin de repousser l'association et le communisme, elle les dégage de tout sentimentalisme vague et prend ces termes dans leur véritable acception.

Lorsque nous parlons de notre moi, nous sous-entendons nous-même et nos camarades. Nous pouvons donc former, dès maintenant, notre « famille » anarchiste. Les matériaux en existent, il suffit de les rassembler et de les coordonner.

Nous tâcherons de déterminer lors d'une prochaine rencontre quelle doit être l'attitude logique d'un anarchiste individualiste dans certaines conditions et devant certaines questions.

André LORULOT.

Le prêtre, le juge, le soldat sont les souteneurs d'une association dont les bénéfices vont aux fainéants et les pertes aux producteurs.

Vive l'anarchie !

Chaque pas en avant de la science est un pas en arrière pour l'idée de Dieu. Les prêtres sont donc forcément des obscurantistes.

Vive l'anarchie !

IL EST ARRIVÉ !

Les parlementaires n'avaient pas à ménager les anarchistes antipoliticiens. Plus heureux, M. Déroulède, amnistié, a fait dimanche une entrée triomphale dans la capitale.

Pensant qu'il y avait là matière à copie, je suis allé attendre l'ex-proscrit à la L. D. P.

Debout dans un sapin, entouré de Bariller, Galli-Mathias, Marcel Habert, d'un autre compatriote et du collignon, augmentant de sa longue personne l'effort du cheval indifférent à tant de gloire, le martyr, rayonnant, s'avance.

Pauvre bête !...

Le fiacre va-t-au pas, les poires vont à pied.

Tel un berger troubadour, drapé dans sa houppelande historique, le nez formidable, pointé vers le firmament, l'Apôtre illuminé, se laisse véhiculer... c'est la marche vers la place de l'Etoile !

Et la foule patriotique entoure la voiture, formant une vague de dos et de têtes, se bousculant, s'écrasant, mendiant un sourire, un regard, une poignée de mains du héros.

Quel troupeau ! gueules de larbins, petits jeunes gens, vieux birbes, employés étriqués.

Et ça hurle ! et ça braille !

La flicaille est paterne ! les patriotes mêlent Lépine à leurs ovations. On crie « Vive le préfet de police. » Le petit bonhomme sec serre des mains à profusion.

Des ouvriers terrassiers regardent, impassible, un soldat apporte des fleurs. On l'acclame.

Des bouquets de violettes pleuvent... D'un geste lascif, Déroulède s'en caresse les tempes où perlent des gouttes de sueur !

C'est à pouffer ! cabotin, va !

Un cri : A Strasbourg ! Que va-t-il se passer ? Je frémis !... Le cortège défile tranquillement devant la statue de cette ville (?) et le polichinelle tricolore après un regard mouillé au drapeau de la mutualité, pousse un « Vive la France » L'écho des suiveurs répète « Vive la France » ! L'ombre s'étend.

On prend l'avenue des Champs-Elysées.

Nous nous arrêtons devant la maison de M. Archdea... chose. Bien logés les copains du martyr.

Le chouan Botrel, chapeau breton et mac-farlane boulevardier, est de la bande.

Nous voilà arrivés chez le frangin où doit descendre notre ami. Encore un qui ne doit pas avoir recours à l'équipe des antiproprios. Les poires entourent l'immeuble en trépignant. Déroulède apparaît au balcon... c'est du délire !

Longtemps encore, les badauds regardent la fenêtre où il est apparu...

Je m'en vais. Je revois, dans les lueurs rougeoyantes du crépuscule, se profilant sur l'horizon, le long corps dominant la foule aveulie. Et je songe, mélancolique, que nous ne pourrions tenter utilement l'intromission d'une idée quelconque dans ces cervelles obstruées, qu'après en avoir extirpé l'image encombrante de ce politicien, fantoche malfaisant...

N'importe ! qu'on se le dise. Déroulède est dans nos murs...

... On va commencer à rigoler !...

LE BALADEUR.

CHEZ LES CHATS-FOURRÉS

A PROPOS D'ANTIMILITARISME

Nos amis ont appris, avec plaisir, que les chats-fourrés avaient ouvert leurs griffes pour L. Grandidier, et c'est à peine s'ils ont eu le temps de plaindre ce chimiste prêt à déposer sa matière dans le paquet d'un copain.

Mais il n'en a pas été de même partout. Lemaire est encore enfermé. On ne lui a même pas accordé la liberté provisoire contre tous les us et coutumes pratiqués en matière de procès de presse.

De plus notre camarade Charles Mochet, pour une *Lettre ouverte à un conscrit* est arrêté depuis plus de trois semaines à Marseille. Marestan signale qu'aucune raison ne peut expliquer cette détention préventive, car « légalement » parlant, notre ami est un honnête homme.

Libertad signalait déjà l'attitude prise envers Lemaire. Rappelons encore pour Lemaire et pour Mochet, pour tous ceux de province qui peuvent être dans le même cas, qu'il n'y a sur le territoire français qu'une seule justice se servant d'un seul et même code.

Pourquoi alors ces différences de traitement entre l'antimilitariste de province et celui de Paris. Pourquoi Hervé, Bousquet dehors, Lemaire et Mochet dedans ? Il ne faut pas deux poids et deux mesures, il n'en faut qu'une.

Ou même pas du tout.

QUI CÉ.

Revue des Journaux

Les Temps Nouveaux.

M. Lenglet montre *l'obstacle* qui entrave la marche de l'idée de la journée de huit heures. C'est, dit-il, « par question de principe social », et parce que c'est « une idée ouvrière qui prétend faire son chemin toute seule ». L'opposition des patrons ne s'appuient sur aucune raison d'intérêt matériel direct. Nous le pensons aussi. Que Lenglet veuille bien rechercher si la journée de huit heures n'est même pas une idée du grand patronat.

Les explications de Kropotkine laissent subsister le même vague. Sa déclaration si nette de son intention de prendre le fusil ne saurait être atténuée par les explications si imprécises qui terminent l'article. Tant pis.

Vous êtes dur, Delesalle, pour les amis que vous côtoyez à l'*Avant-Garde*. Pauvre Lafont, pauvre Hervé, etc.

Delannoy, vous êtes moqueur. Faire un dessin pareil dans une publication où argumente victorieusement le gazetier des grèves... fi, le vilain.

Le Libertaire.

Miguel Almereyda prend trop l'opinion de Kropotkine comme venant d'un bref papal. *La pensée de Kropotkine nous fait obligation.* Pas pour tous, mon ami, il y a les suiveurs, mais il y a aussi ceux qui veulent comprendre.

Numietska, comme Vertzeff, tu pourrais peut-être déchanter.

Du Georges Paul. Je n'en parle pas. C'est trop profond pour moi.

Quand donc en viendra-t-il de meilleurs, ami Gohier ? Est-ce quand ce sera vous et moi ?

Cette civilisation, ô Poilo, pourrait bien être de la sauvagerie. Le jiu-jitsu dans les mains de flics... C'est à faire peur. Quelques conseils ne seraient pas inutiles.

Attendre la mort comme un beau soir. Je veux bien ne pas la craindre... mais l'espérer. Pas encore.

LE LISEUR.

A Travers les Réunions

La Fête de la Vie, donnée par les Causeries du XIe, sous l'initiative de notre camarade Léon Israel a parfaitement réussie. La salle du Progrès social, cinq cent personnes, était bondée.

Paraf Javal commence la besogne. Il ne se rend certainement pas un compte exact de la mentalité du public composant la salle et il parle bien des fois une langue étrangère. Un contradicteur lui fait prendre une forme plus combative.

Gabrielle Petit donne sa note, un peu humoristique, mais n'en dit pas moins quelques idées.

Libertad n'a qu'à conclure. Une question est soulevée en finale à propos du vote. Elle ne tourne pas en faveur des politiciens.

A se revoir.

LE BALADEUR.

POUR LES GROUPEMENTS

Nous prévenons nos amis que nous mettons en circulation des petits paquets de brochures mélangées (25) de **A mon frère le Paysan,** de Reclus ; **L'Ordre,** de Kropotkine ; **L'Absurdité de la Politique,** de Paraf-Javal ; **Aux Conscrits,** de la Jeunesse d'Amiens, au prix de **0.75**, franco de port.

L'Absurdité des soi-disant Libres-Penseurs, de Paraf Javal, est vendue au prix de **7** fr. le **100**, franco de port. Nous avons pensé à faire cette édition avec le plus de soin possible : la couverture illustrée et en couleur, le travail typographique très soigné.

Nous venons d'éditer une poésie de Louis Cornet, avec musique de Léon Israel, sous le titre **Au Pays du Bonheur,** histoire de se reposer un brin. L'exemplaire **0.10**. Les **10**, **0 50** ; le **100, 4** francs. *Port en plus.*

Nous pouvons livrer 25 exemplaires des **Deux Haricots** de Paraf-Javal, image pour enfants, raison de **1** fr. **50**, franco de port.

CE QU'ON PEUT LIRE

Pierre Kropotkine. — *Aux Jeunes Gens ; Anarchie et Communisme ; Morale anarchiste ; Organisation de la Vindicte* : br. à **0.10.** — *Les Temps nouveaux* : br. à **0.25.** — *Autour d'une vie ; Conquête du Pain* : vol. à **2.75.**

Paraf-Javal. — *L'Absurdité de la politique* : br. à **0.15.** — *Libre Examen* : br. à **0.25.** — *La Substance universelle* : vol. à **1.25.** *Les deux haricots*, image p. enfants : **0.10.** — *L'absurdité des soi disant libres-penseurs.* **0.10.**

Jean Grave. — *Organisation, Initiative, Cohésion ; La Panacée-Révolution ; Le Machinisme ; Enseignement bourgeois et Enseignement libertaire ; Colonisation* : br. à **0.10.** — *La Société future ; L'Individu et la Société, Les Aventures de Nono* : vol. à **2.75.**

Elisée Reclus. — *A mon frère le paysan* : br. à **0.05.** — *L'Anarchie et l'Eglise* : **0.10.** — *Evolution et Révolution*, vol. à **2.75.**

Elie Reclus. — *Les Primitifs* : vol. à **4** fr. — *Les Primitifs d'Australie*, vol. à **3** fr.

A. Dal. — *Les Documents socialistes*, avec préface de **Ch. Malato** : br. à **0.30.**

Georges Etiévant. — *Déclarations ; Légitimation des actes de révolte* : br. à **0.10.**

René Chaughi. — *Immoralité du mariage ; La Femme esclave* : br. à **0.10.**

Enrico Malatesta. — *Entre paysans*, br. à **0.10.**

Domela Nieuwenhuis. — *Le Militarisme ; Education libertaire* : br. à **0.10.**

Charles Albert. — *Guerre, Patrie, Caserne* : br. à **0.10.** — *Aux anarchistes qui s'ignorent* : br. à **0.05.**

André Girard. — *Anarchie* : br. à **0.05.**

Ligue de la Régénération. — *Moyens de limiter les grandes familles* : br. à **0.30.** — *Plus d'Avortements* : br. à **0.50.** — *Socialisme et Malthusianisme*, br. à **0.60.**

S Faure. — *Les crimes des Dieux*, br. à **0.15.** — *La Douleur Universelle*, vol. à **2.75.**

Noël Reibar. — *A bas la guerre*, poésie avec musique : **0.10.**

L' « anarchie ». — Numéros parus : **0.10** chaque — Les invendus sont envoyés, le port étant seul à la charge des camarades.

Piqûres d'aiguille. — 20 textes : **0.20** le 0/0.

Les frais de port sont évidemment en plus.

OU L'ON DISCUTE
OU L'ON SE VOIT

Causeries Populaires du XVIIIe, 30, rue Muller. — Lundi 13 novembre, à 8 h. 1/2, *L'Initiative*, par Léon Israel.

Causeries Populaires du XIe, 5, cité d'Angoulême. — Mercredi 15 novembre à 8 h. 1/2. *Les problèmes de la vie*, par le camarade Mauricius.

Causeries Populaires des Ve & XIIIe, 37, rue Croulebarbe. — Samedi 11 novembre, à 8 h. 1/2, causerie par Vulgus sur le *sort de la femme* depuis les temps préhistoriques. Les camarades femmes sont priés instamment d'y assister.

L'Aube Sociale. Université populaire, 4, passage Davy. Vendredi 10 novembre, à 8 h. 1/2, Dr Malhteno. *La méthode scientifique.*

Paris-XIXe. — Les camarades se trouveront le jeudi 9 octobre, à 8 h. 1/2, salle Clozier, 11, boulevard de la Villette.

Aux Causeries Populaires, 5, cité d'Angoulême. — Samedi, 11 novembre, *Fais ce que veux, Critiques et chants*, réunion.

Cherbourg. — Une *Jeunesse libre*, basée exclusivement sur les idées anarchistes, est ouverte, 13, rue Bonhomme. Les réunions ont lieu tous les samedis, à 8 h. Une *Causerie* est faite par un camarade.

Lens. — Les copains de la région ont formé un groupe anarchiste. Il se réunit tous les dimanches, à l'estaminet Poison, 23, rue de Lille.

Roanne. — Sous le titre *Groupe Germinal*, il a été formé un groupe d'études et d'action sociales. Les réunions ont lieu tous les mercredis à 8 h. 1/2, au local de l'U. P., place de l'Hôtel-de-Ville. *Causerie.*

Composée par des camarades.

Le Gérante : A. MAHÉ.

Imp. des *Causeries Populaires*,

LES CAMARADES adresseront tout ce qui concerne l'anarchie à A. Mahé & A. Libertad, 30, rue Muller, 30, PARIS XVIII.

l'anarchie

PARAISSANT TOUS LES JEUDIS

ABONNEMENTS

FRANCE

Trois Mois 1 50
Six Mois .... 3 »
Un An .... 6 »

ÉTRANGER

Trois Mois .... 2 »
Six Mois .... 4 »
Un An .... 8 »

PREMIERE ANNEE. — N° 32 | DIX CENTIMES | JEUDI 16 NOVEMBRE 1905

— LES —

Evénements de Russie

Depuis quelques semaines surtout, les événements de Russie semblent avoir pris une importance, une gravité exceptionnelles. D'un bout de l'autocratie à l'autre, les grèves, les révoltes, les massacres se succèdent sans interruption.

Mais ce bouleversement, d'une si grande envergure, parait fatalement être condamné à un dénouement piteux. La raison en est dans le but même que toutes ces forces mises ainsi en branle tendent à atteindre.

Qu'est-ce qui caractérise en effet le mouvement révolutionnaire russe d'aujourd'hui ?

Il s'agit bien de changements à introduire dans les conditions lamentables de la vie ouvrière ; il est bien vrai que ce sont les éléments ouvriers qui, par une action solidaire et vigoureuse, viennent d'étendre à toutes les parties du territoire russe le mouvement de révolte. Mais ce mouvement, si étendu et si vigoureux qu'il paraisse être à première vue, contient en soi, par sa nature même, son avortement final. Ce n'est point un mouvement révolutionnaire, dû à l'initiative d'individus résolus à en finir avec toutes les causes de leur état de misère. C'est là plutôt un mouvement de protestation résignée, comparable, sinon par la forme, du moins par le fond, à celui du 22 janvier, ayant pour but non de jeter bas les artisans de misère, mais d'implorer d'eux des bribes de réformes, non sans leur avoir auparavant fait quelque peu peur. C'est une sommation aux gouvernants d'être dans leur exploitation humaine un peu moins féroces, de consentir à certains ménagements, sous menace de nuire à leurs intérêts par le moyen des grèves générales, au cas où ils s'entêteraient dans leur attitude d'intransigeance.

Ce qui veut dire qu'au fond les grévistes révolutionnaires attendent toujours l'amélioration de leur situation, non de leurs efforts solidaires, mais de leurs maitres, de leurs exploiteurs séculaires.

Jolie révolution !

Autrement, comment expliquer l'étrange attitude pacifique de toutes ces forces prolétariennes, qui, après avoir par des grèves générales, interrompu toutes les communications, perturbé toute la vie publique, veulent ignorer malgré eux leur propre importance, refusant de tirer profit de leur action en se rendant incontinent maitres de la situation, et donnant ainsi aux dirigeants, le temps de se ressaisir et de préparer l'écrasement de leurs ennemis.

C'est bien là, on ne saurait le dire assez, la conséquence inéluctable de la déplorable doctrine tolstoïenne dont surtout l'action des grévistes russes parait avoir été influencée.

Il n'y a pas de doute dans ces conditions que la déroute de la révolution russe ne soit complète. Déjà les grévistes sont continuellement terrorisés par des bandes de contre-révolutionnaires que la bureaucratie russe a eu le loisir de créer.

Et chose intéressante à noter, la férocité des gouvernants contraste singulièrement avec les ridicules scrupules tolstoïens des révolutionnaires grévistes. Ces derniers ne sabotent pas, ne se servent pas d'engins explosifs, se gardent même d'aller se battre armés. Mais le gouvernement utilise admirablement ses immenses ressources pour faire massacrer à Lodz, à Odessa, à Bakou, à Kiet des dizaines de milliers d'individus.

La leçon est peut-être un peu dure.

Elle aura néanmoins fait voir, sur un terrain pratique, tout le ridicule, toutes les conséquences criminelles, de la révolution inerte, c'est à dire le tolstoïsme, doctrine plus dangereuse pour la libération humaine que les plus redoutables forces de servitude.

Dikran ELMASSIAN.

Chiquenaudes et Croquignoles

Le nœud gordien.

Il paraît qu'il n'est pas dénoué ! — Quel nœud ? — Celui qui tient liée la population française toute entière, au pape, au grand-rabbin, au chef-pasteur, et à quelque autre parasite religieux de l'Islam.

Quoi, la séparation n'est pas faite ! — Pas encore. Ce sont, maintenant, les vieux du Sénat qui radotent là-dessus.

— Que le morceau les étouffe !

o

Pauvre homme.

C'est le 21 novembre, que vont être vendues par voie de justice, évidemment les propriétés de Jaluzot du Printemps.

Où va-t-il pouvoir se loger ? N'allons nous pas, à soixante douze ans, le voir ramasser pour vagabondage ? Une petite quête ne serait pas inutile. Il y a déjà celle faite au profit de ce malheureux pape, dépossédé de ses biens. La main à la poche pour ce pauvre Jaluzot.

On m'informe que c'est inutile. Jaluzot appartenait à une caisse de Mutualité. Il a l'âge de toucher 60 ou 70 francs par an. C'est tout de même beau de vivre dans le vingtième siècle.

— o —

Apprentissage.

Le citoyen Berteaux, ex-ministre de la guerre, vient de permettre à nouveau à ces messieurs les officiers de prendre part aux classes à courre.

N'est ce pas logique ? Chasse et tuerie les exerceront, leur feront la main. Ils seront plus compétents pour faire la chasse à l'homme quand le gouvernement socialiste leur en donnera l'occasion.

— o —

Assiette au beurre.

Pour défrayer le voyage de cet excellent Saint René Taillandier chargé d'ambassade pacifique près le Sultan du Maroc, il a été voté le léger crédit de 600.000 francs.

Selon un usage constant, en ce doux pays du Maroc, toute ambassade est nourrie par le Sultan (loin de parler par les ouvriers marocains). Aussi à cette occasion, Saint-René Taillandier recevait pain et viande, volailles et gibiers, thé, café et sucre, charbon et bougie pour chauffage et éclairage, soit 5.000 francs de dépense. Au total pour deux millions et demi pour les trois cents jours.

A quoi ont bien pu servir les six cent mille francs ? Ils sont peut être bien perdus ? Il y a récompense à qui les trouvera.

CANDIDE.

Nous interrompons, pour cette semaine, le feuilleton : « LE LANGAGE D'ACTION », de notre ami Magaud d'Aubusson. Tolo nous ayant embêté pour que nous communiquions à tous ses copains une généreuse recette de la soupe aux poireaux.

NOTRE JEUNESSE

Nous sommes jeunes, un ardent désir d'aimer fait chanter en nous des mots que les lèvres ne savent point dire ; notre pensée excursionne au pays fleuri des illusions. Nous sommes sincères, nous voulons vivre à pleins poumons, chanter à pleine voix sans souci des lendemains.

Nous sommes jeunes et nous chantons.

Or, dans l'allegro de cette fanfare, une vieille, habillée en grisaille, vient faire un contre-chant fâcheux. Nous la connaissons un peu. C'est Madame Réalité. Madame Réalité est laide. Elle a des doigts crochus qui étranglent les espoirs et font mourir les chansons.

— Ha ! ha ! dit-elle, vous chantez les beaux jours ; vous faites risette à des joies que vous ne goûterez jamais ; vous rêvez à la lune. Cependant, la besogne et les tracas de vos existences précaires vieillissent prématurément vos visages ; vos vêtements grossiers font sourire les petites femmes que vos désirs pourchassent amoureusement ; le cynisme de vos plans ridiculise votre sincérité. Votre rire fuse quand même, inconscients, condamnés à dépenser la sève qui circule, impétueuse en vos veines pour enrichir des incapables, des veules, toute la kyrielle des suceurs qui vivent de la vie des autres. Alors que votre intelligence édifie des merveilles, des habitacles ensoleillés, où, se prélassent en leurs boursouflures, les repus, vous regagnez péniblement vos sixièmes où vous cuisez ou grelottez selon les caprices des saisons.

Je sais bien que vos grand'mères vous content que leurs jeunes ans furent à l'aise dans des greniers, mais vos grand'mères ont, avec les années, perdu la mémoire. Enfants ! vous avez des mâchoires toutes neuves et vous n'avez rien ou peu de chose à leur donner. Je sais aussi que les poètes célèbrent « le charme d'un frugal repas qu'assaisonne l'amour », mais les poètes sont des fous, un ventre à moitié vide se comporte mal en amour.

Croyez-moi, pour les misérables, il n'est ni plaisir, ni bonheur, et Murger se trompa quand il peignit en rose la vie des pauvres gens. Puis, ce sont les grisets et les grisettes d'antan. Rodolphe est tuberculeux et Musette est syphilitique.

En vérité, si vous êtes des jeunes hommes affamés de belle vie, si le restaurant et le café concert ne vous contentent point, si vous voulez autre chose que des songes creux, ah ! que vous allez souffrir, voyez comme tout est beau, comme les belles filles que vous convoitez justement et sainement, vendent leurs caresses à des godelureaux imbéciles, à des vieillards catarrheux, flirtez ! si vous le voulez avec des septuagénaires en mal de sexe, c'est tout ce qu'il reste.

— Nos chants sont arrêtés. La vilaine vieille a raison. Le beau, le bon, l'utile n'est pas pour nous...

Il ne faut plus qu'elle ait raison !

Afin que les vingt ans soient beaux, employons nous à démolir l'immense pourrissoir, jetons bas les monuments qui nous cachent les [illegible] ; détruisons ceux qui volent notre part de bonheur, nous enfermant dans la tour de la résignation.

Eugène PÉRONNET.

Il faut être abruti
pour avoir encore l'idée
de Dieu et de Patrie
Vive l'anarchie !

QUELQUES CONSEILS

Renions absolument l'esprit catholique, c'est à dire l'esprit d'intolérance et d'excommunication. N'ayons jamais recours ni à droit divin, ni à raison de salut public, ni à décision majoritaire. Respectons tout droit individuel, toute volonté isolée, tout penser original, dussent-ils se produire en dehors des églises ou des écoles, sans formule convenue, sans mot d'ordre ni sanction de parti. Voyons dans les jacobins et les sectaires autant de catholiques inconscients. Ne croyons à une vérité qu'après l'avoir étudiée personnellement, qu'après l'avoir pesée, critiquée, éprouvée, incorporée à notre intelligence des choses et à notre conscience intime. Soyons des hommes vraiment indépendants ; guérissons-nous des individus et n'accordons à qui que ce soit le privilège de l'ambition, du pouvoir, de la richesse. Ne reconnaissons que des égaux virtuels, soit parmi les pauvres d'esprit qui se tiennent pour des inférieurs, soit parmi les superbes, qui se croient grands parce que l'on est à genoux devant eux.

Ne nous bornons pas à défendre notre liberté personnelle, à préserver la science de tout compromis, **attaquons aussi**. Ne laissons jamais se propager le mensonge sans clamer la vérité ; protestons contre toute faiblesse, toute lâcheté. Ayons de la pitié, même de la sympathie, mais aucune complaisance. **Comprenons tout, mais ne pardonnons rien.**

Soyons des hommes, et des hommes toujours jeunes en volonté et en courage, à la pensée toujours indépendante.

Elisée RECLUS.

Piqûres d'aiguille

Les piqûres dont les flancs du sieur Durand ont tant eu à se plaindre sont à la disposition des camarades à raison de 0.20 le 100, un méli-mélo de textes différents. Port en plus.

SUR LA SOLUTION DE LA QUESTION SOCIALE

Dans un livre de J. Novicow paru il y a quelques mois et qui a pour titre : *La Justice et l'expansion de la vie*, il y a au chapitre « La solution de la question sociale » (p. 115), les lignes suivantes :

« Le jour où chaque être humain, par cela » seul qu'il est membre de la Société, sera » certain de posséder un minimum de revenu » qui lui permettra de mener une existence » digne de l'homme, la question sociale sera » résolue. Ce qu'il faut comprendre aussi, » c'est qu'elle ne sera résolue que lorsque » tous naitront capitalistes et non lorsque » tous naitront prolétaires comme le veulent » certains anarchistes. Cela est ainsi parce » que le capitalisme universel comporte une » plus grande somme de bonheur que le prolétariat universel. La première solution est » une montée sur l'échelle des êtres, la seconde une rétrogration vers l'animalité, » partant un accroissement de souffrance. »

Certes, comme Novicow l'explique quelques lignes plus loin dans son livre, la solution qu'ont déterminée les socialistes anglais et qui s'intitule le programme des « quatre-huit » est digne de capter un moment l'attention. Travailler huit heures, se reposer huit heures, dormir huit heures et gagner huit schillings par jour, c'est à dire 4.000 francs par an permet assurément une certaine somme de bien-être inaccessible dans l'état actuel de la Société et vu l'organisation du travail. Mais,...cette explication ne peut se rapporter qu'à la première partie de la citation, à savoir : un minimum de revenu qui permet de mener une existence digne de l'homme.

Qu'il me soit permis de protester sur le reproche que Novicow fait aux anarchistes qui ne veulent pas « naître capitalistes », d'abord : ensuite je protesterai sur la « rétrogration vers l'animalité », dont nous sommes accusés.

Si, selon toute logique, le « capitalisme » engendre la « propriété », nous devons être en effet contre tout « capitalisme ». Nous voulons la plus grande expansion de vie, mais seulement cela et il n'est nullement besoin de capitaliser pour l'atteindre.

« La propriété est une relation juridique » en vertu de laquelle dans un ensemble » donné d'hommes, une seule personne dis- » pose en dernier lieu d'une certaine chose. »

Cependant, nul ne doit s'égarer sur le vrai sens de « Capital ». Non seulement il est, mais il est à tous et puisque Novicow se plaint, avec justes raisons, de l'exploitation insuffisante de ce Capital qui pourrait produire des richesses immenses, capables d'alimenter et de « faire vivre » trois fois plus d'humains qu'il n'y en a, pourquoi s'attarder en de vaines et folles combinaisons de salaires, pour trouver dans ces combinaisons : la « Justice » et l'expansion de la vie. La solution de ces vastes problèmes ne repose pas au sein de ces recherches. Elle est dans ce que la vie n'est ni reconnue ni comprise. Nous nous ignorons et nous voulons trouver remèdes aux maux qui nous terrassent !

— Folie.

Quatre-mille francs par an! Mais cela ne me suffit pas. Que dois je donc devenir ? Me faut-il disparaître. Je ne m'estime aucun prix ! Et cependant, je veux vivre. Je prétends devoir vivre. Comment faire ?

En supprimant la « Propriété » et toute « rénumération » imaginable basée sur l'incertitude et l'approximative, en voulant le maximum de production possible par la « libre association » et le maximum de consommation selon le besoin des individus, en reconnaissant l'humain comme une force en besoin continu d'action et en ne reconnaissant comme limite à cette action que « l'impossible » ; considérant toutes ces choses, n'arrive-t-on pas à la « Justice » et à la plus grande expansion de la vie ?

C'est de l'utopie !

Ni plus ni moins que celle de reconnaître huit heures de travail, huit heures de repos, huit heures de sommeil et huit schillings de rénumération par jour. Toute limitation m'est odieuse. Qu'est-ce que le « travail »? Où commence-t-il ? Où s'arrête-t-il ? Et qui prétendra me rénumérer au prorata de l'effort que j'aurai fourni ?

C'est pourquoi l'anarchie qui est la négation de toute autorité et de toute limitation est dans la vérité, en conformité avec la « science », laquelle, d'un rigoureux déterminisme, constate le hasard et l'accidentel dans toutes les manifestations d'être des choses et la liberté dans leur développement et leur expansion.

L'homme n'est pas à l'abri de ces lois inexorables. Tous ces besoins, il doit les satisfaire. Ils se résument en un seul mot : *Vivre*.

Je ne dirai que quelques mots sur notre « rétrogration vers l'animalité ».

Je proteste de toutes mes forces et je dis, devrai-je passer pour un abruti, peu m'importe, je dis que nous sommes inférieurs aux autres animaux. Je les vois. Certes, ils ne sont pas civilisés. Ils ne connaissent ni « l'Amour », ni la « Famille », ni « l'exploitation capitaliste », ni le « Parlementarisme », ni la « Prostitution » sous ses mille formes. Ils n'ont pas « d'Ame ». Ils ne savent ni lire ni écrire...

Avons nous donc si bien mis à profit toutes ces choses ? Et combien il m'aurait plu de voir Novicow, dont j'aime le génie, avoir une opinion plus exacte sur les anarchistes.

Ils ne veulent pas rétrograder vers l'animalité. Ils veulent toute la « Justice » la plus grande expansion de la vie.

A. L. MANOURY.

LES PROBLÈMES DE LA VIE (*)

LE CERVEAU

(Suite)

9° Moteur oculaire externe (b) (par erreur dans l'*anarchie* n° 30, le nerf n° 3 s'insérant sur les pédoncules, a été désigné oculaire *externe*, c'est oculaire *commun* qu'il devait y avoir) muscle droit externe de l'œil ;

10° Pneumo-gastrique (b), sensations vagues et mouvements des poumons, estomac, cœur, etc., etc.;

11° Spinal (b), muscle du larynx ;

12° Grand hypoglosse, muscles de la langue.

Certains nerfs comme la corde du tympan, par exemple, sont issus du nerf facial servent à la sécrétion glandulaire.

En dehors du système céphalo-rachidien et n'ayant avec lui que de vagues rapports, il est un autre système nerveux, c'est

Le grand sympathique.

Il consiste en deux chaînes nerveuses, de chaque côté de la colonne vertébrale, composées de *ganglions*, d'où se détachent des nerfs allant d'une part aux nerfs rachidiens, d'autre part aux organes (nerfs sympathiques).

Ces fibres nerveuses s'enchevêtrent autour des viscères (cœur, poumons, estomac, intestins, foie, etc.), en des *plexus* fort compliqués : plexus cardiaque, plexus solaire, plexus lombaire, pulmonaire, mésentérique, etc., en un mot, ils meuvent toutes les fonctions de la vie végétative, en commun avec le nerf pneumo-gastrique.

Claude Bernard, en 1851, s'aperçut que lorsque l'on coupait le grand sympathique d'un lapin, près d'une oreille, cette oreille rougissait, et que, si on l'excitait à l'aide d'une pile électrique, l'oreille blanchissait. Il en déduisit la présence de nerfs spéciaux servant à réglementer le calibre des capillaires et qu'il nomme *vaso-moteurs*.

Les propriétés de ces nerfs sont mises à profit dans les ablutions vives à l'eau froide (douches, immersion rapide, etc.).

La différence brusque de température excite les *vaso-constricteurs* qui rétractent les artérioles et provoquent par suite une diminution de l'afflux du sang dans la peau, puis survient une période de réaction pendant laquelle les *vaso-dilatateurs* interviennent pour dilater les artérioles et produire une exagération de la circulation périphérique, d'où activité très marquée de la nutrition générale.

Cellules nerveuses

Comme tous les autres tissus du corps humain, le tissu nerveux est formé de cellules spéciales qui prennent ici le nom de *neurones*.

Le neurone est une cellule, qui dans deux ou plusieurs directions (neurones bipolaires ou multipolaires) émet un prolongement qui se ramifie, c'est le *cylindre axe*; il présente une arborisation terminale et des ramifications latérales, constituant le *chevelu des neurones*.

Le cylindre axe est protégé par une série de cellules adipeuses renfermant une substance grasse, appelée *myéline* entourée d'une aponévrose la *gaine de Schwann*. D'autres fibres nerveuses nommées *fibres de Remak*, ne contiennent pas de myéline et présentent de temps à autres des noyaux.

Le prolongement des neurones se termine au voisinage les uns des autres sans se toucher comme les deux charbons de cornue d'un arc voltaïque.

(J'appelle d'une façon toute particulière l'attention des camarades sur ce principe, il servira à expliquer presque toute la physiologie cérébrale.)

Les cellules nerveuses proprement dites forment la *substance grise* des centres nerveux, la *substance blanche* étant constituée par les fibres nerveuses reliant entre eux les groupes de cellules.

Voilà les quelques données anatomiques qu'il est utile de connaître, la prochaine fois nous parlerons des fonctions de l'appareil nerveux, ce qui constitue l'étude de la *psychologie physiologique*.

MAURICIUS.

(*) Voir l'*anarchie* à partir du n° 29.

CUEILLONS LES FRUITS

Par un beau soleil d'août, le copain Pierre et moi, heureux de pouvoir fuir, un moment le Paris affairé, nous échappâmes vers la campagne. Nous baladant de ci, de là, nous admirâmes les prés, les bois et les fruits qui montraient leur pulpe dorée. Nous eûmes le désir bien naturel de les goûter. Une longue discussion s'entama entre nous sur leur plus ou moins de maturité. Nous ne songeâmes pas un seul instant à la propriété. Les fruits étaient mûrs. L'un de nous avait tort.

Revenant sur la route bien tranquillement, sans regret aucun du geste accompli, nous vîmes tout à coup surgir devant nous, ainsi que des chasseurs à l'affût, deux Pandores, qui, respectueux du service, nous demandèrent nos qualités : forts de notre « conscience » et devant la politesse de messieurs les représentants de l'autorité, nous ne crûmes pas devoir refuser, et nous les renseignâmes obligeamment. De tristes conséquences s'ensuivirent. Le zèle des serviteurs de l'ordre vint nous démontrer tout le crime du fait de se désaltérer sur la route. Nous sommes avisés de venir en la maison de Thémis au jour et heure désignés.

La conclusion de cette histoire est qu'il faut respecter la propriété quand il y a des chiens de garde autour. En réfléchissant davantage, on voit aussi qu'il faut supprimer les chiens de garde et les bergers en faisant se révolter les moutons.

Cette finale peut nous porter quelque tristesse, en songeant au labeur à faire. Mais, n'importe, il faut commencer pour finir : aujourd'hui moquons-nous de la morale et apprenons à échapper aux Pandores.

Henri LAGNEAU.

ENTRETIENS ANARCHISTES (*)

LA MORALE

Je croisai, rue Clignancourt, Sorthène Farouche plongé profondément dans la lecture de la sensationnelle brochure de Victor Aspic : *Morale et Moralisateurs*. Triomphalement il me dit :

— A la bonne heure ! voilà un copain qui a une véritable conception individualiste. Il repousse implacablement tous les dogmes, tous les règlements et toutes les morales, même celles s'intitulant scientifiques ou anarchistes. Il faut voir comme il combat toutes les contraintes et comme il préconise la liberté entière et absolue !

Il va être intéressant de discuter sérieusement la brochure absurde d'Aspic. Je suis au contraire partisan d'une morale...

— Comment ! Toi, tu te prétends individualiste et tu es partisan de la morale, c'est à dire d'un ensemble de conventions imposées aux individus. Mais c'est la négation de l'autonomie et de la liberté individuelle ! c'est de l'autoritarisme !

— Allons du calme. Sais-tu d'abord ce que c'est que la Morale ? Il importe de la définir avant de s'embarquer sur les acceptions métaphysiques et sur les critiques baroques de certains. En nous plaçant à un point de vue physique nous pouvons dire : « La morale c'est la règle de conduite logique d'un » individu conscient dans une circonstance » donnée. »

Connaître les circonstances de la vie et essayer de déterminer quelle doit être notre attitude en leur présence, c'est assurément une chose essentielle et la morale est inséparable de la Vie.

— Alors selon toi la morale ne doit pas se borner aux questions « morales », c'est à dire intellectuelles ? On peut l'étendre à toutes les questions : matérielles et vitales.

— Bien entendu. N'en déplaise aux libertaires intransigeants ou aux mystiques nébuleux. Comment peux-tu croire un instant qu'un individu raisonnable, désireux de vivre intégralement en développant sans cesse toutes ses facultés et par conséquent sa somme de bonheur, puisse se passer de morale !

Nous voulons une morale. Nous ne voulons pas agir inconsidérément, nous ne voulons pas faire n'importe quoi, n'importe comment. Nous voulons accomplir les mouvements utiles au développement rationnel et complet de notre individu, ainsi que de nos camarades. Nous voulons vivre et je défie qui que ce soit de vivre une heure, sans règle de conduite, sans réflexion, donc sans morale.

— Je l'admets. Pourtant comment déterminer d'une façon certaine les actes logiques ? Et d'ailleurs en vertu de quel droit vouloir échafauder toute une morale afin de venir l'imposer à autrui ?

— Mais, voyons, notre morale est avant tout individualiste ! Il n'est nullement question de l'imposer. A-t-on idée d'un anarchiste imposant aux autres des règles de conduite. Les individus conscients sont seuls juges de déterminer leur morale et de l'accepter après examen, en connaissance de cause.

C'est ce qui fait sa différence avec les morales autoritaires (déiste, étatiste, etc) toutes basées sur la croyance aveugle.

La morale individualiste s'expose et chacun demeure libre de s'y conformer.

Si nous avions le temps nous pourrions essayer de la déterminer. Je me contenterai pour aujourd'hui d'en indiquer les lignes principales.

Nos « devoirs » se subdivisent ainsi :

Devoirs envers nous-mêmes ;

Devoirs envers nos camarades (ce sont les mêmes qu'envers nous-mêmes) ;

Devoirs envers les hommes, non camarades ;

Devoirs envers le reste de la substance (brute ou organisée).

Nous pouvons nous résumer ainsi :

La bienveillance aux bienveillants ;

La malveillance aux malveillants.

Et conclure par l'utilisation dans l'intérêt de notre individualité de ce qui nous entoure. Tout se rattache à ces deux attitudes. La morale n'est donc pas un dogme immuable, fixe, indiscutable. Elle change, elle se transforme parallèlement aux conditions et aux circonstances du milieu.

Par exemple : si tu te trouves dans un endroit chaud, la morale te prescrit de te découvrir et vice-versa dans un lieu froid. Libre à toi d'agir autrement quitte à en claquer — car la morale a une obligation et par conséquent une sanction, laquelle découlant des lois naturelles, est inévitable.

— Pourtant il est certain malgré l'acceptation volontaire d'une morale qu'elle constitue néanmoins une barrière à la liberté. Et s'il me plaît d'accomplir un acte sans m'occuper de ses suites ?

— Cela n'est pas intéressant, c'est insensé. Si la société est mal faite c'est justement parce que les hommes agissent toujours inconsidérément sans peser la valeur et la résultante de leurs actions. S'abandonner à la jouissance du moment qui passe, au plaisir éphémère procuré par les vices et les passions ; c'est la conception de l'homme actuel. Mais l'anarchiste visant à transformer la société dans un sens propice et favorable à son épanouissement, doit réagir contre ce prétexte hypocrite servant à abrutir et à justifier les tares et les lâchetés. Un individu fort doit être capable de résister à l'influence d'un milieu mauvais, et de ne pas s'abandonner au courant des imperfections et des absurdités. Dans ce but le frein nécessaire est la morale, laquelle sera je te le répète non pas ordonnée mais exposée — et acceptée librement — comme il convient à un homme conscient.

— Comment concilier la morale c'est à dire l'intérêt individuel avec la morale sociale, intérêt de la collectivité.

— C'est très facile, puisque je t'ai dit déjà, que notre attitude envers nos camarades serait la même qu'envers nous-mêmes. Nos camarades sont en quelque sorte un « prolongement » de notre « moi ». Aussi quoi de plus facile que de régler nos rapports sur une base essentiellement amicale et solidaire. Une collectivité de camarades conscients envisage un intérêt collectif (somme des intérêts individuels réunis).

— Alors il est possible dès maintenant de formuler et de vivre une morale véritablement anarchiste ?

— Absolument. Nous devons lutter contre ce libertarisme extrême qui nous emporterait à des actions inconséquentes et désastreuses. L'important n'est pas de savoir si l'on doit faire tel acte parce qu'il procure une sensation plus ou moins agréable, mais de juger si l'acte est en lui-même utile ou nuisible, nécessaire ou néfaste à notre organisme, à notre existence, à notre développement.

Je dirai même pour finir que l'anarchie n'est qu'une morale. Les théories anarchistes c'est la règle de conduite à suivre en sociologie. C'est pourquoi il est utile de rattacher la morale sociale à la morale individuelle et de ne pas les séparer. Elles forment un tout nécessaire au fonctionnement normal, au développement des individus ainsi qu'à la conservation harmonieuse de la société ou du groupement.

En résumé : déterminer (après examen) les actes utiles au développement, à la vie de l'individu (par extension du groupe, etc.).

Ceci fait, les exécuter à l'exclusion de tous autres.

La conception que je viens de t'exposer ne nous sera pas inutile pour mettre au clair quelques points obscurs. Nous aurons occasion d'y revenir afin de l'employer.

André LORULOT.

(*) Voir l'*anarchie* n° 22, et suivants.

“Faisceau de Libertés”

Jaurès dans un article du 25 octobre dernier, défendait contre moi l'organisation actuelle du parti socialiste unifié, où je voyais une construction d'église et qu'il caractérisait, lui, comme « *un faisceau de libertés*.

« M. Clemenceau, écrivait il abuse étrangement des mots quand il parle, comme » hier encore, de l'Église socialiste. Qui dit » organisation générale et unitaire ne dit » pas discipline d'autorité. L'unité socialiste » aboutit à une action commune, mais qui » est toujours délibérée par des puissances » autonomes. Cette unité n'est qu'un faisceau de liberté. »

J'ai voulu me renseigner sur ce « *faisceau de libertés* » et savoir de quelles libertés particulières il avait l'avantage de se trouver composé. J'ai pu me procurer à cet effet une sorte de petit catéchisme, intitulé : *Règlement du Parti*, avec cette en-tête : Parti Socialiste, section française de l'internationale ouvrière. On le trouve à la Bibliothèque socialiste, 16, rue de la Corderie, à Paris. La publication porte la date de 1905. On voit que je fournis mes références. Je n'ai garde de dénaturer les textes, à l'exemple de Jaurès, et si je commettais quelque erreur involontaire et qu'il m'en avertît, je me distinguerais de lui par mon empressement à m'en excuser.

Sans analyser la brochure, ce qui m'en traînerait hors de mon sujet, je me borne à relever deux articles du « Règlement du Parti ». Le premier, inscrit à la page 16, sous le chef : « Mesures propres à assurer immédiatement l'unité », est ainsi conçu :

« *Les orateurs et propagandistes du Parti ne peuvent prêter leur concours à une conférence, réunion ou fête publique organisée en dehors du Parti, sans l'assentiment préalable des groupements locaux et au besoin du conseil national.* »

Voilà une « liberté » qui me paraît fortement établie. Le droit d'aller et de venir, d'entrer dans une salle où se tient une réunion, où se célèbre une fête qui n'est pas du « Parti », et d'y prendre la parole, n'a besoin, pour s'exercer dans ce système, que de l'autorisation préalable des « groupements locaux » ou du « conseil national », érigés en arbitre suprême de ce qu'il convient de faire pour propager les idées de l'orthodoxie. Cela n'est pas sans ressemblance avec la « liberté » de la presse russe qui, selon M. Witte, s'accommode fort bien du maintien de la censure. Un curé de l'Eglise romaine me paraît plus libre, en ce cas, qu'un socialiste unifié, car nous avons vu des prêtres aller, sans autorisation du pape, prêcher la bonne parole aux mécréants.

Un deuxième article, inscrit à la page 24, sous le chef : *Œuvre électorale*, est extrait d'un projet de statuts adopté par la Fédération de Seine-et-Oise, ainsi que par des sections de la Seine. Il n'est pas moins caractéristique de la « liberté » selon Jaurès. Il est ainsi conçu :

« *Tout membre de la Section, élu par le corps électoral, à quelque degré que ce soit, appartient avant tout et pour tout au Parti, qui lui dicte sa ligne de conduite et contrôle ses actes.* »

Pour une « liberté » en voilà une dont l'exercice ne doit pas manquer d'agrément. Tout élu socialiste est la propriété de son parti, car il faut bien que le principe de la propriété se retrouve quelque part. Il est libre d'adopter « la ligne de conduite » qu'il lui plaît, à la seule condition de se la faire « dicter » par le Parti, c'est à dire par les autorités représentant le dogme. Et, quant à ses actes, il n'a pas besoin de s'en mettre en peine. Le « contrôle » du Parti saura le maintenir, par des réprimandes appropriées, dans la discipline des conciles.

Maintenant, je demande au lecteur s'il estime, comme Jaurès, que j'abuse étrangement des mots en parlant de « l'Eglise socialiste ». Pour moi, il me semble que Jaurès se moque de lui-même lorsqu'il se déclare incapable de découvrir dans son « organisation générale et unitaire » une discipline d'autorité. Si nous pouvons juger des « libertés » qui nous attendent sous le socialisme unifié par les « libertés » que « le Parti » distribue par anticipation à ses propres membres, je me permets de craindre qu'il n'y ait pas, dans la « Cité nouvelle » surabondance d'initiative. Quel étange faisceau des « libertés » de Jaurès ! O ! Liberté que de... phrases l'on commet en ton nom !

G. CLEMENCEAU.

Notre Correspondance

A propos de Kropotkine.

Au Liseur.

La loyauté me semble devoir constituer la première des vertus anarchistes. Je ne doute pas que nous ne soyons en complet accord sur ce point. Aussi, me permettrez-vous de rectifier une erreur commise par vous et que je considère également fâcheuse pour nous deux.

Citant un argument de Kropotkine j'ai, au cours de mon article : *La Révolution et la Guerre*, écrit : « *Cette* **dernière pensée** *de Kropotkine est d'un grand et puissant intérêt. Elle nous fait une obligation de donner un forme plus catégorique à notre propagande antiguerrière.* »

Par inadvertance — sans doute — vous reproduisez, en me l'attribuant, cette phrase qui, si elle justifie les appréciations qui la suivent, est loin d'être authentique : « **La pensée** *de Kropotkine nous fait obligation.* »

Si, par mon silence, je souscrivais à cette phrase, je semblerais prétendre qu'il nous faut subordonner notre opinion à celle de Kropotkine. Vous comprendrez l'intérêt que j'attache à ce que ce malentendu soit dissipé.

Me voir appliquer l'épithète de « suiveur » à l'occasion d'un de mes écrits que les gens de sens peuvent juger et comprendre : peu me chault. Mais essayer cette injure à la faveur d'un texte tronqué : voilà ce que vous et moi ne saurions permettre.

Miguel ALMEREYDA.

Pour les Elections de 1906

CHALON-SUR-SAONE

Nous avons eu la joie, pour ne pas dire plus, de posséder dans nos murs tous les arrivistes — à part quelques exceptions dont on ne peut répondre — du Parti socialiste parlementaire.

Il est convenu d'appeler cette réunion « d'écrivants » un congrès. Ce serait plutôt foire électorale, chasse aux mandats législatifs, aux sinécures qui le qualifierait exactement.

On a enterré la proposition Lafargue, proclamant la banqueroute du tsarisme, il en fut de même pour la journée de huit heures : ces questions seraient embarrassantes pour la chasse aux électeurs du mois de mai prochain.

On fit risette aux partis bourgeois, tout en maugréant contre les empêcheurs de danser en rond : peu s'en fallut que ces messieurs s'offrissent un plat d'anarchistes : ils en font réserve pour la période électorale.

Si pendant le congrès, on s'est abstenu de dauber dur et ferme sur les libertaires, il n'en fut pas de même en dehors : c'est tout d'abord Crémieux, avocat et candidat dans une circonscription d'Autun, qui mange de l'anarchiste à en attraper une indigestion tout en ménageant la propriété et les petits commerçants : il n'a pas son pareil comme équilibriste.

Puis c'est l'ineffable Bretin, dit Théo, dont les idées sont aussi restreintes que sa chevelure est longue, candidat dans le Charollais, déclarant dans une réunion, à Montceau, que les abstentionnistes conscients sont des lâches, daubant à toute occasion sur les camarades.

Ceci ne nous étonne pas plus qu'il ne convient ; nous nous réservons d'ailleurs de prouver à ces fumistes que nous avons ce qu'ils n'ont pas : le courage d'affirmer nos convictions. Nous leur donnons rendez-vous sinon avant, tout au moins aux élections prochaines.

L. BILLARD.

P.-S. — Les camarades désirant propager les idées par la distribution ou l'envoi gratuit de brochures et de journaux (*Temps Nouveaux, anarchie, Libertaire*) feront parvenir leur obole ou se mettront en relation avec le camarade Billard, 1 rue de Lyon. Un compte-rendu sera publié mensuellement dans les organes anarchistes.

A Travers les Réunions

Pour une fois je me balade encore plus loin que jamais. J'ai déposé mes pattes sur l'asphalte lyonnais. Le successeur à Augagneur n'est pas venu me recevoir à la gare. Tant pis pour lui.

Une grande réunion avait lieu salle du cirque Rancy. Le but en était une manifestation contre les lois scélérates, suscitée par les affaires de nos amis Malato, Caussanel, Harwey et Vallina, pour la rue de Rohan ; Tessier pour celle de Limoges ; Lemaire, Morhet et les vingt-huit de la cour de Paris à propos des affiches antimilitaristes.

Libertad qui a aussi béquillé jusque là, commence la bataille. Il s'attache à démontrer que toutes les lois sont scélérates, que tous les enfermés, pour quelque cause qu'ils le soient, sont des victimes. Il montre que les véritables auteurs des lois scélérates ou autres, ne sont pas les députés mais bien plutôt les votards et il engage l'assistance à prendre sa part de responsabilité dans l'incarcération de nos amis. Il dit que malgré tout, il se sent porté à s'occuper principalement de la libération des camarades conscients plutôt que de celle des inconscients, mais qu'il n'y attache qu'une importance purement personnelle.

Ne voulant pas s'attarder plus longtemps sur un point particulier, il commence à développer la philosophie anarchiste. La salle l'a suivi avec quelque bienveillance de même que M. le commissaire de police qui avait tenu à « déshonorer » la réunion de sa présence.

Les camarades Chazeaux, secrétaire de la Bourse du travail, Jacquet, Dumas et Frimat sont venus porter leur appoint en faveur de nos amis poursuivis et contre toutes les lois.

Frimat ayant trop joué sur les *martyrs de la Cause*, sur la défense des *nôtres*, Libertad a tenu à démontrer que tous les individus étant déterminés à agir « mal ou bien » par la forme de l'organisation sociale, il ne saurait y avoir ni innocent ni coupable.

En finale, bonne réunion tant pour le public venu en grand nombre, malgré la pluie battante, que pour le but de camaraderie et les idées exprimées. Il n'y a qu'à recommencer.

LE BALADEUR.

MATERNITÉ

Savez-vous bien, mères, ce que signifie ce mot ? Avez-vous compris le rôle que doit tenir toute femme douée du sentiment maternel ? Non, car je n'en vois aucune défendre ses petits comme le font la plupart des femelles des animaux.

Vous faites de vos enfants, non pas des êtres pouvant se défendre, se nourrir, s'abriter contre les intempéries. Cela ne vous préoccupe guère : vous préférez en faire des pantins, des petits mannequins automatiques.

L'enfant vient à peine au monde que déjà vous jouez au poupard. Que de fois ai-je vu de petits bébés habillés par leur mère aussi ridiculement que la poupée affublée par l'enfant. A-t-il une mèche de cheveux qui grandit ? Aussitôt on la lui attache avec une faveur. C'est laid, mais qu'importe ; plus l'enfant a l'air d'un polichinelle, plus vous êtes heureuses.

Lorsque vient le moment où il bégaie gentiment, cela devient une autre affaire. Ce sera « papa » et « maman » que vous répèterez sans cesse à son oreille, afin qu'il devienne un excellent phonographe. Il faut aussi que « bébé » soit poli. Aussi lui faites-vous embrasser tout le monde, à tous moments, afin que chacun le flatte et satisfasse ainsi votre vanité. Cela ennuie souvent l'enfant, soit que l'être qui est devant lui lui déplaise, soit qu'il redoute la sensation désagréable d'une barbe mal rasée : alors, malheur à lui s'il proteste trop, vous le bousculerez, en paroles et en gestes, pour lui apprendre que l'on doit toujours « obéir à ses parents ». C'est peut-être un malade qui caresse le marmot. Qu'est-ce que cela peut bien faire ? Votre orgueil maternel est satisfait.

Plus tard, quand l'enfant va à l'école, on n'attend pas qu'il demande à connaître ce qu'il y a dans le livre, l'explication de telle image qu'il a vue ou de telle constatation qu'il a faite. Non. On le force à lire, à réciter sans faute des pages entières plus ou moins baroques qu'il ne comprend pas ; on ne lui explique, on ne lui démontre rien. Afin d'en faire un bon citoyen, c'est à dire une brute, on ne lui développera que le moins possible l'idée de chercher à approfondir les causes et leurs effets, à posséder l'esprit critique. On lui dit : « Ecoute et obéis. Si tu me rapportes tant de bons points, je te donnerai deux sous ; si tu as la croix, je pousserai la générosité jusqu'à t'accorder une

FEUILLETON CULINAIRE

L'Art de faire la Soupe

AUX POIREAUX

& AUX POMMES DE TERRE

Le camarade Toto Sutor (12 ans) n'aime pas les poireaux dans la soupe ; c'est évidemment son droit. Je crois savoir (*) qu'il y a beaucoup de petits camarades dans le même cas. Certains parmi eux, ont dû se demander et, comme il l'a fait, demander (cruelle énigme !) s'il n'y aurait pas un moyen de *faire la soupe aux poireaux sans poireaux*.

Je pourrais vous dire que je partage entièrement l'horreur du jeune camarade Toto pour le poireau, car on en a mis partout. Il y a même certains abrutis qui en mettent sur le revers de leur veston. Mais ce ne serait pas (en ce dernier cas au moins) tout à fait exact car, n'étant pas candidat aux prochaines élections législatives, j'ai l'intention de demander aux camarades députés, de faire le nécessaire pour que, à l'avenir, on décore tous ceux ou celles qui le demanderont. Je ne sais pas si la proposition est neuve, il me suffit qu'elle soit intéressante, car la décoration étant une des manifestations de la mégalomanie, on pourra *se compter sur les décorations* (cette élégante expression n'est pas de moi, c'est de l'argot votard). J'ai même peut-être des idées originales sur les formes à donner aux décorations. Mais... revenons à nos poireaux.

Si je présentais une thèse en Sorbonne, j'aurais pu rechercher les emplois du poireau depuis la plus haute antiquité ; vous expliquer même que si Jupiter avait dû employer certains artifices pour approcher Léda c'est qu'il voulait décorer cette dernière de l'ordre du poireau ou lui en enseigner la culture pour faire une agréable surprise au roi Tyndare, son époux. Mais vous ne me croiriez pas, en quoi vous auriez tort car, sachez le, la science officielle est faite d'affirmations invérifiées et souvent même invérifiables. Et que voudriez-vous que l'on mît dans une thèse ? Mais revenons à la mienne qui est de n'en pas faire une (!).

Matériel

Une marmite cylindrique à couvercle
Un support en fil de fer
Une assiette creuse
Une passoire en fer blanc
Un champignon en bois
Une soupière

Substances

Eau : 3 litres et demie
Poireaux moyens : 5 à 6
Gros sel : 30 gr.
Pommes de terre : 1 kilogr.
Graisse ou beurre : 50 g.
Fromage de gruyère râpé : 30 gr.
Poivre : une pincée
Pain rassis : ce que l'on voudra

Les quantités et proportions des substances peuvent être modifiées au goût de chacun. La proportion de sel doit, cependant, être respectée car elle est voisine de la proportion saline de notre organisme (7,5 pour 1000).

La marmite doit, pour les quantités indiquées, mesurer environ 25 centimètres de diamètre et autant de hauteur.

On pourra avec du fil de fer de 2 m/m de section, construire facilement le support. Il consiste en un simple anneau que, par un système quelconque de crochets on suspendra au rebord de la marmite à 10 cm. du fond. Tout l'appareil doit entrer facilement dans la marmite et permettre la pose du couvercle. Un linge interposé entre le rebord de la marmite et le couvercle assurera, si c'est utile, l'étanchéité du dit couvercle.

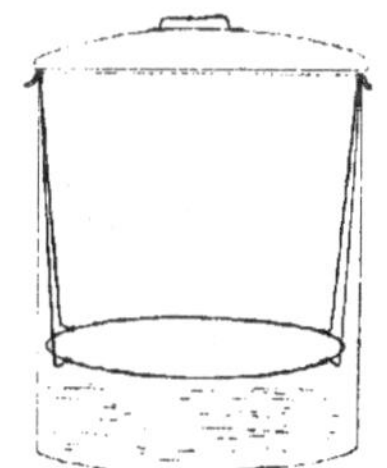

L'assiette creuse doit être d'une dimension convenable pour pouvoir être placée sur le support.

La passoire en fer émaillé a l'inconvénient d'abandonner des éclats d'émail qui peuvent occasionner des érosions du tube digestif et sont considérés actuellement comme une cause fréquente d'*appendicite*. Nous prenons donc une passoire étamée.

On opérera de la manière suivante :

Mettre dans la marmite l'eau, le sel et les poireaux entiers lavés et ficelés en un paquet.

Placer le support et, sur ce dernier l'assiette creuse dans laquelle on versera les pommes de terre, épluchées, essuyées et coupées en quartiers.

Couvrir la marmite et la mettre sur le feu. L'ébullition (accusée par les jets de vapeur qui s'échappent du couvercle) sera maintenue une demi heure. Enlever alors les pommes de terre (que la vapeur aura cuites) et les jeter dans la passoire placée sur la soupière. Les écraser avec le champignon en bois, elles tomberont dans la soupière, sous forme de *vermicelle*.

Ajouter alors la graisse ou le beurre puis, le fromage râpé ; travailler la masse avec le champignon pour obtenir une purée homogène sur laquelle on versera peu à peu le bouillon de poireaux passé au travers de la passoire en continuant à travailler soigneusement la masse à chaque addition pour éviter les grumeaux.

Ajouter le pain, couvrir et laisser tremper 10 à 15 minutes.

Toto estime que c'est *pas bon* qu'avec les poireaux. Comme dirait mon *bougnat : ça tient au ventre.*

J'ajoute que si Toto n'aime pas les poireaux dans la soupe, il les mange parfaitement à la vinaigrette en guise d'asperges. Toto est un type épatant, car il sait choisir les modes les plus agréables de faire circuler la substance et comme vous tous qui me lisez devez être des types épatants (?) vous ferez comme lui.

Moralité. — L'aliment féculent (pomme de terre) est finement divisé, l'aliment gras (graisse ou beurre) finement émulsionné, tous deux par conséquent se trouvent sous la forme la plus parfaitement favorable à l'action des ferments digestifs (*salive, suc intestinal* et *suc pancréatique* pour l'aliment féculent ; *suc pancréatique* et *bile* pour l'aliment gras). De plus l'aliment gras n'a pas eu à subir l'action prolongée de la chaleur qui a pour effet la dissociation de la molécule grasse en ses composants : glycérine et acides gras, dissociation que l'action du tube digestif ne réalise qu'après la digestion stomacale et qu'il faut donc ne pas réaliser avant.

Nous y reviendrons si cette histoire vous amuse.

Franck SUTOR.

(*) Quand un journaleux *croit savoir* quelque chose, c'est qu'*On* le lui a dit et qu'*On* veut rester inconnu. Il y a là un *bluff* dans le genre de celui de ces singes anthropomorphes mégalomanes dits *têtes couronnées* qui font annoncer partout que le prince de la Vadrouille voyage *incognito* sous le modeste vocable de comte Baufiakès pour que personne ne le sache et que nul n'en ignore. C'est une simple *lâcheté* et je m'en rends coupable. Mais je confesse publiquement ma faute, je demande l'absolution et n'y reviendrai plus. Ainsi soit-il !

belle pièce de vingt-cinq centimes. » On ne cherche pas à faire de l'enfant un individu. On fait, dès l'école, un *salarié*. N'en est il pas ainsi même dans les milieux soi-disant très avancés ?

Si après l'école et l'apprentissage, l'enfant devenu homme se révolte contre ces procédés : ne trouve pas que travailler pour un salaire soit intéressant : s'il ne veut pas vivre intégralement demain, mais aujourd'hui ; s'il veut être libre on voit la mère se changer en furie, rejeter de son sein l'enfant qui n'écoute plus les phrases toutes faites de bonne morale. C'est alors une lutte qu'elle engage avec l'être qu'elle a conçu, lutte d'autant plus acharnée qu'ayant la logique, il est le plus fort.

Pour éviter que cette logique n'atteigne ses frères et sœurs, elle écarte l'enfant libéré de la maison maternelle : elle le poursuit de ses sarcasmes et de ses malédictions, fait tous les efforts pour influencer contre lui, le cerveau des jeunes qui sont encore sous son égide hypocritement féroce.

Femmes de maintenant, vous n'êtes pas dignes du nom de mère, car ce mot seul évoque les luttes sauvages qu'entreprennent les animaux tels que l'aigle, le tigre, le lion, pour défendre leur progéniture.

Les connaissez-vous ces luttes où la mère meurt plutôt que de se laisser enlever ses petits ? Non, n'est-ce pas ? Dès que l'enfant est sorti de votre ventre, bien souvent vous le mettez en nourrice, car vous ne pouvez l'élever vous-même : il faut travailler ! Vous n'avez pas la volonté d'exercer vos droits de femelle ni l'énergie de protéger l'enfant qui a besoin de soins maternels évidemment plus empressés que ceux de la remplaçante. N'est-ce pas souvent sa condamnation à mort ? La mortalité atteint quatre vingt quinze pour cent chez les enfants élevés en nourrice. Pourtant vous le laissez partir, sans un geste de révolte, au lieu de bondir comme le ferait la bête fauve si on lui enlevait ses petits.

Plus tard, vous les donnez à tuer les uns à caserne, les autres à l'usine, ou sur le trottoir. Pas un cri ne sort de votre poitrine : à peine quelque gémissement arrive-t-il parfois jusqu'à nos oreilles et si timide que ce n'est qu'une plainte.

O mère ! jeune femme qui sentez tressaillir en vous ce beau fruit qui, peut-être, sera bon et utile si vous savez le faire mûrir, n'imitez pas celles qui vous entourent, soyez les bêtes fauves, sachez défendre vos petits, préparez leur une vie meilleure, plus belle, plus passionnante que celle que nous vivons.

Pour cela comprenez la logique anarchiste.

Louisette HERRENS.

Demandez partout

L'ANARCHIE

Qui parait tous les Jeudis

LES ÉGORGEURS

L'orgie césarienne continue paisiblement sans qu'aucune puissance intervienne en faveur des prolétaires qu'on massacre et qu'on tue. Des torrents de sang coulent autour de lui, et le « petit père » continue à gémir sur ses infortunes personnelles. On extermine son peuple sur son ordre. Est ce que les anarchistes ont jamais commis de telles infamies dans un pays ? Est ce qu'en 1793, époque néfaste et tant détestée de nos contempteurs, nous avons vu des villes entières, dévastées, saccagées, des hommes mis à mort, enduits de pétrole, livrés aux flammes ; les femmes, les enfants égorgés et fusillés.

Quand le tribunal révolutionnaire condamnait les traîtres à la République on entendait les accusés gémir sur leur infortune, mais en Russie cela se passe autrement. Tout les jours de nouvelles atrocités sont commises ; on égorge dans les maisons, dans les rues, dans les jardins publics, dans les bois, dans les forêts, enfin partout où les ignobles cosaques trouvent des révoltés, et ils le sont tous dans ce pays d'esclavage et de tyrannie effroyable. Ah ! les juifs ! c'est sur eux que pèse toute la colère de l'auguste souverain, c'est sur eux que le courroux céleste doit s'appesantir. Aussi traqués partout, les agents, les fonctionnaires, les officiers, la police, tous déguisés en artisans, sèment la terreur. Partout ils excitent la colère populaire en faisant entendre à ces malheureux accablés par la famine et le malheur, que tout le mal vient d'eux, qu'il faut rendre le bien mal acquis, le bien qu'ils ont volé, et le peuple enfant, crédule et féroce dans ses accès, se rue sur les malheureux confiants et privés de soutien. La partie est belle ; les féroces cosaques prêtent la main à ces épouvantables saturnales. Le czar feint d'ignorer, M. Witte proteste et les misérables sont immolés ; leur massacre est le dérivatif nécessaire, l'étouffement lent de la révolte que le gouvernement espère noyer dans le sang de ceux qui étaient capables de la mener à bien.

Les hécatombes se multiplient partout, on pense que la fureur populaire, mise seulement en appétit par ces atrocités, devra bientôt s'éteindre faute d'aliment, quand on aura supprimé tous les juifs libertaires. Mais ces insensés peuvent se tromper dans leur atroce calcul. Il est dangereux d'user de tels remèdes et on peut prévoir l'heure où le monstre va cruellement poser sa dent meurtrière sur ceux qui l'ont mis en appétit.

Tous les peuples regardent avec stupeur ces abominables cruautés ; toute la presse française, nationaliste, royaliste, impérialiste, jubile ; la presse gouvernementale se lamente en fort bons termes et plaint l'allié, le pauvre czar, d'avoir un aussi mauvais peuple ; la presse asservie roucoule un doux murmure d'hypocrite pitié, et tout est dit.

Et l'opinion publique, et l'humanité, qu'en fait-on ? On médit de l'homme rouge, du sultan de la sublime porte, on le maudit — platoniquement — de laisser massacrer les Arméniens ; mais les actes du sultan sont ceux d'un philantrope à côté des excès inénarrables commis en Russie.

Et la France de la Révolution se vante d'avoir un tel allié, la France fournit des subsides à ce monstre pour l'aider à décimer ce peuple d'ilotes, de mercenaires, avide de délivrance, de justice et de liberté.

Henry TUBIANA.

Les CAMARADES que cette feuille intéressera l'aideront par tous les moyens. En la propageant. En la vendant. En l'aidant à vivre.

Revue des Journaux

Le Libertaire.

Almereyda, quand donc te verra-t-on, toi qui n'a pas soixante-deux ans, dans les légions franches des révolutionnaires, *pareilles à celles des garibaldiens et des francs tireurs de 1871* si [illegible] de [illegible] la « France si elle est envahie par les Allemands ». Il y a mots et mots et tu n'es pas forcement un crétin parce que tu ne tires pas logiquement la véritable acception de leur assemblage.

La Russie révolutionnaire en marche vers la république sociale, c'est peut être bien pour cela que le peuple ne veut pas « marcher », la république sociale française lui paraissant un bloc enfariné qui ne dit rien qui vaille.

Eug. Deniau Morat fait une moquerie légère du *triomphe socialiste*. Cette forme est trop négligée dans nos milieux. Le rire a sa logique.

Lorulot répond avec méthode à Yvetot.

O Grandidier, toi aussi sur la journée de 8 heures. Mais les patrons en sont satisfaits. Les patrons qui comptent le plus : les gros.

Yvetot, sous une forme un peu romantiste, dit des choses fort précises. Il ne faut pas s'humaniser, s'arrêter en chemin. Tout arrêt, toute pitié est un recul, une défection. Ne croyons à aucun berger. Profitons de tous les progrès scientifiques.

Les Temps Nouveaux.

Charles Albert commence une critique de la thèse de Kropotkine. Il en montre tout le vague, tout le sentimentalisme. Il préfère cette formule simple *grève des conscrits* à celle vêtue d'oripeaux que nous présente Kropotkine.

Terrible *la réponse des travailleurs à la bourgeoisie*, effrayante. Ils vont se bâtir un local. Voilà du travail qui a peut-être son utilité, mais pourquoi le présenter si pompeusement.

Qu'est-ce qu'une nation ? Demande-le aux socialistes de toutes espèces et aux révolutionnaires, les bourgeois ne l'ont jamais su.

LE LISEUR.

POUR LES GROUPEMENTS

Nous prévenons nos amis que nous mettons en circulation des petits paquets de brochures mélangées (25) de **A mon frère le Paysan**, de Reclus, **L'Ordre**, de Kropotkine ; **L'Absurdité de la Politique**, de Paraf-Javal ; **Aux Conscrits**, de la Jeunesse d'Amiens, au prix de **0.75**, franco de port.

L'Absurdité des soi-disant Libres-Penseurs, de Paraf Javal, est rendue au prix de **7** fr. le **100**, franco de port. Nous avons pensé à tirer cette édition avec le plus de soin possible : la couverture illustrée et en couleur, le travail typographique très soigné.

Nous venons d'éditer une poésie de Louis Cornet, avec musique de Léon Israel, sous le titre **Au Pays du Bonheur**, histoire de se reposer un brin. L'exemplaire **0.10**. Les **10**, **0.50** ; le **100**, **4** francs. *Port en plus.*

Nous pouvons livrer 25 exemplaires des **Deux Haricots** de Paraf-Javal, image pour enfants, à raison de **1** fr. **50**, franco de port.

L'Insurgé, journal hebdomadaire de propagande anarchiste. Prix de l'abonnement : 2 fr. 50 pour 6 mois, 5 fr. par an. Écrire au gérant : G. Thonar, rue Laixheau, 97, Herstal Liège (Belgique).

Vient de paraître :

L'Ordre, organe communiste-anarchiste, paraissant tous les quinze jours 21, rue du Temple, à Limoges. Abonnement : 1 fr. 50 par an ; 1 fr. pour six mois ; 0 fr. 50 pour 3 mois.

Il va paraître en janvier :

L'Humanité Nouvelle, revue mensuelle scientifique et littéraire, formant un volume in 8° raisin d'environ cent pages de texte et d'illustrations.

L'Humanité Nouvelle sera un organe libre de la pensée humaine, aux tendances les plus larges et les plus indépendantes en matières scientifiques, littéraires et artistiques. Un numéro : 1 fr. 50. Abonnement d'un an : 15 francs. Direction : 43, rue du Tremble, à Gand ; secrétariat et administration pour la France : E. Armand, 51, rue Le Marois, Paris-16°. — *Spécimen franco sur demande.*

CE QU'ON PEUT LIRE

Pierre Kropotkine. — *Aux Jeunes Gens ; Anarchie et Communisme ; Morale anarchiste ; Organisation de la Vindicte* : br. à **0.10.** — *Les Temps nouveaux* : br. à **0.25.** — *Autour d'une vie ; Conquête du Pain* : vol. à **2.75.**

Paraf-Javal. — *L'Absurdité de la politique* : br. à **0.15.** — *Libre Examen* : br. à **0.25.** — *La Substance universelle* : vol. à **1.25.** *Les deux haricots*, image p. enfants : **0.10.** *L'absurdité des soi-disant libres penseurs.* **0.10**

Jean Grave. — *Organisation, Initiative Cohésion ; La Panacée Révolution ; Le Machinisme ; Enseignement bourgeois et Enseignement libertaire ; Colonisation* : br. à **0.10.** *La Société future ; L'Individu et la Société Les Aventures de Nono* : vol. à **2.75.**

Elisée Reclus. — *A mon frère le paysan*, br. à **0 05.** — *L'Anarchie et l'Eglise* : **0.10** — *Evolution et Révolution*, vol. à **2.75**

Elie Reclus. — *Les Primitifs* : vol. à **4** fr. — *Les Primitifs d'Australie*, vol. à **3** fr.

A. Dal. — *Les Documents socialistes*, avec préface de **Ch. Malato** : br. à **0.30.**

Georges Etiévant. — *Déclarations ; Légitimation des actes de révolte* : br. à **0.10.**

René Chaughi. — *Immoralité du mariage. La Femme esclave* : br. à **0.10.**

Enrico Malatesta. — *Entre paysans*, br. à **0.10.**

Domela Nieuwenhuis. — *Le Militarisme. Education libertaire* : br. à **0.10.**

Charles Albert. — *Guerre, Patrie, Caserne* : br. à **0.10.** — *Aux anarchistes qui s'ignorent* : br. à **0.05.**

André Girard. — *Anarchie* : br. à **0.05.**

Ligue de la Régénération. — *Moyens de limiter les grandes familles* : br. à **0.30.** — *Plus d'Avortements* : br. à **0.50.** *Socialisme et Malthusianisme*, br. à **0.60**

S. Faure. — *Les crimes de Dieu* br. à **0 15.** — *La Douleur Universelle*, vol. à **2 75.**

Noël Relbar. — *A bas la guerre*, poésie avec musique : **0.10.**

L'anarchie. — Numéros parus : **0.10** chaque — Les invendus sont envoyés, le port étant seul à la charge des camarades.

Piqûres d'aiguille.—20 textes : **0.20** le 0/0.

Les frais de port sont évidemment en plus.

Edition du groupe « La Muse Rouge »

VONT PARAITRE PROCHAINEMENT 12 CHANSONS

Paroles et Musique du PÈRE LAPURGE

Illustrées par HÉNAULT, KUPKA, LUCE, LOCHARD, etc.

L'exemplaire : **0** fr. **25** ; la série **1** fr. **50**

On peut souscrire dès à présent chez l'auteur : Constant MARIE, cordonnier, 22, rue de la Parcheminerie, PARIS (V°).

OU L'ON DISCUTE OU L'ON SE VOIT

Causeries Populaires du XVIII°, 30, rue Muller. — Lundi 20 novembre, à 8 h. 1/2, *Pour le Mutualiste*, par A. Libertad.

Causeries Populaires du XI°, 5, cité d'Angoulême. — Mercredi 22 novembre à 8 h. 1/2 *La religion de la Beauté*, par le camarade Ukrau Elmassian.

Causeries Populaires des V° & XIII°, 37, rue Croulebarbe. — Samedi 18 novembre à 8 h. 1/2 causerie-controverse sur le *Patriotisme révolutionnaire*, par A. Libertad.

L'Aube Sociale, Université populaire, 4, passage Davy. — Vendredi 17 novembre, à 8 h. 1/2, *L'origine des vices* (II), par Vulcus.

Causeries Populaires du XIX°, 63, rue de Flandre (salle Grandjean). — Jeudi 23 novembre, à 8 h. 1/2, *L'absurdité de la Politique*, par A. Libertad.

Ligue de la Régénération. — Lundi 20 novembre, à 8 h. 1/2, hôtel des Sociétés Savantes, 8, rue Danton : Grande conférence publique, par Mme Nelly Roussel. Sujet traité : *Beaucoup d'enfants ?...*

Aux Causeries Populaires, 5, cité d'Angoulême. — Samedi, 18 novembre, *Fais ce que veux, Critiques et chants*, réunion.

Cherbourg. — Une *Jeunesse libre*, basée exclusivement sur les idées anarchistes, est ouverte, 3, rue Bonhomme. Les réunions ont lieu tous les samedis, à 8 h. 1/2. Une *Causerie* est faite par un camarade.

Lens. — Les copains de la région ont formé un groupe anarchiste. Il se réunit tous les dimanches, à l'estaminet Poisson, 23, rue de Lille.

Montpellier. — Les camarades viennent de former un groupe d'études sociales. Il se réunira tous les mercredis de 8 h. 1/2 à 11 h. du soir et tous les dimanches de 9 h. à 11 h. du matin. Une bibliothèque est à la disposition des camarades.

Composé par des camarades.

Le Gérant : A. MAHÉ.

Imp. des *Causeries Populaires*, A. Libertad.

LES CAMARADES
adresseront
tout ce qui concerne
l'anarchie
à A. Mahé & A. Libertad
30, rue Muller, 30
PARIS-XVIIIe

l'anarchie

PARAISSANT TOUS LES JEUDIS

ABONNEMENTS
FRANCE
Trois Mois........ 1 50
Six Mois........ 3 »
Un An........ 6 »
ÉTRANGER
Trois Mois........ 2 »
Six Mois........ 4 »
Un An........ 8 »

PREMIÈRE ANNÉE — N° 33 | DIX CENTIMES | JEUDI 23 NOVEMBRE 1905

Socialisme ET Patriotisme

IV

La question de la civilisation est une chose bien complexe ; c'est à elle que se cramponnent les socialistes patriotes — et on sait que Pierre Kropotkine a fait sienne leur thèse — en cherchant à justifier, à exalter éperdument, dans le soi-disant intérêt même des progrès sociaux, le patriotisme, partant les armements militaires et les guerres nationales.

Il conviendra donc qu'on prenne la peine de considérer avec un peu de sang froid cette civilisation tant magnifiée et de la déterminer bien précisément.

Pour qu'un pays appelé communément civilisé soit considéré comme supérieur à d'autres pays qui sont censés ne pas l'être, il faut nécessairement, impérieusement, que les individus qui l'habitent y jouissent d'une plus grande somme de bonheur que ceux qui vivent dans les autres.

Mais il faut préciser au préalable ce qu'on entend par bonheur ou bien-être.

Qu'est-ce que le bien-être ?

Il peut y avoir des individus parmi nous qui s'estiment heureux en faisant telle chose et d'autres qui le sont en ne faisant pas cette même chose. Le bien-être est donc quelque chose de vague, d'impénétrable, de relatif qu'il est impossible de mouler, de cristalliser, parce qu'il varie d'un individu à l'autre.

Il serait donc juste de dire que le bien-être n'est que le désir de chaque individu de pouvoir faire ce qui lui plaît, d'après son tempérament et son éducation : de sorte que pour dire que les habitants de tel pays sont plus heureux que ceux de tel autre, il aurait d'abord fallu voir si les premiers peuvent se mouvoir plus librement, faire tout ce qui leur plaît avec le moins de restriction, en un mot satisfaire plus facilement tous leurs besoins.

Mais qu'est-ce que nous entendons par besoin ?

Il y a certainement des besoins qui varient d'un individu à l'autre, ainsi que d'un peuple à l'autre ; il y en a cependant d'autres qui sont communs à tous les individus et à tous les peuples, c'est à dire qui sont indispensables à tous les êtres animés.

Il y a donc deux catégories de besoins : les besoins indispensables et les besoins facultatifs — c'est à dire qui ne deviennent nécessaires que dans certaines circonstances, sous certaines conditions.

Je classe dans la catégorie des besoins indispensables tous nos besoins d'une nécessité impérieuse : nourriture, vêtements, etc. sans la satisfaction desquels la vie serait impossible. On reconnaîtra aisément que ces besoins sont pour l'individu d'une nécessité plus immédiate, d'une importance plus grande, puisqu'ils constituent la base même de toute vie animale.

Mais à côté d'eux nous avons d'autres besoins d'ordre intellectuel qui peut-être peuvent, dans certaines circonstances, nous être aussi chers que la vie mais dont la nécessité n'est évidemment pas universelle.

Je pense donc, après avoir établi cette distinction entre nos besoins d'ordre intellectuel et ceux d'ordre immédiat, que pour dire que tel pays jouit d'un plus grand bien-être que tel autre, il faut d'abord voir si les individus de ce pays sont à même de satisfaire dans de meilleures conditions leurs besoins de nécessité immédiate.

Toute la question de la civilisation se résume donc dans ceci : peut-on dire que dans les pays civilisés on arrive mieux à satisfaire les besoins d'ordre immédiat ?

Je n'aurai point à m'occuper de la satisfaction des besoins que j'ai appelé d'ordre intellectuel. Car sans la satisfaction de ceux dont la nécessité est si absolue, l'accumulation de tous les avantages que les autres nous procureraient perdrait sa valeur ; ceux-ci sont en effet impérieusement subordonnés aux premiers et ils en dépendent toujours.

On ne pourra pas me reprocher de ne considérer comme critérium d'une civilisation que la satisfaction de nos besoins d'un ordre « mesquin » et de faire bon marché de toutes les nobles aspirations de notre individualité. Car, il me semble que sans contester la valeur de cette dernière catégorie de besoins, le but d'une civilisation, de tout réel progrès humain, ne doit pas être de faciliter d'abord aux individus la satisfaction de cet ordre de besoins, mais de ceux qui sont d'ordre immédiat. Parce que, encore une fois, ces besoins sont d'une nécessité absolue dont on ne saurait se passer, tandis que les autres sont bien aussi des besoins, mais des besoins partiels, relatifs, des besoins qui dépendent, qui dérivent des autres, qui en tiennent toute leur valeur.

N'est-ce pas clair en effet que sur notre planète des millions d'individus ne cessent point de vivre, bien qu'ils n'aient pas l'occasion, autant qu'une certaine catégorie de privilégiés, d'entendre de la musique et de la poésie, ou de comprendre grand'chose aux problèmes scientifiques ! Quel est, d'une autre part, le poète de génie qui rien qu'à l'aide de son souffle inspiré résisterait aux intempéries du climat ! Quel est le compositeur ou le tragédien qui besogne sans manger ! Quel est l'astronome, le philosophe ou l'ingénieur qui peut vivre rien qu'en regardant les cieux ou en philosophant !

Voilà, d'un autre côté, un ouvrier, père de famille. Qu'il soit indigent et qu'on lui offre une pièce de vingt francs. Qu'en fera-t-il ? Il manque de tout certainement et il a plusieurs sortes de besoins. Or lui sera-t-il indifférent de faire un choix parmi tous ses besoins et de satisfaire de préférence tel ordre de besoins plutôt que tel autre ? Supposons qu'il ait faim, et sa famille aussi, mais qu'il préfère quand même aller au théâtre assister à une représentation éblouissante, plutôt que d'acheter du pain et du fromage. Que penserait-on de lui s'il s'avisait de répondre aux reproches unanimes qu'on ne ferait pas faute de lui adresser : « Mais nous avons aussi à satisfaire nos besoins artistiques autant que nos besoins immédiats ! »

Maintenant passons aux faits, après avoir ainsi minutieusement précisé la question.

On sait que l'Angleterre, la France, la Belgique, l'Allemagne sont classées parmi les nations dites civilisées. Les conditions d'existence sont-elles dans ces pays plus avantageuses que dans d'autres ? Point du tout.

L'Angleterre, la Belgique, la France, l'Allemagne, dit Bakounine(*), sont certainement les pays de l'Europe où le commerce et l'industrie jouissent comparativement de la plus grande liberté, est atteint le plus haut degré de développement. Et précisément ce sont aussi les pays où le paupérisme se sent de la manière la plus cruelle, où l'abîme entre les capitalistes et les propriétaires d'un côté et les classes ouvrières de l'autre semble être élargi à un point inconnu dans d'autres pays. En Russie, dans les pays scandinaves, en Italie, en Espagne, où le commerce et l'industrie sont peu développés, à moins de quelques cas trophes extraordinaires, on meurt rarement de faim. En Angleterre la mort par la faim est un fait journalier. Et ce ne sont pas seulement des individus isolés ce sont des milliers, des dizaines, des centaines de milliers qui en meurent. N'est-il pas évident que dans l'état économique qui prévaut actuellement dans tout le monde civilisé — la liberté et le développement du commerce et de l'industrie, les applications merveilleuses de la science à la production des machines mêmes qui ont pour mission d'émanciper le travailleur, en allégeant le travail humain — *que toutes ces inventions, ce progrès dont s'enorgueillit l'homme civilisé, loin d'améliorer la situation des classes ouvrières*, **ne font que l'empirer et la rendre plus insupportable encore.**

De sorte que, dans les pays dits civilisés, on jouit bien d'une part d'une plus grande somme de bien-être, mais, d'autre part, les classes ouvrières, c'est à dire la majorité des individus peinent d'autant plus.

La civilisation d'un petit nombre, comme le dit si éloquemment Bakounine — que je me permettrai d'opposer à Kropotkine faisant marcher la France à la tête de la civilisation — est néanmoins fondé dans notre monde moderne sur le travail *forcé, sur la barbarie relative* du grand nombre.

Et plus loin encore :

Du moment que cette question fut posée, le peuple partout dirigé par son bon sens admirable aussi bien que par son instinct a compris, que la première condition de son émancipation réelle, ou si vous voulez me permettre ce mot, de son *humanisation*, c'était avant tout une réforme radicale de ses conditions économiques ; la question du pain est pour lui à juste titre la première question, car Aristote l'a déjà remarqué : l'homme, pour penser, pour sentir librement, pour devenir un homme, doit être libre des préoccupations de la vie matérielle.

Toute civilisation, tout progrès humain doit tendre, avant de procurer aux individus des jouissances intellectuelles, à assurer la satisfaction de leurs besoins matériels. Tandis que dans les pays civilisés de nos jours, la misère des uns se trouve augmenté d'autant plus que grandit le bien-être des autres. On voit bien l'utilité merveilleuse des découvertes scientifiques ; mais l'application en étant faussée, la majorité des individus en souffre plus qu'elle n'en profite.

C'est une civilisation, si l'on veut, mais une civilisation qui trempe ses racines dans le sang du grand nombre au profit d'un petit nombre.

C'est pourquoi il est juste de dire qu'il n'y a point de pays civilisé et qu'il n'y en aura que le jour où sera résolu la question de la conquête du pain.

N'est-il pas déplorable que l'homme de talent qui a fait l'admirable ouvrage *La Conquête du Pain* soit précisément un des seuls, parmi les anarchistes, qui semblent l'ignorer aujourd'hui ?

Dikran ELMASSIAN.

Chiquenaudes ET Croquignoles

La flatterie des clichés.

C'est étonnant plus je le regarde et moins je le reconnais. Plus il devient « l'ami et l'hôte de la France », plus il embellit.

A fréquenter Loubet, il prend un mufle d'homme, tout en conservant sa sveltesse.

A son troisième voyage, le Journal, *la* Petite République *et le* Matin *nous le représenteront en Cupidon.*

Maquereau des ouvriers espagnols, il est le michet de Dame la Presse, en France.

Mais de quoi parlez-vous ? Ah ! c'est vrai nous ne devons pas savoir, c'est un voyage anonyme.

—o—

Le bon Almanach.

Vous pouvez peut-être croire que je vais vous fixer un choix. Je suis d'un esprit trop candide pour cela.

J'apprends pourtant que les copains mutualistes vient d'en jeter un dans la circulation. Que voulez vous, j'annonce celui-là, il est capable de nous donner des éphémérides révolutionnaires, afin de faire une blague à l'autre qui nous rappelle la démission d'André, la victoire de Moukden ou la grâce des frères Vrettiez.

—o—

Ephémérides rapides.

A ce propos, je vous donnerai un petit conseil sur la façon que je crois bonne pour faire les éphémérides d'une année comme celle de 1905, des passées et de peut-être beaucoup à venir.

Fin année 1904-année 1905. — Les hommes en France et dans tous les autres pays, dans la proportion de 99 p. 0/0 — je suis aimable, je fais des exceptions pour trouver le moyen d'être compris dans leur nombre — se sont conduits comme des imbéciles, exploitant, se laissant exploiter, tuant, se laissant tuer, négligeant de parti pris l'étude et l'emploi des moyens qui pourraient les sortir de leurs mauvaises conditions de vie.

Ça serait court. Je n'y expliquerais même pas si un homme est tué par des « balles françaises » !!!

CANDIDE.

Les grandes forces antisociales

L'ARGENT

Les anarchistes assoiffés de justice et de vérité sociales, ne sont pas moins susceptibles que les autres hommes, de se laisser bercer par des illusions, à cette différence près que ces illusions témoignent de la « noblesse » et de la générosité de leurs sentiments.

C'est de la meilleure foi du monde que certains s'imaginent qu'il suffit d'exposer, avec sincérité, des idées vraies et par conséquent conformes à la nature des choses, pour que ces idées soient acceptées d'emblée par la masse.

Leur vue plus perçante que celle de leurs contemporains leur permet de constater des phénomènes et des rapports qui passent inaperçus pour ces derniers, aveuglés qu'ils sont par le bandeau des préjugés maintenu sur leurs yeux par l'esprit de routine uni à l'intérêt des privilégiés.

Les anarchistes apporteraient le soleil dans leurs bagages que l'on ferait fi de leur présent.

Combien de temps une pensée,
Vierge obscure, attend son époux !
Les sots la traitent d'insensée ;
Le sage lui dit : Cachez-vous !
Mais la rencontrant loin du monde,
Un fou, qui croit au lendemain,
L'épouse : elle devient féconde
Pour le bonheur du genre humain !

On souffre tellement du terre à terre et de la vulgarité, que l'on est tenté de surfaire la nature humaine en lui prêtant des qualités et un héroïsme qu'elle ne comporte qu'accidentellement.

Il faut bien se rendre à l'évidence lorsqu'on a pris pour règle de conduite la devise de Socrate : « Connais-toi toi même ! »

En vertu de quel droit asservissons-nous les animaux à nos besoins et les sacrifions-nous sans scrupules à notre voracité, si ce n'est en vertu du droit du plus fort ou du plus rusé ?

Personne, assurément, ne supposera que c'est pour leur bien et par pur désintéressement de notre part que nous nous approprions leur force, leur intelligence relative et que nous les engraissons pour les livrer à la boucherie.

Quel est le voyageur, fût-il membre d'une

société protectrice des animaux, qui, pour éviter un excès de fatigue à un cheval, s'aviserait de s'atteler dans les brancards à sa place ?

Dira-t-on qu'il ne s'agit, en ces cas, que d'animaux, c'est à dire d'individus d'une espèce différente de la nôtre : que l'infériorité de leurs facultés les soumet fatalement à notre domination ; qu'ils seraient incapables de se gouverner eux-mêmes et que nous devons les mâter pour notre commodité et dans leur propre intérêt !

Mais c'est précisément le langage que tiennent les classes dirigeantes républicaines et socialistes pour justifier l'exploitation du bétail humain !

En effet, l'esclavage, le servage, tous les modes divers de salariat, l'organisation administrative hiérarchique ne sont que l'application du « droit de la force » mise encore en pratique par tous les Trépoff de la troisième république.

Parcourez les thèses émises par tous les économistes et les anthropologistes, vous y verrez avec quelle subtilité ils entreprennent de sanctifier l'exploitation du troupeau plus ou moins ignorant, au nom de leur prétendue supériorité scientifique (!!).

Les mêmes idées ont cours dans le peuple car il ne faudrait pas se donner le change à cet égard ; les faits sont là patents, précis, innombrables, pour démontrer l'exactitude de cette assertion : Le vertébré prolétaire socialiste, ne diffère du vertébré bourgeois républicain, que par le contraste des situations. Intervertissez les rôles, le résultat sera le même, le nom seul de la victime aura changé.

L'ouvrier qui gagne un salaire comparativement élevé, prétend ne pas être confondu avec celui qui est forcé de se contenter d'un gain plus minime, de même que celui-ci à son tour s'estime bien au-dessus du simple manœuvre.

Les prétentions de ces « élites » de l'usine ou de l'atelier, ne diffèrent, à aucun point de vue de celles qu'émettent les contremaîtres, les patrons pour exploiter indistinctement tous les travailleurs.

Car l'ouvrier mieux rétribué doit cet avantage aux frais du long apprentissage consenti par ses parents ou par lui-même.

C'est toujours la question du capital qui reparaît sous une forme moins brutale en apparence, mais en réalité tout aussi féroce.

Compte-t-on beaucoup de travailleurs qui embrassent par vocation les professions de couvreurs, de fumistes, de boyaudiers, d'égoutiers, de vidangeurs, d'infirmiers ou de croque-morts ?

N'est-ce pas par nécessité et non par fantaisie que l'on exerce des métiers dangereux, dégoûtants ou insalubres ?

Avouons donc, que tous, nous sommes des égoïstes — dans le sens mauvais du mot — et que, sous ce rapport, nous ne différons guère que du plus au moins.

Sans doute, nous pourrions citer des actes qui attestent un dévouement élevé ; mais si quelques-unes de ces actions retiennent notre attention au point de vue propagandiste, combien n'en compte-t-on pas qui n'ont pour mobile que des sentiments vils et intéressés ?

En tous cas, les actes désintéressés ne constituent que de trop rares exceptions ; car s'ils étaient la monnaie courante de la vie, l'enfer social aurait cessé d'exister.

Qu'on nous oppose des exemples de sacrifices accomplis en toute conscience, sans autre espoir de récompense que la satisfaction d'avoir fait une œuvre utile : nous pourrons répondre, qu'au point de vue social, cet « héroïsme » subit de rudes atteintes.

En effet, qu'il survienne une épidémie meurtrière, quelle est la compagne ou compagnon qui ne formeront des vœux pour que les leurs soient épargnés et que le fléau sévisse de préférence sur des étrangers, dût-il pour cela ravager l'univers.

La zizanie qui règne entre les diverses chapelles socialistes, ne provient-elle pas de ce que certains bergers, tout en promettant à leurs troupeaux les joies infinies d'un paradis relégué dans les futurs contingents de l'avenir, ne préconisent en attendant, que la quantité de révolution (!) qui leur est nécessaire pour les amener au pouvoir, et les farouches « chambardeurs » de la veille ne sont-ils pas toujours les satisfaits avachis et spoliateurs du lendemain ?

Les réunions publiques et les journaux ne sont-ils pas aussi les pépinières où se produisent et se recrutent les cabotins municipaux que le tremplin électoral fait ensuite rebondir jusqu'aux banquettes du Palais Bourbon.

Comment en serait-il autrement dans une société où la puissance que donne la possession de l'argent a acquis une telle force qu'on pourrait presque la comparer à la gravitation universelle !

N'est-il pas de l'évidence la plus claire, que le détenteur d'un capital important (quelle que soit l'origine criminelle ou répugnante de ce capital) possède un talisman incomparable au moyen duquel il peut se procurer toutes les jouissances et s'exempter de toutes les peines.

Les fournisseurs ne lui demanderont pas s'il a des vices ou des qualités, mais uniquement s'il est en mesure de solder leurs marchandises ou d'offrir un crédit qui est la représentation de l'argent.

Car tout se tient dans l'organisation sociale : l'argent permet non seulement de se nourrir, de se vêtir, de se loger, de se meubler, mais encore d'acheter la science ou la santé qui vous manque, sans compter la réclame « légionnaire » qui fait passer, aux yeux de la foule inconsciente, le plus vil des hommes pour un parangon de loyauté.

Les recommandations sérieuses, les protections, les passe-droits universitaires et militaires, les relations ne s'obtiennent que par la puissance de l'argent ou que par suite d'un échange de services que les agioteurs n'accordent jamais qu'à bon escient.

Il n'y a pas jusqu'à un lit d'hôpital qui ne soit le prix d'une faveur lorsqu'on n'a pas la chance d'être écrasé en pleine rue, parce qu'alors on gêne la circulation.

La puissance de l'« Argent » ! voilà le seul obstacle ou du moins la cause première de tous les obstacles qui s'opposent au bonheur social.

C'est aux anarchistes à faire les gestes utiles, pour détruire au plus tôt ce fléau générateur de tant d'autres calamités.

RAMONDOU.

En marche vers l'honneur

Les portes de la prison se sont ouvertes. Après trente-quatre mois de détention, Loizemant, enfin gracié, va pouvoir respirer librement.

Respirer librement ?... Que non pas ! Que non pas ! L'air lui sera lourd et empesté, les aliments amers ; les sourires cacheront des larmes, le ciel bleu lui semblera endeuillé et morne ; les fleurs, les oiseaux, tout ce qui charme, tout ce qui chante, tout ce qui sourit, lui sera lugubre et décoloré.

Et toutes choses reprendront leur beauté, leur douceur, leur grand charme, au jour solennel qu'attendent avec émoi Loizemant, sa famille, ses amis et ses sauveurs, M. Jacques Dhur en particulier, beaucoup de journalistes en général. Que ce jour soit proche, ô Loizemant ! victime candide et banale de tous les préjugés...

***

Avec les lecteurs du *Journal*, de la *Petite République*, de l'*Humanité*, etc., etc., j'assiste, combien émue, à la levée d'écrou, et je m'apitoie sur la victime du mauvais juge Jordan. J'écoute les paroles bienveillantes de M. Landin, directeur de la prison : je m'émerveille de son flair, alors qu'il nous assure que sa conviction est dès longtemps faite sur l'innocence de son « client ». Une question indiscrète me viendrait aux lèvres si l'on pouvait m'entendre. Je voudrais m'enquérir du nombre de convictions semblables recélées en l'aimable directeur de prison... J'aurais tort : il s'agit de Loizemant, non des autres ; les autres n'existent pas.

L'on serre des mains. L'émotion fait trembler les voix ; les sauveurs de la victime s'apitoient, les larmes coulent. Mais l'austère refrain commence : « N'oubliez pas, Loizemant que vous vous devez à votre réhabilitation. Votre honneur est en jeu ! » Et Loizemant dit son désir de voir enfin son innocence proclamée.

C'est fini. On quitte la prison. A la porte attendent Mme Loizemant et sa fille. Pour un peu, avec elles, je m'inquiéterais du nœud de cravate, de la coupe du complet bleu sombre, du chic du pardessus marron et du lustre du huit reflets. Touchantes preuves d'affection conjugale et filiale, et combien émotionnant ce retour au sein de la famille.

Les visites de remerciement commencent. Les grands quotidiens, en première page, s'enorgueillissent de leur œuvre et toujours le refrain s'impose : la réhabilitation, l'honneur du nom, la recherche du « vrai coupable ».

***

Travaille bien, Loizemant, à trouver celui qui te remplacera. Il ne te suffit pas d'avoir subi les torturantes affres du jugement, de la condamnation à mort, puis de la commutation de peine. Procure-toi le plaisir de voir à nouveau se rejouer la comédie, la même, avec seulement un déplacement d'acteurs. Les trente-quatre mois de prison ne t'ont donc pas enseigné l'horreur de cette sinistre farce qu'est la justice ? Honnête homme, honnête employé farci de tous les préjugés, la souffrance ne t'a rien enseigné. Tu n'as pris que la haine du mauvais juge incarné en Jordan, tu baiserais les mains de Magnaud.

Je te souhaite bonne chance, Loizemant. Fais-toi policier, sache amener en cour d'assises le coupable, le « vrai » cette fois. Peut-être auras-tu la joie de le voir condamner « justement » à mort. Et bien sûr la grâce ne lui sera pas jetée. Un matin, tu pourras venir assister joyeux au dernier acte. Le sang de cet homme effacera la souillure imprimée à ton nom. Tu pourras enfin lever la tête. Ce crime que tu commettras alors te lavera de celui que tu n'as pas commis, te sera un brevet d'innocence, te donnera la permission de jouir enfin de cette liberté qui vient de t'être rendue.

Va donc, honnête homme...

Anna MAHÉ.

LES PROBLÈMES DE LA VIE (*)

Notions de Psychologie

Donner une définition de la psychologie est chose assez difficile. Suivant les différentes écoles qui ont employé ce mot, il a pris tour à tour diverses significations.

Nous lui donnerons ici un sens très étendu et nous appellerons *psychologie*, l'ensemble des phénomènes d'origine nerveuse, rattachant aux phénomènes cérébraux la physiologie de la moelle épinière et du grand sympathique.

Si l'origine du mot psychologie est relativement récente, le moi humain était déjà scruté par les philosophes grecs.

Le « Connais-toi toi-même » de *Socrate*, peut être considéré comme un embryon de psychologie. *Aristote*, *Alcibiade*, *Démocrite*, *Platon* et d'autres, cherchèrent, sinon les causes que leur manque de connaissances scientifiques assez étendues rendaient impossibles, tout au moins certaines corrélations entre les pensées de leurs contemporains et les leurs propres.

Mais ce n'est guère qu'au XVIe siècle que *Descartes* commença réellement la voie que devaient suivre les *Malebranche*, les *Kant*, les *Leibnitz*, les *Jouffroy*, etc., et dans un autre ordre d'idées les *Condillac*, les *Hommes* et tous les psychologues modernes.

Très longtemps l'étude de la psychologie fut enrayée par un mysticisme dû à l'ignorance. L'école des psychologues spiritualistes, dont Garnier et Jouffroy furent les maîtres, écrit vainement des théories métaphysiques sur l'immatérialité de l'âme et l'explication religieuse des phénomènes intellectuels. La physiologie expérimentale a eu raison de ces erreurs.

Est-il utile de dire, que nous devons rejeter toutes les allégations faites sur ce terrain et faire fi de toutes les explications hasardeuses et souvent extra-naturelles, données par certains cénacles de spirites, comme la fameuse *Society for psychichal Research*, et plusieurs savants français obéissant à d'incompréhensibles suggestions mystiques.

C'est d'après les méthodes scientifiques physiologiques, c'est à dire *physiques*, si magistralement exposées par les *Claude-Bernard*, les *Spencer*, les *Charcot*, les *Dumontpallier*, les *Richet*, que nous devons ramener les faits parfois incompréhensibles encore et quasi-merveilleux de la psychologie.

Certes notre ignorance est grande sur certains points, mais mieux vaut attendre et rechercher des méthodes plus puissantes d'investigation, que nous confiner en hypothèses métaphysiques et en suppositions stériles.

L'expérience nous a montré que tout ce qui arrivait dans la nature était une transformation d'énergie ; que toute transformation d'énergie était liée à une transformation de matière et réciproquement, et qu'il était complètement ridicule de supposer un phénomène d'énergie intellectuelle (pensée) s'exerçant là où il n'y aurait pas de matière (**).

C'est dans les cellules cérébrales ou neurones, que siège l'âme (quelquefois j'emploierai ce mot, qui est bref et concis ; vous vous imaginez bien que je n'entends pas par là le fluide impondérable, invisible et mystérieux des spirites, mais bien l'ensemble des phénomènes cérébraux), cette âme n'étant qu'une certaine forme de transformation énergétique.

Mais d'autre part l'*histologie*, ou étude des tissus, nous enseigne que les neurones n'ont pas la même composition, ni la même structure, d'où immédiatement l'hypothèse vérifiée d'autre part, qu'à des formes particulières, correspondent des fonctions psychiques différentes.

L'anatomie comparée et la physiologie pathologique corroborent bien cette thèse en démontrant que là où il n'y a pas de cerveau il n'y a pas d'intelligence et qu'à tel traumatisme, à telle maladie d'une portion de l'encéphale, il y a maladie de la partie du corps innervée par les nerfs correspondants à la lésion, ou maladie d'une fonction intellectuelle précise.

Si l'on remarque que chaque fois qu'il se produit la lésion de la partie x de l'encéphale, la fonction intellectuelle z est *toujours la même* sera atteinte, on pourra déduire que le siège de la fonction z se trouve dans la partie x.

Ainsi se trouve vérifié par l'expérience, ce principe d'un intérêt immense : *Toutes les fonctions psychologiques sont localisées dans certains lobes du cerveau et rien que dans ceux-là.*

MAURICIUS.

(A suivre.)

(*) Voir l'*anarchie* à partir du n° 29.
(**) *L'Humanité*, de Paraf-Javal.

Impressions militaristes

Cher ami,

Malgré tout vous devriez m'écrire plus souvent, si vous saviez comme je m'ennuie ici, vous comprendriez tous avec quelle impatience j'attends des lettres de tous ceux que j'aime.

Il me faudra tant de courage pour supporter jusqu'au bout ce que je supporte, que vous devriez m'en envoyer plus souvent (du courage).

Comment vont les causeries ? et tous les autres camarades ? le journal prospère-t-il ? autant de questions auxquelles tu peux répondre et pour lesquelles tu connais mon intérêt.

Ici c'est le bagne. On appelle le quartier « le Ier Biribi », tu vois si je suis bien tombé, avec cela la pluie tout le temps et un ciel gris triste.

De plus pas le sou ! toutes les misères ensemble ! souvent j'ai faim et je t'assure qu'Albert a eu une bonne idée l'autre jour de m'envoyer trois francs, je l'en ai remercié de tout mon cœur (expression consacrée).

Oh ! comme je compte les jours et c'est d'un long ! d'un long ! 312, 311, 310, 309, 308, demain matin on compte 307. Oh ! le jour où nous casserons la patte à la dernière centaine ! mais d'ici là !...

En attendant je vide les chiottes, je torche le cul des chevaux, je porte des gamelles et fais mille autres corvées plus intéressantes les unes que les autres interrompues par des mouvements idiots dans la cour et bien d'autres choses encore.

On nous montre à manier les machines à tuer le monde en gros ; c'est épatant ce qu'on doit faire du bon travail avec ces outils-là...

Aussi dans les rangs les margis maréchaux des logis savent bien remettre les choses au point ; tu entends tous d'un coup : « Bougre d'abruti, allez-vous marcher mieux que cela ! vous n'êtes pas à la charrue ! » et tous de rire de la facétie. En effet nous ne sommes pas à la charrue... la charrue fait pousser le blé pour nourrir les hommes et le canon détruit en une seconde ce qu'a produit des années de dur labeur.

C'est ici, vois-tu, cher Louis, qu'on mesure à fond la bêtise des hommes ! et c'est ici qu'on apprend à désespérer de voir un jour éclore une forme meilleure de vie.

UN SOLDAT.

IDÉAL MORAL & INDIVIDUALISME

Essai de philosophie individualiste

En examinant de près tous les systèmes religieux ou philosophiques, on voit que, sous des formes différentes, ils visent au même but, c'est à dire à l'établissement d'un « Idéal moral ». Tout en paraissant se contredire, l'observateur sérieux remarque qu'ils ne se contredisent point et qu'ils tendent tous à établir le règne d'un « absolu » moral, d'une « perfection » accessible par le temps à tous les individus. Il en résulterait une « harmonie » désirable pour ceux qui ne vivent que par la « morale » ; méprisables pour ceux qui chassent de leur pensée tout arrêt possible de l'évolution humaine, pour ceux qui n'admettant ni « absolu » ni « perfection idéale », reconnaissent l'individu libre d'évoluer selon le temps et l'espace, sans arrêt, sans finalité.

Les cérémonies cultuelles des croyances antiques, contrat entre l'homme et la divinité, impliquent toutes l'idée du bien et l'esprit du mal en ce sens que les adorations, les offrandes et les sacrifices, dans l'ignorance où étaient nos ancêtres des « mystères » de la Nature, n'avaient d'autre but que de se concilier l'esprit des Dieux. C'est cette tendance à se concilier l'esprit des Dieux qui peut nous permettre d'établir l'idée (très vague) d'un Bien puisque ne pas se le concilier était s'attirer « leurs colères », d'où idée du Mal. Il nous est difficile d'approfondir, je crois, ces religions où les sacrifices étaient la note dominante. La crainte seule les inspirait aux humains et ce n'était plutôt qu'un instinct de conservation et de protection qui guidait ces derniers.

En dehors de ces cultes antiques, dont

Memphis, Thèbes, Athènes furent les centres **principaux**, en dehors du culte de nos ancêtres les « Gaulois » et bien avant l'avènement du Christianisme s'étaient dressés, **gigantesques**, de véritables religions qui avaient établi un « Idéal moral » : le Bouddhisme et le Brahmanisme.

Ensuite vinrent le mosaïsme, le catholicisme et l'islamisme. Telles sont, il nous semble, les principales religions du monde.

Laissant de côté toute la « physique religieuse », spécialement faite dans un esprit de domination, physique que les esprits simples, que le « troupeau » ne peut déchiffrer nous n'envisagerons que la métaphysique de ces religions et nous en esquisserons, en quelques mots, « l'idéal moral ».

Ainsi, le Brahmanisme, au point de vue philosophique, est une religion très « sociable ». « Ne fais pas à autrui ce que tu ne voudrais pas qui te fût fait à toi-même » commande la religion catholique, principe négatif, défendant le mal. Dans les Védas, le même précepte est affirmatif et commande le bien : « Fais à autrui ce que tu voudrais qu'on te fît ». Sans grande portée morale, cette religion portait néanmoins à l'élévation car, issu de la « Divinité », l'on y retournait et pour cela, il fallait l'atteindre par la perfection.

Le Boudhisme, dont les dogmes sont presque tous empruntés à la philosophie brahmanique, a une philosophie plus étendue, il enseigne que le bonheur ineffable d'un éternel repos doit être le prix de la science acquise par l'étude et la méditation « du renoncement au monde », de « l'abnégation du MOI », et que tous les hommes sont égaux au point de vue « religieux ».

Le sage, c'est à dire, selon le dogme, celui qui a compris que la douleur est inséparable de l'existence ; celui qui n'a eu ni désirs, ni passion, ni attachement ; celui qui a pratiqué la science, qui démontre la vanité, le vide, l'instabilité, l'irréalité du monde extérieur, des objets composés d'éléments périssables, du « moi » et la folie de s'y attacher ; celui qui n'a ni tué, ni volé, ni commis d'adultère, etc., qui a pratiqué l'aumône, la moralité parfaite, la patience, l'énergie, la bonté, la charité ou amour du prochain, celui-là obtient pour récompense de ses vertus, de renaître selon ses mérites.

Il est difficile de trouver un dogme plus « moralisant ».

Son idéal moral est : la renonciation aux choses d'ici-bas, la méconnaissance de soi-même. Mais... proclamant l'unité de Dieu, il aboutit à l'unité du genre humain qui entraîne l'abolition des castes.

Vint le Mosaïsme dont « l'idéal moral » nous apparaît cette fois clairement en les commandements :

« Honorez votre père et votre mère, etc. ;
« Vous ne tuerez point ;
« Vous ne forniquerez point ;
« Vous ne déroberez point ;
« Vous ne porterez point de faux témoignage contre votre prochain ;
« Vous ne désirerez point la maison de votre prochain ; vous ne désirerez point sa femme, ni son serviteur, ni sa servante, ni son âne, ni son bœuf, ni aucune des choses qui lui appartiennent.

Ici, « l'idéal moral » apparaît plus comme un commandement de soumission que comme un idéal de renonciation. Le Bien se trouve dans l'exacte observance de ces préceptes, le Mal en est la violation.

Le Christianisme établit sa morale sur ces mêmes principes depuis des siècles lesquels ont établi la société actuelle dans laquelle l'Individu n'est pas. Serré dans l'étau de cette morale annihilante, il périt s'il ne se révolte pas.

Enfin l'Islamisme, ou religion des sectateurs de Mahomet a pour principe et pour dogme [illegible]. Ce dogme implique immédiatement l'idée de fatalité comme cause ou raison de la soumission illimitée à Dieu ou au pouvoir gouvernemental.

Il nous est donc possible d'établir maintenant l'Idéal moral de toutes ces religions. Toutes établissent une idée du Bien et une idée du Mal. Le Bien s'acquiert par la « soumission », l'abnégation et la « renonciation ». En contemplation devant « l'Idéal », le MOI s'efface, n'existe pas. Il passe, sous le poids des maux qui l'accablent, et si quelque lamentation de douleur s'exhale, c'est peut-être moins pour se plaindre que pour remercier.

A. L. MANOURY.

(A suivre).

LE MATRONAT

A Mme Lydie Martial.

Parmi les idées plus ou moins imprévues que nous voyons germer autour de nous, celle-ci me semble au moins un peu bizarre.

Vous voulez rénover, camarade, non plus seulement l'antique Matronat, tel qu'il existait dans les nations romaines, mais un véritable Sénat féminin chargé de l'administration et de la défense des intérêts de votre sexe.

Pour bien nous prouver que ce n'est pas là un vague projet, simple produit d'une imagination fantasque, vous précisez même l'âge d'éligibilité de nos futures matrones — les mères-conscrites devront avoir 40 ans révolus — et vous sollicitez des adhésions.

Voilà, certes, qui n'est pas banal !

Ainsi, il ne nous suffisait pas du célèbre *droit romain* dont nous « jouissons » encore, à notre époque !

Vous enviez les prérogatives du sexe qui affirme sa supériorité en faisant des lois oppressives, des magistrats pour les appliquer, des gardes chiourmes et des bourreaux pour les exécuter. C'est fort bien.

Le pot-de-vin fera place au flacon d'héliotrope !

La femme, dites-vous, est égale à l'homme dans sa cérébralité. En êtes-vous bien sûre ? Cette question tant controversée n'a pas eu encore, à l'heure actuelle, de solution formelle.

Il serait plus exact de dire, je crois que par sa conformation, la femme est un être différent, possédant les mêmes éléments de raisonnement et de conscience, peut-être, que l'homme. Mais, malheureusement, comme on l'a tant répété, par suite du perpétuel servage dans lequel elle a été maintenue durant de longs siècles, toujours sacrifiée, il lui a été impossible de se développer et de s'affranchir du joug masculin. De cette tutelle brutale, la femme, craintive, a acquis des caractères d'hypocrisie et de duplicité instinctive qui ont subsisté chez elle et qui, je m'empresse de le déclarer, ne constituent pas son plus bel ornement.

De plus, certains accidents physiologiques, auxquels elle est soumise, ont conservé une influence considérable sur son intellectualité.

Suivant certains observateurs, la fécondation de l'ovule avant sa complète maturité, serait l'une des causes déterminantes du sexe féminin. Si cela était vrai, nous trouverions là une explication de la nature sensitive de la femme.

Par son tempérament, c'est presque toujours une révoltée, mais une révoltée inconsciente.

Elle agit, non par *réflexion* mais par *sensation*. Ses actes dépendent donc souvent de son milieu.

C'est elle qui, tenue à des qualités ménagères d'ordre, d'économie, obligée de peser, de compter, de prévoir, est le plus en contact avec le milieu social et en supporte le poids en grande partie. L'homme affecte un certain mépris pour ces calculs mesquins. Insouciant, il peut alors se consacrer à des études plus « élevées ».

Nous nous trouvons en présence d'un être, ne disons pas faible, mais affaibli. Nous pouvons nous faire un « devoir » d'aider notre alliée à se libérer de toutes les servitudes qui nous écrasent nous-mêmes, nous pouvons favoriser son développement le plus complet, mais nous ne pouvons consentir, par une galanterie imbécile, à la dégager de ce qui la rend esclave en en faisant un nouveau maître.

Arrachons nos compagnes aux entraves du « ménage », essayons d'en faire une véritable camarade. Cela vaudra mieux que d'entretenir le conflit des sexes, en la fourvoyant dans les mêmes errements légalitaires que son « aîné supérieur ».

Réalisons entre tous les humains — sans distinction de sexe — la douceur anarchiste, et n'envoyons pas l'« Ange du foyer » à cette autre blague — au Forum matronal.

Léon ISRAEL.

A SIFFLET & Cie

Onze heures sonnent aux horloges : **Sifflet exécrable, instrument de servitude, consens à donner une heure de liberté aux malheureux inconscients.**

Bien ironique cette heure de liberté.

Onze heures c'est la joie d'aller **respirer** un peu d'air presque aussi vicié que celui de l'usine, c'est la joie d'aller **à la pâture**, souventes fois bien maigre.

Sifflet, ne laisse pas tes esclaves s'arrêter en chemin, ne leur laisse pas le temps d'accorder une minute à l'amour. Il ne faut pas qu'ils s'amusent. Aussi fais-toi entendre, pour les faire se hâter. Il est onze heures un quart ! Encore trois quarts d'heure.

Reposes-toi, sifflet. Tu ne recommenceras ton appel que dans une demi-heure. Tu rappelleras alors aux vaincus volontaires du capitalisme que tu leur fais encore grâce d'un quart d'heure de digestion.

**

J'ai été à même d'observer ces jours derniers, la sortie et la rentrée d'une fabrique où travaillent plus d'une centaine de malheureuses. C'est toujours, malgré la dure exploitation à laquelle elles sont soumises, le rire qui domine : je ne sais quelle contraction empreinte à la fois de joie et de tristesse.

**

Retentis de nouveau, Sifflet. **Déchires l'air de ton appel aigu. Rappelles tes salariés au bagne.**

Qu'es-tu donc toi-même. Un **instrument** mû, ô ironie, par un esclave aussi. Car même pour siffler, le patron a besoin d'un serviteur.

Quand donc **disparaîtras-tu, Sifflet maudit, et avec toi la sinistre engeance des siffleurs et la plus sinistre encore, des sifflés.**

Maurice DELLIER.

SAYNÈTE PATRIOTIQUE

QUI DONC LES MANGERA ?!?

SCÈNE I

Le ministre de la guerre, **personnage bavard.**
Le bleu, **personnage muet.**
Le général, **personnage trop réfléchi.**

— **Eh bien, petit bleu, es-tu content et satisfait de tes nouveaux paternels, depuis ton arrivée au régiment ? Sont-ils toujours aux petits soins pour toi ? Engraisses-tu ?**

— .....

— **Mais si je ne me trompe, tu parais mécontent ! Et cela malgré tout ce que l'on vient de faire pour toi.**

— .....

— **Allons, parle-moi en camarade ! Te manque-t-il quelque chose ? Dis-le sans crainte à ton vieil Etienne et foi de ministre, tes**

(4)

— LE

LANGAGE D'ACTION

(Suite)

Chez les espèces qui vivent habituellement en société, le mode de communication, par l'imitation, est des plus fréquents. Qu'un membre de la bande se mette à fuir, aussitôt tous les autres l'imitent sans avoir vu eux-mêmes le danger qui les menace. Bien que parmi eux il n'y ait pas ordinairement de véritable chef, comme dans les troupeaux de mammifères, les individus les plus âgés exercent néanmoins sur leurs compagnons une sorte d'autorité qu'ils doivent à leur expérience. Leur exemple est suivi par toute la tribu. Il en est de même dans les associations qui se confient à la garde de sentinelles, celles-ci savent très bien que chacun de leurs gestes équivaut à un avertissement ou à une invitation qui seront compris. Les perroquets, les freux, les vanneaux, les grues, les flammants, offrent des preuves convaincantes de ce genre de signaux.

La vue d'un acte entraîne l'exécution d'un acte pareil, parfois identique dans la succession des mouvements. Le geai glandivore, hors la saison des amours où il vit par couples, vit tout le reste de l'année par familles ou en petites bandes, qui errent de côté et d'autre. Il est très rusé et d'une extrême prudence, aussi s'entoure-t-il de précautions inouïes, quand il doit traverser un endroit découvert d'une certaine étendue.

J'ai eu maintes fois l'occasion d'observer des bandes de geais, et j'ai pu constater combien ces oiseaux, si peu avares de paroles, sont attentifs à copier mutuellement leurs actions. Prenait-il fantaisie à l'un d'eux de quitter le bois de chênes qui environne le petit manoir où j'ai longtemps habité, pour aller continuer sa glandée de l'autre côté d'un vaste pacage en [illegible], il partait dans le plus grand silence, d'un vol discret allait s'abattre sur l'arbre le plus proche, puis au bout de quelques instants, quand il jugeait qu'il pouvait le faire sans danger, volait sur un autre. C'était alors seulement que sortait à son tour un second oiseau qui se perchait d'abord sur le même arbre, remplaçait ensuite le premier geai sur les arbres suivants que celui-ci venait d'abandonner, et accomplissait ainsi le même trajet, s'enfonçait comme lui et à peu près au même endroit dans la sombre frondaison de la forêt. Un troisième, un quatrième, se comportaient de la même façon, jusqu'à ce que toute la bande fût passée.

Ainsi ces oiseaux suivaient tous successivement le même itinéraire, s'arrêtant aux mêmes étapes, se conformant à l'exemple du mouvement avec autant d'exactitude que si des instructions verbales avaient pu leur être données. Si parfois les imitateurs du mouvement initial le modifiaient dans quelque mesure tout en s'y associant, ces vues personnelles étaient provoquées par un événement qui les obligeait, dans l'intérêt de leur sécurité, à varier l'exécution d'un acte pour l'accomplissement duquel la conscience individuelle conserve toujours sa part d'activité.

L'éducation des jeunes oiseaux par leurs parents, repose presque entièrement sur l'exemple. C'est en exécutant devant eux les mouvements de la marche, de la nage, du vol, que ceux-ci leur enseignent, selon les cas, à marcher, à nager et à voler ; les poulets, dit D..., apprennent même à boire. L'imitation des parents s'ajoute ainsi à l'instinct des petits et accélère leur apprentissage. Les parents leur apprennent en outre à chercher leur nourriture pour ceux qui se nourrissent d'animaux vivants à saisir une proie, à lutter contre l'ennemi et même auparavant à le reconnaître, car la peur des bêtes de rapine n'est pas toujours instinctive chez le poussin de la poule domestique tout au moins, d'après des observations qui paraissent concluantes (*).

La marche se développe et se perfectionne chez le jeune oiseau par l'imitation des gestes maternels. Au début, il rampe plutôt qu'il ne marche. Voyez ses premiers essais pour avancer : il se dresse avec effort sur ses pattes, mais retombe presque aussitôt ; il se dresse de nouveau, retombe, et ce n'est qu'en s'aidant de ses ailes comme de béquilles qu'il arrive à se traîner péniblement sur le sol. Peu à peu cependant ses mouvements se coordonnent : il observe, copie ceux de sa mère qui l'encourage et le dirige. Bientôt ses pas deviennent plus assurés. Que lui faut-il de plus ? Un peu d'exercice et d'attention encore aux gestes de sa tendre institutrice.

Les oiseaux coureurs eux-mêmes, tels que les gallinacés, les échassiers, qui naissent avec des aptitudes spéciales et héritées pour la marche, ont besoin que la mère les protège et les guide. Ce n'est qu'au bout d'un temps, court il est vrai, qu'ils acquièrent assez d'adresse pour courir sans péril.

Les jeunes oiseaux nageurs doivent aussi apprendre à nager. On objectera que les canetons couvés par une poule vont à l'eau et nagent, et que dans ce cas, ils n'ont pas eu d'instituteurs. Rien de plus naturel que les canetons éprouvent un attrait pour l'élément dans lequel ont toujours vécu leurs ancêtres, mais ils mettent plus de temps à se familiariser avec l'eau et à nager, dans le sens propre du mot, que les canetons guidés par une cane (*). Pour les oiseaux nageurs [illegible], les observations ne manquent pas qui prouvent d'une manière évidente qu'ils reçoivent un enseignement de leurs parents.

Dans les fiords norvégiens, on voit les guillemots conduire leur unique rejeton à la mer et l'instruire des secrets de leur art de nageurs et de plongeurs. Du coin du rocher où il est né, les parents poussent doucement le jeune guillemot jusque sur le bord de la falaise et le précipitent dans les flots. Ils s'élancent à sa suite, et sont presque aussitôt à ses côtés pour le rassurer. En plongeant devant lui, ils l'invitent à imiter leur exemple. De son premier plongeon l'élève remonte tout ému, et se serre contre ses protecteurs en poussant des sifflements aigus, comme pour implorer leur secours. Ceux-ci cherchent à lui donner confiance, le caressent avec leur bec et l'attirent de nouveau sous les eaux, d'où il revient moins effrayé. Après quelques plongeons, toujours exécutés en compagnie du père et de la mère, son courage s'affermit et il n'hésite bientôt plus à les accompagner dans leurs évolutions sous-marines, dont la durée augmente maintenant à chaque immersion. Puis il faut l'habituer à affronter la vague, à lutter contre le vent, à chercher la nourriture, à la saisir, autant de leçons nouvelles où le jeune oiseau modèle toutes ses actions sur celles de ses parents.

L'effort important pour un grand nombre d'oiseaux, c'est le vol. Les positions variées que l'oiseau doit prendre dans l'air, la rapidité, la souplesse, l'adresse des mouvements, exigent une série d'exercices pour lesquels l'exemple de l'éducateur constitue la meilleure des méthodes. A la sortie du nid, les jeunes tentent quelques timides essais : d'une aile encore faible et inexpérimentée, ils suivent le père et la mère qui volent devant eux en les encourageant de façons diverses à les imiter. Les rapaces à grande envergure surtout enseignent très soigneusement à leurs petits à se mouvoir avec aisance et hardiesse dans les airs, dont ils sont destinés à parcourir une vaste étendue.

Magaud d'AUBUSSON.

(A suivre).

(*) Les oiseaux ont ordinairement très peur des chats et des chiens. Cependant M. Féré a observé que les poussins nés dans un incubateur n'avaient aucune peur d'un chat. Ils venaient même lui donner de petits coups de bec dans l'oreille. De même pour le corbeau, le poussin s'avançait sur lui sans crainte, et donnait des coups de son bec sur le sien. D'autres poussins, âgés de six semaines, s'approchaient également sans crainte tout près du corbeau.

(*) Les canards, à l'état domestique, peuvent d'ailleurs oublier l'élément originel. Darwin rapporte qu'à Ceylan, une race de canards s'est complètement déshabituée de l'eau et ne veut plus y entrer. Ces canards se noieraient même si on les forçait de se jeter à l'eau.

vieux seront immédiatement exaucés, et désirs immédiatement satisfaits !

— ......

— Hein ! Quoi ! tu n'es, penses-tu, vraiment pas assez heureux ? Tu ne peux satisfaire tous tes besoins d'homme : t'instruire, te distraire. Tu trouves peut-être aussi qu'il y a trop de différence entre ta solde et la mienne ?

— ......

— Oui, je comprends ! Mais je n'y puis rien, moi, personnellement, tu le sais bien. Ce sont les Représentants du Peuple, mes collègues, nommés par tes parents et amis, de braves, bons et honnêtes citoyens, qui, seuls, ont qualité pour améliorer ta condition. Mais tu n'as pas réfléchi, malheureux, que cela ne peut se faire qu'à leur détriment. Car ne faudra-t-il pas, à cet effet, frapper de nouveaux impôts qui seront supportés par eux ? Comme tu le vois, cela n'est pas possible et je te sais trop bon fils et trop bon camarade pour croire que tu veux d'une amélioration dont les effets se retourneraient contre ceux qui te sont chers ; je te sais trop généreux pour ne pas vouloir grever le budget de la République socialiste. Allons, mon ami, sois bien sage et bien obéissant, et à la première occasion qui se présentera, je te ferai un petit cadeau de prunes... de ces bonnes prunes dont raffolent tes copains ouvriers lorsqu'ils se mettent en grève. Tu seras chargé de la distribution.

— ......

— Allons, c'est bon, assez de promesses pour aujourd'hui. Retire-toi.

SCÈNE II

— Crois-tu que ça colle ?

Hum ! Je crains bien qu'il ne les adresse à moi et à mes camarades officiers, ... les prunes !!!

MYLLEVOIE.

UN A-CÔTÉ

Nous recevons de G. A. Bordes une lettre dont il nous demande l'insertion. Nous ne voulons entrer nullement dans des débats dont nous ne connaissons — ou que très peu — les personnages en querelle — et pas du tout — les questions en suspens. Mais l'esprit qui nous anime nous fait obligation de ne pas laisser écraser sous le poids du silence n'importe quel camarade.

Voici textuellement la lettre reçue :

Londres, le 12 novembre 1905.

A Jean Grave,

Vous dites une contre-vérité, lorsque vous affirmez dans *Les Temps Nouveaux* du 11 courant, que c'est le hasard seul, qui vous a appris dans un journal anglais, le procès de Parmeggiani, ainsi que ma déposition — [illegible] pour ne pas commettre un parjure, j'ai dû incidemment prononcer votre nom — puisque vous avez reçu deux lettres et une dépêche avec réponse payée ayant trait au procès.

La preuve, c'est que vous avez répondu que vous n'aviez pas le temps de venir déposer à Londres, et que quand bien même vous l'auriez, vous n'y viendriez pas.

Vous dites une contre-vérité lorsque vous prétendez ne pas vous rappeler, si vous avez donner à P... une lettre de recommandation pour Bordes, afin de le mettre en relation avec tous les camarades de Londres.

Quant à vos sentiments à mon égard, ils m'indiffèrent !

Mes amis savent depuis de longues années, ce que je pense de vous-même.

Mais puisque vos intentions ont été outrageantes et publiques, sans provocations de ma part, que je ne puis y répondre à ma satisfaction par la voie des journaux de l'Idée, où on ne tolère que rarement les polémiques personnelles ; loyalement : vous devez aux camarades, les motifs et les raisons qui vous ont incité à jeter le discrédit sur moi.

Je m'engage d'ores et déjà à vous répondre par tous les moyens en mon pouvoir, et prouver avantageusement, que vous n'êtes en somme qu'un vilain Monsieur, doublé d'un calomniateur.

Agréez...

G.-A. BORDES.

26, Goodge Street, W. London.

Pour les Elections de 1906

MONTCEAU-LES-MINES

A l'issu du congrès socialiste de Chalon Jaurès, le socialiste patriote, était venu faire une conférence à Montceau. Un de nos camarades faisant de la contradiction, fut passé dehors : c'est évidemment une manière péremptoire de prouver que l'on a raison.

Cela donne surtout un idée exacte du degré d'évolution des naturels du fief socialiste qu'est Montceau. Pour ces brutes, être socialiste consiste à :

1° Crier vive la sociale en manifestation ou en sonlographie ;

2° Déposer un bulletin dans l'urne, se faire des dieux de tous les arrivistes du Socialisme ;

3° Assommer les contradicteurs qui se permettent de penser, et les traiter de vendus à la solde du Capital, cliché déjà employé contre notre camarade Brunteloux, savamment mis en circulation et entretenu contre les anarchistes par tous les séides du socialisme touchant à l'assiette au beurre législative ou municipale.

N'en déplaise à ces messieurs, nous continuerons à combattre tous les arrivistes bourgeois ou socialistes.

Un ex-Montullien.

Les CAMARADES que cette feuille intéressera l'aideront par tous les moyens. En la propageant. En la vendant. En l'aidant à vivre.

Si l'ANARCHIE intéresse, qu'elle vive par elle même.

— Faits Divers —

Nos amis Lemaire et Bastien, amenés devant la correctionnelle d'Amiens, soulevèrent la question d'incompétence et le procès est remis à la décision de la Cour de Cassation.

Depuis qu'ils font, sous forme préventive, une peine que ne leur donnera sans doute pas la Cour d'Assises, quelques événements sont venus agiter Amiens. Notre ami Lemaire, pour la première fois, ne pourra pas être inquiété à leur sujet.

Et encore... Car ainsi que les faits permettent de l'établir, nous nous trouvons en face d'un attentat policier.

Un nommé Gonthier, exploiteur en bijouterie avait depuis quelques semaines, des démêlés avec les ouvriers. On en était à la période aiguë.

Le samedi soir, avait lieu à la Bourse du Travail d'Amiens un meeting de protestation. Selon l'habitude, un peu échauffés, les conférenciers avaient été durs, en paroles, pour les exploiteurs. On avait applaudi à s'abîmer les mains. On allait se coucher bien tranquille.

Les ouvriers venaient à peine de quitter la salle, lorsqu'une détonation se fit entendre. C'était une bombe qui éclatait à la porte du sieur Gonthier. Elle en abîmait un peu le panneau et renversait quelques vitres ainsi que peut le faire un pétard de quatorze juillet.

Tous les journaux d'Amiens sont d'accord pour dire qu'il ne peut y avoir aucun rapport entre les paroles dites à la tribune et l'acte commis ; de même qu'aucune des personnes présentes à la Bourse n'ont pu être complices ou auteurs du dit attentat. Il est nécessaire de noter cet aveu à présent. On connaît les revirements intéressés de la presse.

Notre ami Garnery est appelé devant le tribunal d'Amiens pour de soi-disant violences sur un maître chien. Il ne faudrait pas qu'on vienne appuyer sur la chanterelle de la provocation suivi d'effets, ni pour lui ni pour d'autres.

Le sieur Gonthier avait, depuis plusieurs jours, par lettre recommandée, attiré l'attention du commissaire central de police (Journal *Les Dernières Nouvelles* d'Amiens) sur les allures d'un individu qui s'attachait à ses pas et à ceux de son fils et qui lui paraissait suspect. Cet individu, dit-il, venait de Paris et était arrivé récemment à Amiens.

Qu'a fait le commissaire ? Parions aussi qu'on ne le retrouvera pas.

Ça devient banal maintenant. Les bombes provocatrices sont trop anodines. La police sera obligé de pousser le chiqué plus loin. Nous ne marchons pas pour un panneau.

Mais voilà, il y a quelques procès en cours et ne faut-il pas préparer l'opinion à quelque crapulerie judiciaire, à quelque exécution sommaire de nos amis.

Laisserons-nous toujours faire et ne lassera-t-on pas enfin notre patience ???

⁂

Il pourra sembler étrange que nous ne relations rien sur des grèves d'allures aussi importantes que celles des arsenaux.

Quoi dire que les journaux de toutes nuances ne nous aient jeté en quotidienne pâture.

Ce sera plutôt à un de nos amis à en montrer l'amère philosophie. Ce n'est pas de mon ressort.

L'INFORMATEUR.

Revue des Journaux

Les Temps Nouveaux.

Charles Albert termine son article *Antimilitarisme et Révolution*. La critique de l'opinion de P. Kropotkine bien commencée, passant par une opinion tolstoïenne se termine un peu en queue de poisson. Que ne définit-on d'une façon exacte le mot internationalisme et pour quoi se contente t on de mots. Certes, Dikran Elmassian, qui ne craint pas de se répéter plutôt que d'être incompris, me paraît le seul qui met la question au point.

Le Libertaire.

Je suis fort heureux qu'Almereyda est relevé ma critique pas assez explicite et qui pouvait prêter à erreur. Il me semble pourtant que les quelques appréciations jetées ici, le sont surtout — si ce n'est exclusivement pour ceux qui lisent les feuilles à tendances anarchistes.

Dans l'article sur la *Grève militaire et l'Insurrection*, sans s'en douter, Almereyda rompt entièrement avec la thèse de Kropotkine ou la suit à batons rompus. Il va certes plus loin que lui. Il critique certains points néo tolstoïen de Ch. Albert. Il est regrettable que dans les colonnes des journaux libertaires, il soit de bon ton de paraître ignorer *l'anarchie*, car notre ami pourrait critiquer les arguments de Dikran Elmassian. Ce serait intéressant.

Amédée Dunois fait revivre la bonne figure de Constant Martin et pense qu'il vaudrait mieux s'en occuper maintenant que de le glorifier après sa mort.

Eh ! eh ! camarade Emilie Lamotte, je comprends la terreur des lecteurs du *Petit Journal*, s'ils apprennent que le terrible barricadiste Guerdat est là. Pourra-t-il se dispenser de faire des cours de révolution militaire ? Craignons aussi de faire une éducation trop libertaire. Quand les maîtres aimés auront la pipe à la bouche, permettront-ils aux camarades plus jeunes d'en tirer quelques bouffées. Ne nous payons pas trop de mots. On peut trouver toujours des enfants pour faire une « école libertaire » mais des « éducateurs » c'est plus difficile.

Un appel de l'A. I. A. à la centralisation que les libertaires vont pouvoir apprécier. Le temps des révoltes individuelles est passé, allons vers l'organisation collective.

LE LISEUR.

POUR LES GROUPEMENTS

Nous prévenons nos amis que nous mettons en circulation des petits paquets de brochures mélangées (25) de **A mon frère le Paysan**, de Reclus ; **L'Ordre**, de Kropotkine ; **L'Absurdité de la Politique**, de Paraf-Javal ; **Aux Conscrits**, de la Jeunesse d'Amiens, au prix de **0.75**, franco de port.

L'Absurdité des soi-disant Libres-Penseurs, de Paraf-Javal, est vendue au prix de **7** fr. le **100**, franco de port. Nous avons pensé à faire cette édition avec le plus de soin possible : la couverture illustrée et en couleur, le travail typographique très soigné.

Nous venons d'éditer une poésie de Louis Cornet, avec musique de Léon Israel, sous le titre **Au Pays du Bonheur**, histoire de se reposer un brin. L'exemplaire **0.10**. Les **10, 0.50** ; le **100, 4** francs. *Port en plus.*

Nous pouvons livrer 25 exemplaires des **Deux Haricots** de Paraf-Javal, image pour enfants, à raison de **1** fr. **50**, franco de port.

— Par la Chanson —

Le groupe d'édition la **Muse Rouge** se propose de continuer la série de chansons illustrées. Afin de les propager, il met à la disposition de tous :

L'Internationale anarchiste . . . 0.10
Le Père Lapurge, dessin de Luce. 0.25
La Muse Rouge dessin de Lochard. 0.25

La douzaine assortie : 1 fr. 50

Le tirage étant restreint, envoyer les commandes le plus tôt possible. Port en plus.

P. S. — Par peur, l'imprimeur du groupe la *M. R.* a changé le titre de l'« Internationale anarchiste », en celui de « Internationale féministe ». Le texte n'en est pas moins le même.

La Femme Affranchie, revue mensuelle d'éducation et de défense des libertés de la femme. — Abonnement : 1 fr. 50.

Envoie à ses abonnées quelques moyens hygiéniques gratuits, pour éviter la maternité non désirée. S'adresser à Gabrielle Petit, 11, rue Jacques Kablé, Paris-XVIIIe.

Dans le but d'élargir le cercle de la propagande anarchiste et d'atteindre certains milieux où les journaux hebdomadaires ne pénètrent pas ou n'exercent que peu d'influence, divers camarades ont résolu de faire paraître une revue mensuelle anarchiste : **L'UNIQUE**.

Ils prient ceux que ce projet intéresse de les aider dans la mesure de leurs forces : par l'envoi d'une souscription volontaire, la promesse d'un abonnement, et la demande de listes de souscription. Adresser la correspondance et les envois de fonds au camarade Paul Maubel, 47, rue Daguerre, Paris XIVe.

L'Insurgé, journal hebdomadaire de propagande anarchiste. Prix de l'abonnement : 2 fr. 50 pour 6 mois, 5 fr. par an. Ecrire au gérant : G. Thonar, rue Laixheau, 97, Herstal-Liège (Belgique).

L'Ordre, organe communiste-anarchiste, paraissant tous les quinze jours, 21, rue du Temple, à Limoges. Abonnement : 1 fr. 50 par an ; 1 fr. pour six mois ; 0 fr. 50 pour 3 mois.

Piqûres d'aiguille

Les piqûres dont les flancs du sieur Durand ont tant eu à se plaindre sont à la disposition des camarades à raison de 0.20 le 100, un méli-mélo de textes différents. Port en plus.

CE QU'ON PEUT LIRE

Pierre Kropotkine. — *Aux Jeunes Gens ; Anarchie et Communisme ; Morale anarchiste ; Organisation de la Vindicte* : br. à **0.10.** — *Les Temps nouveaux* : br. à **0.25.** — *Autour d'une vie ; Conquête du Pain* : vol. à **2.75.**

Paraf-Javal. — *L'Absurdité de la politique* : br. à **0.15.** — *Libre Examen* : br. à **0.25.** — *La Substance universelle* : vol. à **1.25.** *Les deux haricots*, image p. enfants : **0.10.** — *L'absurdité des soi-disant libres-penseurs.* **0.10.**

Jean Grave. — *Organisation, Initiative, Cohésion ; La Panacée-Révolution ; Le Machinisme ; Enseignement bourgeois et Enseignement libertaire ; Colonisation* : br. à **0.10.** — *La Société future ; L'Individu et la Société ; Les Aventures de Nono* : vol. à **2.75.**

Elisée Reclus. — *A mon frère le paysan* : br. à **0.05.** — *L'Anarchie et l'Eglise* : **0.10.** — *Evolution et Révolution*, vol. à **2.75.**

Elie Reclus. — *Les Primitifs* : vol. à **4** fr. — *Les Primitifs d'Australie*, vol. à **3** fr.

A. Dal. — *Les Documents socialistes*, avec préface de **Ch. Malato** : br. à **0.30.**

Georges Etiévant. — *Déclarations ; Légitimation des actes de révolte* : br. à **0.10.**

René Chaughi. — *Immoralité du mariage*, *La Femme esclave* : br. à **0.10.**

Enrico Malatesta. — *Entre paysans*, br. à **0.10.**

Domela Nieuwenhuis. — *Le Militarisme ; Education libertaire* : br. à **0.10.**

Charles Albert. — *Guerre, Patrie, Caserne* : br. à **0.10.** — *Aux anarchistes qui s'ignorent* : br. à **0.05.**

André Girard. — *Anarchie* : br. à **0.05.**

Ligue de la Régénération. — *Moyens de limiter les grandes familles* : br. à **0.30.** — *Plus d'Avortements* : br. à **0.50.** — *Socialisme et Malthusianisme*, br. à **0.60**

S. Faure. — *Le crime des Dieux* br. à **0.15.** — *La Douleur Universelle*, vol. à **2.75.**

Noël Reiber. — *A bas la guerre*, poésie avec musique : **0.10.**

L'anarchie. — Numéros parus : **0.10** chaque — Les invendus sont envoyés, le port étant seul à la charge des camarades.

Piqûres d'aiguille. — 20 textes : **0.20** le 0/0.

Les frais de port sont évidemment en plus.

OU L'ON DISCUTE OU L'ON SE VOIT

Causeries Populaires du XVIIIe, 30, rue Muller — Lundi 27 novembre, à 8 h. 1/2, *Sur la Morale*, par tous.

Causeries Populaires du XIe, 5, cité d'Angoulême — Mercredi 29 novembre à 8 h. 1/2, *Les Problèmes de la Vie (IV)*, par le camarade Mauricius.

Causeries Populaires des Ve & XIIIe, 37, rue Croulebarbe. — Samedi 25 novembre, à 8 h. 1/2, *Les pédagogues dangereux*, par Gayraud.

Causeries Populaires du XIXe, 63, rue de Flandre (salle Grandjean). — Jeudi 23 novembre, à 8 h. 1/2. *L'absurdité de la Politique*, par A. Libertad.

L'Aube Sociale, Université populaire, 4, passage Davy. — Vendredi 24 novembre, à 8 h. 1/2, *Le Mouvement révolutionnaire en Pologne*, par Mme Zielinski.

Aux Causeries Populaires, 5, cité d'Angoulême. — Samedi, 25 novembre, réunion de camaraderie. *Critiques et discussion* sur la presse anarchiste.

Denain et environs. — Les camarades anarchistes se réuniront le dimanche 26, à Escaudain au siège habituel. Une causerie sera faite.

Lens. — Les copains de la région ont formé un groupe anarchiste. Il se réunit tous les dimanches, à l'estaminet Poison, 23, rue de Lille.

Lyon. — Les camarades désireux de fonder des *Causeries Populaires*, assisteront à la réunion qui aura lieu chez Chamarande, 26, rue Paul-Bert, le dimanche 26, à 8 heures du soir. Un camarade développera le projet.

Montpellier. — Les camarades viennent de former un groupe d'études sociales. Il se réunira tous les mercredis de 8 h. 1/2 à 11 h. du soir et tous les dimanches de 9 h. à 11 h. du matin. Une bibliothèque est à la disposition des camarades.

Composé par des camarades.

Le Gérant : A. MAHÉ.

Imp. des *Causeries Populaires*, A. Lannoy

LES CAMARADES
adresseront
tout ce qui concerne
l'anarchie
à A. MAHÉ & A. LIBERTAD
30, rue Muller, 30
PARIS-XVIII

l'anarchie

PARAISSANT TOUS LES JEUDIS

ABONNEMENTS

FRANCE

Trois Mois.......... 1 50
Six Mois.......... 3 »
Un An.......... 6 »

ÉTRANGER

Trois Mois.......... 2 »
Six Mois.......... 4 »
Un An.......... 8 »

PREMIERE ANNEE. — N° 31 | DIX CENTIMES | JEUDI 30 NOVEMBRE 1905

La bonne Discipline

L'Ordre social ne forme qu'un bloc. Un bloc de même fonte.

On peut, selon les teintes, donner à chaque veine un nom différent. On y trouve la veine du capitalisme, la veine du cléricalisme, la veine du militarisme et bien d'autres encore. Mais on ne sait porter un coup de pioche contre telle veine sans toucher telle autre tant elles s'entrecroisent, se mêlent, se mélangent. Elles viennent d'une même coulée.

Aussi, lorsque de nos amis se proposèrent de fonder une ligue antimilitariste, j'entrai en bataille presque immédiate contre le projet.

Je dis « presque immédiate » car je pensais tout d'abord me trouver en face d'une spécialisation contre tel aspect de la société qui ne s'exclurait pas de souffleter telle autre.

Mais je compris vite que là n'était point la méthode employée et que j'étais en face d'une spécialisation exclusive de tout autre mode d'agir.

Successivement, et en me plaçant de ce point de vue anarchiste, auquel je m'efforce de rester le plus possible, je n'eus qu'à noter les multiples boulettes que nos amis roulèrent en leurs doigts.

Je ne reviendrai pas sur l'histoire du Congrès d'Amsterdam ; sur la lettre donquichottesque envoyée à ces messieurs les souverains d'Europe, pour leur notifier d'avoir à licencier leurs armées. Frédéric Passy était dépassé, ô combien.

Je ne parlerai pas de la forme ridicule d'Association internationale avec sections nationales, départementales et communales ; de l'établissement d'une carte avec cotisation fixe dont partie réservée pour la section à laquelle appartient le cotisateur, partie pour le groupe central français, partie pour le groupe international. — Ne nous voilà-t-il pas aux beaux jours de l'Internationale ?

J'omettrai volontairement cette manie de s'encarter et de centraliser le travail pour d'une Police ; les différents enfantillages, œuvres de moins administrativement (?) inexercées.

Oui, tout cela n'est que tâtonnements par lesquels nous risquons de passer tous chaque fois que nous entreprenons un travail, une lutte un peu ardue.

Mais ce qui fait que l'A. I. A. T. était à combattre, ou que, pour ma part, je crus ce travail de toute utilité, ce fut ce cantonnement exclusif dans l'antimilitarisme et cette fusion, — dans ce but — avec tous ceux qui se targuaient de ne pas aimer l'armée.

Il ce fait un pacte fut quasi conclu entre anarchistes et socialistes, voire radicaux, en vue de combattre le militarisme. Certes, chacun devait prendre en dehors de cette lutte sa liberté entière. Mais nos amis qui se jetèrent tête baissée dans cette forme de propagande, n'eurent plus le temps de se reprendre.

Dans plusieurs villes, à Paris même, dans quelques arrondissements, les groupes de l'A. I. A. furent entièrement socialistes. — Et ce n'est d'ailleurs pas ceux qui remplissent leur « devoir international » le plus mal — ; dans d'autres il y eut un équilibre fallacieux, — car les individus qui se sont rencontrés la veille, prêts à se casser la figure dans une réunion électorale par exemple, ne sont pas prêts à marcher ensemble — ; le reste, ce fut le petit nombre, fut exclusivement anarchiste. Même des sections se partagèrent pour se trouver d'une même idée et pouvoir lutter plus utilement.

Mais dans les sections anarchistes, où l'idée d'autonomie devait nécessairement régner, ce fut bientôt autre chose. Elles n'attendirent pas les ordres, la ligne de conduite du Comité National ; elles agirent.

Et voilà tout le problème qui se soulève à nouveau, nous obligeant à porter les yeux sur ce milieu que la présence de nos amis rend malgré tout intéressant.

En effet, dans le *Libertaire*, qui est l'organe français de l'A. I. A. T., sous la signature E. M., deux articles viennent de paraître. Avec des atténuations, des restrictions, les sections « anarchistes, cela se lit à travers les lignes et dans les « fautes » qui leur sont reprochées — reçoivent la leçon du Comité National.

Il y est développé avec soin, preuves à l'appui et affirmations surtout, deux théories socialistes : « LA CENTRALISATION et la SPÉCIALISATION. »

C'est le Comité National qui doit faire paraître brochures, pamphlets, manifestes ; c'est le Comité National lorsqu'il le jugera nécessaire qui entreprendra une tournée de conférences. Il pourra en assumer les frais, la caisse se trouvant constamment et normalement alimentée » ; c'est même le Comité National qui se chargerait de la défense des camarades. Il aurait son avocat.

Voilà pour la centralisation.

Et voici pour la spécialisation.

« Les sections doivent s'en tenir au rôle nettement déterminé qu'elles se sont librement assigné : la destruction du militarisme » dit E. M.

Et « deux sections, l'une du Midi, l'autre de Paris — sont « amicalement mises en garde contre un système qui, s'il était suivi, ne tarderait pas à constituer un sérieux danger pour la vitalité de l'A. I. A. »

Quel est donc ce « péché », véniel d'intention, mais mortel de conséquence ?

Avoir « organisé des réunions qui n'avaient qu'un rapport très lointain avec l'antimilitarisme », une sur « les miracles, la magie et le moderne hypnotisme », l'autre sur « l'immoralité du Mariage ».

Et avec des tours et des détours, avec des périphrases flatteuses, convaincu de roses la brassée d'orties avec laquelle il fouette l'insubordination des sections, E. M. en arrive au grand point, utile à résoudre dès maintenant, car la période électorale s'approche à grand pas.

Le Comité National ne veut pas être un Comité Directeur. Que non point. Il veut seulement « indiquer » la marche à suivre, décider de la parution d'une brochure ou d'un manifeste et en choisir les termes. Comme une douce mère, il invite à la sagesse ses enfants, les sections. Voyez ce qui arrive à Lemoine, pour avoir fait paraître la brochure « Aux Conscrits », à Mochet pour un petit manifeste de rien du tout. Le Comité National donnera l'heure d'agir et notifiera le texte des paroles sacramentelles, à prononcer et à écrire.

Et c'est le Comité National qui tiendra unis les éléments hétérogènes que joint le plâtre d'un antimilitarisme fictif. Pour les antimilitaristes chrétiens, juifs ou francs-maçons on ne parlera pas de religion, ni de simagrées cultuelles ; pour les antimilitaristes collés à un numéro féminin selon la loi, on ne touchera pas au mariage ; pour les antimilitaristes politiciens et votards, on ne touchera pas à la politique, au socialisme ; pour les antimilitaristes commerçants, on passera l'éponge sur les falsifications et les vols patentés.

Pourvu que Frédéric Passy, Nicolas Romanoff et Roosevelt, ces partisans de la paix, ne songent pas, eux aussi, à faire une section qui paierait régulièrement ses cotisations et au nom de laquelle, on ne parlerait qu'avec componction de l'impérialisme bourgeois ou féodal.

Les sections se rencontreront donc toutes les semaines, plusieurs fois, pour rabâcher éternellement les mêmes rengaines. Des sous-Guerdat y feront des cours de révolution, de balistique et de dépavage de rues. On se serrera la main, tous unis dans un commun travail, etc., etc., et l'on ira dans les locaux à côté, dire que les votards sont des idiots et que les anarchistes sont des « quarante sous ».

Qu'individuellement les anarchistes se complaisent à entrer dans des associations socialistes soi-disant antimilitaristes, c'est leur affaire. Ils peuvent y faire du travail. Je suis convaincu que d'avance, ils ne restreindront pas l'envolée de leur propagande. Mais que les anarchistes paraissent avoir fondé eux-mêmes une association antimilitariste où on limitera les sujets parce qu'ils heurteraient les individus encore dans toutes les ignorances. C'est du dernier ridicule.

J'ai autrement confiance à la logique des idées anarchistes. Je sais qu'elles ne craignent ni le débat ni la contradiction et dans n'importe quelle section, les camarades sauront prendre pied dans la discussion.

Mais cette logique anarchiste nous dit aussi la phrase par laquelle je commençais cet article :

L'Ordre social ne forme qu'un bloc. Un bloc de même fonte.

Je ne veux m'unir que par affinités en tâchant de conserver le plus possible mon autonomie, et le plus possible celle du groupe d'amis auxquels je me joindrai pour agir.

Craignons de fabriquer nous-mêmes des marchepieds pour escalader le pouvoir.

L'antimilitarisme est de source essentiellement anarchiste. L'antimilitariste ne peut être qu'anarchiste. Seuls ceux qui luttent contre l'organisation sociale tout entière, ont le double vouloir de ne pas la défendre et de détruire ceux qui la soutiennent.

Albert LIBERTAD

A TRAVERS LES MORALES

Tandis que les partis commencent à s'agiter et que, déjà, s'éveillent les *passions politiques*, nous croyons faire œuvre utile en inaugurant une série de débats *contradictoires* auxquels nous convions tous les individus, désireux de réfléchir pour déterminer *eux-mêmes* leur règle de vie en dehors de toute préoccupation électorale.

Nous continuons à mettre en pratique notre *méthode scientifique* d'étude et de recherche impartiales par la *libre discussion*, en organisant une PREMIÈRE

GRANDE CONFÉRENCE

Controverse Publique

Le **Jeudi 30 Novembre**, à 8 h. 1/2 du soir

Rue de Clignancourt, 92

SALLE DU PROGRÈS SOCIAL

entre

L'ABBÉ VIOLLET — La Morale religieuse | LIBERTAD — La Morale anarchiste

Entrée : 0 30 pour les frais

Chiquenaudes et Croquignoles

Notre ami Candide ayant pris la permission de respirer cette semaine et nous privant de ses Croquignoles, il se plaît à nous communiquer quelques découpures que chacun appréciera en bon ou en mauvais, selon la teneur :

Conséquences d'une chasse.

Lors de la dernière chasse de Rambouillet offerte au roi d'Espagne, celui-ci profita de l'incognito pour se montrer avec le Président de la République d'une familiarité charmante. Il tapait... dans le dos de M. Loubet, lui présentait les armes, lui chipait son chapeau, tant et si bien que le philosophe de Montélimar, un peu ahuri et souriant, répétait : « Majesté, Majesté, vous êtes un enfant ! »

Mais aussi, M. Loubet s'aperçut soudain qu'habitué aux fréquentations royales, il ne pourrait, sans un grand ennui, se faire au repos bourgeois qu'offre la vie d'un sénateur français. Et l'on dit que, touché par la grâce d'Alphonse XIII, il songerait à se représenter.

Pauvre Doumer !

(Courrier Européen.)

—o—

Encore un.

Encore un qui va t'en guerre ! C'est notre ami Miguel Almereyda, dans le Libertaire. *Il veut instituer des communes insurrectionnelles et les défendre jusqu'à la mort contre l'invasion allemande ou russe.*

Il blâme Charles Albert, coupable de mépriser les meilleurs préceptes que nous enseigne le manuel des Révolutions. Que diable ! Il y a une tradition, il faut la respecter. Décalquons toutes les révolutions présentes et futures sur l'excellent modèle que nous a légué le XVIIIe siècle : la grande Révolution de 1789. Nous ferons comme en 1792-93, et ensuite, nous courrons aux frontières défendre, contre les despotes, les nouvelles conquêtes de l'esprit humain. Nous irons porter le drapeau rouge chez les peuples opprimés (Voir 1795-1798), et si quelque nation courageuse, au loin, contre son tyran, lutte pour la liberté, les armes françaises voleront à son secours : (Voir partages de la Pologne, révolutions des Pays-Bas, Lombardie, Venise et Naples.) Ainsi le cycle sera complet, rien ne manquera à la singerie historique, qui reste l'idéal de quelques révolutionnaires.

Miguel a le cœur généreux et l'enthousiasme guerrier facile. L'histoire de sa patrie explique ses opinions. Il est d'un pays qui depuis longtemps a conquis la liberté et su en imposer le respect aux grands États voisins : la République du Val d'Andorre.

(Avant-Garde.)

—o—

L'argent n'a pas de couleur.

Un « Chemin de verre ».

C'est à croire que l'expulsion des Pères X. Y. Z. (*) a donné un nouvel essor à la vente de leur excellente liqueur. Dès que le public a connu leur nouvelle marque de Tarragone, il l'a exigée à l'exclusion de tous les produits similaires.

Une curieuse statistique a permis d'établir que si on mettait bout à bout les bouteilles et les flacons livrés par les Pères X. Y. Z. depuis leur établissement à Tarragone, on obtiendrait un « Chemin de verre » qui irait de Tarragone à Lille.

(Petite République.)

—o—

Le « Jaune » et la rue de Jérusalem.

1° Quel est le vrai nom du citoyen (dit) Roullier, secrétaire de la Bourse du travail de Brest ? 2° D'où vient-il ? 3° Sa profession ? 4° Est-il, oui ou non, un juif comme Lévy, Yvetot, Merrheim et Griffuelhes ? Si ledit Roullier ne répond pas, nous éclairerons le public.

(Le Jaune.)

(*) La *Petite République* dit le nom.

IDÉAL MORAL & INDIVIDUALISME

(Suite)

Essai de philosophie individualiste

En ce qui concerne les « philosophies » proprement dites, partant de Confucius jusqu'à Herbert Spencer, passant par Platon, **Aristote, Epicure, Descartes, Spinosa, Leibnitz, Kant, Schopenhauer, Auguste Comte, toutes ont établi,** sinon l'idée de Dieu, du **moins la représentation** d'« Idéal », le Bien **et le Mal,** le Devoir.

Il est souvent dit : La philosophie **est la science des mœurs.** Si la philosophie n'était **que cela, elle ne serait pas aussi complexe qu'elle est, aussi indéchiffrable.** Chacun a **voulu établir** l'« Absolu », la « Raison pure » **(Droit, Devoir, Equité).**

Ou l'homme **est perfectible, au point de vivre** « l'Absolu », **dans cent mille ans, peu importe ; ou il est incapable de vivre cet « absolu ».**

D'après l'*Encyclopédie*, (car nous ne pouvons pas faire ici un résumé de toutes les philosophies :

CONFUCIUS **établit son système sur les devoirs réciproques des hommes, classés par lui en relations entre prince et sujets, entre père et enfants, entre concitoyens. Le respect des parents,** des ancêtres, du nom, est le **fondement de la famille, et, ces principes, il les applique au gouvernement.**

C'est-à-dire : culte des ancêtres, amitié, obéissance, soumission.

PLATON, à force de dialectique, établit l'idée supérieure, l'idée du « Bien ». Cette **idée,** principe de l'être et principe de l'intelligence, vivifie tout, éclaire tout, est au **monde intelligible ce qu'est au monde sensible le soleil, principe de vie et de lumière.**

L'idéal moral de Platon est le Bien, la **perfection même, Dieu.** Il faut ressembler à Dieu, et pour cela, dégager l'Ame de la Matière.

ARISTOTE montre toute la nature comme un immense effort de la matière brute pour **s'élever jusqu'à** l'Acte pur, c'est-à-dire à la **pensée** et à l'intelligence.

Idéal moral : La Vertu.

EPICURE se distingue en ce sens qu'il **prêche à** l'homme le bonheur et les plaisirs **honnêtes. Tout doit tendre à la pratique de la sagesse, à la conservation de la liberté et de la vie, au mépris de la mort. L'utilité générale et le contentement commun doivent être les deux grandes règles de nos actions.**

Recherche du plaisir. Il a voulu assurer à l'homme une vie paisible, consacrée à la **méditation philosophique et au culte de l'amitié, loin des orages de la vie publique et du tumulte des passions. Cet idéal, il le réalise par le développement éclairé et délicat d'une sensibilité harmonieusement subordonnée à la volonté et à l'intelligence.**

DESCARTES : Le principe de toute certitude, placé dans l'évidence, dans la raison, **juge souverain du vrai et du faux ; le point de départ de la philosophie cherchée dans l'observation du « Moi » par lui-même ; la distinction de l'âme et du corps ; celle des idées innées ou naturelles et des idées acquises ;** l'existence de Dieu démontrée par **la notion même de l'infini ; la substance corporelle ramenée à l'étendue, et la substance intellectuelle à la pensée : la conservation du monde assimilée à une création continue, et, par suite, une forte tendance à concentrer toute activité dans la cause première.**

LEIBNIZ. — Essai de conciliation de l'existence du mal avec l'existence de Dieu — soutient que le monde est le meilleur des mondes possible, le mal qui s'y trouve est **le moindre mal possible.** Le mal tient à l'imperfection des créatures qui, par essence, **sont bornées.**

Nous pourrions, pendant longtemps encore donner quelques aperçus des différents systèmes de philosophie, tous basés sur le dualisme de la matière et de l'esprit, ayant tous pour but d'établir la perfectibilité des humains, et de leur faire comprendre que le bonheur ne leur sera dévolu que lorsqu'ils auront atteint cette perfection, cet idéal, cet « absolu » ; mais n'insistons pas davantage.

Bien que Lucrèce (595 avant l'ère chrétienne) passe à tort ou à raison, pour un matérialiste, — disons, sans médire et le méconnaître, qu'il était surtout un poète, — il faut franchir le temps de presque deux mille années pour arriver aux philosophies « monistes », à l'unité de la matière, base des nouveaux systèmes.

C'est ainsi que Darwin, Spencer, Haeckel et d'autres nous montrent l'homme, résultat de transformations animales ; la pensée, énergie de certaine matière placée sous certaines conditions ; enfin, un déterminisme rigoureux qui fait de l'humain un résultat et non une cause. C'est sur ces bases qu'est fondée la philosophie évolutionniste contemporaine.

L'esprit, ne planant plus au-dessus de la matière et ne lui dictant plus ses lois, entraîne dans sa chute le principe d'autorité. Où il y a déterminisme, il n'y a plus autorité **car l'homme, jouissant de forces inhérentes à son essence, n'a plus à obéir. Goethe, le plus grand poète et penseur de l'Allemagne a donné, dans ses poèmes une juste expression de ce que nous sommes :**

> D'après d'immortelles, de grandes
> Lois d'airain
> Nous devons tous
> Accomplir le cercle
> De notre existence.

Mais, dans sa *Critique des systèmes de morale contemporaine*, au chapitre de la *Morale évolutionniste*, Fouillée dit :

> Après avoir fait la genèse des mondes, celle des espèces animales, celle de l'homme, la doctrine de l'évolution a commencé d'y ajouter la genèse de la conscience morale au moyen d'éléments physiques et psychiques, sans aucun mélange d'éléments métaphysiques.
>
> . . . .
>
> L'homme tend au bonheur comme la pierre tombe vers le centre de la terre. L'indestructibilité de la force et celle de l'amour de soi sont deux conséquences parallèles d'une seule et même tendance de l'Etre à persévérer dans son être. Attachement à soi, telle est la loi essentielle de la nature. Le darwinisme n'admet aucune volonté supérieure au pur instinct de conservation, aucune puissance capable de dépasser réellement les limites du moi en voulant autre chose.
>
> . . . .
>
> On le voit, la doctrine de l'évolution, telle que l'entendent Darwin et Spencer, remplace l'obligation morale du spiritualisme par une sorte d'obligation physique ou de nécessité naturelle, qui entraîne l'individu d'abord à son bien propre, puis au bien commun.

Ainsi, de déduction en déduction, l'Idéal moral de la philosophie évolutionniste se trouve établi. Il consiste, comme l'explique Fouillée, en un désintéressement tellement complet de soi-même, poussant les choses à l'extrême, bien entendu, qu'on sacrifierait par raison (non plus seulement par sympathie), son bonheur pour le bonheur de tous au cas où il serait démontré que ces deux bonheurs sont inconciliables.

A. L. MANOURY.

(A suivre).

LES PROBLÈMES DE LA VIE(*)

Notions de Psychologie

(Suite)

Nous reviendrons plus en détail sur cette localisation des facultés cérébrales à propos de la *phrénologie*, il nous suffit dès à présent de la constater. Il ne faudrait cependant pas croire que les différentes facultés soient indépendantes les unes des autres, bien au contraire elles sont si intimement liées par le chevelu de leurs neurones, qu'une irritation d'un point quelconque du système nerveux, se propage immédiatement à tout le système.

Nous sommes dans l'ignorance la plus grande au sujet de la forme de cette propagation. Est-ce une action thermique, mécanique ou électrique, qui relie entre elles les différentes cellules nerveuses ? Nous ne savons, divers indices nous font cependant supposer qu'elle est d'origine chimique, mais rien n'est moins certain. En tous cas nous pouvons dire avec certitude que l'irritant nerveux, dont la vitesse est en moyenne de 30 mètres par seconde, n'est qu'une transformation de l'énergie excitatrice en une autre forme d'énergie que l'on appelle *influx nerveux*.

Comme les autres cellules de l'organisme, les neurones ont besoin d'un liquide nourricier qui leur apporte constamment les principes nécessaires à leur conservation et à leur développement et enlèvent en même temps les produits de sécrétion et de désassimilation cellulaire.

Le sang remplit ce double rôle de liquide nutritif et de collecteur de déchets. Il faut que perpétuellement il baigne les cellules nerveuses. Son arrêt amène immédiatement la mort psychique.

Il semble que seul l'oxygène est véritablement indispensable à la vie nerveuse ; l'asphyxie par défaut d'oxygène ou excès de carbone, atteint en premier lieu les facultés cérébrales alors que la mort, par inabsorption d'aliments ou de liquide, les laisse presque intactes jusqu'au dernier moment.

La température a une influence extrême sur le système nerveux. Chez l'homme une différence fort minime produit des effets considérables.

Suivant les lois de la chimie, l'intensité des phénomènes augmente avec la chaleur et diminue avec le froid. A 39° la vie psychique, anormalement développée, produit l'état pathologique connu sous le nom de fièvre ; à 39°5, le travail considérable produit par les lobes cérébraux est tel que les cylindres-axes des neurones ne coordonnent plus entre eux, il n'y a plus relation entre les diverses activités en présence qui travaillent chacune séparément et produisent des actes et paroles désordonnées, ce qui constitue le délire.

Au contraire, à 20°, nul phénomène intellectuel ne peut se produire et vers 20° la mort survient lentement dans un sommeil très doux.

La similitude de marche des phénomènes nerveux et des phénomènes chimiques semble corroborer l'hypothèse que l'origine de l'intelligence et de l'énergie intellectuelle est dans les réactions chimiques interstitielles.

Comme tous les tissus vivants, les cellules nerveuses, vivent, se reproduisent et meurent sans cesse, suivant les grands principes de l'évolution : *l'adaptation, l'hérédité* **et la** *sélection*.

Le principe de l'hérédité, entre autres, suivant lequel une cellule ou un ensemble de cellules transmet à ses descendants les qualités de formes et de fonctions qu'il se présente à lui même, nous sera d'une grande utilité pour expliquer le phénomène de la mémoire.

Quand même d'autres actions interviendraient, il est hors de doute que la cellule nerveuse est essentiellement chimique. Certains poisons : *l'éther, l'alcool, la morphine, la cocaïne, la codéine, la quinine, l'atropine*, etc., produisent des troubles psychiques intenses. Ces poisons agissent généralement comme des irritants, puis, à plus haute dose, donnent au tissu cérébral une sorte de mort. Trois gouttes d'essence d'absinthe et le moi est changé, il y a hypéridéation, mégalomanie, hypertrophie des idées, sensations exagérées que suit l'abattement, le sommeil, l'anesthésie, et à plus haute dose la paralysie du bulbe, l'arrêt du pneumo-gastrique et la mort.

Suivant le poison différentes parties du cerveau sont stimulées, mais toujours les mêmes effets se produisent, ce qui corrobore la thèse émise.

MAURICE S.

(A suivre.)

(*) Voir *l'anarchie* à partir du n° 29.

La puissance du Clinquant

Le mince, mais encombrant « numéro treize » vient encore une fois de rendre visite à son compère Loubet ; mais combien différente de l'autre ballade fut celle de ces jours ci.

La chose s'est passée discrètement, point d'arcs triomphaux, point d'illuminations, peu ou prou d'acclamations. Les journaux qui, naguère, consacraient presque tout leur format à baver des louanges, sont restés quasi muets, c'est à peine s'ils relatèrent les diverses promenades de l'adolescent. Ranavalo eut plus de succès.

La ville a gardé sa physionomie des jours calmes, la foule qui, en juin, s'écrasait pour voir le gamin, n'a pas daigné cette fois, se déplacer.

La raison de ce phénomène, la voici : ça manquait de couleurs.

Mais oui, ce bon populo qui grelotte et mange juste assez pour ne pas crever, aime l'apparat. Les plumes, les ors dont se parent ses maîtres, le ravissent. Il est encore si bête qu'il s'imagine difficilement que sous leurs chamarrures ses idoles sont semblables aux autres individus. Aussi une majesté en jaquette le laisse indifférent.

Un roi, faut que ça brille. Pour faire éclore l'enthousiasme il faut de l'or, de la pyrotechnie et des plumes d'autruche. Alors la foule se rue sur le passage des empanachés, s'égosille à crier des vive n'importe qui, pour n'importe quoi.

Dans leurs landaus, les déguisés contemplent avec joie l'hystérie populaire et seraient tout à fait heureux s'ils ne craignaient les pommes de pin... Mais aussi pour un mécontent trouble-fête, combien de satisfaits, combien d'imbéciles se fâcheraient tout rouge s'ils n'avaient de temps à autre des Alphonses dorés sur tranches à applaudir.

Songez donc il faut bien des occasions pour sortir les musiques militaires et les brillants officiers dont les lames des sabres étincellent au soleil.

Cependant des sabres, ça tue, mais l'populo ne veut pas de la réalité ; des sabres ça brille ' na.

Il me souvient qu'étant enfant j'avais la colère facile. Alors pour me calmer on sortait de l'armoire un polichinelle resplendissant.

Les gouvernants français sortent des gares des polichinelles d'Espagne ou de Portugal, les gouvernants des autres pays font une besogne parallèle, décrochant le mannequin de la République ou celui de l'Allemagne.

Populo est content.

Eugène PÉRONNET.

SUR LA BEAUTÉ

Plusieurs camarades nous ayant demandé de donner dans l'anarchie un aperçu du travail dans les « Causeries Populaires », voici la causerie faite, mercredi dernier, par notre ami Dikran Elmassian, comme suite à celle faite à propos de l'article de Charles Mochet.

Il y a deux semaines, nous avons assisté ici à une discussion sur la beauté. Je veux continuer aujourd'hui cette discussion parce qu'il me semble que les opinions en présence n'ont pas été suffisamment précisées et qu'il s'agit là d'une très importante et très complexe question.

Ceux d'entre vous qui étaient présents ici, savent sur quoi la discussion a roulé.

La beauté est-elle quelque chose de différent, d'indépendant de l'utilité, ou au contraire se confond-elle avec cette dernière ?

Quelques camarades, et avec eux Libertad aussi, je crois, ont été d'avis qu'il n'y avait de beauté que dans l'utilité ou plutôt que dans une société basée sur des principes logiques la beauté se trouverait toujours accompagnée de l'utilité.

La thèse que je soutenais était celle-ci.

La beauté est un avantage, une qualité, une force absolument distincte et indépendante de l'utilité.

Mon intention était de faire une étude d'ensemble, mais le temps m'ayant manqué, je me contenterai aujourd'hui de quelques observations.

D'abord, qu'est-ce que la beauté ou le sentiment du beau ?

C'est sans doute du plaisir ; donc, comme définition générale, le beau est ce qui plaît.

Et l'utile, qu'on confond avec le beau, qu'est-ce que c'est ? L'utile est ce qui sert à quelque chose.

Je trouve beau le crépuscule, quand mon regard erre, au bord d'une mer, sur l'immensité des eaux. J'ai alors le sentiment du beau. Ça me plaît. J'éprouve une jouissance. Mais je n'y vois aucune utilité. Peut-être que, au point de vue de la pure utilité, il me serait bien plus utile de faire autre chose : d'apprendre à faire la cuisine par exemple plutôt que d'aller me balader au bord d'une mer ; mais si faire la cuisine est un besoin utile, errer au bord de la mer est un besoin aussi, quoi qu'il ne soit point utile.

Donc, tout en n'étant pas utile, le beau est un besoin néanmoins indispensable. Il n'est point l'utile, ne dépend point de lui et il ne sert à rien qu'à enchanter celui qui le goûte ; il se suffit à lui-même.

« Une maison, dit l'écrivain français Marion, est utile et peut être belle en même temps ; mais une maison peut aussi être utile, sans être belle et belle sans servir à rien ; et quand elle est belle et utile à la fois, ce n'est pas parce qu'elle est l'une qu'elle est l'autre ; ce qui la fait belle est d'un autre ordre que ce qui la rend utile. »

En effet, il n'est point possible de confondre dans la nature le beau avec l'utile : un beau cheval peut être moins fort, moins rapide et d'un moins bon usage qu'un cheval laid ; et si ce dernier l'emporte sur le premier au point de vue de l'utilité, il lui est manifestement inférieur au point de vue de l'agréable.

Vous savez d'autre part, le cas de Louise Michel que je citais l'autre jour.

Je suppose, disais-je, que Louise Michel ait été la femme la plus intelligente, la meilleure et la plus dévouée du monde ; mais en même temps qu'elle ait été très laide. Certes, sa laideur, si excessive qu'elle fut, n'empêche pas tous les individus conscients d'avoir pour elle de l'estime et de l'admiration. Mais mettons cette Louise Michel bonne et intelligente en parallèle avec une autre femme ayant exactement au même degré ces mêmes qualités de bonté et d'intelligence ; mais en plus de ces qualités, supposons qu'elle soit très belle. Alors si un choix est possible entre ces deux femmes, nous sera-t-il indifférent de porter notre choix du côté de la femme la plus laide ou de la plus jolie ?

Je crois que la nature même protesterait contre nous, si nous hésitions dans notre choix.

Autre ex[illegible] montrant que le sentiment du beau est quelque chose de tout à fait différent de [illegible] l'utile.

En entrant dans une salle, nous trouvons plusieurs femmes : toutes nous sont inconnues. Mais cela n'empêche point qu'en les regardant successivement, on trouve grand plaisir à arrêter plus longuement le regard sur certaines d'entre elles ; pourquoi ceci ?

Qui oserait dire que si nos yeux s'arrêtent sur celles-là, c'est parce qu'elles sont les plus intelligentes et les meilleures ? Qui oserait dire que les femmes sur lesquelles nos regards s'arrêtent avec le moins de plaisir sont précisément celles qui sont les plus méchantes ou les plus sottes.

Cet exemple montre suffisamment qu'entre plusieurs femmes absolument égales au point de vue des qualités intellectuelles et morales

— puisque nous les ignorons —, nous ne pouvons nous empêcher de faire un ou plusieurs choix. Donc ces femmes ont des avantages indépendamment de leurs qualités d'ordre moral ou intellectuel. Ce sont ces qualités indépendantes des autres qu'on peut appeler beauté.

Vous voyez donc que le beau ne se confond nullement avec l'utile, ni ne l'accompagne nécessairement. Mais je vais plus loin et je dis que non seulement le beau n'accompagne pas toujours l'utile, mais il arrive même qu'il aille à l'encontre de lui. En effet, il m'est arrivé de m'oublier à la lecture de certaines poésies, alors même que le souci de ma santé m'aurait contraint à ne pas continuer dans des conditions lui étant préjudiciables. Dira-t-on que j'étais un détraqué ? Ne voit-on pas que j'agissais ainsi parce que, à ce moment, des deux sentiments c'était le beau qui l'emportait sur l'utile ?

Passons maintenant à l'esthétique.

J'arrive, je suppose, de Constantinople à Paris. Je ne suis qu'un ignorant, je n'ai jamais assisté à une représentation. Je suppose que le premier Français que je rencontre à Paris soit Libertad lui même.

En me voyant, il se dit à lui-même : « Voici un bougre d'Arménien sauvage, sur qui je ferai une drôle d'expérience. »

Il me prend par la main et me conduit vers l'Opéra.

Arrivés devant le monument et me le montrant, il me dit : « Est-il beau ! — Certainement, dirai-je ; c'est très beau. — Entrons donc. J'ai des billets. »

Il n'y a aucun doute que j'aurai un cri continuel d'admiration, en assistant à la représentation.

Y a-t-il en moi, dans ce premier choc avec la beauté, l'idée de l'utilité ? Je ne me demande pas qui a construit l'Opéra, qui en assure l'existence. Est-ce un tyran qui pressure des millions d'individus ? Est-ce une société basée sur la justice et le bien-être?

Il est évident qu'à mes premières impressions je ne pourrais jamais avoir l'idée de penser à ces problèmes sociaux tellement le sentiment, la conscience, la jouissance du beau est quelque chose d'indépendant de toute idée accessoire.

Mais qu'à la sortie, Libertad, me prenant par la main, me tienne ce langage :

« Tu trouves ça très chic ? — Oui, je n'avais rien vu de si beau. Je veux venir ici très souvent. »

Qu'alors il me dise :

« Sais-tu que tout ce luxe, tous ces frais sont supportés par des milliers d'individus qui peinent et souffrent douze heures durant ? Sais-tu qu'on a dépensé cinquante millions pour la construction de l'Opéra tandis que des millions d'individus n'ont pas de quoi manger ? »

Alors, camarades, si je suis un individu conscient, la question change complètement pour moi ; dès ce moment, je regretterai qu'on fasse tant de dépenses en des jouissances esthétiques, alors que des œuvres d'une bien plus grande utilité sont mises de côté.

Mais remarquez-le bien, si j'ai cette idée, cette sensation, ce ne sera point parce que l'idée de l'utile se confondra en moi avec l'idée du beau. Non, ce sentiment du beau demeurera en moi aussi intense qu'auparavant. Seulement ce plaisir d'assister à des représentations sera contrebalancé par la douleur que j'éprouverai de voir souffrir des milliers d'individus. Si je mets les jouissances artistiques que j'ai éprouvées à l'Opéra d'un côté de la balance et les souffrances de ces individus de l'autre, la balance penchera du côté de la douleur.

Aussi dirai-je que dans ces conditions, je préfère me passer de l'Opéra, à condition que les souffrances des milliers d'individus puissent s'en trouver amoindries.

Vous voyez, camarades, que dans toutes ces circonstances si diverses, le sentiment du beau ne se confond jamais avec celui de l'utile. C'est quelque chose de tout à fait distinct, indépendant. Nous ressentons la jouissance du beau lorsqu'il se trouve même être en complet désaccord avec l'utile.

Dikran ELMASSIAN.

La Commune affranchie

J'ai passé quelques jours dans la cité lyonnaise. Certes je ne m'attendais pas trouver en cette ville plus de libertés que dans Paris. Mais son renom de socialisme, esprit gréviste y atteignant même les sergots, je pouvais croire à la libre circulation dans cette ville.

J'ai le regret de dire qu'il n'en est rien. A côté des flics en uniforme, il en est comme ici dits de la secrète, qui n'ont même pas la discrétion de ceux d'ici. Nul besoin de flagrant délit ou de mandat d'arrêt pour qu'ils vous imposent leur contact. Toute occasion leur est bonne. Leur bon plaisir suffit.

A propos du manifeste de l'A. I. A., le camarade Favier était arrêté, passé à l'Anthropométrie. Jusqu'ici ce n'est que l'arbitraire classique. Le Parquet fit alors appeler le patron de notre ami au Palais de Justice, où on lui annonça — devant Favier — que son ouvrier était anarchiste, qu'il était dangereux de l'occuper.

Cette besogne faite, notre camarade fut remis en liberté, mais son patron le débaucha. Sa mère, faible de santé, en éprouva une émotion si vive qu'elle mourut alors que j'étais encore dans la ville. A quelle exaspération veut-on mener les esprits libres

Mais ce n'est pas tout. Le groupe Germinal de Lyon me signale ce fait : le vendredi 24, à 8 heures du matin, le camarade Bellet, dit Cupidon, se rendait à son travail. Trois individus en civil l'arrêtent, le séquestrent, dans le but évident de l'empêcher d'arriver à son travail, puisqu'il n'y a aucun délit. La foule commençant à s'amasser, à protester en sa faveur, ces messieurs ne prolongent pas la farce et le laissent libre.

Ce camarade m'avait raconté plusieurs histoires semblables dans lesquelles il jouait le rôle de victime. Des hommes en civil l'arrêtent en pleine rue : «Où vas-tu ? Où travailles-tu ? Où couches-tu ? » J'ai dit à notre ami qu'il prévienne « légalement » quelques autorités. Qu'il demande « loyalement » aussi une permission de port d'arme. Et qu'il brûle la gueule (je prie les hyènes de m'excuser de cette comparaison) à quiconque voudra l'entraver dans l'exercice de ses « droits d'homme et de citoyen » alors qu'il n'entravera pas ceux d'autrui.

Et qu'on en fasse partout autant.

A. L.

A propos du "Matronat"

A Léon Israel.

Il est toujours avantageux pour une idée d'être entendue par une pensée sincère, hostile à ce qu'elle propose :

Elle est rejetée avec vigueur ; le mouvement lui donne la vie.

L'idée du *matronat* eut cette chance. En naissant, elle détermina une résistance ironique. Apparaître gaiement, n'est-ce pas se manifester libre ?

On la repousse, mais elle provoque des manifestations pleines d'équité à l'égard de la femme. De plus, les considérants de sa condamnation sont posés de telle façon scientifique, qu'ils permettent en discutant sur ce terrain neutre de donner toute son activité au mouvement déterminé : de la vibration et de la chaleur, du son, il passera à la lumière.

Allons ! c'est bien le travail rationnel de la Vie avant la fécondité... L'idée est tombée dans un réel foyer de vie.

Qu'est-elle ?... Le matronat, c'est une réunion de femmes de quarante ans, (c'est à dire ayant atteint l'âge mûr) qui, ayant pu sentir et observer les mouvements normaux de la vie particulière à la nature féminine, sachent préciser ces mouvements et la valeur de leurs réflexes psychiques, afin de pouvoir renseigner utilement la jeune fille et la jeune femme sur la vie intime de la femme : sur ce qui se passe normalement en elle physiologiquement et psychiquement lorsqu'elle accomplit les actes qui déterminent la procréation et peuvent la rendre mère.

L'ignorance générale sur ces bases fondamentales de la vie est pitoyable.

Ce n'est pas seulement la femme qui en souffre, mais l'enfant qu'elle procrée.

La femme qui s'en rend compte ne doit-elle pas y intéresser la Femme ?

Car il est une vérité incontestable : tout réflexe psychique naît d'une sensation physique immédiate ou déjà éprouvée.

On ne sait, on ne peut conclure de la valeur des réflexes psychiques qu'autant qu'on a éprouvé en toute conscience, les sensations physiques qui les provoquent.

S'il est regrettablement vrai que la femme en général *affaiblie* par des siècles de compression et d'esclavage, ne vécut alors et ne vit encore que comme une automate ; s'il est évident qu'elle ne se rend pas scientifiquement compte des mouvements que la vie effectue et détermine en elle ni de la qualité psychique de leurs réflexes et qu'elle est incapable de les faciliter ou de les discipliner, par contre, l'Homme, s'il peut scientifiquement indiquer ces mouvements dans la Femme et en provoquer quelques uns, ne peut jamais les sentir ni dans leur action, ni dans leurs résultats psychiques pas plus que dans l'intensité des sensations physiques qui les déterminent.

Tout le domaine physiologique, psychique féminin, par conséquent la maternité, appartient à la femme. C'est elle qui doit, pour le plus grand bien des deux sexes, s'éclairer scientifiquement sur elle-même et aider celles qui n'ont pas le temps de se livrer à ces observations, en leur donnant le fruit des leurs (en attendant l'éducation rationnelle pour tous).

La science officielle et ses représentants ignorent la Femme comme la Femme s'ignore.

Pour révéler la Femme à elle-même, une démonstration scientifique donnée par l'Homme si compétent soit-il, est incomplète. D'une part, il n'est pas tout à fait désintéressé, peut-être ; d'autre part, il ne sait pas, il ne peut pas dire ce que, physiologiquement, il ne sent pas.

Et quand même l'homme saurait aussi, admettons-le. Où sont-ils, ceux qui savent et avec lesquels la Femme puisse se sentir en confiance *pour elle-même* ? Où sont-ils ceux qui s'associeront à toute la vie physique et psychique comme une femme, dans ces situations toujours tragiques que crée le drame sacré de la transmission de la Vie.

Il faut avoir été la femme, l'amante, la mère, pour connaître l'émoi de la femme dans tout son être, dans ses révoltes comme dans ses ravissements, dans les douleurs comme dans le tremblement glacial de l'enfantement (serait elle la science en personne) pour prendre réellement part à toutes les phases de cet acte sacré entre tous, je le répète, qui consiste à donner la vie à un autre être par l'entremise du sien.

Ce qu'il faut, c'est la donner de façon qu'elle soit bien la vie pour celui qui arrive, qu'elle soit bien une victoire, un triomphe d'énergie, d'intelligence et de volonté.

Pour cela ne faut il pas connaître et respecter les mouvements rationnels de l'enfant qu'on porte en soi, en se respectant soi-même et en sachant se préparer à la délivrance et à l'allaitement ?

Qui donc, plus et mieux que la femme, à l'heure actuelle, peut entrer dans tous les détails qu'exige l'action de vivre dans un état (de grossesse) que seule, elle traverse ?

La nature féminine porte en elle les moyens qui conviennent à la part qu'elle donne dans l'œuvre de reproduction de la vie ; part qui est physiologiquement et psychologiquement si importante pour l'enfant et pour elle.

Seule la femme exprimera ce qu'elle est. En suscitant cette même connaissance chez

(5)

— LE —

LANGAGE D'ACTION

(Suite)

Enseigner par l'exemple, les éléments de la marche, du vol, en perfectionner les mouvements, au moyen de cette méthode excellente, cela ne suffit pas pour rendre l'éducation complète. La tâche des parents ne s'arrête pas là, elle s'étend en outre à une foule de combinaisons et d'événements, conséquences inéluctables des relations avec le monde extérieur, dont leur expérience seule sait résoudre les multiples difficultés. Ces connaissances, dont les ont fait profiter leurs devanciers immédiats, et qu'ils ont enrichies par des acquisitions personnelles, comment les transmettront-ils, à leur tour, à leur progéniture ? Par les gestes et par la voix, soit qu'ils entremêlent les signes d'action avec les signes vocaux, soit qu'ils s'en tiennent uniquement aux premiers.

Un langage qui est tout en action affecte plus vivement l'imagination que le langage oral, car si ce dernier, quand il est arrivé à un haut point de perfectionnement, comme chez l'homme, se prête à l'expression de tous les détails, de toutes les nuances de la pensée, à tous les besoins de l'analyse, il est moins dramatique et produit par lui-même moins d'émotion que les signes gesticulés et visibles. Aussi les sentiments sexuels demandent-ils aux gestes et à la mimique des modes d'expression proportionnés à leur degré d'intensité. S'il n'est pas douteux que le chant du mâle, chez les oiseaux, soit en rapport étroit avec les émotions des sexes, celles-ci, d'autre part, se traduisent avec une grande énergie par des actions dont les images se gravent très fortement dans la conscience de la femelle. De là ces postures variées, ces évolutions galantes, ces parades, ces étalages de parure, ces poursuites passionnées, qui accompagnent presque toujours la cour que se font les oiseaux.

La danse concourt aussi à communiquer les pensées, et, comme elle agit avec force sur l'imagination, elle y fait une impression plus vive, sinon plus durable, que toute autre démonstration. Aussi les oiseaux s'en servent ils pour exprimer certaines situations sentimentales subordonnées à l'excitation sexuelle. La danse est, pour quelques espèces, un langage d'amour que les mâles emploient non seulement dans le but de séduire les femelles par le spectacle de leur grâce, de leur force et de leur agilité, mais aussi pour peindre à l'aide d'une gesticulation plus variée et d'une pantomime éloquente les sentiments dont ils sont animés. La danse dérive du langage des gestes, et elle en conserve le caractère ; mais, moins bornée dans son expression, et possédant un plus grand nombre de signes, elle peut traduire les mouvements de l'âme les plus impétueux et les plus compliqués. Il en est de même pour la musique que les oiseaux joignent à leurs gestes.

Mais ce n'est pas seulement de la voix qu'ils accompagnent leurs pantomimes. Ils expriment aussi leur émotion par une sorte de musique instrumentale. Ainsi les paons produisent un bruit particulier avec les tuyaux des plumes de leur queue. Les dindons font traîner bruyamment leurs ailes par terre. Les paradisiers frottent également les tuyaux de leurs plumes. Le pic noir, selon l'expression pittoresque de Brehm, « tambourine sa chanson d'amour ». Il appelle sa femelle en frappant très rapidement avec son bec sur une branche sèche, ce qui produit un bruit spécial qui s'entend de fort loin. La cigogne fait claquer son bec, et y met un art surprenant. Longs, courts, rapides, lents, forts ou faibles, ces claquements traduisent, par leur variété, les sentiments et les besoins les plus divers. C'est aussi par des claquements que le mâle témoigne son amour à sa femelle. Les jeunes apprennent dans le nid ce singulier langage, dont ils se servent déjà avant de prendre leur essor.

Quelques espèces d'oiseaux produisent, en volant, des bruits particuliers qui ressortissent des expressions émotionnelles. Je ne citerai qu'un exemple, très caractéristique, le *bêlement de la bécassine*. « A l'époque de l'accouplement et surtout vers le soir, dit Naumann, le mâle, en volant rapidement et un peu obliquement vers le ciel, produit un son bien connu et qui ressemble à un bêlement. A cet appel par lequel il veut probablement appeler sa femelle, celle-ci répond par des « dick kuh » ou par « kup ti kupti kupp ». A peine la femelle, qui reste par terre, a-t-elle donné cette réponse que le mâle descend des airs en se laissant presque tomber ».

Une mimique expressive révèle souvent les désirs et les desseins des oiseaux. Le coucou des abeilles ou indicateur vole devant l'homme pour le conduire à un nid d'abeilles. Son but est de se procurer par le pillage de la ruche le miel, et surtout les chrysalides dont il est avide. Le manège qu'il emploie est des plus curieux. Il cherche d'abord par des cris perçants à éveiller l'attention. Lorsqu'il y a réussi, il vole lentement d'espace en espace, vers l'endroit où l'essaim d'abeilles s'est établi. Il attend son compagnon de chasse, et l'encourage par ses cris à le suivre. Si celui-ci est resté trop loin derrière lui, il revient à sa rencontre et, par ses cris redoublés, semble lui reprocher sa lenteur. Enfin, lorsqu'il est arrivé au nid des abeilles, il plane immédiatement au-dessus pendant quelques secondes, comme pour dire : « c'est là » ; après quoi, il se pose en silence sur quelque arbre ou buisson voisins, dans l'attente de ce qui va arriver, et dans l'espérance d'avoir sa part de butin.

Comme exemple de l'usage de la mimique de la part d'un oiseau, Romanes cite une corneille qu'on avait l'habitude de baigner chaque matin. Un jour qu'on avait oublié de préparer son bain, elle attira l'attention sur cette négligence en faisant sur le sol les mêmes mouvements que lorsqu'elle se livrait à ses ablutions quotidiennes (*). J'ai observé moi-même une mimique toute pareille chez une buse bondrée élevée en captivité. Toutes les fois qu'elle désirait se baigner, elle venait devant moi, et se mettait à se secouer et à étendre les ailes comme si elle prenait un bain. Ces cas ne sont pas rares, et on en relève d'analogues chez les mammifères. Quoi de plus significatif, par exemple, que l'acte de ce chien qui apportait une écuelle à la servante, pour lui rappeler l'heure de traire la chèvre dont il buvait le lait, ou de cet autre qui grattait impérieusement, avec ses pattes, l'auge vide où on lui donnait ordinairement à boire pour faire connaître son besoin et attirer ainsi l'attention.

Tout le monde a observé la mimique du chien qui désire faire une promenade. Il se dirige vers la porte en agitant la queue, et en regardant son maître pour l'inviter à le suivre, revient près de lui, lui donne un coup de patte ou le tire par son habit. Le chat agit à peu près de la même façon, pour se faire ouvrir une porte et sortir. Les chiens savent donc faire part de leurs idées et de leurs désirs à l'homme au moyen de signes d'action, tout autant et plus encore peut-être que par les signes de la voix. Ils ont aussi la faculté de communiquer entre eux soit en aboyant sur un certain ton, soit par gestes. Romanes, parlant de l'invitation que fait un chien à un autre à le suivre : « Ce geste, dit-il, est toujours le même : c'est un rapprochement de têtes avec contact moitié par frottement, moitié par petits chocs, qui diffère entièrement de toute expression d'enjouement et qui a toujours pour résultat un plan d'action déterminé. » Et, à l'appui de son opinion, il cite le fait suivant : « J'avais un terrier de Skye (pas tout à fait pur sang) dont le fils d'humeur pacifique, quand il était seul, devenait très batailleur en compagnie de son père. Un jour que ce dernier était à sommeiller dans l'appartement où je me trouvais, et que son fils reposait sur le haut du mur qui sépare une pelouse de la grand'route, un gros chien métis vint à passer. Un instant après, mon terrier se réveilla et descendit encore tout engourdi dans le jardin. A peine avait-il paru sur le seuil de la porte, que l'autre courut à lui et lui fit le signe dont j'ai parlé. Aussitôt son expression changea complètement et devint très animée, puis franchissant le mur en compagnie de son fils, il se mit à courir avec lui le long de la route, comme le peut seul le terrier qui poursuit un ennemi. Je les suivis des yeux pendant un mille et demi, distance qu'ils parcoururent sans ralentir, bien que l'objet de leur poursuite ne fût point en vue même au départ.

(*A suivre*). **Magaud d'AUBUSSON.**

(*) Romanes, *L'intelligence des animaux*, édition française, t. II, p. 77.

le plus grand nombre de femmes, ce sont les deux sexes (qui tous deux naissent d'elle) qui en bénéficieront. ..

Est-ce celui ou celle qui comprend ainsi la vie, qui trouble l'Harmonie ? Mais elle pense sincèrement que la douceur de vivre n'est possible que dans l'Harmonie des différences connues et respectées, dont chaque sexe est devenu scientifiquement le directeur contrôleur et qu'il emploie et exerce librement, selon sa nature dont les actes et leurs conséquences sont toujours consentis.

La femme expérimentée, qui a passé généralement l'âge des surprises de la nature peut beaucoup pour la science de la Vie et pour la vie scientifique fondamentale que veut en chaque individu l'exercice de la liberté, pour qu'il en bénéficie.

Le matronat n'a pas d'autre but que de réunir celles d'entre les femmes que cette idée satisfait, qui ne craignent ni de dire leur âge, ni d'affirmer leur pensée et qui veulent bien aider les jeunes à sortir de la faiblesse et de l'ignorance. Cela ne s'inspire que *du droit de vivre* mais de l'obligation de savoir humainement l'exercer.

L'Harmonie n'a pas plus à en souffrir que la Liberté.

Le matronat aide à les faciliter. Est-ce clair ?

Lydie MARTIAL.

Les piqûres dont les flancs du sieur Durand ont tant eu à se plaindre sont à la disposition des camarades à raison de 0.20 le 100, un méli-mélo de textes différents. Port en plus.

ANARCHISTES & DÉROULÈDARDS

On demande souvent aux anarchistes militants quelle est la nature du gouvernement qu'ils rêvent : c'est comme si on demandait aux nihilistes russes par quoi ils remplaceraient les lois supprimées. Un peuple sans gouvernement peut-il survivre à la destruction de ses lois ? Telle est la question, le théorème que l'on pose aux réfractaires de l'idée déroulèdiste et des majoritards de la chambre républicaine.

Mais l'avenir passe au second plan. Le présent préoccupe tous les possesseurs et voici la question posée à tous ceux qui pensent :

« Êtes-vous propagandiste par le fait ?... »

Ces idées inquiètent nos gouvernants : ils permettent bien aux nationalistes de « décerveler » suivant leur propre et élégante expression, les républicains et les voyous anarchistes, mais sitôt que l'un de nous ouvre la bouche, il est vite coffré. Nous savons bien que le suave gouvernement que nous a donné le suffrage universel redoute bien plus les anarchistes que les nationalistes-monarchistes échevelés et loufoques. Nous savons aussi que pour complaire au roitelet d'Espagne, il tient dans les prisons des hommes innocents, même au point de vue juridique, pendant que Marcel Habert et Déroulède rentrent en triomphateurs à Paris, portés au pinacle par le bon peuple de la Ville Lumière. Mais le gouvernement que l'Europe nous envie, ne veut pas se souvenir que les septembriseurs sauvèrent la République, que Marat et Robespierre l'empêchèrent de sombrer dans les embûches dressées par le parti royaliste. Ils oublient que ce régime salutaire appelé « régime de la terreur » par les thuriféraires du pouvoir, a sauvé la France, leur France républicaine.

Ergotez à votre aise, Messieurs les gouvernants ! Le régime des « suspects » mettait le peuple à l'abri des convoitises des nobles et des tyrans qui le pressuraient depuis des siècles et auxquels il était asservi, sans espoir d'émancipation.

A présent la bourgeoisie affinée profite du labeur des anarchistes de l'époque thermidorienne, de leurs souffrances, de leur héroïsme, se prélasse dans les délices de Capoue pendant que le peuple expie chaque jour dans une lutte stérile ses velléités d'indépendance et d'insubordination à des lois archaïques.

Frappez sans merci, messieurs les justiciers, frappez jusqu'à votre dernier souffle, le « peuple souverain » saura peut-être un jour reconnaître les siens, et séparer les brebis galeuses du troupeau.

Rochefort, Clemenceau, Jaurès, Viviani poursuivez votre œuvre liberticide, vous, les mandataires du peuple, paralysez l'effort des vrais amis de la liberté, conspuez ceux qui osent encore crier : « crime de lèse-gouvernement » : « Vive la République » en face des flics à Lépine ; vos lois sont celles des tyrans : l'Angleterre, avec sa royauté respecte plus que vous la liberté du peuple. Vous avez conservé intact ce fameux Code Napoléon, le plus inepte document de la sottise humaine, et vous vous prétendez républicains ! Si vous étiez conséquents avec vous-mêmes, il y aurait longtemps que vous auriez procédé à l'élection des magistrats, préconisée par votre Maître Gambetta dans son « sublime programme de Belleville », comme dit Thomson. Où donc est cette épuration tant promise ? Elle nous importe peu, ces juges nous semblent des bêtes malfaisantes au même titre, qu'ils soient Jourde ou Magnaud, mais je me place à votre point de vue « strictement républicain » et je m'étonne...(*)

Je m'étonne de leur livrée ridicule. Je m'étonne de leur partialité, de leur hâte à condamner les misérables et les vagabonds sans gîte, les parias que la société a rejetés : je m'étonne de leur empressement à blanchir les riches et les puissants, les belles femmes et les cocottes de haute marque, en de tendres jugements, avec des « attendus » exquis.

Je m'étonne. Au fait, pourquoi ?...

Nous prétendons que quelque soit le régime, autocratique ou démocratique, si démocratique soit-il, nous aurons encore mieux quand nous aurons détruit les semences mêmes de cette détestable organisation sociale qui nous étreint et qui nous tue.

Continuez à encenser ce régime bâtard que nous subissons : l'ouvrier finira bien un jour par immoler à ses convictions cette République néfaste si chère aux imposteurs, aux flibustiers de la plume, pas assez chère pourtant pour qu'ils ne la sacrifient aux déclamations pompières des Déroulède et consorts.

Henry TUBIANA

(*) Nous communiquerons prochainement des faits précis concernant un de ces bons juges. M. Cottiguier, ancien Procureur de la République à Paris, pratiquant précisément à Alger.

Les CAMARADES que cette feuille intéressera l'aideront par tous les moyens. En la propageant. En la vendant. En l'aidant à vivre.

Si l'ANARCHIE intéresse, qu'elle vive par elle même.

CHEZ LES CHATS-FOURRÉS

A la Curée anarchiste

à LIÈGE (Belgique)

La semaine dernière, les chats-fourrés liégeois retrouvaient en face d'eux, la tête sympathique de notre camarade Moineau. Il ne venait pas les voir par plaisir, mais par suite de poursuites intentées contre lui par le sieur Demblon, député belge, de l'espèce social-démocrate.

Moineau a donné deux gifles à ce Monsieur, lors d'une réunion néo-malthusienne que ce dernier présidait. Demblon s'est trouvé trompé, prétend-il. Il ne savait pas qu'il devait présider une réunion à tournure plutôt anarchiste. Nous dirons en passant tout le ridicule des manifestations où pour augmenter soi-disant la valeur des choses dites en colloque un numéro quelconque comme président. Hâtons-nous de dire aussi que Moineau n'était pour rien dans cette histoire et que c'est ce qui fit l'objet de la dispute. Le Demblon refusa la parole à notre ami. Après un colloque où Moineau se vit menacé, le député a reçu deux soufflets.

Maintenant devant le tribunal, Demblon se défend d'avoir porté plainte contre Moineau. Alors pourquoi ne se retire-t-il pas lui le seul témoin. Il est vrai que Moineau ne veut pas de sa pitié. Mais que n'a-t-il le bon esprit de considérer l'orgueil si naturel de notre ami, et que ne conserve-t-il le beau rôle ? Veut-il donc voir notre ami condamné ?

C'est ce qui arrive, Moineau est condamné à 26 francs d'amende du chef de coups et à 10 francs d'amende du chef d'injures.

Qu'est cela ? rien ! Mais notre ami n'est qu'en libération conditionnelle, selon la volonté de la « justice », notre ami peut rentrer à nouveau au bagne. Que Demblon, s'il est un homme avant d'être un député fasse appel même pour avoir l'occasion de retirer sa déposition.

C'est certainement la solution la meilleure pour lui et pour Moineau.

à AMIENS (France)

Ici, c'est le nommé Wattaux chien de garde chez le sieur Bauduin qui raconte avoir reçu une volée (pas volée) d'un homme portant un manteau avec capuchon dans lequel il prétend reconnaître notre camarade Garnery.

Devant le Tribunal, il s'empresse de préciser : l'homme au manteau lui aurait parlé, mais il n'est pas tout à fait aussi précis. L'homme ne lui a pas dit : « Je suis Garnery. » On a dû montrer à Wattaux le ridicule de cette parole entre deux hommes qui se connaissent, surtout venant de celui qui veut flanquer une correction incognito à l'autre.

L'emploi du temps de Garnery est établi. Wattaux s'est évidemment trompé (?). Néanmoins, notre ami est condamné à trois mois.

⁂

A la suite du pétard dont nous a parlé *l'Informateur*, et comme il le faisait pressentir, malgré toute la certitude que les paroles dites à la réunion n'ont aucun rapport avec ce piètre incident : Bousquet, Garnery sont arrêtés, Le Guerry poursuivi, Abriany cambriolé judiciairement :

Continuez donc, mes bons messieurs, mais ne riez pas trop, nous pourrions être lassés.

à PARIS (France)

La date de notre journal ne nous permettrait que de donner une appréciation incomplète à propos de la comparution de nos amis Vallina, Caussanel, Malato et Harwey devant la Cour d'assises de la Seine, aussi n'en parlerons-nous pas cette semaine. Tous les camarades d'ailleurs tiendront à être informés par la presse quotidienne, afin d'être plus vite fixés sur les hautes œuvres de la « justice sociale ».

OUI CÉ.

Le Mariage et la Prostitution sont les deux termes d'une même opération ; l'Amour libre seul est raisonnable et beau.

Vive l'anarchie !

Revue des Journaux

Les Temps Nouveaux.

Un article plein d'humour et de verve de Pierre Monatte sous le titre *l'œuvre unité socialiste*. Il s'attache à montrer tout le ridicule de cette unité et aussi toute sa suffisance. Il montre déjà les fissures par où commenceront les hérésies prochaines. Il cite l'exemple de cette Fédération nantaise qui, quelques jours après le congrès de Chalon excluant les Indépendants offre la candidature à Millerand leur chef incontestable. C'est à lire.

Charles Albert reconnait qu'une des phrases de ses articles sur *Antimilitarisme et révolution* pouvait prêter à une interprétation tolstoïenne. Il critique, avec raison, cette manie de la révolution pour la révolution qui est, pour beaucoup, n'importe quoi de violent. A mon avis, il semble trop croire que sont aptes à faire la véritable révolution économique, les syndicalistes révolutionnaires. Qu'il les fréquente, saperlotte, il changera d'avis, ou il rapportera cette opération à quel an 2 ou 3000 !!!

G. R. montre les résultats que l'on peut obtenir par l'assolement et l'emploi des engrais chimiques ; il cite des exemples.

H. F. critique un article de P. et V. Margueritte paru dans le *Journal* dans lequel ils faissient leur meilleur Plot. Il les invite à venir se rendre un compte exact et effarant du nombre et de la situation des chômeurs.

Le Libertaire.

Miguel Almereyda trace point par point, ligne par ligne, le schéma du complot policier contre nos amis Harwey, Vallina, Malato et Caussanel. Pour ce travail, il ne saurait y avoir qu'une critique favorable. Nous en sommes heureux.

Yvetot doit avoir des lunettes pour voir les choses d'une façon si rose. La grève des arsenaux est une victoire. Toutes les grèves sont des victoires.

Après la leçon de sagesse, la leçon de morale, les groupes de l'A. I. A. T. n'ont qu'à bien se tenir. Gare la férule.

LE LISEUR.

POUR LES GROUPEMENTS

Nous prévenons nos amis que nous mettons en circulation des petits paquets de brochures mélangées (25) de **A mon frère le Paysan**, de Reclus ; **L'Ordre**, de Kropotkine ; **L'Absurdité de la Politique**, de Paraf-Javal ; **Aux Conscrits**, de la Jeunesse d'Amiens, au prix de **0.75**, franco de port.

L'Absurdité des soi-disant Libres-Penseurs, de Paraf Javal, est vendue au prix de **7** fr. le **100**, franco de port. Nous avons pensé à faire cette édition avec le plus de soin possible : la couverture illustrée et en couleur, le travail typographique très soigné.

Nous venons d'éditer une poésie de Louis Cornet, avec musique de Léon Israel, sous le titre **Au Pays du Bonheur**, histoire de se reposer un brin. L'exemplaire **0.10**. Les **10, 0.50** ; le **100, 4** francs. *Port en plus.*

Nous pouvons livrer 25 exemplaires des **Deux Haricots** de Paraf Javal, image pour enfants, à raison de **1** fr **50**, franco de port.

Piqûres d'aiguille

Le soldat est un ouvrier qui revêt pendant deux ans un costume ridicule pour tuer ses camarades d'atelier, afin d'obéir aux patrons.

Vive l'anarchie !

La Politique est une des plus grandes absurdités. Le Bulletin de vote est l'arme des lâches et des imbéciles.

Vive l'anarchie !

Etiquettes, vingt textes différents : 0 fr. 20 le cent — **Port en plus**

CE QU'ON PEUT LIRE

Pierre Kropotkine. — *Aux Jeunes Gens ; Anarchie et Communisme ; Morale anarchiste ; Organisation de la Vindicte* : br. à **0.10.** — *Les Temps nouveaux* : br. à **0.25.** — *Autour d'une vie ; Conquête du Pain* : vol. à **2.75.**

Paraf-Javal. — *L'Absurdité de la politique* : br. à **0.15.** — *Libre Examen* : br. à **0.25.** — *La Substance universelle* : vol. à **1.25.** *Les deux haricots*, image p. enfants : **0.10.** — *L'absurdité des soi-disant libres penseurs*. **0.10**

Jean Grave. — *Organisation, Initiative, Cohésion ; La Panacée Révolution ; Le Machinisme ; Enseignement bourgeois et Enseignement libertaire ; Colonisation* : br. à **0.10.** — *La Société future ; L'Individu et la Société ; Les Aventures de Nono* : vol. à **2.75.**

Elisée Reclus. — *A mon frère le paysan* : br. à **0.05.** — *L'Anarchie et l'Eglise* : **0.10.** — *Evolution et Révolution*, vol. à **2.75.**

Elie Reclus. — *Les Primitifs* : vol. à **4** fr. — *Les Primitifs d'Australie*, vol. à **3** fr.

A. Dal. — *Les Documents socialistes*, avec préface de **Ch. Malato** : br. à **0.30.**

Georges Etiévant. — *Déclarations ; Légitimation des actes de révolte* : br. à **0.10.**

René Chaughi. — *Immoralité du mariage ; La Femme esclave* : br. à **0.10.**

Enrico Malatesta. — *Entre paysans*, br. à **0.10.**

Domela Nieuwenhuis. — *Le Militarisme ; Education libertaire* : br. à **0.10.**

Charles Albert. — *Guerre, Patrie, Caserne* : br. à **0.10.** — *Aux anarchistes qui s'ignorent* : br. à **0.05.**

André Girard. — *Anarchie* : br. à **0.05.**

Ligue de la Régénération. — *Moyens de limiter les grandes familles* : br. à **0.30.** — *Plus d'Avortements* : br. à **0.50.** — *Socialisme et Malthusianisme*, br. à **0.60**

S. Faure. — *Les crimes de Dieu*, br. à **0.15.** — *La Douleur Universelle*, vol. à **2.75**

Noël Reibar. — *A bas la guerre*, poésie avec musique : **0.10.**

L'« anarchie ». — Numéros parus : **0.10** chaque — Les invendus sont envoyés, le port étant seul à la charge des camarades.

Piqûres d'aiguille. — 20 textes : **0.20** le 0/0.

Les frais de port sont évidemment en plus.

OU L'ON DISCUTE
OU L'ON SE VOIT

Causeries Populaires du XVIIIᵉ, 30, rue Muller. — Lundi 4 décembre, à 8 h. 1/2, *Balade chez les chats-fourrés.*

Causeries Populaires du XIᵉ, 5, cité d'Angoulême. — Mercredi 6 décembre à 8 h. 1/2. *La question arménienne*, par le camarade Dikran Elmassian.

Causeries Populaires des Vᵉ & XIIIᵉ, 37, rue Croulebarbe. — Samedi 2 décembre, à 8 h. 1/2, *L'art ce qu'il est*, par Sophia ; *ce qu'il devrait être*, par Marcel.

Causeries Populaires du XIXᵉ, 63, rue de Flandre (salle Grandjean). — Jeudi 7 décembre, à 8 h. 1/2. *Les anarchistes et la guerre*, discussion générale. Il n'y a ni cotisation, ni consommation obligatoire.

L'Aube Sociale, Université populaire, 4, passage Davy. — Samedi 2 décembre, à 8 h. 1/2, soirée mensuelle. *La physiologie et la question sociale*, par Kownacki.

Enseignement mutuel, Université populaire, 41, rue de la Chapelle. — Samedi 2 décembre, à 8 h. 1/2, *La journée de 8 heures* par A. Libertad.

Aux Causeries Populaires, 5, cité d'Angoulême. — Samedi 2 décembre, réunion de camaraderie. *Critiques et discussion* sur la presse anarchiste.

Union de l'Ameublement, 12, rue Legille. — Les camarades sont invités à la réunion générale du mardi 5 décembre. Il est nécessaire que tous soient présents. Des choses sérieuses y seront discutées. Adhésions, cotisation.

Causeries Populaires de Lyon. — Les camarades sont priés d'assister à la soirée familiale qui aura lieu dimanche 3 décembre, à 8 heures du soir, chez Chamarande, 26, rue Paul-Bert. Un camarade fera une causerie.

Composé par des camarades.

Le Gérant : A. MAHÉ.

Imp. des Causeries Populaires, [illegible]

LES CAMARADES
adresseront
tout ce qui concerne
l'anarchie
à A. MAHÉ & A. LIBERTAD
30, rue Muller, 30
PARIS-XVIII.

l'anarchie

PARAISSANT TOUS LES JEUDIS

ABONNEMENTS
FRANCE
Trois Mois.......... 1 50
Six Mois.......... 3 »
Un An.......... 6 »
ÉTRANGER
Trois Mois.......... 2 »
Six Mois.......... 4 »
Un An.......... 8 »

PREMIERE ANNEE. — N° 35 | DIX CENTIMES | JEUDI 7 DÉCEMBRE 1905

EN RUSSIE

Révolution ET Tolstoïsme

La révolution continue en Russie et jamais peut-être dans les trente dernières années le problème révolutionnaire ne s'était présenté sous un aspect si tranchant, d'un intérêt si pressant.

Durant cette période relativement courte, un grand bouleversement s'est opéré dans les conceptions humanitaires et sociologiques, d'irritantes questions ont surgi du sein compact et obscur des masses prolétariennes, revendiquant du petit nombre de jouisseurs privilégiés leur part de bien-être, leur droit impérieux aux jouissances de la vie.

Un mécanisme complexe et séculaire d'organisation sociale fait que dans le monde, ces masses tout en constituant le grand nombre, partant la grande force, se trouvent être à la merci du petit nombre, à la remorque de la petite force, subissant ses exigences, suivant ses fantaisies, se domestiquant servilement devant ses impertinences.

Certes, elles n'auraient qu'à vouloir — ces masses d'infortune et d'exploitation — et cesseraient incontinent cette anomalie révoltante, cette combinaison hybride de ceux qui sont les plus nombreux et les plus forts, et qui tout en gémissant se font quand même écraser par ceux qui sont les moins nombreux et les moins forts.

Mais deux catégories de raisons concourent à empêcher les masses asservies de vouloir s'emparer du bien-être, tout en l'appelant ardemment :

1° Les raisons d'ordre matériel.

2° Les raisons d'ordre moral.

Les premières semblent en apparence être les plus solides, les plus difficiles à terrasser. Elles constituent tout cet ensemble de machine gouvernementale composée d'un législatif, d'un judiciaire, d'un exécutif, et étayée d'une organisation technique ajustée à cet usage.

Ce sont les raisons des plus forts, de ceux qui brutalement, arbitrairement, par la seule logique de leur intérêt ou de leur fantaisie imposent aux autres individus une existence continuelle de labeur et de misère

Les raisons d'ordre moral sont plus obscures, moins sensibles et aussi moins indépendantes de la volonté individuelle, mais non moins redoutables quant à leur effet.

Elles tiennent à l'essence même de notre individualité et la desservent tout en en constituant une partie intégrante : Elles se composent de tous ces préjugés à faces multiples qu'en vertu du principe de causalité, — qui fait que les individus sont déterminés par l'action de l'ambiance qu'ils subissent inconsciemment — la fatalité des choses ou une éducation faussée nous inculquent continuellement. L'individu porte alors dans ses propres flancs les convictions préjudiciables à son intérêt, les ferments destructeurs de son énergie individuelle, et en subit l'influence avec d'autant plus de résignation qu'il est incapable de s'en rendre compte.

C'est contre ces deux catégories de raisons qu'il y avait à lutter, en vue de préparer l'émancipation humaine.

Or, la lutte révolutionnaire, qu'à l'heure actuelle on est en train de mener en Russie, nous présente sous ce rapport un phénomène des plus caractéristiques et d'une importance capitale au point de vue de la leçon à en tirer.

On y remarque à première vue une force vraiment redoutable de prolétaires mise au service des conceptions les plus véritablement révolutionnaires, les plus pratiquement utiles.

On y admire l'action ordonnée, l'élan irrésistible de cette force si savamment mise à contribution, balayant tout sur son chemin, arrêtant d'un seul coup toute la vie publique, neutralisant tout ce mécanisme compliqué, tous ces ressorts gouvernementaux, qui seuls paraissaient faire durer l'état anormal des choses et dont les prolétaires en révolte se trouvaient être les premières et les plus malheureuses victimes.

C'est l'écrasement des raisons matérielles qui s'opposent à l'émancipation des individus et dont il a été parlé plus haut.

Mais qu'est-il arrivé ?

On se trouvait à peine sous l'impression terrifiante de ce déploiement vraiment admirable d'énergie, qu'il se repliait déjà. Il y avait bien une merveilleuse force d'action en travail, mais elle sombrait lamentablement, faute d'un emploi rationnel, d'une mise en œuvre savante et résolue.

C'étaient des préjugés qui ainsi qu'un tourbillon venaient de gagner les esprits, paralyser toutes les énergies et faire avorter dans le sang de milliers et de milliers d'individus tout ce travail révolutionnaire. Il aurait suffi à ces milliers de grévistes, rendant toute la vie impossible d'un bout à l'autre de l'autocratie, d'étendre la main, et immédiatement ils se seraient rendus maîtres de la situation et auraient pu en disposer à leur guise.

Mais ce geste, cette volonté leur ont fait défaut.

Après avoir aligné toutes leurs forces et montré à leurs maîtres tout ce qu'ils étaient capables de faire contre eux, ils employèrent la force d'inertie, en arrivèrent même à un recul volontaire, comme s'ils venaient d'être tout d'un coup frappés de folie.

Pourquoi, se demande-t-on stupéfié, ces dizaines de milliers de miséreux se sont-ils aussi dérobés juste à la minute où il y avait pour eux le plus d'intérêt à agir ?

N'est-il pas clair qu'il faut y voir surtout l'influence néfaste des idées tolstoïennes ?

Qu'est-ce que le tolstoïsme ?

C'est la conception saugrenue d'abdiquer son droit devant celui d'autrui, de se laisser bêtement immoler sous prétexte de ne pas attenter à l'intérêt des autres, de préférer subir éternellement toutes les conséquences funestes des esprits détraqués, plutôt que de tenter le moindre effort en vue de s'en débarrasser.

Qu'est-ce qu'enseigne le tolstoïsme, en effet ? De ne jamais verser le sang d'une créature humaine, de n'agir jamais autrement que par la douceur.

L'excellence de l'intention n'est sans doute pas mise en cause. Mais comment ne pas voir qu'en pratique, étant donné l'état du monde actuel, loin d'amoindrir ou d'enrayer la criminalité, cet enseignement ne peut que l'augmenter, que le faire durer indéfiniment ?

On fait de la douceur le principe par excellence ? Mais tous les principes réunis du monde arriveraient-ils à primer celui pour chaque individu de se mettre en légitime défense, de tenir sérieusement à la vie ? De quel droit alors obligerait-on les individus à subir les caprices, la bêtise vaniteuse, les velléités maladives de certains individus que l'aberration ou la faiblesse des masses ignorantes ont élevés à l'omnipotence ?

Et comment, par quelle lubie approuverait-on tous ces ouvriers russes d'aimer mille fois mieux leur exploitation, de supporter tous les massacres de leurs camarades plutôt que de lever la main et d'empêcher les assassins de leur nuire ?

On organise tous les soirs des meetings de sympathie en faveur de ces révolutionnaires malheureux ; on y prononce de beaux discours et on y vote d'énergiques ordres du jour de protestation ou de sympathie.

Mais je n'y ai pas encore entendu la seule chose à dire : Conseiller aux révoltés de Russie de ne pas annuler tout le résultat de leurs efforts dans la folie des conceptions tolstoïennes.

Dikran ELMASSIAN.

CONTRE TOUTES LES TYRANNIES

Tous ceux qui suivent avec attention la marche de l'humanité, doivent attacher une grande importance au développement de l'idée révolutionnaire en Russie. La révolte des paysans concordant avec celle des ouvriers, la prise de la terre et de l'usine, ce grand réveil d'un peuple écrasé jusqu'ici sous la plus horrible des tyrannies, tout cela doit passionner les hommes de liberté et de fraternité.

Aussi avons nous pensé à organiser un

GRAND MEETING

Le **Jeudi 7 Décembre**, à 8 h 1/2

HOTEL DES SOCIÉTÉS SAVANTES

8, Rue Danton, 8

On parleront :

Charles Malato -- Sébastien Faure
Gustave Hervé -- Miguel Almereyda
Dr Meslier -- Victor Méric
Urbain Gohier -- Georges Yvetot

POUR LA MARCHE DE

La Révolution en Russie

Tous les esprits libres et soucieux d'aider d'une façon effective à l'éclosion d'une ère de liberté dans le monde entier, viendront y assister nombreux, apportant l'appui de leur présence et de leur cotisation.

Les bénéfices de ce meeting serviront à aider les révolutionnaires de Russie.

ENTRÉE : 0.50

Chiquenaudes ET Croquignoles

Le Carnet d'un Sauvage.

Il est un sauvage et c'est [illegible] qui put [illegible] dans une des plus policées des feuilles que je connaisse.

Il évoquait, ces jours derniers, un pays débarrassé de quémandeurs de place, de gens à redingote, de téléphones, de télégraphes, etc., etc.

Et le Maroc lui paraissait presque un paradis.

Il songeait, il est vrai, avec quelque amertume, que notre entrée en ce pays allait en faire une quelconque Batignolle.

Il y a pire malaise pour ce pays : c'est d'y semer de la graine d'électeur car le reste viendra par surcroît.

—o—

Les réformistes et la rue de Jérusalem

Car ce n'est pas que le Jaune qui [illegible] de la rue de Jérusalem et qui lui sert d'indicateur. Le sieur Copigneaux, en pleine réunion publique, disait connaître les auteurs des « vols » commis à la B. du T. et, en particulier, dans son bureau : être prêt à les nommer.

N'est-il pour rien dans l'arrestation de notre camarade Roger Sadrin, à ce sujet ?

Une poursuite qui vient un an après le fait et à propos d'un clou quelconque est puérile. C'est plutôt en tant que camarade anarchiste qu'en tant que particulier que Sadrin est arrêté. Mais on ne pourra le garder, car l'accusation ne tient pas debout ?

N'importe, il y a plus d'amateurs que de salariés à la rue de Jérusalem.

—o—

On la persécute.

Qui persécute-t-on ?

La Petite République, la Gazette de la Chaise-aux Gens, L'Union des Cent mille Paletots.

Le sieur Dupuy, Jean, dont les fonctions consistent à abrutir ses contemporains par l'intermédiaire du Petit Parisien, jette des entraves dans le char de la feuille socialiste.

Oui, il ose assimiler le concours « littéraire » de la Petite République à un concours de hasard. Comme si le style de Zévaco n'obligeait pas, à moins d'être un ignare, à deviner le mot exact.

Et ne serait-ce d'ailleurs que le fait de faire lire cet auteur moral, n'y aurait-il pas là une œuvre d'éducation ?

Ne voyons-nous ici que la jalousie du directeur du P. P. de voir ce Jules Mary d'avenir embellir les colonnes de la P. R.

—o—

La ligne droite.

Il y a quelques deux ans avec des mois, que le métro joua la pièce sinistre des Couronnes. Une centaine d'acteurs jouèrent les morts.

On attribua, après enquête, une partie de la responsabilité à l'éclairage défectueux. Il vous semble, sans doute, que la cause connue, l'effet devait être supprimé rapidement ? Détrompez-vous ; après enquête, sur-enquête, décrets préfectoraux et décrets ministériels, ordre du jour de Compagnie, etc., etc., l'éclairage et la force motrice des wagons se confondent et au premier incendie, il y aura obscurité et affolement.

C'est de l'Ad-mi-nis-tra-tion, mes amis. Vous n'y pouvez rien comprendre, vous êtes des sauvages, des anarchistes.

CANDIDE.

Equivalence génitoire

Notre excellent camarade Piot, employé à la fabrication des lois à l'usine du Luxembourg, aux appointements quotidiens de 25 francs, s'est fait interroger par un rédacteur du *Matin* (n° du 18 novembre 1905.)

Il s'émeut (à bon droit je pense) de notre propagande et trouve que tous les six mois (!) nous cherchons à créer un mouvement d'opinion. Il trouve aussi que jusqu'ici nous avons échoué, il espère bien que nous échouerons encore et il ajoute :

« Il y a un peu moins d'un an, nous dûmes toutefois intervenir. Les ligueurs avaient organisé une conférence dans la salle des fêtes de la mairie de Charenton. Conférence piteuse, s'il en fut, puisque les orateurs parlèrent devant un auditoire d'environ vingt-cinq personnes. Néanmoins, il y avait là un précédent fâcheux : le fait de prêter un établissement communal et quasi officiel à ces sortes de manifestations. J'écrivis aussitôt à M. Combes, alors président du conseil, pour protester contre ces agissements, et, par retour du courrier, j'étais avisé que le gouvernement prenait des mesures pour qu'en aucun cas un édifice public ne puisse abriter nos adversaires. »

Je crois qu'il y a en notre excellent camarade Piot (qui fait dans les lois comme certains autres font dans le calicot) un vieux reste de *calotinite* qui remonte. C'est comme en *Mûli* dont parle Daudet (le vrai, le seul : Alphonse) ça vous remonte de temps en temps comme un relent de soupe à l'ail. La *calotinite* de notre camarade Piot lui fait dire qu'il y avait vingt cinq personnes à une certaine conférence où il y en avait au moins 1.500 (c'était une conférence des camarades Jeanne Dubois, Potier, Robin, Yvetot)

Et le voilà pris d'un bel accès d'indignation. Comment les néo-malthusiens osent célébrer leurs cérémonies dans des monuments consacrés au culte de la loi !

Passe encore qu'en de tels locaux la foule des meurt-de-faim vienne célébrer le « culte du nombril « d'un prêtre laïque, d'un politicien : député, sénateur ou ministre ! Mais constater que cette même foule des meurt-de-faim se mêle de chercher, elle-même, les moyens de guérir sa famine, voilà qui passe l'entendement du camarade Piot !

Eh bien, cher camarade, étant politicien, vous devez savoir qu'il y a toujours un truc pour se tirer d'affaire. Pour certains c'est le « truc de la Patrie », pour d'autres c'est le « truc des retraites ouvrières ». Toute la question, voyez-vous, c'est d'avoir un « truc » et que le « truc » soit bon. Je vais donc vous indiquer un « bon truc ». Nous l'appellerons, si vous le voulez bien, le truc de l'« équivalence génitoire ». Il est très simple et, comme dit le camelot, à la portée de toutes les bourses. Le voici :

Il y a en France quantité de familles composées (je prends une moyenne) du papa, de la maman et de trois enfants : au total cinq personnes. Remarquez que, pour vous être agréable, je supprime les ascendants qui, ne pouvant pas reproduire, ne doivent évidemment pas vous intéresser. Ces familles, modèles du communisme type, arrivent à satisfaire à leurs nécessités vitales avec une pièce de cinq francs quotidienne. Je fais abstraction, toujours pour vous être agréable, des « nombreuses familles nombreuses » qui, grâce à un salaire beaucoup moindre satisfont à leurs nécessités vitales avec des tartines de misère assaisonnées du sel de l'espérance et du poivre de la résignation. Et voici le truc idéal : « puisque cinq francs suffisent à cinq personnes, vingt cinq francs doivent suffire à vingt-cinq personnes. » Par conséquent, il faut vous dépêcher de fabriquer une quantité de petits Piot suffisante pour compléter ce nombre de 25 Piot mâles ou femelles (une petite pension, allez-vous dire). Quelque chose, je le crains bien, vous gênera, c'est de savoir comment vous pourrez plus tard caser tous ces fils à papa, si vous désirez faire de tout cela des sous-préfets. Si, de plus, vos amis vous imitent je crains bien que vous ne soyez obligé, à un certain moment, de crier comme le mendiant parisien : « N'en jetez plus, la cour est pleine ! »

Si cette méthode vous paraît difficilement applicable, une autre se présente immédiatement à l'esprit pour rétablir l'« équivalence génitoire » c'est celle d'assurer à chacun de vos concitoyens un revenu quotidien égal à celui qui, chaque matin, échoit à chacun des Piot (petits ou grands, mâles ou femelles) que l'Europe nous envie.

Si, comme on est en droit de le penser et comme dit une chanson célèbre, vous êtes « père d'une nombreuse famille » formant une communauté de dix personnes, cela représente un revenu quotidien de 2 fr. 50 par personne. Il vous suffira donc d'obtenir de vos collègues du corps législatif (qu'une grande amour pour le peuple inspire) un petit dispositif de loi décidant que, désormais, chaque citoyen aura un revenu minimum quotidien assuré de 2 fr. 50.

Vous aurez alors rétabli l'« équivalence génitoire », et je puis vous assurer que ce jour-là c'est nous qui deviendrons repopulateurs et vous qui serez obligé (devant la fécondité des maternels désormais assurés contre la misère) c'est vous qui serez obligé, dis-je, de devenir néo-malthusien.

Franck SUTOR.

IDÉAL MORAL & INDIVIDUALISME

(Suite et fin)

Essai de philosophie individualiste

Voyons donc, maintenant, si l'individu, tel que nous le montre la science, est compatible avec tous ces systèmes ou si l'Individualisme essentiel ne s'oppose pas à l'idée de « Morale ».

D'abord : qu'est-ce que l'Individu ?

L'individu est un phénomène de « Vie », résultat des propriétés et des forces de la matière organique et comme tel, il a des propriétés et des forces qui lui sont inhérentes et qu'il doit « agir » sous peine de voir annihilé le degré de force, d'activité, de puissance de la vie.

Comme tout ce qui se meut dans l'immensité de l'espace, composé lui-même de plusieurs trillions de cellules qui agissent toutes indépendamment, librement, pour le plus grand bien de l'ÉQUILIBRE des forces créatrices et destructrices, équilibre qui est : la Vie ; l'individu, résultat de ces forces agissantes, comme la Terre est le résultat de nébuleuses, comme l'Espace est le résultat de toute la matière agissante, l'individu est soumis à des forces qui sont inexorables et qui font le développement de l'être, si elles agissent librement, l'étiolement et la désagrégation si elles sont retenues.

Ainsi, nous arrivons à concevoir non seulement que l'individu est un organisme rigoureusement déterminé, mais qu'il est un « accident » et comme tel, unique, manifestation de la matière libre en mouvement constant, en évolution constante.

Est-ce donc sur ces phénomènes qu'il s'agit d'établir une morale ?

On a toujours obligé les hommes à agir dans un but de « Moralité », vers un « Idéal », un « Absolu » quelconques, basés sur des normes prétendues irréfutables mais on n'a jamais songé à rechercher si cet Idéal, cet Absolu étaient compatibles avec l'humain. Il a toujours été question de « l'Homme », mais jamais de l'homme. Nous devons donc en parler.

Les hommes sont des êtres organisés qui subissent tous des lois auxquelles ils ne peuvent se soustraire et que l'on appelle : lois naturelles.

Ces lois ne tendent ni à la perfection, ni à l'idéalisation. Ce sont des forces qui s'imposent et qui nous poussent, tous, à agir selon elles. Qu'en résulte-t-il ? — Que lorsqu'elles ne sont pas satisfaites, l'individu éprouve une souffrance, que lorsqu'elles sont satisfaites, l'individu se développe, acquiert de l'énergie, de la puissance.

Mais, va-t-on objecter dès à présent, parmi ces lois naturelles, il en est qui sont communes à tous les hommes et c'est sur celles-là que reposera la « Morale », principes établis en vue de satisfaire ces besoins inhérents à toutes les individualités. Nous pouvons objecter à cela que des lois naturelles ne peuvent se contenir de par le seul fait qu'elles s'imposent.

Ces besoins que nous avons tous nous imposent une sociabilité à laquelle nous ne pouvons nous soustraire car il est impossible à l'homme de vivre seul, sans le concours, le secours de ses semblables et précisément cette sociabilité étant perfectible, c'est-à-dire devant tendre à toujours plus d'harmonie, a pour « idéal moral » les rapports des hommes entre eux dénués de toute spéculation, de toute autorité blessante ? Du bonheur de tous dépend le bonheur de chacun ? — Sous le prétexte que l'individu ne peut pas subvenir seul à tous ses besoins, on ne voit en lui que la société. De là l'erreur fondamentale de toutes les philosophies.

Guyau a d[...] dans l'œuvre magistrale *Esquisse d'une morale sans obligation ni sanction* : « Une [...] de positive et scientifique « ne peut fair[e] [...] individu que ce commande[ment] : Dé[veloppe] ta vie dans toutes les « directions, [...] un « individu » aussi riche « que possible [en] énergie intensive et extensive : pour cela sois l'être le plus « social » et la plus « sociable ». — Nous pourrions dire : Pour cela, aies conscience de ta puissance et exerce-la vers toujours plus de progrès, plus de bien-être, plus de bonheur. Ne soyons pas plus royalistes que le roi. Prenons pour ce qu'ils valent les sages et désintéressés conseils et laissons à l'Individualisme la pureté de sa forme.

L'Individualisme établit une différence fondamentale entre une « Société » et une « Libre association ». Ne voyant que des « individus », il nie la « Société » car il reconnaît aux individus la puissance de pouvoir s'associer librement. Il n'y a « société » que lorsque les individus ne sont pas en puissance. Dans le cas contraire, il ne peut y avoir que « libre association ».

Où il y a « libre association », il n'y a pas « Morale », où il y a « Société », il y a « Morale », pour cette raison que la libre association est la possession des individus, qu'ils peuvent la détruire au gré de leur volonté, tandis que les individus sont possédés par la société et qu'ils ne peuvent la détruire. L'individu ne peut pas « ne pas rentrer » dans une société. Il y naît, il y meurt. Il peut, au contraire, « ne pas rentrer » dans telle association. Il est le maître de lui. Il crée et détruit l'association, son objet, sa chose. Elle peut vivre une heure comme dix années. La société est l'étau de l'individu, il ne peut en sortir.

Ainsi s'établit l'individualisme qui dit : De mon bonheur, « à moi », dépend celui des autres. Il n'y a que si je suis en puissance de me développer que vous pouvez avoir ce libre jeu de vos forces. J'ignore le bonheur de tous et je ne veux pas le connaître. Seul, le mien m'intéresse. Qu'est-ce que le bonheur de tous ? — Sachant seulement ce qui peut faire « mon » bonheur, c'est en vue de me satisfaire, « moi seul », que j'exercerai ma puissance et que je rechercherai si d'autres puissances veulent s'exercer conjointement à la mienne en vue d'acquérir leur propre satisfaction.

Et si vous ne trouvez personne pour s'associer avec vous, vous ne pourrez rien obtenir, vous n'aurez donc pas de bonheur ? — Il est aisé de renverser la question et de dire : Où il y a contrainte morale, il n'y a plus de bonheur, l'individu n'étant plus libre.

L'individu subit donc, non pas un « idéal moral » mais bien une obligation naturelle qui le contraint à s'associer librement dans le but de satisfaire ses besoins. Or, il est de toute évidence que la plupart de ces « associations » seront constantes.

Si Guyau a établi la morale sans obligation ni sanction, peut-être pourrons-nous établir un jour : la vie sans obligation morale, sans idéal moral, qu'il soit immuable ou en éternelle perfectibilité. Nous ne verrons en elle que le libre jeu des énergies et des intelligences pour le triomphe du progrès et l'infini développement de l'individu.

Nous pouvons donc conclure ainsi :

La Morale étant la science qui donne les règles de conduite fondées sur la notion du bien et du mal moral, cette idée, de par sa définition même, est incompatible avec l'Individualisme qui, niant l'existence du Bien et du Mal et ne voyant dans la « Vie » que des forces naturelles agissantes, ne permet pas l'établissement d'une « Morale ».

A.-L. MANOURY.

LE PAUVRE HÈRE

Je ne sais rien, sinon que je suis un bien pauvre hère. Dès l'aube attelé, bâté, licolé, harnaché, freiné, enchaîné, je vais tirant mon lourd fardeau, obéissant au gré de mon maître. Les termes de ma science se résument aux hue ! oh ! ioh ! aïh ! et autres exclamations que le fouet souligne. Depuis quarante et quelques siècles j'ai changé bien souvent de patron : et j'attends, patient, résigné, la venue du « bon conducteur ». Les siècles peuvent s'écouler ; mon espérance est sans limite.

Ces temps derniers j'étais joyeux. Des inventions de machines à transport, à production m'avaient comblé d'aise. Il me semblait qu'enfin j'allais jouir de l'abondance générale de la nature domptée, de la beauté du jour, de la liberté conquise.

Comme par le passé je demeure une machine moi-même ; mes auxiliaires, si elles ont augmenté les richesses de mes propriétaires, n'ont pas diminué mes efforts, ni mes privations. Ce progrès qui m'apparaissait le libérateur, me semble aujourd'hui un complice. Je peine tout autant, sinon d'avantage. J'en arrive à me demander quand finiront mes souffrances, si la soif du lucre, du luxe et de l'or ne fait que grandir dans l'esprit avaricieux de mes exploiteurs.

Est-ce que par hasard je dois être la bête éternellement bâtée et battue, et de père en fils ne se reposant qu'à l'abattoir ?

Je ne puis croire à une pareille cruauté. Une telle sordidité, une aussi noire bassesse de sentiment, une résolution aussi monstrueuse dans la perpétration du crime d'esclavage ne peut hanter l'esprit des hommes. Maintes preuves m'obligent à être confiant. J'ai appris que nombre d'entre eux avaient exprimé le désir de voir grossir ma ration de paille et décroître ma somme de labeur. Lorsque ces philanthropes me conduiront, j'en ai la conviction profonde, les injures et les coups de fouet seront abolis..... Comme il me tarde de les sentir sur leur siège ! Leur poids ne doit pas être aussi lourd que l'obésité énorme des bourgeois, ces sans-cœur ventrus. J'ai bien remarqué quand ils riaient et me flattaient de la main que certaines de leurs dents étaient longues ; mais leur maigreur qui ressemble à la mienne m'assure de leur légèreté, et la douceur de leurs promesses me rassure. Le char de l'impôt grandissant, qui depuis si longtemps pèse sur mon échine, ne sera plus qu'un tilbury. J'aurai bien encore à traîner l'attirail militaire, à défendre le sol menacé par d'autres brutes conduites par d'autres automédons ; à supporter les lois, la justice du nouveau pouvoir : mais tout cela n'existera-t-il pas pour mon bien propre et pour ma sécurité personnelle ?

***

Et de nouveau l'esclave héréditaire, bonasse et crédule, s'imaginant que ses maîtres de demain ne ressembleront pas à tous ses maîtres d'hier espérant sottement dans la bonté de l'autorité, s'attèle à la rude tâche de porter au pouvoir ses flatteurs d'aujourd'hui, ses tyrans de demain.

Jean LIBERTAIRE.

LES PROBLÈMES DE LA VIE(*)

Notions de Psychologie

(Suite)

La vie résulte du conflit incessant, de la lutte constante entre les diverses énergies en présence dans l'univers.

Si l'on prend un organisme quelque simple qu'il soit ; on voit que, d'une part, les énergies extérieures agissent sur lui : *réceptivité, sensibilité*, et que d'autre part, son énergie intérieure réagit sur le milieu ambiant : *mouvement*.

On appelle irritabilité, ce phénomène d'excitation et de réponse.

Depuis que la théorie cellulaire a été pressentie par le génie de Bichat, et si magistralement établie par les Mirbel, les Raspail, les Schwann les Haeckel et tant d'autres, est admise par tous, théorie prouvant que tout être est une cellule ou un groupe de cellules, on a pu établir et généraliser les grandes lois de l'irritabilité.

Elle nous permet notamment d'étendre aux cellules nerveuses, le résultat d'expériences que l'imperfection de nos instruments ne nous a pas permis de faire directement sur l'homme mais que nous avons vérifiées d'autre part.

Lois de l'irritabilité

Avant d'énoncer ces lois, il est intéressant de rappeler :

1° Que nous ne percevons que des mouvements ;

2° Que nous ne percevons que par nos sens, en sorte que tout phénomène qui n'est pas mouvement appréciable à nos sens, est considéré comme n'existant pas ;

3° Que cependant nous admettons l'hypothèse vérifiée en certaine partie, que tous les phénomènes calorifiques, électriques, chimiques, etc., sont des formes diverses du mouvement vibratoire, des *molécules* ou parcelles infimes de matière composant les cellules. Ces mouvements ne sont pas perceptibles à nos sens, mais l'analyse scientifique nous a montré qu'ils étaient réductibles à des lois mécaniques connues ;

4° Que tout changement dans l'état des cellules est par suite une différence d'intensité des vibrations moléculaires ;

5° Qu'enfin l'énergie universelle peut se transmettre, se transformer, mais qu'elle ne peut pas plus se perdre que se créer, qu'elle se conserve indéfiniment.

Ceci dit prenons une cellule dont l'état thermique, électrique, chimique, etc., soit qualifié par la lettre A, soit une énergie quelconque F. F agit sur A, la cellule devient $A + F = A'$, et nous avons :

1re loi. — *Toute action qui modifie l'état d'une cellule est un irritant.*

Mais l'énergie F ne peut se perdre, elle se transforme de deux manières :

1° Elle provoque un changement dans l'état moléculaire de la cellule autrement dit elle change A en A' ;

2° Elle provoque un mouvement, un déplacement extérieur appréciable à nos sens.

2e loi. — *Le mouvement de réponse à l'irritation est proportionnel à l'intensité de l'énergie excitatrice.*

3e loi. — *Le mouvement de réponse à l'irritation (on dit aussi excitation) est d'autant plus grand, à irritant égal, que l'équilibre interne de la cellule est plus ou moins stable.*

Cette dernière loi est très importante.

Certaines cellules sont le siège de dédoublements et de reconstitutions chimiques constantes, elles sont dans un état d'équilibre intense très instable et une force excitatrice très minime, ou même un certain changement chimique intermoléculaire, peut produire des réactions considérables. Par exemple : la cellule ovulaire fécondée par la cellule spermatique grandit sans autre excitation, ce qui donne la :

4e loi. — *Le mouvement de réponse à une irritation dure beaucoup plus longtemps que l'irritation.*

Nous avons vu (1re loi) que la réponse à l'excitation présentait deux formes : 1° réaction interne ; 2° réaction externe.

Or, soit A l'état d'une cellule, LM la ligne au-dessus duquel le mouvement de réaction de cette cellule est perceptible à nos sens. Soit F la force nécessaire pour provoquer le mouvement A A' dont la partie Z A' est seul perceptible.

Si nous appliquons à la cellule A une force F' dont l'intensité est le tiers de celle de F, elle sera capable seulement de provoquer le mouvement A P situé au-dessous de la ligne LM et par conséquent imperceptible à l'observateur. La force F' semble perdue. Il n'en est rien, car l'état P de la cellule est égal à A + F' et si une seconde fois on applique à la cellule une force égale à F' le mouvement deviendra P P' égal à P + F', et enfin une troisième fois nous appliquons à la cellule la force F' nous aurons le mouvement P' A' égal à P' + F', en résumé après trois applications d'une force F', le tiers d'une force F, nous aurons le même résultat qu'en appliquant la dite force F, c'est à dire un mouvement de réaction dont la partie A Z n'est qu'une modification interne et la partie Z A' un mouvement externe.

Cette démonstration un peu aride a une importance extrême, elle sert à énoncer la cinquième

(*) Voir l'*anarchie* à partir du n° 29.

loi de l'irritabilité qui expliquera beaucoup de phénomènes intellectuels considérés longtemps comme inconnaissables et sur l'ignorance desquels les sectes de spirites et de religieux appuient encore aujourd'hui leurs abracadabrantes, autant que funestes théories.

Cette loi est la suivante :

« Toute énergie, quelque faible qu'elle soit appliquée à une cellule provoque des réactions intermoléculaires qui changent l'état de cette cellule en un état moins stable, de sorte que la répétition d'application de cette énergie ou d'une énergie similaire, deux, trois, dix fois sur cette même cellule provoque le même mouvement de réaction que l'application unique d'une énergie double, triple, décuple de même nature. »

MAURICIUS.

(A suivre.)

LA MORALE

à André Lorulot.

« La Morale est la règle de conduite logique d'un individu conscient dans une circonstance donnée », telle est la définition que vous donnez dans votre dernier entretien.

Vous admettez donc que tout individu conscient, agissant logiquement, doit fatalement, dans une circonstance donnée, accomplir les mêmes actes que n'importe quel autre individu conscient.

Mais l'observation nous montre que, au contraire, les individus ont des tempéraments très divers, qui les poussent, en face de tel fait déterminé, à réagir de façon différente. On pourrait peut-être établir une moyenne approximative, mais quelle raison aurions-nous de plier à cette moyenne les individus qui s'en écarteraient le plus, et qui pour cela ne seraient certes pas pour nous les moins intéressants.

D'ailleurs vous dites que votre morale est individuelle, que vous l'exposez seulement et ne cherchez pas à l'imposer. Mais comment même certains individus pourraient-ils connaître mieux que certains autres la règle de conduite à suivre pour ces derniers et la leur exposer avec certitude ?

D'ailleurs vous cherchez aussitôt à déterminer la « morale individualiste, égale pour tous » et vous énumérez immédiatement les « devoirs de l'individualiste conscient ».

Puis, résumant ce que vous n'avez pas encore dit, vous prétendez que l'attitude de l'individu conscient doit être :

« La bienveillance aux bienveillants, la malveillance aux malveillants et l'utilisation de tout ce qui l'entoure au profit de son individualité. »

L'utilisation au profit de l'individu de ce qui l'entoure n'est pas une règle morale. C'est l'ensemble des besoins de n'importe quel être, conscient ou non et c'est vers ce but que tendent toujours ses efforts. La morale ne serait que l'ensemble des règles à suivre pour cette utilisation, règle que vous ne donnez pas.

Quant à la première règle que vous exposez, elle est absolument arbitraire. C'est la contre partie de la morale chrétienne, mais pourquoi l'admettre plutôt que cette dernière ?

Un homme conscient, c'est à dire capable de prévoir, très relativement du reste, quelles seront les conséquences utiles ou nuisibles de ses actes, n'a pas besoin de règles morales établies à l'avance et cadrant plus ou moins exactement avec les besoins de cet homme, le milieu et les circonstances. Au contraire, il doit, en face des événements, réfléchir aux actes à accomplir en s'aidant non de règles générales toutes faites, mais de la science qu'il a pu acquérir par expérience ou par observation. Ses conclusions seront ainsi entièrement subordonnées à son tempérament, à ses besoins et à ses préférences pour un plaisir ou une utilité immédiat ou pour un plaisir ou une utilité à longue échéance ; elles ne seront pas influencées par des règles extérieures, peut-être au début raisonnées et scientifiques, mais tendant toujours à devenir dogmatiques et métaphysiques et à prendre en elles-mêmes une valeur qu'elles n'ont pas, faussant ainsi les données du problème, et par conséquent, sa solution.

Vous dites en terminant que l'anarchie est une morale. Au contraire, les théories anarchistes sont la conclusion de certains individus en face de circonstances données dans un milieu donné. Elles ne sont pas « la règle de conduite à suivre en sociologie » mais l'explication, la traduction en idées et en mots des actes de certains individus dans un certain milieu. On ne saurait juger des actes à accomplir en se réglant sur ces théories, mais celles-ci sont au contraire la conclusion de l'examen individuel des faits, en dehors de toute règle de conduite préalablement adoptée.

Le danger de n'importe quelle morale est qu'il se trouvera toujours des gens, peut-être plus savants que les autres, qui se poseront comme ses défenseurs et qui, se prévalant de leur plus grande somme de science, tendront à s'imposer aux autres, soit par force, soit par une sorte d'intimidation intellectuelle, leurs idées... et leur autorité personnelle.

Albert FRÉMANT.

UN "A-COTÉ"

La critique d'idées pour moi ne doit jamais se transformer en polémique personnelle. Quand un homme s'oublie à mon égard jusqu'à m'insulter, je laisse passer cela comme on laisse passer une colère enfantine, ennuyé presque du regret qu'il aura, après réflexion, d'avoir dit des bêtises et des grossièretés.

Ainsi, je suis un des « gens de l'*anarchie* » dont parle Jean Grave, en le numéro passé des *Temps Nouveaux*, mais je ne le suivrai pas sur le terrain qu'il a cru devoir choisir. J'ai trop de respect pour lui et pour moi. Je me permettrai seulement de rectifier ou d'expliquer quelques points afin d'éviter toute confusion.

Sous le même titre, nous insérions dans le numéro du 25 novembre, une lettre de G.-A. Bordes, que nous avions reçu le 13 novembre. Nous aurions pu l'insérer dans le numéro du 16, nous ne l'avons pas fait, voulant d'abord nous assurer si les *T. N.* ne l'inséreraient pas. Ce n'est donc que devant leur silence et après réflexion que nous ne nous sommes pas cru *autorisé* « à laisser écraser sous le poids du silence n'importe quel camarade ».

Nous savons, combien il est difficile de pouvoir répondre à un article de presse vous touchant et les journaux les plus... libéraux mettent au panier les réponses des anarchistes persuadés que ces derniers ne se serviront pas de la loi. Il nous a paru regrettable que les *T. N.* puissent suivre la même route. Aussi nous avons inséré tout en notifiant que nous ne connaissions pas du tout les questions en suspens et que très peu les personnages en querelle.

Personnellement, étant correcteur à l'imprimerie Maréchal, j'ai vu G. A. Bordes qui faisait paraître en cette maison un journal qui s'appelait, je crois, le *Cri de Révolte*. Autant que je peux me le rappeler, cette feuille me paraissait bonne. Mon sens de critique s'étant aiguisé, je ne sais si je penserai de même aujourd'hui.

D'un autre côté, j'ai vu quelque fois Jean Grave « au bureau » des *T. N.* où j'allais acheter des brochures pour les Causeries populaires. Nos rapports étaient tellement de client à commerçant qu'un jour (le journal *l'anarchie* existait) nous entrâmes — Anna Mahé et moi — prendre des brochures. Par inadvertance, nous n'avions pas de quoi faire l'appoint de trois francs. Nous fûmes obligés de partir sans les brochures, Jean Grave qui seul, était là, ne nous fit pas l'offre de les prendre quand même.

Je ne cite pas cela contre lui, mais je tiens à montrer qu'avec l'un et l'autre, G. A. Bordes et Jean Grave je n'ai jamais eu que des rapports de travail ou d'achat. De plus, dans ma mémoire, les idées qu'ils ont exprimées s'équilibrent, sinon en quantité, du moins en valeur.

Comment donc Jean Grave peut-il penser que nous sommes « gens à faire une enquête » et près de qui aurions-nous fait cette enquête. Près de lui ? Voyons ne serait-ce pas ridicule, dans une querelle, de se renseigner près d'un des « adversaires » ?

Si nous avions eu une opinion mauvaise de G.-A. Bordes, nous n'aurions pas inséré. Mais nous n'en avions aucune. Nous ne « jugeons » pas les camarades *a priori*. Nous avons l'habitude de ne tenir aucun compte des choses dites après querelle, jamais nous n'étayons notre pensée de choses dites sous l'impulsion de la colère et de la haine.

Pour moi — et je parle en mon nom personnel — cela ne me gêne pas, actuellement, d'être le « compagnon » de Bordes. Si jamais cela me déplait, je le dirai et j'expliquerai pourquoi.

Albert LIBERTAD.

P. S. — J'oubliais. Mercredi dernier, avant que les *T. N.* ne soient parus, le camarade Bénard allait, argent en main, chercher pour *l'anarchie* et les Causeries une quarantaine de francs de brochures. Jean Grave a refusé de les livrer, disant : « Vous leur direz que nous ne leur vendons plus de brochures. »

Nous regrettons de ne pouvoir continuer à répandre les idées de P. Kropotkine, d'Elisée Reclus, de Jean Grave, de Charles Albert, de René Chaughi et d'autres, comme nous le faisions précédemment. Les Causeries populaires et *l'anarchie* jetaient dans la circulation près de cinq cents brochures par mois. Nous allions les offrir dans toutes les réunions, même les vendre dans la rue. Nous ne pourrons plus continuer cette propagande. Nous le regrettons. Le camarade Grave va sans doute être ennuyé d'entraver la diffusion des idées.

A. L.

C'EST LA FOIRE

Montmartre est en fête ! Sa grande foire est ouverte, et malgré la pluie battante, la neige même, et le froid qui vous glace, bourgeois, fêtards et cocottes veulent s'amuser.

Je suis là, mêlé à la foule des badauds, coudoyant les groupes de rieurs, assourdi par le son effrayant des musiques de baraques.

Rien n'échappe à mes regards avides de tout voir, de tout connaître. Je remarque des choses tristes et terribles à la fois ; je note une fois de plus l'insouciance des bêtes humaines, les gens civilisés !

Ici un manège de chevaux de bois ; là une ménagerie, où sur une affiche sensationnelle un dompteur terrasse un fauve.

Près de la station du métro, une musique aux sons rauques et assourdissants où la grosse caisse domine, vibre aux oreilles. Une foule est amassée, je m'approche. C'est une parade. Un clown, deux danseuses au maillot collant, aux cheveux ébouriffés, les yeux cernés de noir, amusent le public.

Et la foule se presse, se hausse sur le bout des pieds, voulant voir, les yeux sortis des orbites, tandis que dans leur cerveau, des visions fantastiques passent : visions de jouissance, visions de femme au corps nu.

Pauvres femelles obligées de faire un travail de montre et de dislocation afin de gagner le pain du jour et la paille de la nuit, en un coin de la baraque.

Le public, lui, ne comprend pas, ne veut pas comprendre... C'est la foire !...

On s'amuse, on est jeune, sans soucis, et puis quand on est étudiant, ou fils de bourgeois, et qu'à son bras quelque putain s'accroche, on a bien le droit de faire la fête, pas vrai ?

Tant pis si dans quelque coin de la baraque, la jambe cassée ou tout autre membre démis, un acrobate crève de souffrance alors que M. le public s'amuse.

Qu'importe, c'est la foire !

Tant pis si quelque fauve a « croqué » le dompteur ! C'est le point le plus beau de la soirée. Le public n'aime-t-il pas les coups impressionnants, les numéros sensationnels ?

Qu'importe, c'est la foire !

Des tirs aussi, s'alignent sur le boulevard,

— LE —

LANGAGE D'ACTION

(Suite et fin)

On ne peut se méprendre sur les expressions si variées que revêt, selon les circonstances, la physionomie du chien. Elles sont rendues plus significatives par le jeu de divers organes, le mouvement des oreilles, l'agitation de la queue, l'attitude générale du corps, et, comme marque de la plus grande tendresse, l'action de lécher.

La mobilité de la figure du singe est incroyable. Dans un instant, elle prend les expressions les plus différentes et les plus opposées. La douceur et la colère, l'innocence et la perfidie, la convoitise et la concupiscence, la lubricité, mille autres sentiments ou passions se reflètent sur ce miroir fidèle avec une rapidité qui étonne toujours l'observateur. Ce que nous appelons des grimaces, sert à ces animaux à traduire leurs impressions. Ainsi le magot, peut-être le singe le mieux doué sous ce rapport dans ses moments d'excitation, remue très rapidement ses lèvres dans tous les sens et fait claquer ses dents. C'est aussi par des grimaces et des claquements de dents qu'il témoigne ses désirs, son plaisir, son dégoût, son mécontentement et sa colère. Lorsqu'il est furieux, il remue de bas en haut et de haut en bas son front couvert de rides, tend le museau et rapproche les lèvres, de manière à donner à sa bouche une forme circulaire.

Les hamadryas expriment leur fureur, non seulement en poussant des cris terribles, mais aussi en grinçant des dents et en frappant sur le sol de leurs mains, et regardent leurs adversaires avec des yeux étincelants de colère.

Quelques espèces de singes possèdent même le langage si émouvant des larmes. Cette faculté se rencontre notamment chez une espèce de sajou, le sai ou capucin. En dehors des sons et des gestes à l'aide desquels il communique ses impressions, il a une façon particulière de pleurer et de rire. Lorsqu'il rit, les coins de sa bouche se retirent simplement, sans émission de son ; lorsqu'il pleure, ses yeux se remplissent de larmes, mais sans qu'elles coulent sur les joues. Le saïmiri, petit singe d'un genre voisin, pleure aussi. « Ses grands yeux se mouillent de larmes, dit Alex. de Humboldt, à l'instant même qu'il marque de la frayeur ou une vive inquiétude. » — « Sa physionomie, dit encore Humbolt, est celle d'un enfant : c'est la même expression d'innocence, même sourire malin et même rapidité dans le passage de la joie à la tristesse(*) »

Les grands singes anthropomorphes, orangs, gorilles, chimpanzés, gibbons, communiquent entre eux par des gestes bien mieux que par la voix, et ces gestes nous frappent d'autant plus fortement qu'ils ressemblent davantage à ceux que nous exécutons dans les mêmes circonstances. Les ressources phoniques de ces singes sont assez restreintes, quoi qu'on ait dit, leur mimique au contraire est très variée et très étendue. Aussi, le plus souvent le geste remplace-t-il, chez eux, la parole. Leur face expressive reflète tous les mouvements de la pensée et de la passion, l'œil surtout s'anime de toutes les impressions intérieures. Chez tous les mammifères d'ailleurs l'œil réfléchit les émotions de l'âme avec une grande précision. Dans les classes « inférieures », il n'arrive jamais à une pareille expression des sentiments.

La traduction des actes psychiques, les idées, les sentiments, se manifestent donc extérieurement non seulement par des moyens phoniques, mais encore à l'aide de la mimique, des gestes et même, dans certains cas, par des procédés chimiques. L'odeur, en effet, joue un rôle qu'il faut signaler dans le rapprochement d'un grand nombre d'animaux. On sait que plusieurs lépidoptères mâles, tels que les bombyx, se rassemblent de fort loin autour d'une boîte où l'on a enfermé une femelle, et beaucoup d'autres insectes exhalent des odeurs qui paraissent avoir la même destination. Chez les oiseaux, l'odorat très obtus ne peut servir à ces communications à travers l'espace, mais les mammifères, dont les narines sont capables de perceptions délicates, trouvent, dans l'odeur caractéristique de chaque espèce, un moyen de correspondre et de déterminer dans les deux sexes des émotions profondes, qui surexcitent leur énergie vitale.

Le chien a l'habitude atavique de répandre ses déjections partout où son flair lui révèle l'existence d'excrétions semblables, il sème ainsi sa route de traces odorantes que reconnaissent les individus d'un autre sexe et qui provoquent en eux une excitation évidente. Les ânes et les chevaux agissent de façon analogue. D'autres mammifères portent des glandes spéciales, ordinairement voisines des organes reproducteurs, renfermant des substances à odeur très violente dont les émanations servent aux sexes différents à s'appeler de loin. Cette odeur acquiert, dans quelques espèces, comme les mouffettes et les autres viverridés, un tel degré d'intensité qu'elle peut devenir un instrument de défense. L'ennemi est repoussé par cette odeur infecte, qui plaît cependant aux femelles, car on remarque qu'elle est plus développée chez les mâles.

Mais ce sont surtout les gestes proprement dits et la mimique qui prêtent un langage aux mammifères. Les naturalistes ont recueilli un assez grand nombre de ces signaux volontaires, malheureusement sans se soucier beaucoup de classer les phénomènes (*). Aucun n'a songé, par exemple, à observer séparément les mouvements qu'exécutent les différents organes d'un animal et noter à quelles émotions, quels sentiments, quel état de la pensée, correspond chacun de ses mouvements, puis, de l'analyse passant à la synthèse, grouper, d'après leur association naturelle, les gestes examinés isolément, afin de déterminer l'ensemble de la mimique appropriée à chacun de ses états.

Darwin est le seul auteur qui nous ait apporté des lumières vraiment scientifiques sur la question, une des plus intéressantes, à mon avis, de la vie psychique des animaux. Dans le bel ouvrage où il a appliqué à l'étude des expressions ses théories sur l'évolution de l'espèce humaine (*), il a décrit, avec une grande sûreté de méthode, le mécanisme de plusieurs émotions communes à l'homme et aux animaux, mais ses recherches n'envisagent qu'une seule catégorie de phénomènes et n'embrassent qu'une partie du langage d'action, considéré comme un des modes de communication, qui permettent aux individus de la même espèce d'établir entre eux un commerce habituel de signes.

Cette branche de la psychologie comparée possède sans aucun doute un intérêt qui lui est propre, mais l'étude qui en serait faite à un point de vue plus général et dans un esprit philosophique, élargirait singulièrement son domaine, en enrichissant notre connaissance psychique. Si l'on reconnaît en effet avec Condillac (**) et selon toute vraisemblance, que le premier langage de l'homme a été le langage d'action, lequel l'a préparé à celui des sons articulés, et si l'on admet, d'autre part, que nos ancêtres les plus lointains ont vécu autrefois dans une condition très inférieure et voisine de l'« animalité », on verra s'éclairer d'un jour nouveau la faculté de « discourir » par l'action, dont je viens d'indiquer quelques manifestations dans la série animale.

Magaud d'AUBUSSON.

FIN

(*) A. de Humboldt et Bonpland, *Voyages*, 2e partie, *Recueil d'observations et de zoologie*.

(*) Pour ne parler que des gestes les plus simples et d'une observation facile, je citerai l'habitude qu'ont les vieux lapins de frapper le sol des pattes de derrière pour prévenir les jeunes de l'approche du danger. Les moutons au contraire se servent, dans le même but, des pieds de devant.

(*) *L'expression des émotions chez l'homme et les animaux*, trad. S. Pozzi et René Benoît.

(**) *Essai sur l'origine des connaissances humaines*, part. II, chap. I. — *Traité des animaux*, part. II, chap. IV. — *La Langue des calculs*, liv. I, chap. I.

toujours pleins. On aime bien faire un carton. Il faut faire la mouche ou bien recommencer une nouvelle partie. Ne faut-il pas savoir se servir du fusil. Etre prêt pour plus tard... si l'on est appelé à servir la *Grande Patrie !*

Les boutiques aussi sur les boulevards, autour de la foire, ont ouvert toutes grandes leurs portes.

Les cafés-concerts s'emplissent, l'alcool déborde, dans tous les cafés et dans tous les bars. On boit, on fume, on se pelote !...

Mais qu'importe, c'est la foire !

Tant pis, si sur quelque grabat, dans sa mansarde, un vieillard crève de misère ! Tant pis si, rentrant chez lui, le soir, l'ouvrier se couche sans manger, avec, encore, l'appréhension du lendemain.

C'est la foire ! C'est la foire !

Tout Paris est sorti, insouciant et joyeux. Les ouvriers rangés, les petits boutiquiers, les putains, les souteneurs, voire les fils à papa, tout ce monde-là est sorti.

Moi aussi, je suis sorti !

Je suis sorti et j'ai regardé.

J'ai, une fois de plus, côtoyé de près les brutes et les inconscients. Je les ai vus, entretenant toujours leur ignorance : forgeant eux-mêmes leurs chaînes, se roulant dans l'ordure et la misère.

Et j'ai eu la pensée d'un ouragan terrible qui emporterait les moutons comme les bergers, les riches comme les résignés.

André PICOT.

Nous avons reçu trop tard pour être insérée, une réponse de G. A. Bordes. Nous la donnerons dans le numéro prochain, et « l'affaire » sera close.

LES VAMPIRES A STATION DROITE

Les vampires dont je viens ici vous entretenir ne sont pas les mammifères ailés dont parlent dans leurs ouvrages Buffon, Cuvier et autres naturalistes.

Ceux dont je veux parler se trouvent parmi les mammifères humains à station verticale (hommes) auxquels ils ressemblent physiquement.

Il en existe un peu partout sur notre planète et principalement chez les peuples dits civilisés, où ils pullulent.

Comme ceux ailés, ils s'attaquent de préférence aux hommes faibles et endormis.

Il en existe plusieurs espèces. Les principales sont :

1° Les Vampires d'Etat.
2° Les Vampires d'Eglise et de Temple.
3° Les Vampires d'Epée.
4° Les Vampires de Loi.
5° Les Vampires d'Argent et de Finances.

Les Vampires d'Etat commandent à tous les autres vampires. En récompense de l'obéissance et des services que leur rendent ces derniers, ils leur laissent déchiqueter et dévorer les hommes à leur guise. Les vampires d'Etat sont du sexe mâle. On ne sait pourquoi.

Les Vampires d'Eglise et du Temple s'attaquent de préférence aux femmes et aux enfants dont ils aiment surtout à sucer le cerveau. On les voit souvent rôder autour des mourants dont ils attendent la fin avec impatience pour se repaître de leur chair. Leur couleur la plus commune est noire. Parmi cette espèce, il y a des mâles et des femelles. Ils vivent isolés ou groupés. De loin, quelques uns parmi les mâles, ressemblent à d'énormes corbeaux.

Les Vampires d'Epée vivent ordinairement dans de vastes bâtiments sombres. Sur l'ordre qui leur est donné par les vampires d'Etat, ils s'attaquent de préférence aux hommes avec la plus grande férocité. Ils en font parfois un terrible carnage. Tous les ans, il leur est envoyé de malheureux jeunes hommes qui se transforment comme eux en vampires pendant deux ans à leur contact. Tous ces vampires sont du sexe mâle. Leur habillement est très varié dans la forme et dans la couleur.

Les Vampires de Loi se retirent habituellement dans des habitations sombres et tristes où l'on entend que pleurs et grincements de dents. Ils se plaisent surtout à tourmenter et à torturer les malheureux hommes qui leur sont jetés en pâture par d'autres vampires de moindre envergure, sur l'ordre des vampires d'Etat.

Comme ceux de la 1re et de la 3e espèce, ils sont tous du sexe mâle, (on ne sait également pourquoi). Ils portent comme les vampires mâles de l'Eglise, un costume féminin, rouge ou noir. Après avoir bien torturé leurs victimes, ils les font jeter dans d'affreux réduits : les unes pour plus ou ou moins de temps, les autres pour toute leur vie.

Les Vampires d'Argent ou de Finances, sous des dehors moins terribles que les précédents, sont peut-être les plus à craindre, car ils s'approchent plus facilement des hommes. Les plus gros de ces vampires se rassemblent le plus souvent dans les capitales et les grandes villes, en de vastes établissements où des hommes inscrivent des mots incompréhensibles, de soi disants dépêches sur des tableaux noirs et où ne parle que de hausse et de baisse. Ces vampires s'attaquent à tous les humains dont ils aiment à boire le sang jusqu'à la dernière goutte.

Mais la race des vampires subit parfois de rudes secousses qui menacent sa vitalité.

Ainsi, en ce moment en Russie, le vampire autocrate et les vampires d'état, ses parents et amis, apeurés et tremblants, se cachent dans leurs palais où ils se font garder par les vampires d'Epée. Les autres vampires, d'Eglise, de Loi et d'Argent, se cachent aussi ou fuient dans d'autres pays en emportant le fruit de leurs rapines. La révolte et les décisions d'un grand nombre d'hommes de ce vaste pays est la cause de leur frayeur et de leur affolement. Ces hommes sont en train de s'organiser pour leur livrer de terribles combats et essayer de s'en débarrasser.

Quoique nombreux et formidablement armés contre les hommes, tous ces vampires sont loin de les égaler en nombre et en force.

Dans nombre de pays, et à différentes époques, les hommes les plus énergiques et les moins endormis leur ont fait des guerres terribles. Pour ne parler que de la France, l'espèce dite noble de ces vampires doit se souvenir de celle qui lui a été faite en 1793.

Un peu partout dans les cinq parties du monde et principalement en Europe et en Amérique les hommes se réveillent, se consultent et s'organisent pour essayer de les détruire.

Comme les hommes forts savent que tous ces vampires craignent la lumière, ils attendent le moment le plus propice pour ramasser, allumer et placer les torches de l'anarchie afin d'éclairer les ténèbres de l'ignorance. Ils marcheront contre eux, aux cris de : A bas les Vampires ! Plus de Maîtres.

LUY.

Notre Correspondance

La bonne discipline.

à Albert Libertad.

Ta critique « La bonne discipline » — parue dernier numéro de l'*anarchie* — logique dans ses conclusions, part d'un point de départ faux. En effet, les camarades de l'A. I. A. sont « libertaires », c'est-à-dire socialistes révolutionnaires « antiparlementaires », et ne se sont « jamais affirmés anarchistes », que je sache ; donc, « étant libertaires », ils « agissent en libertaires », rien de plus juste. Il se peut qu'au point de vue social, ils aient tort, mais tort ou raison, ils sont logiques.

Donc, ta critique n'avait point sa raison d'être.

Vers la fin de ton article, tu ajoutes qu'un anarchiste peut très bien entrer dans une association autoritaire quelconque, sans cesser de conserver son individualité anarchique. Pourtant, il me semble que d'après le camarade Lorulot, cette attitude est nettement libertaire donc nullement anarchiste.

Ou alors je m'y perds...

Henri ZISLY.

Le Mariage et la Prostitution sont les deux termes d'une même opération ; l'Amour libre seul est raisonnable et beau.

Vive l'anarchie !

Les Victimes de la rue de Rohan

Car il y a des victimes.

Non point les quelques, égratignées par la pomme de pin tragi-comique, mais bien plutôt celles que provoquèrent les suites du courant d'air de la rue de Rohan.

Voilà tout d'abord les sieurs Duhoux et Richard, convaincus de faux témoignage, et que la préfecture se voit dans l'obligation de révoquer.

Ensuite, c'est ce pauvre Girard qui ne peut faire autrement que de donner sa démission de Directeur du Laboratoire municipal après l'affront reçu pendant les débats de l'affaire. Son ignorance sur la valeur exacte des éléments qu'il est soi-disant analyser a été mise au grand jour. Un pharmacien, sans responsabilité judiciaire, au goût et à la vue, releva quelques erreurs. Pour Girard, était-ce ignorance ou intérêt ? C'est une démission ou une révocation qui s'impose.

Et ne va-t-on pas être obligé de poursuivre la compagnie de transport qui reçoit un colis de 2 kg. 500 enfermé dans une caisse, et qui le remet au destinataire pesant 1 kg. 700 et plié dans du papier ? Il va falloir trouver les voleurs.

Cette pauvre famille Trapenard doit fermer boutique, après les histoires qui se sont dévoilées au procès. Il ne saurait plaire aux honnêtes gens de se trouver en rapport avec des gens de bas étage, des policiers de la secrète, les habitués du lieu.

Et Fouquet, n'excitera-t-il pas aussi notre pitié ? Que de maladresses ? Que d'impairs ?

Mais la victime par excellence, celle dont l'aventure nous bouleverse, c'est Bulot. Pauvre homme ! Lui réserver sur la fin de l'âge pareille affaire ! Il se raccroche à tout. « Laissez m'en un au moins, dit-il aux jurés. Par exemple, ce petit Vallina, avec qui je prendrais bien un bock (sic). On y toucherait à peine. » Mais personne n'écoute ses paroles. Il se dépense vainement en effets oratoires. Il vitupère contre les témoins. Il pleure sur les morts. Il s'indigne ou il s'attendrit. Rien ne réussit. Les clichés sont usés.

Oui ! pour celui-là l'heure de la retraite a sonné. On a dit que c'était du sadisme, non c'est du gâtisme.

Il y a d'autres victimes de cette espèce, mais puis-je les citer toutes ? Ce sont les vraies, les seules victimes. Car nos amis Vallina, Malato, Harwey, Caussanel, vont reprendre avec courage la vie au point où ils l'avaient laissée, considérant la prison comme un cauchemar passé. De tous, un peu plus d'affection leur est venue. Ne les a-t-on pas vus souffrir et rester fermes quand même sous les attaques de la camarilla judiciaire.

Albert LIBERTAD.

Revue des Journaux

Le Libertaire.

Miguel Almereyda fait revivre les impressions passionnantes du procès, le procès de la Police, comme il l'appelle.

Une *némésis* anarchiste c'est encore plus grotesque que l'autre. Ayons le bon esprit de ne pas exagérer nos sentiments. Bulot la Hyène... Quand ce ne serait que pour les hyènes, laissons ces qualificatifs à l'[illegible].

Un étrange mélange que l'article du Proscrit. De bonnes idées... mais une conclusion étrange. Il ne saurait y avoir de lois « libérales », pas plus pour l'amour que pour autre chose.

Homo a parfaitement raison de critiquer ces individus qui ne pratiquent que par l'Engueulade et qui ne connaissent pas le déterminisme. Notre ami a aussi raison de dire qu'il se connaît peu en anatomie... car jouir délicieusement par le cœur... Le grand sympathique agit plus dans cette occasion que la « volonté » individuelle.

André Lorulot répond bien à Yvetot, mais il me semble que cela peut durer longtemps. Par questions précises, le travail aurait pris une autre allure.

Les Temps Nouveaux.

Pierre Kropotkine voit le mouvement en Russie d'un œil favorable. Et ses relations et ses connaissances le rendent plus compétent que moi... Mais je n'ai pas le même optimisme.

Je passe rapidement. On parle mal des « gens » de l'*anarchie*. Je ne broie pas le sucre, c'est trop cher ; je la mange, c'est meilleur pour mon économie corporelle.

LE LISEUR.

Les piqûres dont les flancs du sieur Durand ont tant eu à se plaindre sont à la disposition des camarades à raison de 0.20 le 100, un méli-mélo de textes différents. Port en plus.

POUR LES GROUPEMENTS

Nous prévenons nos amis que nous mettons en circulation des petits paquets de brochures mélangées (25) de **A mon frère le Paysan,** de Reclus ; **L'Ordre,** de Kropotkine ; **L'Absurdité de la Politique,** de Paraf Javal ; **Aux Conscrits,** de la Jeunesse d'Amiens, au prix de **0.75**, franco de port.

L'Absurdité des soi-disant Libres-Penseurs, de Paraf Javal, est vendue au prix de **7** fr. le **100**, franco de port. Nous avons pensé à faire cette édition avec le plus de soin possible : la couverture illustrée et en couleur, le travail typographique très soigné.

Nous venons d'éditer une poésie de Louis Cornet, avec musique de Léon Israel, sous le titre **Au Pays du Bonheur,** histoire de se reposer un brin. L'exemplaire **0.10**. Les **10, 0 50** ; le **100, 4** francs. *Port en plus.*

Nous pouvons livrer 25 exemplaires des **Deux Haricots** de Paraf-Javal, image pour enfants, à raison de **1** fr. **50**, franco de port.

Causeries Populaires de la Plaine-St-Denis

LE DIMANCHE 10 DÉCEMBRE

à 8 heures 1/2

SALLE BANCOT

Angle de la rue de Landy et Chemin des Fillettes

Aubervilliers

CONFÉRENCE

par **LIBERTAD**

Sur l'Argent & le Travail

CONTRADICTION LIBRE

ENTRÉE GRATUITE

CE QU'ON PEUT LIRE

Pierre Kropotkine. — *Aux Jeunes Gens ; Anarchie et Communisme ; Morale anarchiste ; Organisation de la Vindicte* : br. à **0.10.** — *Les Temps nouveaux* : br. à **0.25.** — *Autour d'une vie ; Conquête du Pain* : vol. à **2.75.**

Paraf-Javal. — *L'Absurdité de la politique* : br. à **0.05.** — *Libre Examen* : br. à **0.25.** — *La Substance universelle* : vol. à **1.25.** *Les deux haricots*, image p. enfants : **0.10.** — *L'absurdité des soi-disant libres-penseurs*, **0.10.**

Jean Grave. — *Organisation, Initiative, Cohésion ; La Panacée-Révolution ; Le Machinisme ; Enseignement bourgeois et Enseignement libertaire ; Colonisation* : br. à **0.10.** — *La Société future ; L'Individu et la Société ; Les Aventures de Nono* : vol. à **2.75.**

Elisée Reclus. — *A mon frère le paysan* : br. à **0 05.** — *L'Anarchie et l'Eglise* : **0.10.** — *Evolution et Révolution*, vol. à **2.75.**

Elie Reclus. — *Les Primitifs* : vol. à **4** fr. — *Les Primitifs d'Australie*, vol. à **3** fr.

A. Dal. — *Les Documents socialistes*, avec préface de **Ch. Malato** : br. à **0.30.**

Georges Etiévant. — *Déclarations ; Légitimation des actes de révolte* : br. à **0.10.**

René Chaughi. — *Immoralité du mariage ; La Femme esclave* : br. à **0.10.**

Enrico Malatesta. — *Entre paysans*, br. à **0.10.**

Domela Nieuwenhuis. — *Le Militarisme ; Education libertaire* : br. à **0.10.**

Charles Albert. — *Guerre, Patrie, Caserne* : br. à **0 10.** — *Aux anarchistes qui s'ignorent* : br. à **0.05.**

André Girard. — *Anarchie* : br. à **0.05.**

Ligue de la Régénération. — *Moyens de limiter les grandes familles* : br. à **0.30.** — *Plus d'Avortements* : br. à **0.50.** — *Socialisme et Malthusianisme*, br. à **0.60.**

S. Faure. — *Les crimes de Dieu*, br. à **0.15.** — *La Douleur Universelle*, vol. à **2.75.**

Noël Reibar. — *A bas la guerre*, poésie avec musique : **0.10.**

L'« anarchie ». — Numéros parus : **0.10** chaque — Les invendus sont envoyés, le port étant seul à la charge des camarades.

Piqûres d'aiguille. — 20 textes : **0.20** le 0/0.

Les frais de port sont évidemment en plus.

OU L'ON DISCUTE OU L'ON SE VOIT

Causeries Populaires du XVIIIe, 30, rue Muller. — Lundi 11 décembre, à 8 h. 1/2, *L'argent*, par les camarades.

Causeries Populaires du XIe, 5, cité d'Angoulême. — Mercredi 13 décembre à 8 h. 1/2. *Les Problèmes de la Vie*, par Mauricius.

Causeries Populaires des Ve & XIIIe, 37, rue Croulebarbe. — Samedi 9 décembre, à 8 h. 1/2. *Ce que doit être la camaraderie*, par Wallet ; jeudi 14, *La recherche des causes*, par Vulgus.

Causeries Populaires du XIXe, 63, rue de Flandre (salle Grandjean). — Jeudi 11 décembre, à 8 h. 1/2. *L'individu et le milieu*, par Lercin.

Aux Causeries Populaires, 5, cité d'Angoulême. — Samedi 9 décembre, réunion de camaraderie. *Critiques et discussion* sur la presse anarchiste.

Causeries Populaires de Lyon, 23, rue Paul-Bert. — Dimanche 10 décembre, à 8 heures, discussion au sujet de la *Lettre de Kropotkine*.

Boulogne-Billancourt. — Les camarades qui désireraient former un groupement (Causeries populaires), sont invités à se rencontrer, samedi 9 décembre, salle Courtial, 10, rue de la Plaine (Boulogne).

Montpellier. — Groupe d'études sociales, 7, rue Rambaud. — Samedi 9 décembre, causerie sur l'*Art et la Société*.

Denain. — Réunion de camarades chez Dutordoir, rue des Androuins, à 5 h. du soir.

Liège. — Cercle d'études sociales, 21, rue Mean, le samedi 9 décembre, à 8 h. 3/4. *La Cosmogonie*, par Vertongen.

Lens. — Les camarades de Montceau-les-Mines et Chalon-s/-Saône sont priés de se mettre en rapport avec Benoît Broutchoux, 29, rue de Lille, Lens (Pas de Calais).

Composé par des camarades.

Le Gérant : A. MARÉ.

Imp. des *Causeries Populaires*, A. Libertad

LES CAMARADES
adresseront
tout ce qui concerne
l'anarchie
à A. MAHÉ & A. LIBERTAD
30, rue Muller, 30
PARIS-XVIIIe

PARAISSANT TOUS LES JEUDIS

ABONNEMENTS

FRANCE

Trois Mois.......... 1 50
Six Mois.......... 3 »
Un An.......... 6 »

ÉTRANGER

Trois Mois.......... 2 »
Six Mois.......... 4 »
Un An.......... 8 »

PREMIERE ANNEE. — N° 36 | DIX CENTIMES | JEUDI 14 DÉCEMBRE 1905

Les Lois d'exception

Car il y a, sous notre troisième république, comme sous l'Empire, des lois d'exception, comme il y en a et il y en aura toujours sous n'importe quel gouvernement.

Quelles que soient les lois juridiques, elles écrasent toujours ceux qui tombent sous leur emprise. Elles sont mauvaises, aveugles, vont à l'encontre de tout déterminisme.

Mais les lois d'exception soulèvent plus que les autres notre révolte. Elles gênent le sentiment d'harmonie qui est en nous. Elles déséquilibrent nos idées d'équité. Elles nous semblent, plus que les autres, le sabre de Brennus. Elles font retentir à nos oreilles trop cruellement, le væ victis, le malheur aux vaincus.

Chaque fois que, par respect pour la forme, l'extrême-gauche socialiste soulève la question de leur disparition, ça se termine par un accord général, où il est dit qu'elles existent sans exister, tout en existant.

Ce n'est que par tradition qu'on les garde là, on ne les emploie pas, on ne s'en sert pas. C'est un vieux sabre rouillé pour amuser la némésis républicaine.

Puis, tout à coup, on apprend que quelque juge de province, a sorti de l'arsenal des horreurs ce vieux sabre rouillé et qu'il s'apprête à taillader le cou de quelque personne.

Mais c'est si loin de Paris, ce n'est pas encore la période électorale et enfin ces mécontents perpétuels sont si peu intéressants...

On fait ce qu'on peut : la loi sur la séparation ou les retraites, quelques bonnes lois ouvrières par ci par là... les anarchistes ont le tort de ne pas savoir attendre.

Et on n'en parle pas... l'affaire se fait en silence. Le monstre des lois d'exception digère sa proie, prêt à sortir à nouveau à l'occasion propice.

Lorsqu'il y a trois mois, surgit le grand bluff de la répression antimilitariste, afin de satisfaire aux cris, aux objurgations de la presse honnête, par toute la France, commissaires et juges d'instruction entrèrent en chasse.

A Paris, à propos de l'*Appel aux Conscrits* qui avait déchaîné la colère de ces Messieurs de l'Ordre social, on trouva bon de ne pas sortir de la légalité classique. A Marseille, à Montluçon, à Limoges, à Epinal l'affaire se termina en queue de poisson.

Pourtant il fallait aussi que la province montrât son ardeur en la circonstance. Le Parquet d'Amiens se chargea de l'affaire. D'autant qu'il avait sous sa « juridiction » un homme qui donnait fort à penser aux camarades ouvriers, et fort à craindre à ces messieurs de la Bourgeoisie : c'est notre ami Lemaire.

Une brochure adressée aux conscrits, écrite dans un style simple, prenant, avait été publiée par le groupe de la *Jeunesse libre*, puis ensuite reproduite par *Germinal* dont notre ami était le gérant.

On commença par l'enfermer : puis, à la suite de perquisitions, on arrêta l'auteur présumé de la brochure, notre camarade Bastien.

Comment va-t-on procéder envers eux ? Arrêtés par suite de la même campagne judiciaire, et pour des faits parallèles, vont-ils passer devant le jury, devant la cour d'assises, ainsi que les inculpés de la Cour de Paris ?

Il n'en est point ainsi.

Pour eux, on va chercher le vieux sabre ébréché, on fait revivre les lois d'exception, ces lois que l'opinion, au lendemain de leur parution, a appelées **les lois scélérates** dans un pléonasme qui en montre toute l'horreur.

Lemaire et Bastien sont poursuivis en qualité d'affiliés à une association de malfaiteurs.

Pourquoi ?

1° Parce qu'ils font partie d'une organisation anarchiste ;

2° Parce qu'ils habitent en un lieu reconnu anarchiste ;

3° Parce qu'ils participent à la rédaction d'un journal anarchiste.

Je dénonce immédiatement au courroux particulier de M. Bulot les camarades qui s'occupent de la rédaction et de la composition du journal *l'anarchie*. Ils font partie d'une organisation organisation qui me semble un peu fort anarchiste ; ils habitent un lieu reconnu comme anarchiste ; ils participent à la rédaction d'une publication anarchiste.

Si je ne craignais d'aller trop loin, je pourrais appeler l'attention policière sur les camarades du *Libertaire*, lesquels se rendent coupables du même délit à la face de tous.

Or, la loi est la même sur toute l'étendue du territoire français.

Donc si les camarades dénoncés plus haut, ne sont pas poursuivis dans les vingt-quatre heures, il faut relâcher les camarades Bastien et Lemaire, détenus préventivement à Amiens pour des faits qui ne sont pas poursuivis à Paris.

« Légalement » la juridiction les poursuivra en cour d'assises, pour le fait d'antimilitarisme, mais en attendant leur comparution elle ne prendra pas envers eux un régime préventif d'exception que rien n'autorise : ces camarades tout autant que ceux de Paris ayant un domicile reconnu.

Mais qui va prendre la parole plus haut que nous pour ceux-là ?

Le camarade Bastien n'est-il pas un inconnu, l'ennemi de demain ?

Lemaire n'est-il pas par excellence la bête à détruire ? Ce n'est pas l'orateur dont le verbe enflamme et fait excuser certaines sorties : ce n'est pas l'écrivain avec lequel les gens de plume peuvent se sentir quelque solidarité : c'est le travailleur de l'idée anarchiste, celui qui prépare les besognes, en laissant tout le plaisir, toute la gloriole aux autres. Que d'ennemis il s'est fait parmi les dirigeants d'Amiens, cet homme qui ne dormait pas.

Les républicains et les socialistes, les cléricaux et les anticléricaux, les royalistes et les fumistes tous ont senti peser sur eux, le regard de cet homme prêt à fouailler leur vermine, à dénoncer leurs crapuleries.

Mais nous croyons que ceux qui se targuent de « justice immanente » audessus des personnes et des choses, ne voudront pas laisser se consommer une nouvelle injustice.

Et que ceux qui parlent contre les lois d'exception, à date fixe, sauront profiter de l'occasion pour se lever contre elles.

Nous sommes là pour leur rappeler que le moment est opportun.

Ne voici pas venir le temps des élections ?

Albert LIBERTAD.

Demandez partout

L'ANARCHIE

Qui paraît tous les Jeudis

Chiquenaudes et Croquignoles

La Séparation.

Elle est faite, la séparation..., la séparation douloureuse de l'Eglise et de l'Etat.

Il paraît que les poussahs du catholicisme vont se transformer en ..., que les rabbins vont rentrer dans la finance ou le ...lotage et que les pasteurs vont se voir obligés de danser quelque cake walk indécent pour nourrir leur vertueuse famille.

C'est la fin des fins.

Pourtant il me semble qu'il y a peu de choses de changées. Les églises avec leurs sacristies restent à ces messieurs : des émoluments leur sont encore versés pendant quelque temps... et puis aussi la petite retraite.

Car il n'y a de retraites que pour ceux qui ne se retirent jamais du travail... parce qu'ils n'ont jamais travaillé.

o

Les antimilitaristes patriotes.

Après Gohier, dont la prose épistolaire fait la joie de la Patrie et soulève la colère des Juifs menacés de « mesures de salut public » pareilles à celle de Russie ; dont la prose oratoire nous dit son dédain des « voix exotiques » et des gens qui « viennent chez nous » dans « notre pays », après Tailhade dont la défection se transforme en déjections sur plusieurs feuilles.

Après... après... voilà Mérie, le Mérie du Bétail *qui fut de l'esprit, qui donne des leçons « aussi raisonnable que spirituelle » comme dit le* Matin(*) *à ce pauvre Hervé qui n'en peut mais.*

Quel dommage que Mérie, Victor, réponde aux choses que personne n'a dit ni ne prétend, il pourrait être intéressant, vrai, mais voilà, il n'aurait rien à dire.

(*) Journal le Matin du 11 décembre.

Le Dogme et la Raison

Les Politiciens, avec l'aide des *inconscients*, travaillent à imposer la loi du plus grand nombre.

Or, la vérité ne se détermine pas à la majorité.

Donc, continuant à mettre en pratique notre méthode scientifique d'étude impartiale par la libre discussion, nous convions tous les individus désireux de rechercher eux-mêmes leur règle de vie en dehors de toute préoccupation électorale, à venir à notre SECONDE

GRANDE CONFÉRENCE

Contradictoire Publique

Le **Mercredi 20 Décembre**, à 8 h. 1/2

SALLE DU COMMERCE

94 — Faubourg du Temple — 94

entre :

L'ABBÉ NAUDET	PARAF JAVAL
Thèse religieuse	Thèse anarchiste

sur

Le Dogme et la Raison

Entrée 0 30 pour les frais

Les portes ouvriront à 8 heures.

L'ARGENT

Nous n'avons pas de peine à constater ailleurs comment pourrait s'organiser une société d'individus raisonnables capables de se rendre compte de l'ensemble des connaissances humaines et d'en tirer les conséquences logiques.

Ces individus arriveraient bien vite à concevoir la substance ce qui est contre étant en perpétuelle transformation et à comprendre qu'il en est de même pour la substance particulière qu'on appelle substance humaine.

Un être humain, pour vivre, a besoin d'assimiler et d'éliminer constamment, c'est à dire d'emprunter constamment au milieu ambiant la substance nécessaire à sa vie et de restituer au milieu constamment la substance usée. De telle sorte que le problème social peut être énoncé comme suit :

Comment les humains doivent-ils s'organiser pour que chacun puisse satisfaire, à tous les moments, à tous ses besoins raisonnables (*) (assimilation, élimination) avec le minimum d'effort ?

Pareil problème ne peut être résolu que par l'union de tous les hommes raisonnables. En effet, un individu livré à ses propres moyens, ne peut espérer, où qu'il soit, faire arriver à lui la substance dont il a besoin, au moment du besoin, ni écarter de lui, au moment voulu, la substance nuisible. En conséquence *les individus raisonnables doivent s'entendre pour travailler en commun à la circulation de la substance et à sa sélection au profit de l'espèce humaine.* Désireux de consommer suivant leurs besoins, ils le seront de produire selon les nécessités, en tenant compte, bien entendu, de leurs forces.

Or il suffit de jeter les yeux sur l'organisation sociale actuelle pour voir combien elle est défectueuse. Un individu consomme, non quand il a besoin, mais quand il peut payer. Un individu produit, non selon les nécessités, mais selon sa position sociale. On restreint la production, non faute de consommateurs, mais faute d'acheteurs, car la production actuelle s'inquiète d'alimenter les payants et ne s'intéresse pas aux autres. S'il y a surproduction on s'inquiète, non de pourvoir aux besoins des indigents, mais de produire moins, afin de ne pas faire baisser les prix de vente.

Il importe de faire bien comprendre aux enfants que l'organisation rationnelle et scientifique de la production et de la consommation ne peut venir qu'en dehors de toute coercition, grâce au désir des individus de faire cesser l'exploitation humaine et d'établir des relations basées, non sur le commerce, mais sur la fraternité.

Ce jour-là, la conception de l'argent deviendra inadmissible. Déjà, dans la société actuelle, entre parents, entre frères, entre amis, il y a d'autres principes que les principes mercantiles. On ne réclame pas le montant du repas à celui qu'on invite à sa table ; les divers membres d'une famille ne mangent pas au prorata de ce qu'ils gagnent ; on ne laisse pas mourir de faim les malades, les enfants et les faibles et la douceur du communisme seule rend supportables des relations qui, sans cela, tourneraient au mercantilisme universel.

Cependant, dès l'enfance, on dresse les humains à se servir de l'arithmétique, non pour résoudre le problème social, ce qui est facile, mais pour résoudre des problèmes d'exploitation de son semblable. En particulier les paragraphes qui concernent les monnaies et leurs usages sont bien faits pour préparer les enfants à devenir des négociants rapaces et pour répandre cette idée fausse que l'argent est indispensable.

La vérité est que cette conception de l'argent conduit, ainsi que nous l'avons indiqué, à une répartition inique du travail et des produits. On peut dire que la suppression de l'exploitation parmi les humains et son remplacement par l'organisation rationnelle de la circulation de la substance viendront inévitablement dès que l'ignorance aura disparu, faisant place à la science et à la raison. Ce jour-là, la camaraderie remplacera la concurrence et l'argent n'aura pas plus de raison d'être que les armes de guerre.

Cela étant dit, il n'y a aucun inconvénient à indiquer le système de monnaies en usage à notre époque, c'est à dire à une époque que les générations ultérieures plus raisonnables classeront sûrement parmi les périodes encore barbares.

***

Si les produits circulaient de telle façon qu'ils puissent être à la disposition de ceux qui en ont besoin au moment du besoin, il n'y aurait pas lieu de se disputer ces produits. Il n'en est pas ainsi de nos jours où les humains font trop de mouvements nuisibles et inutiles pour trouver le temps de faire des mouvements utiles. Ils apprennent à s'entretuer et se livrent à des spéculations vaines (armée, marine, fonctionnarisme, pratiques...).

(*) Conformes à sa nature (voir l'*Organisation du Bonheur*).

tiques religieuses, etc.) *au lieu d'organiser méthodiquement la circulation de la substance.*

Il en résulte que les produits ne sont pas à la disposition de ceux qui en ont besoin au moment du besoin, que les produits nuisibles ne sont pas écartés et convertis convenablement, que certains produits sont rares et que les humains se disputent pour la satisfaction de leurs besoins.

Alors est venue la conception de l'*échange* des marchandises, c'est-à dire l'idée de passer certains produits dont on n'a pas besoin (ou dont on a moins besoin) à d'autres individus qui en ont besoin (ou plus besoin) **à condition** que ces individus passent à la place, d'autres produits.

Cette *condition* met une entrave à la circulation normale, qui consisterait à faire simplement circuler les produits vers les besogneux et *sans condition*.

En effet, si celui qui veut échanger ne trouve rien à échanger contre ce qu'il a, ou s'il n'a rien à donner en échange de ce dont il a besoin, les produits s'accumuleront sur certains points et n'atteindront pas les besogneux. De plus les producteurs de ces produits s'arrêteront de produire, de sorte que la disette pourra venir, non par suite de la rareté naturelle d'une substance, mais par suite de la *théorie fausse d'échange* appliquée au lieu de la *théorie juste de circulation raisonnable*.

Cette théorie fausse d'échange étant actuellement pratiquée, l'usage des échanges étant établi, il a fallu, pour échanger, déterminer dans la pratique *combien* on demanderait d'un produit donné pour consentir à céder un autre produit et alors on est arrivé à l'idée de *valeur* des objets.

La valeur d'un objet étant la quantité des autres objets que l'on demandera pour céder cet objet, il est facile de comprendre que déterminer une valeur c'est faire une opération de *mesure*. Pour faire cette opération, on est conduit à choisir des *unités de valeur*, ou *monnaies*, c'est-à-dire des quantités déterminées d'objets types, auxquelles on comparera la quantité des objets à échanger.

Ces monnaies, après avoir été autrefois des matières les plus diverses telles que poissons, graines, cuir, coquillages, etc., sont actuellement et presque partout certains métaux, de telle sorte que la *valeur d'un objet* peut se définir *le poids de certains métaux (or, argent, cuivre, nickel, etc.) contre lequel cet objet peut être échangé*.

La valeur d'un objet, ainsi déterminée par sa comparaison avec la monnaie, s'appelle le *prix* de l'objet.

Les *billets de banque* peuvent être assimilés à des promesses de donner certaines sommes de monnaies. Les banques d'état sont arbitrairement autorisées à émettre plus de billets de banque, c'est-à-dire plus de promesses de payer qu'elles n'ont de monnaie en réserve . . . . .

. . . .

Les problèmes sur les monnaies, le commerce, etc., ne se poseront plus dans une société raisonnable, où, ainsi que nous l'avons indiqué ici et démontré ailleurs, la CAMARADERIE parmi les humains remplacera la CONCURRENCE.

PARAF-JAVAL.

La Science & la Philosophie

Comme expérimentateur, j'évite les systèmes philosophiques, mais je ne saurais pour cela repousser cet *esprit philosophique* qui, sans être nulle part, est partout, et qui, sans appartenir à aucun système, doit régner non seulement sur toutes les sciences, mais sur toutes les connaissances humaines. C'est ce qui fait que, tout en fuyant les systèmes philosophiques, j'aime beaucoup les philosophes et je me plais infiniment dans leur commerce. En effet, au point de vue scientifique, la philosophie représente l'aspiration constante de la raison humaine vers la connaissance de l'inconnu. Dès lors, les philosophes se tiennent toujours dans les questions en controverse et dans les régions abstraites, limites supérieures des sciences. Par là ils communiquent à la pensée scientifique un mouvement qui la vivifie; ils fortifient l'esprit en le développant par une gymnastique intellectuelle générale, en même temps qu'ils le reportent sans cesse vers la solution inépuisable des grands problèmes; ils entretiennent ainsi une sorte de soif de l'inconnu et de « feu sacré » de la recherche, qui ne doivent jamais s'éteindre chez un savant.

En effet, le désir de la connaissance est l'unique mobile qui attire et soutient l'investigateur dans ses efforts; et c'est précisément cette connaissance qu'il saisit réellement et qui fuit cependant toujours devant lui, qui devient à la fois son seul tourment et son seul bonheur. Celui qui ne connait pas les tourments de l'inconnu doit ignorer les joies de la découverte, qui sont certainement les plus vives que l'esprit de l'homme puisse jamais ressentir. Mais par un caprice de notre nature, cette joie de la découverte tant cherchée et tant espérée s'évanouit dès qu'elle est trouvée. Ce n'est qu'un éclair dont la lueur nous a découvert d'autres horizons vers lesquels notre curiosité inassouvie se porte encore avec plus d'ardeur. C'est ce qui fait que dans la science même le connu perd son attrait, tandis que l'inconnu est toujours plein de charmes. C'est pour cela que les esprits qui s'élèvent et deviennent vraiment forts sont ceux qui ne sont jamais satisfaits d'eux-mêmes dans leurs œuvres accomplies, mais qui tendent toujours à mieux dans des œuvres nouvelles.

Le sentiment dont je parle en ce moment est bien connu des savants et des philosophes. C'est ce sentiment qui a fait dire à Priestley (*) qu'une découverte que nous faisons, nous en montre beaucoup d'autres à faire; c'est ce sentiment qu'exprime Pascal (**) sous une forme paradoxale peut-être, quand il dit : « Nous ne cherchons jamais les choses, mais la recherche des choses. » Pourtant c'est bien la vérité elle-même qui nous intéresse, et si nous la cherchons toujours, c'est que ce que nous en avons trouvé jusqu'à présent ne peut nous satisfaire. Sans cela nous ferions dans nos recherches ce travail inutile et sans fin que nous représente la fable de Sisyphe, qui roule toujours son rocher qui retombe sans cesse au point de départ. Cette comparaison n'est point exacte scientifiquement; le savant monte toujours en cherchant la vérité, et s'il ne la trouve jamais toute entière, il en découvre néanmoins des fragments très importants, et ce sont précisément ces fragments de la vérité générale qui constituent la science.

Le savant ne cherche donc pas pour le plaisir de chercher, il cherche la vérité pour la posséder, et il la possède déjà dans des limites qu'expriment les sciences elles-mêmes dans leur état actuel. Mais le savant ne doit pas s'arrêter en chemin : il doit toujours s'élever plus haut et tendre à la perfection; il doit toujours chercher tant qu'il voit quelque chose à trouver... La philosophie, en agitant sans cesse la masse inépuisable des questions non résolues, stimule et entretient ce mouvement salutaire dans les sciences. Car, dans le sens restreint où je considère ici la philosophie, l'indéterminé seul lui appartient, le déterminé retombant nécessairement dans le domaine scientifique.

Je n'admets donc pas la philosophie qui voudrait assigner des bornes à la science, pas plus que la science qui prétendrait supprimer les vérités philosophiques qui sont actuellement hors de son propre domaine. La vraie science ne supprime rien, mais elle cherche toujours et regarde en face et sans se troubler les choses qu'elle ne comprend pas encore. Nier ces choses ne serait pas les supprimer; ce serait fermer les yeux et croire que la lumière n'existe pas. Ce serait l'illusion de l'autruche qui croit supprimer le danger en se cachant la tête dans le sable. Selon moi, le véritable esprit philosophique est celui dont les aspirations fécondent les sciences en les entraînant à la recherche des vérités qui sont actuellement en dehors d'elles, mais qui ne doivent pas être supprimées par cela qu'elles s'éloignent et s'élèvent de plus en plus à mesure qu'elles sont abordées par des esprits philosophiques plus puissants et plus délicats. Maintenant, cette aspiration de l'esprit humain aura-t-elle une fin, trouvera-t-elle une limite? Je ne saurais le comprendre; mais en attendant, ainsi que je l'ai dit plus haut, le savant n'a rien de mieux à faire que de marcher sans cesse, parce qu'il avance toujours...

La philosophie et la science ne doivent donc point être systématiques : elles doivent être unies sans vouloir se dominer l'une l'autre. Leur séparation ne pourrait être que nuisible aux progrès des connaissances humaines. La philosophie tendant sans cesse à s'élever, fait remonter la science vers la cause ou vers la source des choses. Elle lui montre qu'en dehors d'elle il y a des questions qui tourmentent l'humanité, et qu'elle n'a pas encore résolues. Cette union solide de la science et de la philosophie est utile aux deux, elle élève l'une et contient l'autre. Mais si le lien qui unit la philosophie à la science vient à se briser, la philosophie, privée de l'appui ou du contrepoids de la science, monte à perte de vue et s'égare dans les nuages, tandis que la science, restée sans direction et sans aspiration tombe, s'arrête ou vogue à l'aventure.

Claude BERNARD (***).

(*) Priestley, *Recherches sur les différentes espèces d'airs. Introduction.* — Priestley (1733-1804), célèbre physicien anglais, qui a aussi laissé des travaux de philosophie, de théologie et d'histoire.

(**) Pascal, *Pensées*.

DE L'HORREUR

s. v. p.

Un journal né depuis quelques semaines, porte la joie au sein des familles.

Les *Faits-divers illustrés*, tel est son titre alléchant. Le psychologue qui le créa, connaît à merveille l'état d'esprit de ses contemporains. Sans doute il a vu les frêles jeunes filles se rendant à l'atelier, profiter de l'omnibus ou du métro, pour se pâmer sur la prose de Monsieur Arthur Dupin ou de quelque autre du même acabit.

Sans doute il a vu dans les théâtres de quartier, les familles, aux samedis de paye, le cou tendu, les yeux brillants, applaudir au dix septième tableau d'un pitoyable mélo, à l'apparition de l'échafaud. Il a peut être vu aussi, les foules des jours d'exécutions véritables, les foules d'honnêtes gens érectant à la vue du sang qui gicle, tous les voyeurs hideux qui se repaissent de l'agonie d'un homme.

Il sait que les indécis, les veules aux masques hypocrites sont des Torquemada manqués, se régalant de la souffrance des autres.

O commerçant subtil, ô roublard, je prédis un beau succès à ton honnête feuille. Aussi quelle ingéniosité ! Voici de l'horreur à la portée de tous, pour toutes les bourses. — C'est d'abord six cadavres trouvés dans un jardin en Espagne, puis voici la femme coupée en morceaux, voici des écrasés, des suicidés, le dernier assassiné. C'est une orgie de membres coupés, de plaies sanglantes. Ce sont les faits-divers illustrés.....

Ce sera la joie des pauvres qui ne peuvent s'offrir les œuvres complètes de Goron ou les spectacles du « Grand Guignol ». Ce sera du plaisir pour les jeunes et pour les vieux. Les enfants joueront à l'assassin, cependant que l'épouse obéissante et voluptueuse écoutera les commentaires de l'époux sur la fréquence des crimes et la férocité des criminels.

O les délicieuses veillées !

Si vous voulez de la laideur, de l'horreur à bon marché, achetez les *Faits-divers illustrés*.

Eugène PÉRONNET.

LES PROBLÈMES DE LA VIE(*)

Notions de Psychologie

(Suite)

Le travail intermoléculaire qui se fait dans les cellules à la suite d'une certaine excitation extérieure est accompagné d'une sécrétion toxine qui sert d'irritant aux autres cellules, de sorte que l'excitation d'un point cérébral a sa répercussion dans tout le système.

Acte réflexe

Lorsque nous avons étudié le système nerveux, nous avons vu que les nerfs sont pour ainsi dire les fils conducteurs des excitations. On divise ces nerfs en deux catégories :

1° Les nerfs *centripètes* ou *sensitifs* qui propagent l'irritation de la périphérie à un centre nerveux : les nerfs *auditif* et *optique*, par exemple, qui transmettent à l'écorce grise cérébrale les impressions auditives et visuelles sont centripètes;

2° Les nerfs *centrifuges* ou *moteurs* qui semblent donner des ordres aux muscles intéressés, le *grand hypoglosse* qui fait marcher la langue, les *moteurs oculaires* qui font mouvoir les yeux sont des nerfs centrifuges.

Il existe un grand nombre de nerfs composés de fibres sensitives et de fibres motrices; on les appelle *nerfs mixtes*.

Nous avons également vu que les nerfs rachidiens prennent naissance sur la moelle par deux racines, la racine antérieure est centrifuge, l'autre centripète. Ces nerfs sont donc mixtes.

Les centres gris de la moelle épinière, comme les centres de l'encéphale, du reste, jouissent d'un pouvoir, c'est à dire que l'irritation apportée par les fibres centripètes se transforme immédiatement en un ordre de mouvement porté au muscle par les fibres centrifuges. Exemple : On pique mon doigt, immédiatement je le retire, mon cerveau n'y est pour rien, car la sensation de piqure n'est perçue que lorsque mon doigt est déjà retiré. Autre exemple : Après avoir sectionné la moelle d'une grenouille, on pique sa patte, l'animal la retire. Voilà l'*acte réflexe*.

Les réflexes sont *involontaires* mais ils peuvent être *conscients* (nous expliquerons plus tard ces mots), soit qu'ils parviennent directement au cerveau (on touche ma paupière sans le *vouloir*, je la ferme, mais je *sais* que je la ferme) soit même qu'ils ne dépendent que de la moelle, les cordons blancs de cette moelle transmettant au cerveau les excitations reçues.

En somme, on peut appeler *réflexe* la réponse immédiate à une irritation quelconque sans que les énergies renfermées dans les autres cellules nerveuses aient pu intervenir, pour enrayer ou accélérer ce mouvement.

Tous les phénomènes de la vie végétative sont des réflexes. Les ganglions du *grand sympathique* jouissent eux aussi de ce pouvoir excito-réflexe. Exemple : Un aliment pénètre dans l'estomac : aussitôt il irrite les fibres sensitives. Cette irritation va se réfléchir sur un ganglion en un ordre de mouvement porté par les fibres motrices, aux glandes gastriques qui sécrèteront le suc digestif.

Cet exemple de la digestion nous montrent également que les réflexes s'enchaînent et que sans autre excitation que l'introduction dans la bouche d'un aliment, il se produira toute une succession de mouvements réflexes jusqu'à ce que le résidu de cet aliment soit expulsé.

Les réflexes sont parfois simples (retrait de la main piquée) ou coordonnés :

Une grenouille à la moelle coupée, jetée à l'eau se met à nager. Cela tient à l'existence dans la moelle de certains centres communiquant leurs excitations à plusieurs muscles (centre du saut, de la nage, etc.).

On peut se demander pourquoi certaines excitations atteignent certains centres, toujours les mêmes, et non d'autres. On a parlé des différentes formes de l'onde vibratoire, je croirais plutôt qu'il n'y a là qu'une question d'intensité de ces vibrations de l'éther, nous savons en effet que nos yeux ne perçoivent que des vitesses comprises entre 477 et 731 trillions de vibrations par seconde, tandis que d'autres sens perçoivent des vitesses moindres sous forme de chaleur et qu'également nous pouvons apprécier des vitesses plus grandes sous forme de phénomènes chimiques, rien d'étonnant alors que certains centres nerveux soient adaptés à réagir à certaines irritations et non à d'autres.

Les réflexes semblent avoir un but : la conservation de l'espèce, il ne peut en être autrement sous peine d'amener la disparition des êtres. Sans vouloir chercher leurs origines nous pouvons cependant dire qu'ils sont venus à l'état actuel comme les animaux eux-mêmes par adaptation et hérédité. (Certain navigateur raconte qu'arrivant dans des îles désertes les oiseaux se laissaient facilement approcher tandis que ces mêmes oiseaux, en pays civilisés, s'enfuyaient au moindre bruit. Il y avait là un simple phénomène d'adaptation de ces oiseaux à la civilisation destructrice de sorte que le moindre bruit déterminait chez eux un réflexe conforme à la conservation de l'espèce oiseau, à savoir : la fuite ;

Beaucoup de nos actes sont des réflexes ou le deviennent par suite d'un phénomène dont nous reparlerons bientôt que l'on nomme l'*habitude*.

Outre ces réflexes acquis par l'individu, il en existe d'autres que l'on appelle réflexes *psychiques*, parce que leur siège est dans les neurones cérébraux (une peur brusque occasionne des battements de cœur, des frissons, des contractions de viscères ; certain récit érotique peut amener l'érection, inconsciemment, involontairement), c'est toujours le même phénomène, une énergie qui se transforme immédiatement en une autre forme d'énergie.

MAURICIUS.

(A suivre.)

(*) Voir *l'anarchie* à partir du n° 29

ENTRETIENS ANARCHISTES(*)

Le Problème sexuel

Comme je dispose aujourd'hui de mon après-midi, nous allons si tu le veux, nous occuper d'une question de toute importance : des rapports de la femme et de l'homme.

— C'est un bien vaste problème.

— Bien vaste. Il est fréquemment agité et discuté dans nos milieux. Ce qui n'empêche pas d'ailleurs qu'il soit loin d'être résolu d'une façon satisfaisante.

— Evidemment. Que penses-tu du féminisme? Ne te semble-t-il pas frapper à faux.

— Absolument. Le féminisme est peut-être une réaction explicable contre la servitude morale et économique accablant la femme ; mais les féministes n'en font pas moins fausse route. Les moyens qu'elles préconisent sont enfantins et ridicules. Nous sommes de leur avis pour trouver le sort de la femme, dans la société actuelle encore plus terrible que celui de l'homme. Elle n'a guère d'autres ressources que de s'échiner pour un salaire dérisoire ou de tomber à la prostitution de la rue ou du mariage.

On ne peut émanciper la femme en lui donnant le droit de vote. Trouvant ce « droit » stupide pour les hommes, il serait insensé de

(*) Voir *l'anarchie* n° 22, et suivants.

perdre son temps à l'obtenir pour les femmes.

Tout d'abord disons que l'émancipation de la femme est intimement liée à celle de l'homme. Les tares, l'oppression dont elle souffre disparaîtront dès que son éducation, parallèlement à celle de l'homme, prendra la voie du libre examen.

Lorsque les individus des deux sexes seront devenus conscients, ils pourront alors œuvrer à leur libération et à l'instauration d'une société harmonique. Je le crois aussi : le féminisme ne tient pas debout. La lutte particulière contre les hommes prêchée par quelques femmes n'est que la conséquence de leur état pathologique. Néanmoins, tenons compte de la sujétion infligée à la femme et essayons chaque jour de l'en délivrer. Pour cela, il semble logique de commencer dans nos foyers. Dis-moi donc ta conception de l'amour et des relations sexuelles.

— Tu me fais aborder là, Sosthène, un sujet bien épineux. A mon avis, tout d'abord, on confond généralement beaucoup trop « amour » et « acte sexuel ». L'amour est un sentiment puissant qui pousse l'un vers l'autre l'homme et la femme dont les goûts, les désirs, les sympathies, les préférences et la mentalité sont plus ou moins équivalents. Ce sentiment est évidemment augmenté de toute la force de l'attraction sexuelle.

L'acte sexuel est une fonction inhérente à notre organisme, fonction ayant pour but la reproduction de l'espèce.

J'établirai donc que si l'amour amène presque forcément la relation sexuelle, la relation sexuelle n'amène pas l'amour.

Quoiqu'on en dise, l'amour est donc un sentiment approprié à notre degré d'évolution. On peut suivre la genèse de l'amour dans l'échelle des êtres organisés. Depuis les êtres sexués les plus inférieurs chez lesquels la reproduction s'effectue au hasard jusqu'aux animaux plus élevés où l'on trouve parfois des exemples frappants d'attachement, de préférence et de recherche d'un partenaire pour arriver à l'amour humain, dont la condition essentielle est le choix réciproque.

L'amour vraiment libre, le choix volontaire des amants est entravé par les formes présentes de la société, par le bagage des préjugés humains. Je n'insisterai pas. Tu connais les obstacles s'opposant à la réalisation de l'amour, à son épanouissement.

L'idée anarchiste exalte le moi et n'admet pas la sujétion et la domination en aucun cas. Il était donc évident que l'être humain doit rester maître de son corps et ne peut l'aliéner, même volontairement ; l'union ou l'amour libre est donc le « droit » et la possibilité de s'unir ou de se désunir à volonté. Cette liberté de l'amour n'implique pas forcément l'obligation du changement. C'est là une erreur que font certains camarades.

Pour l'amour qui n'est pas le banal accouplement en vue de la satisfaction de l'instinct charnel, c'est à dire l'association affectueuse de deux êtres s'aimant sincèrement, un choix minutieux est de rigueur pour arriver à une harmonie réelle. Parfois il sera nécessaire de briser plusieurs unions avant d'arriver à celle désirée. En tout cas seule l'union libre basée à la fois sur l'entente intellectuelle et sexuelle, aura des chances de durée, tout en demeurant toujours résiliable. Evidemment deux individus, s'aimant, capables de surmonter les soucis journaliers de la vie actuelle, de lutter de concert contre l'esclavage économique, surtout s'ils ont groupé autour d'eux des enfants dont l'éducation aura été le fruit de leurs efforts, ne se quitteront pas sans motif, à la légère, pour un oui, pour un non.

— Tous les hommes ne peuvent trouver de compagnes leur plaisant ainsi, surtout aujourd'hui. Non seulement les conditions économiques et la morale publique refrènent l'épanchement de l'amour, mais il est difficile de trouver des compagnes partageant nos idées, capable de nous satisfaire intégralement. On ne peut pourtant pas s'abstenir de coïter à moins de tomber dans un état maladif (pertes séminales, masturbation, etc.)

— Je le pense bien. Aussi ai-je fait cette différence entre l'amour et la sensualité. Le plaisir causé par les caresses, le coït est produit tout autant par l'amour que par le désir voluptueux de la chair. Il n'en est pas moins vrai qu'au point de vue strictement sexuel la liberté sans « obligation » s'impose tant que le but de la rencontre n'est que la satisfaction urgente du besoin, peu importe que le choix soit laissé au hasard ou conclu selon le désir momentané. Il n'en est plus de même pour une association sérieuse basée sur l'affection. Il est du reste dangereux d'envisager uniquement le côté charnel en négligeant le coté moral. L'abus du coït et la recherche exclusive des sensations voluptueuses amène les dérèglements et les vices. En effet pour celui qui recherche simplement le plaisir sexuel qu'importent les partenaires et les moyens employés. Cela produit la pédérastie, les mœurs contre nature, inversions, aberrations de toutes sortes.

— La liberté n'est-elle pas la condamnation de la monogamie, de la monoandrie ? N'aboutit-elle pas également à la non cohabitation des amants ?

— Pourquoi ? Comment veux-tu que la liberté soit incompatible avec la monogamie ? La liberté ne peut pas changer les lois naturelles, elle ne peut influer sur l'attraction et la répulsion des individus. Ceux-ci resteront ensemble non pas par devoir ou par contrainte, mais par affection volontaire.

Chacun doit donc agir selon sa conception individuelle, d'autant qu'elle est acceptée par ceux qui y sont intéressés.

Quant à la cohabitation, elle ne comporte nullement le servage. On peut vivre avec un individu de sexe différent sans aliéner sa liberté, à la seule condition que cet individu soit conscient. Dans ce cas la cohabitation loin d'être insupportable vient apporter à chacun la somme la plus grande de bonheur en adoucissant les rigueurs et les duretés de l'existence. Quelle vie de joie que sentir près de soi une personne affectueuse ! Non seulement cela n'est pas une diminution de l'individualité, mais au contraire une force nouvelle.

Il n'en est pas de même lorsque l'un des associés est inconscient. Adversaire des idées de son camarade, il le fatiguera par ses reproches, le harcèlera de réflexions imbéciles. L'individu se trouve alors diminué, retenu dans la bataille, son énergie est annihilée, jusqu'à ce qu'il réussisse à faire l'éducation de son compagnon en profitant de l'affection ressentie.

Il n'est pas nécessaire je crois de nous attarder aux idées de fidélité éternelle, de jalousie, de propriété sexuelle, etc. Toutes les discordes nées de ces idées fausses disparaîtront avec elles. Ni l'individu, ni l'« Etat » ne peut se mêler des relations sexuelles des humains.

Mais il est tard et nous n'avons pas encore effleuré les questions de famille et de procréation. Ce sera pour une prochaine rencontre.

André LORULOT.

(*A suivre.*)

UN "A-COTÉ"

Nous pensons qu'il est utile de donner à nos lecteurs, non seulement la note que nous fait parvenir G. A. Bordes, mais encore la lettre qui en demande l'insertion.

Nous obéissons en cela à un esprit d'équité qui nous fait vouloir ne pas prendre parti, alors que nous n'avons pas d'éléments d'appréciation personnelle.

Sans prendre aucun parti, nous avons fait que l'opinion ne puisse être influencée, en permettant à chaque personne en cause, de porter ses arguments à la connaissance de tous.

Jean Grave avait les Temps Nouveaux, G. A. Bordes a eu notre feuille. Nous n'aurions certainement pas favorisé une attaque, nous ne pouvions certainement pas nous refuser à une riposte.

Londres, le 3 décembre 1905.

Camarades,

Je vous remercie infiniment d'avoir publié ma réponse, vous avez donné la preuve, dans cette circonstance, que vous êtes animés des sentiments de justice et d'équité.

Les lois bourgeoises contraignent un journal, qui attaque une personne, à insérer gratuitement sa réponse. Grave ne l'ayant pas fait, just fie cette loi et se classe dans la catégorie des gens qui nécessitent les lois.

Ci-joint une nouvelle note dont je sollicite l'insertion malgré sa longueur, je regrette de n'avoir pu la faire plus brève, mais il était utile que je m'étende pour édifier les camarades impartiaux.

Je vous serre cordialement les mains et vous prie de croire à mes meilleurs sentiments.

Très affectueusement,

G.-A BORDES,
26, Goodge Street, W. London.

Londres, le 3 décembre 1905.

Camarades,

Jean Grave n'est pas content. Il veut bien insulter les gens, mais il n'aime pas qu'on lui réponde ; il pensait qu'il ne se trouverait pas organe anarchiste assez impartial pour insérer ma réponse, il spéculait déjà sur le « Silence aux pauvres », mais il faut en rabattre, salir du papier et finalement brûler du sucre.

Un mot me suffit pour lui répondre : je maintiens tout ce que j'ai dit dans ma réponse. J'invoque le témoignage de Victor Cail et de Maria Caroni, en ce qui concerne les deux lettres envoyées aux *Temps Nouveaux* ainsi que la dépêche avec port payé ; pour cette dernière, je n'ai fait que rapporter fidèlement ce que le sollicitor nous a dit à tous les trois.

Mais comme Grave déclare qu'il n'a pas reçu cette dépêche, je me suis renseigné à nouveau, et effectivement sur ce point il y a eu confusion. La dépêche a été envoyée par le sollicitor à son représentant à Paris, lequel s'est rendu aux bureaux des *Temps Nouveaux* et a renvoyé par dépêche le résultat de l'entretien cité dans ma réponse.

Je n'ai jamais dit que je possédais moi-même une réponse quelconque de Grave, ceci est une affirmation gratuite de sa part invoquée pour les besoins de sa cause. Je n'ai jamais été intéressé dans le procès de Permaggiani, j'ai seulement servi de témoin et c'est tout.

Je passe sous silence le fiel de sa dernière note, je lui renvoie les sous-entendus, rapprochements et autres insinuations plus ou moins ambigus, j'aime des attitudes franches et loyales, qu'il parle ouvertement en français ou en auvergnat je lui répondrais de même ; mais n'étant pas hébergé par l'anarchie, je n'ai pas le loisir de déchiffrer les rébus ni les énigmes.

Mais comme j'ai promis de lui répondre avantageusement, je vais citer un fait pris parmi plusieurs autres, qui édifiera les camarades les moins prévenus.

Il y a quatre ou cinq ans, je me rendis avec quelques amis à un meeting commémoratif de La Commune à Whitechappel. Le camarade Papini désirant prendre la parole s'avança vers la tribune, mais un des principaux orateurs de la colonie russe, lui fit remarquer que pour pouvoir parler, il fallait être inscrit à l'avance, ou tout au moins pouvoir se recommander de quelques camarades connus, ce qui veut dire que celui qui n'est pas patroné n'a que le droit de se taire, aurait-il les meilleurs arguments à fournir.

Papini cita plusieurs noms et parmi eux le mien, aussitôt il lui fut répondu : « Bordes ! Vous prenez ça pour une recommandation, mais c'est un policier et je vous autorise à le lui dire de ma part. »

Papini, ne voulant pas soulever un scandale dans la réunion, car il savait que j'aurais giflé l'insulteur séance tenante, ne me dit rien tout de suite, ce ne fut qu'arrivé dans notre quartier qu'il me rapporta cette accusation.

Je lui fis observer qu'il avait eu tort de ne pas me l'avoir dit au meeting, qu'il fallait se procurer l'adresse de ce camarade le plutôt possible.

Bref ! Quelques jours après, à ce moment, je tenais une librairie service de journaux, je vis rentrer une personne qui me fit l'effet

(1)

LES SYNDICATS
Du Capital et du Travail
AUX ÉTATS-UNIS (*)

Le Capital et le Travail nous sont, à l'ordinaire, représentés comme deux farouches ennemis, se livrant d'incessantes batailles, pour le plus grand bien public, du reste. C'est du conflit même des intérêts opposés, c'est de la libre concurrence, que sort le progrès social et économique. Ainsi le veulent les saines doctrines du libéralisme. Si l'on touche au Capital, on crie à la ruine ; et si le Capital est dur pour le Travail, on hurle à l'oppression et l'on casse quelques vitres. Les phases du combat nous sont familières. C'est par le moyen de la grève que le Travail opprimé arrache quelques concessions au Capital. En France, Travail et Capital tendent à s'organiser. Pour mieux lutter contre le patron, les ouvriers se syndiquent. D'autre part, les patrons sur certains points ont compris le danger de la concurrence et ont fixé des conditions d'entente entre eux. Il y a, comme chacun sait, une loi sur les Syndicats ouvriers ; il y en a une autre qui organise l'arbitrage obligatoire. L'État intervient ici à chaque pas du développement industriel et protège à la fois l'ouvrier et patron. Mais nous sommes loin du temps où tous les ouvriers seront syndiqués, et, où d'autre part, le Capital, complètement organisé, cessera de se faire concurrence à lui-même.

Aux Etats-Unis, au contraire, le développement énorme de l'industrialisme a amené sur un grand nombre de points cette organisation complète du Capital, et parallèlement, l'organisation du Travail en syndicats puissants. Aussi la lutte entre Capital et Travail a-t-elle pris là une intensité nouvelle, et finalement, une forme plus nouvelle encore, et surprenante. Il faut remarquer qu'en outre, aux Etats-Unis, l'individualisme est extrême, la conception étatiste très faible. L'Etat laisse faire, laisse la concurrence des individus et des groupes jouer dans toute sa rigueur. Il n'intervient pas. Le citoyen veut marcher seul. Nous allons voir où cela mène. Enfin, comme on le remarquera, ces histoires américaines ont une saveur du cru. On ne fait pas aux Etats-Unis les choses à moitié. On n'y connaît pas la timidité. Il y aura dans ce récit pour le lecteur européen, une étrangeté dont je m'excuse. Il semble, par moments, qu'on lise des histoires de brigands. Mais les brigands dont je parlerai ne sont pas incurablement romantiques, comme nous le sommes. Ce sont des brigands très modernes, et qui, au lieu d'attendre dans des campagnes désertes de problématiques passants, se sont postés au cœur des villes populeuses, où ils opèrent, sous la protection des lois, en plein jour.

I

Voyons d'abord comment on entend ces rapports du Capital et du Travail à Chicago, « la cité venteuse ». L'orgueil local des habitants de Chicago est immense ; il n'est égalé que par l'orgueil des habitants de n'importe quelle ville, grande ou petite, des Etats-Unis. Chicago s'enorgueillit, et elle a peut-être raison, d'avoir développé une science des affaires toute nouvelle. Elle a pour les autres villes des Etats-Unis le coup d'œil méprisant que Manchester peut avoir pour Bruges. En tous cas, nulle part, l'on n'a été si loin dans l'organisation et du Travail et du Capital. Si nous voulons savoir comment ces deux puissances organisées se comportent, allons à Chicago, dans ce Chicago qu'on a appelé d'un nom idyllique « le Paradis des Syndiqués ».

A Chicago, en effet, il n'y a pas de *scabs*, c'est à dire d'ouvriers indépendants. Chaque ouvrier a dans sa poche sa carte d'affiliation, et à sa boutonnière ou à sa casquette, l'insigne de son syndicat. Le mouvement syndical chez les ouvriers a été aidé comme nous le verrons tout à l'heure, par les patrons eux-mêmes.

D'autre part, les industriels, entrepreneurs et gens d'affaires, ont renoncé, en face du travail organisé, à se faire entre eux une inutile concurrence. A chaque Syndicat, ils ont opposé une Association patronale. Au Syndicat, par exemple, des ouvriers maçons, une Association des entrepreneurs de maçonnerie ; au Syndicat des garçons laitiers, une Association des marchands de lait, etc., etc. Voilà donc une ville prête pour une intéressante expérience : d'une part, le Travail syndiqué, de l'autre le Capital organisé. A quelle lutte magnifique le conflit d'intérêts si opposés, va-t-il nous faire assister ? Envions à l'avance l'habitant de Chicago qui bénéficiera de cet heureux état de chose.

La lutte n'a été ni terrible, ni longue. Après s'être tâtés au cours de quelques grèves partielles, les chefs des syndicats et ceux des trusts, intelligents les uns et les autres, ont compris qu'une telle lutte serait meurtrière pour le Capital et pour le Travail. Au lieu de se battre, ils se sont entendus et ont conclu la paix. Mais la paix se fait toujours aux dépens de quelqu'un. A Chicago, c'est le public, le bon public qui paie les pots cassés.

Je ne sais si l'on se rend compte du génie d'organisation que suppose une telle entente. Même entre chefs différents d'une seule industrie, dont l'intérêt commun semble pourtant évident, ne voit-on pas combien il est difficile de faire cesser les rivalités, les jalousies ? La tâche était plus compliquée à Chicago, puis une fois l'entente patronale faite, il fallait conclure un arrangement avec le grand ennemi, le Syndicat. Quel a été l'intérêt puissant qui a lié Trusts et Syndicats ?

La raison forte qui les a poussés les uns vers les autres a été le désir de tuer toute concurrence ; chez les patrons d'en finir avec les industriels indépendants qui s'obstinaient à ne pas entrer dans leur association ; chez les Syndicats, la volonté ferme de ruiner ainsi le travail indépendant, d'expulser ce qui restait de scabs à Chicago. En somme, dans l'un et l'autre parti, c'était le désir commun d'arriver à un monopole. Montrons par quelques exemples comment ils y sont parvenus.

Il y avait un Syndicat des charretiers en charbon, et, en face, une Association des marchands de charbon, à qui appartiennent les charrettes et chevaux pour la livraison du charbon. Ils se faisaient la guerre ; le public payait le charbon bon marché. Après quelques luttes coûteuses, les chefs du Syndicat et de l'Association se réunirent, pourparlèrent et finirent par signer une convention secrète qui portait que l'Association s'engageait à ne jamais employer d'autres charretiers que les charretiers syndiqués, et ces derniers, à ne jamais travailler que pour les membres de l'Association. O sainte liberté du travail, voilà bien de tes coups ! Ecole vénérée de Manchester, où es-tu ? Ainsi, par une même entente, Syndicats et Association supprimaient toute concurrence et arrivaient au monopole désiré. Les marchands de charbon indépendants ne trouvaient plus de charretiers indépendants, et s'il s'en montrait dans les rues de Chicago, les Syndiqués, par amour de l'ordre et respect de la discipline, leur cassaient prestement bras et jambes, de façon à leur faire sentir à jamais le prix de l'indépendance. De là, la fière réponse du Secrétaire du Syndicat à un reporter qui lui demandait s'il restait des charretiers non syndiqués à Chicago :

— Je n'en connais pas, répondit le Secrétaire, à moins qu'ils ne soient à l'Hôpital.

Une fois délivrés de la crainte de voir des rivaux profiter de la concurrence pour écouler leur marchandise avec un bénéfice honnête, les marchands associés augmentèrent le prix du charbon de 100 0/0 et les charretiers s'allouèrent de généreux gages. En 1903 ils gagnaient de 125 à 150 francs par semaine.

Claude ANET.

(*A suivre*).

(*) Sans suivre Claude Anet, qui se place certainement à un autre point de vue que l'*anarchie*, nous avons pensé que ce travail, d'une saveur originale et d'une précision soignée, ne serait pas sans intérêt pour les camarades.

d'être le camarade en question, je lui dis aussitôt :

« Est-ce que vous n'êtes pas le compagnon un tel ? — Parfaitement, dit il. — Je suis le compagnon Bordes » et en même temps je le prenais au collet d'une main, tandis que de l'autre je fermais la porte de la boutique.

Précisément, Papini et deux autres camarades, qui étaient au courant de la chose, étaient présents à l'entretien.

Je lui demandais si c'était vrai qu'il avait tenu le propos sus-mentionné et de le justifier.

Il répondit spontanément qu'il ne me connaissait pas, qu'on lui avait écrit des *Temps Nouveaux* que c'était moi qui faisais paraître à Londres, le journal *Le Révolutionnaire* ; qu'on considérait que ce journal faisait œuvre de policier et que c'était pour cela qu'il s'était servi de cette expression. Mais puisque je lui affirmais, ainsi que mes amis, que je n'avais rien de commun avec ce journal, il regrettait ce qu'il avait dit et il en informerait ces amis des *Temps Nouveaux*.

Je l'invectivai violemment en lui faisant comprendre combien c'était peu sérieux et digne d'un militant conscient, de colporter des accusations semblables sans se rendre compte par soi-même.

Enfin, j'ouvris la porte. La séance était levée.

Je suis prêt à fournir le nom de ce compagnon si on l'exige, ainsi que des trois camarades qui étaient présents.

Maintenant Grave est libre de brûler du sucre à son aise, dans son home, mais il pourrait y joindre un peu de papier d'Arménie et pas mal de phénol.

G.-A. BORDES.

Ceux qui voudront se former une opinion sérieuse sur cet incident devront consulter dans l'ordre où nous les donnons les feuilles suivantes :

Temps Nouveaux, n° 29, *11 novembre* ;
Anarchie, n° 33, *23 novembre* ;
Temps Nouveaux, n° 31, *2 décembre* ;
Anarchie, n° 35, *7 décembre* ;
Temps Nouveaux, n° 32, *9 décembre*,
et évidemment le numéro actuel de l'anarchie.

La Conquête du Pain

Par une journée triste et sombre, sous la pluie fine et serrée qui me mouille et me transit, j'erre dans ce grand Paris, déambulant par les rues et les boulevards, en quête d'un peu de travail ou plutôt d'un peu de pain.

Et du matin au soir, ma main caresse bien des loquets de porte. J'entre et je sors sans avoir la peine de m'asseoir chez l'homme auquel je demande du travail : « Bonjour, Monsieur, avez-vous besoin d'un ouvrier ? — Non, pas pour l'instant, repassez plus tard, on verra ! — Bien, au revoir. »

Et dix, vingt, trente fois par jour, même demande, même réponse, et chaque fois, la marche recommence. Je reprends le trottoir des rues, sous la pluie qui me trempe et la fatigue qui m'étreint.

Peut-être à la fin trouverai je à me caser quelque part, mais combien ce temps durera-t-il. Hélas ! seuls les jours me le diront.

Pourtant, ce soir, en rentrant, j'aurai faim, et pas d'espoir de lendemain meilleur. Que vais-je faire ? Me coucher le ventre creux, tâcher d'oublier dans une nuit de repos, l'attente horrible de la bouchée pain... ce Pain que seuls les heureux n'attendent pas... ni le beurre pour mettre dessus.

Mais, si je ne me couchais pas, par hasard ! si je réagissais contre les mœurs actuelles, qui font manger à peine ceux qui se courbent au travail ! et crever de faim ceux qui n'en trouvent pas ?

Si, au lieu d'attendre que la société me donne le pain et me le mesure suivant mon travail, je le prenais moi-même et ne mesurais ma ration qu'aux besoins de mon estomac, si tous les sans-travail, tous les sans-pain, se redressaient devant les enrichis et les ventrus ; si les ouvriers syndiqués ne faisaient pas le travail absurde de respecter le joug du patronat : si, en un mot, tous mes camarades de misère et de souffrance voulaient ouvrir leurs yeux aux lumières de la vie, oui, si tout cela était quel travail s'accomplirait, quelle ruine pour les rouleurs de monnaie ! Ce serait l'anarchie, ce serait le vrai « paradis » tant prophétisé par les apôtres des religions, mais toujours si lointain.

Oui, c'est cela : il ne faut pas s'endormir en attente de jours meilleurs, il ne faut pas toujours espérer en demain : demain, n'est rien, c'est aujourd'hui qu'il faut vivre. Ne serons nous peut-être pas morts, demain ?

Aujourd'hui même, vivons. Vivons notre vie entière, sans préjugés, sans soucis.

Quelqu'un a dit : « L'humanité est une petite *fourmilière* se mouvant sur un globe tournant dans l'espace et elle est si petite, si mesquine, qu'il est incroyable que dans son sein, règne un mouvement social, si partagé de riches et de pauvres, d'égorgeurs et d'égorgés. »

Oui, l'humanité est bien petite, aussi sachant que la vie d'un homme n'est qu'une minute dans l'immensité des siècles, je veux avoir cette vie largement pourvue de tout ce qui lui est nécessaire. Dès maintenant, camarades, secouons-nous, il est déjà tard pour beaucoup d'entre nous. Nous n'avons pas de temps à perdre. Révoltons-nous et mangeons à notre faim, prenons dans la nature : n'attendons rien de la pitié des autres. Nourrissons notre corps et notre cerveau de tout ce que nous trouverons d'agréable et de bon.

Faisons nous mêmes, dès aujourd'hui, notre conquête du pain.

André PICOT.

Le Mariage et la Prostitution sont les deux termes d'une même opération ; l'Amour libre seul est raisonnable et beau.

Vive l'anarchie !

— Faits Divers —

Un audacieux attentat. — Le *Journal* nous apprend qu'un audacieux attentat a eu lieu à l'hospice des Enfants assistés de la rue Denfert-Rochereau.

Deux jeunes pupilles, de ceux qui bénéficient d'un régime un peu plus sévère que les autres, ont tenté de tuer leur gardien, un bien digne garçon, ex-enfant assisté lui-même.

Le soir, au réfectoire, sans que rien ne puisse le faire prévoir, les deux indisciplinés ont éteint le gaz et lardé de coups de couteau leur victime, puis se sont enfuis.

M. Mesureur informé et interviewé, n'y comprend rien. « Pourtant, dit-il, les deux précoces bandits, quoique étroitement surveillés, n'avaient nullement à se plaindre du régime auquel ils étaient astreints, au surplus ils recevaient les mêmes soins que les autres pensionnaires (j'avoue ne pas saisir). »

Il serait peut-être utile pour éclairer M. Mesureur et le *Journal* qui ont courte mémoire, de rappeler ce qui se passait à Aniane... et se passe encore en beaucoup de ceux du même genre.

Nous souhaitons (le premier de l'an approche) à tous ces gardes-chiourmes depuis l'humble gardien jusqu'au directeur de l'Assistance publique, une prompte disparition.

L'INFORMATEUR.

Notre Correspondance

La morale individualiste.

à Albert Frémont.

Tempérament, définition de Hallé, médecin (1800).

Différences entre les hommes compatibles avec la conservation de la santé et de la vie dans une diversité de proportions et d'activité entre les diverses parties du corps et assez importantes pour modifier l'économie.

Par conséquent, c'est une erreur de croire que les hommes ont des tempéraments très divers puisqu'ils sont constitués physiquement de la même façon. Il ne peut exister entre des individus normaux, bien portants, qu'une faible différence formée par le jeu individuel.

Je maintiens donc que la morale, c'est la règle de conduite logique d'un individu conscient dans une circonstance donnée et que cet individu devra se comporter de la même façon chaque fois que cette circonstance se représentera.

Par exemple un homme mange un fruit qu'il ne connaît pas. Il en ressent du trouble et des malaises. Chaque fois qu'il verra de ce fruit non seulement il n'en mangera pas, mais il conseillera à ses amis de s'en abstenir également. Voilà une règle de conduite, une morale. En partant d'un point de vue physique il est indéniable que l'attitude de tous les hommes sera identique dans une occasion semblable.

Devant un feu brûlant ils se retirent. Devant un animal agressif ils se défendent. Affamés devant des vivres ils se substantent Devant la camaraderie affectueuse d'autrui ils tendent la main. Devant l'exploitation et la violence ils se révoltent.

S'ils agissent différemment, ce sont des fous, des insensés : ils se détruisent, ils travaillent contre eux-mêmes.

Le but essentiel est toujours le même, c'est l'égoïsme. C'est le désir de vivre, c'est l'esprit de conservation individuelle et de développement complet.

C'est pourquoi je crois que la morale est indispensable, car celui qui n'est pas capable de savoir d'avance ce qu'il fera dans telle ou telle circonstance s'expose aux résultats néfastes des entraînements impulsifs et des actes irraisonnés. Il me semble enfantin d'insister sur ce point, puisque l'anarchiste est l'homme qui veut raisonner toujours. Il ne peut être question pour lui d'agir au hasard mais au contraire de juger consciemment en connaissance de cause et d'agir ensuite.

Le mot « morale » vous fait peur. Je le comprends aisément, mais il ne faut pas s'arrêter outre mesure aux mots et voir plutôt leur signification.

Dans votre article bien des points sont obscurs.

Ainsi vous trouverez arbitraire ma conception des devoirs envers autrui, la bienveillance aux bienveillants, etc. Vous négligez de me dire pourquoi. Je serai curieux de le savoir.

De plus, vous faites une grave contradiction en voulant prouver que l'anarchie n'est pas une morale. Vous dites qu'elle est la conclusion de certains individus en face de circonstances données dans un milieu donné. Eh bien ! précisément, nous sommes d'accord, ces individus après examen de ces circonstances, de ce milieu, etc., sont arrivés à formuler une théorie, une règle de conduite sociologique qu'ils estiment bonne et qu'ils proposent aux autres hommes.

Cela ne veut pas dire que ces règles sont immuables et dogmatiques. Elles sont relatives comme tout ce qui nous entoure et sujettes à se transformer parallèlement aux conditions et aux milieux.

Repousser la morale, c'est repousser toute régularité dans la vie, toute hygiène corporelle, toute entente de camaraderie, c'est vouloir agir aveuglément, sans but, sans résultat, c'est anti-anarchiste.

En terminant, vous pensez qu'il y aura toujours des gens, des « pontifes » pour imposer aux autres leur morale personnelle. Que m'importe ! Étant partisan du libre examen je contrôlerai leurs dires réservant mon acceptation ou mon refus. Ils n'auront ainsi d'influence que sur les sots et les abrutis, justement parce que ceux-ci manqueront de « morale » pour être sur leurs gardes, hélas !

André LORULOT.

Revue des Journaux

Le Libertaire.

Sur les *Méthodes libertaires d'éducation* Emilie Lamotte jette d'intéressants aperçus L'accord entre les éducateurs, l'harmonie entre les divers enseignements, la variété dans les sujets, la dissertation écartée et remplacée par une pratique studieuse : c'est bien. Mais notre amie voit trop les résultats avant la bataille.

Au hasard du chemin je rencontre enfin le bon député : Sembat ; Marcel pour les dames. C'est un pur.

Nous sommes avec Almereyda pour mener la campagne contre les *Procès de tendances*.

Dans *Agriculture et Population*, Georges Paul fait des observations fort justes, mais il répond à des choses que l'on ne dit pas et sa victoire est un peu trop facile.

Atome termine son long plaidoyer sur les *Mystifications populaires* d'une façon précise, contre tous les maîtres et tous les gouvernements.

Après s'être « évertué » contre le patriotisme, ce pauvre Méric se voit obligé d'adorer ce qu'il a brûlé. Les farces de ce clown sont macabres.

Madeleine Vernet raconte de petits détails, d'une façon charmante. Et son anecdote sur l'humanité des « libéraux » est fort précise.

Les Temps Nouveaux.

Jean Grave relève avec quelque force les paroles de *l'Homme rouge*. Il ne permet pas à ce pilier de justice, ce représentant de la vindicte, de juger ses actes. Il dit avec raison que le simple fait de manifester sa pensée est déjà d'un exercice dangereux dans ce pays de France.

Michel Petit montre *Les résultats de la loi sur les accidents du travail*. Il décrit les précautions que les patrons ont pris pour obvier aux exigences de la loi. Il parle de l'assurance, des soins du médecin, des trucs pour ne pas payer. Il ne saurait y avoir de bonnes lois.

LE LISEUR.

POUR LES GROUPEMENTS

Nous prévenons nos amis que nous mettons en circulation des petits paquets de brochures mélangées (25) de **A mon frère le Paysan,** de Reclus ; **L'Ordre,** de Kropotkine ; **L'Absurdité de la Politique,** de Paraf-Javal ; **Aux Conscrits,** de la Jeunesse d'Amiens, au prix de **0.75**, franco de port.

L'Absurdité des soi-disant Libres-Penseurs, de Paraf Javal, est vendue au prix de **7** fr. le **100**, franco de port. Nous avons pensé à faire cette édition avec le plus de soin possible : la couverture illustrée et en couleur, le travail typographique très soigné.

Nous venons d'éditer une poésie de Louis Cornet, avec musique de Léon Israel, sous le titre **Au Pays du Bonheur,** histoire de se reposer un brin. L'exemplaire **0.10**. Les **10, 0.50** ; le **100, 4** francs. *Port en plus.*

Nous pouvons livrer 25 exemplaires des **Deux Haricots** de Paraf-Javal, image pour enfants, à raison de **1** fr. **50**, franco de port.

Le groupe d'édition la **MUSE ROUGE** se propose de continuer la série de chansons illustrées. Afin de les propager, il met à la disposition de tous : **L'Internationale anarchiste, 0.10 ; Le Père Lapurge,** dessin de Luce, **0.25 ; La Muse rouge,** dessin de Lochard, **0.25.** La douzaine assortie : **1.50**. S'adresser à *l'anarchie*.

Les camarades qui nous ont demandé des piqûres d'aiguille patienteront quelques jours : le 3e tirage est épuisé.

Nous redonnons les textes à l'impression.

Pour nous faciliter la propagande, les camarades de Paris et de banlieue voudront bien nous donner quelques renseignements sur les salles qu'ils pourraient connaître, en indiquant le prix de location, le nombre de places, les jours disponibles et les chances de succès pour des réunions, suivant la mentalité de la population.

CE QU'ON PEUT LIRE

Pierre Kropotkine. — *Aux Jeunes Gens ; Anarchie et Communisme ; Morale anarchiste ; Organisation de la Vindicte* : br. à **0.10.** — *Les Temps nouveaux* : br. à **0.25.** *Autour d'une vie ; Conquête du Pain* : vol. à **2.75.**

Paraf-Javal. — *L'Absurdité de la politique* : br. à **0.05.** — *Libre Examen* : br. à **0.25.** — *La Substance universelle* : vol. à **1.25.** *Les deux haricots*, image p. enfants **0.10.** — *L'absurdité des soi-disant libres penseurs* **0.10.**

Jean Grave. — *Organisation, Initiative, Cohésion ; La Panacée-Révolution ; Le Machinisme ; Enseignement bourgeois et Enseignement libertaire ; Colonisation* : br. à **0.10.** — *La Société future. L'Individu et la Société ; Les Aventures de Nono* : vol. à **2.75.**

Elisée Reclus. — *A mon frère le paysan* : br. à **0.05.** — *L'Anarchie et l'Église* : **0.10.** — *Evolution et Révolution*, vol. à **2.75.**

Elie Reclus. — *Les Primitifs* : vol. à **4** fr. — *Les Primitifs d'Australie*, vol. à **3** fr.

A. Dal. — *Les Documents socialistes*, avec préface de **Ch. Malato** : br. à **0.30.**

Georges Etiévant. — *Déclarations ; Légitimation des actes de révolte* : br. à **0.10.**

René Chaughi. — *Immoralité du mariage ; La Femme esclave* : br. à **0.10.**

Enrico Malatesta. — *Entre paysans*, br. à **0.10.**

Domela Nieuwenhuis. — *Le Militarisme ; Education libertaire* : br. à **0.10.**

Charles Albert. — *Guerre, Patrie, Caserne* : br. à **0.10.** — *Aux anarchistes qui s'ignorent* : br. à **0.05.**

André Girard. — *Anarchie* : br. à **0.05.**

Ligue de la Régénération. — *Moyens de limiter les grandes familles* : br. à **0.30.** — *Plus d'Avortements* : br. à **0.50.** — *Socialisme et Malthusianisme*, br. à **0.60.**

S. Faure. — *Les crimes de a Dieu*, br. à **0.15.** — *La Douleur Universelle*, vol. à **2.75.**

Noël Reibar. — *A bas la guerre*, poésie avec musique : **0.10.**

L' « anarchie ». — Numéros parus : **0.10** chaque — Les invendus sont envoyés, le port étant seul à la charge des camarades.

Piqûres d'aiguille. — 20 textes : **0.20** le 0/0.

Les frais de port sont évidemment en plus.

OU L'ON DISCUTE OU L'ON SE VOIT

Causeries Populaires du XVIIIe, 30, rue Muller. — Lundi 18 décembre, à 8 h. 1/2. *Le travail*, par les camarades.

Causeries Populaires du XIe, 5, cité d'Angoulême. — Mercredi 20 décembre à 8 h. 1/2. Rendez-vous pour tous les camarades à la salle du Commerce, 94, faubourg du Temple, pour assister à la controverse publique entre l'abbé Naudet et Paraf-Javal.

Causeries Populaires des Ve & XIIIe, 37, rue Croulebarbe. — Samedi 9 décembre, à 8 h. 1/2, *Ibsen*, par un camarade russe ; jeudi 14, *La recherche des causes* (2), p. Vulgus.

Causeries Populaires du XIXe. — La causerie du camarade Tiercin sur *L'individu et le milieu*, est remise au Jeudi 21 décembre, à 8 h. 1/2 (salle Bourgeois), 171, boulevard de la Villette, la salle où nous nous réunissions nous ayant été refusée.

Education libre. — Dimanche 17 décembre à 8 h. 1/2, salle des Archives, 53, rue des Archives, conférence de Paraf-Javal sur *L'Absurdité des soi-disant révolutionnaires. Les faux révolutionnaires et les vrais.*

Aux Causeries Populaires, 5, cité d'Angoulême. — Samedi 16 décembre, réunion de camaraderie. *Critiques et discussion* sur la presse anarchiste.

Causeries Populaires de Lyon, salle du Pré-aux-Clercs, cours Lafayette, 220. — Dimanche 10 décembre, à 8 heures, causerie-discussion par les camarades.

Boulogne-Billancourt. — Vendredi 15 décembre, à 9 heures, salle Courtiol, 19, rue de la Piscine : causerie sur l'*utilité des causeries populaires*, par un camarade.

Montpellier. — Groupe d'études sociales, 7, rue Rambaud. — Samedi 16 décembre, causerie par tous.

Liège. — Cercle d'études sociales, 21, rue Méan, le samedi 16 décembre, à 8 h. 3/4, *Syndicats et syndicalisme*, par A. Binet.

Composée par des camarades.
Le Gérant : A. MAHÉ.
Imp. des Causeries Populaires, A. Libertad

LES CAMARADES
adresseront
tout ce qui concerne
l'anarchie
à A. Mahé & A. Libertad
30, rue Muller, 30
PARIS-XVIII

l'anarchie

PARAISSANT TOUS LES JEUDIS

ABONNEMENTS
France
Trois Mois........ 1 50
Six Mois.......... 3 »
Un An............. 6 »
Étranger
Trois Mois........ 2 »
Six Mois.......... 4 »
Un An............. 8 »

PREMIÈRE ANNÉE — N° 37 | DIX CENTIMES | JEUDI 21 DÉCEMBRE 1905

La Vindicte Sociale

Lettre ouverte à Monsieur Sébastien Faure

Vous m'avez, Monsieur, convoqué par devant votre justice, à la barre du tribunal populaire, le plus terrible de tous, afin de répondre de je ne sais combien de crimes.

Je n'ai pas cru devoir me rendre à votre citation, j'ai trouvé bon de faire défaut, car il m'a semblé que vous faisiez erreur de personne et que ce n'était pas moi que vous vouliez atteindre.

Je remplis dans la société les fonctions de procureur, d'accusateur public — public, je vous prie de le noter — c'est moi qui ai charge de relever le gant jeté à la face de tous par quelques-uns. Je suis mandaté par la vindicte sociale contre la vindicte particulière.

Je représente l'épicier à qui on chipe un pruneau, le boulanger à qui on vole un pain et la foule qui se met en travers des pas du gamin ou de l'affamé.

Je représente le propriétaire aux aguets, le fusil en main ; le paysan qui sème des pièges à loup près de ses pommiers, le bourgeois qui dresse des bouledogues à happer les maraudeurs à la gorge.

Je repré[illegible] M. Morale qui ne veut plus voir de filles publiques sur « son trottoir » ; M. Prudhomme qui trouve peu seyant la libre circulation des mal-vêtus ; M. Prolo qui juge la guillotine bien trop rapide pour punir tel ou tel individu.

Je vous représente aussi, Monsieur, vous qui croyez à la justice et qui voulez pour moi une peine morale. Je suis l'essence même de la vindicte sociale.

Je suis l'avocat du Bien contre le Mal. Mais, serai-je obligé de vous l'apprendre ! qu'est-ce que le Bien ! qu'est-ce que le Mal ! sinon des entités que je vois encore vivantes dans votre cerveau, sans que vous ayez l'excuse du métier.

Je suis la purulence normale de la société et il n'est pas possible que je ne sois pas, tant qu'elle subsistera pareille. Je suis un effet, et non une cause. Je peux être à des degrés divers, mais que je m'appelle Magnaud ou que je m'appelle Bulot, je n'en suis pas moins l'abcès venimeux qui vient sur les sociétés atteintes du mal de Justice et de Vindicte sociale.

Vous vous prétendez sociologue et vous vous arrêtez à de pareilles vétilles de réquisitoire contre un procureur général. Comme j'aurais mieux compris votre travail contre l'Esprit de Justice.

Vos amis et vous me reprochez l'odeur de mort et de vengeance qui suinte de moi. Le vidangeur à la tinette dégoutte de matières fécales : est-ce sa faute ou celle de sa fonction et des moyens surannés qu'on lui fait employer ? Moi, je suinte l'injustice ou la justice, — car tout cela dépend de la place où l'on se trouve pour regarder — c'est la faute de mon métier et des moyens imbéciles et dangereux qu'on me met dans les mains.

On n'emploie pas ma force à soigner, on l'emploie à punir. Tant pis.

Vous auriez mieux fait, Monsieur, de vitupérer contre ceux qui sont bien souvent à vos côtés, les législateurs socialistes. N'est-ce pas eux qui, avec leurs complices de la majorité, fabriquent les lois que j'ai charge d'appliquer ?

N'est-ce pas eux qui votent le budget pour solder le mécanisme compliqué de la justice depuis le bourreau jusqu'à l'avocat général, en passant par le gardien de prison ?

N'est-ce pas eux qui me paient et qui me salarient ? Eux qui décident que je toucherai des milliers de francs pour faire un travail inutile et qui, par conséquent, me le font préférer au métier utile de menuisier ou de vidangeur pour lequel je ne toucherais qu'à peine de quoi vivre ?

Pourquoi n'avez-vous pas fait votre réquisitoire contre les foules, même et surtout contre celle qui était devant vous ? Car elle aussi voulait de la justice, de la bonne justice, avec de bons juges et un bon avocat général, vous, Monsieur, qui avez juré d'être sans haine, dans un geste de parodie.

La foule n'est-elle pas toujours la masse grouillante qui crie justice à tous les échos ? N'est-elle pas toujours la hurle qui demande la mort de Jésus ou la vie de Barabbas, selon ses caprices ? Et surtout n'est-elle pas le grand ouvrier qui fabrique les législateurs.

Mais sans doute l'auditoire socialiste qui vous écoutait votera mieux à l'avenir afin d'avoir de meilleurs législateurs qui feront de meilleures lois qu'appliqueront de meilleurs juges. Je vous souhaite de ne pas vivre sous cette tutelle.

Ainsi tel pharisien qui, à vos côtés, fit son indignation vertueuse contre moi, chasse durement de son milieu le vagabond affamé qui demande asile ; et tel publicain qui me couvrit d'injures, a la main lourde et le verbe fort pour la famille qu'il dresse sous le pli de sa justice.

Mais, passons.

Je me dégoûte moi-même, pourquoi ne le dirai-je pas ? mais je ne suis qu'un effet, je me sens entraîné par le courant populaire de l'idée de Justice, de Récompense et de Vindicte.

Aussi, je ris quand je vous écoute faire votre réquisitoire contre moi et je hausse les épaules alors que j'entends applaudir cette foule honnête, la même qui demandait hier la mort d'Esterhazy, avant hier celle de Dreyfus.

La vindicte, toujours la vindicte !

Sociologue, permettez-moi de vous donner un conseil. Pour agir utilement, travaillez à la suppression de la Justice et à l'établissement rapide du Tout à l'égout.

Si je m'y retrouve avec tous ceux qui ont en eux l'idée ridicule de Vindicte, je n'y serai pas seul.

Au revoir, Monsieur.

BULOT.

Pour copie conforme :

Albert LIBERTAD.

Chiquenaudes et Croquignoles

N'en fabriquons plus.

Vous avez tous su et tous tressailli en apprenant le danger qu'a couru le petit père Loubet. C'en est trop, ces anarchistes vont décidément trop loin.

On a trouvé une bombe dans un wagon d'une rame qui aurait peut-être fait partie du train qu'aurait peut-être pris Loubet s'il avait [illegible] à Marly.

Mais voilà, Loubet est resté à Paris.

De plus, chose tragique, la bombe n'aurait pas pu faire d'effet, le copain avait oublié d'y mettre un explosif quelconque.

Ce bon Girard, toujours de service dans ces occases, a reconnu au fond de l'ustensile, une matière noire, huileuse.

Tout porte à croire que c'était de la m...atière. Les gens de maintenant ne respectent plus rien.

—o—

Qu'il crève donc vite.

De temps en temps, un journaliste quelconque nous sort le vieux cliché de la crevaison de François-Joseph.

Qu'arriverait-il si ce vieillard d'Autriche descendait à la tombe ? Quelles perturbations ? Quelle guerre européenne !

Et quoi, c'est ce vieux s'oubliant peut-être dans ses chausses qui maintient l'équilibre européen ; c'est sa vie ou sa mort qui peut décider de la vie ou de la mort de centaines de mille d'individus ?

Décidément, les États sont bien fragiles. Et j'espère que viendra bien vite la disparition du vieux pour hâter ce mouvement de perturbation que l'on nous promet.

Qui sait ce qui peut en sortir !

—o—

Chez le philantrophe Dufayel.

Les employés, les ouvriers ne savent pas reconnaître la bonté, la sollicitude de leurs patrons.

Aussi, ce bon Dufayel se voit-il, à l'heure tragique des étrennes, lâché par son personnel. Il n'a pas besoin d'eux, c'est évident, mais par humanité, il va faire tout son possible pour les reprendre... La situation est épineuse.

Il y a des méchants qui prétendent que ce sont ses employés qui travaillent pour lui payer ses hôtels, ses automobiles, ses coupés ; que ce sont ses ouvriers qui lui assurent la becquée et qui entretiennent ses maîtresses.

Nous ne les croyons pas... C'est Dufayel qui, par sa paresse ennoblie, de crever de faim ses employés... et nous entendons sa voix susurrer :

« Rentrez vite, ouvriers et employés ; vous souffririez de la grève et... les livraisons ne se feraient pas. Ça porterait du tort à la réputation de la maison dont vous avez l'honneur d'être les employés et moi la charge d'être le patron. »

CANDIDE.

LIBRE AMOUR

« Messieurs les honnêtes gens » vous aurez beau gueuler, ça ne nous empêchera pas de nous aimer sans maire et sans curé.

Nous ne croyons plus à vos grands mots — famille, morale — pour nous, le mariage, c'est la prostitution légale.

Nous voulons nous aimer librement, sans autres lois que celle de la Nature, comme ont dû s'aimer nos aïeux, comme s'aimeront femmes et hommes des humanités futures.

Loin de nous les lois monstrueuses qui font de l'homme un esclave et de la femme une malheureuse.

Loin de nous ces préjugés bêtes qui de l'amour font une chose ignoble, tandis que c'est une chose belle et noble.

Vous aurez beau crier « au scandale », nous vous répondrons tout simplement : « Nous nous aimons. »

Eh ! oui, nous ne voulons pas du mariage, nous nous aimons trop pour faire à l'amour un pareil outrage.

Nous ne nous vendons pas l'un à l'autre — nous autres, nous nous donnons — irrespectueux des lois et des religions.

Et prenez garde, de ce libre amour, il pourra sortir une nouvelle génération, belle, forte et intelligente qui fera crouler votre société pourrie et la remplacera par cet idéal de beauté, de bonté et de justice que nous rêvons « l'Anarchie ».

Alors là, Messieurs « les honnêtes gens » comme vous ne serez plus, vous ne pourrez plus gueuler et on s'aimera sans maire et sans curé.

Achille LÉGERET.

Extrait de *Cris de haines et Paroles d'amour.*

Les grandes forces antisociales

LE FÉTICHISME

C'est la saison du gui « porte-bonheur » ; c'est le temps où Marianne prostitue « les immuables et immortels principes des droits de l'homme » (!!!) dans les palais royaux de tous les tyrans européens.

C'est pour ces fétiches et bien d'autres encore, que depuis de longs siècles les individus subissent l'inégalité des conditions sociales ; car les actes qui ont pour objet de paralyser ou même d'amoindrir l'initiative individuelle pour la traîner à la remorque d'une impulsion étrangère, constituent une arme formidable au profit des exploiteurs et des gouvernants.

C'est donc en parfaite connaissance de cause que tous les gouvernements entretiennent avec tant de sollicitude le fétichisme, quel qu'il soit, parce qu'il leur suffit alors d'un mot, d'un geste, de la circonstance la plus futile, pour écraser les masses sous leur joug.

Les fétiches sont innombrables ; il en est qui se transmettent d'âge en âge ; il en est aussi, qui surgissent dans le temps pour conserver aux esprits le culte de la soumission.

Comment s'expliquer autrement, le geste idiot commis tous les ans, par des centaines de mille de jeunes gens qui, en pleine jeunesse et dans la plus forte effervescence des passions, abdiquent leur libre arbitre au point de se soumettre aveuglément aux rigueurs d'une discipline lâche, si l'école et la famille ne les avaient déjà préparés au respect des lois, des traditions, des usages, si contrairement à la raison, ils ne leur avaient inculqué le fanatisme du drapeau ! Fétiches magiques qui permettent aux maîtres de les mener comme des troupes d'esclaves et de leur imposer des besognes barbares, répugnantes et contre nature.

Car quoi qu'on en dise, les soldats sont bien moins retenus par la crainte des peines coercitives, que par cette espèce de superstition qui transforme en « déshonneur » toute dérogation aux règles imposées par les privilégiés.

Sans la théorie du « devoir » et de la servitude volontaire, le code pénal, monument de contraintes physiques et matérielles, aurait bien vite fait la démonstration de son impuissance. « Le plus fort, a dit J.-J. Rousseau, ne resterait pas longtemps le plus fort, s'il ne transformait sa force en droit et l'obéissance en devoir. »

Quelques exemples suffiront à démontrer le parti que les classes spoliatrices peuvent tirer de toutes ces admirations exagérées.

Beaucoup d'entre nous peuvent se rappeler l'enthousiasme irréfléchi du peuple pour Gambetta, qui devint même un objet d'idolâtrie, surtout à partir du moment où il eut prononcé les mots de « prolétaires du clergé », de « clergé national » et de « clientèle catholique ».

Les prêtres fulminaient encore en chaire contre celui qu'ils appelaient l'Antéchrist, que déjà les confesseurs le présentaient à leurs pénitentes comme l'homme providentiel, le sauveur social.

Les mêmes symptômes se manifestèrent pendant l'expédition du Tonkin, en faveur de l'amiral Courbet, que tous les organes, sans en excepter les socialistes, traitaient « de grand homme de guerre », jusqu'à la publication posthume des lettres de l'amiral, qui vinrent mettre un frein à ces ardeurs dithyrambiques, en leur rappelant que cet « intrépide marin » avait contraint son escadre à souscrire, pécuniairement, pour contribuer à l'édification du Sacré-Cœur de Montmartre.

Peut-on passer sous silence l'affolement mystique qui s'empara du monde entier à la mort de Victor Hugo ?

A la folie d'apothéose que furent ces funérailles, le peuple défila pendant deux jours devant le cadavre qu'on avait exposé sous l'arc de triomphe de l'Etoile ; un journal de l'époque, le *Cri du Peuple*, mit un frein à cette débauche de vénération outrée, à laquelle s'était joint le troupeau socialiste, en publiant un article de son pontife Jules

Guesde, qui réduisait le fétiche à sa valeur intrinsèque de fusilleur et d'insulteur de la révolution.

A la mort de Louise Michel, une grande émotion s'empara du monde révolutionnaire: la loi atavique reprit ses droits, et l'on vit des libertaires organiser, avec l'aide des socialistes et des loges, une procession grandiose pour « honorer » la mémoire de la défunte, que sa bonté et sa sensibilité physique avaient, de son vivant, fait presque diviniser et surnommée la Vierge rouge.

⁂

N'allez pas croire que la dissemblance de couleur de la peau de l'espèce humaine soit un facteur en plus ou en moins du fétichisme.

Toutes les races, tous les peuples ont été, et sont encore dupes des mêmes illusions : l'évolution mythologique est passée du simple au complexe. L'étalage change dans la forme, mais reste identique quant au fond : c'est le mal ancestral, qui sous toutes les latitudes nous donne le spectacle attristant de la folie humaine.

La Russie, malgré le prodigalité dont son Grand Fétiche fit montre en encombrant les armées de terre et de mer de divinités éthérées ne le cède en rien à l'aberration des autres peuples.

La même ressemblance nous frappe dans l'organisation lamaïque et catholique : Lhassa, la Rome thibétaine, séjour du Dalaï Lama, fait aussi le commerce des fétiches et des indulgences écrites ; comme Lourdes, elle ouvre ses portes aux malades près desquels les lamas, comme les prêtres romains, viennent faire des conjurations thérapeutiques ; le poison est universel, on use et on abuse des fétiches !

Le nègre de Guinée bat son fétiche pour le forcer d'obéir, tandis que le blanc « civilisé » se prosterne devant le sien pour en obtenir les faveurs qu'il semble lui refuser.

Si le fétichisme sert de principal auxiliaire à la tyrannie, il est en même temps le signe extérieur le plus infaillible de l'asservissement d'un peuple, voilà pourquoi les gouvernements, qui ont compris qu'il favorisait singulièrement leur besogne, ont fait surgir la plus redoutable jonglerie que le cerveau humain ait pu concevoir : le suffrage universel.

Ce fétiche sacre le « peuple souverain » et les ambitieux s'associant aux gouvernants, l'auréolent de « devoir sacré », de « volonté du peuple », etc... et une fois le branle donné, la masse inconsciente se précipite à la conquête des maîtres, à l'instar des moutons affolé qu'aucune puissance n'est capable d'arrêter.

La Franc Maçonnerie, cette camarilla laïque, fabrique comme sa congénère cléricale, des fétiches bien plus dangereux, qu'elle impose aux maîtres pour faire courber les esclaves. Nous allons bientôt assister au grand tournoi où les féticheurs des deux camps adverses vont se disputer le monopole de leur marchandise qui leur assurera le droit au pouvoir et la garantie de leurs privilèges.

Le « peuple souverain », en expectative, ressemblera alors à ces sujets plongés dans un sommeil hypnotique, qui ne donnent signe de vie que pour exprimer des pensées qui leur sont étrangères, mais suggérées par le magnétiseur.

A leur réveil, ils pourraient voir, s'ils en étaient capables, leur « souveraineté » se traduire par des maîtres nouveaux entourant la même assiette au beurre que leurs prédécesseurs, et fabricant de nouvelles chaînes pour maintenir le troupeau d'imbéciles auquel ils promettront comme don de joyeux avènement les réformes les plus hyperboliques et donneront comme preuve de leur attachement aux faibles et aux opprimés, la nouvelle « morale sans Dieu » — pour remplacer l'ancienne « avec Dieu » devenue trop désuète, — après que l'association cultuelle de la libre pensée l'aura réglementée pour les besoins de sa cause.

⁂

Les morales religieuses ou laïques, procèdent de l'habitude de se courber devant une forme métaphysique irraisonnée, imposée à priori par la loi du plus roublard et du plus fort. La « morale » n'est pas une valeur absolue; elle ne doit lier personne par des règles. L'éthique chez chaque être doit être sa « vie » intégrale et sans limites, basée sur le développement logique d'une éducation scientifique, lui assurant les conditions économiques les plus étendues en tenant toujours compte des circonstances qui les déterminent.

Quant aux réformes dont nos sociétés se réclament pour régénérer la collectivité, elles ne peuvent s'obtenir que par la disparition de toutes les misères ; mais ces réformes étant incapables à réaliser cet idéal, ne peuvent servir qu'à masquer un passé brutal et à continuer sous une autre forme toutes les souffrances toutes les injustices, toutes les iniquités d'autrefois.

L'édifice social ne peut être réparé, il faut qu'il soit abattu.

Combien de temps faudra t-il pour réaliser ce grand travail de salubrité universelle ?

Nous ne pouvons le prévoir.

Mais, quels hommes autres que les anarchistes auraient qualité pour mettre en œuvre toutes les ressources d'observation, de libre examen au service de leurs contemporains, pour développer dans les mentalités le besoin de « réfléchir » et de « penser ».

La réflexion et la pensée feront abandonner aux hommes le domaine des fétiches métaphysiques et inféconds et traceront d'une façon exacte le domaine des forces physiques, palpables, fécondes de bonheur et de vérité.

RAMONDOU.

CRIMES SOCIAUX

Dans un précédent article intitulé *Chasse aux Microbes* (*) j'avais cru bon de jeter une note discordante dans le concert des louanges et des vivats qui a clôturé la mascarade congressiste de la Tuberculose : je vais à nouveau, — et plus longuement — refroidir certains enthousiasmes, en les ramenant à la réalité et en leur mettant sous les yeux les chiffres accusateurs et probants qui condamnent d'une façon formelle les institutions actuelles.

Nous sommes bien convaincus de l'inutilité des efforts scientifiques lorsqu'il s'agit de trouver des remèdes. Tous ces efforts sont et seront vains tant que ceux qui ont le monopole de l'expérimentation ne se seront pas assigné d'autre tâche que celle de donner de puérils et ironiques conseils aux hommes qui veulent bien croire encore à leur pouvoir scientifique. Il est en effet des calmants, des excitants, des fortifiants à toutes les maladies, mais hélas ! peut-on guérir ce qui est endémique chez tous les individus produisant d'une façon anormale ?

Oui, mais à la condition que le remède agisse profondément sur l'organisme et non pas d'une façon superficielle.

Or, l'intérêt et la conservation de leurs privilèges guident seuls nos savants dans leurs recherches, et combien sont aveugles les foules qui les acclament et admettent leurs élucubrations et leurs discours sans oser les discuter, parce qu'ils ne s'en croient pas capables, et n'essayent pas de le devenir. Il faut convenir que nous sommes peu autorisés pour émettre une opinion basée sur les constatations provenant de notre seul libre examen : nous ne le pouvons pas, certaines causes nous en empêchent.

Certains individus détiennent le privilège d'étudier d'une façon étendue, avec expériences à l'appui, le mécanisme du corps humain et ils le défendent d'une façon toute arbitraire. Ce privilège de pouvoir étayer ses idées philosophiques avec des résultats provenant d'expériences physiologiques n'est pas à la portée de tous. Seuls ou à peu près, des individus que leur situation sociale rend de parti-pris en ont la possibilité.

Mais nous nous servirons de ce qui est à notre portée et nous en tirerons tout le parti possible afin de conserver notre individu, voire pour désagréger l'état social que nous incriminons.

Les naïfs ne verront plus dans les microbes pathogènes la seule cause de tous leurs maux et ils songeront à remédier eux-mêmes, d'une façon radicale, aux mauvaises fonctions du corps social et par suite à celles de leur propre organisme.

Transformer les conditions de la vie humaine, voilà notre grande préoccupation.

Nous avons l'impression très nette des tares du milieu dans lequel nous sommes plongés. Mais nous ne sommes ainsi qu'un tout petit nombre, aussi essayons-nous d'amener à cette idée tous les hommes qui souffrent de l'état présent.

Nous connaissons les causes morbides agissant dans le milieu qui nous environne. Nous nous révoltons d'une façon constante contre lui et nous nous y adaptons le moins possible.

⁂

Que faudrait-il donc aux hommes pour vivre d'une façon plus rationnelle ? Il faudrait qu'ils *veuillent* connaître les conditions essentielles de la vie, alimentation, hygiène générale du corps, etc., etc.

Il ne peut y avoir, chez les individus inconscients, de vie réelle. Avec eux, les microbes trouvent les éléments nécessaires à leur développement et, les savants, des sujets propres à bâtir la renommée qui les élèvent au pinacle.

Il est avéré qu'une certaine catégorie d'individus est inférieure sous tous les rapports à certaine autre : c'est la catégorie qui comprend la plus grande partie d'unités et qui, produisant pour les parasites sociaux en arrive à s'intoxiquer, à disparaître. Elle disparaît même dans sa descendance.

Les conditions économiques nous donnent juste pour l'entretien de notre force mécanique, mais ne nous permettent pas de procréer des êtres normaux, même pas ensuite de leur donner la substance vitale.

⁂

Mais voyons les chiffres. Ils viennent confirmer nos appréciations générales.

En France, pour l'année 1905, la balance des naissances et des décès, se solde par un excédent de 37.026 naissances, inférieur d'un quart à celui de 1904, qui était de 73.100. Là où l'exploitation est intense, ou les conditions des exploités sont précaires — partout évidemment — nous constatons une diminution effective de la natalité et une augmentation de la mortalité. Certaines villes industrielles sont en proie à une véritable « disette » de naissances, parce que les individus se trouvent dans des conditions économiques telles qu'ils emploient tous les artifices possibles pour que leurs gestes amoureux ne soient pas suivis d'effets. Et en cela, sont-ils blâmables ?

(*) « Paris nous montre un exemple de ce « parallèle entre la misère et la mortalité. « Les quartiers pauvres ont aujourd'hui un « chiffre de décès qui s'élève annuellement à « plus de 3 0/0 de leur population. La mortalité des quartiers riches, au contraire, ne « dépasse pas 1.5 0/0. A Berlin, la mortalité « annuelle moyenne est de 1.39 0/0 dans l'arrondissement le plus riche, contre 3.06 0/0 « dans l'arrondissement le plus pauvre. A « Vienne, dans le premier arrondissement, « qui est composé d'éléments prospères, la « mortalité est de 1.20 0/0, tandis que dans le « dixième, qui est composé d'ouvriers, la « mortalité atteint 2.9 0/0. A Berne, dans « les quartiers riches, la mortalité est de « 1.26 0/0 et dans les cités de pauvres, elle « est d'environ 7.58 0/0. A Manchester, la « durée moyenne de la vie était, d'après « J. Garnier, de 17 ans au plus, dans les « quartiers pauvres, tandis qu'au contraire « elle s'élevait à 52 ans dans les quartiers « riches. »

Il y a donc une quantité énorme d'êtres humains qui meurent des mauvaises conditions de répartition de la substance.

En 1893, il a été constaté à Paris, pour une population de 2.424.705 habitants, 55.408 décès. Or, si de la mortalité de l'arrondissement le plus riche, nous voulions déduire celle de tout Paris, nous trouverions le chiffre de 26.915 décès ; ce qui me permet de dire que, cette année-là, dans la ville de Paris, 28.555 individus sont morts victimes de leurs propres institutions.

Camille TIERCIN

(*A suivre.*)

(*) Voir *l'anarchie* n° 27.

TABLEAU DE LA PROSPÉRITÉ DES FRANÇAIS

EN 1700

Près de la dixième partie du peuple est réduit à la mendicité ;

des neuf autres parties, cinq ne peuvent faire l'aumône à celle-là dont elles ne diffèrent guère :

trois sont fort malaisées ;

la dixième ne compte pas plus de cent mille familles dont il n'y a pas plus de dix mille fort à l'aise.

A cette époque le peuple ne comprenait pas la noblesse et le clergé possédait ces ordres la plus fructueuse moitié du territoire de la France, tout en n'étant quelques centièmes de sa population.

Total des Français en 1700 : 19 [illegible] 000

EN 1900

Familles dont la fortune varie de :

0 fr. à 0.99	5 276.517
[illegible]	[illegible]
[illegible]	[illegible]
[illegible]	[illegible]
[illegible]	1.248.000
[illegible]	362.000
[illegible]	163.000
[illegible]	[illegible]
[illegible]	[illegible]
10 à 1 million à 2	11.000
12 à 5	4.000
13 5 à 10	[illegible]
13 10 à 50	100
11 Plus de 50 millions	10

Total des familles 19 511 257

Depuis 1700, les routes, les canaux, la vapeur, les chemins de fer, l'électricité, la poste, les télégraphes, le téléphone, le phonographe, la télégraphie sans fil, la dynamite, les ballons nous ont inondés de leurs bienfaits et c'est pire qu'alors. En effet, 26 0/0 (1) de nos familles n'ont rien, 13 0/0 (2, 3) n'ont rien à donner aux précédentes ; et 25 0/0 (1re avec 5e et 6e parties) n'ont guère à leur fournir.

Cependant ces inventions ont produit des améliorations et on n'en voit pas les effets ! C'est donc qu'elles ont été détournées de la grosse masse des familles françaises par le mauvais vouloir, l'incurie ou la sottise des gouvernants et les partisans de la guerre.

Populo ! c'est à toi de te compter et de décider si tu veux continuer à fournir à la rapacité et à la barbarie de quelques centaines d'entre nous **ton travail et ta carcasse !**

La France est riche ! Quelle blague pour la majorité des Français ! A moins que nos confrères étrangers ne soient encore plus pauvres que nous !

Espérons qu'ils nous renseigneront à cet égard par un tableau analogue à celui ci.

H. GOROY.

(*) Désiré Decamps.

Notre Correspondance

Idéal moral et Individualisme

à A. L. Mamoury,

Le camarade Mamoury, dans son étude ayant pour titre : « Idéal moral et Individualisme » conclut à la négation de toute morale.

Que notre camarade me permette de lui dire amicalement que l'étude des morales hypocrites, dogmatiques et idéalistes lui a fait perdre la notion juste de la morale utilitaire et saine qui procède de la biologie, de la physiologie et de l'histoire.

Prendre le contre-pied d'une morale religieuse et dire : « Une chose a été dite et faite par des imposteurs, donc cette chose n'existe pas, je la nie parce qu'on en a fait mauvais usage », c'est faire de la religion à rebours.

La morale rationnelle n'ordonne rien. Elle refuse absolument de modeler l'individu selon une idée abstraite, comme elle refuse de le mutiler par le gouvernement de la religion.

Elle laisse pleine et entière liberté à l'individu.

Elle est une simple constatation des faits : « une science ».

La morale, comme le dit Anatole France, est la règle des habitudes.

Tout ce qui n'est pas l'habitude est dit immoral.

Or, les habitudes changent constamment, elles sont soumises aux mêmes lois que les atomes qui constituent l'univers, elles évoluent, elles se modifient sans cesse, elles se transforment perpétuellement.

Donc la morale ne peut être fixe.

Elle change sans cesse avec les mœurs, (autrement dit avec les habitudes).

Elle n'est pas un idéal figé — un point de perfectibilité absolue qu'il faut atteindre.

Elle est différente selon les pays, selon les époques, elle est comprise différemment selon les individus.

Or, tant qu'il y aura sur une partie quelconque du globe des individus qui vivront en association collective, il y aura des mœurs, des habitudes et conséquemment une morale.

Et cette morale ne sera pas un dogme comme paraît le croire le camarade Mamoury, elle sera une règle instinctive de sociabilité, sans laquelle les humains ne pourraient plus vivre en association collective.

Le Bien et le Mal, le Bon et le Mauvais, dites-vous, n'existent pas.

Nous sommes d'accord, si vous considérez ces termes en eux-mêmes.

Mais le bien et le bon pour l'individu c'est à mon avis, tout ce qui lui est avantageux, utile.

Le mal et le mauvais sont ce qui lui est désavantageux, nuisible.

J'aime l'odeur de la rose parce qu'elle me procure un avantage, une sensation agréable, un plaisir, un bien.

Je fuis l'odeur de putréfaction parce qu'elle me procure un désavantage, une sensation désagréable, une souffrance, un mal.

Enfin la conception du bien et du mal comme l'a dit Kropotkine, varie selon le degré d'intelligence ou de connaissances acquises, elle n'a rien d'immuable.

Mais il y a plus. Nier les sentiments moraux — tels que nous les comprenons en dehors de tout dogme et de toute philosophie idéaliste — c'est nier les sentiments naturels inhérents à l'individu.

On trouve en effet la véritable origine du sentiment moral, dans le sentiment de sympathie ou d'antipathie.

Adam Smith donne à ce sujet un exemple typique :

« Vous voyez qu'un homme bat un enfant ; vous savez que l'enfant battu souffre parce que votre imagination vous fait ressentir vous-même le mal qu'on lui inflige, ou bien ses pleurs, sa petite face souffrante vous le disent.

« Et si vous n'êtes pas un lâche, vous vous jetez sur l'homme, qui bat l'enfant et vous arrachez celui-ci à la brute. »

Vous éprouvez donc un sentiment de sympathie pour la petite victime et un sentiment d'antipathie pour son bourreau.

Nous dirons donc que l'acte qui consiste à abuser de sa force pour battre un enfant est mauvais, et que l'acte qui consiste à protéger cet enfant et à le défendre est bon. Tous, nous aimons la bonté, la loyauté, la franchise.

Tous nous haïssons la méchanceté, la perfidie, la traîtrise.

Et ceci, parce que nous sentons instinctivement que les premières sont avantageuses à notre individualité tandis que les autres lui sont désavantageuses.

Il résulte de tout ceci que l'homme sain est normal est moral ou sociable et que seul l'homme malade est amoral ou antisociable.

Alors, direz-vous, puisque l'homme est moral d'instinct et qu'il ne peut pas ne pas être moral à moins d'être malade, point n'est besoin de morale.

C'est là un raisonnement d'une logique mathématique.

Mais les mathématiques s'appliquent à des choses mathématiquement égales.

Or les hommes (dont vous êtes Manoury) ainsi que les camarades et moi ne sont jamais égaux en fait, ni physiquement ni psychiquement. Ils ont tous, en eux, les tendances ataviques et les propriétés héréditaires. Ils sont par conséquent, vous êtes, je suis, nous sommes le produit de longs siècles de barbarie, de domination, d'autorité.

Dès lors, une connaissance des habitudes, des mœurs, en un mot, une éducation morale leur est nécessaire, et c'est cette morale qu'apprendra chaque individu selon ses propriétés, selon son tempérament, à ce qu'il juge être son bien être.

Mais voyons comment agit l'enfant.

L'enfant n'agit guère que par des mouvements réflexes. Ses actes sont instinctifs, et l'on remarque que chez lui l'acte suit la pensée avec une telle rapidité qu'il paraît se confondre avec elle.

C'est que chez l'enfant l'action est irrésistible parce qu'elle n'est pas combattue par la réaction. La réaction ne vient qu'ensuite et constitue une espèce de balance de motifs déterminants.

L'enfant voit le feu ; il y touche. S'il se brûle, il fera en lui-même une balance entre le plaisir qu'il éprouvera de toucher au feu et la peine ou la souffrance qu'il ressentira s'il se brûle ; et à l'avenir il se gardera de toucher au feu.

Or, l'éducation morale est nécessaire pour donner à l'homme cette force de réaction psychique, sans laquelle il ne pourrait se conserver.

En l'habituant à réagir sur son instinct, l'on fortifie son raisonnement, son esprit d'analyse, de même qu'un organe qui fonctionne est plus fort, plus puissant qu'un organe qui ne fonctionne pas.

Donc, d'une part j'ai une tendance à satisfaire entièrement toutes mes passions sans autre considération que mon plaisir : c'est l'action instinctive.

Mais, d'autre part, j'ai intérêt à arrêter le développement de mes passions lorsqu'elles nuisent au bien être de mes camarades parce que dans mon propre intérêt, il ne faut pas que mes camarades lésés se coalisent contre moi pour me reprendre la portion de bien être dont je me serais emparé et qui leur est indispensable. Et parce que je pourrais être vaincu dans la lutte et être victime à mon tour. C'est parce que je ne veux pas distraire la plus grande partie de ma vie et de mes forces à une lutte stérile, dangereuse et stupide.

C'est là un processus de réaction.

L'éducation morale est aussi une suggestion exercée sur le cerveau, qui en exaltant le sentiment du cœur et du bien est utile à l'individu, et plus cet individu aura ce sentiment à un haut degré, plus sa vie sera belle, grande, large, parce qu'elle pourra se développer davantage.

Si j'ai horreur de la misère, ce n'est pas seulement parce que je crains d'être moi-même misérable, et que je hais les artisans de la misère, c'est aussi parce que la misère est laide, et que je désire pour mon propre bonheur la satisfaction d'un cadre approprié.

Si les fourbes de l'imposture ont dénaturé la morale pour en faire une exploitation des cerveaux, ils ont tout simplement créé une fausse morale, une morale artificielle, instrument de domination entre leurs mains.

Mais ce n'est pas là une raison pour que nous rejetions la saine morale, la vraie morale, celle qui découle de la vie même de l'individu et qui y retourne en l'agrandissant, en la rendant complète, intense et débordante.

Louis DENEUVILLE.

***

La morale individualiste

A L. Manoury

Un mot seulement.

Vous êtes individualiste et vous niez le bien et le mal. Que penseriez-vous s'il vous arrivait de recevoir un soufflet ? Bien ! Mal ?

Je nie le bien et le mal lorsqu'on en fait des entités métaphysiques, mais je constate que ce sont des réalités et je préfère dire : « le bien c'est l'utile, le mal c'est le nuisible ».

C'est pourquoi je suis partisan d'une morale pour éviter tout le mal et pour rechercher le bien ; [illegible] désir de vie intégrale.

André LORULOT.

L'article de l'Anarchie, de Paraf Javal, paru dans le dernier numéro, est extrait des « Eléments d'arithmétique physique ».

Une action possible

Attendu que la plupart des hommes ne peuvent changer leur mentalité en devenant anarchistes et qu'ils ne travaillent que sous le coup de fouet du besoin.

Attendu que les conscients sont en trop petit nombre pour vivre anarchiquement et que depuis trente ans les anarchistes n'ont réussi à faire que des réunions, des bibliothèques, des journaux et de malheureux milieux libres, ce qui équivaut tout à la fois à un cautère sur une jambe de bois.

Pour toutes ces raisons, je crois que le seul moyen de vivre la vie anarchiste serait d'établir un milieu libre, organisé en tenant compte de la faiblesse des hommes.

Pour commencer, il faudrait réunir les capitaux nécessaires ; si les anarchistes sont des hommes de valeur, la chose ne leur sera pas difficile.

Puis il faudra se procurer un terrain convenable : c'est en cela qu'ont échoué les autres milieux libres, leurs promoteurs allaient chercher des terrains usés ou incultes, qui pouvaient à peine les faire vivre. Tandis qu'en prenant des terrains neufs, en Algérie par exemple, au dessus d'un excellent gisement de houille que je connais, le problème serait déjà à moitié résolu car la satisfaction de nos besoins, c'est à dire la richesse, est le plus sûr agent de la concorde.

Ensuite, il n'y aurait plus qu'à travailler la mine et les terres en coopérant avec des manœuvres arabes.

Tous ceux qui viendraient se présenter pour travailler seraient les bienvenus, mais on les étudierait individuellement pendant quelque temps et les indécrottables n'auraient qu'à retourner chez eux.

Le milieu serait donc toujours composé d'anarchistes conscients qui pourraient donner au monde un exemple merveilleux de la vie anarchiste.

Ce milieu par ses richesses aiderait à la formation de beaucoup d'autres milieux et je crois que seul le seul moyen par lequel l'anarchie pourra se vivre pleinement.

PILZ.

MÉDICAMENTS

Préparateur en pharmacie, je joins à mon rôle de distributeur de médicaments, celui de donneur de conseils. Une situation privilégiée me dispensant de manœuvres intéressées, je profite largement du champ d'action professionnel et viens ici exposer comment cette action pourrait être plus générale.

Ayant surtout une clientèle ouvrière, quel malade résistera à demander des explications complémentaires sur le médicament que je lui prépare ? Il en attend la guérison, la reprise du travail, le retour à l'atelier malsain, au labeur forcené suivi d'inévitables stations chez le bistro complaisant ; ce qui vient d'être que menacé d'une destruction accélérée par la maladie, il a hâte de revenir à la méthode d'intoxication lente qui constitue son lot social sans chercher un autre point d'équilibre à son sentiment de conservation. Et du matin au soir je vois ainsi venir des gens à la santé chancelante qui attendent des bons médicaments un terme à leur maux innombrables.

C'est décidément une bien extraordinaire illusion que cette foi aux médicaments, que cette superstition de la maladie qu'exercent les remèdes ? Il faut dire que la quatrième page des journaux y contribue abondamment en exploitant la crédulité des individus avec un art de plus en plus raffiné à prostituer la science.

Me voilà donc en face de ces gens sursaturés de préjugés auxquels je m'intéresse avec l'espoir d'éveiller en eux quelques déductions ; ils me débitent de longs considérants sur leur maladie, s'attardent à des à-côtés absurdes, larmoient sur le sort du pauvre ouvrier qu'accablent le travail écrasant et les maladies impitoyables.

L'un toussant et crachant m'expose ses craintes de se voir atteint par la tuberculose et me demande si la créosote ne le guérira pas ?... A mes questions il répond que l'atelier est malsain, le travail pénible, etc... de déduction en déduction je lui démontre que la tuberculose est une maladie sociale née du surmenage ; je réagis contre la superstition du microbe, je lui dis que si par hasard il a un poumon semé de quelques tubercules, ce n'est là qu'un accident auquel il peut pallier en s'y prenant à temps, avec une suralimentation bien comprise aidé d'une hygiène physique et morale en conséquence ; je lui affirme que le médicament que je lui donne sera bien un stimulant, mais qu'il faut qu'il compte surtout sur lui et se garde des excès, etc...

Un autre me parle de sa neurasthénie incurable, m'énumère la diversité baroque des traitements imposés par les médecins... Allons à la cause ?... Situation, soucis, travail, détraquement cérébral de l'individu écrasé par les nécessités de l'imbroglio social...

Un troisième me cause de son estomac. C'est un ouvrier, il n'a qu'un temps limité pour déglutir les graillonnantes ratatouilles qui constituent l'économique nourriture familiale... Une femme me fait la peinture de ses troubles nerveux... le travail à l'usine coupé de nombreuses maternités a causé le déséquilibrement utérin d'où proviennent ses maladies...

A chaque cas je continue mon raisonnement, fais toucher du doigt la cause initiale des maladies, faits entrevoir le monstrueux organisme social que favorise et perpétue l'inertie complice des individus. Je dis le remède et le moyen de l'appliquer en un court exposé des efforts que chacun peut faire pour réagir sur son milieu et je tâche de communiquer un peu de cette foi au

(2)

LES SYNDICATS

Du Capital et du Travail

AUX ÉTATS-UNIS

(Suite)

Mais le pouvoir sans limites est insatiable. Nos deux associés découvrirent que quelques-uns des plus grands hôtels de Chicago et les nombreuses maisons à vingt étages, de celles qu'on appelle « les arracheurs de nuages », s'éclairaient et faisaient même la cuisine avec du gaz naturel, venant par canalisation souterraine de l'Etat d'Indiana. La nature se mêlerait-elle de faire concurrence à la puissante association des marchands et charretiers de charbon ? Permettrait-on de ne plus faire le gaz selon l'orthodoxie ? Non, cela ne pouvait être toléré. Le Syndicat envoya donc un délégué aux propriétaires qui brûlaient du gaz naturel, pour leur demander de renoncer à employer ce produit non fabriqué à Chicago. Il fallait en outre qu'ils consentissent à couper la canalisation qui amènerait le gaz chez eux. Les plus sages d'entre les propriétaires, Chicagotiens eux-mêmes, se bornèrent à une platonique protestation et se soumirent. D'autres voulurent lutter. L'hiver arriva. Une photographie que j'ai vue représente une longue file de charrettes de charbon, arrêtées près d'un « arracheur de nuages ». A la tête de la file, un inspecteur du Syndicat. Ce sont les dernières heures de vie de « l'arracheur de nuages ». Encore quelques instants, et les puissantes chaudières qui, du sous-sol, envoient la chaleur et la lumière à travers l'énorme édifice, vont s'arrêter faute de combustible. Le « manager » n'a qu'à céder ; l'inspecteur fera un signe et le charbon descendra torrentueusement dans le sous-sol sur des glissières. Ainsi le gaz naturel d'Indiana cessa d'arriver à Chicago.

Les charretiers ont décidé dernièrement qu'ils ne délivreraient plus le charbon en sacs, comme c'était la coutume. Ce n'était pas que les sacs fussent trop lourds, mais c'était [illegible]. Cela ne pouvait [illegible]. Après ils se mirent à mettre le charbon en tas sur le trottoir, et un autre ouvrier, faisant partie d'un autre Syndicat, le Syndicat des charbonniers, je pense, vient mettre et arranger le charbon dans la cave.

II

Les charretiers et marchands de charbon firent école. L'Association des marchands de lait et le Syndicat des garçons laitiers firent un accord stratégique. Puis ils décidèrent qu'il était fatigant de délivrer le lait deux fois par jour. Le résultat fut une augmentation immédiate de la mortalité infantile. Le Conseil de Santé s'émut et déclara qu'il était plus [illegible] que les patrons et laitiers [illegible] la bande de Chicago. Mais l'association était redoutable aux intérêts du Capital et du Travail, c'était [illegible] d'enfants qu'il s'agissait.

Voici encore l'Association des entrepreneurs en zinc, tôle et fer-blanc. Elle a une convention [illegible] avec le Syndicat des ouvriers en fer blanc, zinc, tôle. Cela c'est maintenant le point de départ indispensable. Sans entente, il n'y a plus moyen de travailler d'une façon satisfaisante. Nous allons voir ici comment les patrons se servent de l'arme nouvelle qu'ils ont [illegible]. La dite Association entretient un espion dans le bureau de chaque architecte de Chicago. Lorsqu'elle apprend qu'il va y avoir une adjudication, les membres de l'Association se réunissent et décident [illegible] de travaux, que l'un [illegible] soumissionner avec un bénéfice [illegible] 50.000 francs. Les [illegible] les autres demandent 80 ou 100.000. L'adjudication va donc à [illegible] francs. Celui qui en est chargé touche [illegible]. Les 20.000 francs de bénéfice restant sont partagés entre les membres de la bande, — bande n'est pas trop fort.

Telle est la simple et profitable opération conçue par les entrepreneurs de zinc de Chicago. Mais en quoi les ouvriers leur sont-ils nécessaires ? Toujours pour la même chose. Il est arrivé qu'un entrepreneur particulier soumissionne au-dessous du prix de l'association. Les associés dénoncent ce fait scandaleux au Syndicat ouvrier. Aussitôt, et sans avertissement, les ouvriers quittent l'entrepreneur malhonnête, qui, s'il ne se soumet pas, est ruiné sans phrases.

Ailleurs, c'est un membre de l'Association des entrepreneurs de maçonnerie qui pour son malheur, a gardé des intérêts dans une briqueterie indépendante d'Indiana. Il se sert de ces briques pour une maison qu'il fait construire. L'Association l'apprend ; elle avertit le Syndicat des ouvriers maçons. Les ouvriers dudit entrepreneur entrent en grève. Ils ne recommenceront à travailler qu'avec des briques honnêtes, patentées, et à condition que l'entrepreneur paie, comme amende, 5 francs par mille briques employées. L'entrepreneur renonce à ses briques et paie l'amende, heureux encore qu'on ne l'oblige pas à démolir ce qui était construit.

Tous ces exemples montrent le même mécanisme en opération. Les associations patronales et les Syndicats ouvriers et patrons viennent établir un monopole. Pour cela, ils ont besoin les uns des autres. Tant qu'il reste des patrons indépendants, il y a concurrence, et les ouvriers et patrons chassent la même bête. Telles sont les choses sur les bords du Michigan, et l'on voit que l'orgueil de Chicago est assis sur de solides fondements.

Mais nous avons encore à raconter quelques traits charmants de la lutte, si j'ose employer ce terme désuet, de la lutte du Capital et du Travail aux Etats-Unis.

III

Passons à San Francisco, la reine du Pacifique, la première cité des Etats-Unis, si l'on en croit les San Franciscains qui s'y connaissent.

Ici, spectacle nouveau et intéressant. Le triomphe du Travail organisé est complet. Les patrons sont, pour employer une expression pittoresque qui corresponde à l'expression américaine « étendus plats comme porcs ».

Il faut remarquer en passant, et la chose est importante, que cette double concentration du Capital et du Travail aux Etats-Unis a coïncidé avec un développement prodigieux des affaires ; sans cela, patrons et ouvriers auraient eu plus de peine à imposer leur volonté au public. A San Francisco, il y a eu un afflux de capitaux considérables ; les affaires ont pris une extension extraordinaire depuis la guerre avec l'Espagne, l'acquisition des Philippines et le commerce accru avec l'Extrême-Orient. Il y eut donc, comme toujours en pareilles circonstances, des grèves désastreuses. Les Syndicats ouvriers virent ce qu'on vu à Chicago, que, tant qu'il y aurait des ouvriers indépendants, les Syndicats ne pourraient lutter contre les patrons. Ils concentrèrent donc toutes leurs forces pour chasser les *scabs* de San-Francisco. Et les patrons luttèrent pour garder les travailleurs indépendants. Mais ils furent maladroits. Ils firent appel à la police ; ils eurent la naïveté de se placer sous l'égide des lois, des justes lois. Le résultat fut piteux. L'Américain aime faire ses affaires lui même ; il ne souffre pas l'intervention des lois et des agents de police. On le fit bien voir aux patrons. Les Syndicats portèrent, aux élections générales, la question devant le peuple et le peuple, à une forte majorité, nomma, comme maire, le candidat ouvrier, un nommé Schmitz flûtiste syndiqué d'un orchestre qui jouait le soir dans un café de la ville. Une fois leur flûtiste dans la place, comme au Tyrtée, les Syndicats réussirent, à l'aide de boycottages et de grèves partielles, à expulser le *scab* maudit.

Claude ANET.

(A suivre).

bonheur dont l'élan est susceptible d'être un agent bienfaisant de réaction morale.

Combien de nous, même parmi les militants, ont encore des préjugés, sinon une ignorance à l'égard de la maladie et des médicaments. Il est cependant facile par quelques légers efforts de posséder un certain bagage de notions logiques, sur la santé et les causes de sa déchéance, afin d'en user à l'occasion.

La bonne santé est un état d'équilibre né d'un rapport proportionné des entrées et sorties de l'économie produisant avec une bonne nutrition une phagocytose énergique. Si par défaut, excès ou accident cet équilibre est rompu il y a perturbation se traduisant par les différentes façons que sont appelés à combattre nos médicaments, mais n'est-ce là que de la médecine symptomatique. Je ne m'attarde pas à ce chapitre qui appelle bien d'intéressantes questions : milieu, hérédité, hygiène... Que les intéressés en discutent et s'arment d'un nouveau mode de propagande comportant une infinité de corollaires. J'ajouterai que l'entrée en matière est d'un grand intérêt pour l'individu avec lequel on est en rapport, son étroit égoïsme le portant plutôt à prêter l'oreille à ce qui lui est personnel (je fais exception du malade grave).

N'est-il pas en effet de notre intérêt de pouvoir indiquer à autrui les causes de son malaise physique, puisque nous combattons les causes du malaise social ?

La superstition du médicament et la croyance que la maladie a quelque chose de fatal doivent être combattue aussi âprement que la superstition des bonnes institutions et la croyance au fatalisme économique. Il ne faut négliger aucun moyen de deduction, car le propagandiste doit être un semeur jetant à poignée le bon grain à chaque clairière du maquis de l'ignorance ?

Henri LAVIALLE.

LA MARINE

Entre tous les gouffres qui engloutissent le produit de nos efforts, les gouffres de la Défense nationale sont les plus terribles et parmi ceux-là, celui qui se distingue par sa voracité, c'est celui de la Marine de guerre.

Au profit de quelques métallurgistes, de quelques financiers agioteurs, des millions sont engloutis et la guerre même viendrait à point, échaluee par eux, afin d'augmenter leurs prébendes.

En France, cinq ours, non cinq préfets maritimes, dirigent ce traquenard meurtrier. Ils dépensent pour ce travail de 210 à 250.000 fr. par an. Vous le voyez.. une vétille. Evidemment nous ne nous permettrions pas de parler des tours de bâtons, comment dire, des pourboires de ces messieurs.

Et ce n'est cela que les très gros. Il y a aussi ceux qui se contentent de 12 à 1500 francs par mois et à qui, à la mer, il est donné la légère indemnité de nourriture de 78 francs par jour ; plus toute la foule des administrateurs obligés de consentir à prendre trois mois de congé payé, avec pour les servir voitures et valets.

C'est pour la Défense nationale... Ouvriers, courbez la tête. D'ailleurs, n'est-ce pas vous, ouvriers des arsenaux, qui mangez la galette ? Je l'ai lu, je crois, sur les meilleurs journaux puisque les plus grands ?

Ces administrateurs prudents, ces officiers ne savent-ils pas choisir de façon prudente les cuirassés qui ne marchent pas, les sous-marins qui se transforment en cercueil et les contre-torpilleurs dont les torpilles ne partent pas ?

Il faut donc les renouveler ? Cela fait travailler et leur permet de toucher un pot de vin de plus. Vous le voyez, c'est ingénieux.

Les ouvriers ne sont pas, paraît-il, très satisfaits. Ils sont insatiables. Ils voudraient pouvoir manger, avoir la liberté de parole. Un tas de fantaisies... On leur donne, c'est plus sûr, la retraite, s'ils ne crèvent pas avant.

Et puis qu'ils se taisent, car Gaston est là. Il l'a dit, il bouclera les arsenaux au moindre mot. Alors plus de bateaux-cercueils, plus de bateaux-bombes, plus de navires immobiles, à jamais.

Mais, l'ami, les arsenaux fermés, y aura-t-il moins de pain, moins de viande, moins de liquide... Non, et comme les ouvriers auront, après comme avant, les dents longues, ils sauront aller chercher, où cela se trouvera, ce dont ils auront besoin.

MULOT.

LES PROBLÈMES DE LA VIE(*)

Notions de Psychologie

(Suite)

L'instinct

Lorsque l'on étudie tant soit peu les phénomènes, l'on se rend vite compte qu'aucun d'entre eux de quelque nature qu'il soit n'échappe aux grandes lois de l'évolution. La nature ne fait pas de saut brusque, d'un fait à l'autre même les plus opposés en apparence, il y a toute une succession de faits qui s'enchaînent et qui ne diffèrent entre eux que par des différences minimes résultant d'adaptations lentes et successives, à un nouvel état de choses.

Il en est de même des phénomènes cérébraux et ce n'est que par des différences subtiles que l'acte réflexe simple se transforme chez les êtres supérieurs en *perception consciente* en passant par *l'instinct*.

James donne cette définition de l'instinct : « Faculté d'accomplir certains actes en vue de certaines fins, sans éducation préalable de ces actes », mais de l'acte réflexe simple à l'instinct, la transition est presque inappréciable.

Lorsque la *patelle* s'accroche sur son rocher à l'approche du danger, lorsque l'huître ouvre sa coquille au flot montant, est-ce réflexe ou instinct. Et cependant entre le réflexe simple qui fait que la grenouille décapitée retire la patte quand on la pique et l'admirable instinct qui fait que l'abeille construit des cellules hexagonales d'une si splendide architecture il y a une grande différence.

On a essayé de grouper les divers points de ressemblance et de dissemblance de ces deux fonctions de la vie.

1° *Finalité* : Les réflexes comme les instincts sont adaptés à la conservation de l'espèce ;

2° *Fatalité* : Les réflexes et les instincts dépendent de l'irritant d'une part et de l'organisme de l'autre, mais dans les mêmes conditions, avec les mêmes éléments en présence, ils se reproduisent d'une manière fatale ;

3° En général, avec le réflexe, la réaction est simple, tandis que l'instinct est une longue suite de faits (construction du nid des oiseaux, des digues des castors).

4° Ce qui caractérise l'instinct, c'est sa *spontanéité apparente*, je dis apparente, car ils serait absurde et contraire à toutes nos connaissances, de supposer qu'il put y avoir d'effet sans cause, c'est-à-dire de réaction sans excitation préalable ; seulement et nous avons déjà vu cela (5° loi de l'irritabilité *anarchie* n° 35), certaines cellules peuvent donner une réaction immense pour un irritant très faible, c'est-là un des principaux caractères de l'instinct.

Supposons par exemple un animal doué de sensibilité extraordinaire et qui pourrait percevoir une différence de température de 1/100 de degré. Si nous avons un thermomètre ne marquant que des 1/10 de degré alors qu'une différence de 1/20 produira chez l'animal des réactions très violentes, comme nous ne percevrons rien, nous pourrons dire que le mouvement est spontané alors qu'il n'en est rien. Or, la circulation, la respiration, la digestion, mille causes modifient constamment l'état de nos cellules et produisent des irritations intérieures déterminant nombre de réflexes, mais quoique la différenciation entre le réflexe et l'instinct est fort subtile nous pouvons dire que l'instinct demande un irritant plus faible que le réflexe et que c'est la composition de l'organisme qui est tout pour lui.

5° Enfin ce qui caractérise plus nettement encore l'instinct c'est que alors que les réflexes sont à peu près semblables dans toute la série animale les instincts diffèrent essentiellement.

Si je touche la conjonctive d'un importe quel animal ayant des yeux, la paupière se ferme, tandis que la fauvette ne construira pas son nid comme l'aigle ni celui-ci comme l'hirondelle, quoique tous les aigles, toutes les hirondelles, toutes les fauvettes construisent des nids semblables. En somme, dans l'instinct, l'irritant n'est pas grand chose, l'organisme est tout.

L'instinct veut la non intelligence par sa définition même : « mouvement en vue d'un but que ne comprend pas l'organisme ».

Chez l'homme, il n'y a pas d'instinct à proprement parler, il y a des réflexes simples ou compliqués, il y a des mouvements automatiques, des actes inconscients (j'en parlerai dès ma leçon encore expliqués, peut-être aurai-je dû mettre l'instinct après la conscience, mais tous les phénomènes nerveux sont si intimement liés qu'on ne peut parler de l'un sans se servir de l'autre.

MAURICIUS.

(A suivre.)

(*) Voir *l'anarchie* à partir du n° 29.

PENSER ET AGIR

Tant que les hommes ne s'occuperont que de critiquer — en théorie — ce qu'ils pensent être le mal, et ne prendront pas pour ligne de conduite — en pratique — l'accomplissement de ce qu'ils pensent être le bien, leur propagande restera presque nulle.

La pratique démontre l'utilité ; et, l'application de telle et telle chose, est toujours supérieure à la théorie. Celle-ci, en général, nourrit l'individu de chimères, tandis que celle-là donne confiance à la réalité de tel ou tel principe.

Nous savons bien que nous ne pouvons faire l'harmonie universelle pour l'heure présente, mais il est une foule d'actes anarchistes qu'on ne doit négliger d'accomplir, du moment qu'ils ont été démontrés justes. C'est le meilleur moyen d'influencer la mentalité de nos contemporains.

Malheureusement, il y a encore trop d'anarchistes qui agissent contrairement à leurs pensées : qui se proclament conscients, prêchent la morale aux autres, et agissent comme de véritables inconscients.

Que ceux qui se proclament adversaires des métiers inutiles, agissent en conséquence et laissent de côte les places de contremaîtres, de gouvernants, de juges, d'huissiers, de notaires, de soldats, de policiers, de bijoutiers, d'armuriers, etc., et que tous ceux qui ont refusé ces métiers inutiles et nuisibles, refusent aussi leurs conséquences.

N'est-ce pas refléter une mentalité pareille que de se parer en soldat ou en juge, de se fourrer aux doigts des bagues, aux poignets des bracelets, au cou des colliers, je pense que si les individus qui agissent ainsi étaient d'un autre âge, ils se feraient tatouer, la figure et le corps entier.

Que ceux qui sont ennemis du mariage légal et religieux s'unissent librement.

Que ceux qui sont ennemis de la légalité la combattent et fassent tous leurs efforts pour vivre en dehors d'elle.

Que ceux qui sont ennemis de l'idée de Dieu, de l'idée de religion, de l'idée de patrie parcellaire, les combattent et n'entretiennent aucun rapport d'utilité avec elles.

Que ceux qui luttent contre la propriété individuelle, refusent d'être propriétaire, exploiteur.

Que ceux qui luttent contre le suffrage universel et la politique s'en désintéressent de toute façon.

Et je conclurai : Tout anarchiste doit logiquement déterminer les mouvement à faire pour arriver à satisfaire ses besoins. Le triomphe de l'anarchie ne peut être que dans la multiplicité des actes raisonnés.

Jules BLEUET.

Demandez partout

L'ANARCHIE

Revue des Journaux

Le Libertaire.

En Russie, nous dit le *Proscrit*, le mouvement ne se dessine pas d'une bonne façon. En pourrait-il être autrement vu les idées jetées dans les milieux révolutionnaires et l'inconscience de ceux qui prétendent les guider.

Harmel soutient une thèse parallèle à celle de notre ami Dikran Elmassian *Sur la Beauté*. Répondant à un article de Lorulot il se moque un peu de ses syllogismes par trop pédants. Mais aussi il joue vraiment avec des arguments qui, quelle que soit leur forme, n'en ont pas moins leur valeur réelle.

Il rectifie !... Enfin l'est-il ou ne l'est-il pas ?

Au tribunal anarchiste, Sébastien Faure était, paraît-il, procureur général. Faudra-t-il le placer dans le casselin des bons juges ?

« Il est avéré, dit Oivrony, qu'un vent de syndicalisme et de révolte souffle en ce moment... » L'un n'est pas l'autre, au contraire. Et si les gouvernants refusent tant le droit de se syndiquer, c'est pour donner une importance à ce joujou dont nous espérons bientôt voir le ventre ouvert par nos camarades instituteurs. Ils n'y trouveront que du son.

Oui, Yvetot a raison. Tous les syndicats on veut l'entente libre des hommes, mais on ne la peut pas. Je me tiens à carreau, car il est facile à notre ami de la C. G. T. de dire du mal des antisyndicalistes qu'il connaît.

Les Temps Nouveaux.

Amédée Dunois nous dit, sur *la Guerre et la Réaction*, quelques bonnes choses.

Laurent Casas conforme le travail de Claude Anet. Mais comment peut-il penser qu'un changement de date transformera les mentalités. Que le *Labor day* soit le 1 septembre ou le 1er mai... c'est kif kif bourricot.

Je lis le travail de Nadar sur Elisée Reclus. Il s'est complu à citer de bien petits détails qui n'en ont pas moins leur charme. Mais je le répéterai encore, quelle phraséologie religieuse.

LE LISEUR.

POUR LES GROUPEMENTS

Nous prévenons nos amis que nous mettons en circulation des petits paquets de brochures mélangées (25) de **A mon frère le Paysan,** de Reclus ; **L'Ordre,** de Kropotkine ; **L'Absurdité de la Politique,** de Paraf-Javal ; **Aux Conscrits,** de la Jeunesse d'Amiens, au prix de **0.75**, franco de port.

L'Absurdité des soi-disant Libres-Penseurs, de Paraf-Javal, est vendue au prix de **7** fr. le **100** franco de port. Nous avons pensé à faire cette édition avec le plus de soin possible : la couverture illustrée et en couleur, le travail typographique très soigné.

Nous venons d'éditer une poésie de Louis Cornet, avec musique de Léon Israel, sous le titre **Au Pays du Bonheur**, histoire de se reposer un brin. L'exemplaire **0.10**. Les **10**, **0.50** ; le **100, 4** francs. *Port en plus.*

Nous pouvons livrer 25 exemplaires des **Deux Haricots** de Paraf-Javal, image pour enfants, à raison de **1** fr. **50**, franco de port.

Les camarades qui nous ont demandé des piqûres d'aiguille patienteront quelques jours : le 3e tirage est épuisé.

Nous redonnons les textes à l'impression.

Pour nous faciliter la propagande, les camarades de Paris et de banlieue voudront bien nous donner quelques renseignements sur les salles qu'ils pourraient connaître, en indiquant le prix de location, le nombre de places, les jours disponibles et les chances de succès pour des réunions, suivant la mentalité de la population.

Les Causeries populaires *organisent pour le* **6 Janvier** *une Grande Soirée Familiale avec Bal. Tous les camarades chansonniers, musiciens qui voudraient bien nous prêter leur concours, nous écriront 30, rue Muller, 18e, afin que nous puissions préparer cette fête avec soin.*

CE QU'ON PEUT LIRE

Pierre Kropotkine. — *Aux Jeunes Gens ; Anarchie et Communisme ; Morale anarchiste ; Organisation de la Vindicte* : br. à **0.10.** — *Les Temps nouveaux* : br. à **0.25.** — *Autour d'une vie ; Conquête du Pain* : vol. à **2.75.**

Paraf-Javal. — *L'Absurdité de la politique* : br. à **0.05.** — *Libre Examen* : br. à **0.25.** *La Substance universelle* : vol. à **1.25.** *Les deux haricots*, image p. enfants. **0.10.** — *L'absurdité des soi-disant libres-penseurs.* **0.10.**

Jean Grave. — *Organisation, Initiative, Cohésion, La Panacée Révolution, Le Machinisme ; Enseignement bourgeois et Enseignement libertaire, Colonisation* : br. à **0.10.** — *La Société future, L'Individu et la Société, Les Aventures de Nono* : vol. à **2.75.**

Elisée Reclus. — *A mon frère le paysan* : br. à **0.05.** *L'Anarchie et l'Eglise* : **0.10.** — *Evolution et Révolution* vol. à **2.75.**

Elie Reclus. — *Les Primitifs* : vol. à **4** fr. — *Les Primitifs d'Australie*, vol. à **3** fr.

A. Dal. — *Les Documents socialistes*, avec préface de **Ch. Malato** : br. à **0.30.**

Georges Etiévant. — *Déclarations ; Légitimation des actes de révolte* : br. à **0.10.**

René Chaughi. — *Immoralité du mariage ; La Femme esclave* : br. à **0.10.**

Enrico Malatesta. — *Entre paysans*, br. à **0.10.**

Domela Nieuwenhuis. — *Le Militarisme ; Education libertaire* : br. à **0.10.**

Charles Albert. — *Guerre, Patrie, Caserne* : br. à **0.10.** — *Aux anarchistes qui s'ignorent* : br. à **0.05.**

André Girard. — *Anarchie* : br. à **0.05.**

Ligue de la Régénération. — *Moyens de limiter les grandes familles* : br. à **0.30.** — *Plus d'Avortements* : br. à **0.50.** — *Socialisme et Malthusianisme*, br. à **0.60**

S. Faure. — *Les crimes des Dieux*, br. à **0.15.** — *La Douleur Universelle*, vol. à **2.75.**

Noël Raibar. — *A bas la guerre*, poésie avec musique : **0.10.**

L' « anarchie ». — Numéros parus : **0.10** chaque — Les invendus sont envoyés, le port étant seul à la charge des camarades.

Piqûres d'aiguille. — 20 textes : **0.20** le 0/0.

Les frais de port sont évidemment en plus.

OU L'ON DISCUTE
OU L'ON SE VOIT

Causeries Populaires du XVIIIe, 30, rue Muller. — Lundi 25 décembre, à 8 h. 1/2. *Causerie amicale. Chants et récits.*

Causeries Populaires du XIe, 5, cité d'Angoulême. — Mercredi 27 décembre à 8 h. 1/2. *La Camaraderie*, par Lavialle.

Causeries Populaires des Ve & XIIIe, 37, rue Croulebarbe. — Samedi 21 décembre, à 8 h. 1/2. *Les différentes thèses de l'antimilitarisme*, par Mauricius ; jeudi 21, *La recherche des causes* (2), par Vulgus.

Causeries Populaires du XIXe. salle Bourgeois, 171, boulevard de la Villette. — Jeudi 28 décembre, à 8 h. 1/2. *Causerie sur le travail à faire pendant les élections.*

Aux Causeries Populaires, 5, cité d'Angoulême. — Samedi 23 décembre, réunion de camaraderie. *Critiques et discussion* sur la presse anarchiste.

Causeries Populaires de Lyon, salle Chamarande, 26, rue Paul-Bert. — Dimanche 24 décembre, à 8 heures, *Fête familiale*, causerie sur l'œuvre de Dubois-Dessaulle.

Saint-Denis. — Les camarades partisans de rechercher eux-mêmes leur règle de vie en dehors de toute préoccupation électorale, sont priés de se réunir le mardi 26 décembre, salle Prévost, rue du Port, 3. On s'occupera d'une grande conférence dans cette ville.

Boulogne-Billancourt. — Vendredi 22 décembre, à 9 heures, salle Hugel, 22, rue Thiers : causerie sur *l'utilité des groupements*, par un camarade.

Montpellier. — Groupe d'études sociales, 7, rue Rambaud. — Samedi 23 décembre, causerie par tous.

Liège. — Cercle d'études sociales, 21, rue Méan, le samedi 23 décembre, à 8 h. 1/4, *Cosmogonie*, par M. Vertongen.

Composée par des camarades.

Le Gérant : A. MAHÉ.

Imp. des Causeries Populaires, A. Libertad

LES CAMARADES
adresseront
tout ce qui concerne
l'anarchie
à A. Mahé & A. Libertad
30, rue Muller, 30
PARIS-XVIII.

l'anarchie

PARAISSANT TOUS LES JEUDIS

ABONNEMENTS
FRANCE
Trois Mois........ 1 50
Six Mois.......... 3 »
Un An............. 6 »
EXTÉRIEUR
Trois Mois........ 2 »
Six Mois.......... 4 »
Un An............. 8 »

PREMIÈRE ANNÉE. — N° 38 | DIX CENTIMES | JEUDI 28 DÉCEMBRE 1905

Que faire ?

Si l'État militaire allemand tentait d'envahir le pays qu'on appelle la France, faudrait-il se joindre à l'État militaire français pour repousser l'État militaire allemand ?

La question, ainsi posée, a paru facile à résoudre, pour tous les antimilitaristes. — Nous n'avons pas à prendre parti pour un régime militaire contre un autre régime militaire, nous ne marcherons pas !... — Et ce refus anticipé, et plus ou moins international, produisit immédiatement le plus salutaire effet sur les gouvernants et diplomates, qui d'effroyablement belliqueux qu'ils étaient d'abord, sont, tout à coup, redevenus conciliants et pacifiques.

Mais, voici que le problème se complique.

« La France marche à la tête des nations dans la voie de la « Révolution sociale » ; il faut donc, à tout prix, défendre la France contre l'invasion possible des nations plus arriérées, et cela, dans l'intérêt même de l'humanité, car l'anéantissement de la France amènerait fatalement la régression du monde entier. »

Ne croyez pas, cependant, qu'il s'agisse de marcher au combat sous les ordres du gouvernement. Non ! mais il faut, au contraire, en cas d'agression étrangère, renverser d'abord le gouvernement, faire la Révolution, puis courir à la frontière.

La ligne de conduite ainsi tracée, il me paraît sage, à présent, d'en examiner la possibilité, de chercher à en prévoir les conséquences et les résultats.

D'abord, la France marche-t-elle à la tête des nations dans la voie de la Révolution sociale ? Pour ma part j'avoue n'en être pas convaincu, car si la Révolution sociale a pour but la mise en commun de tous les moyens de production, je ne vois pas que nous soyons, sous ce rapport plus avancés, même intentionnellement en France qu'en tout autre pays.

Mais laissons cela, nous y reviendrons tout à l'heure.

Pour l'instant je veux bien supposer qu'il soit possible, à la faveur de l'émoi causé par le début des hostilités, au moment où tous les petits intérêts se sentent compromis, où les garnisons ordinaires sont en marche vers les points menacés, d'entraîner le peuple des grandes villes à l'insurrection ; que cette insurrection puisse se produire avec assez d'ensemble pour être victorieuse et se changer en révolution. Nous faisons donc la Révolution, c'est-à-dire nous détruisons l'Autorité, puis, comme chacun est convaincu d'avoir un avenir prochain de bonheur à défendre, nous allons bravement faire face à l'envahisseur.

Faire face à l'envahisseur !... Mais, avec quel armement, suivant quelle organisation ? Je ne crois pas qu'il suffise, pour qu'une foule repousse une armée, que cette foule soit mue par une idée commune. Certes, l'idée commune est nécessaire, mais faut-il encore un matériel, égal en force, sinon supérieur à celui dont dispose l'ennemi. Il faut aussi des chefs expérimentés dans l'art de la guerre, car la guerre est un art, un art tout d'horreur, de souffrance et de crime, mais enfin un art, et l'on ne peut pratiquer un art avec succès sans en avoir, au préalable, fait les études élémentaires.

Voici que je m'aperçois, voyez-vous bien, que nous ne sommes plus du tout antimilitaristes. Au contraire, à l'instar des nationalistes les plus ardents, nous devons réclamer l'extension et le perfectionnement de nos moyens de défense. Nous devons donner, sans regret, notre part des six cent millions que réclame Lanessan. Bien mieux, ne lésinons pas, allons tout de suite jusqu'au milliard. L'important est de veiller à ce que cet argent soit bien employé. Ne devons-nous pas retrouver tout cela, et nous en servir, pour sauvegarder la liberté que nous aurons d'abord conquise sur les pouvoirs bourgeois et capitalistes.

Pour être conséquents, nous ne sommes donc plus antimilitaristes, mais nous restons révolutionnaires, et le jour où le gouvernement déclare ou se fait déclarer la guerre, nous ne ratons pas le coup, nous renversons le gouvernement, nous nous emparons de tout le matériel de guerre ; nous sommons les officiers dont nous avons payé l'instruction de diriger les opérations, surtout de marcher droit, sous peine de mort, et nous sauvons à la fois la France et la Révolution.

Nous nous plaisons à ne pas signaler tout l'aléa de la réussite de ces beaux projets nous acceptons l'augure de leurs succès.

Très bien ! mais après ?

Cette masse que nous aurons entraînée, d'abord à l'insurrection puis à la lutte militaire contre l'étranger ; que fera-t-elle après sa double victoire ? que ne feraient également les inconscients de toute autre nation ? Ce qu'elle fera cette masse « française », la plus avancée, dit-on, dans la voie de la Révolution sociale ? Ce qu'elle fera, après que nous l'aurons militarisée, disciplinée pour la rendre victorieuse sur le champ de bataille, il n'est pas malaisé de le prévoir. Elle votera pour de nouveaux politiciens qui rétabliront l'autorité sous une forme nouvelle, mais non moins tyrannique que toutes celles qui se sont succédées depuis l'avènement du Peuple à la souveraineté électorale.

C'est que, tant que nous n'aurons su convaincre la partie pensante de l'Humanité que l'animal humain est parfaitement apte à vivre en société sans contrainte d'aucune sorte, qu'il n'est vicieux qu'à cause des lois qui l'y obligent, directement ou par répercussion, il restera impossible de faire ce que vous appelez la Révolution sociale : c'est-à-dire, de s'organiser par la libre entente, en sorte que chacun produise selon ses moyens et consomme selon ses besoins.

Donc, en attendant que la vérité éclaire les cerveaux actifs il importe surtout d'empêcher la guerre, car la guerre ne peut que semer la défiance et la haine entre les travailleurs des différents pays, et c'est surtout de confiance et d'amour qu'ils ont besoin pour s'affranchir de leurs exploiteurs. Or, le meilleur moyen, à mon avis, d'empêcher la guerre est encore d'informer nos camarades, qui, par delà les frontières subissent, comme nous, la tyrannie des droits politiques et économiques, que, au cas où notre gouvernement voudrait nous lancer contre eux, nous ne marcherions pas, et que si leur gouvernement veut les ruer contre nous, nous ne les arrêterons que par notre appel à la fraternité.

Certes, il serait encore plus beau, et surtout d'une plus grande efficacité contre nos maladies sociales, que les conscrits refusent en majorité de se rendre à la caserne, que les réservistes soient assez sages pour résister à l'appel des vingt-huit jours. Mais cela nous ne pouvons encore l'espérer ; en temps ordinaire on craint trop les conséquences d'une telle insubordination. Il n'en serait certainement plus ainsi, au moment où la mort s'apprêterait à faucher les hommes par centaines de mille, et l'on peut croire avec beaucoup de raison que, la sagesse étant contagieuse aussi bien que la folie, il suffirait qu'une minorité courageuse donnât l'exemple pour que l'affreux carnage rêvé par les patriotes cosmopolites ne puisse avoir lieu faute de sujets voulant bien s'y prêter.

D'ailleurs, en continuant sans souci des frontières notre propagande de simple résistance en cas de guerre, nous avons toutes chances que les gouvernants n'osent s'engager dans une pareille aventure, et c'est, pour l'instant, le principal.

Revenons donc à notre première résolution : **Nous ne voulons pas nous faire tuer pour défendre nos maîtres, et pas davantage pour le plaisir d'en changer.**

Décidément la guerre nous répugne, même avec la Révolution comme apéritif.

VULGUS.

Chiquenaudes et Croquignoles

Souhaits et Compliments.

Pierre Biétry profite du nouvel an pour adresser ses meilleurs souhaits, ses meilleurs compliments à Urbain Gohier.

C'est touchant.

Dans le Jaune du 23 courant, il lui souhaite d'appliquer sa logique, son esprit de critique à lui-même, lui parlant des malheureux conscrits qui auraient leur vie brisée s'ils suivaient à la lettre son incontinence de langage dans le manifeste aux conscrits.

Puis il lui plaît de reconnaître qu'Urbain est une des belles figures de ce temps.

J'ose croire qu'avec l'urbanité qui le distingue Gohier va lui répondre par le même compliment.

Entre amis, ça ne compte pas.

— o —

Les joies du Réveillon.

On a chez les hommes une manie invétérée des anniversaires. La naissance ou la mort sont sujets à ces comédies.

A l'occasion de celui de la naissance du copain Jésus — naissance pourtant bien problématique — on gueul-tonne ferme. Les anticléricaux se gavent de pair avec les cléricaux.

On dépose à tous les coins des rues des trop-pleins parfumés et l'on zigzague à qui mieux mieux.

Les journaux ouvrent une rubrique : Après réveillon. *C'est une série de meurtres, de coups, d'accidents, de viols et d'entôlages.*

Chose curieuse : On n'a pas à signaler de reprises... Les crève-de-faim sont gentils.

— o —

Le travail inutile.

Au Hasard du Chemin, *j'apprends que « mes moyens d'existence dépendent de l'organisation sociale » et aussi que « le raisonnement qui veut confondre la nécessité du moment avec l'intérêt général est tout simplement absurde » ? ? ?*

Ces points d'interrogation peuvent signifier que je n'ai pas compris. Tant pis pour moi.

Moi qui croyais que la théorie du refus du travail inutile poussée jusqu'à ses conclusions logiques arriverait à assurer la transformation sociale !

Il paraît qu'elle donnerait « d'assez étranges résultats »

Je demande lesquels ?

— o —

Les salamalecks en carton.

Comme je feuilletais rapidement après ces réflexions le libertaire, *je voyais une annonce pittoresque :* Cartes de visite 1 fr. 25, etc. etc.

Vrai, c'est le moment pour les copains de cette feuille de demander le label ; le syndicat des typos l'accordera de suite pour encouragement au travail.

Travail idiot, qu'importe.

L'opportuniste Loubet trouvait ça ridicule et parlait de le supprimer. Les libertaires trouvent cette manie intéressante et à propager.

CANDIDE.

VIEUS SOUVENIRS

Dans une semaine le premier de l'an. Ainsi que chaque anée le programe des études est quelque peu bouleversé par l'aproche du grand événement ; la confecsion des lètres, des compliments va prendre le plus clair des heures de classe.

Pères et mères, grands parents, oncles et tantes, parains et maraines, vieus messieurs et vieilles dames « protecteurs » de la famille, il en faut pour tous.

Que dire à ces braves jens ? Quels clichés sortir pour les atendrir, les flater dans leur orgueil, dans leur sentiment familial, pour les inciter à la jénérozité, à l'ofre de la tradicionèle pièce de cinq francs, ou plus modestement de la piécète de dis sous, mais surtout des menus cadaus : jouets multicolores, bijous de pacotille, bonbons et oranjes.

J'ai été consulter la vieille expérience de la directrice de l'école vilajoize. Avec son bon rire èle m'explique ce qu'il faut pour le pays : « Tous les lieus comuns des vieus manuels : faites vibrer la corde des sentiments de famille, la reconnaissance, le respect, l'amour filial. Mais surtout n'oubliez pas le petit Jézus. Dans ma classe de grandes filles le petit Jézus est trop poupard ; je le remplace par son père. Dans votre milieu de bébés, il faut l'enfant Dieu. Bah ! ça vous ennuie, je le conçois, mais vous vous y ferez. N'alez pas surtout vous mètre en frais d'imajinacion. En chanjant quelque peu la premiere fraze, plusieurs mots au courant de l'épitre, tout ira bien... »

Ah ! oui, tout va bien ! De ma plus bèle écriture, j'encombre les tableaus noirs de lètres pompières. Les petites regardent en extaze le papier fleuri à deus, trois, quatre ou cinq sous. Avec un respect un peu angoissé, èles écoutent les explicacions : il va faloir écrire sans faire de pâtés, discipliner les fantaizies baroques de l'écriture. Et puis il y a la date : « Voyons, Marie, fais bien atencion. Tu demeures à l'Espérance ? Ne date pas ta lètre de la Grande Lande... Louise, ne prends pas tant d'encre... Jane, rentre ta langue... »

Après des heures et des heures de travail patient, ça y est. C'est abominable, mais tout le monde sera ravi. Ma directrice avec sa filozofie souriante m'explique qu'il n'est guère bezoin de se mètre martel en tête : « Ces chozes sont idiotes : c'est bien possible, mais que voulez-vous ? Les parents y tiènent et la concurence est terrible, vous le savez. Une imbécilité de plus ou de moins, ça ne compte guère, alez !... »

... Mais j'y sonje. Maintenant qu'on a laïcizé nos écoles les instituteurs et institutrices ne doivent plus avoir le droit de mêler aus lètres fleuries du nouvel an, les clichés relijieus, les souaits aimables de paradis splendides, de protecsion divine. Ne va-t-il pas faloir les remplacer ? Et l'évocacion de Mariane, déesse équivoque, comblera-t-èle le vide légalement obligatoire ? Quèle corde faire vibrer ? Il y a matière à réflecsions et à graves soucis. Ah ! que ne garde-t-on les vieus clichés. Pour être aussi grossiers que les nouveaus, ils ont du moins l'avantaje d'être tout faits, prêts à être servis sur les papiers simboliques, à fleurs, à mains entrelacées, à dentèles.

Pauvres instituteurs, réduits à chercher de nouveaus lieus comuns !

Anna MAHÉ.

(Ortografe simplifiée).

L'ÉCOLE DES OPPRIMÉS

I

Les pauvres façonnés depuis l'enfance à la servitude, s'imaginent volontiers, dans leur désespérance, qu'ils sont les jouets d'une fatalité inexorable ; ils sont persuadés que l'infortune constitue pour eux un état naturel auquel il ne leur est pas plus permis de se soustraire qu'il ne leur est possible d'échapper aux lois de la matière qui régissent le monde physique.

Aucun sentiment n'est plus propre à abattre leur courage, mais les privilégiés qui savent à quoi s'en tenir à cet égard, sont ravis de trouver chez les malheureux ces dispositions qui les livrent pieds et poings liés à leur merci, et garantissent mieux aux « maîtres » la jouissance de leurs bien que l'appui de la police et de la force armée.

On compte sans doute des prolétaires qui ne sont pas dupes de cette prédestination artificielle, mais ils sont en bien petit nombre.

Si ces derniers se résignent à pâtir des iniquités sociales, c'est la rage au cœur, comme le naufragé qui se noie, parce qu'il ne lui reste plus d'autre alternative et que la haine la plus intense est impuissante à le sauver d'un péril qu'il connaît dans toute son étendue, mais qu'il n'a pas la force de surmonter.

C'est ainsi que toutes les « lois » si contraires à l'intérêt collectif, à la science, à la raison, à l'harmonie sociale, celles qui consacrent l'asservissement de la masse à une infime minorité de jouisseurs, s'imposent au respect universel et sont exécutées avec la même ponctualité, le même entrain que si elles avaient été librement débattues et souscrites par tous les co-intéressés.

Telles sont les lois fiscales, les soi-disant conventions onéreuses concernant le loyer de la terre, des maisons et des capitaux, les avantages honorifiques pécuniaires que confère l'exercice du pouvoir, les gros traitements des fonctionnaires, en un mot, toutes les immunités que s'attribue la classe possédante et qui ne font pas bondir d'indignation ceux qui en font les frais, probablement par suite de cet adage invoqué par Montaigne « que l'accoutumance nous rend tout familier ».

Mais l'avidité des spoliateurs est insatiable et ne connaît pas de limites ; ils sont les premiers à enfreindre les règlements qu'ils ont édictés, d'ailleurs dans le seul but de donner le change à leurs victimes ou de les mystifier.

Les « lois » qui sont en opposition directe avec tout esprit de liberté et d'impartialité, restent toujours lettre morte et constituent une barrière infranchissable pour le prolétaire, mais en revanche elles représentent pour le puissant, la toile d'araignée que traverse la guêpe mais qui retient le moucheron.

D'un autre côté, les faibles sont tellement avilis par les chaînes « légales » que, semblables aux sénateurs que méprisait si profondément l'empereur Tibère, ils sont toujours enclins à se précipiter tête baissée au devant du joug, « ne craignant dans la servitude que la mauvaise humeur du maître », suivant l'énergique expression employée par le justicier de César, dans son impérissable lettre à Atticus, que l'on peut considérer comme le monument de la plus véhémente éloquence que nous ait transmis l'antiquité.

Ne voit-on pas journellement des salariés se rendre complices bénévoles des malversations de leurs employeurs sans qu'ils retirent aucun profit personnel de leur infamie par procuration, si ce n'est d'acheter par ces procédés l'insigne faveur de ne pas perdre immédiatement leurs moyens d'existence ?

II

L'exploiteur, dans le dévergondage de sa cupidité, ne se contente pas d'user des avantages que lui assure la légalité ; il faut qu'il pressure jusqu'à épuisement de la force vitale les hommes que l'« ordre » soumet à sa domination ; et, sous ce rapport, les « maîtres », quel que soit le degré de leur éducation ne diffèrent entre eux que par des nuances résultant de leur caractère et de leur tempérament.

Tous s'ingénient à la recherche des procédés qui leur permettent de rapiner sur le temps ou sur le salaire de leurs subordonnés.

L'employeur qui éprouve le besoin de se procurer un objet quelconque (matière première ou ouvrier) est obligé de se déranger pour en obtenir le déplacement ou, à défaut, de payer les frais d'intermédiaires sans compter ceux d'enlèvement, de transport et d'installation.

S'agit-il, au contraire, d'un être humain considéré comme la plus vile des marchandises ?

Ce surcroît de dépenses lui est épargné. La marchandise vivante se déplace d'elle-même et vient s'offrir en économisant au patron les pertes de temps, de recherche et d'embauchage.

Il y a mieux : le temps prélevé chaque jour par le salarié pour se rendre au lieu de son travail et pour en revenir, est perdu pour lui, tout en augmentant d'autant les profits de l'entrepreneur.

Ce temps qui représente au bas mot deux heures par jour et par homme et qui est exclusivement consacré au service de l'employeur, rentre nécessairement dans la catégorie des frais généraux prévus dans toute entreprise industrielle ou commerciale ; mais les petits ruisseaux forment les grandes rivières et, dans la tribu du Capital, aucun profit n'est à dédaigner.

Dans certaines professions, les ouvriers sont tenus de fournir leurs outils dont ils ont à supporter les frais d'entretien.

Il y a des industriels et des commerçants qui n'ont aucun scrupule de différer la paie et de contraindre indûment leur personnel à un dérangement spécial pour venir toucher l'argent qui leur est dû. Ces derniers s'estiment heureux lorsqu'ils sont au moins payés à heure fixe et que le garde-chiourme ne les oblige pas à attendre, aux injures du temps, qu'il lui plaise d'exécuter ses engagements !

D'autres (et ils sont nombreux) assurent d'office leur personnel contre les accidents, en sorte qu'ils n'ont même pas à courir les risques, ni à payer les primes d'un contrat qui les garantit contre leur propre imprévoyance et couvre leur responsabilité !

L'employeur qui dispose d'un centime ou d'une minute du temps appartenant à ses employés et qui abuse de son autorité ou de la timidité de son subalterne, est un voleur au même titre que le bandit qui détrousse le voyageur au coin d'un bois.

Au siècle dernier, les Jésuites, très experts dans la connaissance des ressorts secrets qui font mouvoir les hommes, n'avaient pas manqué de saisir ce joint pour capter la confiance des déshérités.

Comprenant tout ce qu'a de révoltant pour le pauvre le vol surérogatoire imposé par les « maîtres », ils autorisèrent les exploités (leur doctrine en fait foi) à se rembourser secrètement de leurs propres mains, à la double condition que la restitution ne dépassât pas l'importance du tort éprouvé, et que l'aveu en fut fait par son auteur au confessionnal.

Non pas assurément que les fils de Loyola, qui ont toujours été du côté des forts contre les opprimés eussent la moindre velléité de se poser en justiciers ni de faire œuvre de révolutionnaires ; non, leur politique n'a jamais différé de celle des Tibère, des Louis XI, des Thomas d'Aquin, des Machiavel : « diviser pour dominer » a toujours été leur devise.

C'est dans un but analogue que Napoléon III redoutant les entreprises de la bourgeoisie, inaugura, en 1868, l'Empire libéral et donna en pâture aux ouvriers la loi sur les coalitions.

La duplicité n'est-elle pas l'arme par excellence de tous les privilégiés ?

CASSIUS.

LES ASSASSINS

Un homme armé d'une hache passe en courant devant Socrate. Il poursuit un autre homme qui détale, les jambes au cou.

— Arrêtez le ! Arrêtez-le !

Le maître de Platon ne bouge pas.

— Eh quoi ! s'exclame l'homme à la hache, vous ne pouvez donc pas lui barrer le passage ? C'est un assassin.

— Un assassin ? Qu'entendez-vous par là ?

Ne faites pas l'idiot. Un assassin c'est un homme qui tue.

— Un boucher alors ?

— Vieux fou ! Un homme qui tue un autre homme.

— Ah ! oui. Un soldat.

— Buse ! Un homme qui tue un autre homme en temps de paix.

— Je vois, le bourreau.

— Ane bâté ! Un homme qui tue un autre homme chez lui.

— Parfaitement, un médecin.

L'homme à la hache s'en va, convaincu qu'il a affaire à un lunatique.

LES PROBLÈMES DE LA VIE(*)

Notions de Psychologie

(Suite)

Nous expliquerons prochainement le phénomène de la *conscience* et de l'*inconscience* et celui de la transformation d'actes conscients en inconscients par le phénomène de l'*habitude*.

Quoique l'on confonde généralement l'acte inconscient avec l'instinct, nous réserverons ce dernier qualificatif pour les actes compliqués et inintelligents faits par les animaux (tissage de toile de l'araignée, mœurs merveilleuses des hyménoptères, etc.).

Lorsque le soldat, dans une bataille, baisse la tête au sifflement des balles, lorsque nous courbons le dos quand on nous frappe, l'intelligence n'y est certes point, le soldat n'a pas songé que la balle pouvait le tuer, nous n'avons pas pensé qu'en bombant nos côtes, elles forment une cuirasse protégeant nos poumons, l'acte est *instinctif, inconscient*, c'est un réflexe psychique, mais on ne peut l'appeler instinct car la *conscience* est immédiatement avertie, la *volonté* intervient et modifie l'action. De fait l'action motrice suivant l'irritation sensuelle a été véritablement instinctive, irraisonnée, mais la réaction qui suit étant intelligente nous pouvons dire que l'homme n'a pas d'instincts mais seulement des actes *inconscients*. Nous reviendrons du reste sur ces mots.

Darwin, dans l'*Origine des espèces*, a essayé de refaire la synthèse de l'instinct. Voici ce qu'il dit :

« Soit un oiseau construisant son nid. Il se » sert de tout ce qu'il trouve, brindilles, » mousse, coton, broussaille ; mais s'il survient pour une cause ou une autre une plus » grande abondance de coton, l'oiseau prendra » l'*habitude* de se servir de préférence du coton, au bout de cent générations cette espèce » d'oiseau ne fera son nid qu'avec du coton ; » au bout de cent autres elle ne pourra le faire » qu'avec du coton et si celui-ci vient à manquer l'oiseau fera, comme des exemples » nombreux nous le montrent, des chemins considérables pour chercher le coton indispensable. »

En somme, on peut dire que l'instinct n'est qu'une habitude acquise par adaptation à un certain milieu et transformée par l'hérédité en une sorte de fonctionnement fatal des organismes en un enchaînement inouï de réflexes agissant les uns sur les autres sans que l'animal sache seulement pourquoi il les fait et comment de même qu'un aliment mis dans ma bouche descendra jusqu'au rectum subissant une série de transformations dont mon cerveau n'est nullement averti, et sur lesquelles ma volonté n'a aucune influence parce que leur enchaînement est fatalement lié à la nature même de mon organisme.

Si les instincts sont si différents dans les divers échelons de l'échelle zoologique, cela tient à l'influence de milieux différents sur des organismes différents, quand à leur origine à leur raison primordiale, ils se confondent avec les phénomènes si longtemps plongés dans l'obscurité et qu'aujourd'hui nous commençons à percevoir de l'Origine des espèces.

La sensation, la perception

La sensation, d'après Claude Bernard, c'est « la propriété qu'ont les tissus de répondre par une contraction à une excitation reçue. »

Mais ceci n'est autre que le principe même de l'irritabilité (*anarchie*, n° 35), nous allons voir du reste que les lois sont semblables.

Nous avons vu que les nerfs aboutissaient à l'encéphale, d'une manière directe ou indirecte (fibres blanches de la moelle). C'est dans l'encéphale ou plus exactement dans les centres gris des circonvolutions cérébrales que les sensations se produisent.

Une sensation suppose donc :

1° L'irritation périphérique ;

2° La réception de l'irritation par l'extrémité nerveuse ;

3° La transmission au centre ;

4° La réception de l'irritation par ce centre.

Reprenons un peu les lois de l'irritabilité : 1° Tout ce qui agit sur nos sens est un irritant.

Quelque soit la sensibilité extrême des terminaisons nerveuses (nous savons que la membrane pituitaire perçoit un 2/1.000.000 de milligramme de musc ce qui dépasse les procédés d'analyse les plus délicats), il existe certainement des énergies inconnues parce qu'elles n'agissent par sur nos sens.

MAURICIUS.

(A suivre.)

ENTRETIENS ANARCHISTES(*)

Le Problème sexuel

(Suite)

— Nous nous sommes quittés sur un point fort intéressant. Tu me disais tes idées sur la famille et tu n'en paraissais pas l'adversaire ?

— Non. Pourtant entendons-nous. La famille actuelle combattue par les anarchistes me déplaît également. Cette forme de famille fondée dans le but de procréer des enfants « légitimes », héritiers directs de la fortune paternelle est une conséquence directe de la propriété individuelle. C'est d'ailleurs pourquoi les gouvernants sont si hostiles à l'amour libre dédaigneux de l'état-civil et des formalités légales. La famille, comme je la conçois, c'est le groupement harmonieux et volontaire des enfants autour de leurs parents (ou même d'autres individus).

— Tu es donc aussi partisan de la procréation ?

— Le moins possible. La situation faite par le milieu social aux propagandistes anarchistes est déjà bien assez difficile sans l'aggraver de charges économiques nouvelles et d'ennuis absorbants. Le mieux sera donc d'éviter le plus possible la procréation. Le néo-malthusianisme nous en indique les moyens.

Je suis donc néo-malthusien. Mais c'est là une simple question de préservation et de défense individuelle. Je trouve étrange que l'on en fasse un moyen de transformation sociale. En s'occupant de questions comme la question du salariat, du chômage, etc., le néo-malthusianisme sort de son rôle et devient réformiste.

Je sais qu'il est divers moyens proposés afin d'éviter l'enfantement, mais sont-ils véritablement efficaces.

On distingue trois sortes de préventifs : physiologiques, mécaniques et chimiques. Les premiers consistent dans l'ablation des ovaires et l'émission extra-vaginale du sperme. Les principaux moyens mécaniques sont le coton hydrophile, le pessaire pour la femme, le condom pour l'homme, etc. Enfin les préventifs chimiques, ce sont les injections contenant des solutions antiseptiques ou des produits chimiques (eau boriquée, sublimé).

Quelques brochures traitant cette question à fond, il n'est pas inutile de les consulter. A mon avis les meilleurs préventifs sont les préventifs physiologiques si je peux m'exprimer ainsi ; mais ils ont l'inconvénient tant l'un que l'autre, de diminuer le plaisir ressenti et même, paraît-il, d'attaquer la santé. J'allais oublier un des moyens les plus simples : l'injection d'eau froide est fort efficace — la basse température de l'eau tue les spermatozoïdes — mais elle n'est pas d'un effet absolu.

Je pense que la procréation comme tous les autres actes de la vie, doit être soumise au contrôle de la raison guidée par la science qui décuplera encore l'efficacité des moyens préventifs rudimentaires que nous connaissons.

Il faut se contenter de procréer un nombre limité d'enfants nés dans les meilleures conditions, élevés de même et devenant ainsi une force consciente à l'avantage de la propagande anarchiste.

L'abstention est une règle dans le cas de gêne économique. Il est inconcevable d'engendrer des enfants qui deviendront de pauvres dégénérés, grandissant atrophiés dans la misère et les privations. Les soi-disant anarchistes qui professent la théorie consistant à jouir des fugitives voluptés sexuelles sans s'occuper de l'enfant résultant de leur copulation et qui se flattent de leur attitude créatrice de souffrance et de mort, sont plutôt grotesques.

Alors dans certains cas, lorsqu'on a une certaine indépendance économique la procréation te paraît un bon geste.

— Je pense bien. N'y a-t-il rien de plus doux que d'élever un enfant, de le voir grandir et se développer chaque jour. L'instinct maternel s'éveille vite et la vie du nouveau-né attendrit les êtres les plus endurcis. Heureuses les femmes qui sauront joindre le rôle de mère à celui d'amante.

— Il me semble que nous touchons là à une question importante, l'éducation des enfants. C'est une chose capitale.

— En effet. Et la condition première sera, comme nous le disions dans notre dernière causerie, de choisir un auxiliaire conscient. Car l'individu inconscient fera tout son possible pour éviter aux enfants le contact des idées subversives du père et ainsi se maintiendra et se perpétuera l'ignorance.

Avant tout, débarrassons-nous de tout préjugés. Pour former une famille, il faut s'unir à un auxiliaire intelligent. Dans ce cas seul, ce milieu sera véritablement éducateur.

L'homme et la femme ainsi réunis par la raison et fortifiés par l'amour, marcheront de concert dans la voie de l'émancipation intégrale et formeront de leurs enfants des individualistes raisonnés qui seront de rudes démolisseurs de la société bourgeoise. Apportons tous nos efforts à l'éducation des enfants : soit individuellement, soit collectivement par la formation d'écoles anarchistes ou de centres éducateurs familiaux.

La co-éducation des deux sexes me semble

(*) Voir l'*anarchie* à partir du n° 29.

être une nécessité. Elle seule peut chasser les rêves malsains et les tourments maladifs dont souffrent les enfants. Elle n'aura aucune des conséquences « immorales » que l'on agite avec frayeur.

L'éducation, c'est à dire l'enseignement intégral et rationnel de tout ce qui se rattache à la vie, devra être basé sur la science, la connaissance expérimentale de toutes choses. Il devra s'inspirer de l'affection, de la douceur des démonstrations anarchistes, se refuser à toute contrainte, à toute autorité.

Les enfants grandissant ensemble, apprenant à se connaître, à s'aimer, pourront alors contracter des unions réunissant toutes les chances de bonheur et de durée.

Cette question de l'éducation est d'un intérêt immense. Qui sait si elle ne pourrait avancer d'une façon décisive avec la formation des milieux libres. C'est peut-être là qu'est la condition essentielle des réalisations pratiques.

Mais c'est un rude problème que celui de la question des sexes. Il nous a longtemps retenu, et pourtant que de choses à dire encore, que de points à examiner, à approfondir davantage !

André LORULOT.

Vers l'Emancipation

Aux jaunes ou aux rouges ! au choix

Une « millième »

I. — Bourse du travail... Minuit

Les voûtes du péristyle répercutent les accents « vengeurs » : l'*Internationale* et le *Ça ira* entonnés par les gosiers militants, préludent, victorieusement.

Le meeting est terminé : la Bastille est prise !

Pauvre Capital, couché sans vie ; Minotaure terrassé sous les coups terribles du Verbe syndicaliste !

A la lanterne, les bourgeois ! C'est entendu.

Aussi le flot révolté... canalisé brusquement, dès la sortie, par les capricieuses écluses lépiniennes, se déverse-t-il, ininterrompu, vers les reposoirs social-vinicoles, avoisinant la Basilique de Notre-Dame-du-Travail.

Devant les zincs rutilants, se soudent les multiples éléments révolutionnaires. A grand renfort de « remettez-nous ça », la cohésion, définitive, redoutable, se dessine, au détriment, il est vrai, de l'équilibre des buveurs, sous l'œil ému — ô combien — du troquet socialiste !

Harmonie et... délirium... On célèbre la chûte, infâme Veau d'or.

. . . .

II. — Poste... 7 heures du matin

L'honnête syndiqué, la mine ahurie, la « gueule de bois », s'éveille.

Après un regard jeté autour de lui, il s'étonne, étirant ses membres engourdis, avec de comiques grimaces, cherchant, sans y parvenir, à recouvrer ses esprits...

Qu'est-il venu faire ici, sur ces planches raboteuses ?

Quel événement l'y a mené ?

Autant de questions insolubles !

Le spectre fâcheux de la ménagère s'évoque à sa mémoire confuse : « Gare à l'engueulade ! »

Cette pensée l'aide à se remémorer les événements de la veille ; précis, les souvenirs lui reviennent.

— J'y suis !... Hier soir... meeting... coups de gueule épatants... bistros... copains... chahut... flics... poste !

Mentalement, il s'excuse, se justifie à ses yeux :

— C'était, belle réunion, tous frères, pas d'erreur... Machin l'a dit : un vrai celui-là... Union, camarades, solidarité, contre l'exploiteur !... Sûr qu'il a raison... les « singes » tous des « vaches ». Patience et courage, le grand jour....

Un brusque heurt interrompt le soliloque du farouche révolutionnaire.

La porte grince : un flic paraît, gouailleur :

— Eh ! le poivrot, debout, ouste, grimpe là-haut, on t'attend... Monte un peu en prendre pour ton rhume !

L'exaltation de la victoire future, à ces mots significatifs, fait place à l'affaissement le plus profond.

Résigné, les bras ballants, la tête basse, sans mot dire, il se lève, emboîte le pas du sbire, grimpe l'escalier ! Une voix bien connue l'avertit de l'orage imminent ! Sa « femme » est là !... Il entre !... Cris... Vociférations !...

— « Te voilà, ivrogne, cochon, etc... y'a fallu que tu y ailles à ta sale réunion... encore et toujours, chaque fois, tu rentres pas ou t'arrives la gueule saoule... chaque fois, m'sieu l'commissaire ! C'est honteux, j'te dis ! Un père de famille ! cochon ! soulot...

Péremptoire, la voix du quart s'interpose mi-sévère, mi-amusée :

— Allons, assez, vous discuterez dehors, emmenez-le, passe pour cette fois, mais gare à la récidive !...

Violemment, la « ménagère » pousse son homme, sur le palier ; larmoyante, elle « remercie de sa bonté » m'sieu l'commissaire !

L'homme, médusé, descend derrière elle. Dans la rue, la scène recommence :

— T'as pas honte ! et les gosses, qu'est-ce qu'y leur foutra à bouffer ? Fallait pas en faire, alors...

Devant le mutisme obstiné de l'homme, le déluge lacrymatoire arrive enfin !

L'honnête syndiqué, risque alors une timide protestation, parle de son boulot. Coup de collier... l'singe rouspétera moins... Et la femme, s'attendrissant peu à peu, murmure tout bas... à l'oreille :

— Tu penses dou' pu à nos gosses... méchant homme, va !...

Trémolo hypocrite de l'époux... baisers : réconciliation ! Et le ménage, tendrement enlacé, regagne... vite, les pénates conjugales !

. . . .

L'après-midi : les affiches, format colombier, *l'aurore ouvrière*... Les camarades réunis, etc. ! (suit l'ordre du jour).

Louis VIRIEUX.

Salamalecks Hypocrites

Réflexions sur les souhaits formulés à l'occasion de la Nouvelle Année.

Allons les honnêtes gens, c'est l'heure, c'est le jour de l'An.

Poupées, boîtes à soldats, guignols et tambours, sortez-vous, dansez votre dernière sarabande, car vous allez bientôt être mis en miettes, par les tout petiots.

Allons, flics, employés et pipelets, allez porter vos souhaits — c'est d'usage — allez, on vous attend. Il y a quarante sous à la clef, courbez-vous.

Et vous, gueules noires, charpentiers et autres, le contre maître est chez lui ; il a fini de déjeuner, vous ne le dérangerez donc pas, allez, la bouteille de rhum est là, une belle bouteille encadrée de jolis petits verres. Buvez c'est pour rien, le jour de l'An, le patron paie.

Portez vos faces hypocrites ; allez lécher les bottes du singe. Vous vous en retournerez, joyeux, en goguette, emportant dans votre imagination le sourire de votre poussah. Vous serez en veine de confidence ; c'est le moment de faire de la morale dans votre milieu. Apprenez à vos gosses la manière de saluer, et ce que l'on dit ce jour là !!!

Allons, mères de famille, dirigez la répétition des compliments que vous avez appris aux mômes ; faites-leur chanter « le jour de l'An ». Vous, papa, de votre fauteuil, remerciez le petit, et, dans un geste patriarcal, remettez-lui le fusil à treize sous, pour jouer aux soldats.

Vous, les gavés, les gens de l'ordre, serrez les mains qui se tendent vers vous, prenez la gueule convenue et étudiée ; soyez le bon type, le cheff un peu gueulard, mais juste. Aujourdhui, vos qualités vont être retracées cent fois. N'est-ce pas le jour de l'An ? Soûlez-les, ces bon ouvriers, ils sont à vous. Demain la besogne sera bonne, et votre carafon à trente sous va vous faire un bon rapport.

C'est la fête, tout le monde s'aime, les souhaits pleuvent, les faces se contractent, les croupes se tendent. Les jupes et les paletots neufs sont sortis, ce n'est pas toujours fête.

Tournez, dansez, gueulez, bande d'abrutis ; je vous formule mes souhaits aussi, moi, le gueux :

« Crevez tous et le plus rapidement possible. »

LE BOUFFI.

EN RUSSIE

Depuis dimanche, les événements semblent avoir pris en Russie, une tournure des plus graves. L'autorité absolutiste est battue en brèche à la fois dans toutes les parties de l'empire moscovite. En Mandchourie, les troupes concentrées à Karbine sont en révolte permanente, à tel point que l'autocratie aime mieux se passer de leur concours et les laisser se morfondre indéfiniment dans les steppes mandchouriennes.

Dans les provinces baltiques, la révolte est à l'heure actuelle bel et bien victorieuse et l'autorité du gouvernement tzariste est virtuellement abolie. Enfin, tandis que la Finlande s'apprête à se déclarer autonome et qu'au Caucase tous les éléments mécontents s'entendent et se constituent en une grande Fédération unitaire, dans le but d'opposer résistance aux Couligans » et par les armes, et par les bombes, et par le feu, et par l'épée », à Pétersbourg et à Moscou surtout l'agitation gréviste prend une recrudescence sans précédent.

Voilà donc le mécontentement partout, la lutte partout.

Mais ce qui est important de savoir, c'est de se rendre bien compte de la tendance de cette lutte et des éléments combattants.

A première vue, l'impression qui se dégage de la lecture des dernières nouvelles de Russie, est que cette fois le mouvement révolutionnaire n'est plus un mouvement de pétitionnaires, de solliciteurs de bribes de réformes. Mais cette impression reflète-t-elle la réalité ? La révolte passive, la résistance tolstoïenne, la révolution illusoire a-t-elle enfin fait place à une vraie révolution, celle qui agit en dehors des gouvernants et malgré eux, celle qui conquiert non en sollicitant mais d'assaut la réalisation de ses revendications ?

Il est malaisé d'émettre sur ce point une opinion quelconque avec certitude. On n'a jusqu'à ce jour rien dit de positif et d'instructif à cet égard, ni dans les grands quotidiens, ni dans les innombrables meetings de Paris, bien que ce semble être là le côté

(4)

LES SYNDICATS

Du Capital et du Travail

AUX ÉTATS-UNIS

(Suite)

Seuls maintenant, et maîtres, ils augmentèrent les salaires ouvriers de 30 à 100 %. En automne 1903, les plâtriers touchaient 40 fr. par jour et les plafonneurs 30. Les gages minima des charpentiers étaient de 20 francs, des couvreurs 25 francs, des maçons 30 francs, des manœuvres 17 fr. 50 par jour, et, bien entendu, par journée de huit heures. Ainsi San-Francisco avait elle, l'honneur d'être la ville du monde où les salaires ouvriers étaient les plus élevés. Mais dira t-on, c'est sans doute une des villes du monde où la vie est le plus cher ? Non pas, il ressort du rapport d'un professeur du Département des Finances et de la Statistique à l'Université de Californie que des quatorze grandes villes des États-Unis, San-Francisco, est celle où la vie est au contraire, le meilleur marché. Heureux ouvriers de San-Francisco.

Il y a, cela va sans dire, une entente à l'heure actuelle, entre les patrons et les Syndicats ; on devine à quel prix le public paie toutes choses aujourd'hui dans « la reine du Pacifique ».

Il faut, ici encore, quelques exemples pour illustrer ces sèches constatations. Un journal californien, *The Times*, de Los Angeles, a voulu engager la lutte contre les Syndicats. C'est le seul journal où l'on emploie encore des typographes indépendants. Le Syndicat des ouvriers typographes a déjà dépensé 250 000 francs pour tuer le *Times*. Les fonds viennent des typographes syndiqués des États-Unis entiers. Les Syndicats interdisent toute publicité dans le *Times*, qui, d'autre part, reçoit une forte publicité des indépendants. D'après des chiffres que donne *Mac Clure's Magazine*, les fabricants de *Lydia Pinkham medecines* ont reçu plus d'un million de lettres de syndiqués de tous métiers les avertissant, sous peine de boycottage, de cesser leur publicité dans le *Times*. Les syndiqués qui achèteraient ces remèdes sont frappés d'une amende. Les dépositaires du journal ont été menacés de ne plus recevoir aucun autre journal en dépôt, s'ils continuaient à vendre le *Times*. On voit à quoi s'est exposé ce journal. Les indépendants de toutes parts le soutiennent. Mais que faire contre les forces organisées des Syndicats ?

Il va de soi qu'il y a eu une hausse prodigieuse dans les prix de la construction à San-Francisco. Architectes et propriétaires renoncent à entreprendre de nouvelles constructions. Le danger que présente un tel état de choses n'a pas échappé aux chefs des Syndicats qui ont fait voter une résolution déclarant que les Syndicats s'opposaient à toute augmentation présente des salaires. Résolution théorique qui n'a pas empêché, en beaucoup de corps de métiers, de nouvelles augmentations.

IV

D'autre part, il est une question intéressante qui se pose. Les Syndicats sont-ils ouverts à tout ouvrier qui se présente ? En théorie, oui. En fait, il n'en est pas ainsi, paraît il. On n'entre pas comme on veut dans les Syndicats. D'abord, il faut payer un droit d'entrée parfois fort élevé. Pour les couvreurs et les électriciens, il monte à 250 francs. En outre, il y a, pour entrer dans certains Syndicats, des examens à passer, examens qui peuvent être rendus assez difficiles, et l'on voit bien que les Syndicats ont parfois la tentation de les rendre trop difficiles. Il y a ainsi une taxe d'examen de 125 francs, pour les électriciens. Cependant, ces taxes sont moins élevées qu'à Chicago et à New York. Il résulte de ces faits et d'autres analogues que les Syndicats ne sont pas largement ouverts comme ils devraient l'être.

On est curieux sans doute de savoir maintenant quels sont les hommes qui ont organisé cette formidable machine de guerre des Syndicats, quels chefs ont mené les troupes ouvrières à la victoire ? Derrière les chefs officiels des Syndicats, derrière le maire élu, nous trouvons ce personnage américain qui n'a pas son pareil en Europe, le *boss*.

Le *boss*, c'est, si l'on veut, le tyran italien du moyen âge transporté dans une société hautement organisée, régie par d'innombrables lois, et où l'emploi de la force brutale n'est plus autorisé. Comme le tyran jadis, il veut le pouvoir. Mais il ne veut du pouvoir que les réalités ; il laisse les honneurs, la représentation, les places, la notoriété à d'autres, à ses créatures. A quoi bon parader ? Il vaut mieux être dans la coulisse et faire agir les marionnettes. M. Croker a été *boss*, mais non maire de New-York sur lequel il a régné plus despotiquement que jamais tyran italien sur une ville conquise ; Mc Carthy, *boss* des Syndicats, n'est pas maire de San-Francisco, bien qu'il soit le maître absolu de la ville. Il a mis sur le tréteau le pâle flûtiste Schmitz, mais le flûtiste tout maire qu'il est, ne se fait aucune illusion sur l'étendue de son pouvoir. Que demain le terrible Mc Carthy souffle sur Schmitz et Schmitz s'évanouira, *et nudera*.

Le *boss*, c'est l'homme intelligent et sans scrupules qui fait de la politique réaliste, non pour défendre des principes, mais pour gagner de l'argent. Il a l'heureux cynisme de l'homme amoral qui ne doute pas de sa force. Quelle belle histoire à écrire pour un amateur d'énergie que celle de Richard Croker qui a vécu royalement tant d'années des dépouilles de New-York ! Il habitait, il habite encore l'Angleterre, où il menait à la campagne la vie d'un grand seigneur riche qui fait courir. Six semaines ou deux mois avant les élections, il partait pour New York, « faisait l'élection » et regagnait son château anglais, laissant à ses gens le soin d'organiser la curée et de lui envoyer sa part, celle du lion. Devine-t-on ce qu'il a fallu à cet homme de génie, de patience, pour arriver à tenir en ses mains tous les fils du parti démocrate à New-York. Car il faut au *boss* de merveilleuses qualités d'organisation, et ces qualités-là ne sont pas rares chez les Américains, comme l'histoire du développement industriel de ces dix dernières années le montre. Le *boss* établit ce qu'on appelle une « machine », et dirige ainsi à l'aide d'une série de comités, l'organisation intérieure d'un parti politique. Les comités envoient chacun un délégué à un comité central dont le *boss* est le chef. La supériorité de ce chef n'est pas discutée. Tout tremble devant lui. Il est plus que roi.

Le *boss* est donc depuis longtemps un des personnages les plus notoires de la politique américaine. Le mouvement syndical si puissant que nous avons décrit, devait amener la naissance du *boss* ouvrier, du meneur des Syndicats. Chose curieuse, il est, huit fois sur dix, Irlandais. Il faut le reconnaître, l'Irlandais est un manieur d'hommes et un politicien né. Il y a en lui une force étonnante d'organisation ; il aime dominer et il sait les moyens d'y parvenir. Je visitais, il y a quelques années, une grande école secondaire et gratuite de New-York. Près de soixante pour cent New-Yorkais, Allemands, Scandinaves, etc., cinq pour cent seulement Irlandais. Comme dans toutes les écoles américaines, la discipline est confiée aux élèves ; chaque classe nomme un capitaine qui la représente auprès du directeur et des autres classes. Eh bien ! dans ces élections enfantines, les Irlandais qui n'étaient que quelques-uns, étaient toujours nommés. Neuf capitaines sur onze étaient Irlandais et menaient l'école.

A San-Francisco, c'est un Irlandais, Mc Carthy, qui est grand *boss* ; à New-York, Sam Parks, dont nous dirons la curieuse histoire est aussi Irlandais.

En Californie, les Syndicats, sous l'intelligente direction de Mc Carthy, ne sont pas restés sur le terrain ouvrier proprement dit. Jusqu'ici, aux États-Unis, les Syndicats n'ont été que des organisations professionnelles ; les lois ouvrières ont été votées à la demande des Syndicats, soit par le parti républicain, soit par le parti démocrate. La « Fédération américaine du Travail » a toujours refusé de porter la lutte sur le terrain politique. Cela semble étrange au lecteur français qui sait la puissance d'action politique que les Syndicats apportent en France ou en Allemagne au parti socialiste.

Claude ANET.

(A suivre).

le plus intéressant de la question. De sorte qu'on en est réduit à demeurer toujours dans la perplexité et à chercher à tâtons des parcelles de vérité dans la lecture des nouvelles arrivées. Or, l'aspect des événements qui, à cette heure, se déroulent en Russie, est tout à fait contradictoire. On est bien parfois enclin à opiner en faveur de la tournure véritablement révolutionnaire du mouvement, quand par exemple on apprend la destruction à coup de bombes de la préfecture de Moscou et la décision des ouvriers d'y confisquer toutes les marchandises indispensables au prolétariat, en vue de les distribuer gratuitement à tout le monde, au cas où les marchands de combustible et les boulangers en élèveraient le prix. Mais d'autres nouvelles nous replongent en pleine incertitude.

Que dire par exemple de cette démarche qu'après les dures expériences du passé les délégués des organisations ouvrières ont encore cru devoir faire auprès du gouvernement, en vue de lui présenter sous forme d'ultimatum comminatoire le programme suivant de revendications :

1° L'Assemblée constituante ; 2° le suffrage universel, direct et secret ; 3° Liberté de parole, de presse, d'association, de réunion, de grève ; 4° la journée de huit heures ; 5° la terre aux paysans ; 6° l'armée libre et les chefs élus par les soldats.

Ou les mots n'ont pas de sens, ou la présentation à l'autocratie de ce programme de réformes veut dire que les délégués ouvriers en attendent la réalisation de l'action du gouvernement autocratique, qu'ils ont foi en sa sincérité et en sa bonne volonté, que volontiers ils mettraient bas les armes et se soumettraient au cas où ce gouvernement leur témoignerait ou ferait semblant de témoigner son acquiescement à la réalisation des réformes présentées.

Cet acte en lui-même est une révélation pour nous et nous montre la mentalité de ces corporations ouvrières et l'idée qu'elles se font de la révolution et de leurs gouvernants.

La question est des plus simples.

Ou ceux-ci ne sont point hostiles au bien-être ouvrier, et alors comment expliquer toute cette effusion ininterrompue de sang ouvrier ?

Ou bien ils se moquent du bien-être des ouvriers, et ne s'en occupent qu'autant qu'il se concilie avec leurs propres intérêts. Mais alors on se demande par quelle aberration d'esprit va-t-on demander à ces loups qu'ils modifient de fond en comble leurs habitudes séculaires, qu'ils prennent soudain pitié de leurs victimes après les avoir dévorées avec la dernière rapacité qu'ils fassent eux-mêmes ainsi le réquisitoire de leurs propres crimes ?

D'ailleurs, il faut vraiment être par trop aveugle, pour ne vouloir pas profiter des leçons du passé.

Les ouvriers avaient bien présenté, au commencement de l'année, une humble pétition à leur petit-père. Une fusillade générale les ayant accueilli, on était en droit de croire qu'ils profiteraient de l'expérience et qu'une autre fois ils agiraient d'une façon différente.

Or, depuis, le mouvement perturbateur ne s'est pas départi, à part certaines exceptions insignifiantes, de son caractère général de passivité.

Quelles en furent les conséquences ?

Uniquement que l'autocratie a eu tout le loisir de se ressaisir et, après avoir échappé à une levée en masse vraiment redoutable, d'en préparer le sanglant étouffement, dans le massacre de milliers d'individus.

Mais il semble que cela n'était pas encore assez, puisque les corporations ouvrières s'amusent encore à présenter des programmes de réformes à un gouvernement qui ne se lasse point de les faire massacrer.

Le courage impitoyable à Moscou des révolutionnaires leur ouvrira-t-il enfin les yeux et leur fera-t-il comprendre que toujours l'autocratie leur fera la même réponse, chaque fois qu'ils auront la naïveté de croire en sa paternité ?

Dikran ELMASSIAN.

Notre Correspondance

Le problème sexuel.

A André Lorulot.

Vous passez et solutionnez un peu vite, me semble-t-il, cette question si complexe de la cohabitation.

La cohabitation ne comporte nullement le servage dites-vous ? Tant qu'il y a amour réciproque, oui, peut-être, mais le servage commence quand l'un des partenaires se sent attiré vers un amour nouveau. La cohabitation ayant plutôt pour but une association d'intérêts que l'épanouissement complet de l'amour, qui peut avoir lieu sans cela cette association d'intérêts devient précisément une contrainte le jour où l'un des contractants désire briser le pacte conclu.

L'amour n'a rien de commun avec l'intérêt et ce dernier ne peut que nuire au développement du premier.

Si la cohabitation peut, dans certains cas, et dans la société actuelle, il n'en serait plus ainsi dans une société anarchiste, donner, par l'association des efforts pour la lutte, plus de bien-être aux partenaires est il bien juste de dire qu'elle leur donne aussi la plus grande somme de bonheur ? De cet éternel côte à côte, de cet échange continuel de pensées, de ces jouissances trop tôt satisfaites et jamais avivées, même par une courte attente, naîtra certainement la lassitude, le dégoût peut-être, mais jamais l'exaltation de l'amour.

L'amour, à mon avis, n'a pas besoin de la cohabitation, il peut vivre et évoluer sans cela.

Georges MERLIN.

LES

Antimilitaristes patriotes

Au moment où le *Manifeste aux Conscrits* est défendu et commenté devant la Cour d'assises de la Seine, nous nous croyons tenus de montrer quelle confiance on peut avoir dans la fermeté des convictions de quelques uns d'entre eux, et aussi de quelles aberrations d'esprit doivent souffrir les « anarchistes » qui travaillent de pair avec de pareils sophistes.

A cet effet, voici quelques extraits d'un interview d'**Urbain GOHIER**, paru le mardi 19 décembre sur le journal *La Patrie* :

L'avocat général qui me désignera aux colères du jury s'appelle Seligmann.

Moi, Français de France, je vous avoue que je n'y comprends plus rien : je ne sais plus où nous sommes, si c'est à Paris ou à Jérusalem.

Quand tous ces gens-là me reprochent de ne pas comprendre le patriotisme à leur manière, je trouve que c'est assez naturel : nous n'avons sûrement pas la même patrie.

Nous nous gardons bien d'interrompre notre interlocuteur : il a débité cette diatribe avec une véhémence qui peut surprendre de la part d'un ancien défenseur de Dreyfus.

Mais il semble avoir deviné notre pensée, car il nous rappelle, en passant, que son antisémitisme ne date pas d'hier, et que, dans des brochures dont la publication remonte à dix ou douze ans — la *Fin d'un régime* et *Contre l'argent* — il développait déjà ces théories, qu'il exposait, l'autre jour encore, dans une lettre rectificative adressée à M. Emile Massard, et que nous avons publiée.

Depuis cette époque, déjà lointaine, certains faits ont dû fortifier encore sa conviction.

Il nous en cite un tout récent :

— Tenez, l'autre soir, aux portes de Paris, dans un meeting, j'ai été assailli, insulté, menacé de violences par deux juifs étrangers, l'un de nationalité russe, l'autre de nationalité allemande, sous prétexte que j'avais manqué d'égards aux puissances d'Israël dans ma réponse à M. Massard.

Comme j'exprimais ma surprise qu'un citoyen français, parlant, en France, devant une assemblée de citoyens français, fût exposé aux agressions d'individus que nous recueillons par charité, je ne pus m'empêcher de conclure : « Pourtant, nous sommes ici chez nous ! »

Et le juif allemand, qui se dit collaborateur de M. Clemenceau, répondit catégoriquement : « Chez vous ? chez vous ! Eh bien ! nous vous en ferons sortir ! » (1)

(1) Nous étions là. Bernard Taft — le juif allemand — n'a pas tenu ce propos : Itamondou et sa compagne. A Mahé. A Libertad. Etaient présents aussi M. Almereyda F. Numietska.

Voilà bien le commentaire le plus éloquent de ce que j'écrivais dans la *Terreur juive* : « Nous les avons donnés pour maîtres à la France. » Je vous assure que je considère et que je note cet incident comme très caractéristique.

Aussi quand je m'entendrai sermonner par M. Seligmann sur les insuffisances de mon patriotisme, je me promets quelque joie.

. . . .

— Ainsi, vous ne croyez pas que les juifs aient été victimes du tsarisme en Russie ?

— Je crois, nous répond vivement M. Gohier, que beaucoup d'entre eux ont été tués ; mais ces massacres furent exagérés dans la proportion de vingt pour un.

Et combien de milliers et de milliers de Russes ont péri, dans les famines organisées par les spéculateurs en blé d'Odessa, qui ramassent des fortunes prodigieuses sur les cadavres des moujiks, et qui viennent ensuite acheter chez nous des sièges législatifs, commanditer les charlatans de la Sociale, rançonner et déshonorer notre peuple !

Et combien de centaines de fonctionnaires russes, d'officiers, de généraux, sans compter les ministres et le tsar Alexandre II, sont tombés sous la bombe, le révolver, le poignard des juifs ou de leurs agents ! C'étaient aussi des hommes, et qui avaient des femmes, des enfants.

Des juifs sont tombés, c'est triste : mais ils tuent copieusement : c'est la guerre. A tous les monopoles que la race juive détient dans tous les pays, elle prétend ajouter le monopole de l'assassinat : vraiment, c'est exagéré.

* * *

Nous ne faisons pas de commentaires

A Travers les Réunions

Il y en avait tant, ce dernier mois, que je n'ai pas osé commencer un compte-rendu de peur de voir quelques ciseaux redoutables couper mes meilleures critiques. Les controverses anarchistes, les meetings pour les Russes, etc., etc., tout a passé au caviar de l'oubli, le plus redoutable.

Mais lundi, aux Causeries montmartroises, on annonçait une réunion familiale. J'y fus. Une quarantaine de personnes. On rit, on chante. Puis — chose curieuse, et qui montre quel méli-mélo de nationalités nous formons ; qu'aurait dit Gohier ? — nous entendons successivement, après une lecture de Lesage, une poésie de Richepin, un chant de Théodore Botrel — lui aussi — chanter en arménien, en italien, en russe, en espagnol, en turc, en allemand, en catalan, et nous allions avoir du tartare si ce paresseux de Dikran ne s'était dérobé.

Ce n'était qu'une préparation à la fête du 6 janvier, aussi je me promets ce jour-là, d'y être.

LE BALADEUR.

Revue des Journaux

Le Libertaire.

Eugène Merle se moque du *Peuple souverain* et de son peu d'autorité, voire même de son peu de compétence.

Certes, nous sommes d'accord avec Almereyda sur la *bonne foi journalistique*, mais nous regrettons que, dans le cas en « litige », il ne puisse relever qu'une bien petite partie de l'article du *Matin*, dans l'impossibilité où il se trouve de se solidariser avec Victor Méric, dont la prose tour à tour flatte les goûts de Gustave Hervé ou ceux de Gustave Téry. Les arguments s'en trouvent bien diminués.

De jolies réflexions de Madeleine Vernet où elle signale avec esprit nos désirs de Vindicte sociale.

Marestan paraît plus avoir le désir de parler contre les béotiens du beau que celui d'établir son sujet l'*Utilité de l'Art*. Aussi oublie-t-il de nous donner des raisons, ou le fait-il si mal !...

Ferniq, c'est certainement la basse envie qui te fait critiquer les arguments fallacieux de Méric. Et pourquoi lui reproches-tu d'être le fils de son père ? Est ce sa faute s'il peut connaître la délicatesse des vins et l'amabilité des femmes qu'on paie ?

Les Temps Nouveaux.

Delesalle, dans un article les *Instituteurs et les Syndicats*, parle du droit qu'ont les instituteurs de se syndiquer au même titre que les autres ouvriers ; l'intéressant serait de traiter de l'utilité de se syndiquer, mais ce serait plus difficile. Il craint la suprématie que pourraient prendre ces intellectuels sur les manuels. Un peu curieux.

Laurent Casas fait sur les Trades-Unions, un travail fort intéressant. Quel dommage que les éléments lui manquent pour établir un rapprochement entre les fédérations ouvrières européennes et les Trades-Unions américaines.

LE LISEUR.

AUX CAMARADES

Pour nous faciliter la propagande, les camarades de Paris et de banlieue voudront bien nous donner quelques renseignements sur les salles qu'ils pourraient connaître, en indiquant le prix de location, le nombre de places, les jours disponibles et les chances de succès pour des réunions, suivant la mentalité de la population.

POUR LES GROUPEMENTS

Nous prévenons nos amis que nous mettons en circulation des petits paquets de brochures mélangées (25) de **A mon frère le Paysan**, de Reclus ; **L'Ordre**, de Kropotkine ; **L'Absurdité de la Politique**, de Paraf-Javal ; **Aux Conscrits**, de la Jeunesse d'Amiens, au prix de **0.75**, franco de port.

L'Absurdité des soi-disant Libres-Penseurs, de Paraf Javal, est vendue au prix de **7** fr. le **100**, franco de port. Nous avons pensé à faire cette édition avec le plus de soin possible : la couverture illustrée et en couleur, le travail typographique très soigné.

Nous venons d'éditer une poésie de Louis Cornet, avec musique de Léon Israel, sous le titre **Au Pays du Bonheur**, histoire de se reposer un brin. L'exemplaire **0.10**. Les **10**, **0.50** ; le **100**, **4** francs. *Port en plus.*

Nous pouvons livrer 25 exemplaires des **Deux Haricots** de Paraf-Javal, image pour enfants, à raison de **1** fr. **50**, franco de port.

Le groupe d'édition la **MUSE ROUGE** se propose de continuer la série de chansons illustrées. Afin de les propager, il met à la disposition de tous : **L'Internationale anarchiste, 0.10** ; **Le Père Lapurge**, dessin de Luce, **0.25** ; **La Muse rouge**, dessin de Lochard, **0.25**. La douzaine assortie : **1.50**. S'adresser à l'*anarchie*.

CE QU'ON PEUT LIRE

Pierre Kropotkine. — *Aux Jeunes Gens ; Anarchie et Communisme ; Morale anarchiste ; Organisation de la Vindicte* : br. à **0.10**. — *Les Temps nouveaux* : br. à **0.25**. — *Autour d'une vie ; Conquête du Pain* : vol. à **2.75**.

Paraf-Javal. — *L'Absurdité de la politique* : br. à **0.05**. — *Libre Examen* : br. à **0.25**. — *La Substance universelle* : vol. à **1.25**. *Les deux haricots*, image p. enfants : **0.10**. — *L'absurdité des soi disant libres-penseurs*. **0.10**.

Jean Grave. — *Organisation, Initiative, Cohésion ; La Panacée-Révolution ; Le Machinisme ; Enseignement bourgeois et Enseignement libertaire ; Colonisation* : br. à **0.10**. — *La Société future ; L'Individu et la Société ; Les Aventures de Nono* : vol. à **2.75**.

Elisée Reclus. — *A mon frère le paysan* : br. à **0.05**. — *L'Anarchie et l'Eglise* : **0.10**. — *Evolution et Révolution*, vol. à **2.75**.

Elie Reclus. — *Les Primitifs* : vol. à **4** fr. — *Les Primitifs d'Australie*, vol. à **3** fr.

A. Dal. — *Les Documents socialistes*, avec préface de **Ch. Malato** : br. à **0.30**.

Georges Etiévant. — *Déclarations ; l'Agitimation des actes de révolte* : br. à **0.10**.

René Chaughi. — *Immoralité du mariage ; La Femme esclave* : br. à **0.10**.

Enrico Malatesta. — *Entre paysans*, br. à **0.10**.

Domela Nieuwenhuis. — *Le Militarisme ; Education libertaire* : br. à **0.10**.

Charles Albert. — *Guerre, Patrie, Caserne* : br. à **0.10**. — *Aux anarchistes qui s'ignorent* : br. à **0.05**.

André Girard. — *Anarchie* : br. à **0.05**.

Ligue de la Régénération. — *Moyens de limiter les grandes familles* : br. à **0.30**. — *Plus d'Avortements* : br. à **0.50**. — *Socialisme et Malthusianisme*, br. à **0.60**.

S. Faure. — *Les crimes de « Dieu »*, br. à **0.15**. — *La Douleur Universelle*, vol. à **2.75**.

Noël Reibar. — *A bas la guerre*, poésie avec musique : **0.10**.

L'« anarchie ». — Numéros parus : **0.10** chaque — Les invendus sont envoyés, le port étant seul à la charge des camarades.

Piqûres d'aiguille. — 20 textes : **0.20** la 0/0.

Les frais de port sont évidemment en plus.

OU L'ON DISCUTE OU L'ON SE VOIT

Causeries Populaires du XVIII°, 30, rue Muller. — Lundi 1er janvier, à 8 h. 1/2, *L'activité*.

Causeries Populaires du XI°, 5, cité d'Angoulême. — Mercredi 3 janvier, à 8 h. 1/2, *L'existence de « Dieu »*, par Dikran Elmassian.

Causeries Populaires des V° & XIII°, 37, rue Croulebarbe. — Samedi 30 décembre, à 8 h. 1/2, causerie sur *Proudhon*, par Mauretti ; jeudi 4 janvier, *La recherche des causes*, par Vangus.

Causeries Populaires du XIX°, salle Bourgeois, 171, boulevard de la Villette. — Jeudi 4 janvier, à 8 h. 1/2, *Causerie*.

Aux Causeries Populaires, 5, cité d'Angoulême. — Samedi 30 décembre, réunion de camaraderie. *Critiques et discussion* sur la presse anarchiste.

Causeries Populaires de Lyon, salle Chamarande, 26, rue Paul Bert. — Dimanche 31 décembre, à 8 heures, *Fête familiale*, donnée par le groupe féministe. Causerie par un camarade.

Boulogne-Billancourt. — Vendredi 22 décembre, à 9 heures, salle Hugel, 29, rue Thiers : causerie sur *l'Idée de patrie*, par un camarade.

Montpellier. — Groupe d'études sociales, 7, rue Rambaud. — Samedi 30 décembre, causerie par tous.

Liège. — Cercle d'études sociales, 21, rue Méan, le samedi 30 décembre, à 8 h. 1/4, *Notions de géographie*, par Gérard.

Les Causeries populaires *organisent pour le* **6 Janvier** *une Grande Soirée Familiale avec Bal. Tous les camarades chansonniers, musiciens qui voudraient bien nous prêter leur concours, nous écriront 30, rue Muller, 18°, afin que nous puissions préparer cette fête avec soin.*

Composée par des camarades.

Le Gérant : A. MAHÉ.

Imp. des Causeries Populaires, A. Lemeau

www.ingramcontent.com/pod-product-compliance
Lightning Source LLC
LaVergne TN
LVHW080958230826
846092LV00006B/1062

* 9 7 8 2 3 2 9 7 0 8 3 3 1 *